2024 令和6年度版

建築設備士

学科試験 問題解説

総合資格学院 編

総合資格学院

はじめに

本書は、各種建築・建設系の資格スクールとして毎年高い合格実績を達成している総合資格学院が、長年培ってきたノウハウを結集して作成しました。令和４年度から平成30年度までの５年分の「過去問題」と、「解答・解説」を収録しております。解説では各選択肢について詳しく、図や表も用いてわかりやすく編集しました。また、法改正により変更になった問題は、現在の法律・基準に適用するように一部変更して掲載しております。なお、本書発行後の法改正・追録・正誤などの最新情報がある場合は、当社ホームページ（https://www.shikaku-books.jp/）にてご案内いたします。定期的にご確認いただくとともに、試験直前には必ずご確認ください。

本書の特長と使い方

● 受験に役立つ情報が満載

本書では巻頭に、試験制度や合格・資格取得までの流れ、受験資格など、試験の概要をまとめています。また、受験者数･合格者数･合格率のデータも掲載。初めて受験される方でも、安心して試験に臨めるよう役立つ情報が満載です。

● 採点しやすい便利な分冊形式

本書は問題演習や採点がしやすいよう「解答・解説」が取り外せる分冊形式になっています。分冊にすることで持ち運びやすく、移動時間などでも「解答・解説」を携帯し、復習や試験の直前チェックなどに活用できます。

● 繰り返し学習に役立つチェック欄付き

資格試験学習の王道である過去問の繰り返し学習に役立つチェック欄を、各問題に設けています。学習した日付や、正解できたら○、間違えたら×、自信のない問題には△を記入するなど、自分に合った方法で活用してください。

● 図版を用いて重要箇所もわかりやすい解答・解説

解答・解説では文章だけでなく、視覚的なイメージで理解が深まるよう、図や表を用いています。また重要な箇所については、わかりやすい赤字の太字にて表記。さらに、各解答の右上にその問題の分野も記しており、学習内容の整理や出題傾向の把握もしやすいよう編集しました。

●「令和５年度学科試験 問題・解説冊子」を応募者全員にプレゼント！

本書収録の５年分と合わせて、合計６年分の過去問題を学習できます。

※本書挟み込み用紙のQRコードよりご応募ください

目次

解答・解説は別冊

試験ガイド

試験制度について

建築設備士になるには、国土交通大臣登録試験実施機関である（公財）建築技術教育普及センターの行う建築設備士試験に合格しなければなりません。試験は第一次試験（学科）、第二次試験（設計製図）の二つの試験からなります。また、この合格者で、国土交通省告示に定める不適格要件に該当しない者が、建築設備士として位置づけられます。

合格・資格取得までの流れ

※令和５年度実績

第一次試験（学科）からの受験／**第二次試験（設計製図）からの受験**

○申込受付期間
令和５年２月27日（月）午前10時～３月17日（金）午後４時
※第一次試験（学科）免除者も同様の期間

第一次試験（学科）からの受験

①受験資格審査後受験票発行・「第二次試験」（設計製図）課題の通知（例年５月下旬）

↓

②第一次試験（学科）
〔令和５年６月18日（日）〕

↓

③第一次試験（学科）合格発表
〔令和５年７月20日（木）〕

→ ④へ

第二次試験（設計製図）からの受験

①受験票発行・「第二次試験」（設計製図）課題の通知（例年５月下旬）

↓

④第二次試験（設計製図）
〔令和５年８月20日（日）〕

↓

⑤第二次試験（設計製図）合格発表
〔令和５年11月２日（木）〕

↓

⑥資格登録
（一社）建築設備技術者協会にて、建築設備士登録を行うことができます。

⑦登録証交付

受験資格

○受験資格

(1) 学歴を有する者［大学、短期大学、高等学校、専修学校等の正規の建築、機械又は電気に関する課程を修めて卒業した者］

(2) 1級建築士等の資格取得者

(3) 建築設備に関する実務経験を有する者

※ (1) ～ (3) それぞれに応じて建築設備に関する実務経験年数が必要です。

<table>
<tr><th rowspan="2" colspan="2"></th><th colspan="3">学歴・資格等</th><th rowspan="2">建築設備に関する
実務経験年数</th></tr>
<tr><th colspan="2">最終卒業学校又は資格</th><th>課程</th></tr>
<tr><td rowspan="12">学歴＋実務</td><td>(一)</td><td colspan="2">大学（新制大学、旧制大学）</td><td>正規の建築、機械、電気又はこれらと同等と認められる類似の課程</td><td>卒業後
2年以上</td></tr>
<tr><td>(二)</td><td colspan="2">短期大学[※]、高等専門学校、旧専門学校</td><td>〃</td><td>卒業後
4年以上</td></tr>
<tr><td>(三)</td><td colspan="2">高等学校、旧中等学校</td><td>〃</td><td>卒業後
6年以上</td></tr>
<tr><td rowspan="3">(四)</td><td>イ</td><td>専修学校（専門課程）
（修業年限が4年以上、かつ、120単位以上を修了した者に限る）</td><td>〃</td><td>卒業後
2年以上</td></tr>
<tr><td>ロ</td><td>イに掲げる専修学校（専門課程）以外の専修学校（専門課程）（修業年限が2年以上、かつ、60単位以上を修了した者に限る）</td><td>〃</td><td>卒業後
4年以上</td></tr>
<tr><td>ハ</td><td>イ・ロに掲げる専修学校（専門課程）以外の専修学校（専門課程）</td><td>〃</td><td>卒業後
6年以上</td></tr>
<tr><td rowspan="2">(五)</td><td>イ</td><td>職業能力開発総合大学校又は職業能力開発大学校（総合課程、応用課程又は長期課程）</td><td>〃</td><td rowspan="2">卒業後
2年以上</td></tr>
<tr><td>ロ</td><td>職業訓練大学校（長期指導員訓練課程又は長期課程）</td><td>〃</td></tr>
<tr><td rowspan="2">(六)</td><td>イ</td><td>職業能力開発総合大学校、職業能力開発大学校又は職業能力開発短期大学校（特定専門課程又は専門課程）</td><td>〃</td><td rowspan="2">卒業後
4年以上</td></tr>
<tr><td>ロ</td><td>職業訓練短期大学校（特別高等訓練課程、専門訓練課程又は専門課程）</td><td>〃</td></tr>
<tr><td rowspan="2">(七)</td><td>イ</td><td>高等学校を卒業した後、職業能力開発校、職業能力開発促進センター又は障害者職業能力開発校（普通課程）</td><td>〃</td><td rowspan="2">修了後
6年以上</td></tr>
<tr><td>ロ</td><td>高等学校を卒業した後、職業訓練施設（職業訓練短期大学校を除く）（高等訓練課程、普通訓練課程又は普通課程）</td><td>〃</td></tr>
</table>

※専門職大学における前期課程の修了者は、短期大学の卒業者と同等となります。

		学歴・資格等 最終卒業学校又は資格		建築設備に関する 実務経験年数
資格 ＋実務	(八)	イ	一級建築士	２年以上 (資格取得の前後を問わず、 通算の実務経験年数)
		ロ	一級電気工事施工管理技士	
		ハ	一級管工事施工管理技士	
		ニ	空気調和・衛生工学会設備士	
		ホ	第１種、第２種又は第３種電気主任技術者	
実務のみ	(九)	建築設備に関する実務の経験のみの者		９年以上
―	(十)	区分(一)から(九)までと同等以上の知識及び技能を有すると認められる者		

○受験資格に関する学校の課程について

ア．認められている課程

建築（学）（工学）科、建築設備（学）（工学）科、設備工業科、設備システム科、建築設計科、建築設備設計科、建設（学）（工学）科［建築（学）コースに限る］、機械（学）（工学）科、生産機械工学科、精密機械工学科、応用機械工学科、動力機械工学科、機械システム工学科、機械（・）電気工学科、電気（学）（工学）科、電子（学）（工学）科、電気（・）電子工学科、電気システム工学科、電子システム工学科、電気電子システム工学科、電気（・）機械工学科、電子（・）機械工学科、電気通信工学科、電子通信工学科、通信工学科（「建築第２学科」等の第２学科を含む）

イ．個々に認める課程

上記ア．の認められている課程と１文字でも違う課程については、申込者ごとに提出された成績証明書又は単位取得証明書により、一定の科目を履修していることが確認できた者が認められます。［建築都市学科、環境システム工学科、電気電子情報工学科等の学科についても、成績証明書又は単位取得証明書の提出が必要になります］

○建築設備に関する実務経験について

［実務経験として認められるもの］

・設計事務所、設備工事会社、建設会社、維持管理会社等での建築設備の設計・工事監理（その補助を含む）、施工管理、積算、維持管理（保全、改修を伴うものに限る）の業務
・官公庁での建築設備の行政、営繕業務
・大学、工業高校等での建築設備の教育
・大学院、研究所等での建築設備の研究（研究テーマの明示が必要となります）
・設備機器製造会社等での建築設備システムの設計業務

［実務経験として認められないもの］

・建築物の設計・工事監理、施工管理等を行っていたが、このうち建築設備に関する業務に直接携わっていなかった場合
・単なる作業員としての建築設備に関する業務（設計図書のトレース、計器類の監視・記録、機器類の運転、その他工事施工における単純労働等）

試験の構成

(1) 試験の構成

試験は、「第一次試験」(学科)、「第二次試験」(設計製図)の順に行われます。「第二次試験」(設計製図)は「第一次試験」(学科)に合格しなければ受けることができません。

(2) 試験の免除

令和3年度以降の「第一次試験」(学科)に合格した場合、次の年から続く4回のうち任意の2回(同年に行われる「第二次試験」(設計製図)を欠席した場合は3回)について、「第一次試験」(学科)が免除されます。

(3) 試験の方法

令和2年度より、試験の方法が下表の内容に変更となりました。

試験の区分	出題形式	出題科目	出題数	試験時間	出題内容
第一次試験 (学科)	四肢択一 (全て必須)	建築一般知識	27	2時間 30分	建築計画、環境工学、構造力学、建築一般構造、建築材料及び建築施工
		建築法規	18		建築士法、建築基準法その他の関係法規
		建築設備	60	3時間 30分	建築設備設計計画及び建築設備施工
		計	105	6時間	
第二次試験 (設計製図)	記述 及び 製図	建築設備 基本計画 (必須問題)	11	5時間 30分	建築設備に係る基本計画の作成
		建築設備 基本設計製図 (選択問題)	5 (右欄 参照)		[選択] ・計算問題(1問) ・系統図または単線結線図(1問) [共通] ・空調・換気設備の平面図(1問) ・衛生給排水設備の平面図(1問) ・電気設備の平面図(1問)

※解答に当たり適用すべき法令については、試験実施年1月1日現在において施行されているものとなります。

試験データ

◯合格基準点（第一次試験）

※各科目及び総得点の合格基準点の全てを満たす者を合格者とします。
※試験の難易度により合格基準点が補正される場合があります。

	建築一般知識	建築法規	建築設備	総得点
令和２年度以降	13 点	9 点	30 点	70 点

※各問題１点、建築一般知識 27 点満点、建築法規 18 点満点、建築設備 60 点満点、合計 105 点満点

	建築一般知識	建築法規	建築設備	総得点
令和元年度まで	12 点	10 点	25 点	60 点

※各問題１点、建築一般知識 30 点満点、建築法規 20 点満点、建築設備 50 点満点、合計 100 点満点

◯合格率の推移

	第一次試験			第二次試験			総合※	
	受験者数	合格者数	合格率	受験者数	合格者数	合格率	受験者数	合格率
平成 28 年	2,677	737	27.5%	1,071	601	56.1%	3,046	19.7%
平成 29 年	2,907	841	28.9%	1,112	580	52.2%	3,205	18.1%
平成 30 年	2,983	930	31.2%	1,242	646	52.0%	3,335	19.4%
令和元年	2,800	749	26.8%	1,123	610	54.3%	3,198	19.1%
令和２年	2,526	650	25.7%	916	379	41.4%	2,811	13.5%
令和３年	2,900	950	32.8%	1,158	606	52.3%	3,217	18.8%
令和４年	2,813	882	31.4%	1,111	516	46.4%	3,183	16.2%
令和５年	2,726	818	30.0%	1,299	632	48.7%	3,302	19.1%

※「総合」の受験者数は「第一次試験」からの実受験者と「第二次試験」からの実受験者の合計です。

試験制度や試験日程、受験資格、試験内容などは変更される場合がありますので、詳細については、必ず試験実施機関にてお確かめください。

[試験実施機関]
公益財団法人 建築技術教育普及センター
〒 102-0094 東京都千代田区紀尾井町 3-6 紀尾井町パークビル
TEL 03-6261-3310　https://www.jaeic.or.jp/

建築一般知識

問題

建築一般知識［**問題**］

▶解答・解説 P.4～

No.1

▶Check □□□

建築設備関係諸室等の計画に関する次の記述のうち、**最も不適当な**ものはどれか。

1. 各階を垂直に貫通する空調用の主ダクトは、耐火構造のシャフト内に収めた。
2. 防火ダンパーや防煙ダンパーの設置箇所には、300mm×300mmの点検口を設けた。
3. ボイラー専用室に設置するボイラーとオイルサービスタンクとの離隔距離は、障壁の設置等の防火のための措置を講じなかったので、2mとした。
4. 蒸気ボイラーは、伝熱面積が4㎡あったので、ボイラー専用室に設置した。

No.2

▶Check □□□

建築物の外壁に設ける開口部に関する次の記述のうち、**最も不適当な**ものはどれか。

1. 給排気ガラリは、防火防煙ダンパーを設ければ、屋外避難階段から2m未満の位置に設けることができる。
2. 外気取入れ口は、レジオネラ属菌の影響を考慮して、冷却塔から10m以上離した位置に設ける。
3. 透明ガラスの窓における日射遮蔽の効果は、「熱線吸収ガラスに変更する」より「窓の外部にブラインドを設ける」ほうが高い。
4. 延焼のおそれのある部分に設ける窓には、網入りガラスのほか、所定の基準に適合する耐熱強化ガラスも用いることができる。

No.3

▶Check □□□

空調計画における省エネルギーの手法に関する次の記述のうち、**最も不適当な**ものはどれか。

1. ソーラークーリングシステムは、太陽熱集熱器で作った温水を、ガス吸収式冷温水機の熱源として利用するものであり、都市ガスの消費量を削減できる。
2. 屋根用高日射反射率塗料は、建築物の屋根・屋上面に塗布することによって、建築物内部への日射熱の流入を低減できるので、冷房時の消費エネルギーを削減できる。
3. ソーラーチムニーは、空調の換気システムに組み込んだ場合、余剰排気ファンの動力を削減できる。
4. 冷温水方式の躯体蓄熱空調システムは、冷房時は送水温度を低くできるので、熱源機器容量を低減できる。

No.4

▶Check □□□

建築物の省エネルギー等に関する次の記述のうち、**最も不適当な**ものはどれか。

1. 高層建築物において、主要な出入口を回転扉とすることは、すきま風熱負荷の低減に効果がある。
2. 自動制御ブラインドは、ブラインドの羽根を自動的に制御して直達日射の入射量を調整するものであり、在室者の眺望確保や昼光利用も期待できる。
3. コージェネレーションシステムは、蓄熱システムやデシカント空調と組み合わせることによって、総合効率の向上が期待できる。
4. ホテルに対する建築物エネルギー消費性能適合性判定において、温水プールの循環加温用の給湯設備は、評価の対象となる。

No.5

▶Check □□□

建築物の計画に関する次の記述のうち、**最も不適当な**ものはどれか。

1. 公共建築物において、移動等円滑化経路を構成する傾斜路には、高さ75cm以内ごとに踏幅が120cmの踊場を設けた。
2. 公共建築物において、移動等円滑化経路を構成する廊下の有効幅員は、車椅子使用者同士がすれ違えるように、180cmとした。
3. 大規模量販店において、売場の通路の幅は、主な通路を3mとし、それ以外の通路を1.8mとした。
4. 大規模量販店において、延べ面積に対する売場面積（売場内の通路を含む。）の比率は、60%とした。

No.6

▶Check □□□

排煙計画に関する次の記述のうち、**最も不適当な**ものはどれか。

1. 特別避難階段の付室と兼用する「非常用エレベーターの乗降ロビー」において、排煙機の排煙風量は、6m^3/sとした。
2. 特別避難階段の付室において、外気に向かって開くことのできる窓により排煙することとし、その窓の有効開口面積は、2.4m^2とした。
3. 居室において、壁面に設ける「排煙口の手動開放装置」の取付け高さは、床面から60cmとした。
4. 天井の高さが4mの居室において、壁面に設ける排煙口の下端の高さは、床面から2.4mとした。

No.7

▶Check □□□

避難計画に関する次の記述のうち、**最も不適当な**ものはどれか。

1. 安全区画とは、避難行動中の避難者を火煙から守るとともに、階段室への煙の伝播を防止する役割を果たす空間のことである。
2. 特別避難階段の付室において、「廊下から付室への入口」と「付室から階段室への入口」とは、可能な限り離して設ける。
3. 避難階段への入口の幅は、避難階段の有効幅員に比べて広くする。
4. 避難経路上の廊下に面した居室の避難用扉は、ストッパー機能が付いていないものとする。

No.8

▶Check □□□

免震構造の建築物に関する次の記述のうち、**最も不適当な**ものはどれか。

1. 基礎免震の免震装置は、一般に、耐火被覆を行う必要はない。
2. 免震構造は、震災時に拠点となる消防署や病院等における機能維持に有効である。
3. 免震構造に使用する支承材、減衰材、復元材等の免震材料は、国土交通大臣の認定を受ける必要がある。
4. 免震層は、配管スペースとして使用する場合には、階数及び延べ面積に算入する必要がある。

No.9

▶Check □□□

住宅における冬期の結露対策に関する次の記述のうち、**最も不適当な**ものはどれか。

---

1. 暖房器具を開放型ストーブからエアコンに替えることは、窓ガラス表面の結露対策として有効である。
2. 窓のカーテンを厚手にすることは、窓ガラス表面の結露対策として有効である。
3. 室内側表面温度を上昇させることは、室内表面の結露対策として有効である。
4. 外壁の断熱材の室内側に防湿層を設けることは、外壁内部の結露対策として有効である。

No.10

▶Check □□□

室内における人体の熱的快適性に関する次の記述のうち、**最も不適当な**ものはどれか。

---

1. 快適域として推奨されるPMVとPPDの範囲は、それぞれ－0.5＜PMV＜＋0.5、PPD＜10％である。
2. 作用温度（OT）は、人体に対する対流と放射の影響を考慮した温度指標である。
3. 成人男子の椅座位の事務作業時における代謝量は、1.0～1.2met程度である。
4. 室内の上下温度分布は、椅座位の場合、床上0.1mと床上1.1mとの温度差を5℃以内に収めることが望ましい。

No.11

複層壁の外壁において、定常伝熱状態である場合、イ～ニの条件によって計算した「複層壁を構成する材料のうちの一つ（以下「材料A」という。）」の熱伝導率として、**最も適当な**ものは、次のうちどれか。

条件

イ. 複層壁の熱貫流抵抗　：1.25㎡・K/W
ロ. 材料Aの厚さ　：40mm
ハ. 室内外温度差　：25K
ニ. 材料Aの両面の温度差　：6K

1. 0.012W/(m·K)
2. 0.13W/(m·K)
3. 0.21W/(m·K)
4. 0.80W/(m·K)

No.12

イ～ホの条件によって計算した室内の水蒸気発生量として、**最も適当な**ものは、次のうちどれか。

条件

イ. 室内空気の絶対湿度　：9g/kg(DA)
ロ. 外気の絶対湿度　：5g/kg(DA)
ハ. 換気量　：100㎥/h
ニ. 空気の密度　：1.2kg/㎥
ホ. 室内の水蒸気は、すぐに室全体に一様に拡散するものとする。

1. 400g/h
2. 480g/h
3. 1,080g/h
4. 1,680g/h

No.13

▶Check □□□

事務所ビルの居室における空気環境に関する測定値として、**最も不適当な**ものは、次のうちどれか。

1. 換気量 ―――――――― 32㎥/(h･人)
2. 二酸化炭素濃度 ―――――― 0.08%
3. 気流速度 ―――――――― 0.8m/s
4. 浮遊粉じん濃度 ―――――― 0.1 mg/㎥

No.14

▶Check □□□

換気に関する次の記述のうち、**最も不適当な**ものはどれか。

1. 開口部を通過する空気の流量は、「開口部面積」の平方根に比例する。
2. 風力換気による換気量は、「流入口と流出口の風圧係数の差」の平方根に比例する。
3. 温度差換気による換気量は、室温が一定の場合、「室内外の温度差」の平方根に比例する。
4. 温度差換気による換気量は、「上部の開口部と下部の開口部との垂直距離」の平方根に比例する。

No.15

▶Check □□□

日照・日射に関する次の記述のうち、**最も不適当な**ものはどれか。

1. 昼光率は、一般に、全天空照度が大きくなるほど大きくなる。
2. 大気透過率は、一般に、冬より夏のほうが小さい。
3. 晴天日における南向き鉛直面の正午の直達日射量は、一般に、冬至日より夏至日のほうが少ない。
4. 実効放射（夜間放射）は、「地表面放射」と「地表面に向けた大気放射」の差である。

No.16

▶Check □□□

光環境に関する次の記述のうち、**最も不適当な**ものはどれか。

1. 人工光源の発光効率とは、「人工光源が発する全光束」を「光源の消費電力」で除した値のことである。
2. シルエット現象とは、視対象の背景が高輝度な面である場合に、視対象全体が暗くなり、細部が判別しにくくなる現象のことである。
3. 直射日光の色温度は、南中時より日没前のほうが高い。
4. 小さい色見本で選んだ色は、大面積に塗色すると、想定よりも明るく鮮やかに見えることがある。

No.17

▶Check □□□

建築設備の騒音･振動に関する次の記述のうち、**最も不適当な**ものはどれか。

1. ダクト内を伝搬してきた音のダクト開口端における減衰量は、その開口寸法が小さいほど大きくなる。
2. 共鳴器型消音器の減音効果は、共鳴周波数の付近の周波数域で大きくなる。
3. 防振装置の防振効果は、低減対象とする振動数に対して、防振系の固有振動数を低くするほど小さくなる。
4. 振動する大型で重量が大きい設備機器は、設置床に発生する振動を低減するために、大梁等の剛性の大きい部分の上に設置する。

No.18

▶Check □□□

音の測定・評価に関する次の記述のうち、**最も不適当な**ものはどれか。

1. ラウドネスは、一般に、音圧レベルの等しい純音の場合、100Hzの音より1,000Hzの音のほうが小さい。
2. 等価騒音レベルは、変動する騒音のA特性音圧を、評価時間の区間でエネルギー平均し、それをレベル表示したものである。
3. 超低周波音の測定・評価においては、一般に、G特性音圧レベルが用いられる。
4. SN比は、測定対象の音と測定対象以外の音のレベル値の差である。

No.19

▶Check □□□

図のようなモーメントMを受ける単純梁の支点Aにおける反力として、**正しい**ものは、次のうちどれか。ただし、反力の方向は、上向きを「+」、下向きを「−」とする。

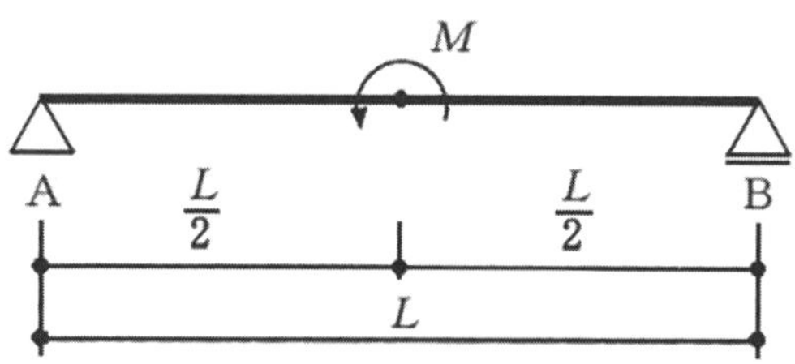

1. $+\dfrac{M}{L}$
2. $+\dfrac{M}{2L}$
3. $-\dfrac{M}{L}$
4. $-\dfrac{M}{2L}$

No.20

▶Check □□□

地盤及び基礎構造に関する次の記述のうち、**最も不適当な**ものはどれか。

1. 地下外壁に作用する土圧は、一般に、土の単位体積重量が大きいほど小さくなる。
2. 圧密沈下は、砂質土地盤より粘性土地盤のほうが起こりやすい。
3. 同一建築物の基礎には、支持杭と摩擦杭の併用を避けることが望ましい。
4. 土粒子の粒径の大小関係は、砂＞シルト＞粘土である。

No.21

▶Check □□□

各種構造に関する次の記述のうち、**最も不適当な**ものはどれか。

1. 鉄筋コンクリート構造において、鉄筋のかぶり厚さは、建築物の構造耐力、耐久性及び耐火性に影響する。
2. 鉄筋コンクリート構造において、腰壁や垂れ壁と一体となった柱は、せん断破壊を生じにくい。
3. 木構造において、軸組構法は、枠組壁構法に比べて、壁の配置の自由度が高い。
4. 木構造において、木材は、一般に、繊維方向に平行な方向の許容応力度が大きい。

No.22

▶Check □□□

コンクリートに関する次の記述のうち、**最も不適当な**ものはどれか。

1. レイタンスとは、コンクリート打込み後のブリーディングに伴って、コンクリート中の微細な粒子が浮遊水とともに浮き上がり、コンクリート表面に形成する脆弱な薄膜のことである。
2. クリープとは、一定の外力が継続して作用する場合において、時間の経過とともにひずみが増大する現象のことである。
3. コンクリートの中性化の主な外的要因は、空気中の酸素である。
4. コンクリートのヤング係数は、一般に、コンクリートの圧縮強度が高いほど大きな値となる。

No.23

▶Check □□□

建築材料に関する次の記述のうち、**最も不適当な**ものはどれか。

1. CLT（直交集成板）は、フィンガージョイント等で縦つぎした挽板等の繊維方向を互いにほぼ平行にして積層接着したものである。
2. インシュレーションボードは、水を媒体として繊維マットを抄造し、乾燥させた繊維板である。
3. パーティクルボードは、木材等の小片を主原料として、接着剤を用いて成形・熱圧した板材である。
4. ALCパネルは、セメント、石灰質原料及びけい酸質原料を主原料として、高温高圧蒸気養生した軽量気泡コンクリートのパネルである。

No.24

▶Check □□□

工事現場の管理に関する次の記述のうち、**最も不適当な**ものはどれか。

1. 高低差2mの登り桟橋の勾配は、25度とした。
2. 総括安全衛生管理者の選任は、その選任すべき事由が発生した日から10日後に行った。
3. 架設通路において、作業の必要上、墜落防止の措置等を講じたうえで、臨時に手すり及び中桟を取り外した。
4. 高さ30mの枠組足場における壁つなぎの間隔は、垂直方向・水平方向ともに9mとした。

No.25

▶Check □□□

地盤の調査方法とその調査事項との組合せとして、**最も不適当な**ものは、次のうちどれか。

1. 地表探査法の電気探査 ――――― 基盤の深さ
2. オーガーボーリング ――――― 地盤構成
3. 標準貫入試験 ――――― *N*値
4. ベーン試験 ――――― 透水係数

No.26

▶Check □□□

鉄筋コンクリート工事に関する次の記述のうち、**最も不適当な**ものはどれか。

1. 異形鉄筋の相互のあきは、鉄筋の呼び名の数値の1.5倍、粗骨材の最大寸法の1.25倍及び25mmのうち、最も大きい数値とした。
2. ガス圧接の継手位置は、平行に隣接する鉄筋の継手位置から300mmずらした位置とした。
3. スラブに用いるスペーサーは、作業荷重等に耐えられるように鋼製のものとした。
4. 鉄筋相互の結束には、亜鉛めっき品を使用した。

No.27

▶Check □□□

防水工事に関する次の記述のうち、**最も不適当な**ものはどれか。

1. シーリング工事において、ボンドブレーカーは、シーリング材と接着しない粘着テープとした。
2. シーリング工事において、目地への打始めは、目地の交差部から行った。
3. アスファルト防水工事において、配管等の突出物の回りは、平場のアスファルトルーフィング類を張り付けた後に、網状アスファルトルーフィングを増張りした。
4. アスファルト防水工事において、配管等の突出物の回りは、床面のアスファルト防水層を立ち上げた後に、防水層端部をステンレス製既製バンドで締付け、上部にシール材を塗り付けた。

建築一般知識［問題］

▶解答・解説 P.18～

No.1

▶Check □□□

事務所ビルにおけるＢＣＰ対策に関する次の記述のうち、**最も不適当な**ものはどれか。

1. 自家発電機用のオイルタンクの容量は、３日分とした。
2. 受水槽は、飲料水用と雑用水用とを別々に設け、雑用水用の容量は、３日分とした。
3. 軽量鉄骨下地の天井の脱落対策として、天井を構成するブレース（斜め部材）と野縁受けとは、溶接で固定した。
4. 天井吊(つ)り空調機器の吊(つ)り材には、耐震クラスSのものを使用した。

No.2

▶Check □□□

環境に配慮した建築物の計画に関する次の記述のうち、**最も不適当な**ものはどれか。

1. 光ダクトは、内面を高反射率の鏡面としたダクトに取り込んだ自然光を、ダクト内部で反射させて必要な場所に導き、人工照明の消費電力の削減を図る手法である。
2. クール・ヒートチューブは、地中の帯水層から直接汲(く)み上げた地下水をヒートポンプの熱源とすることにより、自然エネルギーの有効利用を図る手法である。
3. ダブルスキンは、二重に設けたガラスの間に、夏期には外気を通過させて、ペリメータ負荷の低減を図る手法である。
4. エアフローウインドウは、二重に設けたガラスの間にブラインドを設置するとともに、それらのガラスの間をリターンエアの経路とすることにより、ペリメータ負荷の低減を図る手法である。

No.3

▶Check □□□

環境に配慮した建築計画及び建築物の環境認証に関する次の記述のうち、**最も不適当な**ものはどれか。

1. ZEB Orientedとは、ZEB Readyを見据えた建築物として、外皮の高性能化及び高効率な省エネルギー設備の採用に加えて、更なる省エネルギーの実現に向けた措置を講じた建築物のことである。
2. CASBEE-建築（新築）とは、建築物を環境性能で評価し格付けする手法のことであり、「建築物の環境品質」を「建築物の環境負荷」で除した数値で判定される。
3. LEEDとは、建築物の省エネルギー性能を表示する第三者認証制度のことであり、性能に応じて5段階の星の数等で表示される。
4. eマークとは、建築物が建築物エネルギー消費性能基準に適合していることについて、所管行政庁から認定を受けたことを示すマークのことである。

No.4

▶Check □□□

空調計画における省エネルギーの手法に関する次の記述のうち、**最も不適当な**ものはどれか。

1. パッケージ型エアコン・室外機水噴霧システムは、冷凍サイクルの凝縮圧力を下げることができるので、消費電力を低減することができる。
2. スロットル型VAVユニットを用いた変風量単一ダクト空調方式は、室内の負荷に応じて送風機の送風量を低減するものであり、空気搬送系の搬送動力を低減することができる。
3. 自然換気併用ハイブリッド空調方式は、中間期等において、自然換気と外気冷房により冷房用エネルギーを低減することができるとともに、自然換気により空気搬送系の搬送動力を低減することができる。
4. タスク・アンビエント空調方式は、アンビエント域の制御性を高め、タスク域の設定温度を緩和させるものであり、空気搬送系の搬送動力を低減することができる。

No.5

▶Check □□□

建築物の計画に関する次の記述のうち、**最も不適当な**ものはどれか。

1. オペラハウスにおいて、舞台から客席までの最長距離は、可視限界距離を考慮して、45mとした。
2. 博物館において、文化財の展示ケース内の温湿度は、温度が22℃、相対湿度が55%に保たれるようにした。
3. シティホテルにおいて、配管シャフトは、階高を3.2mに抑えるために、客室ごとに設けた。
4. 本社事務所ビルにおいて、エレベーターの仕様・台数の選定に当たり、エレベーターの５分間輸送能力は、利用者総数の25%とした。

No.6

▶Check □□□

煙制御に関する次の記述のうち、**最も不適当な**ものはどれか。

1. 密閉方式は、防火区画や不燃区画により火災室を密閉して、煙が隣接室に拡散することを防止する方式である。
2. 加圧防排煙方式は、火災室を給気加圧することにより、発生した煙を排煙口から押し出す方式である。
3. 空調・換気設備は、煙をかくはんさせないように、機械排煙設備の起動と連動して、できるだけ早く停止させることが望ましい。
4. 特別避難階段の付室に採用する機械排煙設備において、給気を給気風道により行う場合、給気口は、排煙時に開放された場合を除き、閉鎖状態を保持する。

No.7

▶Check □□□

防火区画に関する次の記述のうち、**最も不適当な**ものはどれか。

1. 15階建ての耐火構造の複合用途施設において、11階以上の階については、フロア全体の内装及び下地を不燃材料とし、かつ、スプリンクラー設備を設けたので、耐火構造の床、壁及び特定防火設備で1,000㎡以内ごとに区画した。
2. 防火区画を貫通するダクトの貫通部には、厚さ1.6mmの鋼板製の防火ダンパーを設けた。
3. 面積区画を構成する床及び壁と接する外壁においては、それらの床及び壁に接する部分を含んだ幅90cmの部分を準耐火構造とした。
4. 避難経路上の常時開放式防火戸に設けるくぐり戸は、幅を60cm、高さを1.5mとした。

No.8

▶Check □□□

避難計画に関する次の記述のうち、**最も不適当な**ものはどれか。

1. 特別避難階段の付室は、災害弱者の滞留場所として活用できるようにした。
2. 避難階段の前室は、床面積が小さく、機械排煙では過度に負圧になり扉が閉鎖しなくなるおそれがあったので、排煙設備を設けなかった。
3. 大規模量販店の3階の売場階において、火災時には、避難対象人員の全員が水平避難をする計画とした。
4. 大規模量販店において、防火区画を構成するシャッターは、避難を円滑に行うために、2段降下式シャッターとした。

No.9

▶Check □□□

北緯35度のある地点における終日日射量に関する次の記述のうち、**最も不適当な**ものはどれか。ただし、終日快晴とし、大気透過率を0.7とする。

1. 夏至日の終日日射量は、東向き鉛直面より南向き鉛直面のほうが大きい。
2. 夏至日の終日日射量は、西向き鉛直面より水平面のほうが大きい。
3. 冬至日の終日日射量は、東向き鉛直面より水平面のほうが大きい。
4. 冬至日の終日日射量は、水平面より南向き鉛直面のほうが大きい。

No.10

▶Check □□□

伝熱・断熱に関する次の記述のうち、**最も不適当な**ものはどれか。

1. 建築材料の熱伝導率は、一般に、かさ比重が小さいものほど大きくなる。
2. 壁体表面の対流熱伝達率は、風速が大きくなるほど大きくなる。
3. 壁体内の中空層のどちら側にアルミ箔（はく）を設けても、壁体の熱抵抗の値は同じである。
4. 壁体内の密閉中空層の熱抵抗は、その厚さが4cm程度を超えると、減少する傾向にある。

No.11

▶Check □□□

図のような単室において、イ〜トの条件により計算した室温として、**最も適当な**ものは、次のうちどれか。

条件

イ.	総合熱貫流率	：60W/K
ロ.	南面の窓ガラスに当たる全日射量	：200W/㎡
ハ.	窓ガラスの日射熱取得率	：0.5
ニ.	外気温	：4℃
ホ.	室内における発熱量	：1,200W

ヘ. 単室においては、熱損失と熱取得が平衡した定常伝熱状態にあるものとする。

ト. 南面のガラスのみに日射による熱取得があり、それ以外の箇所においては、日射の影響はないものとする。

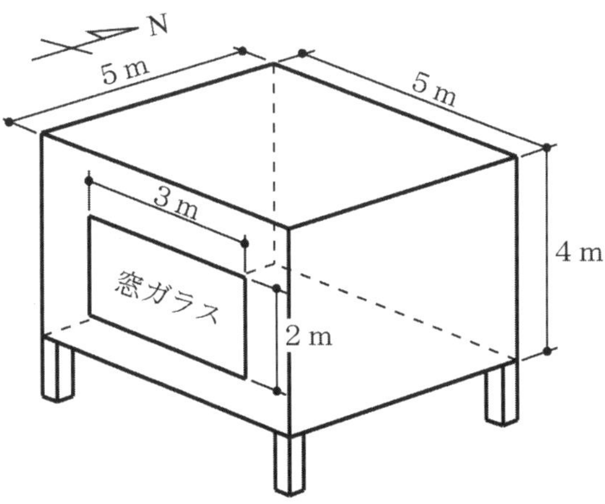

1. 14℃
2. 18℃
3. 26℃
4. 34℃

No.12

▶Check □□□

図のような上下に開口部を有する断面の単室において、イ～チの条件により計算した温度差換気による換気量として、**最も適当な**ものは、次のうちどれか。

条件

イ. 二つの開口部の直列合成による総合実効面積　：2㎡

ロ. 二つの開口部中心間の高低差　：5m

ハ. 外気温　：18℃

ニ. 室温　：27℃

ホ. 室内へ流入した外気は、瞬時に室温と同じ温度に暖まるものとする。

ヘ. 摂氏温度θから絶対温度Kへの換算をする場合は、$K=\theta+273$を用いることとする。

ト. 重力加速度は、10m/s²とする。

チ. 屋外は、無風とする。

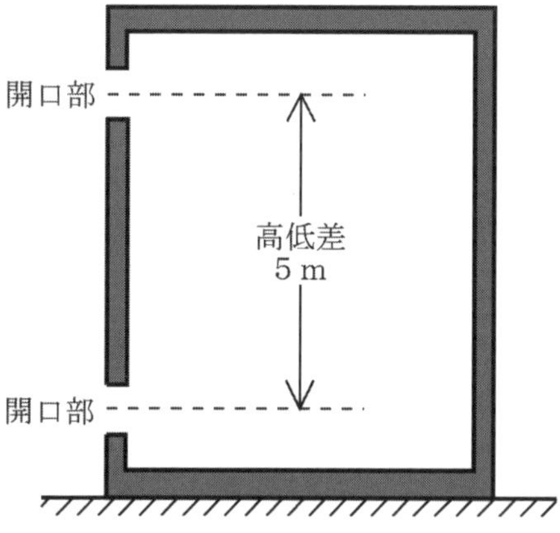

1. 1.7㎥/s

2. 2.5㎥/s

3. 3.5㎥/s

4. 5.5㎥/s

No.13 ▶Check □□□

室内空気汚染等に関する次の記述のうち、**最も不適当な**ものはどれか。

1. PM2.5とは、大気中に浮遊する粒径が2.5μm以下の微小な粒子のことである。
2. 「学校環境衛生基準」において、教室における揮発性有機化合物の濃度の基準には、ホルムアルデヒドのほか、トルエン、キシレン等が定められている。
3. 「建築物における衛生的環境の確保に関する法律」において、居室における一酸化炭素の濃度の管理基準は、6ppm以下である。
4. 人の呼気に含まれる二酸化炭素の濃度は、20%程度である。

※基準改定により選択肢3を変更しています。

No.14 ▶Check □□□

換気に関する次の記述のうち、**最も不適当な**ものはどれか。

1. 開口部の通過風量は、開口部前後の圧力差が同じ場合、開口部の面積が異なっても、実効面積が同じであれば、同じ値となる。
2. 温度差換気の中性帯の位置は、「下部の開口部の実効面積」より「上部の開口部の実効面積」のほうが大きい場合、上下の開口部の中間点よりも下方となる。
3. 風力換気による換気量は、外部風向が同じであれば、外部風速に比例する。
4. 居室の必要換気量は、室内における汚染物質の発生量・許容濃度及び外気中の汚染物質の濃度から決まり、室容積には影響されない。

No.15

▶Check □□□

日影に関する次の記述のうち、**最も不適当な**ものはどれか。

1. 東西に二つの建築物が並んだ場合、それらの建築物から離れたところに島日影ができることがある。
2. 冬至日において、終日日影となる部分を、永久日影という。
3. 建築物の形状と日影の関係において、4時間以上日影となる領域の面積は、一般に、建築物の高さより東西方向の幅から受ける影響のほうが大きい。
4. 外形が立方体の建築物の場合、北緯35度のある地点における夏至日の「日の出直後」の日影は、建築物の南西の方向へ伸びる。

No.16

▶Check □□□

照明器具に関する次の記述のうち、**最も不適当な**ものはどれか。

1. 配光曲線は、光源からの輝度の方向分布を図示したものである。
2. 照明率は、照明器具の配光・効率、室内面の反射率、室の形状等によって異なる。
3. 保守率は、照明器具の形状・清掃状況、ほこりの多少などの室内の状況等によって異なる。
4. 照明器具効率は、「光源を単独で点灯したときに放射される全光束」に対する「光源を照明器具に入れて点灯したときに放射される器具光束」の比率である。

No.17 ▶Check

音に関する次の記述のうち、**最も不適当な**ものはどれか。

1. 均質材料の単層壁に音が垂直入射する場合、音響透過損失は、周波数を２倍にすると約6dB大きくなる。
2. 室内の平均音圧レベルは、室内の総吸音力を２倍にすると約３dB小さくなる。
3. 最適残響時間は、一般に、室容積の増大に伴って短くなる。
4. グラスウール等の多孔質吸音材料をコンクリート壁に密着させて設置する場合、その吸音材料の低周波数域における吸音率は、厚さが増すほど大きくなる。

No.18 ▶Check

水質に関する次の記述のうち、**最も不適当な**ものはどれか。

1. 「水道法」において、水道水質基準の項目には、溶存酸素が含まれる。
2. 「建築物における衛生的環境の確保に関する法律」において、雑用水の水質基準の項目には、遊離残留塩素（又は結合残留塩素）、pH値、臭気、外観、大腸菌及び濁度がある。
3. SSとは、水中に含まれる浮遊物質量のことである。
4. BODとは、水中に含まれる有機物を好気性微生物が酸化する際に消費する水中の溶存酸素量のことである。

No.19

▶Check □□□

図のような断面A及び断面Bにおいて、X軸に関するそれぞれの断面二次モーメントをI_A及びI_Bとしたとき、それらの比I_A: I_Bとして、**正しい**ものは、次のうちどれか。

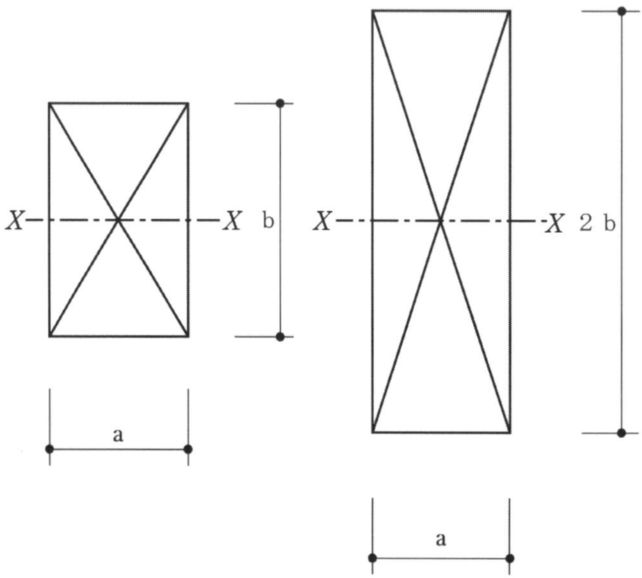

断面A　　断面B

	I_A: I_B
1.	1 : 2
2.	1 : 4
3.	1 : 6
4.	1 : 8

No.20

▶Check □□□

建築物の耐震設計に関する次の記述のうち、**最も不適当な**ものはどれか。

1. 建築物の耐震設計には、「稀に発生する地震に対して、損傷による性能の低下を生じないことを確かめる一次設計」と、「極めて稀に発生する地震に対して、倒壊・崩壊等をしないことを確かめる二次設計」とがある。
2. 建築物の各階ごとに剛性の偏りがある場合、剛性の小さい階においては、地震時の変形・損傷が集中しやすい。
3. 鉄筋コンクリート造の建築物において、地震力に対して十分な量の耐力壁を設ける場合、架構を構成する柱については、水平耐力の検討を省略することができる。
4. 鉄筋コンクリート造の柱は、一般に、負担している軸方向圧縮力が大きくなると、靭性が小さくなる。

No.21

▶Check □□□

鉄骨構造に関する次の記述のうち、**最も不適当な**ものはどれか。

1. 鉄骨部材は、平板要素の幅厚比が小さいほど、局部座屈を生じやすい。
2. 平鋼の筋かいをガセットプレートに高力ボルト接合する場合、平鋼の有効断面積は、ボルト孔による欠損断面積を減じたものとする。
3. 梁の設計においては、強度だけではなく、剛性を確保してたわみを小さくするとともに、不安感や不快感を与える振動が発生しないように断面を決定する。
4. 座屈を拘束するための補剛材には、剛性と強度が必要である。

No.22

▶Check □□□

ガラスに関する次の記述のうち、**最も不適当な**ものはどれか。

1. 高遮蔽性能熱線反射ガラスは、板ガラスの組成の中に微量の鉄・ニッケル・コバルト等の金属成分を加えて着色したガラスである。
2. 強化ガラスは、フロート板ガラスを軟化点まで加熱後、両表面から空気を吹き付けて急冷したガラスである。
3. 合わせガラスは、２枚以上の板ガラスを透明で強靱（じん）な中間膜で貼り合わせたガラスである。
4. 複層ガラスは、２枚以上の板ガラスを専用スペーサーを用いて一定の間隔に保ち、接着構造で密封し、内部の空気を乾燥状態に保ったガラスである。

No.23

▶Check □□□

建築材料に関する次の記述のうち、**最も不適当な**ものはどれか。

1. ステンレスシートは、耐食性・耐久性に優れているので、屋根の防水等に用いられる。
2. エポキシ樹脂系接着剤は、耐水性・耐熱性に優れているので、コンクリートのひび割れの補修等に用いられる。
3. 大理石は、耐酸性・耐火性に優れているので、屋外の使用に適している。
4. 銅は、耐食性・加工性に優れているので、とい・釘等に用いられる。

No.24

Check □□□

材料管理に関する次の記述のうち、**最も不適当な**ものはどれか。

1. 既製コンクリート杭は、地盤を水平にならし、まくら材を支持点として一段に並べて仮置きした。
2. コンクリート型枠用合板は、直射日光に当て、十分に乾燥させてから保管した。
3. アスファルトルーフィング類は、屋内の乾燥した場所に、縦置きにして保管した。
4. 鉄筋は、泥土が付着しないように、角材を使用して、地面から10cm以上離して保管した。

No.25

Check □□□

コンクリート工事に関する次の記述のうち、**最も不適当な**ものはどれか。

1. コンクリートの単位水量は、所要の品質が得られる範囲内で、できるだけ小さくした。
2. 柱・壁のコンクリートの打込みは、梁との境目にひび割れを発生させないように、梁の上端まで中断することなく連続で行った。
3. コンクリートの沈み、ブリーディング等による不具合は、コンクリートの凝結終了前に処置した。
4. 打込み後のコンクリートには、硬化初期の期間中に湿潤養生を行った。

No.26

▶Check □□□

鉄骨工事に関する次の記述のうち、**最も不適当な**ものはどれか。

1. 素地調整を行った鋼材面は、さびやすいので、直ちに塗装を行った。
2. 高力ボルトの孔(あな)あけ加工は、せん断孔(あな)あけとした。
3. 溶融亜鉛めっき高力ボルトの締付けは、ナット回転法によって行った。
4. 溶融亜鉛めっきを施した鉄骨部材の摩擦接合面の処理は、ブラスト処理とした。

No.27

▶Check □□□

壁のタイル工事及び張り石工事に関する次の記述のうち、**最も不適当な**ものはどれか。

1. タイル工事において、タイル張り面の伸縮調整目地は、下地のひび割れ誘発目地と一致するように設ける。
2. タイル工事において、雨掛かりとなる部分に使用するタイルには、吸水率の低い磁器質タイルが適している。
3. 張り石工事において、石材の引き金物には、ステンレス鋼SUS304を使用する。
4. 張り石工事において、地震時等の躯(く)体の変形による張り石のひび割れや脱落は、湿式工法より乾式工法のほうが生じやすい。

建築一般知識［問題］

▶解答・解説 P.32～

No.1

▶Check □□□

建築設備関係諸室の計画に関する次の記述のうち、**最も不適当な**ものはどれか。

1. 中央熱源方式の全空気式空調設備を設けた延べ面積3,000㎡の事務所ビルにおいて、「延べ面積」に対する「空調の熱源機器等を設けた主機械室のスペース」の割合は、5％を目安とする。
2. 中央熱源方式の全空気式空調設備を設けた延べ面積3,000㎡の事務所ビルにおいて、「延べ面積」に対する「空調シャフトのスペース」の割合は、0.5%を目安とする。
3. 各階を垂直に貫通する空調用の主ダクトは、原則として、耐火構造のシャフト内に収める。
4. ボイラー専用室に設置するボイラーとオイルサービスタンクとの最小離隔距離は、障壁の設置等の防火のための措置を講じる場合を除き、1mとする。

No.2

▶Check □□□

省エネルギーに配慮した建築物の計画に関する次の記述のうち、**最も不適当な**ものはどれか。

1. ガラス屋根を用いた室における夏期の空調負荷を低減するために、ガラス屋根面に水を流すこととした。
2. 夏期における日射熱負荷低減と冬期におけるコールドドラフト防止等のために、エアフローウインドウを採用した。
3. 眺望性と高い日射遮蔽性能を確保するために、クライマー型の自動制御ブラインドを採用した。
4. 中間期や冬期における加湿量を低減するために、外気冷房システムを採用した。

No.3

▶Check □□□

建築物の環境性能の評価手法等に関する次の記述のうち、**最も不適当な**ものはどれか。

1. CASBEEにおけるBEEの値が大きい建築物ほど、環境性能に優れている。
2. BEIの値が大きい建築物ほど、省エネルギー性能に優れている。
3. ZEB Ready以上のゼロエネルギー化に優れた建築物においては、再生可能エネルギーを考慮しなくても、基準一次エネルギー消費量から50%以上の一次エネルギー消費量を削減している。
4. BELSとは、建築物の省エネルギー性能を表示する第三者認証制度のことであり、性能に応じて5段階の星の数等で表示される。

No.4

▶Check □□□

空調計画における省エネルギーの手法に関する次の記述のうち、**最も不適当な**ものはどれか。

1. 外壁の断熱性能の向上は、内部発熱負荷が大きい建築物の場合、年間熱負荷の増加を招く可能性があるので、必ずしも省エネルギーとならないことがある。
2. 床吹出し空調方式は、居住域空調を行うことができるので、省エネルギーとなる。
3. 放射空調は、冷温水の水温が室温に近くてよいので、冷凍機のCOPが向上し、省エネルギーとなる。
4. フリークーリングは、冬期において、外気温が低いことを利用して、冷却塔を運転しないで冷房を行うので、省エネルギーとなる。

No.5

Check □□□

高齢者等に配慮した建築物の計画に関する次の記述のうち、**最も不適当な**ものはどれか。

1. スロープの勾配を、屋内においては$\frac{1}{12}$、屋外においては$\frac{1}{20}$とした。
2. 階段の手すりは2段とし、それらの踏面からの高さを、上段は850mm、下段は650mmとした。
3. 車椅子使用者の利用を考慮した来客カウンターの天板の高さを、床面から900mmとした。
4. 車椅子使用者の利用を考慮した平面計画の基本モジュールを、1,500mmとした。

No.6

Check □□□

煙制御方法等に関する次の記述のうち、**最も不適当な**ものはどれか。

1. 特別避難階段の付室に機械排煙設備を設ける場合、付室内の排煙口は、廊下側の扉の上部近傍に設けることが望ましい。
2. 階段室を安全な避難経路とするためには、階段室に加圧防排煙設備を設けることが有効である。
3. 吹抜け空間をシャッターで竪穴区画する場合、火災初期の煙の拡散を防ぐためには、上層階にガラススクリーンを併設することが有効である。
4. 防火設備は、全て、遮煙性能を有する設備である。

No.7

▶Check □□□

避難計画に関する次の記述のうち、**最も不適当な**ものはどれか。

1. ３階建ての映画館において、全館避難安全性能を確認したので、直通階段の数を一つとした。
2. 中廊下型の大規模な集合住宅において、廊下全体に煙が拡散しないように、廊下途中に防火戸を設けて、水平避難区画を形成した。
3. ７階建ての百貨店において、避難階段の階段室への入口の有効幅は、階段内の避難流動に支障がないように、避難階段の有効幅に比べて狭くした。
4. ボイド型の超高層集合住宅において、光庭をとり囲む開放廊下を避難経路とするために、光庭の下層部分に給気経路を設けた。

No.8

▶Check □□□

免震建築物に関する次の記述のうち、**最も不適当な**ものはどれか。

1. 免震層は、配管スペースとして使用する場合には、階数及び延べ面積に算入する必要がある。
2. 中間層免震の場合、エレベーターシャフトの設置方法には、免震層の上部構造から吊(つ)り下げる方法がある。
3. 基礎免震の免震装置は、一般に、基礎の一部とみなされるので、耐火被覆を行う必要はない。
4. 免震構造には、極めて稀(まれ)に発生する暴風に対して、免震層が過大に変形しないような耐風性能が求められる。

No.9

▶Check □□□

窓ガラスの熱特性に関する次の記述のうち、**最も不適当な**ものはどれか。

1. 日射遮蔽係数は、その値が小さいほど、日射熱取得が少ない。
2. 透明フロート板ガラスにおける日射の透過率、吸収率及び反射率は、入射角が40度よりも小さければ、ほぼ一定となる。
3. 複層ガラスの熱抵抗は、中空層の厚さが12mmのものより6mmのもののほうが大きい。
4. 複層ガラスの熱抵抗は、中空層に乾燥空気を充填したものよりアルゴンガスを充填したもののほうが大きい。

No.10

▶Check □□□

図のような外壁において、イ～への条件により計算した熱貫流率として、**最も適当な**ものは、次のうちどれか。

条件

イ. 屋外側熱伝達率　　：23W/(㎡・K)
ロ. 室内側熱伝達率　　：9W/(㎡・K)
ハ. コンクリートの熱伝導率　　：1.4W/(m・K)
ニ. 押出発泡ポリスチレンフォームの熱伝導率　　：0.037W/(m・K)
ホ. せっこうボードの熱伝導率　　：0.17W/(m・K)
ヘ. 中空層の熱抵抗　　：0.09㎡・K/W

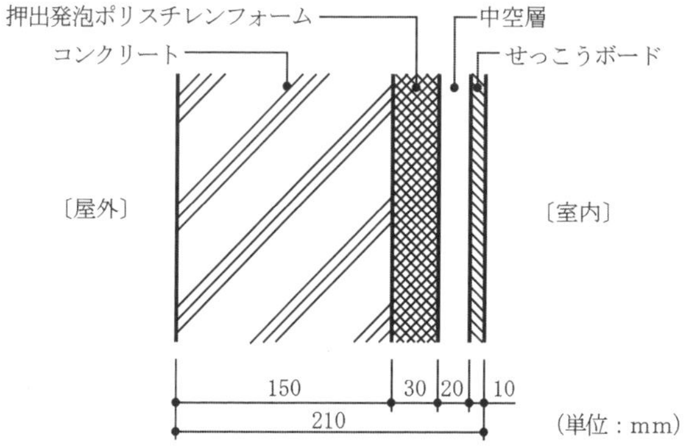

1. 0.74W/(㎡・K)
2. 0.82W/(㎡・K)
3. 0.94W/(㎡・K)
4. 1.22W/(㎡・K)

No.11

▶Check □□□

室内における人体の温冷感に関する次の記述のうち、**最も不適当な**ものはどれか。

1. 快適域として推奨されているPMVとPPDの範囲は、それぞれ−0.5＜PMV＜＋0.5、PPD＜5％である。
2. 成人男子の椅座位の事務作業時における代謝量は、1.0～1.2met程度である。
3. 高齢者については、代謝量が低下するので、若年者よりも高い暖房設定温度が推奨されている。
4. 作用温度（OT）は、人体に対する対流と放射の影響を考慮した温度指標である。

No.12

▶Check □□□

イ～ニの条件において、室内空気の絶対湿度を0.012kg/kg（DA）に保つために必要な換気量として、**最も適当な**ものは、次のうちどれか。

条件

イ. 室内の水蒸気発生量：5.0kg/h

ロ. 外気の絶対湿度　　：0.005kg/kg（DA）

ハ. 空気の密度　　　　：1.2kg/㎥

ニ. 室内の水蒸気は、すぐに室全体に一様に拡散するものとする。

1. 350㎥/h
2. 600㎥/h
3. 720㎥/h
4. 860㎥/h

No.13

▶Check □□□

自然換気に関する次の記述のうち、**最も不適当な**ものはどれか。

1. ある室の大気基準圧は、「その室の気圧」から「地表面における外部大気圧」を減じた圧力である。
2. 温度差換気による換気量は、「上部の開口部と下部の開口部との垂直距離」の平方根に比例する。
3. 風力換気による換気量は、「流入口と流出口の風圧係数の差」の平方根に比例する。
4. 建築物の内部の温度が外気温に比べて低い場合は、一般に、建築物の上部から外気が流入し、建築物の下部から室内空気が流出する。

No.14

▶Check □□□

室内空気汚染に関する次の記述のうち、**最も不適当な**ものはどれか。

1. 空気中に浮遊するアレルゲンには、動物の毛、カビ類、ダニの虫体と糞(ふん)が粉体化したもの等がある。
2. 一酸化炭素は、室内空気中の酸素不足による開放型燃焼器具の不完全燃焼により発生する。
3. 窒素酸化物は、開放型燃焼器具の燃焼により発生する。
4. VOCは、無垢(むく)の木材からは発生しないが、集成材からは発生する。

No.15

▶Check □□□

昼光・採光に関する次の記述のうち、**最も不適当な**ものはどれか。

1. 光ダクトシステムは、窓から離れた位置や無窓室等の日照が得られない場所に、自然光を導入することができる。
2. 昼光率は、「全天空照度」に対する「天空光による室内受照面照度」の比率である。
3. 設計用全天空照度は、「雲の多い晴天」より「快晴の青空」のほうが高い。
4. 同じ窓面積の場合、天窓は、側窓に比べて、採光上の性能が高い。

No.16

▶Check □□□

照明と人の視覚に関する次の記述のうち、**最も不適当な**ものはどれか。

1. 窓を背にした人の顔のシルエット現象は、ブラインド等で窓面輝度を下げることによって改善される。
2. モデリングとは、絵画等の平面的な視対象が適切に見えるように、光の当て方を調整することである。
3. 視対象における反射グレアを防ぐためには、照明器具からの光による正反射が起こらないように、照明器具を配置することが有効である。
4. 明視性に係る要素には、「視対象の大きさ」、「視対象の明るさ」、「視対象と背景の輝度対比」及び「視対象を見る時間」がある。

No.17

▶Check □□□

遮音・吸音に関する次の記述のうち、**最も不適当な**ものはどれか。

1. 均質材料の単層壁において、コインシデンス限界周波数は、その壁が厚いほど高くなる。
2. 中空二重壁において、低周波数域の共鳴透過周波数は、壁間の空気層が薄いほど高くなる。
3. コンクリート壁は、その両面にせっこうボードを直張りすると、ある周波数域において、遮音性能が低下する。
4. 多孔質吸音材の高周波数域における吸音性能は、表面に塗装を施したり、通気性のないクロスを張ったりすると低下する。

No.18

▶Check □□□

建築設備等の騒音・振動対策に関する次の記述のうち、**最も不適当な**ものはどれか。

1. エレベーターのガイドレールを、構造梁ではなく、中間梁に支持した。
2. 給水管を躯体に固定するに当たり、ゴムシート付き樹脂製サドルバンドを使用した。
3. 直上階へ伝搬する自動ドア開閉時の騒音を低減させるために、開閉機構全体を防振支持した。
4. 建築物の地階に設けた機械式駐車場において、上階の居室へ伝搬する騒音を低減させるために、駐車場内の天井・壁をグラスウールで吸音処理した。

No.19

▶Check □□□

図のような等分布荷重3kN/mを受ける片持ち梁において、A点に生じるせん断力Q_Aの絶対値と曲げモーメントM_Aの絶対値との組合せとして、**正しい**ものは、次のうちどれか。ただし、自重は無視するものとする。

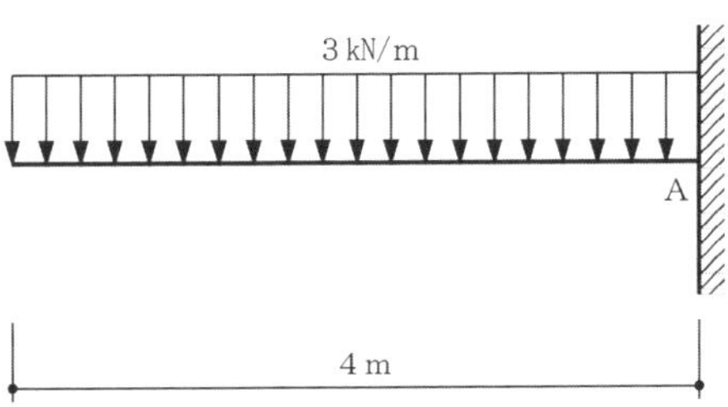

	Q_Aの絶対値 (kN)	M_Aの絶対値 (kN・m)
1.	3	12
2.	3	24
3.	12	12
4.	12	24

No.20

▶Check □□□

建築物の耐震設計に関する次の記述のうち、**最も不適当な**ものはどれか。

1. 鉄筋コンクリート造の建築物において、腰壁が接続した柱の脆(ぜい)性破壊の防止策としては、柱と腰壁との間に耐震スリットを設けることが有効である。
2. 層間変形角は、内・外装、設備等に著しい損傷が生じるおそれのない場合にあっては、制限値を緩和することができる。
3. 水槽、煙突等の屋上突出物は、一般に、建築物本体に比べて、地震時に作用する加速度が小さい。
4. 鉄骨造の建築物において、露出柱脚が塑性化して崩壊メカニズムを形成するときに安定した塑性変形能力を確保するためには、伸び能力のあるアンカーボルトを用いる必要がある。

No.21

▶Check □□□

地盤及び基礎構造に関する次の記述のうち、**最も不適当な**ものはどれか。

1. 単杭の極限鉛直支持力は、極限先端支持力と極限周面抵抗力の和で表される。
2. 圧密沈下は、粘性土地盤より砂質土地盤のほうが起こりやすい。
3. 地盤の液状化は、飽和地盤の細粒土含有率が低いほど起こりやすい。
4. べた基礎は、不同沈下を防ぐのに有効である。

No.22

▶Check □□□

木質材料に関する次の記述のうち、**最も不適当な**ものはどれか。

1. 合板は、ロータリーレース等で切削した単板等3枚以上を主として、その繊維方向を互いにほぼ直角にして積層接着したものである。
2. CLT（直交集成板）は、挽(ひき)板等の繊維方向を互いにほぼ平行にして幅方向に並べて接着したものを、主としてその繊維方向を互いにほぼ直角にして積層接着し、3層以上の構造をもたせたものである。
3. 構造用集成材は、フィンガージョイント等で縦つぎした挽(ひき)板等の繊維方向を互いにほぼ直角にして積層接着したものである。
4. 構造用単板積層材は、ロータリーレース等で切削した単板の繊維方向を互いにほぼ平行にして積層接着したものである。

No.23

▶Check □□□

建築材料とその用途との組合せとして、**最も不適当な**ものは、次のうちどれか。

1. インシュレーションボード ―――― 遮音材
2. セルローズファイバー ―――― 断熱材
3. ロックウール ―――― 耐火被覆材
4. 塩化ビニルフィルム ―――― 防湿材

No.24

▶Check □□□

施工計画書に関する次の記述のうち、**最も不適当な**ものはどれか。

1. 工事の内容・品質に多大な影響を及ぼすと考えられる工事部分については、工事種別施工計画書を作成した。
2. 環境の保全及び構造上の安全性を示す資料を、工事種別施工計画書に添付した。
3. 検査・立会等の日程を、基本工程表に記載した。
4. 設計図書において指定された仮設物の施工計画に関する事項を、総合施工計画書に記載した。

No.25

▶Check □□□

鉄筋コンクリート工事に関する次の記述のうち、**最も不適当な**ものはどれか。

1. 鉄筋の表面のごく薄い赤さびは、コンクリートの付着を妨げるおそれがないので、除去しないこととした。
2. 鉄筋の曲げ加工は、ガスバーナーを用いた熱間加工とした。
3. 鉄筋の圧接端面は、軸線に対して、できるだけ直角になるように切断した。
4. 鉄筋のガス圧接の継手位置は、平行に隣接する鉄筋間で相互にずらした。

No.26

▶Check □□□

アスファルト防水工事に関する次の記述のうち、**最も不適当な**ものはどれか。

1. 配管等の突出物の回りは、平場のアスファルトルーフィング類を張り付ける前に、網状アスファルトルーフィングを増張りする。
2. 配管等の突出物の回りは、床面のアスファルト防水層を立ち上げた後に、防水層端部をステンレス製既製バンドで締付け、上部にシール材を塗り付ける。
3. アスファルトルーフィング類の張付けは、アスファルトプライマーを施工範囲の全面にむらなく均一に塗布し、乾燥させた後に行う。
4. 現場打ち鉄筋コンクリートの打継ぎ部は、一般平場ルーフィングを張り付けた後に、絶縁用テープを張り付ける。

No.27

▶Check □□□

各種工事に関する次の記述のうち、**最も不適当な**ものはどれか。

1. 土工事において、砂質土を使用した埋戻しは、厚さ50cm程度ごとに締め固めながら行う。
2. 鉄骨工事において、鉄骨へのさび止め塗装は、気温が5℃以下又は相対湿度が85%以上の場合には、中止する。
3. 溶接工事において、吸湿の疑いのある被覆アーク溶接棒は、乾燥させて使用することができる。
4. コンクリート工事において、軽量コンクリートに用いる人工軽量骨材は、あらかじめ十分に吸水させたものを使用する。

建築一般知識［問題］

▶解答・解説 P.46～

No.1

▶Check □□□

集合住宅に関する次の記述のうち、**最も不適当な**ものはどれか。

1. コレクティブハウスは、居住者の相互扶助活動を意図して、食堂、厨房、サロン等を共用施設として住棟内に設けた協同居住型の集合住宅である。
2. コーポラティブハウスは、建築物や塀で囲まれた中庭を有する集合住宅であり、狭い敷地においてもプライバシーを確保しやすい。
3. スケルトン・インフィル方式は、「長寿命・耐震性の要求に対応した躯体」と「将来的なニーズの変化に対応する界壁、水回り等」とを明確に分離して供給する方式である。
4. スキップフロア型は、廊下階以外の階において、プライバシー、採光及び通風を確保しやすい。
5. ツインコリドール型は、中廊下型の短所を補うために光庭を設けた住棟タイプであり、一般に、住棟の配置は南北軸とする。

No.2

▶Check □□□

事務所ビル・大規模量販店の計画に関する次の記述のうち、**最も不適当な**ものはどれか。

1. 事務所ビルの事務室において、椅子に座った状態で室内の見通しがきくようにするために、パーティションの高さを床面から110cmとした。
2. 事務所ビルのエレベーターにおいて、1バンク当たりの台数を6台としたので、対面配置とした。
3. 20階建ての事務所ビルのエレベーターにおいて、1階を出発階とし、2階から10階行き用のバンクと、11階から20階行き用のバンクとに分割した。
4. 大規模量販店の客用の自走式立体駐車場において、梁下の有効高さを2.3mとした。
5. 大規模量販店の売場において、通路の幅は、主な通路を3mとし、それ以外の通路を1.8mとした。

No.3

▶Check □□□

病院の計画に関する次の記述のうち、**最も不適当な**ものはどれか。

1. 病棟には、各病室から避難階段に通じるバルコニーを設けた。
2. 入院患者等がくつろぎ、談話や食事ができるように、デイルームを設けた。
3. 放射線治療室を、地階に設けた。
4. 通常の医療の延長線上で受け入れ可能な感染症に対応するために、一般病棟内に感染症病室を設けた。
5. 重症のがん患者に対して、集中的に治療・看護を行うために、CCUを設けた。

No.4

▶Check □□□

環境に配慮した建築物の計画に関する次の記述のうち、**最も不適当な**ものはどれか。

1. タスク・アンビエント空調は、タスク域の個別制御性を高め、アンビエント域の設定温度を緩和させることにより、快適性と省エネルギーを図る手法である。
2. クール・ヒートチューブは、地中の帯水層から直接汲み上げた地下水をヒートポンプの熱源とすることにより、省エネルギーを図る手法である。
3. ダブルスキンは、二重に設けたガラスの間に、夏期には外気を通過させて、ペリメータ負荷の低減を図る手法である。
4. エアフローウインドウは、二重に設けたガラスの間にブラインドを設置するとともに、そのガラスの間に空調した室内空気を通過させて、ペリメータ負荷の低減を図る手法である。
5. 屋上・壁面緑化は、日射遮蔽による日射熱の低減等により、冷房負荷の低減を図る手法である。

No.5

▶Check □□□

煙制御に関する次の記述のうち、**最も不適当な**ものはどれか。

1. 天井チャンバー方式は、排煙ダクトの吸込み開口（集煙口）を天井懐に設け、煙を天井面に設けた吸込み口から天井懐を経て集煙口に導いて排煙する方式である。
2. 蓄煙方式は、ドーム球場等の大空間において、煙を空間上部に蓄え、避難終了まで空間下部を避難可能な状態に維持する方式である。
3. 密閉方式は、遮煙性のある防火区画等で火災室を密閉して、煙が隣接室に拡散することを防止する方式である。
4. 空調・換気設備は、煙がかくはんしないように、機械排煙設備の起動と連動して停止させることが望ましい。
5. アトリウムに自然排煙設備を設ける場合には、周囲へ煙を流出させないために、「空間上部の排煙口の面積」より「空間下部の給気口の面積」のほうを大きくする。

No.6

▶Check □□□

スプリンクラー設備等に関する次の記述のうち、**最も不適当な**ものはどれか。

1. 閉鎖型乾式のスプリンクラー設備は、スプリンクラーヘッドの破損による水損事故を防止することができるので、コンピューター室等に採用されている。
2. 放水型可動式のスプリンクラー設備（放水銃）は、天井の高いイベントホール等において、走査型火災検出器や炎感知器等により火災箇所を感知して、そこに照準を合わせて放水するものである。
3. 放水型固定式のスプリンクラー設備は、天井の高い空間の天井等に放水型スプリンクラーヘッドを設置し、炎感知器等との連動により一斉開放弁を開放させて放水するものである。
4. 特定施設水道連結型スプリンクラー設備は、スプリンクラー配管を上水道管に連結する方式であり、非常電源、送水口等を設けなくてもよい。
5. ドレンチャー設備は、ドレンチャーヘッドからの放水により水幕を形成し、火の粉やふく射熱を遮断して延焼を防止するものである。

No.7

▶Check □□□

避難計画に関する次の記述のうち、**最も不適当な**ものはどれか。

1. 中層の学校において、避難安全の向上を図るために、避難経路となる廊下に自然排煙が可能となる窓を設けた。
2. 折返し階段である避難階段の踊場の幅は、避難者が踊場で円滑に転回できるように、避難階段の幅と同じとした。
3. 大規模量販店の3階の売場階において、火災時には避難対象人員数のほとんどが水平避難により安全を確保できるようにした。
4. 特別避難階段の付室を、災害弱者の滞留場所として活用できるようにした。
5. 非常用の進入口には、消防隊員が容易に消火活動・人命救助活動を行えるように、十分な広さのバルコニーを設けた。

No.8

▶Check □□□

避難安全検証法（階避難安全検証法・全館避難安全検証法）に関する次の記述のうち、**最も不適当な**ものはどれか。

1. 天井を高く、大空間の売場構成とした平家建ての大規模量販店においては、避難安全検証法を適用することにより、排煙設備を設置しなくてもよい場合がある。
2. 避難安全検証法を適用した事務所ビルにおいて、間仕切壁の位置を変更する場合には、再度、避難安全検証法により避難安全性能を確認する必要がある。
3. 既存不適格の建築物において、大規模改修を行う場合には、避難安全検証法を適用することにより、避難安全性能に係る既存不適格の部分を解消できる場合がある。
4. 集合住宅においては、小さい部屋が多く、可燃物も多いので、避難安全検証法を適用することが困難である。
5. 特定機能病院の病棟階においては、自力で避難することが困難な患者が多いと想定されるので、避難安全検証法を適用することが有効である。

No.9

▶Check □□□

事務所ビルにおける熱負荷の低減に関する次の記述のうち、**最も不適当な**ものはどれか。

---

1. 暖房負荷を過剰に見積もらないために、室内発熱を見込んだ負荷計算を行った。
2. 機械室等の非空調ゾーンを、ペリメータゾーンに設けた。
3. 高層建築物におけるすきま風熱負荷を低減するために、主要な出入口を、回転扉とした。
4. 最大熱負荷を低減するために、建築物の窓面は、南北面ではなく、東西面に配置した。
5. ガラス窓透過日射熱負荷を低減するために、ガラスに日射調整フィルムを貼った。

No.10

▶Check

北緯35度のある地点における各時刻の直達日射量を示す図において、A～Cに当てはまる語句の組合せとして、**最も適当な**ものは、次のうちどれか。ただし、終日快晴とし、大気透過率を0.7とする。

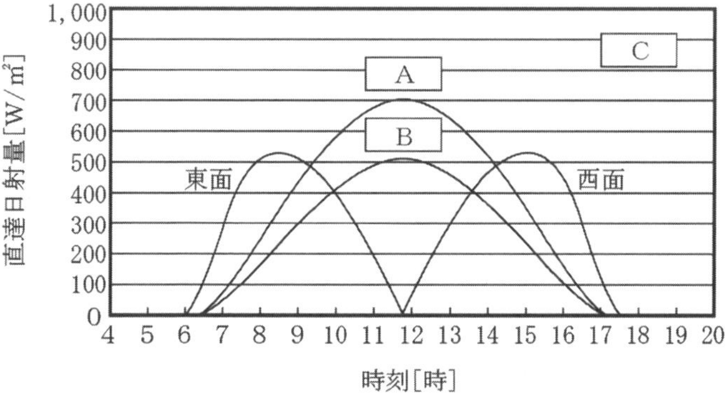

	方位・向き		季節
	A	B	C
1.	水平面	南面	夏至
2.	水平面	南面	春秋分
3.	南面	水平面	夏至
4.	南面	水平面	春秋分
5.	南面	水平面	冬至

No.11

▶Check

伝熱・断熱に関する次の記述のうち、**最も不適当な**ものはどれか。

1. グラスウール保温材の熱伝導率は、密度が大きくなるほど大きくなる。
2. ロックウール保温材の熱伝導率は、水分が含まれると大きくなる。
3. 壁体表面の対流熱伝達率は、風速が大きくなるほど大きくなる。
4. 曇天時においては、雲量が多いほど、また雲高が低いほど、夜間放射量は少なくなる。
5. 同一仕様で断熱を施す場合は、内断熱・外断熱に関わらず、熱貫流率は同じ値となる。

No.12

▶Check □□□

イ～ホの条件において、室内空気の二酸化炭素濃度を1,000ppm以下に保つための在室人員1人当たりの必要換気量として、**最も適当な**ものは、次のうちどれか。

条件

イ. 室内の在室人員 ：100人

ロ. 在室人員1人当たりの二酸化炭素発生量 ：0.024㎥/(h･人)

ハ. 外気の二酸化炭素濃度 ：400ppm

ニ. 室容積 ：1,500㎥

ホ. 室内の二酸化炭素は、すぐに室全体に一様に拡散するものとする。

1. 15㎥/(h･人)
2. 25㎥/(h･人)
3. 30㎥/(h･人)
4. 40㎥/(h･人)
5. 60㎥/(h･人)

No.13

▶Check □□□

換気に関する次の記述のうち、**最も不適当な**ものはどれか。

1. 機械換気を用いて局所換気を行う場合は、第1種換気方式又は第3種換気方式を採用する。
2. 開口部を通過する空気の流量は、開口部前後の圧力差の平方根に比例する。
3. 風力換気による換気量は、外部風向が同じであれば、外部風速の二乗に比例する。
4. 温度差換気の中性帯の位置は、「上部の開口部の相当開口面積」より「下部の開口部の相当開口面積」のほうが大きい場合、上下の開口部の中間点よりも下方となる。
5. 置換換気は、壁面下部や床面から室温よりも若干低い温度で低速の新鮮空気を供給し、天井近傍から排気する換気方式である。

No.14

▶Check □□□

室内空気汚染に関する次の記述のうち、**最も不適当な**ものはどれか。

1. オゾンの除去には、コロナ放電式空気清浄機を使用することが有効である。
2. 建築材料におけるホルムアルデヒド放散量は、「F☆☆と表示するもの」より「F☆☆☆☆と表示するもの」のほうが少ない。
3. 二酸化炭素濃度が増加すると、他の汚染物質もそれに比例して増大するものと考えられている。
4. 住宅内に棲(す)みついているカビは、元来土壌に生息しているものが飛散して、住宅内に入ったものと考えられている。
5. 紙巻タバコの喫煙により発生する有害物質は、主流煙より副流煙のほうに多く含まれる。

No.15

▶Check □□□

採光・日射に関する次の記述のうち、**最も不適当な**ものはどれか。

1. 昼光照明における設計用全天空照度は、最低照度を確保するために、一般に、5,000lxを採用する。
2. Low-E複層ガラスは、単板ガラスや合わせガラスに比べて、可視光の選択透過性に優れている。
3. 片側採光の場合、窓の位置を高くすることにより、昼光による照度の不均一さを緩和することができる。
4. 布製の折り畳み可能な日除(よ)けであるオーニングは、東向き窓・西向き窓の日射遮蔽に適している。
5. 固定式の垂直ルーバーは、南向き窓の日射遮蔽に適している。

No.16

▶Check □□□

照明と人の視覚に関する次の記述のうち、**最も不適当な**ものはどれか。

1. 配光曲線は、光源からの光度の方向分布を図示したものである。
2. 照明率は、照明器具の配光と効率、室内面の反射率、室の形等によって異なる。
3. 光色は、光源の色温度が高いほど、青みがかったものとなる。
4. 明順応は、暗順応に比べて、時間を要する。
5. 光幕反射は、正反射や指向性の強い拡散反射による光が視対象と重なることによって生じる。

No.17

▶Check □□□

空調ダクト系の騒音に関する次の記述のうち、**最も不適当な**ものはどれか。

1. ダクト内を伝搬してきた音のダクト開口端における減衰量は、その開口寸法が小さいほど大きくなる。
2. 内張りダクトの単位長さ当たりの音の減衰量は、低周波数域の場合、ダクト断面の周長と断面積に比例する。
3. 溶融亜鉛めっき鋼板製のダクト周壁の音響透過損失は、「ダクト内からダクト外に音が放射される場合」より「ダクト外からダクト内に音が侵入する場合」のほうが小さい。
4. ダクト内のダンパーで発生する騒音は、一般に、ダンパーの翼（羽根）の角度（気流方向に対する角度）が大きくなると、中高周波数域成分が多くなる。
5. 消音チャンバーは、「チャンバーの入口と出口の位置関係・断面変化による減音効果」と「内張り吸音材による吸音効果」の両方を利用したものである。

No.18

▶Check □□□

建築設備の騒音・振動の対策に関する次の記述のうち、**最も不適当な**ものはどれか。

1. 防振装置としてコイルばねを採用し、サージング対策として防振ゴムを併用した。
2. 防振する機器類を鉄骨製の共通架台に固定し、架台全体を防振支持した。
3. 防振装置は、低減対象とする設備機器の振動数と同じ固有振動数のものを採用した。
4. エレベーターのガイドレールに接するローラーは、径が大きく、材質が柔らかいものを採用した。
5. 機械室から隣室への空気伝搬音を小さくするために、機械室の壁・天井にグラスウールボードを貼り付けた。

No.19

▶Check □□□

音の測定・評価に関する次の記述のうち、**最も不適当な**ものはどれか。

1. 残響時間は、音が平衡状態にある室内で音源を停止した後、音響エネルギー密度が停止直前に比べて100万分の1（－60dB）となるまでの時間（秒）である。
2. 材料の吸音特性を示す吸音率には、垂直入射吸音率、斜め入射吸音率及び残響室法吸音率があり、室内音響設計においては、一般に、残響室法吸音率が用いられる。
3. 広帯域スペクトルをもつ室内騒音を評価するために用いられるNC値において、NC-30は、NC-35に比べて、室内騒音が小さい。
4. 建築物の空気音遮断性能に関する等級において、*Dr*-55は、*Dr*-50に比べて、空気音遮断性能が高い。
5. 建築物の床衝撃音遮断性能に関する等級において、*Lr*-55は、*Lr*-50に比べて、床衝撃音遮断性能が高い。

No.20

▶Check □□□

水質・排水処理に関する次の記述のうち、**最も不適当な**ものはどれか。

1. 雨水利用設備において、屋上緑化を行っている部分から集水する雨水は、処理を行うことなく利用することができる。
2. CODは、水中の被酸化物を化学的に酸化させる際に消費される酸素量である。
3. ディスポーザ排水は、下水道整備地区においても、排水処理槽で処理し、排水中のBOD、SS及びノルマルヘキサンを基準値以下にして、下水道に放流する。
4. 飲料水は、一般に、適量の溶存酸素によって、清涼感や新鮮味が感じられる。
5. 個別循環方式の排水再利用設備の原水には、洗面・手洗い排水、浴室排水等がある。

No.21

▶Check □□□

図のような片持梁において、荷重P_1及び荷重P_2が作用したときにA点に曲げモーメントを生じない場合のそれらの比（P_1:P_2）として、**正しい**ものは、次のうちどれか。ただし、自重は、無視するものとする。

	P_1 : P_2
1.	1 : 2
2.	1 : 3
3.	2 : 1
4.	2 : 3
5.	3 : 2

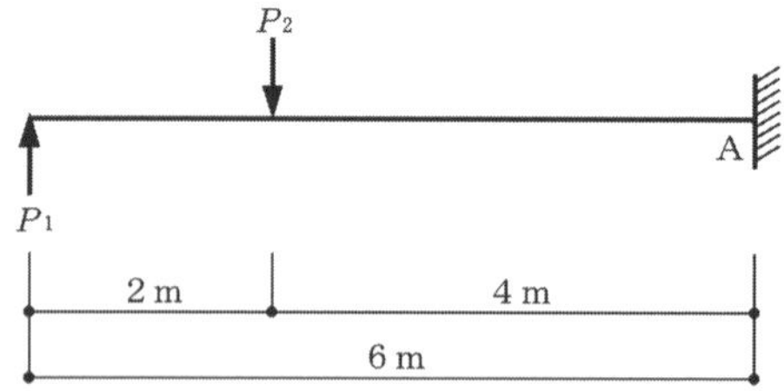

No.22 ▶Check □□□

建築物の耐震設計に関する次の記述のうち、**最も不適当な**ものはどれか。

1. 建築物の設計用一次固有周期は、建築物の高さが同じ場合、一般に、鉄筋コンクリート造より鉄骨造のほうが長い。
2. 建築物の耐震設計には、稀（まれ）に発生する地震に対して損傷による性能の低下を生じないことを確かめる一次設計と、極めて稀（まれ）に発生する地震に対して崩壊・倒壊等をしないことを確かめる二次設計とがある。
3. 建築物の各階の層間変形角は、地震力によって各階に生じる水平方向の層間変位を、当該各階の高さで除した値である。
4. 建築物の階の重心と剛心の位置が近付くほど、地震時において、建築物の隅角部に変形・損傷が生じやすくなる。
5. 建築物の各階に剛性の偏りがある場合、地震時において、剛性の小さい階に変形・損傷が集中しやすい。

No.23 ▶Check □□□

鉄骨構造に関する次の記述のうち、**最も不適当な**ものはどれか。

1. 建築構造用圧延鋼材等の鋼材は、繰返し応力が作用する場合、応力の大きさが降伏点以下の範囲であっても破断することがある。
2. 鉄骨部材は、平板要素の幅厚比が小さいほど、局部座屈を生じやすい。
3. 構造耐力上主要な部材の接合部に用いるトルシア形高力ボルトは、ピン接合とする場合を除き、原則として、2本以上配置する。
4. 構造耐力上主要な部材の接合部に用いるトルシア形高力ボルトのピッチは、公称軸径の2.5倍以上とする。
5. トルシア形高力ボルトを用いて平鋼の筋かいをガセットプレートに接合する場合、平鋼の有効断面積は、ボルト孔による欠損面積を減じて設計する。

No.24

▶Check □□□

コンクリートの一般的な性質に関する次の記述のうち、**最も不適当な**ものはどれか。

1. コンクリートのスランプは、単位水量が多いほど大きくなる。
2. コンクリートの乾燥収縮は、単位水量が多いほど大きくなる。
3. コンクリートのクリープは、水セメント比が大きいほど大きくなる。
4. コンクリートの中性化は、水セメント比が大きいほど速くなる。
5. コンクリートの水和熱は、単位セメント量が多いほど小さくなる。

No.25

▶Check □□□

ガラスに関する次の記述のうち、**最も不適当な**ものはどれか。

1. 熱線反射ガラスは、日射エネルギーを反射するガラスであり、同厚のフロート板ガラスに比べて、冷房負荷の低減に寄与する。
2. 倍強度ガラスは、同厚のフロート板ガラスの2倍以上の耐風圧強度・熱割れ強度等の性能を有する加工ガラスであり、加工後は切断できない。
3. 合わせガラスは、2枚の板ガラスを透明で強靱(じん)な中間膜で貼り合わせたガラスであり、破損しても、破片の大部分の飛散を防ぐことができる。
4. 線入板ガラスは、ガラスの中に金属線を封入したガラスであり、防火戸用ガラスとして使用される。
5. 型板ガラスは、ガラスの片側表面に型模様を付けたガラスであり、建築物の間仕切壁や家具の装飾用等に使用される。

No.26

▶Check □□□

建築材料に関する次の記述のうち、**最も不適当な**ものはどれか。

1. 大理石は、耐酸性・耐火性に優れているので、外装等に用いられる。
2. パーティクルボードは、断熱性・吸音性に優れているので、内装の下地材等に用いられる。
3. ステンレスシートは、耐食性・耐久性に優れているので、屋根の防水等に用いられる。
4. 押出成形セメント板は、耐水性・遮音性に優れているので、外壁等に用いられる。
5. エポキシ樹脂系接着剤は、耐水性・耐久性に優れているので、コンクリートのひび割れの補修等に用いられる。

No.27

▶Check □□□

建築工事の設計図書間に相違がある場合の一般的な優先順位（高→低）として、**最も適当な**ものは、次のうちどれか。

1. 現場説明書 → 設計図 → 特記仕様書 → 標準仕様書
2. 現場説明書 → 特記仕様書 → 設計図 → 標準仕様書
3. 特記仕様書 → 現場説明書 → 設計図 → 標準仕様書
4. 設計図 → 現場説明書 → 標準仕様書 → 特記仕様書
5. 設計図 → 標準仕様書 → 現場説明書 → 特記仕様書

No.28

▶Check □□□

地盤の調査方法とその調査事項との組合せとして、**最も不適当な**ものは、次のうちどれか。

1. 平板載荷試験 ―――――――――― 地盤反力係数
2. 標準貫入試験 ―――――――――― *N*値
3. 孔内水平載荷試験 ―――――――― 透水係数
4. オーガーボーリング ――――――― 地表から数m程度の地盤の構成
5. ベーン試験 ――――――――――― 軟弱な粘性土地盤のせん断強さ

No.29

▶Check □□□

型枠工事に関する次の記述のうち、**最も不適当な**ものはどれか。

1. 外壁の地中部分で水密を要する部分の貫通孔に用いるスリーブについては、特記がなかったので、硬質ポリ塩化ビニル管を用いた。
2. 小さい窓の下の腰壁上部の型枠には、コンクリートの充填状況を点検するために、中央部に空気孔を設けた。
3. パイプサポートを支柱に用いる型枠支保工において、高さが3.5mを超えるものについては、高さ2m以内ごとに水平つなぎを二方向に設け、かつ、水平つなぎに変位が生じないようにした。
4. スラブの支柱の盛替えをやむを得ず行う必要が生じたので、工事監理者の承認を受けたうえで行った。
5. 見え掛かりで仕上げがない設備シャフト内の壁の型枠には、丸セパC型のセパレーターを用いた。

No.30

▶Check □□□

鉄骨工事に関する次の記述のうち、**最も不適当な**ものはどれか。

1. 鉄骨の孔あけ加工において、孔径30mm以上の設備配管用貫通孔は、ガス孔あけとしてもよい。
2. トルシア形高力ボルトの締付け後の検査において、ボルトの余長については、ナット面から突き出た長さが、ねじ1～6山の範囲にあるものを合格とする。
3. 一群となるトルシア形高力ボルトの締付けは、群の中央部から周辺に向かう順序で行う。
4. トルシア形高力ボルトの締付けは、一次締め、本締め、マーキングの順序により行う。
5. 溶融亜鉛めっきを施した鉄骨部材には、原則として、設備架台等を溶接してはならない。

平成30年度

建築一般知識［問題］

▶解答･解説 P.62～

No.1

▶Check □□□

高齢者が同居する一戸建て住宅の計画に関する次の記述のうち、**最も不適当な**ものはどれか。

1. 浴室には、冬期の浴室内外の温度差による急激な体調変化に配慮して、浴室用遠赤外線ヒーターを設置した。
2. 浴槽の縁の床面からの高さは、車椅子座面と同程度とした。
3. 高齢者の居室は、就寝以外に居間的要素も取り入れた計画とした。
4. 階段に設ける手すりは、両側に設ける余裕がなかったので、上がるときの利き手側に設けた。
5. 台所においては、車椅子での利用を考慮して、調理台、流し台、レンジ及び冷蔵庫をL字型に配置した。

No.2

▶Check □□□

商業建築等の計画に関する次の記述のうち、**最も不適当な**ものはどれか。

1. 事務所とホテルからなる複合建築物において、事務所の基準階の階高を4.2m、ホテルの客室の基準階の階高を3.3mとした。
2. 事務所ビルにおいて、収容人数８人の会議室の広さを、3.6m×5.4mとした。
3. ビジネスホテルにおいて、客室部門の床面積を、延べ面積の70%とした。
4. 大規模量販店において、売場の床面積（売場内の通路を含む。）を、延べ面積の65%とした。
5. オープンキッチン形式のレストランにおいて、厨房の床面積を、店全体の床面積の20%とした。

No.3

▶Check □□□

公共建築の計画に関する次の記述のうち、**最も不適当な**ものはどれか。

1. 小学校において、国語・算数等の講義的な授業をクラスルームで行い、理科・図工等の実験・実習的な授業を特別教室で行うことができるように、教科教室型を採用した。
2. 体育館において、バレーボールコートに必要な高さと、バスケットボールコートに必要な広さから、アリーナの容積を決定した。
3. 大規模な病院の外来部において、小児科の診察室に隔離診療室を併設した。
4. 図書館の開架閲覧室において、出入口にブックディテクション装置を設置し、利用者がかばん等を自由に持ち込むことができるようにした。
5. コミュニティ施設において、夜間専用の出入口を設け、専用のカードキーで施設を利用できるようにした。

No.4

▶Check □□□

環境に配慮した建築計画及び建築物の環境認証に関する次の記述のうち、**最も不適当な**ものはどれか。

1. ZEB（Net Zero Energy Building）とは、年間の一次エネルギー消費量が正味ゼロ又はマイナスの建築物のことである。
2. CASBEE（建築環境総合性能評価システム）－建築（新築）とは、建築物を環境性能で評価し格付けする手法のことであり、「設計一次エネルギー消費量」を「基準一次エネルギー消費量」で除した数値で判定される。
3. LEED（Leadership in Energy and Environmental Design）とは、建築物や敷地等に関する環境性能評価システムのことであり、取得したポイントの合計によって4段階の認証レベルが決まる。
4. BELS（建築物省エネルギー性能表示制度）とは、建築物の省エネルギー性能を表示する第三者認証制度のことであり、性能に応じて5段階の星の数等で表示される。
5. eマーク（省エネ基準適合認定マーク）とは、建築物が建築物エネルギー消費性能基準に適合していることについて、所管行政庁から認定を受けたことを示すマークのことである。

No.5

▶Check □□□

煙制御方法に関する次の記述のうち、**最も不適当な**ものはどれか。

1. 防火設備は、全て、遮煙性能を有する設備である。
2. 地階にある居室において、排煙上有効なドライエリアが隣接している場合は、自然排煙設備を採用することができる。
3. 特別避難階段の付室に機械排煙設備を設ける場合、付室内の排煙口は、廊下側の扉の上部近傍に設けることが望ましい。
4. 特別避難階段の付室に設ける加圧防排煙設備は、階段室への煙の流入防止に有効である。
5. 吹抜け空間をシャッターで竪穴区画する場合、火災初期の煙の拡散を防ぐためには、上層階にガラススクリーンを併設することが有効である。

No.6

▶Check □□□

次の排煙ダクト平面図（概念図）のうち、避難時の煙流動等を考慮した計画として、**最も不適当な**ものはどれか。

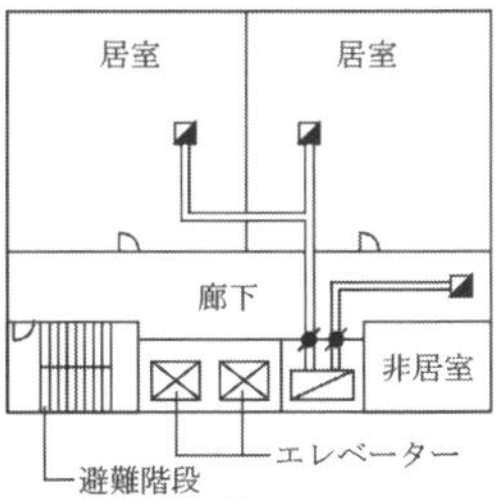

1.

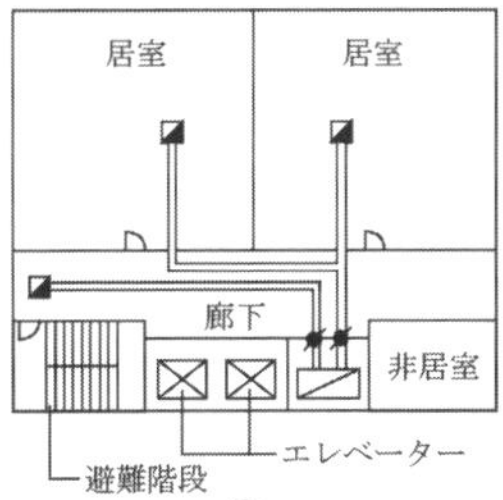

2.

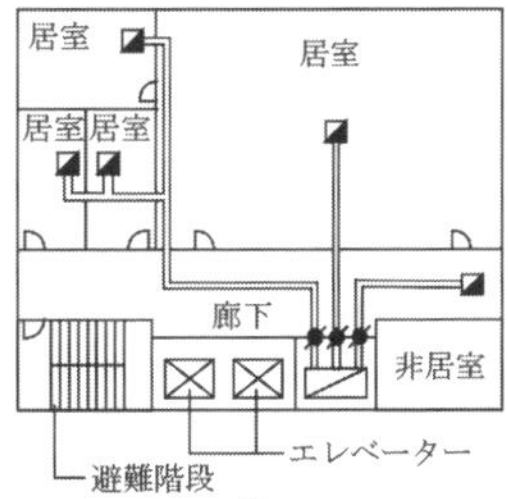

3.

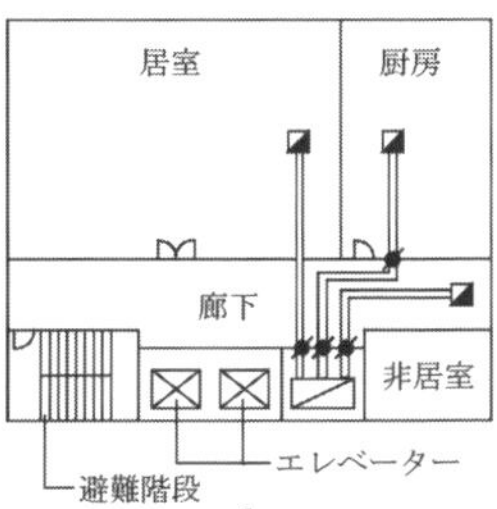

4.

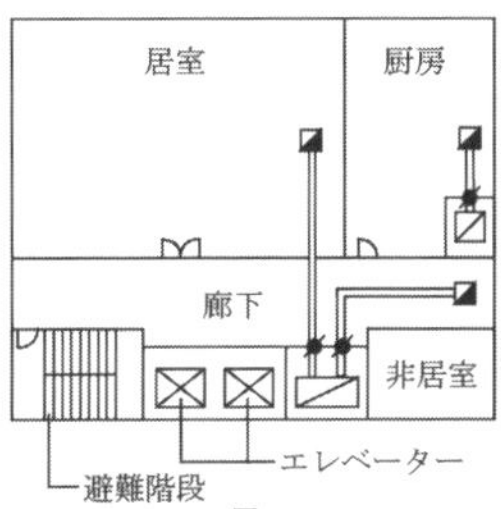

5.

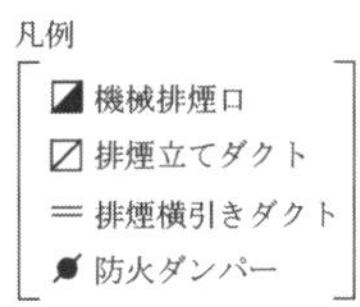

No.7

▶Check □□□

不活性ガス消火設備及びハロゲン化物消火設備に関する次の記述のうち、**最も不適当な**ものはどれか。

1. ハロン1301は、回収されたものを、クリティカルユースに限り、消火剤として使用することができる。
2. IG-55は、オゾン層に影響を与えない消火剤として開発されたが、地球への温室効果ガスとしての作用を有している。
3. 二酸化炭素を用いた消火設備は、起動を原則手動式とし、防護区画外で当該防護区画内を見通せる位置に起動装置を設置する。
4. 窒素ガスを用いた消火設備は、全域放出方式で自動起動方式のものに限られており、常時人がいない部分に設置する。
5. HFC系ガスを用いた消火設備は、消火剤放出時の防護区画内の圧力上昇を防止するために、避圧口を設ける等の措置が必要である。

No.8

▶Check □□□

避難計画に関する次の記述のうち、**最も不適当な**ものはどれか。

1. 超高層建築物においては、中間階に、一時的に安全に滞留できるスペースを設けておくことが望ましい。
2. 避難階における階段室の出口から屋外までの避難経路の途中に、火気を使用する室や可燃物が多い室がある場合、これらの室と避難経路との間は、耐火性のある間仕切りで区画することが望ましい。
3. 特別避難階段の付室においては、円滑に避難ができるように、「廊下から付室への入口」と「付室から階段室への入口」とを、可能な限り近付けることが望ましい。
4. 病院の手術部門、ICU等の自力での移動が難しい患者がいる区画は、籠城区画とするとともに、この区画から火災になる可能性のある区画を経由しない避難経路を設けることが望ましい。
5. 複合用途の建築物においては、それぞれの用途の部分ごとに独立した避難計画が成立していることが望ましい。

No.9

室内における人体の温冷感に関する次の記述のうち、**最も不適当な**ものはどれか。

1. 成人男子の椅座位の事務作業時における代謝量は、1.0～1.2met程度である。
2. 成人男子の背広服（合服）姿における着衣の熱抵抗は、1cloである。
3. 室内の上下温度分布は、椅座位の場合、床上0.1mと床上1.1mとの温度差を3℃以内に収めることが望ましい。
4. 人体の温冷感に影響を与える要素は、代謝量、着衣量、空気温度、放射温度及び気流の5項目である。
5. 快適域として推奨されているPMVとPPDの範囲は、それぞれ－0.5＜PMV＜＋0.5、PPD＜10％である。

No.10

住宅における結露に関する次の記述のうち、**最も不適当な**ものはどれか。

1. 冷房時に発生する外壁の夏型結露は、外壁材等に含まれている水分が日射で加熱されて水蒸気となって、壁体内を透過して断熱材と防湿層との境で結露する現象である。
2. 外壁の室内側表面の結露対策としては、室内側表面温度を上昇させることが有効である。
3. 外壁仕上材の透湿抵抗が大きい場合の外壁内部の結露対策としては、断熱材の屋外側に通気層を設けることが有効である。
4. 冬期における外壁内部の結露対策としては、断熱材の室内側に防湿層を設けることが有効である。
5. 冬期における窓ガラス表面の結露対策としては、窓のカーテンを厚手にすることが有効である。

No.11

▶Check □□□

図のような外壁（天井内部分）A・B・Cにおいて、イ～ニの条件により計算した熱貫流率［W/（㎡・K)］の大小関係として、**正しい**ものは、次のうちどれか。

条件

イ. 屋外側熱伝達率　　：20W/(㎡・K)

ロ. 天井内側熱伝達率　　：10W/(㎡・K)

ハ. コンクリートの熱伝導率　　：1.5W/(m・K)

ニ. 押出発泡ポリスチレンフォームの熱伝導率　　：0.04W/(m・K)

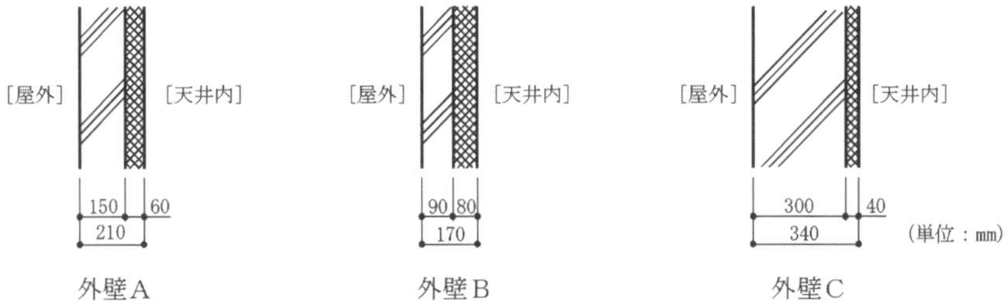

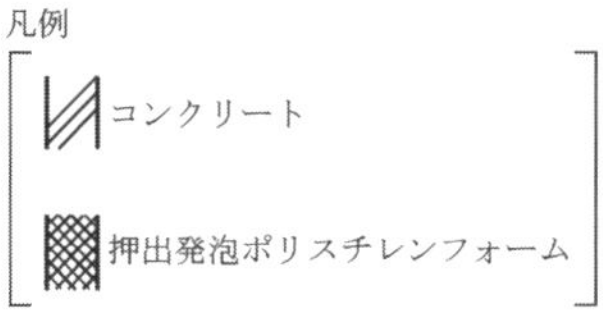

1. A＞C＞B
2. B＞A＞C
3. B＞C＞A
4. C＞A＞B
5. C＞B＞A

No.12

▶Check □□□

イ～ニの条件において、室内空気の絶対湿度を0.010 kg/kg（DA）に保つための換気量として、**最も適当な**ものは、次のうちどれか。

条件

イ．室内の水蒸気発生量：0.6 kg/h

ロ．外気の絶対湿度　　：0.005 kg/kg（DA）

ハ．空気の密度　　　　：1.2 kg/㎥

ニ．室内の水蒸気は、すぐに室全体に一様に拡散するものとする。

1. 50㎥/h
2. 80㎥/h
3. 100㎥/h
4. 120㎥/h
5. 144㎥/h

No.13

▶Check □□□

室内空気汚染に関する次の記述のうち、**最も不適当な**ものはどれか。

1. 居室における浮遊粉じん濃度は、0.15mg/㎥であれば、「建築物における衛生的環境の確保に関する法律」の「建築物環境衛生管理基準」を満たしている。
2. 居室における一酸化炭素濃度は、6ppmであれば、「建築物における衛生的環境の確保に関する法律」の「建築物環境衛生管理基準」を満たしている。
3. 居室における二酸化炭素濃度は、1,000ppmであれば、「建築物における衛生的環境の確保に関する法律」の「建築物環境衛生管理基準」を満たしている。
4. 教室におけるダニ又はダニアレルゲンの量は、100匹/㎡又はこれと同等のアレルゲン量であれば、「学校保健安全法」に基づく「学校環境衛生基準」を満たしている。
5. 教室におけるホルムアルデヒド濃度は、0.15mg/㎥であれば、「学校保健安全法」に基づく「学校環境衛生基準」を満たしている。

※基準改定により選択肢2を変更しています。

No.14

▶Check □□□

換気に関する次の記述のうち、**最も不適当な**ものはどれか。

1. ハイブリッド換気システムは、風力換気と温度差換気を組み合わせた自然換気システムである。
2. ソーラーチムニーは、太陽熱により煙突状の排気塔内部の空気を暖めて、建築物内の空気を誘引し、自然換気を促進させる手法である。
3. 開口部の通過風量は、開口部前後の圧力差が同じ場合、開口部の面積が異なっても、相当開口面積が同じであれば、同じ値となる。
4. 風力換気による換気量は、流入口と流出口の風圧係数の差の平方根に比例する。
5. 温度差換気による換気量は、室内外の温度差の平方根にほぼ比例する。

No.15

▶Check □□□

光環境に関する次の記述のうち、**最も不適当な**ものはどれか。

1. 照明率とは、照明器具から放射された全光束のうち、作業面に到達する光束の割合のことである。
2. 照度均斉度とは、JISにおいては、ある面における「平均照度」に対する「最小照度」の比のことである。
3. グレアとは、視野内に高輝度の対象や過大な輝度対比があるときに、視覚機能の低下や不快感を生じる現象のことである。
4. 色彩の面積効果とは、同じ色彩でも大面積になると、明度・彩度が低くなったように見える効果のことである。
5. 演色評価数とは、光源による色の見え方を評価する指標のことであり、100に近いほど自然光の特性に近いことを示している。

No.16

▶Check □□□

日照・日射に関する次の記述のうち、**最も不適当な**ものはどれか。

1. 実効放射（夜間放射）は、地表面放射と大気放射の差である。
2. 昼光率は、「全天空照度」に対する「直射日光による室内受照点照度」の比率である。
3. 太陽定数は、太陽から地球の大気圏外に到達する法線面太陽エネルギー量の年平均値である。
4. 永久日影は、夏至日に終日日影となる部分である。
5. 均時差は、真太陽時と平均太陽時の時差である。

No.17

▶Check □□□

遮音・吸音に関する次の記述のうち、**最も不適当な**ものはどれか。

1. 均質材料の単層壁における音響透過損失は、質量則によれば、面密度を2倍にすると約6dB大きくなる。
2. 中空二重壁における共鳴透過周波数は、中空層を薄くすると低くなる。
3. 室内の平均音圧レベルは、室内の総吸音力を2倍にすると約3dB小さくなる。
4. 多孔質吸音板の高周波数域における吸音性能は、表面に塗装を施したり、通気性のないクロスを張ったりすると低下する。
5. 孔あき板吸音構造の吸音性能は、背後空気層に挿入する多孔質吸音材料を「剛壁側に密着させる場合」より「孔あき板側に密着させる場合」のほうが大きくなる。

No.18

▶Check □□□

音に関する次の記述のうち、**最も不適当な**ものはどれか。

1. 等価騒音レベルは、ある時間内における変動する騒音の騒音レベルをdBで表したエネルギーの時間平均値である。
2. 室内騒音のNC値は、オクターブバンドごとのNC値のうちの最大値である。
3. 遮音等級T-1の扉の遮音性能は、遮音等級T-3の扉の遮音性能に比べて高い。
4. ラウドネスは、一般に、音圧レベルの等しい純音の場合、100Hzの音より1,000Hzの音のほうが大きい。
5. 一般の衝撃音の測定においては、時定数回路の二つの特性のうち、時間重み特性F（早い動特性）を用いる。

No.19

▶Check □□□

建築設備の騒音・振動の対策に関する次の記述のうち、**最も不適当な**ものはどれか。

---

1. 設備機器に防振架台を設けるに当たり、防振材の位置がずれないように、耐震ストッパーボルトのナットを防振架台に堅固に締め付けた。
2. 設備機器を防振するに当たり、低周波数域における防振効果を得るために、「グラスウールを用いた浮き床構造」ではなく「コイルばねを用いた架台」を採用した。
3. エレベーターのガイドレールを、構造梁ではなく、中間梁に支持した。
4. 給水ポンプから伝搬する振動を低減するために、ポンプの直近にフレキシブルジョイントを設けるとともに、ポンプだけではなく配管全体を防振支持した。
5. 排水管から放射される音を低減するために、管にグラスウール保温筒を巻き、その上に鉛板を巻いた。

No.20

▶Check □□□

水質・排水処理に関する次の記述のうち、**最も不適当な**ものはどれか。

---

1. 水道水の水質基準の項目には、味・臭気が含まれている。
2. 湖沼水は、一般に、河川水に比べて、自浄作用が大きい。
3. 厨房排水中のBOD及びSSは、洗面・風呂等の排水中のそれらに比べて低い。
4. 嫌気性処理方式により排水処理を行う場合は、水温を制御する必要がある。
5. 躯体内に設置されたばっ気槽において、ばっ気によって水中に発生する振動の伝搬を低減するためには、ばっ気槽内を防振材で内張りする方法がある。

No.21

▶Check □□□

図のような荷重を受ける単純梁の支点Bにおける反力の値として、**正しい**ものは、次のうちどれか。ただし、反力の方向は、上向きを「＋」、下向きを「－」とする。

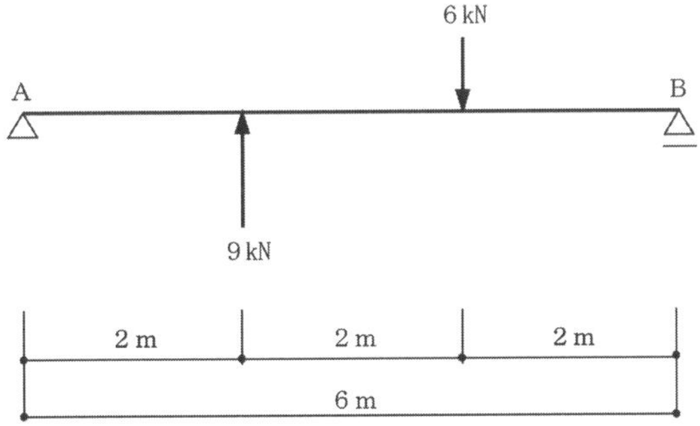

1. ＋4kN
2. ＋1kN
3. －1kN
4. －3kN
5. －4kN

No.22

▶Check □□□

地盤及び基礎構造に関する次の記述のうち、**最も不適当な**ものはどれか。

1. 同一建築物の基礎には、支持杭と摩擦杭のように異なった杭の混用を避けることが望ましい。
2. 基礎杭は、杭間隔を密に打ち込むと、杭打ちの鉛直精度が低下する等、施工性が低下する可能性がある。
3. 地下水位よりも上部にある地下外壁に作用する静止土圧は、土の単位体積重量に比例するものとして計算する。
4. 土粒子の粒径の大小関係は、砂＞シルト＞粘土である。
5. 圧密沈下は、地中の応力の増加によって、短時間で、土を構成する微粒子間の間隙から水が絞り出され、体積が減少することにより生じる。

No.23

▶Check □□□

鉄筋コンクリート構造に関する次の記述のうち、**最も不適当な**ものはどれか。

1. 腰壁や垂れ壁と一体となった柱は、せん断破壊を生じやすい。
2. 鉄筋のかぶり厚さは、建築物の構造耐力、耐久性及び耐火性に影響する。
3. 梁の引張鉄筋比が釣合鉄筋比以下の場合、梁の許容曲げモーメントは、引張鉄筋の断面積に比例するものとして計算する。
4. 柱は、一般に、負担している軸方向圧縮力が小さいほど、変形能力が低下し、脆(ぜい)性的な破壊を生じやすくなる。
5. 柱及び梁を主要な耐震要素とする構造形式は、一般に、耐力壁の多い構造形式に比べて、最大耐力は低いが、最大耐力に達した後の耐力の低下は小さい。

No.24

▶Check □□□

建築物に用いられる鋼材（炭素鋼）に関する次の記述のうち、**最も不適当な**ものはどれか。

1. 異形鉄筋SD345の降伏点の下限値は、345N/mm²である。
2. 鋼材は、一般に、炭素含有量が多くなると、溶接性が低下する。
3. 鋼材の引張強さは、一般に、炭素含有量が8％前後において最大となる。
4. 鋼材の比重は、アルミニウム材の比重の約3倍である。
5. 鋼材の線膨張係数は、常温において、普通コンクリートの線膨張係数とほぼ同じである。

No.25

▶Check □□□

コンクリートに関する次の記述のうち、**最も不適当な**ものはどれか。

1. コンクリートのヤング係数は、一般に、圧縮強度が高いほど、小さな値となる。
2. コンクリートの引張強度は、一般に、圧縮強度の$\frac{1}{10}$程度である。
3. コンクリートの強度は、一般に、硬化初期において湿潤状態で養生すると増進する。
4. レイタンスとは、コンクリート打込み後のブリーディングに伴って、コンクリート中の微細な粒子が浮遊水とともに浮き上がり、コンクリート表面に形成する脆(ぜい)弱な薄膜のことである。
5. クリープとは、一定の外力が継続して作用したときに、時間の経過とともに、ひずみが増大する現象のことである。

No.26

▶Check □□□

建築材料の熱に対する性質に関する次の記述のうち、**最も不適当な**ものはどれか。

1. 木材の発火点は、一般に、160℃程度である。
2. 鋼材の引張強さは、一般に、200～300℃において最大となり、それ以上の温度になると急激に低下する。
3. 普通ガラスの軟化点は、700℃程度である。
4. コンクリートの強度は、一般に、500℃において、常温時の約60%以下となる。
5. 安山岩の圧縮強度は、900℃程度までは、温度の上昇に伴い緩やかに増加する。

No.27

▶Check □□□

工事現場の管理に関する次の記述のうち、**最も不適当な**ものはどれか。

1. 吊り足場の作業床は、幅を40cm以上とし、かつ、隙間がないようにした。
2. 高低差2mの登り桟橋の勾配を、25度とした。
3. 架設通路において、作業上、臨時に手すり及び中桟を取り外した。
4. 建築物の地下ピット内において、作業時の酸素の濃度を18%以上に保つために、換気装置を用いて換気を行った。
5. 総括安全衛生管理者の選任を、その選任すべき事由が発生した日から15日後に行った。

No.28

▶Check □□□

材料管理に関する次の記述のうち、**最も不適当な**ものはどれか。

1. マスコンクリートの練上がり温度を制御するために、氷を混入して練り上げた。
2. コンクリート型枠用合板は、直射日光に当て、十分に乾燥させてから保管した。
3. 塗料等を保管する危険物貯蔵所に、「火気厳禁」の表示、消火器の設置、扉の施錠等の措置を行った。
4. 被覆アーク溶接棒は、使用直前に乾燥装置を用いて乾燥させた。
5. 建築物の改修工事に伴って生じたコンクリートの破片は、PCBが付着していたので、特別管理産業廃棄物として処理した。

No.29

▶Check □□□

鉄筋コンクリート工事に関する次の記述のうち、**最も不適当な**ものはどれか。

1. 鉄筋相互の結束には、一般のなまし鉄線のほか、亜鉛めっき品を使用してもよい。
2. 異形鉄筋の相互のあきは、鉄筋の呼び名の数値の1.5倍、粗骨材の最大寸法の1.25倍及び25mmのうち、最も大きい数値とする。
3. 異形鉄筋の定着の長さは、「鉄筋の種類」、「鉄筋の径」、「コンクリートの設計基準強度」及び「フック付き定着又は直線定着」によって異なる。
4. ガス圧接の継手位置は、平行に隣接する鉄筋と同じ位置とする。
5. スラブに用いるスペーサーは、転倒及び作業荷重に耐えられるものとし、鋼製のものとすることが望ましい。

No.30

▶Check □□□

コンクリート工事に関する次の記述のうち、**最も不適当な**ものはどれか。

1. コンクリートの強度試験は、打込み日及び打込み工区ごと、かつ、150㎥以下にほぼ均等に分割した単位ごとに行うこととした。
2. コンクリートの締固めにおいては、コンクリート棒形振動機の挿入間隔を60cm以下とする。
3. コンクリートの打込みにおいては、最外側鉄筋とせき板との所要のあきの状態を確認して、かぶり厚さを確保する。
4. 柱・壁のコンクリートの打込みは、梁との境目にひび割れを発生させないように、梁の上端まで中断することなく連続して行う。
5. コンクリートの打込み直後から硬化初期の期間中は、振動、外力等の悪影響を受けないように、十分な養生を行う。

※基準改定により、選択肢1を変更しています。

MEMO

建築法規

問題

令和4年度

建築法規［問題］

▶解答・解説 P.80～

No.1

▶Check □□□

次の記述のうち、建築基準法上、**誤っている**ものはどれか。

1. 就労移行支援を行う障害福祉サービス事業の用に供する施設は、「特殊建築物」に該当する。

2. 請負契約によらないで自ら建築物に関する工事をする者は、「建築主」かつ「工事施工者」に該当する。

3. 建築物の周囲において発生する通常の火災による延焼の抑制に一定の効果を発揮するために外壁に必要とされる性能は、「耐火性能」に該当する。

4. 電子計算機に対する指令であって、一の結果を得ることができるように組み合わされたものは、「プログラム」に該当する。

No.2

▶Check □□□

面積、高さ又は階数の算定に関する次の記述のうち、建築基準法上、**誤っている**ものはどれか。

1. 建築物の容積率の算定の基礎となる延べ面積の算定において、宅配ボックス設置部分の床面積を当該延べ面積に算入しないとする規定については、当該敷地内の全ての建築物における各階の床面積の合計の和の1/100を限度として適用する。

2. 建築物の高さを算定する場合の「地盤面」とは、建築物が周囲の地面と接する位置の高低差が3ｍを超える場合においては、その高低差3ｍ以内ごとの平均の高さにおける水平面をいう。

3. 前面道路の反対側の境界線からの水平距離により制限される建築物の各部分の高さは、原則として、地盤面からの高さにより算定する。

4. 機械室及び倉庫からなる地階部分で、その水平投影面積の合計が当該建築物の建築面積の1/8のものは、当該建築物の階数に算入しない。

No.3

▶Check □□□

建築物の建築等に係る手続等に関する次の記述のうち、建築基準法上、**誤っている**ものはどれか。

1. 都市計画区域内における公衆便所は、道路内であっても、特定行政庁が通行上支障がないと認めて建築審査会の同意を得て許可した場合には、建築することができる。
2. 延べ面積20㎡の建築物を除却しようとする場合においては、その旨を都道府県知事に届け出なければならない。
3. 地方公共団体は、条例で、特殊建築物の敷地が道路に接する部分の長さに関して必要な制限を付加することができる。
4. 建築主事は、違反建築物に関する工事の請負人に対して、違反を是正するために必要な措置をとることを命ずることができる。

No.4

▶Check □□□

建築物の一般構造に関する次の記述のうち、建築基準法上、**誤っている**ものはどれか。

1. 居室を有する建築物においては、クロルピリホスをあらかじめ添加した建築材料（国土交通大臣が定めたものを除く。）を使用してはならない。
2. 劇場における客用の階段に代わる高さ1.5m、勾配1/12の傾斜路において、その幅が4mの場合には、中間に手すりを設けなくてもよい。
3. 老人福祉施設における入所者用の床面積50㎡の娯楽室において、窓その他の開口部で採光に有効な部分の面積は、原則として、5㎡以上としなければならない。
4. 集会場の用途に供する床面積200㎡の居室には、換気に有効な部分の面積が10㎡の窓を設けた場合であっても、所定の技術的基準に従って、換気設備を設けなければならない。

No.5 ▶Check □□□

建築物の防火に関する次の記述のうち、建築基準法上、**誤っている**ものはどれか。

1. 特殊建築物等の内装の規定において、天井の高さが6mを超える居室は、内装の制限を受ける「窓その他の開口部を有しない居室」から除かれている。
2. 3階建ての映画スタジオにおいて、3階を当該用途に供する場合には、耐火建築物としなければならない。
3. 主要構造部を準耐火構造とした3階建て、延べ面積200㎡の一戸建ての住宅においては、階段の部分とその他の部分とを防火区画しなければならない。
4. 主要構造部を耐火構造とした5階建て、延べ面積4,000㎡の百貨店においては、自動式のスプリンクラー設備を全館に設けた場合であっても、所定の床面積以内ごとに防火区画しなければならない。

No.6

▶Check □□□

建築物の避難施設等に関する次の記述のうち、建築基準法上、**誤っているも**のはどれか。

1. 共同住宅の住戸の床面積の合計が200㎡である階における共用の廊下の幅は、廊下の片側のみに居室がある場合、1.2m以上としなければならない。
2. 床面積の合計が1,500㎡を超える物品販売業を営む店舗において、避難階に設ける屋外への出口の幅の合計は、床面積が最大の階における床面積100㎡につき50cmの割合で計算した数値以上としなければならない。
3. 3階建て、延べ面積180㎡の共同住宅の敷地内には、屋外への出口から道又は公園、広場その他の空地に通ずる幅員が90cm以上の通路を設けなければならない。
4. 地下街の各構えの居室の各部分から地下道（当該居室の各部分から直接地上へ通ずる通路を含む。）への出入口の一に至る歩行距離は、30m以下でなければならない。

No.7

▶Check □□□

建築物に設ける換気設備に関する次の記述のうち、建築基準法上、**誤っているもの**はどれか。

1. 居室に設ける自然換気設備の排気筒の有効断面積は、当該居室における換気上有効な窓その他の開口部の換気上有効な面積が大きいほど、小さくすることができる。
2. 集会場の居室に設ける機械換気設備の有効換気量の計算において、実況に応じた1人当たりの占有面積は、3㎡を超えるときは3㎡としなければならない。
3. 換気設備を設けるべき調理室等に設ける換気設備において、煙突又は換気扇等を設ける場合には、給気口の位置は、必ずしも当該調理室等の天井の高さの1/2以下の高さとしなくてもよい。
4. 居室を有する建築物の建築材料及び換気設備についてのホルムアルデヒドに関する技術的基準の規定は、1年を通じて、当該居室内の人が通常活動することが想定される空間のホルムアルデヒドの量を空気1㎥につきおおむね0.2mg以下に保つことができる居室については、適用しない。

No.8

▶Check □□□

建築物に設けるエレベーターに関する次の記述のうち、建築基準法上、**誤っている**ものはどれか。

1. 住宅に設けるエレベーターで昇降路の全ての出入口が一の住戸内のみにあるものの籠は、難燃材料で造らなくても、又は覆わなくてもよい。
2. エレベーターに必要のない光ファイバーケーブル（電気導体を組み込んだものを除く。）は、地震時においてエレベーターの機能及び当該光ファイバーケーブルの機能に支障が生じない場合であっても、そのエレベーターの昇降路内に設けてはならない。
3. 籠を主索で吊(つ)る乗用エレベーター（油圧エレベーターを除く。）は、原則として、籠に積載荷重の1.25倍の荷重が加わった場合においても、籠の位置が著しく変動しないものとしなければならない。
4. 特殊な構造のエレベーターのうち機械室を有しないものにおいて、駆動装置等から昇降路の壁又は囲いまでの水平距離は、保守点検に必要な範囲において50cm以上としなければならない。

No.9

▶Check □□□

建築設備に関する次の記述のうち、建築基準法上、**誤っている**ものはどれか。

---

1. １時間準耐火基準に適合する準耐火構造の床又は壁で建築物の他の部分と区画されたパイプシャフトにおいて、当該床又は壁を貫通する外径165mmの給水管は、その貫通する部分及び当該貫通する部分からそれぞれ両側に１m以内の距離にある部分を不燃材料で造らなければならない。
2. ３階以上の階を共同住宅の用途に供する建築物において、住戸に設けるガスせんの構造は、ガスを使用する器具に接続する金属管とねじ接合することができるものである場合には、ガスが過流出したときに自動的にガスの流出を停止することができる機構を有するものでなくてもよい。
3. 高さが20mを超え60m以下の鉄筋コンクリート造の建築物に設ける屋上から突出する水槽について、暴風時の短期に生ずる力に対して安全上支障のないことを確認する場合には、水槽に貯蔵する水又はこれに類するものの重量を積載荷重から除かなければならない。
4. 建築物に設ける自立する構造の給湯設備で、給湯設備の質量、支持構造部の質量及び給湯設備を満水にした場合における水の質量の総和が15kgを超え60kg以下のものは、その上部を所定の方法により当該給湯設備を充分に支持するに足りる建築物の部分等に緊結するときは、その底部を建築物の部分等に緊結しなくてもよい。

No.10

▶Check □□□

建築物に設ける非常用の照明装置に関する次の記述のうち、建築基準法上、**誤っている**ものはどれか。

1. 平家建て、延べ面積3,000㎡のスケート場には、非常用の照明装置を設けなくてもよい。
2. 電気配線の途中には、照明器具内に予備電源を有する場合であっても、コンセント、スイッチその他これらに類するものを設けてはならない。
3. 予備電源は、充電を行うことなく30分間継続して非常用の照明装置を点灯させることができるものとしなければならない。
4. 電気配線は、下地を不燃材料で造り、かつ、仕上げを不燃材料でした天井の裏面に鋼製電線管を用いて行う配線とすることができる。

No.11

▶Check □□□

建築物に設ける非常用エレベーターに関する次の記述のうち、建築基準法上、**誤っている**ものはどれか。

1. 高さ31mを超える部分の階数が4以下の主要構造部を耐火構造とした建築物で、当該部分が床面積の合計500㎡以内ごとに耐火構造の床若しくは壁又は所定の特定防火設備で区画されているものには、非常用エレベーターを設けなくてもよい。
2. 非常用エレベーターの乗降ロビーの床面積は、非常用エレベーター1基について10㎡以上としなければならない。
3. 非常用エレベーターの籠は、構造上軽微な部分を除き、不燃材料で造り、又は覆わなければならない。
4. 非常用エレベーターの籠には、非常の場合において籠内の人を安全に籠外に救出することができる開口部を籠の天井部に設けなければならない。

No.12

▶Check □□□

建築設備に関する次の記述のうち、建築基準法上、**誤っている**ものはどれか。

1. ２階建て、延べ面積1,000㎡の老人福祉施設において、床面積100㎡以内ごとに準耐火構造 の床若しくは壁又は所定の防火設備で区画された部分には、排煙設備を設けなくてもよい。
2. 各構えの床面積の合計が1,000㎡を超える地下街における排煙設備の制御及び作動状態の監視は、中央管理室において行うことができるものとしなければならない。
3. 地下街の各構えの接する地下道に設ける非常用の照明設備において、照明器具の光源（光の拡散のためのカバーその他これに類するものがある場合には、当該部分）の最下部は、天井（天井のない場合においては、床版）面から50cm以上下方の位置に設けなければならない。
4. 防火区画に用いる防火設備で火災により煙が発生した場合に自動的に閉鎖するものは、熱感知器、連動制御器、自動閉鎖装置及び予備電源を備えたものでなければならない。

No.13

▶Check □□□

次の記述のうち、建築士法上、**誤っている**ものはどれか。

1. 設備設計一級建築士以外の一級建築士は、階数が３以上で床面積の合計が5,000㎡を超える建築物の設備設計を行った場合においては、設備設計一級建築士に当該設備設計に係る建築物が設備関係規定に適合するかどうかの確認を求めなければならない。
2. 建築設備士は、建築設備士としての建築実務の経験年数に関わらず、一級建築士試験の受験資格を有する者に該当する。
3. 禁錮以上の刑に処せられ、その執行を終わり、又は執行を受けることがなくなった日から起算して２年を経過しない者は、建築設備士になることはできない。
4. 木造２階建て、延べ面積1,200㎡、高さ９ｍの事務所（応急仮設建築物ではない。）を新築する場合においては、一級建築士又は二級建築士でなければ、その設計をしてはならない。

No.14

▶Check □□□

次の防火対象物のうち、消防法上、「特定防火対象物」に**該当しない**ものはどれか。

1. 幼保連携型認定こども園
2. 集会場
3. 寄宿舎
4. 地下街

No.15

▶Check □□□

次の記述のうち、消防法上、**誤っている**ものはどれか。ただし、いずれの建築物も無窓階はないものとし、また、指定可燃物の貯蔵又は取扱いはないものとする。

1. ２階建て、延べ面積900㎡の旅館には、原則として、避難口誘導灯を設置しなければならない。
2. 事務所及び飲食店の用途に供する複合用途防火対象物の地階において、床面積の合計が 1,000㎡で、かつ、飲食店の用途に供される部分の床面積の合計が400㎡の場合には、原則として、ガス漏れ火災警報設備を設置しなければならない。
3. 収容人員が50人の共同住宅の管理について権原を有する者は、所定の資格を有する者のうちから防火管理者を定めなければならない。
4. ２階建て、延べ面積3,000㎡の物品販売業を営む店舗の関係者は、スプリンクラー設備について、定期に、所定の資格者に点検させ、その結果を消防長（消防本部を置かない市町村においては、市町村長）又は消防署長に報告しなければならない。

No.16

▶Check □□□

次の記述のうち、電気事業法上、**誤っている**ものはどれか。

1. 電圧200Vで受電し、電気を使用するための電気工作物であっても、低圧受電電線路以外の電線路によりその構内以外の場所にある電気工作物と電気的に接続されているものは、一般用電気工作物に該当しない。
2. 同一の構内において、一般用電気工作物（小規模発電設備は設置していない。）に新たに電圧200V、出力30kWの風力発電設備を設置した場合、その電気工作物は、事業用電気工作物に該当する。
3. 第二種電気主任技術者免状の交付を受けている者が保安について監督をすることができる範囲は、第一種ダム水路主任技術者免状又は第一種ボイラー・タービン主任技術者免状の交付を受けている者が保安の監督をすることができる範囲を除き、電圧17万V未満の事業用電気工作物の工事、維持及び運用の範囲である。
4. 主任技術者は、事業用電気工作物（小規模事業用電気工作物を除く。）の工事、維持及び運用に関する保安を確保するため、保安を一体的に確保することが必要な事業用電気工作物（小規模事業用電気工作物を除く。）の組織ごとに保安規程を定めなければならない。

※法改正により選択肢1、2、4を変更しています。

No.17

▶Check □□□

電気設備に関する次の記述のうち、関係法令上、**誤っている**ものはどれか。

1. 「電気工事士法」上、自家用電気工作物に係る電気工事のうち、ネオン工事又は非常用予備発電装置工事については、原則として、第一種電気工事士でなければ、その作業に従事してはならない。
2. 「電気用品安全法」上、自家用電気工作物を設置する者は、技術基準に適合する旨の表示が付されている電気用品でなければ、電気工作物の設置又は変更の工事に使用してはならない。
3. 「電気設備に関する技術基準を定める省令」上、電路は、混触による高電圧の侵入等の異常が発生した際の危険を回避するための接地その他の保安上必要な措置を講ずる場合、大地から絶縁しなくてもよい。
4. 「発電用太陽電池設備に関する技術基準を定める省令」上、太陽電池モジュールの支持物は、自重、地震荷重、風圧荷重、積雪荷重その他の当該支持物の設置環境下において想定される各種荷重に対し安定であるよう施設しなければならない。

No.18

▶Check □□□

次の記述のうち、関係法令上、**誤っている**ものはどれか。

1.「高齢者、障害者等の移動等の円滑化の促進に関する法律」上、建築主等は、床面積の合計が2,000m²以上の事務所を新築しようとするときは、当該事務所を建築物移動等円滑化基準に適合させなければならない。

2.「建築物のエネルギー消費性能の向上に関する法律」上、建築主は、非住宅部分における床面積（所定の床面積を除く。）の合計が300m²以上である建築物の新築をしようとするときは、当該建築物（非住宅部分に限る。）を建築物エネルギー消費性能基準に適合させなければならない。

3.「建築物における衛生的環境の確保に関する法律」上、特定建築物所有者等は、当該特定建築物の維持管理が環境衛生上適正に行われるように監督をさせるため、建築物環境衛生管理技術者免状を有する者のうちから建築物環境衛生管理技術者を選任しなければならない。

4.「労働安全衛生法」上、事業者は、常時50人以上の労働者を使用する建設業の事業場ごとに、所定の資格を有する者のうちから安全管理者を選任しなければならない。

建築法規［問題］ ▶解答・解説 P.88～

No.1

▶Check □□□

次の記述のうち、建築基準法上、**誤っている**ものはどれか。

1. 建築物の外壁又はこれに代わる柱の面から敷地境界線までの距離を、「外壁の後退距離」という。
2. 脱落によって重大な危害を生ずるおそれがあるものとして国土交通大臣が定める天井を、「特定天井」という。
3. 飲食店は、「特殊建築物」に該当する。
4. 構造耐力上主要な部分を耐火構造とし、かつ、外壁の開口部で延焼のおそれのある部分に所定の防火設備を有する建築物は、「耐火建築物」に該当する。

No.2

▶Check □□□

面積、高さ又は階数の算定に関する次の記述のうち、建築基準法上、**誤っている**ものはどれか。

1. 容積率の算定の基礎となる延べ面積の算定において、建築物の地階でその天井が地盤面からの高さ1m以下にあるものの住宅の用途に供する部分の床面積を当該延べ面積に算入しないとする規定については、当該建築物の住宅の用途に供する部分（所定の昇降機の昇降路の部分又は共同住宅の共用の廊下若しくは階段の用に供する部分を除く。）の床面積の合計の1／3を限度として適用する。
2. 容積率の算定の基礎となる延べ面積の算定において、自家発電設備設置部分の床面積を当該延べ面積に算入しないとする規定については、当該敷地内の全ての建築物における各階の床面積の合計の和の1/100を限度として適用する。
3. 避雷設備の設置の規定に係る建築物の高さの算定において、階段室、昇降機塔等の建築物の屋上部分の水平投影面積の合計が当該建築物の建築面積の1／8以内の場合、その部分の高さは、12mまでは、当該建築物の高さに算入しない。
4. 建築物の屋上部分で、水平投影面積の合計が当該建築物の建築面積の1／8以下の塔屋において、その一部に居室を設けたものは、当該建築物の階数に算入する。

No.3

▶Check □□□

都市計画区域内における次の行為のうち、建築基準法上、**確認済証の交付を受ける必要がない**ものはどれか。ただし、確認済証の交付を受ける必要がない区域の指定はないものとする。

1. 高架の遊戯施設であるコースターの築造
2. 木造３階建て、延べ面積200㎡の既存の一戸建ての住宅へのエレベーターの設置
3. 鉄骨造平家建て、延べ面積200㎡の事務所の大規模の模様替
4. 鉄筋コンクリート造２階建て、延べ面積500㎡の旅館の寄宿舎への用途の変更

No.4

▶Check □□□

建築物の一般構造に関する次の記述のうち、建築基準法上、**誤っている**ものはどれか。

1. 寄宿舎における寝室相互間の間仕切壁の遮音構造は、振動数2,000Hzの音に対しては、透過損失が50dB以上の性能を有するものでなければならない。
2. 病院における病室の窓その他の開口部で採光に有効な部分の面積は、原則として、その病室の床面積の１／７以上としなければならない。
3. 観覧場におけるエレベーターの機械室に通ずる階段の踏面の寸法は、15cm以上としなければならない。
4. 住宅の地階に設ける居室において、からぼりに面する所定の開口部を設ける場合には、居室内の湿度を調節する設備を設けなくてもよい。

No.5

▶Check □□□

建築物の防火に関する次の記述のうち、建築基準法上、**誤っている**ものはどれか。

1. 主要構造部を耐火構造とした平家建て、延べ面積2,000㎡の工場において、当該用途に供する部分でその用途上やむを得ない場合には、所定の床面積以内ごとに防火区画しなくてもよい。
2. 地域活動支援センターの用途に供する建築物の当該用途に供する部分については、その防火上主要な間仕切壁（自動スプリンクラー設備等設置部分その他防火上支障がないものとして国土交通大臣が定める部分の間仕切壁を除く。）を準耐火構造としなければならない。
3. 耐力壁である外壁で、屋内において発生する通常の火災による火熱が加えられた場合に、加熱開始後30分間構造耐力上支障のある変形、溶融、破壊その他の損傷を生じないものは、防火性能に関する技術的基準に適合する。
4. 換気設備の風道が防火床を貫通する場合において、当該風道に設置すべき特定防火設備については、火災により煙が発生した場合又は火災により温度が急激に上昇した場合に自動的に閉鎖するものであり、かつ、閉鎖した場合に防火上支障のない遮煙性能を有するものでなければならない。

No.6

▶Check □□□

建築物の避難施設等に関する次の記述のうち、建築基準法上、**誤っている**ものはどれか。

1. 避難階が１階である５階建ての事務所において、主要構造部が耐火構造である場合、５階の居室の床面積の合計が200㎡のときには、５階から避難階又は地上に通ずる２以上の直通階段を設けなくてもよい。
2. 非常用の進入口の幅、高さ及び下端の床面からの高さは、それぞれ、75cm以上、1.2m以上及び80cm以下としなければならない。
3. ６階建ての百貨店で各階を売場の用途に供する場合においては、延べ面積に関わらず、避難の用に供することができる屋上広場を設けなければならない。
4. 主要構造部が準耐火構造である建築物のうち、当該建築物が全館避難安全性能を有するものであることについて、全館避難安全検証法により確かめられたものについては、非常用の照明装置の規定は適用されない。

No.7 ▶Check □□□

建築物に設ける換気設備に関する次の記述のうち、建築基準法上、**誤っているもの**はどれか。

1. 学校の教室に設ける自然換気設備の排気筒において、断面の形状がだ円形の場合、断面における短径の長径に対する割合は、1／2以上としなければならない。
2. 学校の教室に設ける中央管理方式の空気調和設備において、有効換気量は、当該教室が換気上有効な窓その他の開口部を有する場合には、当該開口部を有しない場合に比べて、少なくすることができる。
3. 飲食店の調理室において、密閉式燃焼器具等以外の火を使用する設備又は器具を設ける場合には、当該設備又は器具の発熱量の合計が6kW以下であり、かつ、換気上有効な開口部を設けた場合であっても、所定の技術的基準に従って、換気設備を設けなければならない。
4. 飲食店の調理室において、密閉式燃焼器具等以外の火を使用する設備又は器具の煙突に換気扇を設ける場合、当該換気扇の有効換気量は、原則として、「V＝2KQ（K：燃料の単位燃焼量当たりの理論廃ガス量（単位㎥）、Q：当該設備又は器具の実況に応じた燃料消費量（単位kW又はkg/h））」によって計算したV（換気扇等の必要有効換気量）の数値以上としなければならない。

※法改正により選択肢4を変更しています。

No.8

Check □□□

建築物に設ける昇降機に関する次の記述のうち、建築基準法上、**誤っている**ものはどれか。

1. 乗用エレベーターの昇降路の出入口の床先と籠の床先との水平距離は、4cm以下としなければならない。
2. 寝台用エレベーターにおいて、床面積が4㎡の籠の積載荷重は、10,000Nを下回ってはならない。
3. エレベーターの機械室における床面から天井又ははりの下端までの垂直距離は、籠の定格速度が毎分120mの場合、2.2m以上としなければならない。
4. 特殊な構造のエスカレーターで、勾配が30度を超えるものにあっては、踏段の奥行きを30cm以上としなければならない。

No.9

Check □□□

建築設備に関する次の記述のうち、建築基準法上、**誤っている**ものはどれか。

1. 11階建ての建築物の屋上に設ける冷房のための冷却塔設備において、冷却塔の構造に応じ、建築物の他の部分までの距離を所定の距離以上とする場合、所定の構造の冷却塔から他の冷却塔（当該冷却塔の間に防火上有効な隔壁が設けられている場合を除く。）までの距離は、1.5m以上としなければならない。
2. 建築物（換気設備を設けるべき調理室等を除く。）に設ける中央管理方式の空気調和設備は、居室における気流が、概ね1秒間につき0.5m以下となるように空気の流量を調節して供給することができる性能を有するものとしなければならない。
3. 延べ面積が3,000㎡を超える建築物に設ける冷房設備の風道は、屋外に面する部分にあっては、不燃材料で造らなくてもよい。
4. 材質が硬質塩化ビニル、肉厚が5.9mm、外径が89mmの給水管は、準耐火構造の防火区画を貫通する場合に用いることができる。

No.10 ▶Check □□□

建築物に設ける排煙設備に関する次の記述のうち、建築基準法上、**誤っている**ものはどれか。

1. 排煙口には、煙感知器と連動する自動開放装置を設けた場合であっても、手動開放装置を設けなければならない。
2. 特別避難階段の付室に加圧防排煙設備を設ける場合、当該設備の送風機の構造は、給気口の開放に伴い、自動的に作動するものとしなければならない。
3. 電源を必要とする排煙設備の予備電源は、常用の電源が断たれた場合に自動的に切り替えられて接続される自家用発電装置としなければならない。
4. 非常用エレベーターを設けなければならない建築物における排煙設備の制御及び作動状態の監視は、中央管理室において行うことができるものとしなければならない。

No.11 ▶Check □□□

建築物に設ける非常用エレベーターに関する次の記述のうち、建築基準法上、**誤っている**ものはどれか。

1. 非常用エレベーターの乗降ロビーは、避難階の直上階で、かつ、屋内と連絡して設けることが構造上著しく困難である階には設けなくてもよい。
2. 非常用エレベーターの乗降ロビーは、窓若しくは排煙設備又は出入口を除き、耐火構造の床及び壁で囲まなければならない。
3. 非常用エレベーターの乗降ロビーにおける昇降路の出入口には、所定の構造の特定防火設備を設けなくてもよい。
4. 非常用エレベーターにおける避難階の乗降ロビーには、中央管理室と連絡する電話装置を設けなければならない。

No.12

▶Check □□□

建築設備に関する次の記述のうち、建築基準法上、**誤っている**ものはどれか。

---

1. 非常用の照明装置にLEDランプを用いる場合には、常温下で床面において水平面照度で2lx以上を確保することができるものとしなければならない。
2. 排煙設備の排煙風道は、原則として、建築物の部分である木材その他の可燃材料から15cm以上離して設けなければならない。
3. 地下街の各構えの接する地下道は、その床面積500㎡以内ごとに、天井面から80cm以上下方に突出した垂れ壁その他これと同等以上の煙の流動を防げる効力のあるもので、不燃材料で造り、又は覆われたもので区画しなければならない。
4. 地下街の各構えの接する地下道に設ける非常用の排水設備の下水管、下水溝等の末端は、公共下水道、都市下水路その他これらに類する施設に、排水上有効に連結しなければならない。

No.13

▶Check □□□

次の記述のうち、建築士法上、**誤っている**ものはどれか。

1. 建築士は、延べ面積が2,500m²の建築物の建築設備に係る工事監理を行う場合においては、当該建築士が設備設計一級建築士である場合を除き、建築設備士の意見を聴くよう努めなければならない。
2. 国土交通大臣は、その免許を受けた一級建築士が業務に関して不誠実な行為をしたときは、当該一級建築士に対し、戒告し、若しくは1年以内の期間を定めて業務の停止を命じ、又はその免許を取り消すことができる。
3. 鉄骨造2階建て、延べ面積300m²、高さ8mの店舗（応急仮設建築物ではない。）を新築する場合においては、一級建築士又は二級建築士でなければ、その設計をしてはならない。
4. 一級建築士は、他の一級建築士の設計した設計図書の一部を変更しようとするに当たり、当該一級建築士の承諾を求めることのできない事由があるとき、又は承諾が得られなかったときは、自己の責任において、その設計図書の一部を変更することができる。

No.14

▶Check □□□

次の建築物又は建築物の部分のうち、消防法上、**スプリンクラー設備を設置しなければならない**ものはどれか。ただし、いずれも無窓階はないものとし、また、指定可燃物の貯蔵又は取扱いはないものとする。なお、所定の措置によってスプリンクラー設備を設置しないことができる部分はないものとする。

1. 2階建て、延べ面積3,000m²の展示場
2. 8階建て、延べ面積10,000m²の共同住宅
3. 4階建て、各階の床面積1,200m²の旅館の4階部分
4. 13階建て、各階の床面積1,500m²の大学の8階部分

No.15

▶Check □□□

次の記述のうち、消防法上、**誤っている**ものはどれか。ただし、いずれも無窓階はないものとし、また、指定可燃物の貯蔵又は取扱いはないものとする。

1. 幼稚園は、「特定防火対象物」に該当する。
2. 主要構造部を耐火構造とし、かつ、壁及び天井の室内に面する部分の仕上げを不燃材料でした３階建て、延べ面積2,200㎡の事務所には、原則として、屋内消火栓設備を設置しなければならない。
3. ２階建て、延べ面積500㎡の共同住宅には、原則として、自動火災報知設備を設置しなければならない。
4. 20階建て、高さ80mの建築物に設置する連結送水管において、非常電源の容量は、連結送水管の加圧送水装置を有効に２時間以上作動できる容量としなければならない。

No.16

▶Check □□□

次の記述のうち、電気事業法上、**誤っている**ものはどれか。

1. 自家用電気工作物とは、事業用電気工作物のうち、「一般送配電事業、送電事業、配電事業、特定送配電事業又は発電事業であってその事業の用に供する発電等用電気工作物が主務省令で定める要件に該当するもの」の用に供する電気工作物以外の電気工作物をいう。
2. 電線路維持運用者は、維持し、及び運用する電線路と直接に電気的に接続する一般用電気工作物の調査の結果、その一般用電気工作物が所定の技術基準に適合していないと認めるときは、遅滞なく、その所有者又は占有者に対し、その技術基準に適合するように命じ、又はその使用を制限することができる。
3. 事業用電気工作物を設置する者は、保安規程を変更したときは、遅滞なく、変更した事項を届け出なければならない。
4. 第三種電気主任技術者免状の交付を受けている者は、原則として、電圧５万Ｖ未満の事業用電気工作物の工事、維持及び運用に関する保安の監督をすることができる。

※法改正により選択肢１を変更しています。

No.17 ▶Check □□□

次の記述のうち、「電気設備に関する技術基準を定める省令」上、**誤っているもの**はどれか。

1. 「調相設備」とは、無効電力を調整する電気機械器具をいう。
2. 「連接引込線」とは、一需要場所の引込線から分岐して、支持物を経ないで他の需要場所の引込口に至る部分の電線をいう。
3. 電路は、混触による高電圧の侵入等の異常が発生した際の危険を回避するための接地その他の保安上必要な措置を講ずる場合には、大地から絶縁しなくてもよい。
4. 地中電線には、感電のおそれがないよう、使用電圧に応じた絶縁性能を有する絶縁電線又はケーブルを使用しなければならない。

No.18 ▶Check □□□

次の記述のうち、関係法令上、**誤っている**ものはどれか。

1. 「建設工事に係る資材の再資源化等に関する法律」上、床面積の合計が600㎡の店舗に床面積の合計が500㎡、請負代金の額が9,000万円の増築を行う工事で、その施工にコンクリートを使用するものの受注者は、正当な理由がある場合を除き、分別解体等をしなければならない。
2. 「高齢者、障害者等の移動等の円滑化の促進に関する法律」上、建築主等は、床面積の合計が1,800㎡の税務署を新築しようとするときは、当該税務署を建築物移動等円滑化基準に適合させなければならない。
3. 「建築物における衛生的環境の確保に関する法律」上、図書館の用途に供される部分の延べ面積が3,000㎡の建築物の所有者、占有者その他の者で当該建築物の維持管理について権原を有するものは、建築物環境衛生管理基準に従って当該建築物の維持管理をしなければならない。
4. 「建築物のエネルギー消費性能の向上に関する法律」上、「空気調和設備等」とは、建築物に設ける空気調和設備その他の機械換気設備、照明設備、給湯設備及び昇降機をいう。

令和 2 年度

建築法規［問題］

▶解答・解説 P.95~

No.1

▶Check □□□

次の記述のうち、建築基準法上、**誤っている**ものはどれか。

1. 土地に定着する観覧のための工作物は、屋根を有しないものであっても、「建築物」に該当する。
2. 地域活動支援センターは、「特殊建築物」に該当する。
3. 建築物に関する工事用の現寸図は、「設計図書」に該当する。
4. スポーツの練習場の用途に供する建築物は、排煙設備の設置に関する規定における「学校等」に該当する。

No.2

▶Check □□□

面積、高さ又は階数の算定に関する次の記述のうち、建築基準法上、**誤っているもの**はどれか。

1. 建築基準法第42条第2項の規定によって道路の境界線とみなされる線と道との間の部分の敷地は、敷地面積に算入する。
2. 建築基準法第52条第1項に規定する延べ面積の算定において、自動車車庫等部分の床面積を当該延べ面積に算入しないとする規定については、当該敷地内の全ての建築物における各階の床面積の合計の和の$\frac{1}{5}$を限度として適用する。
3. 建築物の軒の高さの算定は、地盤面からの高さによらない場合がある。
4. 機械室、倉庫及び中央管理室からなる地階部分で、その水平投影面積の合計が当該建築物の建築面積の$\frac{1}{8}$のものは、当該建築物の階数に算入する。

No.3

▶Check □□□

建築物の建築等に係る手続等に関する次の記述のうち、建築基準法上、**誤っている**ものはどれか。

1. 特定行政庁が指定する特定工程後の工程に係る工事は、当該特定工程に係る中間検査合格証の交付を受けた後でなければ、これを施工してはならない。
2. 建築物除却届は、特定行政庁に届け出なければならない。
3. 仮設興行場を建築しようとする場合においては、特定行政庁がその建築を許可した場合であっても、確認済証の交付を受けなければならない。
4. 特定行政庁は、違反建築物に関する工事の請負人に対して、違反を是正するために必要な措置をとることを命ずることができる。

No.4

▶Check □□□

建築物の構造強度に関する次の記述のうち、建築基準法上、**誤っている**ものはどれか。

1. 建築物の地下部分の各部分に作用する地震力は、原則として、当該部分の固定荷重と積載荷重との和に所定の水平震度を乗じて計算しなければならない。
2. 店舗の売場の床の構造計算をする場合、床の積載荷重については、当該建築物の実況によらず、2,900N/㎡に床面積を乗じて計算することができる。
3. 特定天井の構造は、構造耐力上安全なものとして、国土交通大臣の認定を受けたものとしなければならない。
4. 風圧力の計算に必要な速度圧の計算において、風速は、その地方における過去の台風の記録に基づく風害の程度その他の風の性状に応じて30m/sから46m/sまでの範囲内において国土交通大臣が定めるものとしなければならない。

No.5

▶Check □□□

建築物の防火に関する次の記述のうち、建築基準法上、**誤っている**ものはどれか。

---

1. 主要構造部を準耐火構造とした３階建て、延べ面積200㎡の一戸建ての住宅において、昇降機の昇降路の部分とその他の部分とは防火区画しなくてもよい。
2. 防火区画に用いる特定防火設備は、常時閉鎖若しくは作動をした状態にあるか、又は随時閉鎖若しくは作動をできるものでなければならない。
3. 自動車車庫又は自動車修理工場の用途に供する特殊建築物は、当該用途に供する部分の床面積の合計に関わらず、原則として、特殊建築物等の内装の制限を受ける。
4. 給水管、配電管その他の管が共同住宅の各戸の界壁を貫通する場合においては、当該管と界壁との隙間を準不燃材料で埋めなければならない。

No.6

▶Check □□□

建築物の避難施設等に関する次の記述のうち、建築基準法上、**誤っている**ものはどれか。

---

1. 避難階が１階である２階建てのホテルにおいて、主要構造部が不燃材料で造られている場合、２階の宿泊室の床面積の合計が200㎡のときには、２階から避難階又は地上に通ずる２以上の直通階段を設けなければならない。
2. 屋外に設ける避難階段は、その階段に通ずる出入口以外の開口部（開口面積が各々１㎡以内で、所定の防火設備ではめごろし戸であるものが設けられたものを除く。）から２m以上の距離に設けなければならない。
3. 非常用の進入口は、道又は道に通ずる幅員４m以上の通路その他の空地に面する各階の外壁面に設けなければならない。
4. 床面積の合計が1,500㎡を超える物品販売業を営む店舗において、避難階に設ける屋外への出口の幅の合計は、床面積が最大の階における床面積100㎡につき60cmの割合で計算した数値以上としなければならない。

No.7

▶Check □□□

建築物に設ける換気設備に関する次の記述のうち、建築基準法上、**誤っているもの**はどれか。

1. 居室を有する建築物の建築材料及び換気設備についてのホルムアルデヒドに関する技術的基準の規定は、１年を通じて、当該居室内の人が通常活動することが想定される空間のホルムアルデヒドの量を空気１㎥につきおおむね0.1mg以下に保つことができるものとして、国土交通大臣の認定を受けた居室については、適用しない。
2. 学校の教室に設ける自然換気設備において、排気筒の頂部が排気シャフトに開放されている場合、当該排気シャフト内にある立上り部分は、当該排気筒に排気上有効な逆流防止のための措置を講ずる場合を除き、２m以上のものとしなければならない。
3. 集会場の居室に設ける機械換気設備の有効換気量の計算において、実況に応じた１人当たりの占有面積は、３㎡を超えるときは３㎡としなければならない。
4. 換気設備を設けるべき調理室等に設ける換気設備において、排気口は、煙突又は排気フードを有する排気筒を設ける場合を除き、当該調理室等の天井又は天井から下方120cm以内の高さの位置に設けなければならない。

No.8 ▶Check □□□

建築物に設けるエレベーターに関する次の記述のうち、建築基準法上、**誤っている**ものはどれか。

---

1. 光ファイバーケーブル（電気導体を組み込んだものを除く。）は、エレベーターに必要のない配管設備であっても、地震時においてもエレベーターの機能及び配管設備の機能に支障がない場合には、その昇降路内に設けることができる。
2. 乗用エレベーターの籠の天井の高さは、2m以上としなければならない。
3. 乗用エレベーターにおいて、地震時等管制運転装置における加速度を検知する部分を昇降路内に設ける場合には、原則として、当該部分を籠が停止する最上階の床面より上方の部分に固定しなければならない。
4. 籠を主索で吊（つ）る乗用エレベーター（油圧エレベーターを除く。）は、原則として、籠に積載荷重の1.25倍の荷重が加わった場合においても、籠の位置が著しく変動しないものとしなければならない。

No.9 ▶Check □□□

建築設備に関する次の記述のうち、建築基準法上、**誤っている**ものはどれか。

---

1. 外部から内部の保守点検を容易かつ安全に行うことができる小規模な排水槽においては、直径60cm以上の円が内接することができるマンホールを設けなくてもよい。
2. 老人ホームに設ける合併処理浄化槽の処理対象人員は、原則として、延べ面積に基づいて算定しなければならない。
3. 3階以上の階を共同住宅の用途に供する建築物において、住戸に設けるガスせんの構造は、ガスを使用する器具に接続する金属管とねじ接合することができるものである場合には、ガスが過流出したときに自動的にガスの流出を停止することができる機構を有するものでなくてもよい。
4. 高さ20mを超える病院において、周囲の状況によって安全上支障がない場合には、避雷設備を設けなくてもよい。

No.10 ▶Check □□□

建築物に設ける非常用の照明装置に関する次の記述のうち、建築基準法上、**誤っている**ものはどれか。

1. 平家建て、延べ面積2,000㎡のボーリング場の居室には、非常用の照明装置を設けなくてもよい。
2. 照明器具内の電線は、ふっ素樹脂絶縁電線とすることができる。
3. 電気配線の途中には、照明器具内に予備電源を有する場合であっても、コンセント、スイッチその他これらに類するものを設けてはならない。
4. 常用の電源は、原則として、蓄電池又は交流低圧屋内幹線によるものとしなければならない。

No.11 ▶Check □□□

建築物に設ける非常用エレベーターに関する次の記述のうち、建築基準法上、**誤っている**ものはどれか。

1. 高さ31mを超える部分の階数が5以上の建築物には、当該部分の各階の床面積の合計が500㎡以下であっても、非常用エレベーターを設けなければならない。
2. 非常用エレベーターの主要な支持部分のうち、摩損又は疲労破壊を生ずるおそれのあるものにあっては、2以上の部分で構成され、かつ、それぞれが独立して籠を支え、又は吊ることができるものでなければならない。
3. 非常用エレベーターの機械室の床面積は、機械の配置及び管理に支障がない場合においては、昇降路の水平投影面積の2倍以上としなくてもよい。
4. 非常用エレベーターの乗降ロビーには、非常の用に供している場合においてその旨を明示することができる表示灯その他これに類するものを設けなければならない。

No.12

Check □□□

建築設備に関する次の記述のうち、建築基準法上、**誤っている**ものはどれか。

1. 2階建て、延べ面積1,000㎡の幼保連携型認定こども園において、床面積100㎡以内ごとに準耐火構造の床若しくは壁又は所定の防火設備で区画された部分には、排煙設備を設けなくてもよい。
2. 地下街の各構えの接する地下道に設ける非常用の排煙設備において、一の排煙機が2以上の防煙区画部分に係る場合、当該排煙機における室内空気を排出する能力は、1秒間に5㎥以上としなければならない。
3. 防火区画に用いる防火設備で、火災により温度が急激に上昇した場合に熱感知器又は熱煙複合式感知器と連動して自動的に閉鎖する構造のものは、熱感知器又は熱煙複合式感知器、連動制御器、自動閉鎖装置及び予備電源を備えたものでなければならない。
4. 非常用の進入口又はその近くに掲示する赤色燈の大きさは、直径10cm以上の半球が内接する大きさとしなければならない。

No.13

Check □□□

次の記述のうち、建築士法上、**誤っている**ものはどれか。

1. 木造2階建て、延べ面積1,200㎡、高さ9mの事務所（応急仮設建築物ではない。）を新築する場合においては、一級建築士でなければ、その設計をしてはならない。
2. 建築設備士として業務を行う者は、一般社団法人建築設備技術者協会が実施する建築設備士登録を受けることができる。
3. 建築物の建築に関し罪を犯して罰金以上の刑に処せられ、その執行を終わり、又は執行を受けることがなくなった日から起算して2年を経過しない者は、建築設備士になることはできない。
4. 構造設計一級建築士以外の一級建築士は、高さが60mを超える建築物の構造設計を行うことはできない。

No.14

▶Check □□□

次の防火対象物のうち、消防法上、「特定防火対象物」に**該当しない**ものはどれか。

1. 保育所
2. 特別支援学校
3. 博物館
4. 地下街

No.15

▶Check □□□

次の記述のうち、消防法上、**誤っている**ものはどれか。ただし、いずれも無窓階はないものとし、また、指定可燃物の貯蔵又は取扱いはないものとする。

1. 主要構造部を耐火構造とし、かつ、壁及び天井の室内に面する部分の仕上げを不燃材料でした3階建て、延べ面積2,500m²の共同住宅には、原則として、屋内消火栓設備を設置しなければならない。
2. 2階建て、延べ面積2,500m²の物品販売業を営む店舗には、原則として、スプリンクラー設備を設置しなければならない。
3. 2階建て、延べ面積250m²、4人の患者を入院させるための施設を有する内科診療所には、原則として、自動火災報知設備を設置しなければならない。
4. 平屋建て、延べ面積100m²の飲食店には、原則として、避難口誘導灯を設置しなければならない。

No.16

▶Check □□□

次の記述のうち、電気事業法上、**誤っている**ものはどれか。

---

1. 事業用電気工作物の設置の工事であって、受電電圧１万V以上の需要設備の設置の工事をしようとする者は、原則として、その工事の計画を届け出なければならない。
2. 自家用電気工作物（小規模事業用電気工作物を除く。）を設置する者は、保安規程において、原則として、自家用電気工作物の工事、維持及び運用に関する保安についての記録に関することについても定めなければならない。
3. 自家用電気工作物（小規模事業用電気工作物を除く。）を設置する者は、許可を受けて、主任技術者免状の交付を受けていない者を主任技術者として選任することができる。
4. 一般送配電事業者は、その供給する電気の電流及び周波数の値を所定の値に維持するように努めなければならない。

※法改正により選択肢２、３を変更しています。

No.17 ▶Check □□□

電気設備に関する次の記述のうち、関係法令上、**誤っている**ものはどれか。

1. 「電気通信事業法」上、第一級デジタル通信の工事担任者資格者証の交付を受けている者は、総合デジタル通信用設備に端末設備等を接続するための工事を行い、又は監督することができる。
2. 「電気工事士法」上、自家用電気工作物に係る電気工事のうち、ネオン工事又は非常用予備発電装置工事については、原則として、当該電気工事に係る特種電気工事資格者でなければ、その作業に従事してはならない。
3. 「電波法」上、総務大臣の施設した無線方位測定装置の設置場所から1km以内の地域に、電波を乱すおそれのある建造物又は工作物であって所定のものを建設しようとする者は、あらかじめその旨を届け出なければならない。
4. 「電気設備に関する技術基準を定める省令」上、高圧又は特別高圧の電気機械器具は、接触による危険のおそれがない場合を除き、取扱者以外の者が容易に触れるおそれがないように施設しなければならない。

※法改正により選択肢1を変更しています。

No.18 ▶Check □□□

次の記述のうち、関係法令上、**誤っている**ものはどれか。

1. 「浄化槽法」上、処理対象人員が301人以上である浄化槽の浄化槽管理者は、原則として、当該浄化槽の保守点検及び清掃に関する技術上の業務を担当させるため、技術管理者を置かなければならない。
2. 「航空法」上、地表又は水面から60m以上の高さの物件の設置者は、原則として、当該物件に航空障害灯を設置しなければならない。
3. 「大気汚染防止法」上、石綿を含有する断熱材は、「特定建築材料」に該当する。
4. 「建築物のエネルギー消費性能の向上に関する法律」上、建築主等は、エネルギー消費性能の一層の向上のための建築物の新築等をしようとするときは、建築物エネルギー消費性能向上計画を作成し、所管行政庁の認定を申請することができる。

※法改正により選択肢4を変更しています。

建築法規［問題］

▶解答・解説 P.102～

No.1

▶Check □□□

次の記述のうち、建築基準法上、**誤っている**ものはどれか。

1. ホテルのロビーは、「居室」に該当する。
2. 構造耐力上主要な部分を耐火構造とし、かつ、外壁の開口部で延焼のおそれのある部分に所定の防火設備を有する建築物は、「耐火建築物」に該当する。
3. 建築物に設ける消火用のスプリンクラー設備は、「建築設備」に該当する。
4. 2階建ての建築物の2階の床について行う過半の模様替は、「大規模の模様替」に該当する。
5. 請負契約によらないで自ら建築物に関する工事をする者は、「建築主」かつ「工事施工者」に該当する。

No.2

▶Check □□□

面積、高さ又は階数の算定に関する次の記述のうち、建築基準法上、**誤っている**ものはどれか。

1. 建築面積の算定においては、建築物の地階で地盤面上１m以下にある部分は除かれる。
2. 建築基準法第52条第１項に規定する延べ面積の算定において、備蓄倉庫部分の床面積を当該延べ面積に算入しないとする規定については、当該敷地内の全ての建築物における各階の床面積の合計の和の$\frac{1}{50}$を限度として適用する。
3. 建築物の高さを算定する場合の「地盤面」とは、建築物が周囲の地面と接する位置の高低差が３m以内の場合においては、その接する位置の平均の高さにおける水平面をいう。
4. 避雷設備の設置の規定に係る建築物の高さの算定において、階段室、昇降機塔等の建築物の屋上部分の水平投影面積の合計が当該建築物の建築面積の$\frac{1}{8}$以内の場合、その部分の高さは、12mまでは、当該建築物の高さに算入しない。
5. 建築物の屋上部分で、水平投影面積の合計が当該建築物の建築面積の$\frac{1}{8}$以下の塔屋において、その一部に居室を設けたものは、当該建築物の階数に算入する。

No.3 ▶Check □□□

建築物の建築等に係る手続等に関する次の記述のうち、建築基準法上、**誤っている**ものはどれか。

1. 木造3階建て、延べ面積200㎡の既存の一戸建ての住宅にエレベーターを設けようとする場合においては、確認済証の交付を受けなければならない。
2. 建築物の計画（法第6条第3項の規定により、建築主事が申請書を受理することができないものを除く。）が建築基準関係規定に適合するものであることについて、指定確認検査機関の確認を受けたときは、当該確認は建築主事の確認とみなされる。
3. 鉄骨造5階建ての共同住宅の増築の工事で、避難施設等に関する工事を含むものをする場合においては、当該建築物の建築主は、原則として、検査済証の交付を受けた後でなければ、当該避難施設等に関する工事に係る建築物若しくは建築物の部分を使用し、又は使用させてはならない。
4. 地方公共団体は、条例で、特殊建築物の敷地が道路に接する部分の長さに関して必要な制限を付加することができる。
5. 特定行政庁は、災害があった際に建築された応急仮設建築物である官公署の存続の許可の申請があった場合において、安全上、防火上及び衛生上支障がないと認めるときは、3年以内の期間を限って、その許可をすることができる。

No.4

▶Check □□□

建築物の一般構造等に関する次の記述のうち、建築基準法上、**誤っている**ものはどれか。

1. 中学校における教室の天井の高さは、2.1m以上でなければならない。
2. 映画館における蹴上げが15cm、踏面が30cm、高さが4mの客用の階段において、幅が3mを超える場合には、中間に手すりを設けなければならない。
3. 集会場における昇降機機械室用階段において、当該階段の両側に側壁がある場合には、手すりを設けなくてもよい。
4. 幼保連携型認定こども園における保育室の窓その他の開口部で採光に有効な部分の面積は、原則として、その保育室の床面積の$\frac{1}{5}$以上としなければならない。
5. 建築物の地盤面は、敷地内の排水に支障がない場合又は建築物の用途により防湿の必要がない場合を除き、当該地盤面に接する周囲の土地より高くなければならない。

No.5

▶Check □□□

建築物の構造強度に関する次の記述のうち、建築基準法上、**誤っている**ものはどれか。

1. 集会場の集会室の柱の垂直荷重による圧縮力を計算する場合においては、その支える床の数に応じて、床の積載荷重を減らすことができる。
2. 風圧力の計算に当たり、建築物に近接してその建築物を風の方向に対して有効に遮る他の建築物がある場合においては、その方向における速度圧は、所定の数値の$\frac{1}{2}$まで減らすことができる。
3. 屋根の積雪荷重は、屋根に雪止めがある場合を除き、その勾配が60度以下の場合においては、その勾配に応じて積雪荷重を減らすことができる。
4. 設計基準強度が$21N/mm^2$以下のコンクリートの場合、短期に生ずる力に対するせん断の許容応力度は、設計基準強度の$\frac{1}{15}$としなければならない。
5. 建築物の基礎に木ぐいを使用する場合において、当該建築物が木造平家建ての場合には、その木ぐいは、常水面下にあるようにしなくてもよい。

No.6

▶Check □□□

建築物の防火に関する次の記述のうち、建築基準法上、**誤っている**ものはどれか。

1. 2階建て、延べ面積2,000㎡の倉庫においては、居室の壁及び天井の室内に面する部分の仕上げを、難燃材料とすることができる。
2. 3階建てのテレビスタジオにおいて、3階を当該用途に供する場合には、耐火建築物としなければならない。
3. 建築物の11階以上の部分で、各階の床面積の合計が100㎡を超えるものは、原則として、床面積の合計100㎡以内ごとに準耐火構造の床若しくは壁又は所定の防火設備で区画しなければならない。
4. 主要構造部を耐火構造とした平家建て、延べ面積1,800㎡の体育館において、当該用途に供する部分でその用途上やむを得ない場合には、所定の床面積ごとに防火区画しなくてもよい。
5. 火災が発生した場合に避難上支障のある高さまで煙又はガスの降下が生じない建築物の部分として、国土交通大臣が定めるものについては、特殊建築物等の内装の制限の規定は適用されない。

※法改正により選択肢5を変更しています。

No.7

▶Check □□□

建築物の避難施設等に関する次の記述のうち、建築基準法上、**誤っている**ものはどれか。

---

1. 屋内に設ける避難階段の階段室には、窓その他の採光上有効な開口部又は予備電源を有する照明設備を設けなければならない。
2. 特別避難階段の階段室及び付室の天井及び壁の室内に面する部分は、仕上げを不燃材料でし、かつ、その下地を不燃材料で造らなければならない。
3. 避難階が1階である2階建て、延べ面積3,000㎡の物品販売業を営む店舗において、2階に売場を有する場合には、当該売場の床面積の合計に関わらず、2階から避難階又は地上に通ずる2以上の直通階段を設けなければならない。
4. 地下街の各構えの居室の各部分から地下道（当該居室の各部分から直接地上へ通ずる通路を含む。）への出入口の一に至る歩行距離は、30m以下でなければならない。
5. 主要構造部が準耐火構造である建築物のうち、当該建築物が全館避難安全性能を有するものであることについて、全館避難安全検証法により確かめられたものについては、非常用の進入口の規定は適用されない。

No.8

▶Check □□□

建築物に設ける換気設備に関する次の記述のうち、建築基準法上、**誤っているもの**はどれか。

1. 学校の教室に設ける自然換気設備の排気筒において、断面の形状が矩形の場合、断面における短辺の長辺に対する割合は、$\frac{1}{3}$以上としなければならない。
2. 学校の教室に設ける中央管理方式の空気調和設備において、有効換気量は、当該教室が換気上有効な窓その他の開口部を有する場合であっても、当該開口部を有しない場合に比べて、少なくすることはできない。
3. 延べ面積が3,000㎡を超える学校に設ける換気設備の風道は、屋外に面する部分その他防火上支障がないものとして国土交通大臣が定める部分を除き、不燃材料で造らなければならない。
4. 換気設備を設けるべき調理室等に設ける換気設備において、煙突又は換気扇等を設ける場合には、給気口の位置は、必ずしも当該調理室等の天井の高さの$\frac{1}{2}$以下の高さとしなくてもよい。
5. 1時間当たりの換気回数が0.7以上の機械換気設備を設けた住宅の居室の内装の仕上げに、第三種ホルムアルデヒド発散建築材料を使用するときは、原則として、当該材料を使用する内装の仕上げの部分の面積に0.20を乗じて得た面積が、当該居室の床面積を超えてはならない。

No.9 ▶Check □□□

建築物に設ける給排水設備に関する次の記述のうち、建築基準法上、**誤っている**ものはどれか。

1. 防火区画等を貫通する外径が165mmの給水管において、1時間準耐火基準に適合する準耐火構造の壁で建築物の他の部分と区画されたパイプシャフトの中にある部分については、不燃材料で造らなくてもよい。
2. 排水槽には、小規模な排水槽の場合であっても、通気のための装置を設け、かつ、当該装置は、直接外気に衛生上有効に開放しなければならない。
3. 排水トラップには、阻集器を兼ねる場合にあっては、汚水に含まれる汚物等が付着し、又は沈殿しない措置を講じなくてもよい。
4. 通気管は、配管内の空気が屋内に漏れることを防止する装置が設けられている場合にあっては、直接外気に衛生上有効に開放しなくてもよい。
5. 排水再利用配管設備には、当該排水再利用水の用途が大便器及び小便器の洗浄水に限られる場合にあっては、塩素消毒その他これに類する措置を講じなくてもよい。

No.10

▶Check □□□

建築物に設ける昇降機に関する次の記述のうち、建築基準法上、**誤っている**ものはどれか。

1. 乗用エレベーターにおいて、床面積が2㎡の籠の積載荷重は、7,850 N を下回ってはならない。
2. エレベーターの機械室における床面から天井又ははりの下端までの垂直距離は、籠の定格速度が毎分120mの場合、2.0m以上としなければならない。
3. 住宅に設けるエレベーターで昇降路の全ての出入口が一の住戸内のみにあるものの籠は、難燃材料で造り、又は覆わなくてもよい。
4. 特殊な構造のエレベーターで、機械室を有しないものにあっては、駆動装置等を設ける場所には、機器の発熱により当該場所の温度が摂氏7度以上上昇しないことが計算により確かめられた場合を除き、換気上有効な開口部、換気設備又は空気調和設備を設けなければならない。
5. 特殊な構造のエスカレーターで、勾配が30度を超えるものにあっては、勾配を35度以下としなければならない。

No.11

▶Check □□□

建築設備に関する次の記述のうち、建築基準法上、**誤っている**ものはどれか。

1. 非常用エレベーターを設けなければならない建築物において、中央管理方式の空気調和設備の制御及び作動状態の監視は、常時当該建築物を管理する者が勤務する場所で避難階の直上階に設けたものにおいて行うことができる。
2. 11階建ての建築物の屋上に設ける冷房のための冷却塔設備において、冷却塔の構造に応じ、建築物の他の部分までの距離を所定の距離以上とする場合、所定の構造の冷却塔から他の冷却塔（当該冷却塔の間に防火上有効な隔壁が設けられている場合を除く。）までの距離は、2m以上としなければならない。
3. 建築物（換気設備を設けるべき調理室等を除く。）に設ける中央管理方式の空気調和設備は、居室における気流が、概ね1秒間につき1.5m以下となるように空気の流量を調節して供給することができる性能を有するものとしなければならない。
4. 建築物に設けるボイラーで灯油を使用するものにあっては、その煙突の地盤面からの高さは、原則として、9m以上としなければならない。
5. 合併処理浄化槽は、放流水に含まれる大腸菌群数が、3,000個/㎤以下とする性能を有するものでなければならない。

No.12

▶Check □□□

建築物に設ける排煙設備に関する次の記述のうち、建築基準法上、**誤っているもの**はどれか。

1. 延べ面積3,000m²のホテルにおいて、床面積100m²以内ごとに準耐火構造の床若しくは壁又は所定の防火設備で区画された部分には、排煙設備を設けなくてもよい。
2. 延べ面積2,000m²、高さ20mの物品販売業を営む店舗において、主たる用途に供する居室（地階に存するものを除く。）については、床面積100m²以内ごとに準耐火構造の床若しくは壁又は所定の防火設備によって区画され、かつ、壁及び天井の室内に面する部分の仕上げを準不燃材料でしたものには、排煙設備を設けなくてもよい。
3. 排煙口には、煙感知器と連動する自動開放装置を設けた場合であっても、手動開放装置を設けなければならない。
4. 特別避難階段の付室に、加圧防排煙設備を設ける場合、付室は、所定の空気逃し口を設けている隣接室又は所定の空気逃し口を設けている一般室（隣接室と連絡する室のうち付室以外の室をいう。）と連絡する隣接室と連絡しているものでなければならない。
5. 非常用エレベーターの乗降ロビーの用に供する特別避難階段の付室に、最上部を直接外気に開放する排煙風道による排煙設備を設ける場合、排煙口の開口面積は、4m²以上としなければならない。

No.13

▶Check □□□

建築物に設ける非常用エレベーターに関する次の記述のうち、建築基準法上、**誤っている**ものはどれか。

1. 高さ31mを超える部分の階数が4以下の主要構造部を耐火構造とした建築物で、当該部分が床面積の合計100㎡以内ごとに耐火構造の床若しくは壁又は所定の特定防火設備で区画されているものには、非常用エレベーターを設けなくてもよい。
2. 避難階においては、非常用エレベーターの昇降路の出入口（所定の構造の乗降ロビーを設けた場合には、その出入口）から屋外への所定の出口の一に至る歩行距離は、30m以下としなければならない。
3. 非常用エレベーターには、籠を呼び戻す装置を設け、かつ、当該装置の作動は、避難階又はその直上階若しくは直下階の乗降ロビー及び中央管理室において行うことができるものとしなければならない。
4. 非常用エレベーターの籠は、構造上軽微な部分を除き、難燃材料で造り、又は覆わなければならない。
5. 特殊な構造のエレベーターで、機械室を有しないもののうち非常用エレベーターにあっては、駆動装置等で所定の防水の措置を講じたものは、籠が停止する最上階の床面より下方の昇降路内（籠が停止する最下階の床面より上方に限る。）に設けることができる。

No.14

▶Check □□□

建築設備に関する次の記述のうち、建築基準法上、**誤っている**ものはどれか。

1. 非常用エレベーターを設置した建築物においては、高さ31m以下の部分にある3階以上の階であっても、非常用の進入口を設けなくてもよい。
2. 幼保連携型認定こども園の居室には、原則として、非常用の照明装置を設けなければならない。
3. 地下街の各構えの接する地下道に設ける非常用の照明設備は、地下道の床面において10 lx以上の照度を確保しうるものとしなければならない。
4. 各構えの床面積の合計が500㎡を超える地下街における排煙設備の制御及び作動状態の監視は、中央管理室において行うことができるものとしなければならない。
5. 地下街の各構えの接する地下道は、その床面積300㎡以内ごとに、天井面から80cm以上下方に突出した垂れ壁その他これと同等以上の煙の流動を防げる効力のあるもので、不燃材料で造り、又は覆われたもので区画しなければならない。

No.15

▶Check □□□

次の記述のうち、建築士法上、**誤っている**ものはどれか。

1. 鉄筋コンクリート造平家建て、延べ面積280㎡、高さ14mの映画館（応急仮設建築物ではない。）を新築する場合においては、一級建築士でなければ、その設計をしてはならない。
2. 設備設計一級建築士以外の一級建築士は、階数が3以上で床面積の合計が3,000㎡を超える建築物の設備設計を行った場合においては、設備設計一級建築士に当該設備設計に係る建築物が設備関係規定に適合するかどうかの確認を求めなければならない。
3. 管理建築士は、建築士として3年以上の設計その他の所定の業務に従事した後、登録講習機関が行う管理建築士講習の課程を修了した建築士でなければならない。
4. 建築士事務所の開設者は、設計等の業務に関し生じた損害を賠償するために必要な金額を担保するための保険契約の締結その他の措置を講ずるよう努めなければならない。
5. 設計受託契約を建築主と締結しようとするときにあらかじめ管理建築士等が説明する重要事項の書面には、当該設計に従事することとなる建築士の一級建築士、二級建築士又は木造建築士の別についても記載しなければならない。

No.16

▶Check □□□

次の記述のうち、消防法上、**誤っている**ものはどれか。ただし、いずれも無窓階はないものとし、また、指定可燃物の貯蔵又は取扱いはないものとする。

1. 診療所は、患者を入院させるための施設を有しないものであっても、「特定防火対象物」に該当する。
2. 収容人員が30人以上の老人デイサービスセンターについては、防火管理者を定めなければならない。
3. 平屋建て、延べ面積300㎡の飲食店には、原則として、自動火災報知設備を設置しなければならない。
4. 主要構造部を耐火構造とし、かつ、壁及び天井の室内に面する部分の仕上げを不燃材料でした3階建て、延べ面積2,200㎡の事務所には、原則として、屋内消火栓設備を設置しなければならない。
5. 3階建て、延べ面積900㎡のホテルには、原則として、避難口誘導灯を設置しなければならない。

No.17

▶Check □□□

次の建築物又は建築物の部分のうち、消防法上、スプリンクラー設備を**設置しなければならない**ものはどれか。ただし、いずれも無窓階はないものとし、また、指定可燃物の貯蔵又は取扱いはないものとする。なお、所定の措置によってスプリンクラー設備を設置しないことができる部分はないものとする。

---

1. 平屋建て、延べ面積1,000㎡、天井の高さ９mのラック式倉庫
2. ２階建て、延べ面積2,000㎡の幼保連携型認定こども園
3. ２階建て、延べ面積3,000㎡の展示場
4. ４階建て、各階の床面積1,200㎡のホテルの４階部分
5. 11階建て、各階の床面積500㎡の共同住宅の10階部分

No.18

▶Check □□□

次の記述のうち、電気事業法上、**誤っている**ものはどれか。

1. 自家用電気工作物とは、事業用電気工作物のうち、「一般送配電事業、送電事業、配電事業、特定送配電事業又は発電事業であってその事業の用に供する発電等用電気工作物が主務省令で定める要件に該当するもの」の用に供する電気工作物以外の電気工作物をいう。
2. 一般用電気工作物（小規模発電設備は設置していない。）に、同一の構内において、新たに電圧200V、出力30kWの太陽電池発電設備を設置した場合であっても、その電気工作物は、一般用電気工作物である。
3. 電圧7,000V以下で受電する需要設備の自家用電気工作物の保安管理業務を所定の要件に該当する者と委託契約を締結されている事業場であって、承認を受けたものについては、電気主任技術者を選任しないことができる。
4. 第三種電気主任技術者免状の交付を受けている者は、原則として、電圧5万V未満の事業用電気工作物の工事、維持及び運用に関する保安の監督をすることができる。
5. 自家用電気工作物を設置する者は、原則として、その自家用電気工作物の使用開始の10日前までに、その旨を届け出なければならない。

※法改正により選択肢1、2を変更しています。

No.19

▶Check □□□

次の記述のうち、「電気設備に関する技術基準を定める省令」上、**誤っている**ものはどれか。

---

1. 電圧の種別のうち「高圧」とは、直流にあっては750Vを、交流にあっては600Vを超え、7,000V以下のものをいう。
2. 電気使用場所における使用電圧が300V以下で、対地電圧が150Vを超える場合の電路と大地との間の絶縁抵抗値は、開閉器又は過電流遮断器で区切ることのできる電路ごとに、0.1MΩ以上でなければならない。
3. 屋内に施設する出力が0.2kWを超える電動機には、原則として、過電流による当該電動機の焼損により火災が発生するおそれがないよう、過電流遮断器の施設その他の適切な措置を講じなければならない。
4. 低圧の幹線から分岐して電気機械器具に至る低圧の電路には、原則として、適切な箇所に開閉器を施設するとともに、過電流が生じた場合に当該電路を保護できるよう、過電流遮断器を施設しなければならない。
5. 電路は、混触による高電圧の侵入等の異常が発生した際の危険を回避するための接地その他の保安上必要な措置を講ずる場合、大地から絶縁しなくてもよい。

No.20

▶Check □□□

次の記述のうち、関係法令上、**誤っている**ものはどれか。

1. 「建築物における衛生的環境の確保に関する法律」上、店舗の用途に供される部分の延べ面積が2,000㎡以上の建築物の所有者、占有者その他の者で当該建築物の維持管理について権原を有するものは、建築物環境衛生管理基準に従って当該建築物の維持管理をしなければならない。
2. 「建設業法」上、管工事業を営もうとする者であって、その営業にあたって、その者が発注者から直接請け負う１件の管工事につき、その工事の全部又は一部を、下請代金の額の総額が4,500万円以上となる下請契約を締結して施工しようとするものは、特定建設業の許可を受けなければならない。
3. 「建築物の耐震改修の促進に関する法律」上、既存耐震不適格建築物を増築することにより耐震改修をしようとする計画については、増築をすることにより容積率関係規定に適合しないこととなる場合であっても、所定の基準に適合しているときには、所管行政庁による「計画の認定」を受けることができる。
4. 「労働安全衛生法」上、事業者は、常時50人以上の労働者を使用する建設業の事業場ごとに、安全管理者を選任しなければならない。
5. 「建築物のエネルギー消費性能の向上に関する法律」上、建築主は、特定建築物を新築しようとするときは、その工事に着手する前に、建築物エネルギー消費性能確保計画を提出して所管行政庁の建築物エネルギー消費性能適合性判定を受けなければならない。

※法改正により選択肢2を変更しています。

平成30年度

建築法規［問題］

▶解答・解説 P.112〜

No.1

▶Check □□□

次の記述のうち、建築基準法上、**誤っている**ものはどれか。

1. 幼保連携型認定こども園は、「特殊建築物」に該当する。
2. 床が地盤面下にある階で、床面から地盤面までの高さがその階の天井の高さの$\frac{1}{2}$のものは、「地階」に該当する。
3. 建築物に設ける建築設備について行う過半の修繕は、「大規模の修繕」に該当する。
4. 特定都市河川浸水被害対策法第10条並びにこの規定に基づく命令及び条例の規定で建築物の敷地、構造又は建築設備に係るものは、「建築基準関係規定」に該当する。
5. 建築物の周囲において発生する通常の火災による延焼の抑制に一定の効果を発揮するために外壁に必要とされる性能を、「準防火性能」という。

※法改正により選択肢4を変更しています。

No.2

▶Check □□□

面積又は高さの算定に関する次の記述のうち、建築基準法上、**誤っている**ものはどれか。

1. 建築基準法第52条第１項に規定する延べ面積の算定において、自動車車庫等部分の床面積を当該延べ面積に算入しないとする規定については、当該敷地内の全ての建築物における各階の床面積の合計の和の$\frac{1}{5}$を限度として適用する。
2. 建築基準法第52条第１項に規定する建築物の容積率の算定の基礎となる延べ面積には、エレベーターの昇降路の部分の床面積は算入しない。
3. 国土交通大臣が高い開放性を有すると認めて指定する構造の建築物又はその部分については、その端から水平距離１m以内の部分の水平投影面積は、当該建築物の建築面積に算入しない。
4. 前面道路の反対側の境界線からの水平距離により制限される建築物の各部分の高さは、原則として、地盤面からの高さにより算定する。
5. 建築物の軒の高さの算定は、地盤面からの高さによらない場合がある。

No.3

▶Check □□□

建築物の建築等に係る各種の手続等に関する次の記述のうち、建築基準法上、**誤っている**ものはどれか。

1. 原動機を使用するメリーゴーラウンドを築造しようとする場合においては、確認済証の交付を受けなければならない。
2. 延べ面積500㎡の旅館の用途を変更して、寄宿舎とする場合においては、確認済証の交付を受けなければならない。
3. 延べ面積10㎡の建築物を除却しようとする場合においては、その旨を都道府県知事に届け出なければならない。
4. 集会場の用途に供する部分の床面積の合計が400㎡の集会場を新築する場合においては、当該建築物の建築主は、建築主事又は指定確認検査機関が安全上、防火上及び避難上支障がないものとして国土交通大臣が定める基準に適合していることを認めたときは、検査済証の交付を受ける前においても、仮に、当該建築物又は建築物の部分を使用し、又は使用させることができる。
5. 劇場の用途に供する部分の床面積の合計が400㎡の劇場で、主階が1階にないもの（国等の建築物及び通常の火災時において避難上著しい支障が生ずるおそれの少ないものとして国土交通大臣が定めるものを除く。）の敷地、構造及び建築設備についての定期の調査の結果は、特定行政庁に報告しなければならない。

No.4

▶Check □□□

建築物の一般構造に関する次の記述のうち、建築基準法上、**誤っている**ものはどれか。

1. 中学校における生徒用の階段及びその踊場の幅は、手すりが設けられた場合、手すりの幅が10cmを限度として、ないものとみなして算定する。
2. 住宅の地階に設ける居室において、からぼりに面する所定の開口部を設ける場合には、居室内の湿度を調節する設備を設けなくてもよい。
3. 集会場の用途に供する床面積200㎡の居室において、換気に有効な部分の面積が10㎡の窓を設けた場合には、換気設備を設けなくてもよい。
4. 共同住宅の各戸の界壁の遮音性能は、振動数2,000Hzの音に対しては、透過損失が50dB以上でなければならない。
5. 診療所における入院患者用の談話室の窓その他の開口部で採光に有効な部分の面積は、原則として、その談話室の床面積の$\frac{1}{10}$以上としなければならない。

No.5

▶Check □□□

建築物等の構造強度に関する次の記述のうち、建築基準法上、**誤っている**ものはどれか。

---

1. コンクリートにおける短期に生ずる力に対する圧縮の許容応力度は、設計基準強度の$\frac{2}{3}$としなければならない。
2. 雪下ろしを行う慣習のある地方においては、その地方における垂直積雪量が1mを超える場合においても、積雪荷重は、雪下ろしの実況に応じて垂直積雪量を1mまで減らして計算することができる。
3. 百貨店の売場の地震力を計算する場合、床の積載荷重については、当該建築物の実況によらず、1,300N/㎡に床面積を乗じて計算することができる。
4. 風圧力は、その地方における過去の台風の記録に基づく風害の程度その他の風の性状に応じて国土交通大臣が定める風速に速度圧を乗じて計算しなければならない。
5. 地盤が密実な砂質地盤の場合、その地盤における短期に生ずる力に対する許容応力度は、地盤調査の結果によらず、400kN/㎡とすることができる。

No.6

▶Check □□□

建築物の防火に関する次の記述のうち、建築基準法上、**誤っている**ものはどれか。

1. 準防火地域内における３階建て、延べ面積3,000㎡の事務所は、その外壁の開口部で延焼のおそれのある部分に所定の防火設備を設け、かつ、壁、床、柱その他の建築物の部分及び当該防火設備を通常の火災による周囲への延焼を防止するためにこれらに必要とされる性能に関して政令で定める技術的基準に適合する建築物としなければならない。
2. 自動車車庫又は自動車修理工場の用途に供する特殊建築物は、その床面積にかかわらず、原則として、特殊建築物等の内装の制限を受ける。
3. 換気設備の風道が準耐火構造の防火区画を貫通する場合において、当該風道に設置すべき特定防火設備については、火災により煙が発生した場合又は火災により温度が急激に上昇した場合に自動的に閉鎖するものであり、かつ、閉鎖した場合に防火上支障のない遮煙性能を有するものでなければならない。
4. 主要構造部を準耐火構造とした３階建て、延べ面積200㎡の一戸建ての住宅において、吹抜きとなっている部分とその他の部分とは防火区画しなくてもよい。
5. 主要構造部を耐火構造とした５階建て、延べ面積4,000㎡の百貨店において、自動式のスプリンクラー設備を全館に設けた場合には、防火区画しなくてもよい。

※法改正により選択肢１を変更しています。

No.7

▶Check □□□

建築物の避難施設等に関する次の記述のうち、建築基準法上、**誤っている**ものはどれか。

---

1. 避難階が1階である5階建ての事務所において、主要構造部が耐火構造である場合、5階の居室の床面積の合計が200㎡のときには、5階から避難階又は地上に通ずる2以上の直通階段を設けなくてもよい。
2. 床面積の合計が1,500㎡を超える物品販売業を営む店舗において、避難階に設ける屋外への出口の幅の合計は、床面積が最大の階における床面積100㎡につき60cmの割合で計算した数値以上としなければならない。
3. 屋外に設ける避難階段は、その階段に通ずる出入口以外の開口部（開口面積が各々1㎡以内で、所定の防火設備ではめごろし戸であるものが設けられたものを除く。）から2m以上の距離に設けなければならない。
4. 4階建ての建築物において、屋外に設ける避難階段を有する場合、敷地内には、当該避難階段から道又は公園、広場その他の空地に通ずる幅員が1.5m以上の通路を設けなければならない。
5. 非常用の進入口の幅、高さ及び下端の床面からの高さは、それぞれ、75cm以上、1.2m以上及び85cm以下としなければならない。

※法改正により選択肢4を変更しています。

No.8

建築物に設ける換気設備に関する次の記述のうち、建築基準法上、**誤っているもの**はどれか。

1. 学校の教室に設ける自然換気設備において、排気筒の頂部が排気シャフトに開放されている場合、当該排気シャフト内にある立上り部分は、当該排気筒に排気上有効な逆流防止のための措置を講ずる場合を除き、1m以上のものとしなければならない。
2. 学校の教室に設ける自然換気設備の排気筒の有効断面積は、当該教室における換気上有効な窓その他の開口部の換気上有効な面積が大きいほど、小さくすることができる。
3. 居室を有する建築物の建築材料及び換気設備についてのホルムアルデヒドに関する技術的基準の規定は、1年を通じて、当該居室内の人が通常活動することが想定される空間のホルムアルデヒドの量を空気1㎥につきおおむね0.1mg以下に保つことができるものとして、国土交通大臣の認定を受けた居室については、適用しない。
4. 飲食店の調理室において、密閉式燃焼器具等以外の火を使用する設備又は器具を設ける場合には、当該設備又は器具の発熱量の合計が6kW以下であり、かつ、換気上有効な開口部を設けた場合であっても、所定の技術的基準に従って、換気設備を設けなければならない。
5. 飲食店の調理室において、密閉式燃焼器具等以外の火を使用する設備又は器具の煙突に換気扇を設ける場合、当該換気扇の有効換気量は、原則として、「V＝2KQ（K：燃料の単位燃焼量当たりの理論廃ガス量（単位㎥）、Q：当該設備又は器具の実況に応じた燃料消費量（単位kW又はkg/h））」によって計算したV（換気扇等の必要有効換気量）の数値以上としなければならない。

※法改正により選択肢5を変更しています。

No.9

▶Check □□□

建築物に設ける給排水設備に関する次の記述のうち、建築基準法上、**誤っている**ものはどれか。

---

1. 材質が硬質塩化ビニル、肉厚が5.5mm、外径が89mmの給水管は、準耐火構造の防火区画を貫通する場合に用いることができる。
2. 排水管には、管の伸縮その他の変形により当該管に損傷が生ずるおそれがある場合において、伸縮継手又は可撓（とう）継手を設ける等有効な損傷防止のための措置を講じなければならない。
3. 外部から内部の保守点検を容易かつ安全に行うことができる小規模な排水槽においては、直径60cm以上の円が内接することができるマンホールを設けなくてもよい。
4. 排水槽は、底の勾配を吸い込みピットに向かって$\frac{1}{20}$以上$\frac{1}{15}$以下とする等内部の保守点検を容易かつ安全に行うことができる構造としなければならない。
5. 排水再利用配管設備の水栓には、排水再利用水であることを示す表示をしなければならない。

No.10

▶Check □□□

建築物に設けるエレベーターに関する次の記述のうち、建築基準法上、**誤っている**ものはどれか。

1. 乗用エレベーターには、かごの構造として、かごの床面で25lx以上の照度を確保することができる照明装置を設けなければならない。
2. 乗用エレベーターには、駆動装置又は制御器に故障が生じ、かごの停止位置が著しく移動した場合に、自動的にかごを制止する安全装置を設けなければならない。
3. 寝台用エレベーターのかごの床先と昇降路壁との水平距離は、12.5cm以下としなければならない。
4. 寝台用エレベーターにおいて、床面積が4㎡のかごの積載荷重は、10,000Nを下回ってはならない。
5. 光ファイバーケーブル（電気導体を組み込んだものを除く。）は、エレベーターに必要のない配管設備であっても、地震時においてもエレベーターの機能及び配管設備の機能に支障がない場合には、その昇降路内に設けることができる。

No.11

▶Check □□□

建築設備に関する次の記述のうち、建築基準法上、**誤っている**ものはどれか。

1. エスカレーターの勾配に応じた踏段の定格速度は、勾配が８度の場合、毎分50m以下としなければならない。
2. 11階建ての建築物の屋上に設ける冷房のための冷却塔設備の構造を、冷却塔設備の内部が燃焼した場合においても建築物の他の部分を所定の温度以上に上昇させないものとして国土交通大臣の認定を受けたものとする場合において、その所定の温度は、360度である。
3. ３階以上の階を共同住宅の用途に供する建築物において、住戸に設けるガスせんの構造は、ガスを使用する器具に接続する金属管とねじ接合することができるものである場合には、ガスが過流出したときに自動的にガスの流出を停止することができる機構を有するものでなくてもよい。
4. 合併処理浄化槽は、その処理対象人員にかかわらず、満水して24時間以上漏水しないことを確かめなければならない。
5. 劇場に設ける合併処理浄化槽の処理対象人員は、原則として、延べ面積に基づいて算定しなければならない。

No.12

▶Check □□□

建築物に設ける非常用の照明装置に関する次の記述のうち、建築基準法上、**誤っている**ものはどれか。

1. ３階建て、延べ面積2,000㎡の病院の病室には、非常用の照明装置を設けなくてもよい。
2. 照明器具は、白熱灯、蛍光灯又はLEDランプで、所定のものとしなければならない。
3. 非常用の照明装置に白熱灯を用いる場合には、常温下で床面において水平面照度で1lx以上を確保することができるものとしなければならない。
4. 照明器具のうち主要な部分は、難燃材料で造り、又は覆わなければならない。
5. 予備電源は、蓄電池又は交流低圧屋内幹線によるものとしなければならない。

No.13

▶Check □□□

建築物に設ける非常用エレベーターに関する次の記述のうち、建築基準法上、**誤っている**ものはどれか。

1. 高さ31mを超える部分の各階の床面積の合計が500㎡以下の建築物には、非常用エレベーターを設けなくてもよい。
2. 非常用エレベーターを設けなければならない建築物において、高さ31mを超える部分の床面積が最大の階における床面積が4,500㎡の場合、非常用エレベーターの数は、3以上としなければならない。
3. 非常用エレベーターのかごには、非常の場合においてかご内の人を安全にかご外に救出することができる開口部をかごの天井部に設けなければならない。
4. 非常用エレベーターの乗降ロビーにおける出入口には、特別避難階段の階段室に通ずる出入口及び昇降路の出入口を除き、所定の構造の特定防火設備を設けなければならない。
5. 非常用エレベーターの機械室の床面積は、機械の配置及び管理に支障がない場合においては、昇降路の水平投影面積の2倍以上としなくてもよい。

No.14 ▶Check □□□

建築設備に関する次の記述のうち、建築基準法上、**誤っている**ものはどれか。

1. 火災により温度が急激に上昇した場合に自動的に閉鎖する防火設備で、随時閉鎖することができる構造のものは、温度ヒューズと連動して自動的に閉鎖する構造のものとすることができる。
2. 火災により煙が発生した場合に自動的に閉鎖する防火設備で、随時閉鎖することができる構造のものは、煙感知器又は熱煙複合式感知器、連動制御器、自動閉鎖装置及び予備電源を備えたものでなければならない。
3. 延べ面積1,500㎡の共同住宅において、床面積150㎡以内ごとに準耐火構造の床若しくは壁又は所定の防火設備で区画された住戸の部分には、排煙設備を設けなくてもよい。
4. 特別避難階段の付室において、通常の火災時に生ずる煙を付室から有効に排出できるものとして排煙機による排煙設備を設ける場合、排煙設備の給気口は、不燃材料で造らなければならない。
5. 地下街の各構えの接する地下道に設ける非常用の排煙設備において、排煙は、原則として、1秒間に4㎥以上の室内空気を排出する能力を有する排煙機により行わなければならない。

No.15

▶Check □□□

次の記述のうち、建築士法上、**誤っている**ものはどれか。

1. 延べ面積が300㎡を超える建築物の新築工事に係る設計の業務の委託を受けた建築士事務所の開設者は、委託者の許諾を得た場合においても、一括して他の建築士事務所の開設者に委託してはならない。
2. 木造２階建て、延べ面積600㎡、高さ９mの保育所（応急仮設建築物ではない。）を新築する場合においては、一級建築士でなければ、その設計をしてはならない。
3. 延べ面積が300㎡を超える建築物の新築に係る工事監理受託契約の書面には、工事と設計図書との照合の方法について記載しなければならない。
4. 建築士は、延べ面積が2,000㎡を超える建築物の建築設備に係る工事監理を行う場合においては、当該建築士が設備設計一級建築士である場合であっても、建築設備士の意見を聴くよう努めなければならない。
5. 建築設備士は、一級建築士試験の受験資格を有する者に該当する。

※法改正により選択肢５を変更しています。

No.16

▶Check □□□

次の防火対象物のうち、消防法上、「特定防火対象物」に**該当しない**ものはどれか。

1. 乳児院
2. 幼稚園
3. 小学校
4. 集会場
5. カラオケボックス

No.17 ▶Check □□□

次の記述のうち、消防法上、**誤っている**ものはどれか。ただし、いずれも無窓階はないものとし、また、指定可燃物の貯蔵及び取扱いはないものとする。

1. 主要構造部を耐火構造とし、かつ、壁及び天井の室内に面する部分の仕上げを不燃材料でした２階建て、延べ面積1,800㎡の旅館には、原則として、屋内消火栓設備を設置しなければならない。
2. ２階建て、延べ面積500㎡の共同住宅には、原則として、自動火災報知設備を設置しなければならない。
3. 耐火建築物である２階建ての展示場で、１階及び２階の部分の床面積の合計が10,000㎡のものにおいて、所定のスプリンクラー設備を設置したときには、当該設備の有効範囲内の部分について屋外消火栓設備を設置しないことができる。
4. ２階建て、延べ面積3,000㎡の物品販売業を営む店舗の関係者は、スプリンクラー設備について、定期に、所定の資格者に点検させ、その結果を消防長（消防本部を置かない市町村においては、市町村長）又は消防署長に報告しなければならない。
5. 収容人員が50人以上の共同住宅の防火管理者は、当該共同住宅についての防火管理に係る消防計画を作成し、所轄消防長（消防本部を置かない市町村においては、市町村長）又は消防署長に届け出なければならない。

No.18

▶Check □□□

電気設備に関する次の記述のうち、関係法令上、**誤っている**ものはどれか。

1.「電気事業法」上、主務大臣は、事業用電気工作物（小規模事業用電気工作物を除く。）の工事、維持及び運用に関する保安を確保するため必要があると認めるときは、事業用電気工作物（小規模事業用電気工作物を除く。）を設置する者に対し、保安規程を変更すべきことを命ずることができる。

2.「電気事業法」上、自家用電気工作物（小規模事業用電気工作物を除く。）を設置する者は、許可を受けて、主任技術者免状の交付を受けていない者を主任技術者として選任することができる。

3.「電気事業法」上、電線路維持運用者は、原則として、維持し、及び運用する電線路と直接に電気的に接続する一般用電気工作物が所定の技術基準に適合しているかどうかを調査しなければならない。

4.「電気工事士法」上、自家用電気工作物に係る特殊電気工事については、原則として、第一種電気工事士又は認定電気工事従事者でなければ、その作業に従事してはならない。

5.「電気用品安全法」上、届出事業者は、原則として、特定電気用品を販売する時までに、経済産業大臣の登録を受けた者による適合性検査を受け、かつ、技術基準等に適合している旨を記載した証明書の交付を受け、これを保存しなければならない。

※法改正により選択肢１、２を変更しています。

No.19

▶Check □□□

次の記述のうち、「電気設備に関する技術基準を定める省令」上、**誤っているもの**はどれか。

1. 地中電線には、感電のおそれがないよう、使用電圧に応じた絶縁性能を有する絶縁電線又はケーブルを使用しなければならない。
2. ロードヒーティング等の電熱装置に電気を供給する電路には、地絡が生じた場合に、感電又は火災のおそれがないよう、地絡遮断器の施設その他の適切な措置を講じなければならない。
3. 屋内を貫通して施設する電線路、屋側に施設する電線路、屋上に施設する電線路又は地上に施設する電線路は、原則として、当該電線路より電気の供給を受ける者以外の者の構内に施設してはならない。
4. 常用電源の停電時に使用する非常用予備電源（需要場所に施設するものに限る。）は、需要場所以外の場所に施設する電路であって、常用電源側のものと電気的に接続しないように施設しなければならない。
5. 特別高圧を直接低圧に変成する変圧器は、混触防止措置が講じられている等危険のおそれがない場合には、施設することができる。

No.20

▶Check □□□

次の記述のうち、関係法令上、**誤っている**ものはどれか。

1. 「建設工事に係る資材の再資源化等に関する法律」上、床面積の合計が300㎡で、請負代金の額が8,000万円である建築物の新築工事で、その施工に木材を使用するものの受注者は、正当な理由がある場合を除き、分別解体等をしなければならない。
2. 「建築物のエネルギー消費性能の向上に関する法律」上、建築主は、特定建築物を新築しようとするときは、当該特定建築物（非住宅部分に限る。）を建築物エネルギー消費性能基準に適合させなければならない。
3. 「労働安全衛生法」上、事業者は、常時100人以上の労働者を使用する建設業の事業場においては、総括安全衛生管理者を選任しなければならない。
4. 「高齢者、障害者等の移動等の円滑化の促進に関する法律」上、建築主等は、床面積の合計が2,500㎡の老人ホームを新築しようとするときは、当該老人ホームを、建築物移動等円滑化基準に適合させなければならない。
5. 「建設業法」上、解体工事に係る建設業を営もうとする者は、政令で定める軽微な建設工事のみを請け負う場合を除き、解体工事業の許可を受けなければならない。

MEMO

建築設備

問題

令和4年度

建築設備［問題］

▶解答・解説 P.124～

No.1

▶Check □□□

湿り空気に関する次の記述のうち、**最も不適当な**ものはどれか。

1. 飽和度とは、同じ温度における「飽和空気の絶対湿度」に対する「湿り空気の絶対湿度」の割合を百分率で表したものである。
2. 絶対湿度とは、「湿り空気の質量」に対する「湿り空気中の水蒸気の質量」の割合のことである。
3. 湿り空気は、シリカゲルを用いて減湿すると、乾球温度及び湿球温度が上昇する。
4. 湿り空気は、常に乾いた伝熱面と接触させて加熱すると、加熱後の湿り空気の相対湿度が低下する。

No.2

▶Check □□□

空調設備の設計に関する次の記述のうち、**最も不適当な**ものはどれか。

1. 1台の空調機で多数室へ給気する場合、各室への風量は、一般に、空調機の全風量を各室の全熱負荷に応じて比例配分する。
2. ペリメータゾーンの奥行きは、一般に、外壁の中心線から3～5m程度とする。
3. 屋上植栽には、保水、断熱、日射の焼け込み低減等の効果がある。
4. 内部負荷の大きい建築物においては、断熱性能を向上させると、年間熱負荷の増加を招くことがある。

No.3

▶Check □□□

エネルギーの有効利用に関する次の記述のうち、**最も不適当な**ものはどれか。

1. 排熱を回収利用するガスエンジンヒートポンプは、冬期の暖房時のエネルギー利用効率が高い。
2. ごみ焼却施設からの排熱は、一般に、100℃前後又はそれ以上であり、地域冷暖房の熱源や吸収冷凍機の駆動用エネルギーに利用できる。
3. 海水は、一般に、大気に比べて、年間を通して温度の変動幅が小さいので、ヒートポンプの熱源として効率的に利用できる。
4. ガスタービンコージェネレーションシステムの排熱回収源は、排ガスであり、主に温水の形で利用される。

No.4

▶Check □□□

空調方式に関する次の記述のうち、**最も不適当な**ものはどれか。

1. 蒸気暖房は、一般に、温水暖房に比べて、負荷変動に対する制御を行いやすい。
2. ペリメータファンコイルユニット方式を用いる場合は、一般に、スキンロード（外皮負荷）をファンコイルユニットに分担させ、外気負荷と室内負荷を別の空調機に分担させる。
3. 外気処理空調機とターミナル空調機を組み合わせた方式においては、一般に、ターミナル空調機を空調対象室の直近に配置する。
4. 放射空調方式は、吹出し気流によるドラフトや騒音が生じない方式である。

No.5

▶Check □□□

イ～ホの条件によって計算した蒸気加湿装置の加湿量として、**最も適当な**ものは、次のうちどれか。

条件

イ. 加湿蒸気の比エンタルピー　　　　　　　　：2,700kJ/kg

ロ. 入口空気と出口空気との比エンタルピー差　：13.5kJ/kg(DA)

ハ. 送風量　　　　　　　　　　　　　　　　　：1,000m^3/h

ニ. 空気の密度　　　　　　　　　　　　　　　：1.2kg/m^3

ホ. この装置からの空気の漏れは、ないものとする。

1. 4.2kg/h
2. 5.0kg/h
3. 6.0kg/h
4. 7.2kg/h

No.6

▶Check □□□

全空気方式の空調設備における冷房時の送風量の算出に関する次の記述のうち、**最も不適当な**ものはどれか。

1. 壁体の貫流熱負荷は、送風量の算出に関係する。
2. ガラス窓透過日射熱負荷は、送風量の算出に関係する。
3. 照明負荷は、送風量の算出に関係しない。
4. 外気負荷は、送風量の算出に関係しない。

No.7

▶Check □□□

空調設備の水配管システムに関する次の記述のうち、**最も不適当な**ものはどれか。

1. リバースリターン方式は、ダイレクトリターン方式に比べて、配管スペースの縮小に有効である。
2. ダイヤフラム型密閉式膨張タンクは、開放式膨張タンクに比べて、タンクの容量が同じ場合、容積が大きくなる。
3. ダイヤフラム型密閉式膨張タンクの容量は、冷温水の有効膨張量、タンクの最低必要圧力及びタンクの最高使用圧力によって求められる。
4. 遠心ポンプの軸動力は、水動力をポンプ効率で除することによって求められる。

No.8

▶Check □□□

ダクト系統に関する次の記述のうち、**最も不適当な**ものはどれか。

1. ダクトの圧力損失は、風量が一定の場合、ダクト内を流れる空気の温度が低下するほど小さくなる。
2. ダクト直管部の摩擦損失は、風速の２乗に比例する。
3. ダクトは、静圧によって、低圧ダクト、高圧１ダクト及び高圧２ダクトに分類されている。
4. 送風機に接続するダクトの形状が、その送風機の運転性能に与える影響は、吐出し側より吸込み側のほうが大きい。

No.9

▶Check □□□

図のようなダクト系統において、図中a～dの各位置における全圧及び動圧が表に示す値であるときの送風機静圧として、**最も適当な**ものは、次のうちどれか。ただし、空気は定常状態で流れるものとし、空気の密度は1.2kg/m³とする。

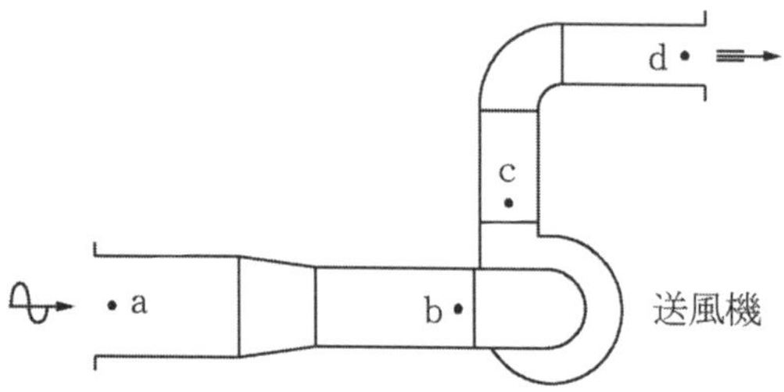

表

位置	全圧(Pa)	動圧(Pa)
a	−10	10
b	−60	20
c	180	40
d	40	40

1. 180Pa
2. 200Pa
3. 220Pa
4. 240Pa

No.10

▶Check □□□

図のような粉じん発生のある居室に設けた換気設備において、イ～トの条件によって計算したエアフィルターの粉じん捕集率として、**最も適当な**ものは、次のうちどれか。

条件

イ. 外気取入れ量　　　　：500㎥/h

ロ. 排気量　　　　　　　：500㎥/h

ハ. 外気の粉じん濃度　　：0.10mg/㎥

ニ. 室内空気の粉じん濃度：0.15mg/㎥

ホ. 室内の粉じん発生量　：60mg/h

ヘ. 室内の粉じんは、一様に分布するものとする。

ト. ダクト系及び室内からの空気の漏れは、ないものとする。

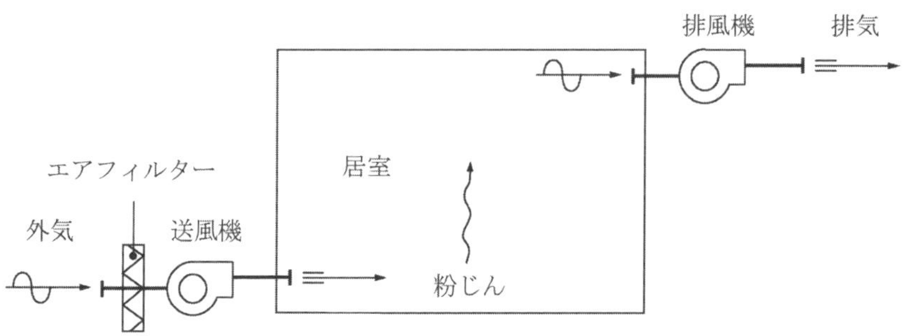

1. 0.3
2. 0.4
3. 0.5
4. 0.7

No.11

▶Check □□□

空調設備の自動制御に関する次の記述のうち、**最も不適当な**ものはどれか。

1. 三方弁を用いた定流量方式は、負荷機器への送水量は変化するが、配管系全体の循環水量は変化しない。
2. 二方弁を用いた変流量方式は、ポンプの台数制御や回転数制御によって、ポンプの搬送動力を削減できる。
3. 外気冷房制御は、室内空気と外気との比エンタルピー差等によって、外気ダンパーの開度制御や送風機の回転数制御を行うものである。
4. CO_2濃度制御は、給気ダクトに設けたCO_2濃度センサーによって、外気ダンパーの開度制御や送風機の回転数制御を行うものである。

No.12

▶Check □□□

機械排煙設備に関する次の記述のうち、**最も不適当な**ものはどれか。

1. 火災温度が上昇した場合、防火区画を貫通する排煙ダクトは、一般に、温度ヒューズの溶融温度が280℃の防火ダンパーによって閉鎖させる。
2. 特別避難階段の付室のための排煙機の排煙風量は、2㎥/s以上とする。
3. 排煙ダクトは、隠蔽部分以外の部分に設ける場合であっても、可燃材料と15cm以上の離隔距離が確保できない場合には、ロックウール等を用いて断熱措置を施す。
4. 防煙区画の排煙風量は、床面積1㎡当たり1㎥/min以上とする。

No.13

▶Check □□□

熱交換器に関する次の記述のうち、**最も不適当な**ものはどれか。

1. プレート式熱交換器は、小温度差の熱交換に適している。
2. 蒸気対温水の熱交換器には、多管式、貯湯槽式、プレート式等が用いられる。
3. 冷水コイルの必要列数は、コイルの正面面積に反比例し、空気と冷水の対数平均温度差に比例する。
4. 回転型全熱交換器は、吸湿性のあるハニカムローターを回転させて、排気と外気の間で熱交換を行うものである。

No.14

▶Check □□□

パッケージ型空調機に関する次の記述のうち、**最も不適当な**ものはどれか。

1. パッケージ型空調機に用いられているHFC冷媒は、地球温暖化係数が高い。
2. 屋内機の選定に当たっては、屋内機の吸込み空気温度に応じて、冷暖房能力を補正する必要がある。
3. 冷房能力は、空調機の使用可能な範囲において、屋外機と屋内機との高低差による影響を受けない。
4. ガスエンジンヒートポンプパッケージ型空調機は、エンジンの回転で圧縮機を駆動する。

No.15

▶Check □□□

冷却塔に関する次の記述のうち、**最も不適当な**ものはどれか。

1. 密閉式冷却塔は、管内の冷却水が管壁を介しての間接冷却となるので、冷却水の水質管理が容易である。
2. 吸収冷凍機用の冷却塔は、一般に、圧縮冷凍機用の冷却塔に比べて、冷凍機の単位冷凍能力当たりの冷却水量が少ない。
3. 冷却塔の白煙防止の方法には、冷却塔の充填材を出た後の高温・高湿の空気を加熱する方法がある。
4. フリークーリングとは、冷凍機の圧縮機を停止させ、冷却水を冷熱源として利用する方法である。

No.16

▶Check □□□

流体に関する次の記述のうち、**最も不適当な**ものはどれか。

1. ベルヌーイの定理とは、非圧縮性・非粘性流体の定常流において、圧力ヘッド、速度ヘッド及び位置ヘッドの総和が一定であることを示すものである。
2. サージングとは、流体の流れ場における流速の増加や渦の形成等によって、気泡が発生する現象のことである。
3. レイノルズ数は、平均流速、管内径及び動粘度によって算出できる。
4. 給水栓を急閉止したときに生じるウォーターハンマーによる水撃圧の大きさは、水の密度、給水栓閉止前の流速及び圧力波の伝搬速度によって算出できる。

No.17

▶Check □□□

ホテルにおける省資源・省エネルギーを考慮した給排水衛生設備の計画に関する次の記述のうち、**最も不適当な**ものはどれか。

1. 給水設備において、上水使用量の削減のために、排水再利用水を便器洗浄水及び開放式冷却塔の補給水に利用した。
2. 給湯設備において、エネルギー使用量の削減のために、強制循環式の太陽熱給湯システムを給湯ボイラーと組み合わせて採用した。
3. 給湯設備において、ステンレス鋼板製の密閉式貯湯槽については、熱損失の抑制のために、脚部にも断熱工事を行った。
4. 衛生器具設備において、節水のために、便所に節水便器、自動水栓及び擬音装置を設置した。

No.18

▶Check □□□

集合住宅における給排水衛生設備の計画に関する次の記述のうち、**最も不適当な**ものはどれか。

1. 設計用給水量は、居住者１人１日当たり100Lとした。
2. 給水系統は、給水圧力を350kPa以下に抑えるようにゾーニングを行った。
3. 排水槽の有効容量は、排水槽へ流入する最大排水流量（L/min）の60分間分の容量とした。
4. 屋内消火栓は、広範囲型の２号消火栓とし、階ごとに、その階の各部分から一のホース接続口までの水平距離が25m以下となるように設けた。

No.19

▶Check □□□

図のようなポンプ直送方式の給水設備において、イ～チの条件によって計算した給水ポンプの最低必要な揚程として、**最も適当な**ものは、次のうちどれか。

条件

イ. 配管の摩擦損失　　　：0.5kPa/m

ロ. ガス給湯機の必要圧力　：80kPa

ハ. シャワーの必要圧力　　：80kPa

ニ. 継手、弁類の相当管長は、実管長の100%とする。

ホ. 受水槽の水位は、給水ポンプの中心から上方2mの位置で常時一定とする。

ヘ. 給水ポンプの余裕率は、考慮しないものとする。

ト. ガス給湯機からの給湯配管は、考慮しないものとする。

チ. 重力加速度は、10m/s^{2}とする。

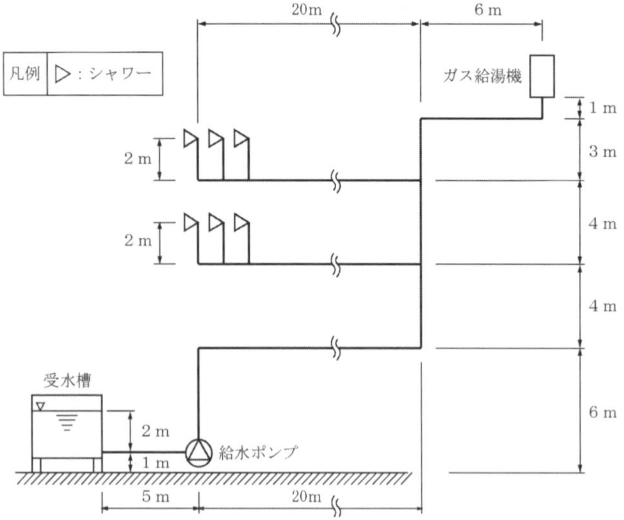

1. 27m

2. 28m

3. 29m

4. 30m

No.20 ▶Check □□□

給水設備に関する次の記述のうち、**最も不適当な**ものはどれか。

1. 水道事業の用に供する水道及び専用水道以外の水道であって、水道事業の用に供する水道から供給を受ける水のみを水源とする受水槽で、有効容量が10m³を超えるものは、「簡易専用水道」に該当する。
2. 一般水栓における流動時の最低必要圧力は、一般に、30kPaである。
3. パネル型のFRP製受水槽の大きさ及び形状は、強度上の問題等がない限り、最小モジュール寸法500mmを基本にして自由に選択できる。
4. 揚水ポンプの揚水量をもとに高置水槽の有効容量を算定する場合において、揚水ポンプの最短運転時間は、一般に、45分程度とする。

No.21

▶Check □□□

給湯設備に関する次の記述のうち、**最も不適当な**ものはどれか。

---

1. レジオネラ属菌の繁殖・感染を防止するためには、「給湯中の塩素濃度を高く維持する」、「給湯温度を55℃以上に保つ」、「エアロゾルの発生を抑える」等の対策が有効である。
2. 給湯管に使用する管の線膨張係数は、銅管よりポリブテン管のほうが大きい。
3. 一管式の局所式給湯設備において、配管計画は、配管内の湯の滞留時間（配管内保有水量/流水量）が30秒以下となることを目安として行うことが望ましい。
4. 循環式の中央式給湯設備において、配管内の気泡を排除するためには、上向き供給方式より下向き供給方式のほうが適している。

No.22

▶Check □□□

排水通気設備の計画に関する次の記述のうち、**最も不適当な**ものはどれか。

1. 管径65mmの通気管の大気開口部が凍結によって閉塞されるおそれがあったので、通気管の管径は、貫通する屋根の内面から建築物の内側方向に300mm離れた位置で、75mmに拡径した。
2. 屋根に開口する通気管の大気開口部の位置は、屋根から200mm立ち上げた位置とした。
3. ボイラーに設ける管径40mmの間接排水管の排水口空間は、100mmとした。
4. 掃除流しに設ける排水トラップの口径は、50mmとした。

No.23 ▶Check □□□

図のような建築物の雨水排水管の系統において、表１及び表２をもとに、イ～ヘの条件によって計算した図中ⓐ及びⓑの箇所の最小管径（mm）の組合せとして、**最も適当な**ものは、次のうちどれか。

条件

イ. 最大雨量は、150mm/hとする。

ロ. 各ルーフドレンが受け持つ雨水の集水面積は、破線で仕切った部分の面積とする。

ハ. 各屋根面の勾配は、矢印で示すとおり、ルーフドレンに向かって下り勾配とする。

ニ. 壁面に吹き付ける雨水は、壁面下部の屋根面の雨水に合流するものとする。

ホ. 図に示す４か所のルーフドレン以外からの雨水の流入は、考慮しないものとする。

ヘ. 表１及び表２は、雨量100mm/hの場合の値を示す。

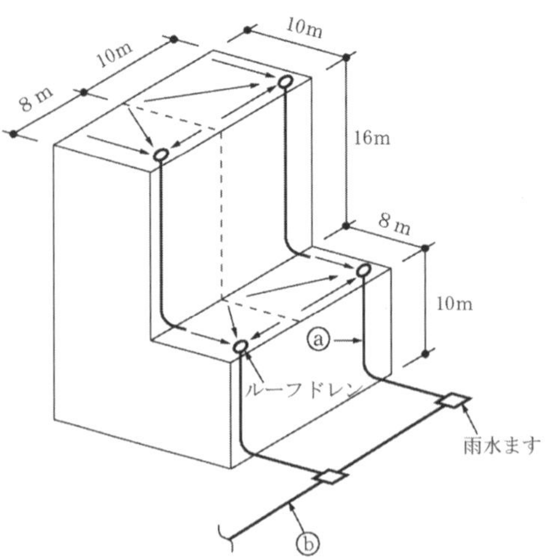

表1　雨水立て管の管径と許容最大屋根面積

管径(mm)	許容最大屋根面積(m²)
75	197
100	425
125	770
150	1,250
200	2,700

表2　雨水横主管の管径と許容最大屋根面積

管径(mm)	許容最大屋根面積(m²)
75	100
100	216
125	392
150	637
200	1,380

	ⓐ	ⓑ
1.	100	150
2.	100	200
3.	125	150
4.	125	200

No.24

▶Check □□□

共同住宅・喫茶店・マーケットからなる複合用途建築物において、BOD除去率が90%の合併処理浄化槽を設けた場合の放流水のBODとして、**最も適当な**ものは、次のうちどれか。ただし、各建築物用途の「床面積」、「排水量」及び「排水のBOD」は、表に示すとおりとする。

表

建築物用途	床面積 [㎡]	排水量 [L/(㎡・日)]	排水のBOD [mg/L]
共同住宅	2,700	10	200
喫茶店	100	160	150
マーケット	100	15	150

1. 17mg/L
2. 18mg/L
3. 19mg/L
4. 20mg/L

No.25

▶Check □□□

排水再利用設備及び雨水利用設備に関する次の記述のうち、**最も不適当な**ものはどれか。

1. 排水再利用水及び雨水利用水の水質基準においては、共に濁度の値が定められている。
2. 排水再利用設備において、膜分離活性汚泥処理装置を用いた標準処理フローは、厨房排水や便器洗浄排水を含んだ原水にも適用でき、浮遊物質をほとんど含まない処理水を得ることができる。
3. 雨水貯留槽の満水対策として、雨水集水管に設けた分岐管によって雨水を屋外の排水系統ますへ排出する場合には、雨水集水管に、電動遮断弁及び手動遮断弁を設ける。
4. 建築物の地下ピットを利用した雨水貯留槽において、地中梁で多槽に仕切られる場合は、死水域をつくらないように、連通管等の位置を決定する。

No.26

▶Check □□□

浴場循環ろ過設備に関する次の記述のうち、**最も不適当な**ものはどれか。

1. ろ過器の能力は、一般に、浴槽水が１時間に２～３回程度循環するものとする。
2. 循環ポンプの揚程は、一般に、「ろ過器、熱交換器、集毛器及び循環配管における摩擦損失水頭」と「浴槽吐出し口における吐出し水頭」を合計したものとする。
3. 浴槽水の消毒は、一般に、塩素系薬剤をろ過器の直前に注入して行う。
4. ろ過器には、一般に、生物浄化式ろ過器又はカートリッジ式ろ過器を用いる。

No.27

▶Check □□□

消防用設備等の計画に関する次の記述のうち、**最も不適当な**ものはどれか。

1. 11階以上の部分に設ける連結送水管の放水用器具を格納した箱は、一の直通階段について階数３以内ごとに、一の放水口から歩行距離５m以内で消防隊が有効に消火活動を行うことができる位置に設けた。
2. 乾式の流水検知装置を設けたスプリンクラー設備は、スプリンクラーヘッドが開放した場合に１分以内に当該スプリンクラーヘッドから放水できるものとした。
3. 各階の屋内消火栓（広範囲型の２号消火栓）の最大設置個数が２であったので、屋内消火栓設備のポンプの吐出量は、140L/minとした。
4. 二酸化炭素を放射する全域放出方式の不活性ガス消火設備には、起動装置の作動から放出弁の開放までの時間が20秒以上となる遅延装置を設けた。

No.28

▶Check □□□

ガスに関する次の記述のうち、**最も不適当な**ものはどれか。

1. 都市ガスの種類は、ウォッベ指数と燃焼速度の値によって区分されている。
2. 都市ガスの分類において、中圧のガスとは、ガスによる圧力が0.1MPa以上1MPa未満のガスのことである。
3. 都市ガス用のガス漏れ警報器における検査合格の認証表示の有効期間は、7年である。
4. ガスこんろの上部に換気上有効な排気フードを設ける場合、火源から排気フードの下端までの高さは、原則として、100cm以下とする。

No.29

▶Check □□□

衛生器具設備に関する次の記述のうち、**最も不適当な**ものはどれか。

1. 大便器における洗浄弁式は、給水管を直接便器に接続して給水するので、連続して頻繁に使用される場合に適している。
2. 大便器における専用洗浄弁式は、専用の給水装置を使用し、水道の給水圧力、加圧装置等によって給水する方式であり、内部に負圧破壊装置を具備する必要がある。
3. 壁掛け型小便器において、床面から小便受け口までの高さが350mm以下の場合は、子供等にも使える小便器として、床置き型小便器と同等であるとみなすことができる。
4. 貯湯式の温水洗浄便座における貯湯タンクの容量は、一般に、3L程度である。

No.30

▶Check □□□

給排水衛生設備の機器・材料に関する次の記述のうち、**最も不適当な**ものはどれか。

1. 水道用硬質塩化ビニルライニング鋼管のうち、SGP－VDは、管の内外面に硬質ポリ塩化ビニルを被覆したものである。
2. 水道用耐熱性硬質塩化ビニルライニング鋼管における湯の連続使用許容温度は、85℃以下である。
3. 配管用管及び水道用銅管の肉厚の数値の大小関係は、呼び径が同じ場合、Kタイプ<Lタイプ<Mタイプである。
4. 弁を中間開度にして流量調整を行う場合には、玉形弁とバタフライ弁は適しており、仕切弁とボール弁は適していない。

No.31

▶Check □□□

電気用語に関する次の記述のうち、**最も不適当な**ものはどれか。

1. フレミングの左手の法則によれば、左手の親指、人さし指、中指を互いに直角に開いて、親指を運動の方向、人さし指を磁力線の方向に合わせた場合、中指が誘導起電力の方向 になる。
2. キルヒホッフの第二法則によれば、回路中の任意の閉回路において、その一周の中に含まれる起電力の和と電圧降下の和とは等しくなる。
3. 電位差は、回路の2点における電位の差であり、電圧ともいう。
4. 誘導性リアクタンスは、交流回路において、電流の位相を電圧の位相よりも遅らせる要素である。

No.32

▶Check □□□

構内電気設備の配線用図記号（JIS C 0303:2000）に定める名称とその図記号との組合せとして、**最も不適当な**ものは、次のうちどれか。

	名　称	図記号
1.	発電機	
2.	引掛シーリング（丸）	
3.	警報ベル	
4.	配電盤	

No.33

▶Check □□□

図のようなブリッジ回路において、平衡条件にあるときの抵抗R(Ω)に流れる電流I(A)として、**最も適当な**ものは、次のうちどれか。

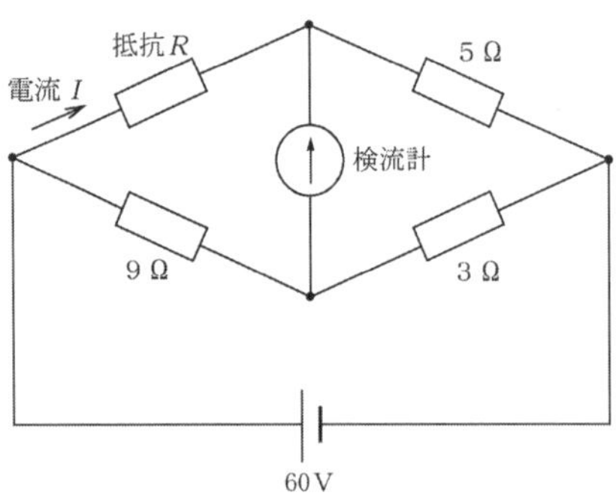

1. 3A
2. 4A
3. 5A
4. 9A

No.34

▶Check □□□

電気設備の計画に関する次の記述のうち、**最も不適当な**ものはどれか。

1. 使用電圧400Vの一般動力幹線には、漏電遮断器を施設した。
2. ガスタービン発電装置の冷却方式には、空気冷却方式を用いた。
3. 出力3.7kWの水中ポンプの電動機の保護には、過負荷・欠相保護継電器（2E）を用いた。
4. 漏電遮断器で保護されている回路とそれ以外の回路における接地線及び接地極を共用したので、接地抵抗値は、2Ω以下となるようにした。

No.35

▶Check □□□

電気設備の計画に関する次の記述のうち、**最も不適当な**ものはどれか。

1. 自動火災報知設備において、受信機には、防火・排煙設備連動制御器の機能を備える必要があったので、GP型受信機を用いた。
2. テレビ共同受信設備において、地上波デジタルとBSの混合については、アンテナマストと増幅器が近接していたので、混合器を省略し、増幅器で行った。
3. 監視カメラ設備において、ネットワーク伝送方式のカメラへの配線には、UTPケーブルを用いた。
4. 電気時計設備において、親時計の時刻補正には、FMラジオ方式の時刻同期装置を用いた。

No.36 ▶Check □□□

高圧受変電設備の計画に関する次の記述のうち、**最も不適当な**ものはどれか。

1. 需要家側からの高調波電流の流出を抑制するために、直列リアクトル付進相コンデンサの設置位置は、受電用変圧器の高圧側よりも効果が大きい低圧側とした。
2. 主遮断装置は、一般送配電事業者の配電用変電所の過電流保護装置との動作協調を図った。
3. 一般送配電事業者との保安上の責任分界点となる柱上には、絶縁油を使用した高圧交流負荷開閉器を施設した。
4. 受電設備容量が300kVA以下であったので、主遮断装置を「高圧限流ヒューズ・高圧交流負荷開閉器（PF・S形）」としたキュービクル式高圧受電設備を設置した。

No.37 ▶Check □□□

図のような高圧受電の三相3線式の回路における設備不平衡率として、**最も適当な**ものは、次のうちどれか。

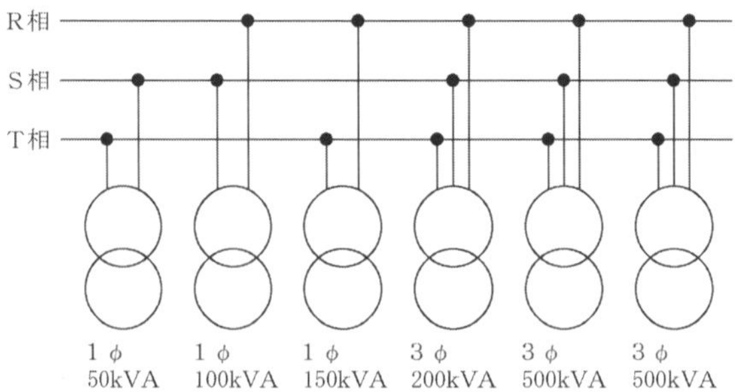

1. 10%
2. 20%
3. 25%
4. 30%

No.38

▶Check □□□

発電方式に関する次の記述のうち、**最も不適当な**ものはどれか。

1. 太陽光発電、風力発電及び原子力発電は、再生可能エネルギー源を用いた発電方式に該当する。
2. 太陽光発電は、太陽電池セルの光起電力効果を利用し、光のエネルギーを電気エネルギーに変換するものである。
3. 廃棄物発電は、ごみ焼却熱を利用して蒸気を発生させ、蒸気タービンで発電機を動かすことによって、熱エネルギーを電気エネルギーに変換するものである。
4. 燃料電池は、アノードに水素、カソードに酸素を通すことによって、化学エネルギーを電気エネルギーに変換するものである。

No.39

▶Check □□□

コージェネレーションシステムに関する次の記述のうち、**最も不適当な**ものはどれか。

1. コージェネレーションシステムを商用電源と連系する場合は、供給信頼度、電力品質等の面でほかの電力需要家に悪影響を及ぼさないように、一般送配電事業者と協議を行う必要がある。
2. 総合効率は、原動機がガスエンジンであっても、ガスタービンであっても、一般に、80%程度である。
3. 原動機の熱電比は、ディーゼルエンジンよりガスタービンのほうが小さい。
4. 電主熱従運転方式において、熱負荷が少ない場合は、余剰排熱を冷却設備によって放熱させる。

No.40

▶Check □□□

特殊環境用照明器具に関する次の記述のうち、**最も不適当な**ものはどれか。

1. 低温用照明器具は、光源を低温に強いLEDとすることによって、周囲温度によらず、瞬時に100%の明るさに点灯できる。
2. クリーンルーム用照明器具は、室内の清浄度を保つために、静電気によってほこりを付着させやすい構造としている。
3. 防食照明器具は、器具本体にガラス繊維強化ポリエステル等、カバーにアクリル樹脂等が用いられ、腐食性ガス等の発生しやすい環境において使用される。
4. 防爆照明器具は、「電気機械器具防爆構造規格」のものが用いられ、ガス蒸気危険場所又は粉じん危険場所において使用される。

No.41

▶Check □□□

図のような天井面のA点に点光源を設けた場合、イ及びロの条件によって計算した床面のB点の水平面照度E_hとして、**最も適当な**ものは、次のうちどれか。

条件

イ. 点光源のB点方向の光度$I(\theta)$：3,000cd

ロ. 床面、天井面等からの反射は、ないものとする。

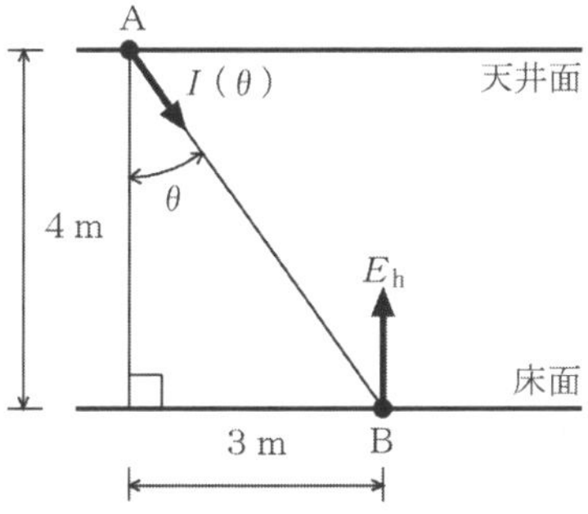

1. 96lx
2. 150lx
3. 360lx
4. 480lx

No.42 ▶Check □□□

電動機に関する次の記述のうち、**最も不適当な**ものはどれか。

1. スターデルタ始動方式は、一次巻線がデルタ結線の電動機を、始動時にスター結線にし、加速完了後にデルタ結線に戻す方式である。
2. 全電圧始動（直入れ始動）方式は、スターデルタ始動方式に比べて、始動電流及び始動トルクが小さくなる。
3. 電動機の分岐回路に設ける過電流遮断器は、主として分岐回路の電線の短絡保護のための装置であり、電動機の過負荷保護を目的としたものではない。
4. 定格出力が3.7kWを超える三相誘導電動機にスターデルタ始動器を使用する場合、始動器と電動機間の電線は、その許容電流が、当該電動機分岐回路の配線の許容電流の60%以上のものとする。

No.43 ▶Check □□□

電動機に用いられるインバータに関する次の記述のうち、**最も不適当な**ものはどれか。

1. インバータを用いると、低速でトルクが出にくくなる。
2. インバータを用いると、始動電流が小さくなる。
3. インバータを用いると、電動機の小形化が可能となる。
4. インバータを用いると、一般に、ノイズの発生を抑制できる。

No.44

▶Check □□□

自動火災報知設備に関する次の記述のうち、**最も不適当な**ものはどれか。

1. 煙感知器（2種）は、廊下にあっては、歩行距離50mにつき1個設けた。
2. 地区音響装置は、各階ごとに、その階の各部分から一の地区音響装置までの水平距離が25m以下となるように設けた。
3. P型受信機方式としたので、受信機－発信機－感知器間の配線には、一般配線を用いた。
4. 一の警戒区域の面積は、600㎡以下となるようにした。

No.45

▶Check □□□

防災設備に関する次の記述のうち、**最も不適当な**ものはどれか。

1. 無線通信補助設備の無線機を接続する端子は、地上で消防隊が有効に活動できる場所及び防災センターに設けた。
2. 階段に設ける非常放送設備のスピーカーは、L級のものとし、垂直距離20mにつき1個設けた。
3. 天井の高さが10mの体育館に設ける自動火災報知設備の感知器は、光電式分離型感知器（2種）とした。
4. 自動火災報知設備において、P型1級受信機の主音響装置の定格電圧における音圧は、無響室で音響装置の中心から前方1m離れた地点で測定した値が、85dB以上となるようにした。

No.46

▶Check □□□

LAN設備に関する次の記述のうち、**最も不適当な**ものはどれか。

1. カテゴリー5eのUTPケーブルは、伝送速度1Gbpsの伝送を行うことができる。
2. UTPケーブルは、ノイズへの耐性を向上させるために、シールドを施したものである。
3. IPアドレスの数は、IPv4が2の32乗個、IPv6が2の128乗個である。
4. 無線LANの暗号化方式は、WEP方式よりWPA2方式のほうが、暗号強度が強い。

No.47

▶Check □□□

建築物に設けるセキュリティシステムに関する次の記述のうち、**最も不適当な**ものはどれか。

1. 侵入者を検知するために扉・窓等に取り付ける開閉検出用の機器には、マグネットスイッチ、リミットスイッチ、振動スイッチ等がある。
2. 侵入者を検知するために室内空間を警戒する機器には、超音波探知器、熱線感知器等がある。
3. ネットワークカメラシステムは、インターネット・LAN環境における利用を前提とし、双方向の通信・制御が可能である。
4. IDカード認証は、一般に、生体認証に比べて、高いセキュリティ性を備えている。

No.48

建築物等の雷保護（JIS A 4201:2003）に関する次の記述のうち、**最も不適当な**ものはどれか。

1. 建築物等の屋根構造材の金属製部分（トラス、相互接続した鉄筋等）は、"構造体利用"受雷部構成部材であるとみることができる。
2. 被保護物から独立しない雷保護システムにおいて、壁が不燃性材料からなる場合、引下げ導線は、壁の表面又は内部に施設することができる。
3. 受雷部の材料には、導電性及び耐食性が十分であれば、アルミニウムを使用することができる。
4. 受雷部システムの配置において、保護レベルがⅣの場合、保護角法による保護角は、地表面から受雷部の上端までの高さが60mまでは、その高さが高くなるほど大きくなる。

No.49

電気設備の接地工事に関する次の記述のうち、**最も不適当な**ものはどれか。

1. C種接地工事において、地絡遮断装置を設けなかったので、接地抵抗値は、10Ω以下となるようにした。
2. D種接地工事において、地絡遮断装置を設けなかったので、接地抵抗値は、100Ω以下となるようにした。
3. ライティングダクト工事において、合成樹脂で金属製部分を被覆したダクトを使用したので、D種接地工事を省略した。
4. 使用電圧300Vの金属管工事において、金属管の長さが10mで、施設場所が乾燥した場所であったので、D種接地工事を省略した。

No.50

▶Check □□□

低圧配線に関する次の記述のうち、**最も不適当な**ものはどれか。

1. 電気使用場所内に設けた変圧器から電気を供給するに当たって、低圧配線中の電圧降下は、供給変圧器の二次側端子から最遠端の負荷に至る電線のこう長が120mを超え200m以下の場合には、標準電圧の6％以下にできる。
2. 住宅の屋内電路の対地電圧は、原則として、300V以下とする。
3. がいし引き工事により施設する600Vビニル絶縁電線は、使用電圧が300Vを超える場合、弱電流電線等又は水管等との離隔距離を10cm以上とする。
4. フロアダクト工事は、乾燥した露出場所には施設できない。

No.51

▶Check □□□

単相2線式200Vの回路において、長さ20m、導体の断面積8㎟のCVケーブルを屋内配線とし、この端末に定格電圧200V、定格電流20A、力率100%の負荷を接続する計画を行った。この計画の一部を変更する場合の電圧降下に関する次の記述のうち、**最も適当な**ものはどれか。

1. 長さを50m、導体の断面積を14㎟にすると、電圧降下は約0.7倍になる。
2. 長さを10m、導体の断面積を5.5㎟にすると、電圧降下は約1.38倍になる。
3. 定格電流を30A、長さを50mにすると、電圧降下は約3.75倍になる。
4. 定格電流を10A、導体の断面積を5.5㎟にすると、電圧降下は約0.34倍になる。

No.52

▶Check □□□

受変電設備に関する次の記述のうち、**最も不適当な**ものはどれか。

1. 変圧器には、油入変圧器、モールド変圧器、H種乾式変圧器、SF_6ガス絶縁変圧器等がある。
2. 進相コンデンサに施設される直列リアクトルは、コンデンサ投入時の突入電流を抑制できる。
3. 過電流継電器の動作特性には、過負荷電流に対しての瞬時特性と短絡電流に対しての反限時特性がある。
4. 避雷器は、雷等に起因する異常電圧による電流を大地へ流すことによって、電気設備の絶縁を保護するものである。

No.53

▶Check □□□

電気設備の機器･材料に関する次の記述のうち、**最も不適当な**ものはどれか。

1. ねじなし電線管は、薄鋼電線管に比べて、外径が同じ場合、肉厚が薄いので切断・曲げ等の加工性がよい。
2. 耐熱ケーブルは、導体と絶縁物の間に耐熱層を施したものであり、非常放送、非常ベル起動装置等の弱電回路に用いられる。
3. 通信用構内ケーブルは、CATV、地上波デジタル、衛星放送等のTV受信用に用いられる。
4. プラグインバスダクトは、設けられたスリットによって、ダクトの途中から負荷への分岐ができる。

No.54 ▶Check □□□

非常用エレベーターに関する次の記述のうち、**最も不適当な**ものはどれか。

1. 一次消防運転においては、籠内からのみ運転の操作ができる。
2. 二次消防運転においては、一次消防運転中に、籠の戸を開いたまま運転できる。
3. 非常用エレベーターを２基設ける場合は、１か所に集中して配置することが望ましい。
4. 非常用エレベーターの最大定員は、17人以上とする。

No.55 ▶Check □□□

建築設備の申請・届出書類に関する次の記述のうち、**最も不適当な**ものはどれか。

1. 冷凍能力が20法定冷凍トン、冷媒が高圧で不活性なフルオロカーボンである遠心冷凍機を設置する場合は、「高圧ガス製造事業届書」を提出する必要がある。
2. 同一の構内において、小出力発電設備が設置されていない一般用電気工作物に、電圧 200V、出力10kWの太陽電池発電設備を設置する場合は、「保安規程届出書」を提出する必要がある。
3. 燃料の燃焼能力が重油換算50L/hのガスタービンを原動機とした常用発電設備を設置する場合は、電気事業法に基づく「工事計画届出書」を提出する必要がある。
4. バーナーの燃料の燃焼能力が重油換算50L/hの炉筒煙管ボイラーを設置する場合は、大気汚染防止法に基づく「ばい煙発生施設設置届出書」を提出する必要がある。

No.56

▶Check □□□

空調設備の配管工事に関する次の記述のうち、**最も不適当な**ものはどれか。

1. 空調機のドレン配管に設けるトラップの封水深さは、運転時の空調機内と室内との差圧を考慮して決定する。
2. HFCを冷媒として用いる場合、冷媒用銅管のろう付け接合時には、窒素置換による管内部の酸化防止対策が必要である。
3. 蒸気配管の主管から分岐管を取り出す場合は、3個以上のエルボを使用して、配管の伸縮を吸収できるようにする必要がある。
4. 冷温水配管に設ける自動空気抜き弁は、配管系の最上部で、かつ、負圧になる部分に設ける。

No.57

▶Check □□□

給排水衛生設備の配管工事に関する次の記述のうち、**最も不適当な**ものはどれか。

1. 水道用硬質塩化ビニルライニング鋼管の切断には、バンドソー（帯のこ盤）ではなく、高速砥（と）石切断機（高速カッター）を用いた。
2. 免震構造の建築物において、免震層を通過する給湯配管には、ゴム製変位吸収管継手ではなく、ステンレス製変位吸収管継手を用いた。
3. 鉄筋コンクリート造の建築物において、地上部分の外壁を貫通して土中に埋設される配管には、マクロセル腐食の発生を防止するために、配管が土中に埋設される手前に、絶縁継手を設けた。
4. 冬期における硬質ポリ塩化ビニル管の接合においては、ソルベントクラッキングを防止するために、夏期のときよりも、接着剤使用後の管内の通風を多く行った。

No.58

▶Check □□□

電気設備工事に関する次の記述のうち、**最も不適当な**ものはどれか。

1. 金属ダクトを壁に取り付けるに当たって、支持点間の距離は、3mとした。
2. 高圧計器用変成器の二次側電路には、D種接地工事を施した。
3. A種接地工事の接地極を鉄柱その他の金属体と近接していない場所に埋設するに当たって、埋設深さは、75cmとした。
4. 使用電圧400Vの低圧分岐回路の電路と大地との間の絶縁抵抗値は、0.2MΩとした。

No.59

▶Check □□□

建築設備工事の維持管理等に関する次の記述のうち、**最も不適当な**ものはどれか。

1. ライフサイクルコストは、企画設計費、建設費、運用管理費、解体費等によって構成される。
2. 改良保全は、故障が起こりにくい設備への改善、又は性能向上を目的とした保全活動であり、設備の構成要素・部品の材質や使用の改善等が該当する。
3. 法定耐用年数とは、税法で定められた耐用年数のことであり、減価償却の基本となる数値である。
4. 平均故障寿命とは、修理しながら使用するシステム・機器・部品等における故障発生から次の故障発生までの動作時間の平均値のことである。

No.60

建築設備工事の積算に関する次の記述のうち、**最も不適当な**ものはどれか。

1. 一般管理費等は、工事施工に当たる受注者の継続運営に必要な費用であり、一般管理費と付加利益等からなる。
2. 現場管理費は、工事施工に当たり、工事現場を管理運営するために必要な費用であり、共通仮設費も含まれる。
3. 共通仮設費には、環境安全費及び動力用水光熱費も含まれる。
4. 直接工事費の算定において、「材料価格等に個別の数量を乗じて算定する方法」又は「単位施工当たりの単価に数量を乗じて算定する方法」によりがたい場合は、施工に必要となる全ての費用を「一式」として算定する。

令和3年度

建築設備［問題］

▶解答・解説 P.154～

No.1

▶Check □□□

湿り空気に関する次の記述のうち、**最も不適当な**ものはどれか。

1. 顕熱比とは、「絶対湿度の変化量」に対する「比エンタルピーの変化量」の割合のことである。
2. 湿り空気の比エンタルピーとは、「乾き空気1kgの保有する熱量」と「乾き空気1kgと混合している水蒸気の保有する熱量」の和のことである。
3. 露点温度とは、湿り空気中の水蒸気分圧と等しい水蒸気分圧を有する飽和空気の温度のことである。
4. 相対湿度とは、同じ温度における「飽和空気の水蒸気分圧」に対する「湿り空気の水蒸気分圧」の割合を百分率で表したものである。

No.2

▶Check □□□

建築物及び建築設備の省エネルギー計画に関する次の記述のうち、**最も不適当な**ものはどれか。

1. 建築物の単位床面積当たりの熱負荷は、床面積が同じ場合、建築物の平面形状が正方形に近くなるほど小さくなる。
2. 窓が南北面に多く配置された建築物は、東西面に多く配置された建築物に比べて、最大冷房負荷に対する部分負荷運転の割合が大きくなりやすい。
3. 全空気方式による冷房運転においては、一般に、室温と吹出し空気温度との差を大きくするほど、送風機動力の低減を図ることができる。
4. 空調空気の搬送エネルギーを小さくするためには、空調機を空調負荷の中心に配置することが望ましい。

No.3

▶Check □□□

エネルギーの有効利用に関する次の記述のうち、**最も不適当な**ものはどれか。

1. 下水処理水は、一般に、年間を通して15～25℃前後であり、ヒートポンプの熱源として利用することができる。
2. 変電所からの排熱は、一般に、年間を通して環境温度よりもやや高いので、暖房・給湯用熱源として利用することができる。
3. 地下鉄からの強制排気による排熱は、空気量は小さいが、エネルギー密度は高い。
4. 外気冷房には、外気の比エンタルピーが室内空気の比エンタルピーよりも低いときに、その差を冷房に利用するものがある。

No.4

▶Check □□□

空調方式に関する次の記述のうち、**最も不適当な**ものはどれか。

1. 定風量単一ダクト方式は、恒温、恒湿、無じん等の高度な環境制御が必要なクリーンルーム・手術室の空調にも用いられている。
2. 変風量単一ダクト方式は、送風量が絞られた場合、外気導入量も送風量に応じて減少させる必要がある。
3. 床吹出し空調方式は、冷房時において、天井吹出し空調方式と同等の居住域温度を確保する場合、一般に、吹出し温度を天井吹出し空調方式よりも高くする。
4. 中央式空調方式は、マルチパッケージ型空調方式に比べて、湿度、換気、空気清浄度等の制御性に優れている。

No.5

▶Check □□□

図のような空調設備が定常的に暖房運転されている場合、イ～トの条件により計算した全熱交換器を経た外気の顕熱負荷の値として、**最も適当な**ものは、次のうちどれか。

条件

イ. 外気取入れ量　：5,000m³/h
ロ. 室内温度　：24℃
ハ. 外気温度　：4℃
ニ. 空気の比熱　：1kJ/(kg・K)
ホ. 空気の密度　：1.2kg/m³
ヘ. 全熱交換器の熱交換効率（顕熱）：64%
ト. ダクト系からの熱取得・熱損失及び空気の漏れは、ないものとする。

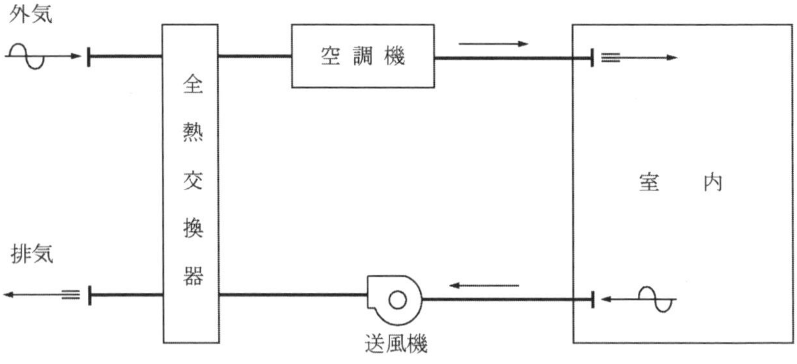

1. 10kW
2. 12kW
3. 14kW
4. 21kW

No.6 ▶Check □□□

冷暖房負荷計算に関する次の記述のうち、**最も不適当な**ものはどれか。

1. 建築物の外表面熱伝達率には、一般に、対流成分と放射成分を見込んだものが用いられる。
2. 間欠空調による蓄熱負荷は、冷房時に大きく、暖房時に小さいので、暖房時においては、一般に、考慮しない。
3. 送風機による熱負荷は、暖房時においては、取得熱として安全側に働くので、一般に、考慮しない。
4. 冷房時には、北面のガラス窓や日影となるガラス窓についても、日射熱負荷を考慮する。

No.7 ▶Check □□□

送風機に関する次の記述のうち、**最も不適当な**ものはどれか。

1. 多翼送風機は、一般にシロッコファンと呼ばれ、羽根形状が回転方向に対して前に傾斜している。
2. 多翼送風機は、構造上、低速回転には適さないので、高速ダクト用に用いられる。
3. 同一特性の低圧送風機を２台直列運転する場合、合成された送風機全圧は、同一風量におけるそれぞれの送風機全圧を加算したものと等しくなる。
4. サージングは、特性曲線（X軸：風量、Y軸：圧力）の右上がりの部分で運転した場合に発生しやすい。

No.8

▶Check □□□

図のような流れの途中で断面が拡大されたダクトにおいて、イ～ホの条件により計算した断面Aと断面Bの間の全圧損失として、**最も適当な**ものは、次のうちどれか。

条件

イ. 断面Aの静圧　：300Pa

ロ. 断面Bの静圧　：310Pa

ハ. 断面Aの風速　：10m/s

ニ. 断面Bの風速　：5m/s

ホ. 空気の密度　　：1.2kg/m³

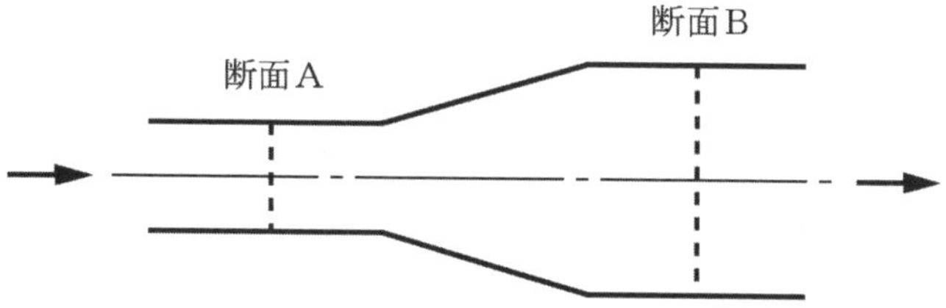

1. 35Pa
2. 45Pa
3. 55Pa
4. 80Pa

No.9

換気に関する次の記述のうち、**最も不適当な**ものはどれか。

1. 直だき冷温水機を設置した機械室において、換気方式は、第３種換気としてはならない。
2. ホテルの客室において、換気量は、一般に、浴室部分の換気量により決まる。
3. 建築物の居室においては、ホルムアルデヒドを発散する建築材料を使用しない場合であっても、原則として、シックハウス対策用の機械換気設備又は中央管理方式の空調設備を設ける必要がある。
4. 置換換気は、天井近傍から室温よりもやや低い温度で低速の新鮮空気を供給し、床面から排気する換気方式である。

No.10

定常的に発熱がある室内において、換気量を一定とした場合、イ～トの条件により計算した室内温度として、**最も適当な**ものは、次のうちどれか。

条件

- イ. 室内の発生全熱量　：50kW
- ロ. 室内の発生潜熱量　：10kW
- ハ. 換気量　：5,000m³/h
- ニ. 導入外気温度　：５℃
- ホ. 空気の比熱　：1.0kJ/(kg・K)
- ヘ. 空気の密度　：1.2kg/m³
- ト. 上記以外の熱取得及び熱損失はないものとし、室内温度は一様とする。

1. 19℃
2. 24℃
3. 29℃
4. 33℃

No.11

▶Check □□□

空調設備の発生騒音に関する次の記述のうち、**最も不適当な**ものはどれか。

1. ダクト直管部における音の自然減衰量は、ダクト全長が短い場合には、一般に、無視する。
2. ダクト曲管部における音の自然減衰量は、「曲率を有するエルボ（ラウンドエルボ）」より「曲率を付けない角形（突付け）エルボ」のほうがやや大きい。
3. スプリッタ型消音器における音の減衰特性は、一般に、中高周波数域より低周波数域のほうが大きい。
4. A特性音圧レベルは、騒音の影響を評価するために、人間の聴感に基づいて重み付けされた騒音レベルであり、室内騒音の評価や設備機器等による環境騒音の規制等に用いられている。

No.12

▶Check □□□

機械排煙設備に関する次の記述のうち、**最も不適当な**ものはどれか。

1. 天井の高さが3m以上ある劇場の客席において、所定の内装制限をし、かつ、所定の排煙設備を設けた場合には、床面積500㎡以内ごとの防煙区画はしなくてもよい。
2. 天井の高さが3m未満の居室に設ける排煙口は、「天井面」又は「天井から80cm以内の壁面で、かつ、防煙垂れ壁の下端よりも上の部分」に設ける。
3. 排煙口の大きさは、吸込み風速が15m/s以下となるように計画する。
4. 排煙ダクトの大きさの選定において、ダクト内風速が15m/s以下とならない場合には、ダクト系全体での摩擦損失が過大となっていないかどうかを確認する必要がある。

No.13 ▶Check □□□

空調設備の冷凍機に関する次の記述のうち、**最も不適当な**ものはどれか。

1. 遠心冷凍機は、吸収冷凍機に比べて、低い温度の冷水を取り出すことができる。
2. インバータ搭載型の遠心冷凍機は、一般に、定格運転時より部分負荷運転時のほうが、効率が高くなる。
3. 排熱投入型吸収冷凍機は、コージェネレーションシステムからの排温水を、その温度が低い場合や量が少ない場合であっても、予熱源として利用することができる。
4. 吸収冷凍機の冷媒には、一般に、臭化リチウム水溶液が用いられる。

No.14 ▶Check □□□

空調設備の加湿装置に関する次の記述のうち、**最も不適当な**ものはどれか。

1. 気化式加湿器は、ぬれ表面に通風するなどし、空気に湿り気をもたせて加湿するものであり、加湿前後の空気温度は変わらない。
2. 超音波式加湿器は、振動子によって水を霧化し、空気中に直接噴霧するものであり、給水中に含まれる不純物が空気中に飛散しやすい。
3. パン型加湿器は、水槽内に設置したシーズヒーターに通電し、水を加熱沸騰させて蒸気を発生させるものである。
4. 蒸気式加湿器は、応答性が良いので、高精度の湿度制御が可能である。

No.15

▶Check □□□

デシカント空調に関する次の記述のうち、**最も不適当な**ものはどれか。

1. デシカント空調は、冷却除湿方式の空調に比べて、冷凍機からの冷水の温度を上げることができる。
2. デシカント空調は、除湿を行うに当たり、過冷却やその後の再熱が不要である。
3. デシカントの再生用熱源には、比較的低温の排熱や太陽熱を利用することもできる。
4. デシカントに水蒸気が吸着されるとき、理想状態においては、乾球温度が一定のまま絶対湿度が低下する。

No.16

▶Check □□□

流体に関する次の記述のうち、**最も不適当な**ものはどれか。

1. 流速は、ピトー管を用いて求めることができる。
2. 管摩擦係数は、ムーディ線図を用いて求めることができる。
3. 給水管の摩擦損失は、マニングの式を用いて求めることができる。
4. 排水立て管の許容流量は、ワイリー・イートンの式を用いて求めることができる。

No.17

▶Check □□□

20階建てのホテルにおける給排水衛生設備の計画に関する次の記述のうち、**最も不適当な**ものはどれか。

1. 給水系統は、客室における給水圧力の上限を300～400kPa程度に抑えるようにゾーニングを行った。
2. 客室における設計用給湯量（給湯温度60℃基準）は、宿泊者1人1日当たり150Lとした。
3. 飲料水用受水槽における間接排水管の排水口空間は、100mmとした。
4. 連結送水管の放水口は、3階以上の各階に設け、11階以上の階に設けるものは双口形とした。

No.18

▶Check □□□

給水設備に関する次の記述のうち、**最も不適当な**ものはどれか。

1. 木製水槽は、外側からのバンド締めにより堅牢であること、板材の搬入・現場組立が容易であることなどの理由により、比較的大型の飲料水用受水槽としても用いられる。
2. ステンレス鋼板製受水槽においては、一般に、液相部にSUS444、気相部にSUS329J4L等が用いられている。
3. 水道直結増圧方式においては、水道本管への逆流防止のための逆流防止器、立て主管頂部等での空気だまりの発生防止のための吸排気弁を設ける。
4. 高置水槽方式において、揚水管の横引きは、ウォーターハンマーの発生原因となる水柱分離を防止するために、できるだけ高い位置で行う。

No.19

▶Check □□□

吐出し量が800L/min、軸動力が11kWで定常運転されている給水ポンプにおいて、回転数制御によりポンプの回転数を50%に変化させた場合の「吐出し量」及び「軸動力」の組合せとして、**最も適当な**ものは、次のうちどれか。

	吐出し量(L/min)	軸動力(kW)
1.	200	1.4
2.	200	2.8
3.	400	1.4
4.	400	2.8

No.20 ▶Check □□□

給湯設備の加熱装置に関する次の記述のうち、**最も不適当な**ものはどれか。

1. ハイブリッド給湯システムは、給湯負荷変動が少ないベース負荷を燃焼式加熱機が受け持ち、ベース負荷以上の場合にヒートポンプ給湯機でバックアップする仕組みとなっている。
2. 潜熱回収型ガス給湯機は、排熱を給水の予熱として利用することによって、熱効率を向上させたものであり、発生するドレン水は、一般に、機器内の中和機で処理され排出される。
3. 自然冷媒ヒートポンプ給湯機は、大気中の熱エネルギーを給湯の加熱に利用するものであり、冷媒には二酸化炭素が用いられている。
4. 家庭用燃料電池は、燃料処理装置で都市ガス等から作られた水素と空気中の酸素とを反応させて発電するとともに、その反応過程で発生する排熱を給湯に利用するものである。

No.21

▶Check □□□

給湯設備の瞬間式加熱装置において、イ～チの条件により計算した加熱能力として、**最も適当な**ものは、次のうちどれか。

条件

イ. 給湯栓の給湯量　　　：7.5L/(min·個)
ロ. 給湯栓の設置個数　　：4個
ハ. 給湯栓の同時使用率　：70%
ニ. 給水温度　　　　　　：5℃
ホ. 給湯温度　　　　　　：42℃
ヘ. 水及び湯の比熱　　　：4.2kJ/(kg·K)
ト. 水及び湯の密度　　　：1kg/L
チ. 余裕率は、考慮しないものとする。

1. 55kW
2. 78kW
3. 111kW
4. 185kW

No.22

▶Check □□□

排水通気設備の計画に関する次の記述のうち、**最も不適当な**ものはどれか。

1. 敷地雨水排水管に接続する雨水横枝管には、トラップを設けなかった。
2. 特殊継手排水システムを採用したので、排水立て管には、オフセットを設けなかった。
3. 吸気機能のみを有する通気弁を採用したので、その通気管の末端は、直接外気に開放させなかった。
4. 各個通気方式を採用したので、通気立て管を設けなかった。

No.23

▶Check □□□

図のような地下1階、地上9階建ての建築物における排水管の系統において、表をもとに、イ〜ハの条件により、器具排水負荷単位法を用いて算出した図中ⓐ及びⓑの箇所の最小管径（mm）の組合せとして、**最も適当な**ものは、次のうちどれか。

条件

イ. 図中の □ 内の数値は、各階における各種衛生器具の器具排水負荷単位数の合計を示している。

ロ. 排水ポンプの器具排水負荷単位数は、吐出し量3.6L/minごとに、2とする。

ハ. 通気管については、記載を省略しているが、通気立て管・通気横管ともに適切に設けられているものとする。

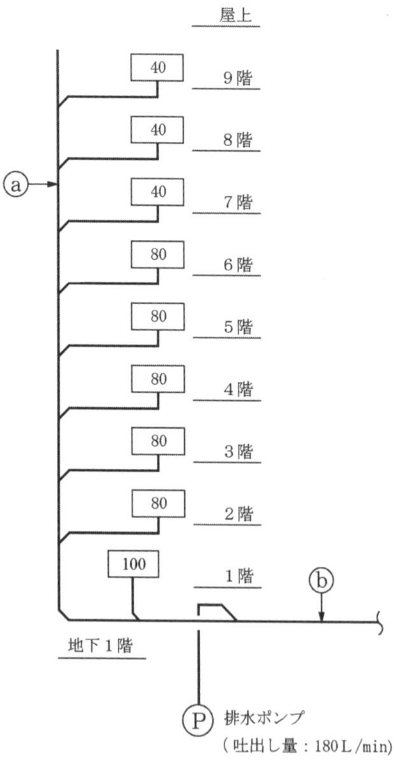

表　排水立て管及び排水横主管の許容最大器具排水負荷単位数

管径（mm）	許容最大器具排水負荷単位数	
	排水立て管	排水横主管
75	60	20
100	500	180
125	1,100	390
150	1,900	700
200	3,600	1,600

	ⓐ	ⓑ
1.	100	150
2.	100	200
3.	125	150
4.	125	200

No.24

▶Check □□□

浄化槽設備に関する次の記述のうち、**最も不適当な**ものはどれか。

1. 新設することができる浄化槽は、合併処理浄化槽に限定されている。
2. 処理対象人員が50人以下の小規模合併処理浄化槽の処理方式には、分離接触ばっ気方式、嫌気ろ床接触ばっ気方式及び長時間ばっ気方式がある。
3. 浄化槽からの放流水の水質基準におけるBODは、浄化槽法上、20mg/L以下である。
4. 使用されている浄化槽については、毎年1回の水質検査を受ける必要がある。

No.25

▶Check □□□

雨水利用設備及び排水再利用設備に関する次の記述のうち、**最も不適当な**ものはどれか。

1. 雨水利用水の水質基準におけるpH値の検査は、7日以内ごとに1回、定期に、行う必要がある。
2. 雨水利用設備における沈砂槽の有効容量は、計画時間最大雨水集水量の$\frac{1}{60}$程度とする。
3. 排水再利用水の水質基準における大腸菌群数は、20個/mL以下である。
4. 排水再利用設備における流量調整槽の有効水深は、1.5m以上とする。

No.26

▶Check □□□

病院から排出される極低レベル濃度の放射性排水の処理設備に関する次の記述のうち、**最も不適当な**ものはどれか。

1. 希釈法の処理フローにおいて、放射性排水希釈槽で用いる希釈水には、放射性物質の含まれていない一般の雑排水等を利用することが望ましい。
2. 希釈法の処理フローにおいて、放射性排水貯留槽で沈殿した放射性廃棄物は、一般の排水系統に流すことができる。
3. 放射性排水用流しの材質は、ステンレス製又は樹脂製とする。
4. 放射性排水用流し付近の床材料は、プラスチック系のものが望ましい。

No.27

▶Check □□□

消防用設備等の計画に関する次の記述のうち、**最も不適当な**ものはどれか。

1. スプリンクラー設備の制御弁は、床面からの高さが0.8mの箇所に設けた。
2. 地盤面下に設ける屋外消火栓のホース接続口は、地盤面からの深さが0.3mの位置に設けた。
3. 消防用水は、消防ポンプ自動車が5m以内に接近することができるように設けた。
4. 移動式の泡消火設備に用いる泡消火薬剤は、低発泡のものとした。

No.28

▶Check □□□

ガス設備に関する次の記述のうち、**最も不適当な**ものはどれか。

1. 単位発熱量当たりの理論排ガス量は、都市ガスの種類に関わらず、ほぼ同量である。
2. 密閉式ガス機器には、自然通気力による自然給排気式（BF式）と給排気用送風機を用いる強制給排気式（FF式）とがある。
3. ベーパライザは、最大ガス消費量の1.2倍以上のガス発生能力を有するものとする。
4. 屋内に設置するガス瞬間式湯沸し器において、ガス消費量が20kW以下の場合には、排気筒を設けなくてもよい。

No.29

▶Check □□□

衛生器具設備に関する次の記述のうち、**最も不適当な**ものはどれか。

1. 大便器用の洗浄弁は、２個以上の大便器に対して、１個で兼用してはならない。
2. 大便器に設ける排水トラップの最小口径は、65mmとする。
3. 洗浄水量が８Lの大便器は、JISにおいては、I形に分類される。
4. ロータンク方式の大便器における流動時の最低必要圧力は、30～50kPaである。

No.30

▶Check □□□

給排水衛生設備の機器・材料に関する次の記述のうち、**最も不適当な**ものはどれか。

1. 管の線膨張係数は、一般配管用ステンレス鋼鋼管より配管用炭素鋼鋼管のほうが大きい。
2. 排水用硬質塩化ビニルライニング鋼管の継手には、排水管専用のメカニカル継手を用いる。
3. ストレーナのスクリーンは、ストレーナの内部に組み込んで、液体中の異物・ごみを除去するものである。
4. 外ねじ式仕切弁は、弁棒の昇降により、弁体の開度を外部から確認することができる。

No.31

電気設備の電流・電圧に関する用語とその説明との組合せとして、**最も不適当な**ものは、次のうちどれか。

1. 過電流 ―――― 過負荷電流及び短絡電流の総称
2. 感度電流 ―――― 特定の条件の下で漏電遮断器が動作する漏電電流の値
3. 使用電圧 ―――― 電気使用機械器具、配線器具等において使用上の基準となる電圧
4. 歩幅電圧 ―――― 地絡電流等によって発生する地表面における近傍の２点間の電圧

No.32

構内電気設備の配線用図記号（JIS C 0303:2000）に定める名称とその図記号との組合せとして、**最も不適当な**ものは、次のうちどれか。

	名　称	図記号
1.	情報用アウトレット	
2.	(消火設備の)起動ボタン	
3.	地震感知器	
4.	デジタル回線終端装置	

No.33

▶Check □□□

図のような交流回路において、スイッチSを閉じる前と閉じた後で、ⓐで示す箇所に流れる電流の変化する量として、**最も適当な**ものは、次のうちどれか。

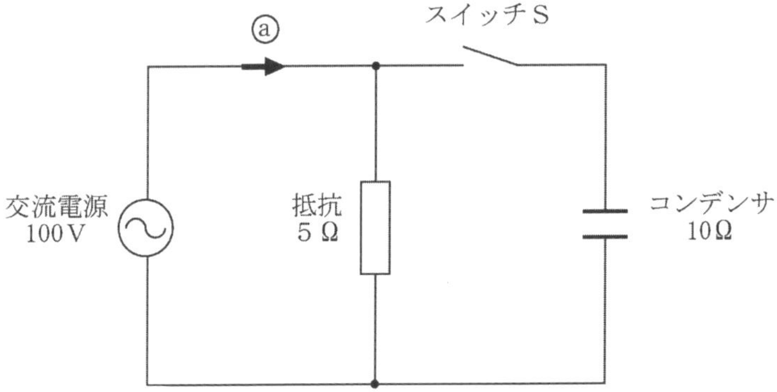

1. 0.0A
2. 2.4A
3. 3.7A
4. 10.0A

No.34

▶Check □□□

電気設備の計画に関する次の記述のうち、**最も不適当な**ものはどれか。

1. 屋外に施設するコンセント用分岐回路には、漏電遮断器を設置した。
2. 連続使用する照明用分岐回路の負荷容量は、その分岐回路を保護する過電流遮断器の定格電流の90%を超えないようにした。
3. 事務所ビルにおいて、20A配線用遮断器分岐回路（一般回路）に接続するコンセント（定格：15A125V）の数は、最大10個とした。
4. 住宅において、15A分岐回路（一般回路）に接続する2口のコンセント（定格:15A125V）の想定負荷は、コンセント1個当たり150VAとした。

No.35

▶Check □□□

電気設備の計画に関する次の記述のうち、**最も不適当な**ものはどれか。

1. 誘導灯は、夜間（無人時）消灯が可能となるように、誘導灯信号装置を採用した。
2. 無線通信補助設備は、警察の無線通信にも共用できるように設置した。
3. 高圧受変電設備には、需要家の変圧器、配線等の力率を改善するために、受電用変圧器の高圧側に進相コンデンサを設置した。
4. 避雷器は、それによって保護される変圧器、開閉器等に、最も近い位置に設置した。

No.36

▶Check □□□

受変電設備の計画に関する次の記述のうち、**最も不適当な**ものはどれか。

1. 高圧の電路のうち、高圧母線には、銅棒の裸導体を用いた。
2. 屋外にキュービクル式高圧受電設備を設置するに当たって、その設置方向は、キュービクルの換気孔の位置に対する風向きを考慮した。
3. キュービクル式高圧受電設備の保護方式をCB形としたので、主遮断装置は、限流ヒューズと高圧交流負荷開閉器とを組み合わせたものとした。
4. ２台の三相変圧器を並行運転するに当たって、変圧比及び短絡インピーダンスがいずれも等しい「Δ（デルタ）－Y（スター）結線の変圧器」と「Y（スター）－Δ（デルタ）結線の変圧器」を用いた。

No.37

▶Check □□□

皮相電力750kVA、有効電力600kW、無効電力450kvar、負荷の力率80%（遅れ）の高圧受変電設備において、その力率を95%（遅れ）に改善するために必要な高圧進相コンデンサの容量として、**最も適当な**ものは、次のうちどれか。ただし、$\cos\theta=0.95$のとき$\sin\theta=0.31$とする。

1. 192kvar
2. 255kvar
3. 356kvar
4. 604kvar

No.38

▶Check □□□

電力貯蔵設備に関する次の記述のうち、**最も不適当な**ものはどれか。

1. フライホイールは、長時間の出力に適している。
2. レドックスフロー電池は、自己放電がない。
3. 電気二重層キャパシタは、電気を化学反応なしに貯蔵することができる。
4. 鉛蓄電池は、単電池（セル）当たりの公称電圧が2Vである。

No.39

▶Check □□□

発電設備に関する次の記述のうち、**最も不適当な**ものはどれか。

1. 太陽光発電設備におけるパワーコンディショナは、一般に、蓄電池と系統連系保護装置が組み合わされたものである。
2. 単結晶シリコン太陽電池は、アモルファスシリコン太陽電池に比べて、エネルギー変換効率が高い。
3. 固体高分子型又は固体酸化物型の燃料電池発電設備を一般用電気工作物とする場合、その出力は、10kW未満としなければならない。
4. 風力発電設備における発電機の発生電圧は、一般に、400V系又は600V系である。

No.40

▶Check □□□

照明に関する次の記述のうち、**最も不適当な**ものはどれか。

1. 光度とは、光源からある方向に向かう単位立体角当たりの光束のことである。
2. LEDモジュールの寿命は、一般に、「点灯しなくなるまでの点灯経過時間」又は「全光束が初期値の70%に低下するまでの点灯経過時間」のいずれか短い時間である。
3. 屋内統一グレア評価値（UGR）は、値が大きいほど、不快グレアの程度が悪いことを示している。
4. 光源の平均演色評価数は、値が小さいほど、その光源による色の見え方と自然光による色の見え方との差が小さいことを示している。

No.41

▶Check □□□

間口14m、奥行き12m、天井の高さ3mの部屋において、イ～ニの条件により計算した平均照度として、**最も適当な**ものは、次のうちどれか。

条件

イ. 照明器具の設置台数　：18台
ロ. 照明器具の全光束　　：6,300lm/台
ハ. 照明率　　　　　　　：0.83
ニ. 保守率　　　　　　　：0.81

1. 150lx
2. 450lx
3. 700lx
4. 1,000lx

No.42

▶Check □□□

三相かご形誘導電動機の始動方式に**該当しない**ものは、次のうちどれか。

1. 全電圧始動（直入れ始動）方式
2. リアクトル始動方式
3. 二次抵抗始動方式
4. コンドルファ始動（補償器始動）方式

No.43

▶Check □□□

図1～3のような三相かご形誘導電動機の速度特性曲線において、横軸のすべりに対する縦軸のⓐ～ⓒに当てはまる用語の組合せとして、**最も適当な**ものは、次のうちどれか。

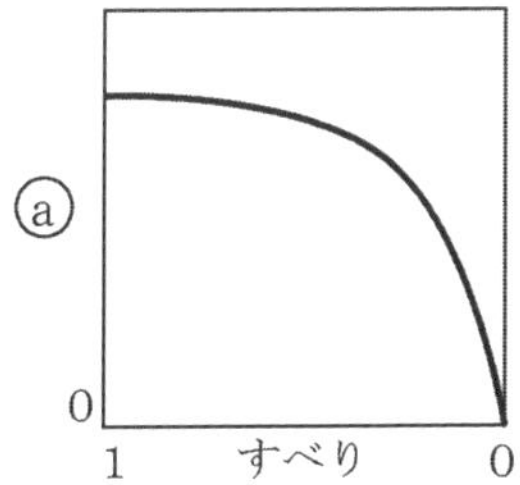

図1

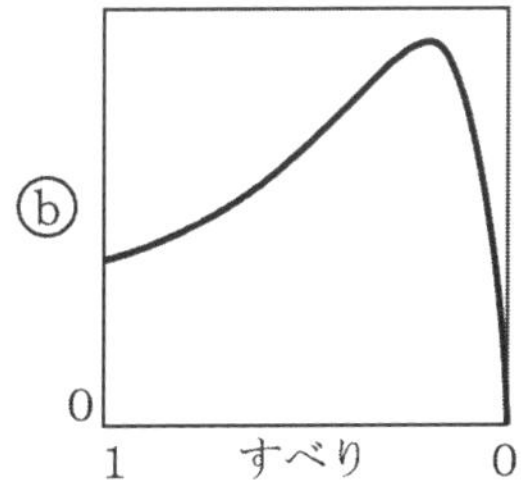

図2

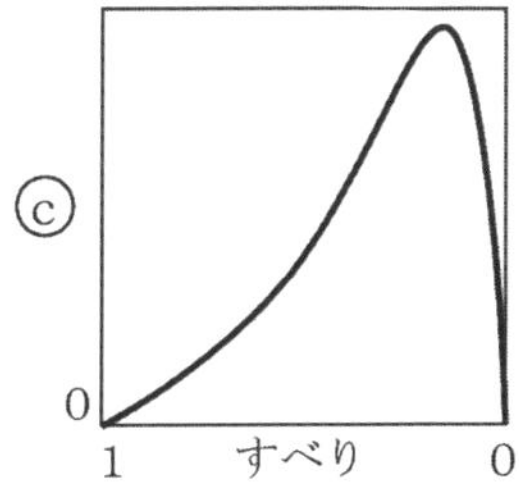

図3

	ⓐ	ⓑ	ⓒ
1.	一次電流	トルク	出力
2.	一次電流	出力	トルク
3.	出力	トルク	一次電流
4.	出力	一次電流	トルク

No.44

▶Check □□□

「防災設備」と「非常電源（非常電源専用受電設備を除く。）が当該設備を有効に作動させる時間」との組合せとして、**最も不適当な**ものは、次のうちどれか。

1. 非常警報設備 ———————— 10分間以上
2. 無線通信補助設備 ———————— 10分間以上
3. 自動火災報知設備 ———————— 10分間以上
4. ガス漏れ火災警報設備 ———————— 10分間以上

No.45

▶Check □□□

防災設備に関する次の記述のうち、**最も不適当な**ものはどれか。

1. 20階建ての事務所ビルにおいて、11階以上の階に設ける非常コンセントは、各階の各部分から一の非常コンセントまでの水平距離が50m以下となるように設けた。
2. 10階建て、延べ面積10,000㎡の集合住宅において、居室から地上に通ずる廊下、階段その他の通路のうち、採光上有効に直接外気に開放された通路については、非常用の照明装置を設けなかった。
3. 延べ面積1,000㎡の地下街において、直通階段の出入口に設置する避難口誘導灯の非常電源に用いる蓄電池設備の容量は、当該誘導灯を有効に60分間作動できるものとした。
4. 客席誘導灯は、客席内の通路の床面における水平面照度が0.1lx以上となるように設けた。

No.46

▶Check □□□

テレビ共同受信設備に関する次の記述のうち、**最も不適当な**ものはどれか。

1. 地上デジタル放送、BSデジタル放送及び110度CSデジタル放送の信号は、1本の同軸ケーブルで伝送することができる。
2. 分配器は、入力信号を均等に分配するとともに、インピーダンスの整合を行う機器である。
3. 増幅器は、伝送路、直列ユニット等の信号レベルの損失を補償する機器である。
4. 分岐器は、混合された異なる周波数帯域の信号を選別して取り出すための機器である。

No.47

▶Check □□□

通信設備に関する次の記述のうち、**最も不適当な**ものはどれか。

1. LAN機器の接続形態には、バス型、リング型、スター型等がある。
2. 入退室管理設備のIDカードには、非接触ICカード、接触ICカード、磁気カード等がある。
3. 駐車場管制設備の車両の検出方式には、赤外線ビーム方式、ループコイル方式、超音波式等がある。
4. マイクロホンの形式には、コーン型、ホーン型、ドーム型等がある。

No.48

▶Check □□□

建築物等の雷保護（JIS A 4201:2003）に関する次の記述のうち、**最も不適当な**ものはどれか。

1. 被保護物から独立しない雷保護システムにおいて、一般建築物等の被保護物の水平投影面積が25㎡以下の場合、引下げ導線は、1条とすることができる。
2. A型接地極として、板状接地極を採用する場合は、接地極の数を1とすることができる。
3. 外周環状接地極は、0.5m以上の深さで被保護物の壁から1m以上離して埋設するのが望ましい。
4. 固い岩盤が露出した場所に施設する接地極は、B型接地極とすることが推奨されている。

No.49

▶Check □□□

電気設備の接地工事に関する次の記述のうち、**最も不適当な**ものはどれか。

1. 人が触れるおそれのある高圧用変圧器の金属製外箱には、B種接地工事を施した。
2. 変圧器の高圧巻線と低圧巻線との間に設けた金属製の混触防止板には、B種接地工事を施した。
3. 人が触れるおそれのある水中照明灯の容器の金属製部分には、C種接地工事を施した。
4. 使用電圧400Vの屋内配線にバスダクト工事を採用したので、バスダクトには、C種接地工事を施した。

No.50

▶Check □□□

低圧配線に関する次の記述のうち、**最も不適当な**ものはどれか。

1. 使用電圧及び対地電圧がそれぞれ200Vの電路の絶縁抵抗値は、0.1MΩ以上とする。
2. 電動機に電気を供給する幹線用の絶縁電線を同一金属ダクト内に収める場合、当該電線の断面積（絶縁被覆の断面積を含む。）の総和は、金属ダクトの内部断面積の20%以下となるようにする。
3. 電気使用場所内に設けた変圧器から電気を供給するに当たって、低圧配線中の電圧降下は、供給変圧器の二次側端子から最遠端の負荷に至る電線のこう長が60mを超え120m以下の場合にあっては、標準電圧の5%以下とすることができる。
4. 低圧幹線との分岐点から分岐回路用の過電流遮断器までの電線の長さは、その電線の許容電流が低圧幹線の過電流遮断器の定格電流の35%未満の場合、3m以下とする。

No.51

▶Check □□□

低圧配線の金属管工事において、表1に示すとおり、異なる太さの絶縁電線を同一金属管内に収める場合、最低必要な金属管の太さ（呼び方）として、**最も適当な**ものは、次のうちどれか。ただし、表1に示す絶縁電線を金属管内に収めるときの補正係数は表2、金属管の太さ（呼び方）に対する内断面積は表3に示すとおりとする。

表1

絶縁電線の太さ	絶縁電線（被覆絶縁物を含む。）の断面積	収容本数
5.5mm^2	20mm^2	3本
8mm^2	28mm^2	3本
14mm^2	45mm^2	3本
合計収容本数		計9本

表2

絶縁電線の太さ	補正係数
5.5mm^2	1.2
8mm^2	
14mm^2	1.0

表3

金属管の太さ（呼び方）	
呼び方	内断面積
E25	412mm^2
E31	659mm^2
E39	978mm^2
E51	1,806mm^2

1. E25
2. E31
3. E39
4. E51

No.52

▶Check □□□

受変電設備に関する次の記述のうち、**最も不適当な**ものはどれか。

1. 「エネルギーの使用の合理化等に関する法律」によるトップランナー基準の対象となる変圧器は、油入変圧器、モールド変圧器及びガス絶縁変圧器である。
2. 保護継電器には、過電流継電器、不足電圧継電器、地絡過電流継電器等がある。
3. 高圧交流遮断器は、高圧電路の開閉のほかに、短絡時、地絡時等の故障電流を遮断することができる。
4. 断路器は、短絡電流及び地絡電流の通電に耐えられるようにする必要がある。

No.53

▶Check □□□

ケーブルに関する次の記述のうち、**最も不適当な**ものはどれか。

1. VVケーブルは、導体をビニルで絶縁し、その上にビニルを被覆したものであり、丸形のものをVVR、平形のものをVVFという。
2. CVケーブルは、導体を架橋ポリエチレンで絶縁し、その上にビニルを被覆したものであり、単心のCVケーブルを3本よったものをCVTという。
3. CPEVケーブルは、導体をポリエチレンで絶縁し、その上にビニルを被覆したものであり、低圧配線等に用いられる。
4. 耐火ケーブルは、導体と絶縁体の間に耐火層を施したものであり、消火ポンプの給電回路等に用いられる。

No.54

▶Check □□□

エレベーターの管制運転等に関する次の記述のうち、**最も不適当な**ものはどれか。

1. 非常用発電時（自家発時）管制運転は、停電時に、非常用自家発電設備により、エレベーターをグループ単位に決められた順序で避難階又は最寄階に停止させるものである。
2. 浸水時管制運転は、施設管理者が、気象情報等により着床階が高波、洪水等による浸水のおそれがあると判断した場合に、手動スイッチによりエレベーターを速やかに退避階に停止させるものである。
3. 閉じ込め時リスタート運転は、地震により安全装置等が作動したことで、エレベーターが階間に停止した場合に、安全装置が正常に復帰後、エレベーターを低速走行で避難階に停止させ、扉を開放するものである。
4. 自動診断仮復旧運転は、地震時管制運転装置の作動によりエレベーターの運転が休止した場合に、エレベーター機器の破損等の危険性を機械的に診断し、エレベーターを仮復旧させるものである。

No.55

▶Check □□□

建築設備に関する申請・届出書類とその提出先との組合せとして、**最も適当な**ものは、次のうちどれか。

1. 第一種圧力容器設置届 ―――――――――――― 労働基準監督署長
2. 騒音規制法に基づく「特定施設設置届出書」―― 警察署長
3. 危険物貯蔵所設置許可申請書 ――――――――― 消防長又は消防署長
4. 道路使用許可申請書 ――――――――――――― 市町村長

No.56

▶Check □□□

空調設備のダクト工事に関する次の記述のうち、**最も不適当な**ものはどれか。

1. ダクト断面を変化させるときの角度は、拡大部では15度以下、縮小部では30度以下とした。
2. 長方形ダクトの曲がりの内R（内側曲半径）は、ダクト幅（曲がりの軸に対して直角方向の寸法）の$\frac{1}{2}$以上とした。
3. 多翼送風機の吐出し口直後にダンパーを設けるに当たり、ダンパーの軸は、羽根車の軸に対して直角とした。
4. 空調系ダクトのチャンバーに設ける点検口は、サプライチャンバーに設けるものを外開き、レタンチャンバーに設けるものを内開きとした。

No.57

▶Check □□□

給排水衛生設備工事に関する次の記述のうち、**最も不適当な**ものはどれか。

1. 水道直結系統の水圧試験における試験圧力を、水道事業者の規定がなかったので、配管の最低部において、1.75MPaとした。
2. 高置水槽方式において、竣工時には、給水栓における飲料水中の遊離残留塩素の値を、0.1mg/Lとした。
3. 管径150mmの排水横管の勾配を、$\frac{1}{200}$とした。
4. 管径150mmの敷地排水管の直管部における排水ますの設置間隔を、18mとした。

No.58

▶Check □□□

電気設備工事に関する次の記述のうち、**最も不適当な**ものはどれか。

1. 使用電圧及び交流対地電圧がそれぞれ100Vの機械器具を、乾燥した場所に施設するに当たっては、その鉄台のD種接地工事を省略した。
2. 電圧600V以下の自家用電気工作物の低圧配線工事に、認定電気工事従事者を従事させた。
3. 600V CVケーブルを電気シャフト内の造営材の側面に沿って垂直に布設するに当たって、当該ケーブルの支持点間の距離は、6m以下とした。
4. 交流電圧6.6kVの電路の絶縁耐力試験において、試験電圧を印加する時間は、連続して5分間とした。

No.59

▶Check □□□

建築設備工事の施工管理に関する次の記述のうち、**最も不適当な**ものはどれか。

---

1. バーチャート工程表は、作成が簡単であり、クリティカルパスが明確になる。
2. ネットワーク工程表は、作業の順序関係が明確になり、対象工事の全体及び部分が把握しやすく、工程上の問題点の発見が容易である。
3. 施工管理の主な要素には、品質管理、予算管理、工程管理、安全衛生管理、地球環境保全管理等がある。
4. 施工計画書は、請負者が工事で実際に施工することを具体的な文書にし、そのとおりに施工することを明示したものである。

No.60 ▶Check □□□

建設業法に関する次の記述のうち、**最も不適当な**ものはどれか。

1. 建設業の許可を受けた建設業者が許可を受けてから1年以内に営業を開始せず、又は引き続いて1年以上営業を休止した場合には、その許可は取り消される。
2. 建設工事の見積期間は、工事1件の予定価格が5,000万円以上の工事については、原則として、10日以上としなければならない。
3. 元請負人は、その請け負った建設工事が民間の事務所ビルの新築工事である場合、あらかじめ発注者の書面による承諾を得たときは、その工事を一括して他人に請け負わせることができる。
4. 建設工事の請負契約の内容には、天災その他不可抗力による工期の変更又は損害の負担及びその額の算定方法に関する定めについても記載しなければならない。

建築設備［問題］

▶解答・解説 P.181～

No.1

▶Check □□□

空調設備に関する次の記述のうち、**最も不適当な**ものはどれか。

1. SATは、外壁における日射の影響と壁体内での熱的遅れとを考慮した室内外の温度差である。
2. IPFは、氷蓄熱槽における「全水量」に対する「製氷容積」の割合である。
3. APFは、パッケージエアコン等における通年エネルギー消費効率である。
4. PAL＊は、「屋内周囲空間の年間熱負荷」を「屋内周囲空間の床面積の合計」で除したものである。

No.2

▶Check □□□

空調方式の計画に関する次の記述のうち、**最も不適当な**ものはどれか。

1. 劇場のホールに、定風量単一ダクト方式を採用した。
2. テナントビルに、マルチパッケージ型空調方式を採用した。
3. データセンターのサーバルームに、天井吊(つ)り形のファンコイルユニット方式を採用した。
4. 美術館の展示室に、床吹出し空調方式を採用した。

No.3 ▶Check □□□

エネルギーの有効利用に関する次の記述のうち、**最も不適当な**ものはどれか。

1. 地中の温度は、一般に、大気の温度に比べて、年間を通して変動幅が小さいので、地中熱は、ヒートポンプの熱源として効率的に利用することができる。
2. 河川水の温度は、一般に、大気の温度に比べて、年間を通して変動幅が小さいので、河川水は、ヒートポンプの熱源として効率的に利用することができる。
3. ガスタービンコージェネレーションシステムの排熱回収源は、排ガスとジャケット冷却水の２形態であり、蒸気、温水又はそれらの組合せの形で利用される。
4. 太陽熱は、デシカント空調機におけるシリカゲル等の吸着剤の再生に利用することができる。

No.4 ▶Check □□□

ペリメータゾーンの空調に関する次の記述のうち、**最も不適当な**ものはどれか。

1. ペリメータレス方式は、ダブルスキン等により開口部を二重化して、建築的に日射遮蔽性能・断熱性能を強化し、ペリメータゾーンの熱負荷を低減するものである。
2. ペリメータゾーン専用の空調機を設置し、単一ダクト方式によって冷暖房を行う場合は、各方位の空調を同一系統で行うことが望ましい。
3. ウォールスルー型の空気熱源ヒートポンプパッケージをペリカウンタ内に設置する方式は、冷暖房と同時に外気導入を行うことができる。
4. 年間冷房の傾向にある事務室において、中間期や冬期にペリメータゾーンを暖房する場合は、インテリアゾーンとの混合損失が起こりやすい。

No.5 ▶Check □□□

空調機が空気線図に示される状態で定常的に暖房運転している場合、イ～ホの条件により計算した「吹出し空気温度」と「水加湿量」との組合せとして、**最も適当な**ものは、次のうちどれか。

条件

イ. 送風量　　　：6,000m³/h

ロ. 室内顕熱負荷：20kW

ハ. 空気の比熱　：1.0kJ/(kg·K)

ニ. 空気の密度　：1.2kg/m³

ホ. 上記以外の熱取得及び熱損失はないものとする。

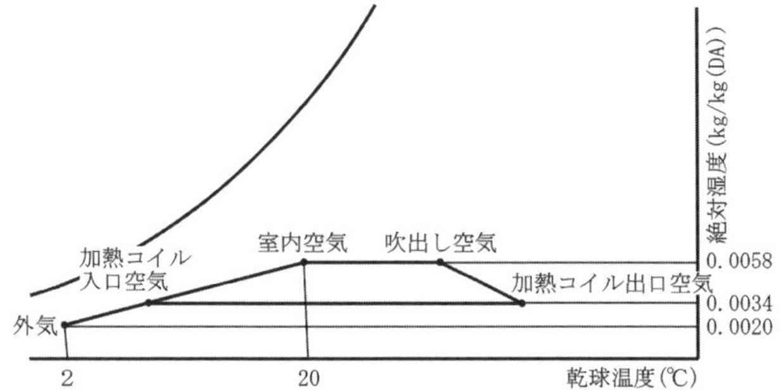

空気線図

	吹出し空気温度(℃)	水加湿量(kg/h)
1.	30	17
2.	30	27
3.	32	17
4.	32	27

No.6

Check □□□

冷暖房負荷に関する次の記述のうち、**最も不適当な**ものはどれか。

1. 南向き鉛直面において、正午頃の設計用日射量は、夏期より秋期のほうが多い。
2. 人体から発生する顕熱量と潜熱量の和は、作業状態が同じ場合、室内乾球温度が高くなると、大きくなる。
3. 人体や照明からの熱負荷は、暖房時においては、取得熱として安全側に働くので、一般に、考慮しない。
4. 土間床・地下壁の通過熱負荷は、年間を通して熱損失側であるので、冷房時においては、一般に、考慮しない。

No.7

Check □□□

図のような特性曲線の循環ポンプが２台並列設置されている密閉の水配管回路において、ポンプ１台運転時には循環水量が1.0㎥/min、ポンプ２台並列運転時には全体の循環水量が1.1㎥/minとなる場合、「ポンプ１台運転時の軸動力」に対する「ポンプ２台並列運転時の軸動力の合計」の割合として、**最も適当な**ものは、次のうちどれか。

1. 0.8
2. 1.1
3. 1.2
4. 1.7

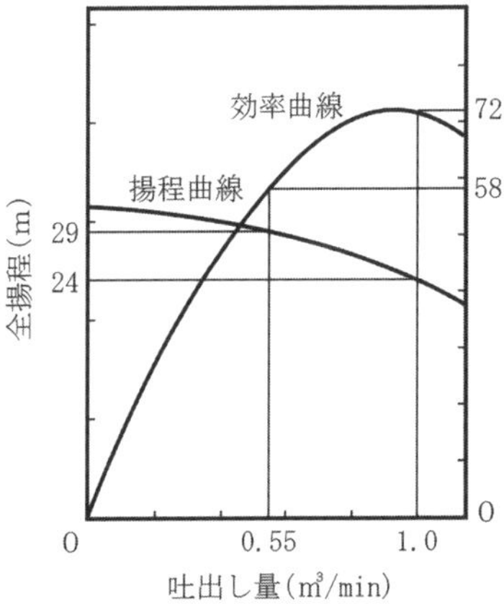

図　循環ポンプの特性曲線

No.8

▶Check □□□

冷暖房用の吹出し口に関する次の記述のうち、**最も不適当な**ものはどれか。

1. ユニバーサル型のグリル型吹出し口は、ベーンの角度によって、気流の拡散範囲と到達距離を調節することができる。
2. アネモ型吹出し口は、吹き出された空気が室内空気を誘引しながら拡散していくので、吹出し温度差を大きく確保することができる。
3. スロット型吹出し口は、吹出し口の縦横比が大きいので、気流が二次元的に広がる。
4. パンカルーバ型吹出し口は、パンの上下によって、気流の方向を変えることができる。

No.9

▶Check □□□

換気設備に関する次の記述のうち、**最も不適当な**ものはどれか。

1. 室の空気交換効率は、一般に、混合換気方式より置換換気方式のほうが高い。
2. 局所的に汚染物質が発生する場合、局所換気は、全般換気に比べて、換気量を少なくすることができる。
3. バイオハザード実験室においては、汚染物質が室に流入しないように、室内を正圧とする。
4. 自動車の駐車の用に供する部分の面積が500㎡以上である窓のない屋内駐車場においては、その内部の空気を床面積1㎡につき14㎥/h以上直接外気と交換する能力を有する換気装置を設ける。

No.10

▶Check □□□

床面積160㎡、天井の高さ2.5mの居室を換気する場合において、イ～トの条件により計算した必要換気回数として、**最も適当な**ものは、次のうちどれか。

条件

イ. 在室人員：10人

ロ. 二酸化炭素の発生量：0.030㎥/(h･人)

ハ. 取入れ外気の二酸化炭素の濃度：400ppm

ニ. 定常状態における居室内の二酸化炭素の濃度：1,000ppm

ホ. 人体以外からの二酸化炭素の発生はないものとする。

ヘ. ダクト系及び室内からの空気の漏れはないものとする。

ト. 空調設備は、定常的に運転されているものとする。

1. 0.45回/h
2. 0.75回/h
3. 1.05回/h
4. 1.25回/h

No.11

▶Check □□□

空調設備の自動制御機器の方式に関する次の記述のうち、**最も不適当な**ものはどれか。

---

1. 電気式は、制御量の変化による機械的変位を電気信号として取り出し、操作部を駆動させる方式である。
2. 電子式は、検出部と調節部が一体化した構造のものであり、電子信号を直接操作信号として操作部に伝送する方式である。
3. デジタル式は、検出部からのアナログ信号を調節部においてデジタル信号に変換し、制御演算処理を行い、その出力操作信号を操作部に伝送する方式である。
4. 空気式は、検出部からの機械的変化を、偏差に応じた空気圧として出力する方式である。

No.12

▶Check □□□

機械排煙設備に関する次の記述のうち、**最も不適当な**ものはどれか。

---

1. 特別避難階段の付室と兼用する「非常用エレベーターの乗降ロビー」のための排煙機の排煙風量は、6㎥/s以上とする。
2. 排煙口は、天井の高さが3m以上の場合、床面からの高さが2.1m以上で、かつ、天井の高さの$\frac{1}{2}$以上の部分に設ける。
3. 排煙口は、防煙区画の各部分から排煙口の一に至る水平距離が30m以下となるように設ける。
4. 火災温度が上昇した場合、防火区画を貫通する排煙ダクトは、一般に、温度ヒューズの溶融温度が120℃の防火ダンパーによって閉鎖させる。

No.13

▶Check □□□

エアフィルター等に関する次の記述のうち、**最も不適当な**ものはどれか。

1. 静電式空気浄化装置は、直流高電圧を使い粉じんを帯電させ、クーロン力で吸引・捕集するものであり、比較的大きな粉じん用に適している。
2. 活性炭フィルターのガス除去率は、対象ガスの物性、空調環境の温度・湿度等に大きく影響される。
3. 化学吸着式フィルターは、一般に、物理吸着捕集ができにくい無機系ガス等を対象に使用される。
4. 質量法と計数法による粉じん捕集率は、一般に、同一のエアフィルターに対しても異なった値となる。

No.14

▶Check □□□

ボイラーに関する次の記述のうち、**最も不適当な**ものはどれか。

1. 炉筒煙管ボイラーは、起動時間が長いが、負荷変動に対して安定性がある。
2. 小型貫流ボイラーは、起動時間が短いが、厳密な水処理が必要である。
3. 鋳鉄製ボイラーは、取扱いが容易だが、高圧・大容量の用途には使用できない。
4. 真空式温水発生機は、伝熱面積によって、「ボイラー及び圧力容器安全規則」の適用を受けることがある。

No.15

▶Check □□□

冷却塔に関する次の記述のうち、**最も不適当な**ものはどれか。

1. 冷却塔は、冷却水出口温度を冷凍機の上限温度まで上げて運転したほうが、冷凍機の省エネルギー運転となる。
2. 冷却塔の白煙防止の方法には、冷却塔の充填材を出た後の高温・高湿の空気を加熱する方法がある。
3. 吸収冷凍機用の冷却塔は、一般に、圧縮冷凍機用の冷却塔に比べて、冷凍機の単位冷凍能力当たりの冷却水量が多い。
4. 密閉式冷却塔は、散水用水の保有水量が少ないので、散水用水の中の不純物が濃縮されやすい。

No.16

▶Check □□□

標準気圧における水の性質に関する次の記述のうち、**最も不適当な**ものはどれか。

1. 水の粘度は、水温が高いほど小さくなる。
2. 水の表面張力は、水温が高いほど小さくなる。
3. 水の密度は、水温が約8℃のときに最大となる。
4. 円管を流れる水において、レイノルズ数が1,000のときには、層流となる。

No.17

▶Check □□□

厨房のない事務所ビルにおける給排水衛生設備の計画に関する次の記述のうち、**最も不適当な**ものはどれか。

1. 設計用給水量は、在勤者1人1日当たり60*l*とした。
2. 設計用給湯量（給湯温度60℃基準）は、在勤者1人1日当たり7*l*とした。
3. 女性用便所の便器の数は、女性の在勤者100人に対して5個とした。
4. 排水槽の容量は、排水槽へ流入する最大排水流量（*l*/min）の120分間分の容量とした。

No.18

▶Check □□□

給水設備に関する次の記述のうち、**最も不適当な**ものはどれか。

1. 一般水栓における流動時の最低必要圧力は、一般に、30kPaである。
2. ピーク時予想給水量は、一般に、時間平均予想給水量の1.5～2.0倍程度として算出する。
3. 水道直結増圧方式の増圧ポンプは、推定末端圧力一定制御と台数制御によって運転される。
4. 大型の受水槽においては、水面の波立ちによるボールタップの開閉に伴うウォーターハンマーの発生を防止するために、定水位弁を設ける。

No.19

▶Check □□□

高置水槽方式の給水設備において、イ～ホの条件により計算した高置水槽の最低必要な有効容量として、**最も適当な**ものは、次のうちどれか。

条件

イ. 揚水ポンプの揚水量　　　　　　：400*l*/min
ロ. 揚水ポンプの最短運転時間　　　：10min
ハ. ピーク時予想給水量　　　　　　：600*l*/min
ニ. ピーク時予想給水量の継続時間　：30min
ホ. 余裕率は、考慮しないものとする。

1. 10m^3
2. 14m^3
3. 16m^3
4. 18m^3

No.20

▶Check □□□

給湯設備の計画に関する次の記述のうち、**最も不適当な**ものはどれか。

1. 一管式の局所式給湯設備において、配管計画は、配管内の湯の滞留時間（配管内保有水量/流水量）が10秒以下となるように行った。
2. 循環式の中央式給湯設備において、循環ポンプの循環量は、「湯が循環していく間に放熱される熱量」を、「給湯温度と返湯温度との差」で除して求めた。
3. 循環式の中央式給湯設備において、貯湯槽内の湯の温度は、レジオネラ属菌対策として、55℃とした。
4. 循環式の中央式給湯設備において、循環ポンプは、返湯管における貯湯槽近くに設けた。

No.21

▶Check □□□

給湯設備の機器・材料に関する次の記述のうち、**最も不適当な**ものはどれか。

1. 溶解栓は、貯湯槽等の容器内の湯の温度が100℃を超えることがないように用いる装置である。
2. 逃がし弁は、貯湯槽等の圧力容器の内部圧力が容器の最高使用圧力を超えた場合に、湯を排出して容器内の圧力を下げる装置である。
3. 管の線膨張係数は、銅管より架橋ポリエチレン管のほうが大きい。
4. 水道用耐熱性硬質塩化ビニルライニング鋼管における湯の連続使用許容温度は、90℃以下である。

No.22

▶Check □□□

通気管の計画に関する次の記述のうち、**最も不適当な**ものはどれか。

1. 排水横管から通気管を取り出す角度は、排水横管の頂部から60度とした。
2. 通気立て管の上端は、最高位の衛生器具のあふれ縁から150mm高い位置で、伸頂通気管に接続した。
3. 屋上を物干し場に使用するので、屋上に開口する通気管は、屋上から2m立ち上げた位置で大気中に開口した。
4. 建築物の排水槽に設ける通気管の最小管径は、50mmとした。

No.23

▶Check □□□

イ～ホの条件により計算した合併処理浄化槽のBOD除去率として、**最も適当な**ものは、次のうちどれか。

条件

イ. 流入汚水量　　　：25㎥/日
ロ. 流入雑排水量　　：75㎥/日
ハ. 流入汚水のBOD　：260mg/l
ニ. 流入雑排水のBOD：180mg/l
ホ. 放流水のBOD　　：14mg/l

1. 91%
2. 93%
3. 95%
4. 97%

No.24

▶Check □□□

図のような建築物の雨水排水管の系統において、表をもとに、イ～への条件により計算した図中ⓐの箇所の最小管径として、**最も適当な**ものは、次のうちどれか。

条件

イ. 最大雨量は、70mm/hとする。

ロ. 各ルーフドレンが受け持つ雨水の集水面積は、破線で仕切った面積とする。

ハ. 各屋根面の勾配は、矢印で示すとおり、ルーフドレンに向かって下り勾配とする。

ニ. 壁面に吹き付ける雨水は、壁面下部の屋根面の雨水に合流するものとする。

ホ. 図に示す4か所のルーフドレン以外からの雨水の流入は、考慮しないものとする。

ヘ. 表は、雨量100mm/hの場合の値を示す。

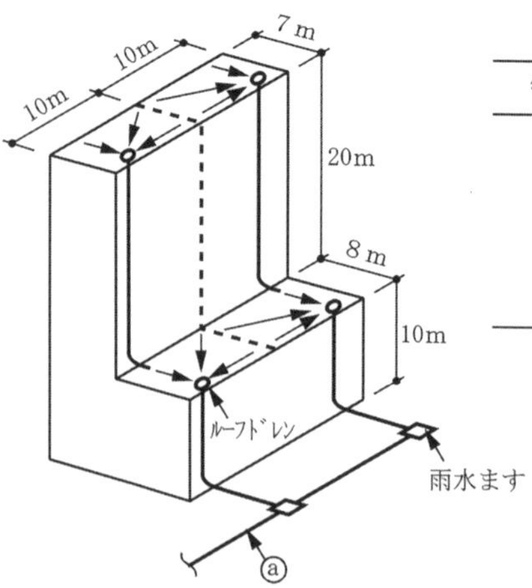

表　雨水横主管の管径

管径(mm)	許容最大屋根面積(m^2)
100	216
125	392
150	637
200	1,380

1. 100mm
2. 125mm
3. 150mm
4. 200mm

No.25

▶Check □□□

雨水利用設備に関する次の記述のうち、**最も不適当な**ものはどれか。

1. 雨水利用水の水質基準におけるpH値は、4.8以上9.6以下である。
2. 雨水利用水の水質基準における濁度は、利用用途を散水用水とする場合、２度以下である。
3. 沈殿槽の容量の算定においては、一般に、降雨強度が10～20mm/h程度のときの雨水集水量を用いる。
4. 標準処理フローにおいては、ろ過装置を用いる場合であっても、消毒装置が必要となる。

No.26

▶Check □□□

給排水衛生特殊設備に関する次の記述のうち、**最も不適当な**ものはどれか。

1. 業務用厨房設備の食器洗浄機においては、一般に、供給された水を、付属のブースターヒーターで50℃程度に昇温してから使用する。
2. 業務用のディスポーザに設ける排水トラップの最小口径は、50mmとする。
3. 水泳プール設備の消毒剤には、一般に、次亜塩素酸ナトリウム、塩素化イソシアヌル酸、次亜塩素酸カルシウム、二酸化塩素等が用いられる。
4. 循環式浴槽設備のろ過器には、一般に、砂式ろ過器、ケイソウ土式ろ過器等が用いられる。

No.27

▶Check □□□

消防用設備等の計画に関する次の記述のうち、**最も不適当な**ものはどれか。

1. 屋内消火栓（広範囲型の２号消火栓）を、防火対象物の階ごとに、その階の各部分から一のホース接続口までの水平距離が25m以下となるように設けた。
2. スプリンクラー設備を設置すべき階において、便所は、スプリンクラーヘッドではなく、補助散水栓により防護した。
3. 屋外消火栓の設置個数が３であったので、屋外消火栓設備の水源の水量を、14㎥とした。
4. 連結送水管の放水口のホース接続口を、床面からの高さが1.2mの位置に設けた。

No.28

▶Check □□□

ガス設備に関する次の記述のうち、**最も不適当な**ものはどれか。

1. 引込み管ガス遮断装置は、建築物に引き込まれるガスを、危急の際に屋外から速やかに遮断するために設ける装置である。
2. ガス引込み管を不等沈下のおそれがある場所に設置する場合は、ガス引込み管の不等沈下対策として、伸縮継手を設置することとしてもよい。
3. 空気よりも軽い都市ガスを使用する場合、ガス漏れ警報器の検知部とガス燃焼器との水平距離は、10m以内とする。
4. 液化石油ガス用容器は、常にその温度を40℃以下に保つ必要がある。

No.29

給排水衛生設備の機器・材料に関する次の記述のうち、**最も不適当な**ものはどれか。

1. フート弁は、ポンプの吸込み垂直配管端に設ける逆止め弁であり、ポンプの起動に必要な呼び水の水槽内への漏れを防止するためのものである。
2. フルボアタイプのボール弁は、弁体の全開時に流路が配管と同形状になるので、圧力損失が極めて少ない。
3. 水道用硬質塩化ビニルライニング鋼管において、SGP−VAは、管の外面に亜鉛めっきを施したものである。
4. 硬質ポリ塩化ビニル管の厚さは、同じ呼び径の場合、VPよりVUのほうが薄い。

No.30

給排水衛生設備の機器・材料の腐食に関する次の記述のうち、**最も不適当な**ものはどれか。

1. 孔食は、ステンレス鋼等の金属が、塩化物とともに溶存酸素等の酸化剤がある環境下において、穴状に腐食を生じる現象である。
2. 電食は、直流電鉄軌道から漏れ出た電流が近くの土中の金属管に流入し、これが再び土中に流出する部分で著しい腐食を生じる現象である。
3. 溝状腐食は、電気抵抗溶接鋼管（電縫鋼管）の溶接突合せ部に沿って、V字状に腐食を生じる現象である。
4. かい食は、ステンレス鋼や銅等の金属が微生物の影響によって腐食を生じる現象である。

No.31

▶Check □□□

電気用語に関する次の記述のうち、**最も不適当な**ものはどれか。

1. キルヒホッフの第一法則によれば、回路中にある任意の節点に流れ込む電流と流れ出る電流の代数和は0である。
2. フレミングの右手の法則によれば、右手の親指、人さし指、中指を互いに直角に開いて、親指を運動の方向、人さし指を磁力線の方向に合わせた場合、中指が誘導起電力の方向になる。
3. 静電気に関するクーロンの法則によれば、二つの点電荷間に働く力の大きさは、二つの電荷の積に比例し、電荷間の距離の2乗に反比例する。
4. ジュールの法則によれば、抵抗に流れる電流によって発生する熱量は、抵抗の2乗と電流に比例する。

No.32

▶Check □□□

構内電気設備の配線用図記号（JIS C 0303：2000）に定める名称とその図記号との組合せとして、**最も不適当な**ものは、次のうちどれか。

	名称	図記号
1.	警報ベル	
2.	差動式スポット型感知器	
3.	引掛シーリング（丸）	
4.	発電機	

No.33

▶Check □□□

図のような回路において、ⓐで示す箇所の電流値として、**最も適当な**ものは、次のうちどれか。

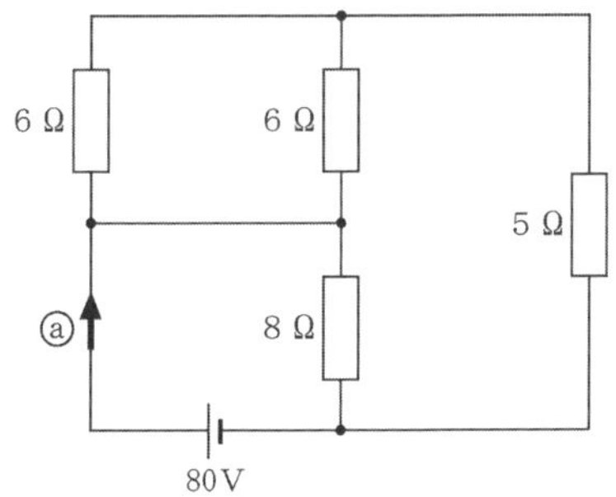

1. 5A
2. 10A
3. 17A
4. 20A

No.34

▶Check □□□

電気設備の計画に関する次の記述のうち、**最も不適当な**ものはどれか。

1. 分電盤の主幹に設ける配線用遮断器には、定格電流が予備を含めた負荷電流よりも小さいものを用いた。
2. 使用電圧400Vの一般動力幹線の電源側には、漏電遮断器を施設した。
3. 救急医療活動を行う救護施設において、救急医療活動部分の廊下の照明は、その廊下の全灯数の$\frac{1}{2}$の灯数を、非常用発電機回路の負荷とした。
4. 常用発電設備の燃料には、少量危険物の範囲で軽油よりも長く運転できる重油を採用した。

No.35

▶Check □□□

電気設備の計画に関する次の記述のうち、**最も不適当な**ものはどれか。

1. 超高層の集合住宅において、幹線の電圧降下を計算するに当たっては、交流導体抵抗、リアクタンス等を用いた。
2. ヒートポンプ式給湯機を採用した全電化集合住宅において、幹線の太さを決定するに当たっては、一般電力の需要率、重畳率等を考慮した。
3. 監視カメラ設備において、ネットワーク伝送方式のカメラへの配線には、同軸ケーブルを用いた。
4. 電算機室は、室温が10～35℃、相対湿度が30～80%となるようにした。

No.36

▶Check □□□

受変電設備の計画に関する次の記述のうち、**最も不適当な**ものはどれか。

1. 需要家側からの高調波電流の流出を抑制するために、直列リアクトル付き進相コンデンサの設置位置は、受電用変圧器の高圧側よりも効果が大きい低圧側とした。
2. 定格遮断電流の小さい配線用遮断器を用いるために、配電用変圧器は、短絡インピーダンスの小さいものとした。
3. 地絡遮断装置は、電気事業者の配電用変電所の地絡保護装置との動作協調を図った。
4. 単相変圧器を各線間に接続する際の設備不平衡率は、30%以下となるようにした。

No.37

▶Check □□□

図のような三相3線式6.6kVの受電設備における最大負荷電流として、**最も適当な**ものは、次のうちどれか。ただし、力率は100%とする。

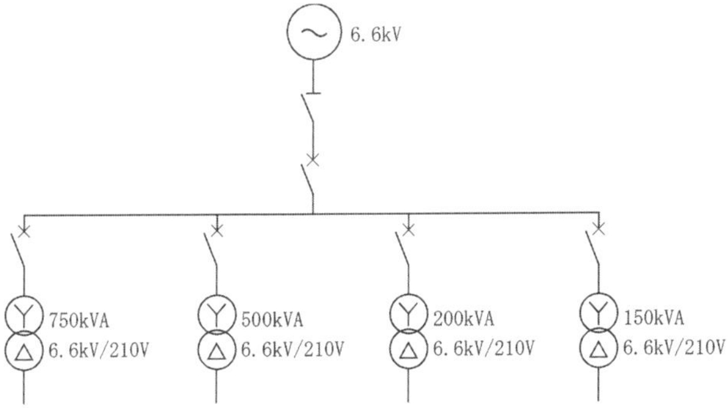

1. 110A
2. 140A
3. 240A
4. 420A

No.38

▶Check □□□

コージェネレーションシステムに関する次の記述のうち、**最も不適当な**ものはどれか。

1. コージェネレーションシステムの総合効率は、原動機がガスエンジンであっても、ガスタービンであっても、一般に、80%程度である。
2. コージェネレーションシステム用の燃料電池を高圧需要家に設置する場合は、出力が10kW未満であっても、自家用電気工作物として、法令に基づく保安規程の届出が必要である。
3. コージェネレーションシステムは、「系統連系方式」より「系統分離方式」のほうが、急激な負荷変動に対応しやすい。
4. コージェネレーションシステムは、消防法の規定に適合する場合には、非常電源用の自家発電設備として兼用することができる。

No.39

▶Check □□□

蓄電池設備に関する次の記述のうち、**最も不適当な**ものはどれか。

1. ペースト式鉛蓄電池の容量換算時間は、放電時間及び1セル当たりの許容最低電圧が同じ場合、最低蓄電池温度が高いほど大きくなる。
2. 触媒栓式鉛蓄電池は、電池内で発生するガスを水に戻す構造を有している。
3. 制御弁式鉛蓄電池は、使用中の補水や均等充電等の保守が不要である。
4. 制御弁式鉛蓄電池は、液式アルカリ蓄電池に比べて、期待寿命が短い。

No.40

▶Check □□□

照明に関する次の記述のうち、**最も不適当な**ものはどれか。

1. 照度均斉度とは、一般に、ある面における平均照度に対する最大照度の比率をいう。
2. 局部照明とは、全般照明によるのではなく、比較的小面積や限られた場所を照らすように設計した照明をいう。
3. リモコンスイッチ方式は、リモコンリレー、リモコンスイッチ、リモコン変圧器等を用いて照明回路の開閉を行うものである。
4. タスク・アンビエント照明方式は、タスクの占有面積の比率を小さくするほど、省エネルギー効果がある。

No.41 ▶Check □□□

床面積40㎡の会議室にLED照明器具を用いて平均照度を500lx以上とする場合、イ～ハの条件により計算した最低必要な照明器具の台数として、**最も適当な**ものは、次のうちどれか。

条件

イ. LED照明器具の全光束：4,700lm/台

ロ. 照明率　　　　　　　：0.71

ハ. 保守率　　　　　　　：0.81

1. 4台
2. 5台
3. 8台
4. 10台

No.42 ▶Check □□□

電動機に関する次の記述のうち、**最も不適当な**ものはどれか。

1. 直流電動機は、始動トルクが大きく、広範囲な速度制御が可能である。
2. 誘導電動機の同期速度は、電動機の極数に比例し、電源の周波数に反比例する。
3. 定格電圧が300V以下の電動機の金属製の外箱に接地を施す場合は、D種接地工事とする。
4. 電動機の分岐回路に設ける過電流遮断器は、主として分岐回路の電線の短絡保護のための装置であり、電動機の過負荷保護を目的としたものではない。

No.43

▶Check □□□

電動機に用いられるインバータに関する次の記述のうち、**最も不適当な**ものはどれか。

1. インバータを用いると、一般に、高調波が発生する。
2. インバータを用いると、始動電流が小さくなる。
3. インバータを用いると、連続可変速運転が可能となる。
4. インバータを用いると、低速でトルクが出やすくなる。

No.44

▶Check □□□

自動火災報知設備に関する次の記述のうち、**最も不適当な**ものはどれか。

1. 自動火災報知設備の配線に使用する電線とその他の60V以下の弱電流回路に使用する電線とは、同一の管の中に施設した。
2. 床面積1,000㎡（50m×20m）の室において、主要な出入口からその内部を見通すことができるので、当該室は、一の警戒区域とした。
3. アナログ式感知器を設けるに当たり、受信機から感知機までの配線には、耐熱配線を用いた。
4. 地区音響装置は、各階ごとに、その階の各部分から一の地区音響装置までの水平距離が30m以下となるように設けた。

No.45

▶Check □□□

防災設備の計画に関する次の記述のうち、**最も不適当な**ものはどれか。

1. 誘導灯の非常電源は、直交変換装置を有しない蓄電池設備とした。
2. 非常用の照明装置の照明は、間接照明とした。
3. 階段に設ける通路誘導灯は、踏面及び踊場の中心線の照度が、1lx以上となるように設けた。
4. 非常コンセントの数は、電源からの1回路につき10個以下とした。

No.46

▶Check □□□

通信・情報設備に関する次の記述のうち、**最も不適当な**ものはどれか。

1. 業務用放送設備の増幅器の定格出力は、スピーカーの入力の合計値以下とする。
2. 非常放送設備のスピーカーには、ハイインピーダンス伝送が用いられる。
3. UHF帯用のアンテナの利得は、素子数が多いほど大きくなり、素子数が同じ場合には、受信帯域が広くなるほど小さくなる。
4. 侵入者を検出するために扉・窓等に取り付ける開閉検出用の機器には、マグネットスイッチ、リミットスイッチ、振動スイッチ等がある。

No.47

▶Check □□□

LAN設備に関する次の記述のうち、**最も不適当な**ものはどれか。

1. UTPケーブルのこう長は、カテゴリー5e・6Aともに、100m以内とする。
2. カテゴリー5eのUTPケーブルの伝送速度は、1Gbpsである。
3. 無線LANの暗号化方式は、WPA 2方式よりWEP方式のほうが、暗号化強度が強い。
4. ファイアウォールとは、内部と外部のネットワーク間で出入りするパケットを監視し、管理者が意図しない通信を行えないようにする機能のことである。

No.48

▶Check □□□

建築物等の雷保護（JIS A 4201：2003）に関する次の記述のうち、**最も不適当な**ものはどれか。

1. 受雷部システムの配置において、保護角法の保護角は、保護レベルがⅣの場合、地表面から受雷部の上端までの高さが60mのときには、25度である。
2. 受雷部システムの配置において、メッシュ法の幅は、保護レベルがⅣの場合、20mである。
3. 受雷部システムの配置において、回転球体法の球体半径は、保護レベルⅠより保護レベルⅣのほうが小さい。
4. 被保護物から独立しない雷保護システムにおいて、引下げ導線は、地表面近く及び垂直方向最大20m間隔ごとに、水平環状導体等で相互に接続する必要がある。

No.49

▶Check □□□

低圧配線に使用する絶縁電線の許容電流に関する次の記述のうち、**最も不適当な**ものはどれか。

1. 絶縁電線の許容電流を決定するに当たっては、一般に、周囲温度を30℃としている。
2. 異なる太さの電線を同一金属管内に収める場合、電線の被覆絶縁物を含む断面積の総和は、金属管の内断面積の32%以下とする。
3. 導体の直径が同じ場合、アルミ線は、銅線に比べて、許容電流が小さい。
4. 導体の断面積が同じ場合、VVケーブルは、CVケーブルに比べて、許容電流が大きい。

No.50

▶Check □□□

低圧屋内配線に関する次の記述のうち、**最も不適当な**ものはどれか。

1. 湿気の多い点検できない隠蔽場所に、「キャブタイヤケーブル以外のケーブル配線」を行った。
2. 乾燥した点検できない隠蔽場所に、バスダクト工事を行った。
3. 合成樹脂で金属製部分を被覆したライティングダクトを使用したので、D種接地工事を省略した。
4. 露出場所において、電線の被覆絶縁物が腐食してしまう場所であったので、裸電線を用いてがいし引き工事を行った。

No.51

▶Check □□□

単相2線式200Vの回路において、長さ100m、導体の断面積60mm²のIV電線を屋内配線とし、この端末に定格電圧200V、定格電流80A、力率100%の負荷を接続する計画を行った。この計画の一部を変更する場合の電圧降下に関する次の記述のうち、**最も適当な**ものはどれか。

1. 長さを60m、導体の断面積を100mm²にすると、電圧降下は約0.8倍になる。
2. 長さを120m、導体の断面積を100mm²にすると、電圧降下は約2.0倍になる。
3. 定格電流を120A、長さを120mにすると、電圧降下は約1.25倍になる。
4. 定格電流を120A、導体の断面積を100mm²にすると、電圧降下は約0.9倍になる。

No.52

▶Check □□□

電気設備の機器・材料に関する次の記述のうち、**最も不適当な**ものはどれか。

1. 変圧器は、絶縁方式によって、ガス式、気中式、真空式等に分類される。
2. 直列リアクトルは、コンデンサ投入時の突入電流を抑制することができる。
3. スコット結線変圧器は、三相電源から位相が異なる二つの単相電源を取り出すことができる。
4. 三相かご形誘導電動機の始動方式がスターデルタ始動方式の場合、始動電流及び始動トルクは、いずれも全電圧始動（直入れ始動）方式の$\frac{1}{3}$になる。

No.53

▶Check □□□

受変電設備に関する次の記述のうち、**最も不適当な**ものはどれか。

1. 高圧限流ヒューズは、高圧の回路・機器の漏電保護に用いられる。
2. 高圧交流遮断器には、小型、軽量、不燃化等の面から、一般に、真空遮断器が用いられる。
3. ZCTは、線路中に含まれる零相電流を検出するためのものである。
4. 避雷器は、雷等に起因する異常電圧による電流を大地へ流すことによって、電気設備の絶縁を保護するものである。

No.54

▶Check □□□

乗用エレベーターに関する次の記述のうち、**最も不適当な**ものはどれか。

1. 地震時管制運転は、地震発生時に、地震感知器との連動によって、エレベーターをできるだけ速やかに避難階に停止させるものである。
2. ピット冠水時管制運転は、ピットへの浸水を検知したときに、エレベーターを速やかに安全な待機階に停止させるものである。
3. 火災時管制運転は、火災発生時に、エレベーターを速やかに避難階に停止させるものである。
4. 停電時救出運転は、停電によるエレベーターの停止時に、蓄電池電源によって、エレベーターを低速走行で最寄階に停止させるものである。

No.55

▶Check □□□

建築設備工事における工程表に関する次の記述のうち、**最も不適当な**ものはどれか。

1. 総合工程表は、建築工事、設備工事等の工事全体の全工期にわたる工程を示したものである。
2. バーチャート工程表は、各作業の相互関係と作業の遅れを把握するのに適している。
3. ガントチャート工程表は、各作業の達成度は分かりやすいが、各作業の関係性は分かりにくい。
4. ネットワーク工程表は、丸印と矢印の組合せにより、作業の内容・手順・日程を示したものである。

No.56

▶Check □□□

空調設備の配管工事に関する次の記述のうち、**最も不適当な**ものはどれか。

1. HFCを冷媒として用いる場合、一般冷媒配管用銅管のろう付け接合時には、窒素置換による管内部の酸化防止対策が必要である。
2. 空調機への冷温水配管は、冷温水コイルの上部に送り管、下部に返り管を接続する。
3. 冷温水配管に設ける自動空気抜き弁は、配管系の最上部で、かつ、正圧になる部分に設ける。
4. 還水管（蒸気返り管）は、先下り勾配とする。

No.57

▶Check □□□

給排水衛生設備工事に関する次の記述のうち、**最も不適当な**ものはどれか。

1. 事務室の天井内に設けた管径32mmの給水管には、保温厚20mmのグラスウール保温筒による防露工事を施した。
2. 給水管と排水管を平行して埋設するに当たり、両配管の水平間隔は300mmとし、かつ、給水管を排水管の上方に配置した。
3. 通気管の末端は、その付近にある窓・換気口等の開口部の上端から600mm以上立ち上げることができなかったので、それらの開口部から水平に3m以上離した。
4. 排水槽の底部の勾配は、吸込みピットに向かって、$\frac{1}{11}$とした。

No.58 ▶Check □□□

電気設備工事に関する次の記述のうち、**最も不適当な**ものはどれか。

1. ケーブル工事による複数の高圧屋内配線を、接近させて施設した。
2. 電気用品安全法の適用を受ける二重絶縁の構造の機械器具（定格電圧200V）を施設するに当たって、当該機械器具に電気を供給する電路への漏電遮断器の施設は省略した。
3. 合成樹脂管工事において、合成樹脂管（CD管）を、屋内の乾燥した露出場所に、露出して施設した。
4. 金属ダクトを壁の側面に取り付けるに当たって、支持点間の距離は、3m以下となるようにした。

No.59

▶Check □□□

建築設備の維持管理等に関する次の記述のうち、**最も不適当な**ものはどれか。

---

1. 平均故障寿命とは、修理しながら使用するシステム・機器・部品等における故障発生から次の故障発生までの動作時間の平均値のことである。
2. 法定耐用年数とは、税法で定められた耐用年数のことであり、減価償却の基本となる数値である。
3. 予防保全は、一般に、事後保全に比べて、設備システムの長寿命化等に有効である。
4. ライフサイクルマネジメントの要素には、ライフサイクルコストのほかに、二酸化炭素排出量、エネルギー使用量、資源使用量等を含んでいる。

No.60

▶Check □□□

建築設備工事の積算に関する次の記述のうち、**最も不適当な**ものはどれか。

1. 共通仮設費は、各工事種目に共通の仮設に要する費用である。
2. 共通仮設費には、環境安全費及び動力用水光熱費も含まれる。
3. 現場管理費は、工事現場を管理運営するために必要な費用であり、共通仮設費も含まれる。
4. 一般管理費等は、工事施工に当たる受注者の継続運営に必要な費用であり、一般管理費と付加利益等からなる。

建築設備［問題］

▶解答・解説 P.209～

No.1

▶Check □□□

エネルギーの有効利用に関する次の記述のうち、**最も不適当な**ものはどれか。

1. 外気冷房には、外気の比エンタルピーが室内空気の比エンタルピーよりも低いときに、その差を冷房に利用するものがある。
2. 熱回収における混合気利用方式は、回収熱流体に有害物質を含んでいる場合、室内においては、採用することができない。
3. ダブルバンドルコンデンサ・ヒートポンプ方式は、インテリアゾーンに年間を通じて冷房が必要な建築物において、インテリアゾーンを冷房するときに得られる排熱を回収し、ペリメータゾーンの暖房に利用することができる。
4. 一重二重効用吸収冷温水機は、熱源が都市ガスの燃焼熱のような高温であれば一重効用で運転し、排熱のような低温であれば二重効用で運転する。
5. 排熱を回収利用するガスエンジン駆動のヒートポンプは、冬期の暖房時のエネルギー利用効率が高い。

No.2

▶Check □□□

湿り空気に関する次の記述のうち、**最も不適当な**ものはどれか。

1. 「全熱量変化」に対する「顕熱量変化」の割合を、顕熱比という。
2. 「絶対湿度の変化量」に対する「比エンタルピーの変化量」の割合を、熱水分比という。
3. 「湿り空気の質量」に対する「湿り空気中の水蒸気の質量」の割合を、絶対湿度という。
4. 同じ温度における「飽和空気の水蒸気分圧」に対する「湿り空気の水蒸気分圧」の割合を百分率で表したものを、相対湿度という。
5. 同じ温度における「飽和空気の絶対湿度」に対する「湿り空気の絶対湿度」の割合を百分率で表したものを、飽和度という。

No.3 ▶Check □□□

イ～ホの条件により計算した蒸気加湿装置の加湿量に**最も近い**ものは、次のうちどれか。

条件

イ. 加湿蒸気の比エンタルピー　：2,700 kJ/kg
ロ. 入口空気と出口空気との比エンタルピー差　：36 kJ/kg（DA）
ハ. 送風量　：1,000 m^3/h
ニ. 空気の密度　：1.2 kg/m^3
ホ. この装置からの空気の漏れは、ないものとする。

1. 11kg/h
2. 16kg/h
3. 36kg/h
4. 38kg/h
5. 81kg/h

No.4 ▶Check □□□

空調設備の自動制御に関する次の記述のうち、**最も不適当な**ものはどれか。

1. 自動制御機器は、検出部、調節部及び操作部から構成されている。
2. 冷温水の流量の計測には、電磁式、非拡散赤外線吸収式、超音波式等の検出器が用いられる。
3. 風量の計測には、プロペラ式、オリフィス式、ピトー管式等の検出器が用いられる。
4. 二方弁を用いた変流量方式は、ポンプの台数制御や回転数制御と組み合わせることにより、ポンプの搬送動力を削減することができる。
5. 三方弁を用いた定流量方式は、負荷機器への送水量は変化するが、配管系全体の循環水量は変化しない。

No.5

▶Check □□□

空調設備の設計に関する次の記述のうち、**最も不適当な**ものはどれか。

1. ペリメータゾーンの奥行きは、一般に、外壁の中心線から３～５m程度とする。
2. ペリメータファンコイルユニット方式を用いる場合は、一般に、スキンロード（外皮負荷）をファンコイルユニットに分担させ、外気負荷と室内負荷を空調機に分担させる。
3. 居室における空調機の風量は、吹出し温度差から吹出し風量を求めたうえで、空気清浄度及び温度分布の観点から、５～７回/h以上の換気回数に相当する吹出し風量が確保されているかどうかを確認して決定する。
4. １台の空調機で多数室へ給気する場合、各室への風量は、一般に、空調機の全風量を各室の顕熱負荷に応じて比例配分する。
5. 間欠空調による蓄熱負荷は、冷房時に大きく、暖房時に小さいので、暖房時においては、一般に、考慮しない。

No.6

▶Check □□□

空調設備の発生騒音に関する次の記述のうち、**最も不適当な**ものはどれか。

1. A特性音圧レベルは、騒音の影響を評価するために、人間の聴感に基づいて重み付けされた騒音レベルであり、室内騒音の評価や設備機器等による環境騒音の規制等に用いられている。
2. 吹出し口本体で発生する騒音が大きい場合、室内の音圧レベルを低下させるためには、消音ボックスを用いることが有効である。
3. スプリッタ型消音器における音の減衰特性は、一般に、中高周波数域より低周波数域のほうが小さい。
4. ダクト直管部における音の自然減衰量は、ダクト全長が短い場合には、一般に、安全率の中に含まれているものとして無視する。
5. 曲率を付けない角形（突付け）エルボは、エルボの断面寸法を大きくすれば、低周波数域の音も減衰させることができる。

No.7

▶Check □□□

換気に関する次の記述のうち、**最も不適当な**ものはどれか。

1. 受変電室において、機器の発熱除去に必要な換気量を計算する場合は、潜熱量も考慮する。
2. ボイラー室において、換気方式は、第３種換気としてはならない。
3. ホテルの客室において、換気量は、一般に、浴室部分の換気量により決定する。
4. 病院の感染症病室において、ダクト系統は、ダクトを介した院内感染を防止するために、単独系統とする。
5. 建築物の居室においては、ホルムアルデヒドを発散する建築材料を使用しない場合であっても、原則として、シックハウス対策用の機械換気設備又は中央管理方式の空調設備を設ける必要がある。

No.8

▶Check □□□

送風機を有するダクト系統において、イ～ニの条件により計算した送風機静圧として、**最も適当な**ものは、次のうちどれか。

条件

イ. 送風機の吐出し風速：5 m/s

ロ. 送風機全圧　　　　：300 Pa

ハ. 空気の密度　　　　：1.2kg/㎥

ニ. 空気は、定常状態で流れているものとする。

1. 225Pa
2. 240Pa
3. 250Pa
4. 270Pa
5. 285Pa

No.9

▶Check □□□

機械排煙設備に関する次の記述のうち、**最も不適当な**ものはどれか。

1. 2以上の防煙区画を対象とする排煙機の排煙風量は、120㎥/min以上で、かつ、最大防煙区画の床面積×1㎥/(min·㎡) 以上となるようにする。
2. 排煙機の耐熱性能は、吸込み温度が280℃に達する間に運転に異常がなく、かつ、吸込み温度280℃の状態において30分間以上異常なく運転できるものとする。
3. 排煙ダクトは、可燃材料と15cm以上の離隔距離が確保できない部分には、ロックウールかグラスウールを用いて断熱措置を施す。
4. 排煙ダクトの大きさの選定において、ダクト内風速が15m/s以下とならない場合には、ダクト系全体での摩擦損失が過大となっていないかどうかを確認する必要がある。
5. 排煙口の大きさは、一般に、吸込み風速が10m/s以下となるように計画する。

No.10

▶Check □□□

空調設備の冷凍機に関する次の記述のうち、**最も不適当な**ものはどれか。

1. 蒸気圧縮式の冷凍機には、スクリュー冷凍機、遠心冷凍機等がある。
2. 遠心冷凍機は、吸収冷凍機に比べて、低い温度の冷水を取り出すことができる。
3. 吸収冷凍機は、一般に、冷媒に水、吸収剤に臭化リチウム水溶液が用いられる。
4. ヘビーロード仕様の吸収冷凍機は、年間連続運転、24時間運転、高負荷連続運転等に対応できる。
5. インバータ搭載型の遠心冷凍機は、部分負荷運転時において、冷却水温度が定格温度よりも低下すると、効率が低くなる特性がある。

No.11

▶Check □□□

パッケージ型空調機に関する次の記述のうち、**最も不適当な**ものはどれか。

1. 空調機は、外気処理用には潜熱処理能力が大きいもの、電算室用には顕熱処理能力が大きいものを用いる。
2. 空調機の定格暖房能力は、屋外機の吸込み空気温度が、乾球温度7℃のときの能力である。
3. 屋外機の圧縮機に用いられるDCモーターの効率は、回転数を上げるほど、ACモーターの効率との差が大きくなる。
4. 屋内機の選定に当たっては、屋内機の吸込み空気温度に応じて、冷暖房能力を補正する必要がある。
5. 室容積の異なる複数の室にマルチパッケージ型空調機を採用する場合、室容積が小さい室において、冷媒の漏えい時に限界濃度を超えないようにするためには、系統を分割して屋外機の容量を小さくする等の方法がある。

No.12

▶Check □□□

送風機に関する次の記述のうち、**最も不適当な**ものはどれか。

1. サージングは、特性曲線（X軸：風量、Y軸：圧力）の右下がりの部分で運転した場合に発生しやすい。
2. 同一特性の送風機を2台直列運転する場合、合成された送風機全圧は、同一風量におけるそれぞれの送風機全圧を加算したものと等しくなる。
3. 吸込みベーン制御は、一般に、ダンパ制御に比べて、省エネルギー効果が大きい。
4. 多翼送風機は、一般にシロッコファンと呼ばれ、羽根形状が回転方向に対して前に傾斜している。
5. 多翼送風機は、送風条件が同一の場合、一般に、呼び径が大きいほど、電動機出力及び騒音値は小さくなる。

No.13

▶Check □□□

給排水衛生設備に係る水の説明として、**最も不適当な**ものは、次のうちどれか。

---

1. 上水とは、飲料用等に使用することを目的とした水道によって供給される水及び私設の給水設備によって供給される水で、水道法に定める水質基準に適合する水をいう。
2. 雑用水とは、大小便器及びこれらと類似用途の器具を除く他の器具からの排水（雨水及び特殊排水を除く。）をいう。
3. 排水再利用水とは、建築物等から排出された排水を処理し、再度、水洗便所の洗浄水、散水用水、清掃用水等に利用する水をいう。
4. 特殊排水とは、一般の排水系統又は下水道へ直接放流できない有害・有毒・危険その他望ましくない性質をもつ排水をいう。
5. 湧水とは、建築物の地下部分等において、床盤・周壁等から浸入する水をいう。

No.14

▶Check □□□

15階建て、高さ45mの集合住宅における給排水衛生設備の計画に関する次の記述のうち、**最も不適当な**ものはどれか。

---

1. 設計用給水量は、居住者１人１日当たり250lとした。
2. 給水系統は、給水圧力の上限を400～500kPa程度に抑えるようにゾーニングを行った。
3. 特殊継手排水システムを採用したので、通気立て管は設けなかった。
4. 連結送水管の放水口は、３階以上の各階に設け、11階以上の階に設けるものは双口形とした。
5. 都市ガスを採用したので、引込み管ガス遮断装置を設置し、緊急ガス遮断装置は設置しなかった。

No.15

▶Check □□□

給水設備に関する次の記述のうち、**最も不適当な**ものはどれか。

1. 飲料水用受水槽の有効容量は、一般に、1日予想給水量の40～60%程度とする。
2. 給水ポンプの吸込み管は、ポンプに向かって上り勾配とする。
3. ポンプ直送方式における吐出し圧力一定制御は、使用流量が不安定な建築物に適している。
4. 大便器の洗浄弁方式における流動時の最低必要圧力は、一般に、70kPaである。
5. 洗面器に設ける呼び径13mmの給水栓の吐水口空間は、25mm以上とする。

No.16

▶Check □□□

揚程が40m、吐出し量が400l/minで定常運転されている給水ポンプにおいて、回転数制御によりポンプの回転数を50%に変化させた場合の「揚程」及び「吐出し量」の組合せとして、**最も適当な**ものは、次のうちどれか。

	揚程(m)	吐出し量(l/min)
1.	10	100
2.	10	200
3.	20	50
4.	20	100
5.	20	200

No.17

▶Check □□□

給湯設備に関する次の記述のうち、**最も不適当な**ものはどれか。

---

1. 自然冷媒ヒートポンプ給湯機は、一般に、ヒートポンプユニットと貯湯ユニット間で、水を循環させながら温度差5℃程度ずつ昇温する仕組みとなっている。
2. ガス瞬間式給湯機の能力表示の号数において、1号とは、流量1 l/minの水の温度を25℃上昇させる能力である。
3. 給湯循環ポンプの揚程の算出においては、一般に、給湯往管における摩擦損失水頭を無視することができる。
4. 循環式の中央式給湯設備において、配管内の気泡を排除するためには、上向き供給方式より下向き供給方式のほうが適している。
5. 循環式の中央式給湯設備において、給湯管に銅管を使用する場合、返湯管内の流速の上限は、1.5m/sとする。

No.18

▶Check □□□

図のような９階建ての建築物における排水通気設備の系統において、表１から表３をもとに、イ及びロの条件により、器具排水負荷単位法を用いて算出した図中ⓐの箇所の最小管径として、**最も適当な**ものは、次のうちどれか。

条件

イ. 図中の □ 内の数値は、各階における各種衛生器具の器具排水負荷単位数の合計を示している。

ロ. 通気立て管の全長は、40mとする。

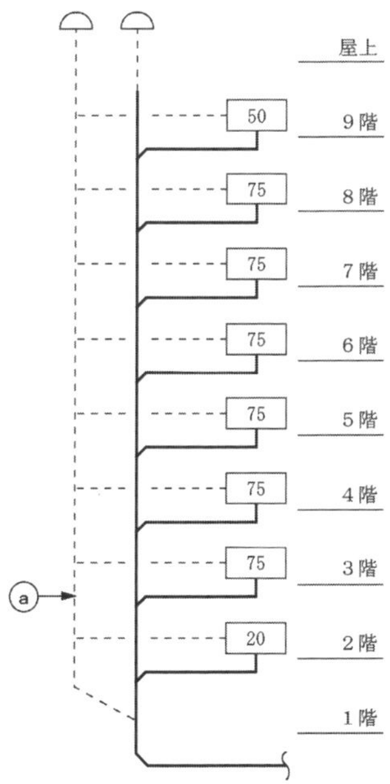

図

表１　排水横枝管及び排水立て管の許容最大器具排水負荷単位数

管径 (mm)	受け持ちうる許容最大器具排水負荷単位数	
	排水横枝管	１排水立て管に対する合計
50	6	24
65	12	42
75	20	60
100	160	500
125	360	1, 100

表２　排水横主管の許容最大器具排水負荷単位数

管径 (mm)	排水横主管に接続可能な許容最大器具排水負荷単位数
75	20
100	180
125	390
150	700

表３　通気管の管径と長さ

排水管径 (mm)	器具排水負荷単位数	通気管径(mm)				
		50	65	75	100	125
		通気管の最長距離(m)				
50	12	60				
50	20	45				
65	42	30	90			
75	10	30	60	180		
75	30	18	60	150		
75	60	15	24	120		
100	100	10. 5	30	78	300	
100	200	9	27	75	270	
100	500	6	21	54	210	
125	200		10. 5	24	105	300
125	500		9	21	90	270
125	1, 100		6	15	60	210
150	350		7. 5	15	60	120
150	620		4. 5	9	37. 5	90

1. 50mm
2. 65mm
3. 75mm
4. 100mm
5. 125mm

No.19

▶Check □□□

排水通気設備の計画に関する次の記述のうち、**最も不適当な**ものはどれか。

1. ボイラーに設ける管径40mmの間接排水管の排水口空間を、80mmとした。
2. 湧水槽には、飲料水用受水槽のオーバーフロー水を流入させることとした。
3. ループ通気管の管径を、接続する排水横枝管と通気立て管のうち、いずれか小さいほうの管径と同径とした。
4. 排水横枝管を、排水立て管の45度を超えるオフセットの上部から上方700mmの位置に接続した。
5. 排水管の方向が変わる箇所において、掃除口を、排水管の角度が45度を超えて変わるときに設けた。

No.20

▶Check □□□

消防用設備等の計画に関する次の記述のうち、**最も不適当な**ものはどれか。

1. 高さ3mの天井に設ける連結散水設備の開放型散水ヘッドを、天井の各部分から一の散水ヘッドまでの水平距離が3.7m以下となるように設けた。
2. スプリンクラー設備を設置すべき階において、エスカレーターにも、スプリンクラーヘッドを設けた。
3. 各階における屋内消火栓（1号消火栓）の最大設置個数が3であったので、屋内消火栓設備のポンプの吐出し量を、180l/minとした。
4. 連結送水管の送水口のホース接続口を、地盤面からの高さが0.8mの位置に設けた。
5. 二酸化炭素を放射する全域放出方式の不活性ガス消火設備を設置した防護区画には、当該防護区画内の圧力上昇を防止するための措置を講じなかった。

No.21

▶Check □□□

浄化槽設備に関する次の記述のうち、**最も不適当な**ものはどれか。

1. 共同住宅における合併処理浄化槽の処理対象人員は、原則として、延べ面積を用いて算定する。
2. ホテルにおける合併処理浄化槽の処理対象人員は、原則として、延べ面積を用いて算定する。
3. 新設することができる浄化槽の種類には、合併処理浄化槽、し尿のみを処理する単独処理浄化槽等がある。
4. 接触ばっ気方式は、排水を接触材上の生物膜と繰り返し接触させて処理する方式であり、好気性の生物膜法の一種である。
5. 回転板接触方式においては、回転板を回転させる動力は必要であるが、回転板接触槽への酸素供給用の動力は不要である。

No.22

▶Check □□□

ごみ処理設備等に関する次の記述のうち、**最も不適当な**ものはどれか。

1. RPFは、古紙や廃プラスチック類を主原料として混合成型した固形燃料である。
2. スラリー輸送設備は、ちゅうかい等を水中粉砕後、水と混合して管内輸送を行い、脱水機で固液分離し、脱水された固形物を別途処理するものである。
3. 乾燥減容型生ごみ処理機は、貯留槽内の生ごみを、機械的にかくはんしながら電気・ガス等の熱源によって加熱し、生ごみ中の水分を蒸発させ、減量・減容化するものである。
4. 分解消滅型生ごみ処理機は、貯留槽内の生ごみを、機械的にかくはんしながら微生物による好気性発酵によって、減量・減容化するものである。
5. コンパクタコンテナ方式は、ごみをポリバケツ・小型コンテナ等の容器に貯留し、機械式収集車（パッカ車）に積み替えて搬出する方式である。

No.23

▶Check □□□

ガス設備に関する次の記述のうち、**最も不適当な**ものはどれか。

1. 都市ガスの分類において、低圧のガスとは、ガスによる圧力が0.1MPa未満のガスのことである。
2. 高層建築物に13Aの都市ガスを供給する場合、ガス栓等の位置が地上から約45m以上になるときには、一般に、昇圧防止器を設置する。
3. 飲食店における液化石油ガスの最大ガス消費量の算定において、設置する燃焼器は決定しているが使用状況が明らかでない場合に用いる同時使用率は、和食料理店より中華料理店のほうが、大きい値となる。
4. 内容積が20l以上の液化石油ガスの容器には、容器の設置位置から2m以内にある火気を遮る措置を講じる必要がある。
5. 液化石油ガスの容器により2戸以上の一般消費者に供給する場合において、容器の交換時にガスの供給が中断しないようにするためには、ベーパライザを設置することが有効である。

No.24

▶Check □□□

給排水衛生設備の機器・材料に関する次の記述のうち、**最も不適当な**ものはどれか。

1. 洗浄水量が6.5l以下の大便器は、JISにおいては、Ⅱ形に分類される。
2. 温水洗浄便座の洗浄用水加温方式には貯湯式と瞬間式があり、貯湯式においては、40℃程度の温水を1l程度貯湯するタンクを有している。
3. 管の線膨張係数は、一般配管用ステンレス鋼鋼管よりポリブテン管のほうが大きい。
4. 配管用管及び水道用銅管の肉厚の数値の大小関係は、呼び径が同じ場合、Kタイプ>Lタイプ>Mタイプである。
5. 玉形弁は、バタフライ弁に比べて、面間寸法が小さくコンパクトであり、重量が軽い。

※基準改定により選択肢1を変更しています。

No.25

▶Check □□□

図1の回路における電力の総和が9kWのとき、電源電圧を図1の2倍とした図2の回路の電力の総和として、**最も適当な**ものは、次のうちどれか。

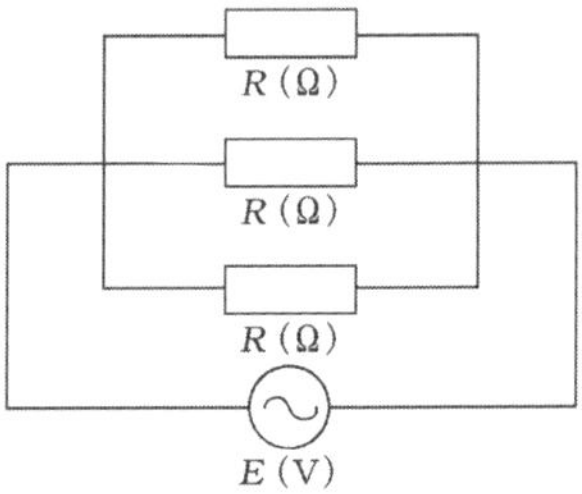

図1

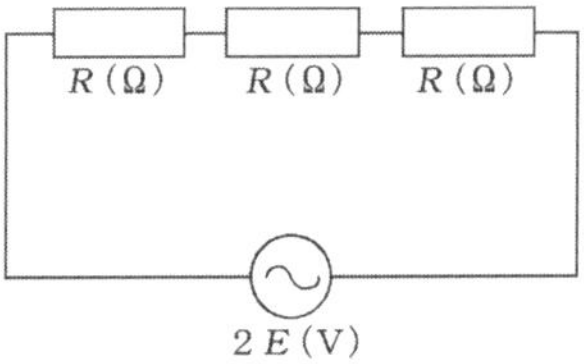

図2

1. 1kW
2. 2kW
3. 3kW
4. 4kW
5. 6kW

No.26

▶Check □□□

時刻t(s)における周波数60Hzの単相交流起電力の瞬時値が100sinωt(V)のとき、角周波数ωとして、**最も適当な**ものは、次のうちどれか。ただし、円周率は、πとする。

1. 2π rad/s
2. $\sqrt{2}\pi$ rad/s
3. 60π rad/s
4. $60\sqrt{2}\pi$ rad/s
5. 120π rad/s

No.27

▶Check □□□

電気設備の計画に関する次の記述のうち、**最も不適当な**ものはどれか。

1. 幹線ケーブルは、最大負荷電流、ケーブルの許容電流、配線用遮断器の定格電流、幹線分岐、許容電圧降下等に対して十分な太さのものとした。
2. 高調波抑制対策としては、高圧受変電設備に直列リアクトル付き進相コンデンサの設置、変圧器の多相化等を行った。
3. 高圧電路に系統連系する太陽光発電設備においては、構内低圧線に連系し、かつ、出力容量を10kWとしたので、地絡過電圧継電器を省略した。
4. 屋外に施設するコンセント回路には、地絡が生じた際の保護対策として、配線用遮断器を設置した。
5. 屋外に取り付ける防雨形照明器具には、電気機械器具の外郭による保護等級がIPX3のものを採用した。

No.28

▶Check □□□

電気設備の計画に関する次の記述のうち、**最も不適当な**ものはどれか。

1. 親子式電気時計設備の子時計数は、1回線当たり25個以下とした。
2. 構内情報通信網設備において、ネットワーク全体の時刻補正には、FMラジオの受信による方式の時刻同期装置を用いた。
3. 電源別置形の非常用の照明装置において、防災電源用の分電盤を居室に設けることにしたので、分電盤は、二種耐熱形分電盤とした。
4. 階段又は傾斜路以外の場所において、非常放送設備のスピーカーは、放送区域ごとに、当該放送区域の各部分から一のスピーカーまでの水平距離が10m以下となるように設けた。
5. 無線通信補助設備を、警察の無線通信にも共用できるように設置した。

No.29

▶Check □□□

高圧受変電設備の計画に関する次の記述のうち、**最も不適当な**ものはどれか。

1. 受電設備容量が300kVA以下であったので、主遮断装置を「高圧限流ヒューズ・高圧交流負荷開閉器（PF・S形）」としたキュービクル式高圧受電設備を設置した。
2. 電気事業者との保安上の責任分界点に施設する区分開閉器は、地絡継電装置付き高圧交流負荷開閉器とした。
3. 主遮断装置は、電気事業者の配電用変電所の過電流保護装置との動作協調を図った。
4. 高圧の非常用予備発電装置から防災負荷へ電気を供給するに当たって、主遮断装置と発電機遮断器とにインタロックを施した。
5. 2台の三相変圧器を並行運転するに当たって、変圧比及び短絡インピーダンスがいずれも等しい「Δ（デルタ）－Δ（デルタ）結線の変圧器」と「Δ（デルタ）－Y（スター）結線の変圧器」を用いた。

No.30

▶Check □□□

図のような三相3線式6.6kVの受電設備において、電源から短絡点までのインピーダンスが0.33Ωのとき、短絡点の三相短絡電流に**最も近い**ものは、次のうちどれか。

1. 12kA
2. 20kA
3. 28kA
4. 35kA
5. 42kA

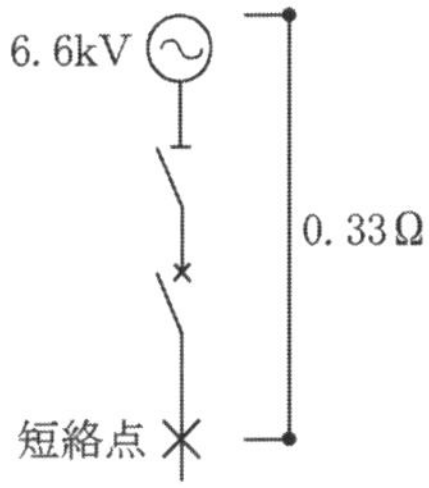

No.31

▶Check □□□

消防用設備等とその非常電源との組合せとして、**最も不適当な**ものは、次のうちどれか。

---

1. 自動火災報知設備 ———————— 燃料電池設備
2. 屋内消火栓設備 ————————— 燃料電池設備
3. 泡消火設備 ——————————— 自家発電設備
4. 非常コンセント設備 ——————— 自家発電設備
5. 不活性ガス消火設備 ——————— 蓄電池設備

No.32

▶Check □□□

照明設備に関する次の記述のうち、**最も不適当な**ものはどれか。

---

1. 光束発散度とは、物体の表面から出る光束をその表面積で除した量をいう。
2. 演色性とは、光源によって物体を照らしたとき、その物体の色の見え方を決める光源の性質をいう。
3. 不快グレアとは、視覚能力が減退するとともに、不快感を引き起こすグレアをいう。
4. 在室検知制御とは、赤外線センサー、超音波センサー等によって、在室者の有無を検知し、自動的に照明の点滅や調光を行う制御のことをいう。
5. 初期照度補正とは、光源を設置した直後の余分な明るさを調光することによって、過剰な電力消費を抑える方法をいう。

No.33 ▶Check □□□

図のような天井面のA点に点光源を設けた場合、イ及びロの条件により計算した床面のB点の水平面照度E_hの値として、**最も適当な**ものは、次のうちどれか。

条件

イ. 点光源のB点方向の光度I（θ）：15,000cd

ロ. 床面、天井面等からの反射はないものとする。

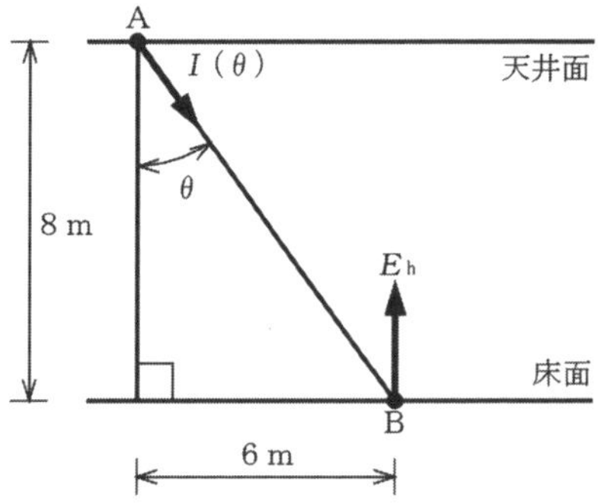

1. 90lx
2. 120lx
3. 150lx
4. 200lx
5. 250lx

No.34 ▶Check □□□

誘導電動機の始動方式に関する次の記述のうち、**最も不適当な**ものはどれか。

1. 一次抵抗始動方式は、電源と電動機との間に抵抗器を接続して始動し、加速完了後にこれらを短絡して運転状態に入る方式である。
2. 二次抵抗始動方式は、二次側に始動抵抗器（三相可変抵抗器）を接続して始動する方式である。
3. コンドルファ始動（補償器始動）方式は、単巻三相変圧器を用いて、電動機の端子に加える電圧を下げて始動する方式である。
4. リアクトル始動方式は、電源と電動機との間にリアクトルを接続して始動し、加速完了後にこれらを短絡して運転状態に入る方式である。
5. スターデルタ始動方式は、一次巻線がスター結線の電動機を、始動時にデルタ結線にし、加速完了後にスター結線に戻す方式である。

No.35

▶Check □□□

誘導電動機に関する次の記述のうち、**最も不適当な**ものはどれか。

1. 三相かご形誘導電動機の始動方式は、二次抵抗始動方式とした。
2. 誘導電動機には、力率改善用のコンデンサを、回路と並列に接続した。
3. 定格出力11 kWの電動機にスターデルタ始動器を使用するに当たり、始動器と電動機間の電線は、その許容電流が、当該電動機分岐回路の配線の許容電流の60%以上のものとした。
4. 定格電流50Aの電動機を単独で連続運転するに当たり、電動機に電気を供給する分岐回路の電線は、その許容電流が、過電流遮断器の定格電流の$\frac{1}{2.5}$以上、かつ、電動機の定格電流の1.25倍以上のものとした。
5. 定格電流50Aの2台の電動機は、各々に過負荷保護装置を設けたので、同じ分岐回路に施設した。

No.36

▶Check □□□

防災設備の計画に関する次の記述のうち、**最も不適当な**ものはどれか。

1. 20階建ての事務所ビルにおいて、11階以上の階に設ける非常コンセントは、各階の各部分から一の非常コンセントまでの水平距離が50m以下となるように設けた。
2. 非常放送設備のスピーカーは、階段又は傾斜路以外の場所で100㎡を超える放送区域に、S級のものを設けた。
3. 自動火災報知設備の煙感知器（2種）は、廊下にあっては、歩行距離30mにつき1個設けた。
4. 客席誘導灯は、客席内の通路の床面における水平面照度が0.2lx以上となるように設けた。
5. 無線通信補助設備の無線機を接続する端子は、地上で消防隊が有効に活動できる場所及び防災センターに設けた。

No.37 ▶Check □□□

テレビ共同受信設備に関する次の記述のうち、**最も不適当な**ものはどれか。

1. 地上デジタル放送に使用されるUHF帯の周波数は、470～710MHzである。
2. BSデジタル放送と110度CSデジタル放送は、受信機及び受信アンテナを共用することができる。
3. 分岐器は、入力信号を均等に分配するとともに、インピーダンスの整合を行う機器である。
4. 増幅器は、伝送路、直列ユニット等の信号レベルの損失を補償する機器である。
5. 同軸ケーブルの減衰量は、信号の周波数が高くなるほど多くなる。

No.38 ▶Check □□□

通信設備に関する次の記述のうち、**最も不適当な**ものはどれか。

1. インターホン設備の通話網方式には、親子式、相互式等がある。
2. マイクロホンの形式には、コーン型、ホーン型等がある。
3. 入退室管理設備のIDカードには、非接触ICカード、接触ICカード、磁気カード等がある。
4. LAN機器の接続形態には、バス型、リング型、スター型等がある。
5. 駐車場管制設備の車両の検出方式には、赤外線ビーム方式、ループコイル方式、超音波式等がある。

No.39 ▶Check □□□

建築物等の雷保護（JIS A 4201：2003）に関する次の記述のうち、**最も不適当な**ものはどれか。

1. 建築物等の屋根構造材の金属製部分（トラス、相互接続した鉄筋等）は、"構造体利用"受雷部構成部材であるとみることができる。
2. 被保護物から独立しない雷保護システムにおいて、一般建築物等の被保護物の水平投影面積が25㎡以下の場合、引下げ導線は、1条とすることができる。
3. 被保護物から独立しない雷保護システムにおいて、壁が不燃性材料からなる場合、引下げ導線は、壁の表面又は内部に施設することができる。
4. 固い岩盤が露出した場所に施設する接地極は、A型接地極とすることが推奨されている。
5. 受雷部システムの配置において、保護レベルがⅣの場合、保護角法による保護角は、地表面から受雷部の上端までの高さが60mまでは、その高さが高くなるほど小さくなる。

No.40 ▶Check □□□

低圧配線に関する次の記述のうち、**最も不適当な**ものはどれか。

1. 低圧配線は、施設する場所によって、屋内配線、屋側配線及び屋外配線に区分される。
2. 住宅の屋内電路の対地電圧は、原則として、200V以下とする。
3. 低圧幹線との分岐点から分岐回路用の過電流遮断器までの電線の長さは、分岐する電線の許容電流が低圧幹線の過電流遮断器の定格電流の35%未満の場合、3m以下とする。
4. 低圧配線中の電圧降下は、幹線及び分岐回路において、電線のこう長が60m以下の場合、原則として、それぞれ標準電圧の2%以下とする。
5. 金属ダクト工事において、電動機に電気を供給する幹線用の絶縁電線を一つの金属ダクト内に収める場合、当該電線の断面積（絶縁被覆の断面積を含む。）の総和は、金属ダクトの内部断面積の20%以下となるようにする。

No.41

電気設備の接地に関する次の記述のうち、**最も不適当な**ものはどれか。

1. 人が触れるおそれのある特別高圧用変圧器の金属製外箱には、A種接地工事を施した。
2. 変圧器の高圧巻線と低圧巻線との間に設ける混触防止板には、B種接地工事を施した。
3. 使用電圧400Vの幹線にバスダクト工事を採用したので、バスダクトには、C種接地工事を施した。
4. C種接地工事において、地絡遮断装置を設けなかったので、接地抵抗値は、20Ω以下となるようにした。
5. D種接地工事において、地絡遮断装置を設けなかったので、接地抵抗値は、100Ω以下となるようにした。

No.42

受変電設備に関する次の記述のうち、**最も不適当な**ものはどれか。

1. 「エネルギーの使用の合理化等に関する法律」によるトップランナー基準が適用される変圧器は、油入変圧器及びモールド変圧器である。
2. 変圧器容量が300kVA以下の変圧器の一次側に設ける開閉装置には、高圧カットアウトを用いることができる。
3. 地絡継電器には、地絡過電流継電器、地絡過電圧継電器等がある。
4. 高圧交流負荷開閉器には、ガス負荷開閉器、気中負荷開閉器等がある。
5. 過電流継電器の動作特性には、過負荷電流に対しての瞬時特性と短絡電流に対しての反限時特性がある。

No.43

▶Check □□□

ケーブルに関する次の記述のうち、**最も不適当な**ものはどれか。

1. VVケーブルは、導体をビニルで絶縁し、その上にビニルを被覆したものであり、高圧配線等に用いられる。
2. CVケーブルは、導体を架橋ポリエチレンで絶縁し、その上にビニルを被覆したものであり、低圧配線、高圧配線等に用いられる。
3. CPEVケーブルは、導体をポリエチレンで絶縁し、その上にビニルを被覆したものであり、市内電話回線等に用いられる。
4. 耐火ケーブルは、導体と絶縁体の間に耐火層を施し、30分で840℃に達する温度曲線での加熱に耐えるものであり、消火ポンプの給電回路等に用いられる。
5. EMケーブルは、焼却時において、ダイオキシンや塩化水素が発生しない。

No.44

▶Check □□□

エレベーターに関する次の記述のうち、**最も不適当な**ものはどれか。

1. 非常用エレベーターの最大定員は、17人以上とする。
2. 非常用エレベーターには、籠の戸が開いたまま籠を昇降させることができる装置を設ける。
3. エレベーターの地震時管制運転に使用するP波（初期微動）感知器は、誤作動なくP波管制運転に用いることができることを確認すれば、複数台のエレベーターで共用することができる。
4. ガイドレールのたわみとガイドレールの支持材のたわみとの合計値は、地震時における籠及び釣合おもりの脱レールを防ぐために、ガイドシューとガイドレールとのかかり代に比べて、大きくなることを確認する。
5. 非常用発電時（自家発時）管制運転とは、停電時に、非常用発電設備により、エレベーターをグループ単位に決められた順序で避難階又は最寄階に停止させる運転機能をいう。

No.45

▶Check □□□

建築設備工事の施工計画に関する次の記述のうち、**最も不適当な**ものはどれか。

1. 総合施工計画書には、危険箇所の点検方法、緊急時の連絡方法、火災予防等についても記載する必要がある。
2. 実施工程表の作成に当たっては、気候、風土、習慣等の影響についても考慮する必要がある。
3. 工事工程表には、表現形式により分類すると、バーチャート式、ネットワーク式等があり、工種別工程表等の詳細工程表には、バーチャート式が用いられることが多い。
4. 仮設施設には、「作業足場、作業床、揚重運搬施設等」の直接仮設と「電源設備、給排水設備、照明設備等」の間接仮設がある。
5. 工事費には、一般に、純工事費と現場経費が含まれており、これらの費用を管理するためには、実行予算書を作成する必要がある。

No.46

▶Check □□□

労働安全衛生法に関する次の記述のうち、**最も不適当な**ものはどれか。

1. 建設業の事業者は、安全委員会及び衛生委員会を設けなければならないときは、それぞれの委員会の設置に代えて、安全衛生委員会を設置することができる。
2. 建設業の事業者は、高圧の充電電路の敷設の業務に労働者をつかせるときは、原則として、所定の特別の教育を行わなければならない。
3. 統括安全衛生責任者を選任すべき事業者以外の建設業の請負人で、当該建設業の仕事を自ら行うものは、安全衛生責任者を選任しないことができる。
4. 建設業の特定元方事業者は、関係請負人も含めた労働者が常時50人未満の住宅の建設工事現場においては、統括安全衛生責任者を選任しないことができる。
5. 建設業の特定元方事業者は、統括安全衛生責任者を選任した場合には、元方安全衛生管理者を選任しなければならない。

No.47

▶Check □□□

空調設備の配管工事に関する次の記述のうち、**最も不適当な**ものはどれか。

1. 冷水・ブライン・冷温水配管の吊(つ)りバンド等の支持部には、結露防止対策として、合成樹脂製の支持受け等を用いる。
2. ポンプに防振継手を取り付ける場合は、防振継手を取り付けた先の防振継手近くの配管を固定する。
3. 複式伸縮管継手を設ける場合は、継手自体ではなく、配管上に、伸縮の起点となる有効な固定点を設ける。
4. 建築物のエキスパンションジョイント貫通部の配管は、変位吸収管継手の近傍で耐震支持する。
5. 空調機のドレン配管にトラップを設ける場合、トラップの封水深さは、運転時の空調機内と室内との差圧に相当する深さ以上とする。

No.48

▶Check □□□

給排水衛生設備の配管工事に関する次の記述のうち、**最も不適当な**ものはどれか。

1. 水道用硬質塩化ビニルライニング鋼管の切断には、高速砥(と)石切断機（高速カッター）ではなく、バンドソー（帯のこ盤）を用いた。
2. 冬期における硬質ポリ塩化ビニル管の接合においては、ソルベントクラッキングを防止するために、夏期のときよりも、接着剤使用後の管内の通風を多く行った。
3. 免震構造の建築物において、免震層を通過する給湯配管には、ゴム製変位吸収管継手ではなく、ステンレス製変位吸収管継手を用いた。
4. 鉄筋コンクリート造の建築物の外壁を貫通して土中に埋設される配管において、マクロセル腐食の発生を防止するために、配管が土中に埋設された直後に、絶縁継手を設けた。
5. 屋内排水管の満水試験における試験圧力の保持時間は、60分間とした。

No.49

▶Check □□□

電気設備工事に関する次の記述のうち、**最も不適当な**ものはどれか。

1. 高圧計器用変成器の二次側電路には、D種接地工事を施した。
2. 地中電線路が管路式であったので、配線には、絶縁電線を使用した。
3. 絶縁電線同士を接続させたので、電線の引張り強さを20%以上減少させないように施工した。
4. 交流電圧6.6kVの電路の絶縁耐力試験においては、最大使用電圧の1.5倍の交流電圧を当該電路と大地との間に連続して10分間加えて、これに耐える性能を有することを確認した。
5. 定格電流30Aの配線用遮断器を使用した低圧分岐回路に、定格電流20Aのコンセントを施設した。

No.50

▶Check □□□

建設業法に関する次の記述のうち、**最も不適当な**ものはどれか。

1. 2以上の都道府県の区域内に営業所を設けて建設業を営もうとする者は、政令で定める軽微な建設工事のみを請け負う場合を除き、国土交通大臣の許可を受けなければならない。
2. 建設業の許可は、5年ごとにその更新を受けなければ、その期間の経過によって、その効力を失う。
3. 元請負人は、その請け負った建設工事が民間の事務所ビルの新築工事である場合、あらかじめ発注者の書面による承諾を得たときは、その工事を一括して他人に請け負わせることができる。
4. 元請負人は、下請負人からその請け負った建設工事が完成した旨の通知を受けたときは、当該通知を受けた日から1月以内で、かつ、できる限り短い期間内に、その完成を確認するための検査を完了しなければならない。
5. 建設工事の請負契約の書面には、工事の施工により第三者が損害を受けた場合における賠償金の負担に関する定めについても記載しなければならない。

平成30年度

建築設備［問題］

▶解答・解説 P.235～

No.1

▶Check □□□

建築物の省エネルギー計画に関する次の記述のうち、**最も不適当な**ものはどれか。

1. 最大熱負荷を基準に設計する空調システムにおいては、余裕率（安全率）を大きくすると、運転効率が下がりやすい。
2. 内部負荷の大きい建築物においては、断熱性能を向上させると、年間熱負荷の増加を招くことがある。
3. 単位床面積当たりの熱負荷は、床面積が同一の場合、建築物の平面形状（アスペクト比）が正方形に近くなるほど小さくなる。
4. 窓面が東西に配置された建築物は、南北に配置された建築物に比べて、最大冷房負荷に対する部分負荷運転の割合が大きくなりやすい。
5. 大規模な建築物は、小規模な建築物に比べて、単位床面積当たりの熱負荷が大きくなりやすい。

No.2

▶Check □□□

空調設備の計画に関する次の記述のうち、**最も不適当な**ものはどれか。

1. 空調設備設計者は、昼光利用と日射遮蔽のバランス等の熱負荷抑制を適切に行うために、建築計画の初期段階から参画することが望ましい。
2. マルチパッケージ型空調方式は、中央式空調方式に比べて、湿度、換気、空気清浄度等の制御性に優れている。
3. 床吹出し空調方式は、天井内のダクト等を少なくできるので、天井内の高さを低くすることができる。
4. 空調空気の搬送エネルギーを小さくするためには、空調機を空調負荷の中心に配置することが望ましい。
5. 振動する重量が大きい冷凍機や冷却塔等の機器は、大梁等の剛性の大きい部分の上に配置して防振を行うことが望ましい。

2024年度 建築設備士 学科試験 問題解説

ご購入者の方もれなく全員に「問題冊子/解答・解説書」プレゼント！

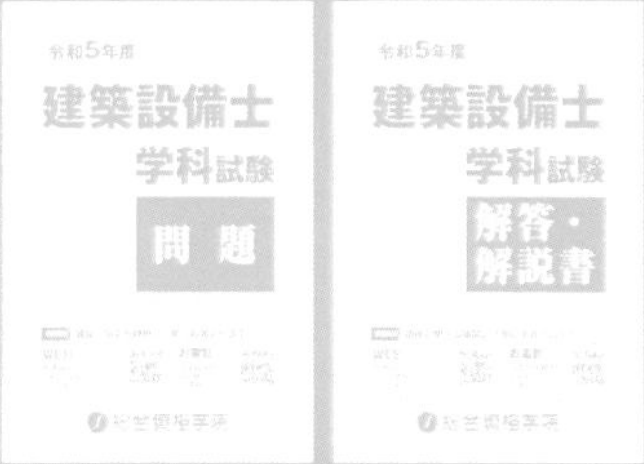

2024年度版プレゼント申込期限　令和6年5月末日迄

下記QRコードからアクセスし、お申込みください。

◎お申込みは1冊ご購入にあたり1回限りとなります（お申込みが確定すると本QRコードは無効となります）。

◎お申込みされてからプレゼントの到着まで配送事情等により10日程度かかる場合もございます。予めご了承ください。

総合資格学院

No.3
▶Check □□□

空調方式の計画に関する次の記述のうち、**最も不適当な**ものはどれか。

1. ショッピングセンターのエントランスホールに、天井放射空調方式を採用した。
2. 病院の手術室に、定風量単一ダクト方式を採用した。
3. 美術館の展示室に、床吹出し空調方式を採用した。
4. ホテルの客室に、ファンコイルユニット方式を採用した。
5. テナントビルに、マルチパッケージ型空調方式を採用した。

No.4
▶Check □□□

空調機が空気線図に示される状態で定常的に冷房運転されている場合、イ～ホの条件により計算した冷却コイル能力として、**最も適当な**ものは、次のうちどれか。

条件

イ. 室内冷房全熱負荷　：60kW
ロ. 顕熱比（SHF）　：0.8
ハ. 空気の比熱　：1.0kJ/(kg・K)
ニ. 空気の密度　：1.2kg/m³
ホ. ダクト系、配管系等からの熱取得及び熱損失はないものとする。

1. 80kW
2. 96kW
3. 120kW
4. 126kW
5. 203kW

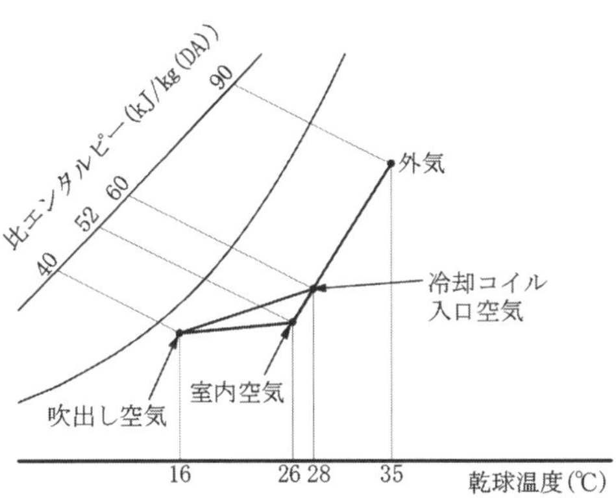

図　空気線図

No.5

▶Check □□□

空調方式に関する次の記述のうち、**最も不適当な**ものはどれか。

1. パッケージ型空調方式は、外気負荷削減のために、全熱交換ユニット等の機器と組み合わせて用いられる場合が多い。
2. 外気処理空調機とターミナル空調機を組み合わせた方式は、ターミナル空調機を空調対象室の直近に配置することが望ましい。
3. 定風量単一ダクト方式は、負荷特性の異なる複数のゾーンの負荷変動に対応することができない。
4. 変風量単一ダクト方式は、湿度制御に優れている。
5. 温水暖房は、一般に、蒸気暖房に比べて、負荷変動に対する制御を行いやすい。

No.6

▶Check □□□

空調設備の自動制御に関する次の記述のうち、**最も不適当な**ものはどれか。

1. 定風量単一ダクト方式における給気温度制御は、室内や還気ダクト等に設けたサーモスタットにより行うものである。
2. 変風量単一ダクト方式における給気温度制御は、VAVユニットの開度と室温から給気温度を逐次最適化するものである。
3. CO_2濃度制御は、給気ダクトに設けたCO_2濃度センサーにより、外気ダンパーの開度制御や送風機の回転数制御を行うものである。
4. 外気冷房制御は、一般に、室内と外気のエンタルピー差から外気ダンパーの開度制御を行うものである。
5. VAVユニットからの信号による送風機回転数制御は、一般に、VAVユニットごとの要求風量を基に演算により行うものである。

No.7

▶Check □□□

一定の粉じん発生がある居室において、図のように換気設備を定常的に運転している場合、イ～トの条件により計算したエアフィルターの粉じん捕集率として、**最も適当な**ものは、次のうちどれか。

条件

イ. 外気取入れ量　　　　：1,000㎥/h
ロ. 排気量　　　　　　　：1,000㎥/h
ハ. 外気の粉じん濃度　　：0.10mg/㎥
ニ. 室内空気の粉じん濃度：0.15mg/㎥
ホ. 室内の粉じん発生量　：110mg/h
ヘ. 室内の粉じんは、一様に分布するものとする。
ト. ダクト系及び室内からの空気の漏れはないものとする。

1. 0.2
2. 0.3
3. 0.4
4. 0.5
5. 0.6

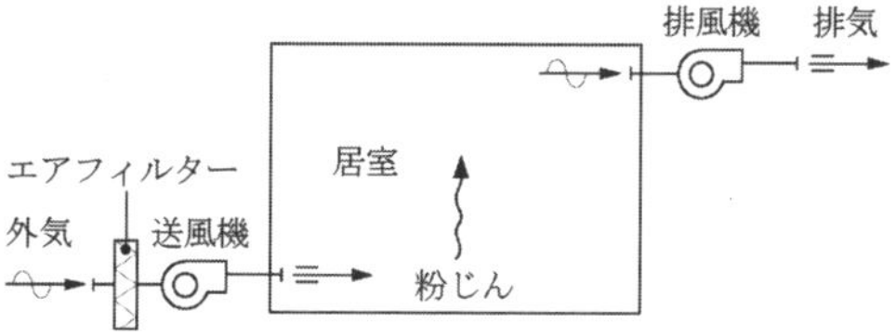

No.8 ▶Check □□□

換気に関する次の記述のうち、**最も不適当な**ものはどれか。

1. 送風機静圧は、「送風機全圧」から「送風機吐出し口における動圧」を減じた値である。
2. 送風機に接続するダクトの形状が、その送風機の運転性能に与える影響は、吐出し側より吸込み側のほうが大きい。
3. 径1,000mm程度までの低圧ダクトの断面の寸法については、1m当たりの摩擦損失が0.8～1.5Pa程度となるように決定する。
4. ダクトの圧力損失は、ダクト内を流れる空気の温度が低下するほど小さくなる。
5. 室の空気交換効率は、一般に、混合換気方式より置換換気方式のほうが高い。

No.9 ▶Check □□□

機械排煙設備に関する次の記述のうち、**最も不適当な**ものはどれか。

1. 排煙口は、防煙区画の各部分から排煙口の一に至る水平距離が30m以下となるように設ける。
2. 天井の高さが3m未満の居室に設ける排煙口は、天井面又は天井から90cm以内の壁面で、かつ、防煙垂れ壁の下端よりも上の部分に設ける。
3. 特別避難階段の付室と兼用する「非常用エレベーターの乗降ロビー」のための排煙機の排煙風量は、6㎥/s以上とする。
4. 排煙機の駆動装置は、「電動機（常用電源＋非常用電源）」又は「電動機（常用電源）＋専用のエンジン」のいずれかとする。
5. 火災温度が上昇した場合、防火区画を貫通する排煙ダクトは、一般に、温度ヒューズの溶融温度が280℃の防火ダンパーによって閉鎖させる。

No.10

▶Check □□□

加湿装置及び除湿装置に関する次の記述のうち、**最も不適当な**ものはどれか。

1. 電極式蒸気加湿器は、水槽内に挿入した電極板に電圧を加え、電極間の水の電気抵抗によって加熱し、蒸気を発生させるものである。
2. パン型加湿器は、水槽内に設置したシーズヒーターに通電し、水を加熱沸騰させて蒸気を発生させるものである。
3. 気化式加湿器は、ぬれ表面に通風し、空気に湿り気をもたせて加湿するものであり、加湿後の空気温度は低下する。
4. ハニカムローター回転式除湿装置の除湿能力は、ローターの回転速度を変えることにより調整する。
5. 冷却式除湿装置は、処理空気の温度低下と相対湿度の上昇を伴うので、除湿後の空気に再熱が必要な場合がある。

No.11

▶Check □□□

冷却塔に関する次の記述のうち、**最も不適当な**ものはどれか。

1. 冷却塔の白煙防止の方法には、冷却塔の排気を冷却する方法がある。
2. フリークーリングとは、冷凍機の圧縮機を停止させ、冷却水を冷熱源として利用する方式である。
3. 冷却塔の熱効率の値は、一般に、充填物の表面積を大きくすると大きくなる。
4. 冷却塔と外気取入れガラリとの離隔距離は、冷却水の中で繁殖しやすいレジオネラ属菌の空気感染を防ぐために、10m以上とすることが望ましい。
5. 吸収冷凍機用の冷却塔は、一般に、圧縮冷凍機用の冷却塔に比べて、冷凍機の単位冷凍能力当たりの冷却水量が多い。

No.12

▶Check □□□

天然ガスを燃料としたコージェネレーションシステムに関する次の記述のうち、**最も不適当な**ものはどれか。

1. ガスエンジンコージェネレーションシステムは、ばいじん及びSOxが発生しない。
2. 燃料電池コージェネレーションシステムは、NOxがほとんど発生しない。
3. 排熱投入型吸収冷温水機は、コージェネレーションシステムで発生する排熱を冷温水機内部の溶液の昇温や冷媒の再生に利用することができる。
4. リン酸形燃料電池コージェネレーションシステムの排熱回収源は、改質装置からの排ガス及び燃料電池本体の冷却水である。
5. ガスタービンコージェネレーションシステムの排熱回収源は、排ガスであり、主に温水の形で利用される。

No.13

▶Check □□□

給排水衛生設備に関する次の記述のうち、**最も不適当な**ものはどれか。

1. 給水管の摩擦抵抗は、ダルシー・ワイスバッハの式を用いて算出することができる。
2. 排水立て管の許容流量は、マニングの式を用いて算出することができる。
3. 逆サイホン作用とは、水受け容器に吐き出された水、使用された水等が、給水管内に生じた負圧による吸引作用によって、給水管内に逆流することをいう。
4. サージングとは、ポンプ等を低流量域で使用するときに、吐出し圧力や流量が、かなり低い周波数で激しく変動する現象をいう。
5. 脱気器は、水中に溶解している酸素等の気体を分離し除去する装置である。

No.14

▶Check □□□

給排水衛生設備の計画に関する次の記述のうち、**最も不適当な**ものはどれか。

1. 事務所ビルにおける設計用給水量は、在勤者１人１日当たり70lとした。
2. 事務所ビルにおける使用水量の比率は、飲料水を30%、雑用水を70%とした。
3. ホテルの客室における設計用給湯量（給湯温度60℃基準）は、宿泊者１人１日当たり150lとした。
4. 中学校に設けるループ通気方式の排水立て管において、排水立て管に対して60度のオフセットの管径は、鉛直な立て管とみなして決定した。
5. 百貨店に設ける通気管の最小管径は、排水槽に設けるものを除き、30mmとした。

No.15

▶Check □□□

給水設備に関する次の記述のうち、**最も不適当な**ものはどれか。

1. ウォーターハンマーの発生原因には、配管内の水の流れの急速停止、ポンプ停止時の水柱分離等がある。
2. 時間最大予想給水量は、一般に、時間平均予想給水量の1.5～2.0倍程度として算出する。
3. ステンレス鋼板製受水槽においては、一般に、液相部にSUS444、気相部にSUS329J4L等が使われている。
4. ポンプ直送方式における推定末端圧力一定制御は、使用流量が不安定な建築物に適している。
5. 水道直結増圧方式の増圧ポンプは、一般に、吐出し圧力一定制御と台数制御によって運転される。

No.16

▶Check □□□

図１のような給水設備において、イ～チの条件により計算した高置水槽の出口ⓐから給水器具Aまでの最低必要高さHの値として、**最も適当な**ものは、次のうちどれか。

条件

イ. 給水器具A・B・Cの給水量は、次のとおりとする。

A：120l/min

B：160l/min

C：220l/min

ロ. 給水器具Aの所要給水圧力は、50kPaとする。

ハ. 給水器具A・B・Cは、同時使用されているものとする。

ニ. 給水管の管径は所要給水量を満足する最小管径とし、管内流速vは2.0m/s以下とする。

ホ. 継手、弁類の相当管長は、実管長の100%とする。

ヘ. 静水頭は、高置水槽の出口ⓐにおける値を用いる。

ト. 流量線図は、図２を用いる。

チ. 重力加速度は、10m/s²とする。

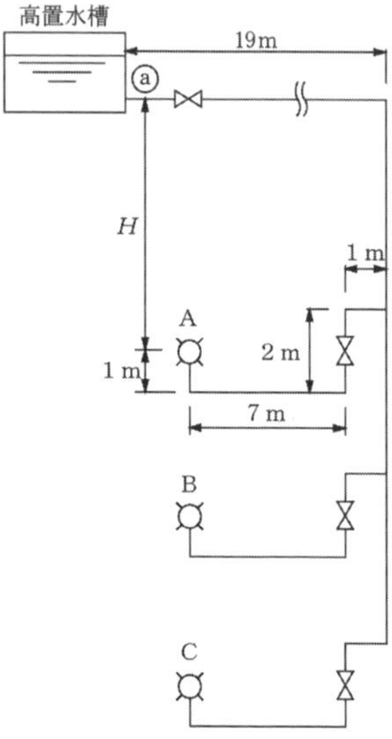

図１

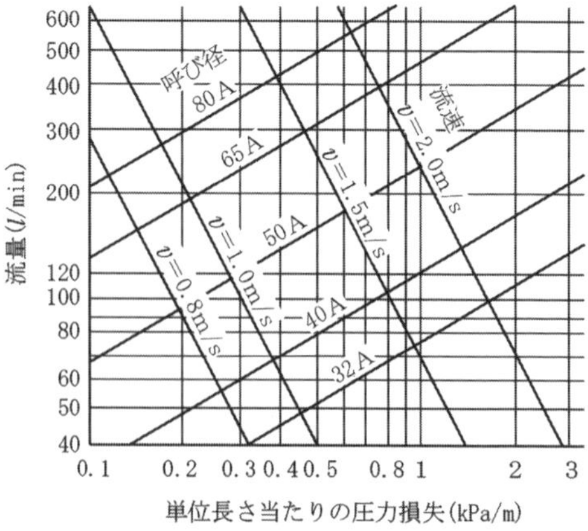

図２ 流量線図

1. 9m
2. 10m
3. 11m
4. 12m
5. 13m

No.17

▶Check □□□

給湯設備に関する次の記述のうち、**最も不適当な**ものはどれか。

1. 自然冷媒ヒートポンプ給湯機は、大気中の熱エネルギーを給湯の加熱に利用するものであり、冷媒には二酸化炭素が使われている。
2. 給湯管に使用する管の線膨張係数は、銅管より架橋ポリエチレン管のほうが大きい。
3. レジオネラ属菌の繁殖・感染を防止するためには、「給湯中の塩素濃度を高く維持する」、「給湯温度を55℃以上に保つ」、「エアロゾルの発生を抑える」等の対策が有効である。
4. 給湯方式の選定において、中央式と局所式のどちらの方式にすべきか明確な判断基準がない場合には、局所式とすることが望ましい。
5. 循環式の中央式給湯設備において、湯の滞留を防ぐためには、リバースリターン方式の採用が有効である。

No.18

▶Check □□□

排水通気設備の計画に関する次の記述のうち、**最も不適当な**ものはどれか。

1. ループ通気方式における逃し通気管の取出し位置は、最上流の器具排水管を排水横枝管に接続した直後の下流側とした。
2. 結合通気管の管径は、通気立て管の管径又は排水立て管の管径の小さいほうの管径以上とした。
3. 通気立て管の下部は、最低位の排水横枝管よりも低い位置で、排水立て管に接続した。
4. 特殊継手排水システムを用いた排水通気系統において、排水横主管の水平曲りは、排水立て管底部から4mの位置に設けた。
5. 器具排水口から排水トラップのウェアまでの鉛直距離は、600mm以下とした。

No.19

▶Check □□□

図のような建築物の雨水排水管の系統において、表1及び表2をもとに、イ～ホの条件により計算した図中ⓐ及びⓑの最小管径（mm）の組合せとして、**最も適当な**ものは、次のうちどれか。

条件

イ. 最大雨量は、70mm/hとする。

ロ. 各ルーフドレンが受け持つ雨水の集水面積は、破線で仕切った面積とする。

ハ. 各屋根面の勾配は、矢印で示すとおり、ルーフドレンに向かって下り勾配とする。

ニ. 壁面に吹き付ける雨水は、壁面下部の屋根面の雨水に合流するものとする。

ホ. 図に示す4か所のルーフドレン以外からの雨水の流入は、考慮しないものとする。

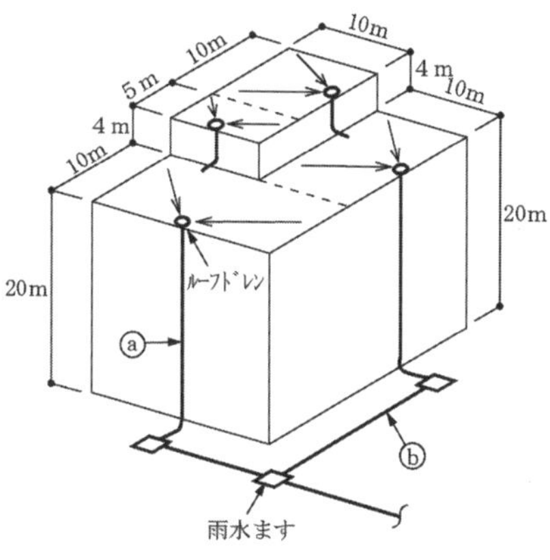

表1　雨量100mm/hの場合の雨水立て管の管径と許容最大屋根面積

管径(mm)	許容最大屋根面積(m²)
50	67
65	135
75	197
100	425
125	770

表2　雨量100mm/hの場合の雨水横主管の管径と許容最大屋根面積

管径(mm)	許容最大屋根面積(m²)
75	100
100	216
125	392
150	637
200	1,380

	ⓐ	ⓑ
1.	75	100
2.	75	125
3.	100	100
4.	100	125
5.	100	150

No.20

▶Check □□□

消防用設備等の計画に関する次の記述のうち、**最も不適当な**ものはどれか。

1. 各階の屋内消火栓（広範囲型以外の２号消火栓）の最大設置個数が２であったので、屋内消火栓設備のポンプの吐出量を、140*l*/minとした。
2. 連結送水管の放水用器具について指定を受けていない建築物であったので、連結送水管の主管の内径を、100mm以上とした。
3. 屋外消火栓を、建築物の各部分から一のホース接続口までの水平距離が50m以下となるように設けた。
4. 移動式の不活性ガス消火設備のホース接続口を、全ての防護対象物について、当該防護対象物の各部分から一のホース接続口までの水平距離が15m以下となるように設けた。
5. 移動式の泡消火設備の泡放射用器具を格納する箱を、ホース接続口から３m以内の距離に設けた。

No.21

▶Check □□□

処理対象人員が50人以下の小規模合併処理浄化槽に関する次の記述のうち、**最も不適当な**ものはどれか。

1. 小規模合併処理浄化槽の処理方式には、分離接触ばっ気方式、嫌気ろ床接触ばっ気方式及び脱窒ろ床接触ばっ気方式がある。
2. 処理対象人員が30人以下の場合には、沈殿槽の沈殿汚泥を、接触ばっ気槽に戻す処理フローとする。
3. 消毒槽において、消毒剤には、一般に、次亜塩素酸カルシウム含有の固形薬剤が用いられる。
4. 浄化槽からの放流水の水質基準におけるBODは、浄化槽法上、30mg/*l*以下である。
5. 浄化槽からの放流水の水質基準におけるBOD除去率は、浄化槽法上、90%以上である。

No.22

▶Check □□□

排水再利用設備及び雨水利用設備に関する次の記述のうち、**最も不適当な**ものはどれか。

1. 排水再利用水及び雨水利用水の水質基準においては、共に遊離残留塩素の値が定められている。
2. 排水再利用水は、蓄熱槽水に比べて、災害時等の非常時における雑用水として利用しやすい。
3. 雨水利用水は、良質な水質が得られる場合には、散水用水、修景用水、清掃用水等にも利用することができる。
4. 計画時間最大雨水集水量の算定に用いる流出係数は、屋根においては、一般に、0.85～0.95とする。
5. 雨水利用設備の標準処理フローにおいて、ろ過装置を用いる場合には、消毒装置が不要となる。

No.23

▶Check □□□

ガス設備に関する次の記述のうち、**最も不適当な**ものはどれか。

1. 低発熱量（真発熱量）は、燃料が完全燃焼したときに放出する熱量であり、燃焼によって生じた水蒸気の潜熱を含んだ値である。
2. 単位発熱量当たりの理論排ガス量は、都市ガスの種類に関わらず、ほぼ同量である。
3. ガス漏れ警報器の検査合格表示の有効期間は、都市ガス用、液化石油ガス用ともに、5年である。
4. 液化石油ガスを使用する場合、ガス漏れ警報器は、ガス燃焼器から検知部までの水平距離が4m以内、床面から検知部の上端までの高さが30cm以内となる位置に設ける。
5. ガス管と高圧屋内配線との離隔距離は、高圧屋内配線を所定のケーブル工事により施設する場合を除き、15cm以上とする。

No.24

▶Check □□□

給排水衛生設備の機器・材料に関する次の記述のうち、**最も不適当な**ものはどれか。

1. オストメイト用の汚物流しは、人工肛(こう)門・人工膀胱(ぼうこう)保持者の排せつ処理を行うための器具である。
2. 定水位弁は、一般に、受水槽水面に配置したボールタップと給水管に設けた弁本体とを、バイパス細管で継ぐことによって、弁閉止を緩やかな操作で行うものである。
3. 硬質ポリ塩化ビニル管の内径は、同じ呼び径の場合、VUよりVPのほうが大きい。
4. 水道用硬質塩化ビニルライニング鋼管における流体の連続使用許容温度は、継手の部分を考慮すると、40℃以下が適当である。
5. 給水ポンプの軸動力は、理論上、ポンプの回転数の減少に伴い、その3乗に比例して減少する。

No.25

▶Check □□□

構内電気設備の配線用図記号（JIS C 0303：2000）に定める名称とその図記号との組合せとして、**最も不適当な**ものはどれか。

	名称	図記号
1.	接地端子	
2.	警報ベル	
3.	発電機	
4.	配電盤	
5.	非常用コンセント	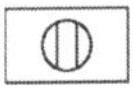

No.26

▶Check □□□

抵抗40Ω、誘導性リアクタンス30Ωの直列回路に実効値200Vの交流電圧を加えたとき、この回路で消費される有効電力として、**最も適当な**ものは、次のうちどれか。

1. 570W
2. 640W
3. 800W
4. 1,000W
5. 1,100W

No.27

▶Check □□□

電気設備の計画に関する次の記述のうち、**最も不適当な**ものはどれか。

1. 連続使用する照明用分岐回路の負荷容量は、その分岐回路を保護する過電流遮断器の定格電流の80%を超えないようにした。
2. 使用電圧が400Vの一般動力幹線の電源側には、漏電遮断器を施設した。
3. 事務所ビルの電灯幹線における電源側配線用遮断器の定格電流は、225A以下とした。
4. 不燃材料で区画された機械室において、非常コンセント用の分岐回路の配線は、一般配線とした。
5. 水中ポンプの電動機の保護には、過負荷・欠相・反相保護継電器（3E）を用いた。

No.28 ▶Check □□□

電気設備の計画において、省エネルギーを図るうえで、**最も不適当な**ものは、次のうちどれか。

1. 照明設備の設計一次エネルギー消費量を抑えて、BEI/Lが小さくなるように計画した。
2. 誘導灯の夜間（無人時）消灯が可能なように、誘導灯信号装置を採用した。
3. %インピーダンス電圧の大きい変圧器を採用した。
4. 受変電設備にアモルファス変圧器を採用した。
5. 送風機用の電動機にインバータ始動装置を採用した。

No.29 ▶Check □□□

高圧受変電設備の計画に関する次の記述のうち、**最も不適当な**ものはどれか。

1. 保安上の責任分界点に施設する地絡継電装置付高圧交流負荷開閉器のトリップ装置は、過電流蓄勢トリップ付地絡トリップ形（SOG）とした。
2. キュービクル式高圧受電設備の保護方式をCB形としたので、主遮断装置は、高圧交流遮断器と過電流継電器とを組み合わせたものとした。
3. 高圧進相コンデンサは、定格設備容量が300kvarを超過したので、3群に分割し、負荷の変動に応じて定格設備容量を変化できるように施設した。
4. 単相変圧器を各線間に接続する際の設備不平衡率は、30%以下となるようにした。
5. 受電点に施設する避雷器には、B種接地工事を施した。

No.30

▶Check □□□

皮相電力1,000kVA、有効電力600kW、無効電力800kvar、負荷の力率60%（遅れ）の高圧受変電設備において、その力率を80%（遅れ）に改善するために必要な高圧進相コンデンサの容量として、**最も適当な**ものは、次のうちどれか。ただし、$\cos\theta=0.8$のとき$\sin\theta=0.6$とする。

1. 200kvar
2. 250kvar
3. 300kvar
4. 350kvar
5. 400kvar

No.31

▶Check □□□

非常用発電設備に関する次の記述のうち、**最も不適当な**ものはどれか。

1. キュービクル式以外の自家発電装置は、不燃専用室内にのみ設置することができる。
2. 普通形自家発電装置は、定格出力で連続1時間運転できるものである。
3. 原動機の出力及び使用する液体燃料が同じ場合、ガスタービンは、ディーゼルエンジンに比べて、燃料消費率が小さい。
4. 原動機の出力が同じ場合、ガスタービンは、一般に、ディーゼルエンジンに比べて、構成部品が少なく、寸法が小さく、重量が軽い。
5. 長時間にわたり軽負荷運転をする場合、ガスタービンは、ディーゼルエンジンに比べて、燃料の完全燃焼が得られやすい。

No.32

▶Check □□□

照明に関する次の記述のうち、**最も不適当な**ものはどれか。

1. タスク・アンビエント照明方式は、タスクの占有面積の比率を小さくするほど、省エネルギー効果がある。
2. リモコンスイッチ方式は、リモコンリレー、リモコンスイッチ、リモコン変圧器等を用いて照明回路の開閉を行うものである。
3. ストロボスコピック現象は、同一場所を照明する放電ランプを、三相電源の各々異なる相に接続することにより防止することができる。
4. 電球形LEDランプは、白熱電球に比べて、平均演色評価数が大きい。
5. LEDモジュールの寿命は、一般に、「点灯しなくなるまでの点灯経過時間」又は「全光束が初期値の70%に低下するまでの点灯経過時間」のいずれか短い時間である。

No.33

▶Check □□□

間口50m、奥行き40m、天井の高さ15mの屋内テニスコートにおいて、イ～ホの条件により計算したコート面の平均照度に**最も近い**ものは、次のうちどれか。

条件

イ. 照明器具	：メタルハライドランプ1灯用
ロ. 照明器具の設置台数	：100台
ハ. メタルハライドランプの全光束	：22,000lm/灯
ニ. 照明率	：0.6
ホ. 保守率	：0.5

1. 330lx
2. 550lx
3. 660lx
4. 1,100lx
5. 1,320lx

No.34

▶Check □□□

誘導電動機に関する次の記述のうち、**最も不適当な**ものはどれか。

1. 誘導電動機のトルクは、一次電圧の２乗に比例する。
2. 誘導電動機の力率は、極数が多いほど高くなる。
3. 誘導電動機の効率は、一般に、定格出力が大きいものほど高くなる。
4. 誘導電動機の効率は、軽負荷範囲において急激に低下する。
5. かご形誘導電動機は、スリップリング及びブラシがない構造である。

No.35

▶Check □□□

図１～３のようなかご形三相誘導電動機の速度特性曲線において、横軸のすべりに対する縦軸のⓐ～ⓒに当てはまる用語の組合せとして、**最も適当な**ものは、次のうちどれか。

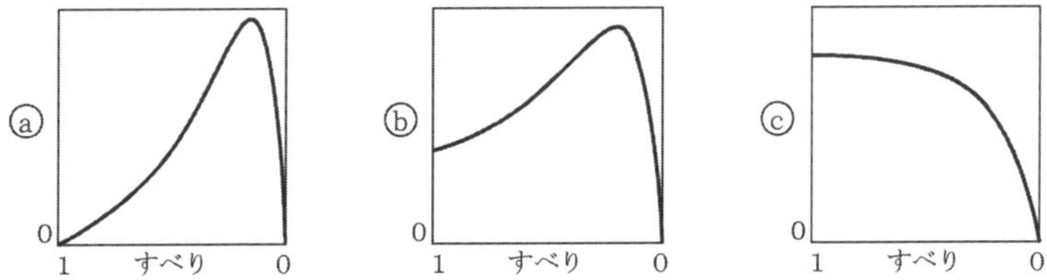

図１　図２　図３

	ⓐ	ⓑ	ⓒ
1.	トルク	一次電流	出力
2.	トルク	出力	一次電流
3.	一次電流	出力	トルク
4.	一次電流	トルク	出力
5.	出力	トルク	一次電流

No.36

▶Check □□□

自動火災報知設備に関する次の記述のうち、**最も不適当な**ものはどれか。

1. 一の警戒区域の面積は、原則として、600㎡以下とする。
2. 定温式スポット型感知器は、感度に応じて、特種、1種及び2種に分けられている。
3. 煙感知器（1種又は2種）は、特定1階段等防火対象物以外の防火対象物の階段においては、垂直距離15mにつき1個以上設ける。
4. P型1級受信機の主音響装置の定格電圧における音圧は、無響室で音響装置の中心から前方1m離れた地点で測定した値が、85dB以上とする。
5. 地区音響装置は、各階ごとに、その階の各部分から一の地区音響装置までの水平距離が30m以下となるように設ける。

No.37

▶Check □□□

通信・情報設備に関する次の記述のうち、**最も不適当な**ものはどれか。

1. UHF帯用のアンテナの利得は、素子数が多いほど小さくなり、素子数が同じ場合には、受信帯域が広くなるほど大きくなる。
2. BSアンテナで受信した12GHz帯の電波は、当該アンテナに付属しているコンバータ部で1GHz帯に変換してから同軸ケーブルで伝送する。
3. PHSは、医用電気機器への影響が少ないので、病院内の通信設備に使用することができる。
4. 監視カメラ設備は、「同軸ケーブルで接続する方式」より「LAN方式」のほうが、拡張性に富んでいる。
5. 駐車場管制設備のループコイル方式は、車路に埋設したコイルのインダクタンスが車の通過によって変化することを検出して、車を検知するものである。

No.38 ▶Check □□□

LAN設備に関する次の記述のうち、**最も不適当な**ものはどれか。

1. IPアドレスの数は、IPv4が2の32乗個、IPv6が2の128乗個である。
2. 無線LANの暗号化方式は、WPA2方式よりWEP方式のほうが、暗号化強度に優れている。
3. PoEの方式は、1ポート当たりの供給可能な電力によって、Type1、Type2等に分けられている。
4. カテゴリ5eのUTPケーブルは、伝送速度が最大1Gbpsである。
5. 光ファイバーケーブルは、それ自体がノイズの発生源にはならない。

No.39 ▶Check □□□

建築物等の雷保護（JIS A 4201：2003）に関する次の記述のうち、**最も不適当な**ものはどれか。

1. 受雷部システムの設計に当たっては、保護角法、回転球体法、メッシュ法のいずれかを個別に又は組み合わせて使用することができる。
2. A型接地極は、放射状接地極、垂直接地極又は板状接地極によって構成し、接地極の数を2以上とする。
3. 雷保護システムの保護効率は、保護レベルⅠより保護レベルⅣのほうが高い。
4. 外周環状接地極は、0.5m以上の深さで被保護物の壁から1m以上離して埋設するのが望ましい。
5. 被保護物から独立しない雷保護システムにおいて、引下げ導線は、地表面近く及び垂直方向最大20m間隔ごとに、水平環状導体等で相互に接続する必要がある。

No.40

▶Check □□□

低圧配線に使用する絶縁電線の許容電流に関する次の記述のうち、**最も不適当な**ものはどれか。

1. 許容電流は、施設する場所の周囲温度に影響される。
2. 電線を同一金属管内に収める場合、許容電流は、収める電線の数に影響される。
3. 導体の直径が同じ場合、アルミ線は、銅線に比べて、許容電流が大きい。
4. 導体の断面積が同じ場合、VVケーブルは、CVケーブルに比べて、許容電流が小さい。
5. ケーブルの許容電流を求める際の線心数には、中性線を含めない。

No.41

▶Check □□□

低圧屋内配線に関する次の記述のうち、**最も不適当な**ものはどれか。

1. 対地電圧が200Vの分岐回路において、定格電流が30Aの過電流遮断器と漏電遮断器を施設し、床面には平形保護層工事を行った。
2. 露出場所において、電線の被覆絶縁物が腐食してしまう場所であったので、裸電線を用いてがいし引き工事を行った。
3. 屋内の点検できない隠蔽場所で、かつ、湿気の多い場所に、使用電圧300V以下の「キャブタイヤケーブル以外のケーブル配線」を施設した。
4. 合成樹脂で金属製部分を被覆したライティングダクトを使用したので、D種接地工事を省略した。
5. 対地電圧が150Vの金属管工事において、金属管の長さが8mで、施設場所が乾燥した場所であったので、D種接地工事を省略した。

No.42

▶Check □□□

受変電設備に関する次の記述のうち、**最も不適当な**ものはどれか。

1. 避雷器は、雷等に起因する異常電圧による電流を大地へ流すことによって、電気設備の絶縁を保護するものである。
2. ZCTは、線路中に含まれる零相電圧を検出するためのものである。
3. 断路器は、短絡及び地絡電流の通電に耐えられるようにする必要がある。
4. 高圧限流ヒューズは、高圧の回路及び機器の短絡保護に用いられる。
5. 高圧遮断器には、小型、軽量、不燃化等の面から、一般に、真空遮断器が用いられる。

No.43

▶Check □□□

蓄電池設備に関する次の記述のうち、**最も不適当な**ものはどれか。

1. 二次電池には、鉛蓄電池、リチウムイオン電池、燃料電池等がある。
2. リチウムイオン電池は、一般に、負極に炭素材料が用いられている。
3. NaS電池は、鉛蓄電池の約３倍のエネルギー密度を有している。
4. レドックスフロー電池は、自己放電がない。
5. リチウムイオン電池、NaS電池、レドックスフロー電池等は、所定の構造及び性能を有している場合、消防用設備等の非常電源の蓄電池設備として使用することができる。

No.44

▶Check □□□

エスカレーターの計画に関する次の記述のうち、**最も不適当な**ものはどれか。

1. エスカレーターの勾配を30度としたので、踏段の定格速度は、45m/minとした。
2. 踏段と踏段の隙間は、5mm以下となるようにした。
3. 踏段レールは、往き側で踏段の自重を支え、返り側で乗客荷重と踏段の自重を支えるようにした。
4. エスカレーターと建築床の開口部との間に20cm以上の隙間があったので、その隙間には、直径50mmの球を通さない網を隔階ごとに設けた。
5. エスカレーターの乗降口に対面する防火シャッターがエスカレーターのハンドレールの折り返し部の先端から2mの位置にあったので、エスカレーターには、防火シャッターと連動してエスカレーターを停止させる装置を設けた。

No.45

▶Check □□□

建築設備に関する届出書類とその提出時期との組合せとして、**最も不適当な**ものは、次のうちどれか。

	届出書類	提出時期
1.	ボイラー設置届	設置工事の開始日の30日前まで
2.	第一種圧力容器設置届	設置工事の開始日の30日前まで
3.	消防用設備等設置届出書	設置工事の開始日の30日前まで
4.	騒音規制法に基づく「特定施設設置届出書」	設置工事の開始日の30日前まで
5.	建築物における衛生的環境の確保に関する法律に基づく「特定建築物の届書」	使用開始日から1か月以内

No.46

Check □□□

建築設備の維持管理等に関する次の記述のうち、**最も不適当な**ものはどれか。

1. ライフサイクルコストは、企画設計費、建設費、運用管理費、解体再利用費等によって構成される。
2. ライフサイクルマネジメントの要素には、ライフサイクルコストのほかに、二酸化炭素の排出量、エネルギー使用量、資源使用量等を含んでいる。
3. 予防保全には、時間計画保全、状態監視保全及び緊急保全がある。
4. 維持管理計画に必要な主な書類は、「維持管理台帳」、「維持管理計画書」、「作業実施計画書」及び「作業結果の分析・評価・報告及び提案書」である。
5. 建築設備のシステム・機器の故障解析には、一般に、指数分布やワイブル分布が用いられる。

No.47

Check □□□

空調設備のダクト工事に関する次の記述のうち、**最も不適当な**ものはどれか。

1. 空調系ダクトのチャンバーに設ける点検口は、サプライチャンバーに設けるものを外開き、レタンチャンバーに設けるものを内開きとした。
2. ダクト断面を変化させるときの角度は、拡大部では15度以下、縮小部では30度以下となるようにした。
3. 外壁ガラリに接続するガラリチャンバーは、浸入した雨水を屋外へ排除できるように勾配を設け、ガラリとの接続部下面にはシールを施した。
4. 業務用厨房に設けるステンレス鋼板製の排気フードは、長辺が1,500mmであったので、板厚を0.8mmとした。
5. ダクトと制気口の接続には、フレキシブルダクトを使用した。

No.48

▶Check □□□

給排水衛生設備工事の施工管理に関する次の記述のうち、**最も不適当な**ものはどれか。

1. 鋼管とステンレス鋼管との接合は、絶縁継手によるユニオン接合とした。
2. 飲料水用受水槽の水抜き管の排水は、排水口空間による間接排水とした。
3. 住宅用の洋風浴槽に設ける排水トラップの最小口径は、40mmとした。
4. 水道直結系統の水圧試験における試験圧力は、水道事業者の規定がなかったので、配管の最低部において、0.75MPaとした。
5. 通気管の大気開口部が凍結によって閉鎖されるおそれがあったので、通気管の管径は、貫通する屋根の内面から建築物の内側方向に300mm離れた位置で、75mm以上に拡径した。

No.49

▶Check □□□

電気設備工事の施工管理に関する次の記述のうち、**最も不適当な**ものはどれか。

1. 壁の側面に設けたアングルの上に、金属ダクトを取り付けるに当たって、支持点間の距離は、3m以下となるようにした。
2. 変圧器の高圧巻線と低圧巻線との間に設ける混触防止板に、B種接地工事を施した。
3. 非常用エレベーターの三相400Vの電源回路には、地絡遮断装置を施設する代わりに、電路に地絡を生じたときに、これを技術員駐在所に警報する装置を施設した。
4. 電気取扱者以外の者が立ち入らない受変電室内に、三相200Vの機械器具を施設するに当たって、その電源回路には、漏電遮断器を施設しなかった。
5. 受電電圧6.6kVの受変電設備の絶縁耐力試験における試験電圧は、最大使用電圧を7.2kVとして算定した。

No.50

▶Check □□□

建設業法に関する次の記述のうち、**最も不適当な**ものはどれか。

1. 発注者から直接管工事を請け負った特定建設業者は、当該管工事を施工するために締結した下請契約の請負代金の総額が2,000万円以上となる場合には、監理技術者を置かなければならない。
2. 建設工事の見積期間は、工事1件の予定価格が5,000万円以上の工事については、原則として、15日以上としなければならない。
3. 管工事1件の請負代金の額が500万円以上となる工事を請け負うことを営業とする者は、建設業の許可を受けなければならない。
4. 元請負人は、請負代金の支払を受けたときは、下請負人に対して、相応の下請代金を、当該支払を受けた日から1月以内で、かつ、できる限り短い期間内に支払わなければならない。
5. 建設業の許可を受けた建設業者が許可を受けてから1年以内に営業を開始せず、又は引き続いて1年以上営業を休止した場合には、その許可は取り消される。

建築設備士対策講座 ・学科 ・設計製図

通学映像 or e講義

学科対策

講義とオリジナル教材で 知識を身につけ、理解を深める

受講生の苦手なポイントや理解しづらい箇所をわかりやすく解説

▼

身につけた知識を得点に変えるため、演習テストや復習テスト、達成度確認テストなどを徹底的に解いていく

▼

合格レベルの得点力を身につける

講義映像

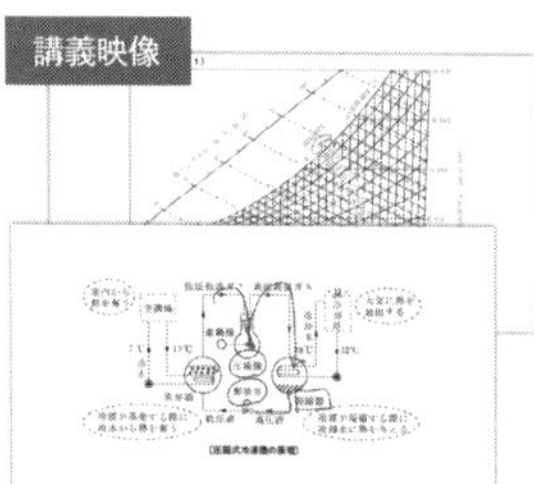

＋

オリジナル教材

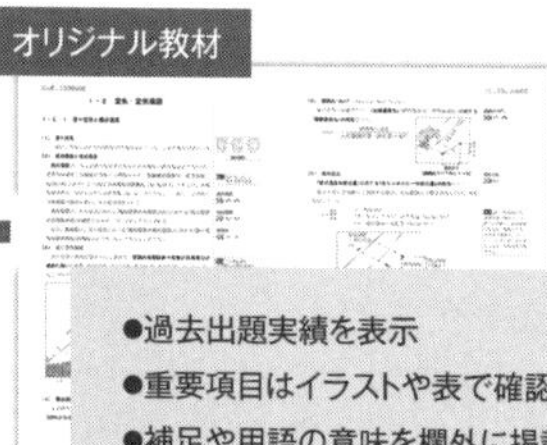

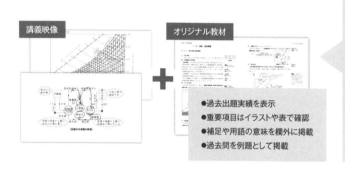

●過去出題実績を表示
●重要項目はイラストや表で確認
●補足や用語の意味を欄外に掲載
●過去問を例題として掲載

実際の講義映像（模擬試験の解答解説）を少し覗いてみよう。

「合格サイクル＋継続学習」

週ごとに設定された学習項目を、講習日の当日中に完全に理解

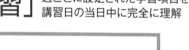

予習（自宅学習）
- テキスト読込
- 予習ワーク
- プレテスト

▶

講習日
- 講義
- プレテスト
- 演習テスト＋解説
- その他各種テスト

▶

フォローアップ学習
- 演テ確認問題

▶

復習（自宅学習）
- 復習テスト

その他充実したサポートシステム

合格ダイアリー
学習状況を確認し、効果的な学習方法をアドバイス!

教務スタッフ
試験日まであらゆる面をサポート
連絡　相談　サポート

自習室
快適な学習環境を提供

徹底した受講生サポートで確実に建築設備士試験合格へと導く！

設計製図対策

当年度課題に特化＋充実した添削指導 計8回 だからこそ実力が身につく

当コースは、基礎から当年度課題攻略まで対応したカリキュラムで合格レベルの実力を養成します。

- 本講座の前に早期講座で、試験攻略に向けた記述と作図のトレーニングを実施。
- 本講座序盤は、要点記述や製図の基礎から確認。
- 中盤は、当年度課題に対応した演習課題の実習を通して解答の要点を学習します。
- 終盤は、模擬試験と最終確認課題に取り組みます。

講義で用いる課題に対しては、8回の添削指導を実施。
58時間の講義で十分な試験対策を行い、合格に必要なスキルをしっかりと身につけます。

8回の添削指導

製図試験でも自分の専門分野以外の深い知識が求められます。また、その知識を当年度課題に合わせて合格レベルの図面や記述に変換するトレーニングが必要です。しかし、訓練の成果が適正であるか否かを自身で判断することは困難です。当学院では、受講生一人ひとりの答案に対し、理解度に合わせて間違いの理由や正解までの根拠を詳しく指導します。また試験攻略に欠かせない時間配分も指導。設計製図試験を熟知したプロの講師陣だからこそできる質の高い添削で、合格に導きます。

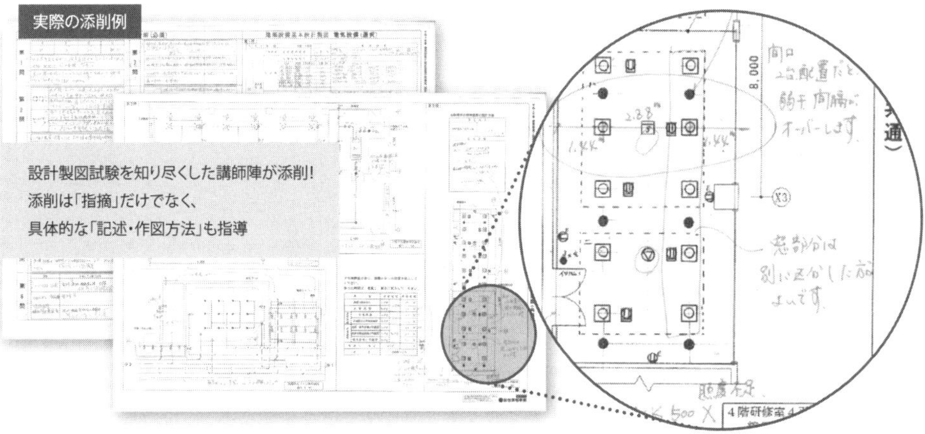
実際の添削例
設計製図試験を知り尽くした講師陣が添削！
添削は「指摘」だけでなく、
具体的な「記述・作図方法」も指導

カウンセリング

的確なアドバイスが成績に直結

苦手科目克服　学習計画　成績

サポートメールサービス

「ココがわからない」「勉強がうまく進められなくなってきた」など、学習内容に関する疑問は講師がメールで対応。

令和 6 年度版
建築設備士 学科試験 問題解説

発行日	2023 年 12 月 20 日
編著	総合資格学院 編 ［編集責任者：福田年則／袴田有希 宮沢郁子／片岡 繁］
発行人	岸 和子
発行	株式会社 総合資格 〒 163-0557 東京都新宿区西新宿 1-26-2 新宿野村ビル 22F 電話　03-3340-6711（内容に関する問い合わせ先） 03-3340-6714（販売に関する問い合わせ先） 03-3340-3082（プレゼントに関する問い合わせ先）
URL	株式会社 総合資格　http://www.sogoshikaku.co.jp/ 総合資格学院　https://www.shikaku.co.jp/ 総合資格学院 出版サイト　https://www.shikaku-books.jp/
編集	株式会社 総合資格 出版局（梶田悠月）
表紙デザイン	株式会社 総合資格 出版局（三宅 崇）
DTP	朝日メディアインターナショナル 株式会社
印刷	シナノ書籍印刷 株式会社

ISBN978-4-86417-525-8
Printed in Japan

2024 令和6年度版

建築設備士

学科試験 問題解説

総合資格学院 編

解答・解説［別冊］

図のように別冊を引いて取り外してください。
背表紙部分がのりで接着されていますので、
丁寧に抜き取ってください。取り外した別冊を持ち運び、
学習のチェックにお役立てください。

総合資格学院

目次

建築一般知識

解答・解説

令和4年度

建築一般知識［解答・解説］

▶問題 P.10〜

No.1 正解 2 建築物の計画

1. 各階を垂直に貫通する空調用の主ダクトは、火災の拡大経路とならないように、耐火構造のシャフト内に収める。

2. 防火ダンパーや防煙ダンパーには維持保全が義務付けられており、原則として、近くの天井・壁面に一辺の長さが45cm以上の保守用点検口及び検査口を設ける必要がある。

3. オイルサービスタンクは、指定数量以上の場合、原則として専用室に設置する。なお、小規模のタンクでボイラー室に併設する場合、ボイラーとの離隔距離は2m以上とするか、又は防火上有効な遮蔽を設ける。

4. 移動式ボイラー及び屋外式ボイラーを除く3㎡以上のボイラーについては、専用の建物又はボイラー室に設置しなければならない。

No.2 正解 1 建築物の計画

1. 建基令第123条第2項第一号より、屋外避難階段は、ガラリやダンパーなどの換気設備の開口部(出入口以外の開口部)から2m以上の距離に設けなければならない。

2. 冷却塔はレジオネラ属菌の増殖に好適な場所となるので、レジオネラ感染を防止するために、「清掃しやすい構造とし、冷却塔の定期的な洗浄を行う」、「風向等を考慮し、外気取入口、居室の窓等から10m以上離す」、「エリミネータ（気流中に含まれる液滴を取り除くための板）を強化する」等の対策を講じる必要がある。

3. 熱線吸収ガラスは、吸収率・反射率を高めることで遮蔽性を高めたものである。一方で外ブラインドは、いったん吸収した日射熱の大部分を大気に放射するため、著しい日射遮蔽効果があり、熱線吸収ガラスよりも遮蔽効果が大きい。

4. 延焼のおそれがある部分に設ける開口部は、窓枠を鉄材または鋼材で造り、国土交通大臣が定める構造として、網入りガラスや耐熱強化ガラスが用いられる。

No.3 正解 4 建築物の計画

1. ソーラークーリングシステムとは、太陽熱を利用した冷暖房システムのことである。太陽集熱器からの温水を廃熱投入型ガス吸収式冷温水機に投入し、温水を熱源として利用することでガスの消費量を削減させる。

2. 波長が780nmを超える近赤外領域で光を高いレベルで反射することにより塗膜ならびに被金物の温度上昇を抑えることができる塗料を高日射反射率塗料という。一般には遮熱塗料と呼ばれることもある。高日射反射率塗料を塗布することで通過熱負荷の低減に効果がある。

3. ソーラーチムニーとは、太陽熱と高低差による煙突効果を利用して、温度差による自然換気を積極的に活用し、送風機の動力を削減する省エネルギー手法である。頂部での外部風によっても自然換気を促進することが期待される。ヒートチムニーともいう。

4. 冷温水方式の躯体蓄熱空調システムは、冷温水管を建築物の躯体に埋設、または敷設し、冷房期には冷熱を、暖房期には温熱を建築物の躯体に蓄熱する方式である。冷房時は、建築物の躯体が冷熱を蓄熱しているため、空調用の冷水の送水温度は高くできるので、熱源機器容量を低減できる。

No.4 正解 4 建築物の計画

1. 外気の侵入を防ぐためにエントランスに風除室を設けても、通行量が多く常時自動扉が開放状態になってしまう場合には熱負荷低減の効果は低くなる。回転扉を設けることで、通行量が多くても建物内部と外部を常に遮断することができるので、熱負荷の低減効果が大きい。

2. クライマー型の自動制御ブラインドは、床側から天井方向にブラインドがせり上がることで、直達日射を遮蔽しつつ高い眺望性と開放感を確保できる手法である。

3. コージェネレーションシステムは、発電に伴って発生した廃熱を冷暖房や給湯などの熱源として有効利用するシステムである。ひとつのエネルギー源から電力や熱などを同時に取り出すことができ、蓄熱システムやデシカント空調等の設備と組み合わせることでエネルギーの総合効率を向上させることができる。

4. 循環加温用のための給湯設備（浴場施設や温水プールの加温のための設備）は、建築物エネルギー消費性能適合性判定の評価対象ではない。ただし、浴場施設や温水プールであっても、シャワーや洗面用途のための給湯設備は対象とする。

No.5 正解 1 建築物の計画

1. 移動等円滑化経路を構成する傾斜路には、高さ75cm以内ごとに踏幅が150cm以上の踊り場を設ける。120cmでは狭すぎる。

2. 公共建築物の通路の幅は、原則として、120cm以上とする。また、車椅子使用者同士がすれ違うための通路幅は、180cm以上必要である。

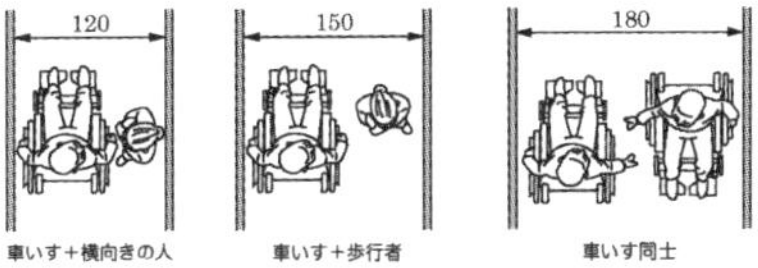

車椅子使用の通路幅（cm）

3. 大規模量販店の売場における通路の幅は、主な通路を3m以上、それ以外の通路を1.8m以上とするのが望ましい。

4. 大規模量販店の延べ面積に対する売場面積（売場内の通路を含む）の比率は、一般に、60～65%程度である。

No.6 正解 3 防災計画

1. 特別避難階段の付室と非常用エレベーターの乗降ロビーを兼用する場合、排煙機は1秒間につき6㎥以上の空気を排出する機能を有し、自動的に作動するものとしなければならない。(平成28年告示696号)

2. 特別避難階段の付室に設ける外気に向かって開けることのできる窓の有効開口面積は、2㎡以上とし、常時閉鎖されている部分の開放は手動開放装置により行うものとする。(平成28年告示696号)

3. 排煙口の手動開放装置の操作部は、壁に設ける場合、床面から80cm以上1.5m以下の高さに設けなければならない。床面から60cmの高さでは低すぎる。

4. 天井高さ3m以上の居室に設ける排煙口の位置は、排煙口の床面からの高さが、2.1m以上かつ天井高さの1／2以上の壁の部分に設ける。(平成12年告示1436号)

No.7 正解 3 防災計画

1. 安全区画とは、廊下や付室などのように居室や壁で仕切られ、避難階段などに連絡していて、火災時には避難経路として利用できる空間のことで、その階の人の大部分を収容できる区画である。なお、階段室は竪穴のため安全区画には該当しない。

2. 特別避難階段の付室は、避難者の滞留スペースを確保するとともに、火炎や煙が階段室へ侵入するのを防ぐために設けられる。したがって、「廊下から付室への入口」と「付室から階段室への入口」とは、可能な限り離して計画するのが望ましい。

3. 避難者の歩行速度は、群衆密度1.5人/㎡の時、約1m/secである。それ以上混雑すると、歩行速度はさらに遅くなる。階段での歩行速度は、廊下の歩行速度より遅いので、避難階段に通じる出入口の幅は、階段の有効幅と一致させるか、有効幅よりやや狭くして、階段室内へ避難者が一気になだれ込まないようにコントロールする必要がある。

4. 避難用扉は、避難時には容易に開放でき、避難後には自動的に閉鎖して、煙や火炎の流入を防ぐ構造とする。扉の開放を保持するためのストッパー機能は、避難後に自動的に閉鎖できないため設けない。

No.8 正解 4 防災計画

1. 基礎免震の免震装置は、一般に、基礎の一部とみなされるため、耐火被覆を行う必要はない。

2. 応急活動の拠点として活用される病院や消防署などの公共建築物は、平常時の利用者の安全確保だけでなく、災害時の拠点としての耐震性確保が求められる。

3. 免震材料は、建築物に作用する地震力を低減する機能を有するものとして国土交通大臣が定めた安全上必要な技術的基準に適合したものとする。

4. 免震装置を設置する免震層は、駐車場など他の用途に使用する場合は、建築基準法上の階数及び延べ面積に算入するが、配管スペースとして使用する場合には算入しない。

No.9 正解 2 熱・結露

1. 開放型ストーブを用いて暖房すると、大量の水蒸気が発生するため、結露が生じやすくなる。したがって、暖房器具を開放型ストーブからエアコンに替えることは結露対策として有効である。

2. 外気に面した窓ガラスの室内側にカーテンを設けると、ガラスとカーテンとの間の空気の流通が悪くなり、湿った空気が滞留し、また、ガラスの表面温度も下降するので、ガラスの室内側表面に結露が発生しやすくなる。カーテンに防湿効果はない。

3. 室内側表面結露を生じさせないためには、壁体等の室内側表面温度が室内空気の露点温度以下にならないようにする必要がある。外壁等に熱伝導率の小さい材料を用いて断熱性能を高め、室内側表面温度が低くならないようにすることが重要である。

4. 冬期における壁体内の結露の防止には、室内側からの水蒸気が壁体内部に浸入しないように、断熱材の室内側に防湿層を設ける。断熱材の室内側に防湿層を設けることによって、水蒸気の浸入を断熱材の手前で防ぐことができ、断熱材は内部結露しにくくなり、断熱材の性能低下を防ぐことができる。

No.10 正解 4 熱・結露

1. PMV（Predicted Mean Vote：予測平均温冷感申告）は、ファンガー（P.O.Fanger）が提案した総合温熱指標であり、ある環境条件下で多数の人が温冷感の申告を行った場合の申告値の平均を予測する指標である。その尺度は、人間の温冷感覚を数量化したもので、＋3～－3の7段階評価となる。ISO（国際標準化機構）では、PPD（Predicted Percentage of Dissatisfied：予測不満足者率）＜10%が望ましいとされており、PPDとPMVとの関係から、－0.5＜PMV＜＋0.5の範囲が推奨値となる。

2. 作用温度（OT：Operative Temperature）は、効果温度ともいい、人体周辺の放射熱源と気温、気流が人体に与える影響を評価するものである。空気温度と放射温度との重み付け平均した温度であり、湿度は関係ない。なお、静穏な気流（0.2m/s以下）の下では、室温とMRT（平均放射温度）の平均値で表され、グローブ温度とほぼ一致する。

$$OT \fallingdotseq \frac{(t_i+MRT)}{2} \fallingdotseq \text{グローブ温度}$$

t_i:室温〔℃〕

MRT:平均放射温度〔℃〕

3. 椅座安静時の代謝量は1.0met程度、一般事務作業では1.2met程度である。なお、1metは58.2W/㎡であり、成人の体表面積は、一般に、1.6～1.8㎡程度であるので、椅座安静状態における成人の代謝量は、100W/人程度となる。

4. 室内において椅座位の場合、くるぶし（床上0.1m）と頭（床上1.1m）との上下温度差は、ISO（国際標準化機構）では、**3℃以内を推奨して**いる。

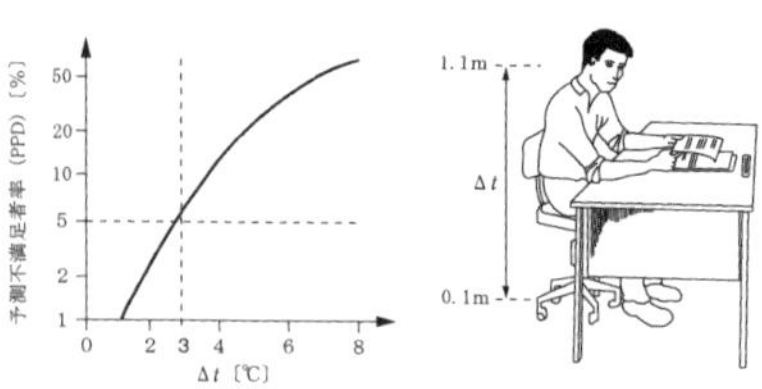

上下温度差と予測不満足者率

No.11 正解 2 熱・結露

熱貫流率は熱貫流抵抗の逆数であるため、複層壁の熱貫流率＝$\frac{1}{1.25}$＝0.8〔W/(㎡・K)〕また、均一な壁において、定常状態（時間的に温度が変化しない状態）であれば、壁のどの部位でも熱流は一定である。したがって、

複層壁の熱貫流率×室内外の温度差＝材料Aの熱貫流率×材料A両面の温度差であるから、0.8×25＝材料Aの熱貫流率×6 より、材料Aの熱貫流率＝$\frac{0.8 \times 25}{6}$〔W/(㎡・K)〕である。

また、材料Aの熱貫流率＝材料Aの熱伝導率/材料Aの材料の厚さより、

材料Aの熱伝導率＝材料Aの熱貫流率×材料Aの材料の厚さ（40mm→0.04m）

＝$\frac{0.8 \times 25}{6}$×0.04＝0.133…〔W/(m・K)〕

したがって、**0.13W/(m・K) の選択肢2が最も適当である。**

No.12 正解 2 換気

水蒸気の発生量W〔kg/h〕のとき、室内の絶対湿度x_iを許容値以下にするための必要換気量Q〔㎥/h〕は、次式で求められる。

$W = \rho Q\ (x_i - x_0)$〔kg/h〕

W：水蒸気の発生量〔kg/h〕

x_i：室内の重量絶対湿度の許容値〔kg/kg(DA)〕 DAは乾燥空気

x_0：外気の重量絶対湿度〔kg/kg(DA)〕

ρ：空気密度（≒1.2）〔kg/㎥〕

設問の条件より、

W＝1.2×100（9－5）×10^{-3}〔kg/h〕

＝0.48〔kg/h〕＝**480〔g/h〕**

したがって、**選択肢2が最も適当である。**

No.13 正解 3 換気

1. 一般居室の1時間当たりの必要換気量は、30㎥/(人・h) を推奨している。

2. 二酸化炭素濃度が室内の空気汚染の

指標とされ、一般の室内における二酸化炭素の許容濃度は、1,000ppm（0.1%）以下と定められている。

3. 室内空気環境基準において、気流速度は0.5m/s以下と定められている。

4. 建築基準法や建築物における衛生的環境の確保に関する法律（ビル衛生管理法）に基づく室内環境基準の中で、浮遊粉じんの量については、0.15mg/㎥以下と規定されている。

No.14 正解 1 換気

1. $Q=\alpha A\sqrt{\frac{2}{\rho}\Delta P}\times 3600$〔㎥/h〕

上式より、**開口部を通過する空気の流量は有効開口面積αAに比例する。**

2. 風力による換気量Q〔㎥/h〕は次式による。

$Q=\alpha A v\sqrt{C_1-C_2}\times 3600$〔㎥/h〕

α：流量係数

A：開口面積〔㎡〕

αA：総合実効面積〔㎡〕

v：風速〔m/s〕

C_1：風上側風圧係数

C_2：風下側風圧係数

前述の式より、風力換気の換気量（通風量）は総合実効面積αA、風速vに比例して、流入口と流出口の風圧係数の差の平方根$\sqrt{C_1-C_2}$に比例する。

3、4. 温度差による換気量Q〔㎥/h〕は次式による。

$Q=\alpha A\sqrt{2gh\left(\frac{t_i-t_o}{273+t_i}\right)}\times 3600$〔㎥/s〕

α：流量係数

A：開口部面積〔㎡〕

g：重力加速度〔m/s²〕

h：上下開口部の中心間の垂直距離〔m〕

t_i：室温〔℃〕

t_o：外気温〔℃〕

上式より、換気量は、室内外温度差および開口高さの差の平方根に比例する。

No.15 正解 1 室内気候と気象

1. 昼光率とは、採光の良否を判断するため、室内のある点における屋外照度の時間的な変化に影響されない指標として定義づけられたものであり、次式で示される。

$$昼光率D=\frac{室内のある点の水平面照度(E)}{全天空照度(E_S)}\times 100〔\%〕$$

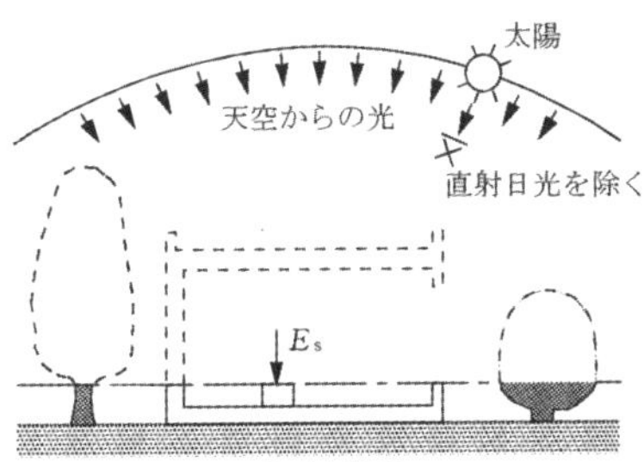

E_s：全天空照度

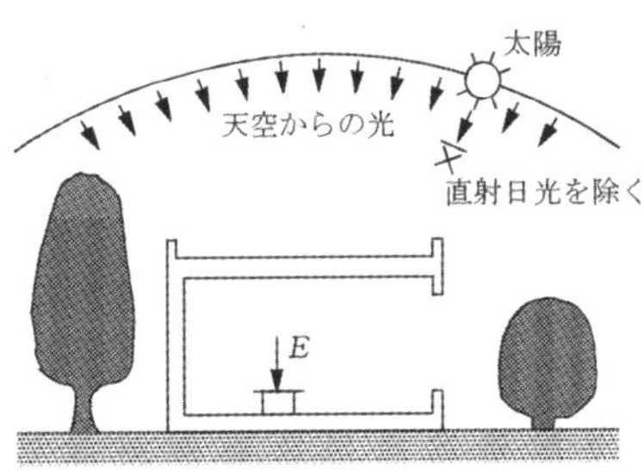

E：室内のある点の水平面照度

上下温度差と予測不満足者率

全天空照度が時刻や天候で変化しても、室内のある点における水平面照度もその変化と同じ割合で変化するため、昼光率は一定となる。

2. 太陽定数I_0に対して、太陽が天頂にある時に、地表面付近で太陽光線に直角な面が受ける直達日射量Iの比Pを、大気透過率（$P=I/I_0$）という。水蒸気や塵埃が少なく、空気の澄んでいる季節や土地の大気透過率は大きい。したがって大気透過率は、夏期（0.6～0.7）よりも冬期（0.7～0.8）の方が大きい。

3. 大気透過率を0.7とした場合、南向き鉛直面の夏至の日射量は約200W/㎡、冬至の日射量は約350W/㎡であり、冬至の日射量のほうが多い。壁面等の直達日射量は、受照面に対する入射角が小さいほど、大きくなる。北緯35度の地点での南向き鉛直面に対する南中時の入射角は、冬至日で約31度、夏至日で約78度である。したがって、入射角の大きい夏至日のほうが日射量は少ない。

4. 夜間放射は実効放射ともいい、地表面から大気への上向きの地表面放射と大気から地表面への下向きの大気放射との差のことである。通常、前者から後者を引いた値で示す。

No.16 正解 3 採光・照明

1. 発光効率は以下の式で表し、単位はlm/Wで表す。

$$発光効率=\frac{発散光束〔lm〕}{消費電力〔W〕}$$

2. シルエット現象とは、明るい窓を背にした対象物の細部が見えにくくなり、シルエット（影絵）のように見える現象をいう。明るい窓を背景にすると、背景と対象物の輝度対比が大きくなることが原因である。

3. 光源の出す光の色を、これと等しい光色を出す黒体の絶対温度によって表したものを色温度といい、単位にはK（ケルビン）を用いる。直射日光の正午の色温度は約5,250K、日没前の色温度は約1,850Kであり、正午より日没前のほうが低い。

4. 面積効果とは、同じ色であっても、一般に、面積の大きいもののほうが、明度、彩度とも高く見える効果のことであり、たとえば、室内の壁の色は、色見本で適当だと感じる色よりも彩度の低い色を選ぶ。

No.17 正解 3 音響

1. 空調ダクトの内部においてファンや乱流によって発生した騒音が、ダクト開口端にて全てが外部に放射されず、低周波成分の一部がダクト内部に反射されることにより騒音の減衰が生じることを開口端反射減衰という。その量は、周波数が高いほど、開口寸法が大きいほど、小さくなる。

2. 共鳴型消音器とは、ダクトの側壁に穴をあけ、その外側回りに気密空洞を設けて共鳴器を構成し、特定の周波数を共鳴させて減衰させる消音器で、共鳴周波数近辺で減音効果が大きくなる。共鳴周波数は穴や空洞の形状･寸法によって異なってくる。

3. 防振装置の防振効果は、低減対象となる振動数と防振系の固有振動数との比に関係し、$\frac{\text{振動数}}{\text{固有振動数}} \geqq \sqrt{2}$ となる範囲で防振設計を行う。防振効果は、この比が大きくなるほど、すなわち、低減対象となる振動数に対して固有振動数を低くするほど大きくなる。

4. 床スラブに振動する大型の設備機器を設置する場合、設置する場所の剛性が不足すると設置床に大きな振動が発生するおそれがある。そのため、大梁等の剛性の大きい部分に重量の大きい設備機器を設置するように計画し、設置床に発生する振動を低減する。

No.18 正解 1　音響

1. 人の聴覚に対する音の大きさ（ラウドネス）のレベルは、1,000Hzの純音の音圧レベルを基準としている。通常の音圧レベルにおける耳の感度は、3,000Hz～4,000Hzの中高音域が最も良く聞こえ、低音域では感度が低下する。したがって、音圧レベルが等しくても100Hzの音よりも1,000Hzの音のほうが大きく感じられる。

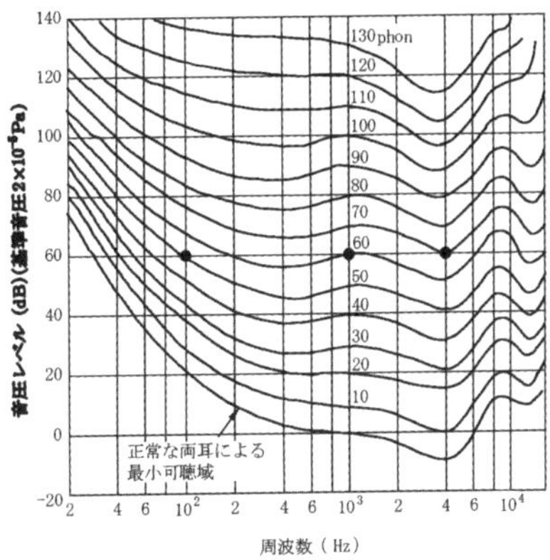

等ラウドネス曲線（等感度曲線）

2. 等価騒音レベル（L_{Aeq}）〔dB、dB(A)〕は、A特性音圧レベル（聴感補正された音圧レベル）の観測時間内におけるエネルギーの平均値を求めて、それをdBに換算したものをいう。道路交通騒音など時間とともに変動する騒音の評価に用いられている。

3. 人間の耳の可聴周波数範囲は、一般に20～20kHzであるが、可聴周波数範囲以下、すなわち 20Hz以下の音波を超低周波音と呼称する。超低周波音の測定値の評価にはG特性音圧レベルが用いられる。G特性とは、1～20Hzの超低周波音の人体感覚を評価する周波数の補正特性で、ISO-7196でその特性が決められている。可聴範囲の音波に対する聴感補正特性であるA特性に対応すると考えるとよい。

4. SN比とは、測定対象外の音N（noise）に対する測定対象の音S（signal）の比率のことである。音の強さレベル［dB］値では、SN比$=10\log_{10}(S/N)=10\log_{10}S-10\log_{10}N$［dB］となり、差で求められる。この値が大きい程、音質や音源機器の性能がよい。

No.19 正解 1 構造力学

図のように反力を仮定し、梁全体のつり合い条件式を考える。（この問題で求めたいのは、支点Aの反力V_Aであるため、B点まわりのモーメントのつり合いを考えればよい。）

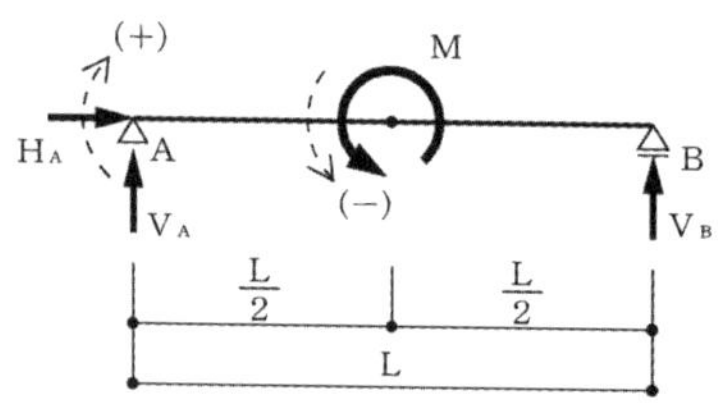

$\Sigma M_B=0$より（時計回りを+、反時計回りを−とする）

$V_A \times L - M = 0$

$V_A = +\frac{M}{L}$

V_Aは「+」であるから、向きが正しかったことになる。

$\therefore V_A = +\frac{M}{L}$　※上向き「+」

No.20 正解 1 一般構造

1. 地下外壁に作用する土圧Pは、次式で求める。

$P = K_O \cdot \gamma \cdot h$

K_O：静止土圧係数（通常0.5とする）

γ：土の単位体積重量（地下水位以下においては土の水中単位体積重量）

h：地表面からの深さ

したがって、土の単位体積重量が大きければ、土圧Pも大きくなる。

2. 圧密沈下とは、有効地中応力の増加により、土粒子間に含まれる間隙水が長期間圧縮力を受けて排出され、徐々に沈下する現象で、粘性土地盤で起こる。なお、載荷と同時に沈下するのは即時沈下で砂質土地盤に見られる現象である。

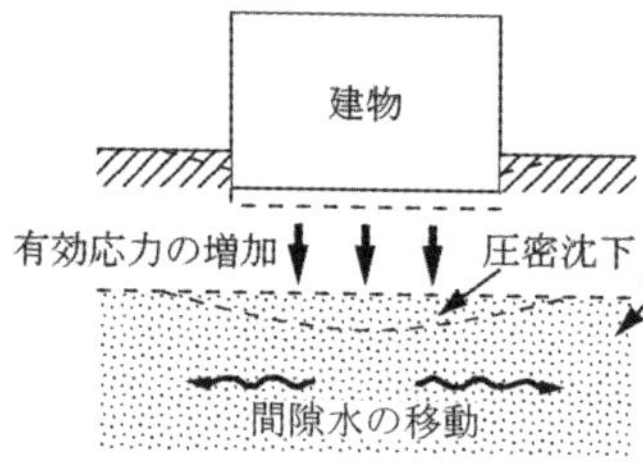

圧密沈下

3. 不同沈下等を生じないようにするため、1つの建築物には、原則として、異なる構造方法による基礎を併用してはならない。

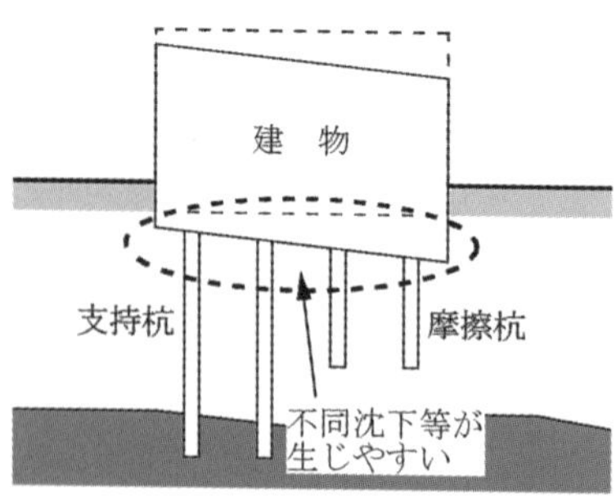

異種基礎

4. 土の分類、粒径は下表による。

土の分類

土の種類	粒　径
礫（レキ）	2㎜以上
砂	2～0.075㎜
シルト	0.075～0.005㎜
粘　土	0.005㎜以下

したがって、粒径の大小関係は、砂＞シルト＞粘土となる。

No.21　正解　2　一般構造

1. 鉄筋に対するコンクリートのかぶり厚さは、鉄筋表面とこれを覆うコンクリートの表面までの最短距離をいう。かぶり部分は、鉄筋を錆びや火災から保護し、耐久性、防火性を高める。また、部材の強度にも影響する。

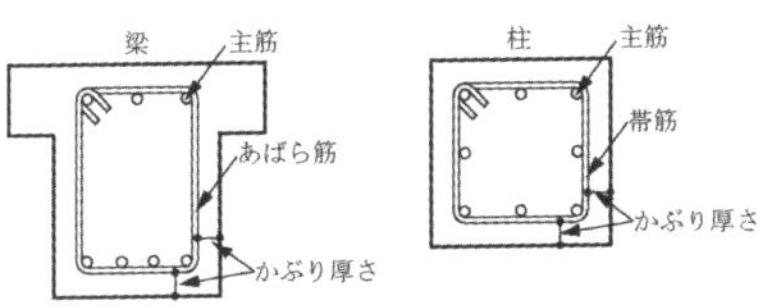

かぶり厚さ

2. 腰壁や垂れ壁により変形を拘束されている柱を短柱という。短柱は、曲げ破壊より先に、脆性的な破壊の危険がある（せん断破壊を生じやすい）ので、柱際にスリットを設けて可撓（とう）長さを大きくすることで変形能力を大きくすることや、帯筋を密に配置する等の対策が必要となる。

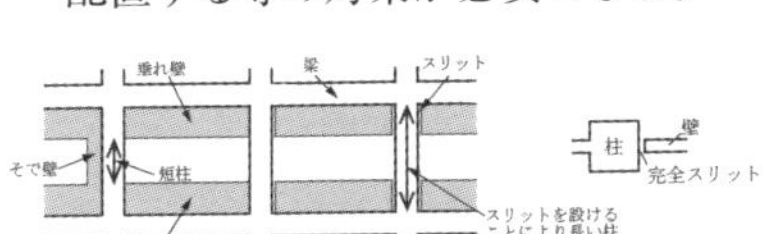

3. 枠組壁構法は壁で鉛直荷重を支え、水平力にも抵抗するのに対し、軸組構法は鉛直荷重を柱が支え、水平力は壁や筋かいで抵抗する。そのため、枠組壁構法は壁の位置や規定量がより厳しく設定されている。したがって、軸組構法は、枠組壁構法に比べて、壁の配置の自由度が高いといえる。

4. 木材には、異方性があり、力学性状や膨張収縮率が異なる。木材の強度や許容応力度は、繊維に直角な方向に比べ、繊維に平行な方向が著しく大きい。

No.22　正解　3　建築材料融合

1. レイタンスとは、フレッシュコンクリートのブリーディングに伴い、浮かびあがった微粒物が、コンクリート表面に薄い層となり硬化したもののことである。コンクリートの打継ぎの障害となるため、除去する。

2. クリープ現象とは、部材に荷重を継続して載荷すると、時間の経過に伴い変形が増大する現象である。

3. コンクリートは、アルカリ性（フレッシュコンクリートは、水素イオン濃度pH12～13）であり、鉄筋の防錆保護の役割を果たしている。しかし、大気中の炭酸ガス（二酸化炭素）などにより、アルカリ性が失われ徐々に中性化する。

4. コンクリートのヤング係数E_Cは、次式で求める。

$$E_C = 3.35 \times 10^4 \times \left(\frac{\gamma}{24}\right)^2 \times \left(\frac{F_C}{60}\right)^{\frac{1}{3}}$$

γ：コンクリートの気乾単位体積重量（kN/m³）

F_c：コンクリートの設計基準強度（N/mm²）

よって、気乾単位体積重量の大きいもの、圧縮強度（設計基準強度）の高いものほどヤング係数は大きくなる。

No.23 正解 1 建築材料融合

1. CLT（直交集成板：Cross Laminated Timber）とは、挽(ひき)板又は小角材を並べ又は接着したものを、繊維方向が層ごとに直交するように積層接着し、3層以上の構造をもたせてパネル化したものである。主に床版、壁等の面材に使用される。
2. インシュレーションボード（軟質繊維板）は、防音性及び断熱性に優れるため、内壁の下地材や天井材として用いられる。また、繊維板はその繊維密度によってインシュレーションボード、MDF及びハードボードに区分されている。
3. パーティクルボードは、木材小片を接着剤で加熱圧縮成形した板で、壁や床などの下地材として用いる。
4. ALCパネルは、セメント、石灰質原料及びけい酸質材料を主原料として、高温高圧のもとで処理（蒸気養生）した気泡コンクリートのパネルであり、軽量で耐火性、断熱性はあるが、気泡を有するため、吸水性があり、低温の状況下では、凍結等の害（凍害）を受けるおそれがある。また、吸湿すると断熱性能も低下するので、高温・高湿の状況下でも有害な影響を受ける。

No.24 正解 4 施工計画

1. 労働安全衛生規則　高さ2m以上の登り桟橋は、勾配を30度以下とし、15度を超える場合は踏みさん等の滑り止めを設ける。勾配が30度を超える場合は階段とする。

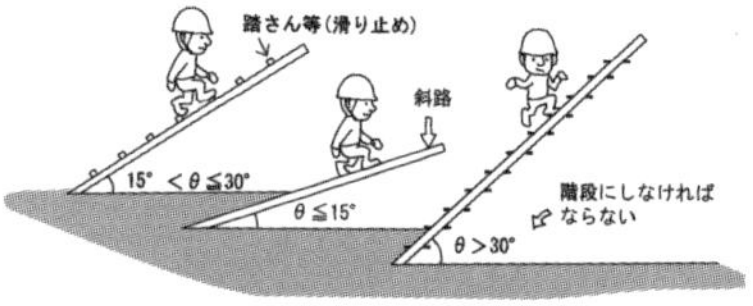

架設通路（登り桟橋）の勾配

2. 労働安全衛生規則　総括安全衛生管理者の選任は、その選任すべき事由が発生した日から14日以内に行わなければならない。また、事業者は、総括安全衛生管理者を選任したときは、遅滞なく所定の報告書を所轄労働基準監督署長に提出しなければならない。
3. 労働安全衛生規則　架設通路における墜落の危険のある箇所には、85cm以上の手摺及び中さん等を設ける。ただし、作業上やむを得ない場合は、必要な部分に限って臨時にこれを取り外すことができる。
4. 枠組足場における壁つなぎの間隔は、垂直方向9m以下、水平方向8

m以下とする。

No.25 正解 4 施工計画

1. 建築工事監理指針　電気探査は、物理探査法の一種で、地下水の帯水層、基礎の深さ、風化状況等を調査する探査法である。
2. 建築工事監理指針　オーガー（オーガー式）ボーリングは、ソイルオーガーを回転させながら地中に圧入して掘進し、周期的にオーガーを引き上げて採掘土を取り出し、浅い深さの地盤の構成を調査する。
3. JIS A 1219　標準貫入試験は、ロッドの先端に取り付けたSPTサンプラーを、測定深さに掘ったボーリング孔底に降ろし、63.5kgのハンマーを76cmの高さからロッドの頭部に自由落下させ、SPTサンプラーを30cm貫入するために必要な打撃回数（N値）を測定する。このN値で地盤の硬軟、締り具合の判定、及び土層構成を把握する試験である。

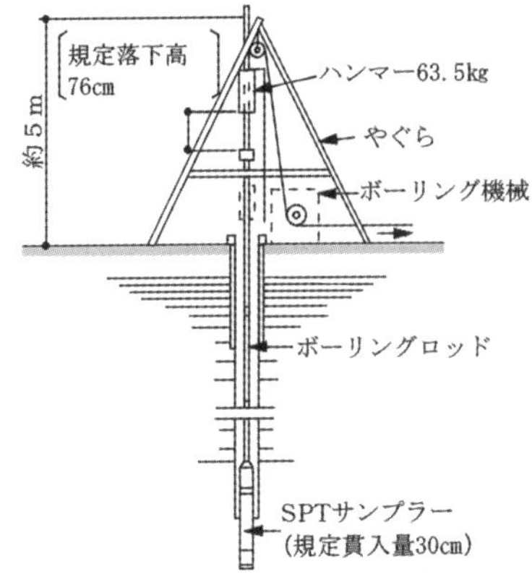

標準貫入試験

4. 建築工事監理指針　ベーン試験は、十字型に組み合わせた羽根（ベーン）をロッドの先端に付けて、地中で回転させながら押し込み、粘性土地盤のせん断強さを調べる試験である。透水係数を求めるための調査方法は、透水試験や揚水試験等がある。

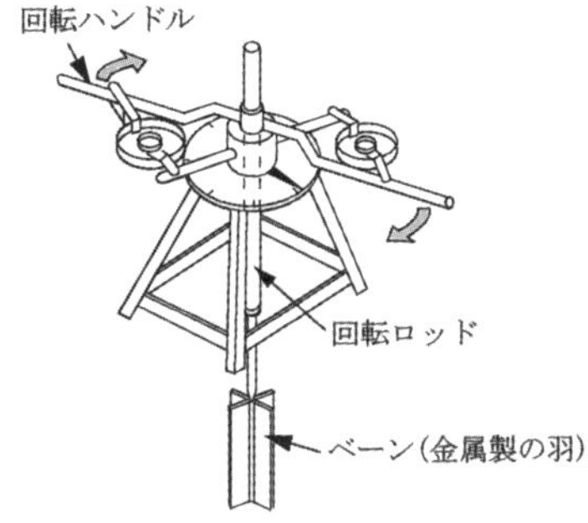

ベーン試験

No.26 正解 2 各部工事

1. JASS5　鉄筋相互のあきは、次の値のうち最大のもの以上とする。

① 粗骨材の最大寸法の1.25倍
② 25mm
③ 隣り合う鉄筋の平均径（異形鉄筋は呼び名の数値）の1.5倍

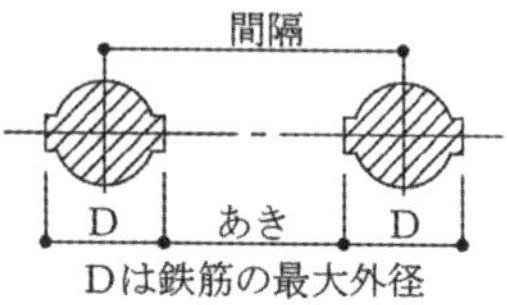

鉄筋相互のあき

2. JASS5　ガス圧接継手の位置は、原則として隣り合う鉄筋のガス圧接継手の位置と400mm以上ずらす。

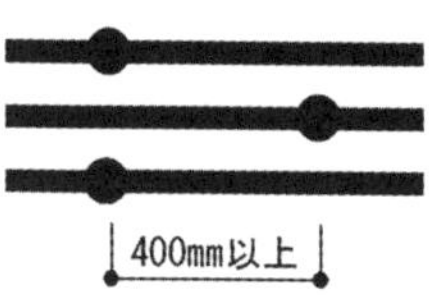

3. 建築工事監理指針　スラブのスペーサーは転倒及び作業荷重等に耐えられるものとし、原則として鋼製とする。また、鋼製のスペーサーは、型枠に接する部分に防錆処理を行ったものとする。なお、防錆処理されたスペーサーには、次のようなものがある。

① 溶融亜鉛めっき処理をしたもの。（ただし、海岸など腐食が激しいところで使用する場合には検討が必要である。）
② 鋼製のものにプラスチックコーティングまたはプラスチックパイプを挿入したもの。

4. JASS5　鉄筋の交差部分や重ね継手部分には、径0.8～0.85mm程度なまし鉄線で結束するが、亜鉛めっき品やステンレス線を使用する場合もある。

No.27 正解 3 各部工事

1. シーリング工事において、3面接着を避けるためにボンドブレーカーが用いられ、シーリング材と接着せず、かつ､性能を低下させないものとする。

2. シーリング材の充てんは、プライマーが十分に乾燥をしていることを確認してから、目地の交差部･コーナー部から充てんしていく。また、シーリング硬化後の打ち継ぎ箇所は、目地の交差部･コーナー部を避ける。

3. 建築工事監理指針　配管等の突出物の回りには、一般平場のアスファルトルーフィング類を張り付ける前に、網状アスファルトルーフィングを増張りし、アスファルトで十分に目つぶし塗りを行う。

4. 公共建築工事標準仕様書　アスファルト防水層を貫通する配管回りの立上りの納まりは、所定の位置に防水層の端部をそろえステンレス製既製バンドで防水層端部を締め付け、上部にシール材を塗り付ける。

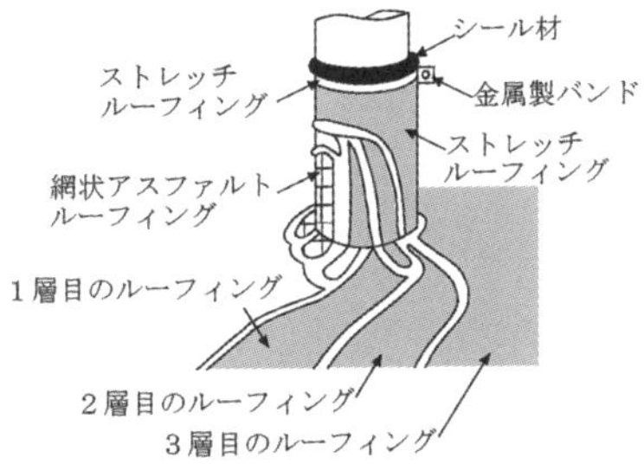

配管回りのルーフィングの張付け

建築一般知識［解答・解説］

▶問題 P.24～

No.1 正解 3 建築物の計画

BCP（Business Continuity Plan）とは、事業継続計画を示し、企業が災害や事故で被害を受けても、重要な業務が中断しないこと、中断しても可能な限り短い時間で再開することなど、事業の継続を追求するための計画である。

1. 自家発電用の燃料は3日分とし、人命救助の観点から「72時間」は外部からの供給なしで稼働できることが望ましい。
2. 受水槽は、飲料水用と雑用水用とを分けて計画し、雑用水槽の容量は、災害断水時でもトイレの使用ができるように、3日分の容量を確保することが望ましい。また、下水管断絶時に備えて排水槽も3日分の容量を確保することが望ましい。なお、飲料水は、受水槽で長時間貯水すると、死水となるおそれがあるので、飲料水はペットボトル等で備蓄することが望ましい。
3. 天井を構成するブレース（斜め部材）と野縁受けとは、ねじ留めで接合する。天井下地材や斜め部材として通常用いられる薄板の鋼材については、十分な耐力を確保することは難しいため、現場溶接による接合は行ってはならない。ただし、平成25年の告示で、特定天井の仕様ルートは、周囲の壁等との間に隙間を設け、斜め部材をつり合いよく配置することとされていたが、平成28年の改正により、周囲の壁等との間に隙間を設けず、斜め部材を設けない仕様が追加されている。

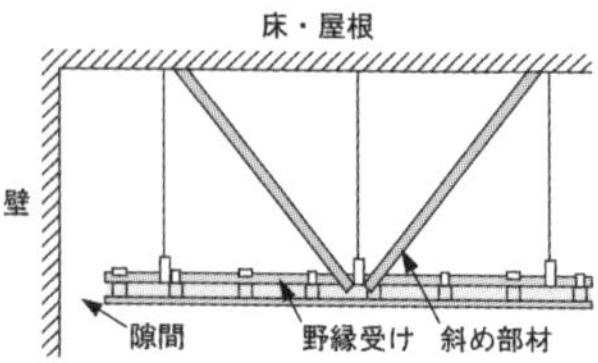

平成25年告示

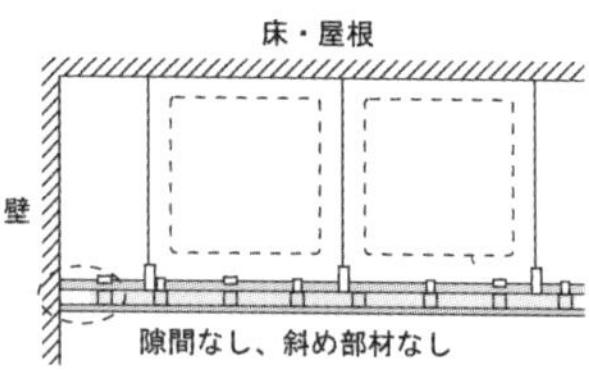

平成28年告示

特定天井の構造

4. 天井吊り空調機器の吊り材は、災害時などの緊急事態になってしまったとしても、大地震動に対する建築設備の耐震安全性及び機能確保の目標として「耐震クラスS」を求めるものとする。

No.2 正解 2 建築物の計画

1. 光ダクトは、自然採光を利用する省エネルギー手法のひとつで、外壁や屋上から太陽からの自然光を建物内に取り込み、内面を高反射率鏡面としたダクト（光ダクト）の内部を反射させながら室内の必要な場所に導く方式である。窓から離れた位置や無窓室などに自然光を搬送することができるので、省エネルギーに有効である。

2. クール・ヒートチューブは、外気を地中埋設管を経由して取り込み、夏期には地中温度が外気温度より低いことを利用して外気を予冷する方法である。冬期は、取り入れた外気を地中の温度を使って予熱する。予冷・予熱を行い、室温との温度差を小さくしてから空調機に導入することで、空調負荷の低減を図ることができる。**設問の記述は、安定した温度の地下水を直接汲み上げてヒートポンプの熱源として利用する、地下水利用ヒートポンプの説明である。**

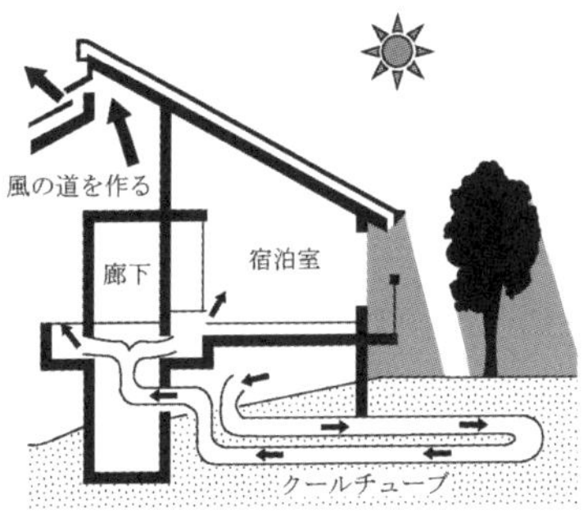

クールチューブ

3. ダブルスキンは、建築物の外壁の一部または全面をガラスで二重に覆い、中空層部分にブラインドを設置し、そこに外気を導入して換気することで、日射遮蔽性能を高め、ペリメータ負荷の低減を図る建築手法である。

4. エアフローウインドウ方式は、二重サッシ（ガラス）の間に電動ブラインドを設け、日射を遮蔽すると同時に、二重サッシの間に室内の空気を通し、夏は外部に排出、冬は空調機に戻すことで、ペリメータゾーンの熱負荷を少なくするペリメータレス空調システムの一種である。冬期におけるコールドドラフト防止にも有効である。

No.3 正解 3 建築物の計画

1. ZEB（Net Zero Energy Building）とは、建築物における一次エネルギー消費量を、建築物・設備の省エネ性能の向上、エネルギーの面的利用、オンサイトでの再生可能エネルギーの活用等により削減し、年間の一次エネルギー消費量が正味（ネット）でゼロまたはマイナスとなる建築物と定義されている。ZEBの実現や普及に向け、4段階の定量的要件を設け、「ZEB」「Nearly ZEB」「ZEB Ready」「ZEB Oriented」が定義づけられている。ZEB Orientedとは、ZEB Readyを見据えた建築物として、外皮の高性能化及び高効率な省エネルギー設備に加え、さらなる省エネルギーの実現に向けた措置を講じた建築物である。

2. 「CASBEE－建築（新築）」における評価は、BEE（Building Environmental Efficiency：建築物の環境性能効率）等で行う。Qが大きく、Lが小さい（＝BEEが大きい）ほど、建築物の環境性能は高く、環境性能に優れた建築物であることを示す。

$$BEE=\frac{建築物の環境品質\cdot性能Q}{建築物の外部環境負荷L}$$

3. LEED（Leadership in Energy & Environmental Design）は、アメリカで提唱された建築物の総合的な環境性能評価の手法であり、建物と敷地利用の環境性能を様々な視点から評価する国際的な指標である。その評価は、複数の分野の環境性能を評価する必須項目と選択（加点）項目から構成され、その要件を満たすことで、その項目に割り振られているポイントを獲得するものである。得点に応じて上から、プラチナ、ゴールド、シルバー、サーティファイドの4段階で認証レベルが決まる。**設問の記述は、BELSである。**
4. eマーク（省エネ基準適合認定マーク）とは、平成29年4月1日に施行された建築物省エネ法の規定に基づき、建築物エネルギー消費性能基準に適合していると所管行政庁に認められた既存建築物に表示することができるマークである。

No.4　正解　4　建築物の計画

1. 空冷ヒートポンプパッケージ型エアコンにおいて、外気温度が高い夏期冷房運転時は、室外機周辺部の温度が高くなり、効率よく外気に熱を放出することができない。室外機水噴霧システムは、室外機のフィン部に水噴霧することで周辺部の温度を下げて熱を放出しやすくしたもので、冷凍サイクルの凝縮圧力（冷媒が凝縮して熱を放出する際に必要な圧力）を下げることができるので、消費電力を低減することができる。なお、水噴霧する水質が良くない場合は、室外機のフィンが腐食する場合があるため、採用にあたっては、あらかじめ水質を確認する必要がある。
2. 変風量単一ダクト方式は冷暖房負荷に応じて吹き出す量を変えることによって室温を調節し、送風機の風量制限を行うことにより、搬送エネルギー消費量が軽減できる。
3. ハイブリッド換気システムは、自然換気の省エネルギー性と機械換気の安定性の両方を活かした換気方式である。比較的安定した内外温度差が得られる冬期や、1日のうちでも時間帯により、適切な制御により機械換気と自然換気を切り替え、または組み合わせて利用することにより、エネルギー消費を最小限に抑えることのできるシステムである。
4. **タスク・アンビエント空調は、タスク域の制御性を高め、アンビエント域の設定温度を緩和させるものである。不在スペースの停止などにより、省エネルギー効果も期待できる。**

No.5　正解　1　建築物の計画

1. **大規模なオペラ、ミュージカルなどの場合、舞台から最後列の客席までの視距離は最大38mまでが許容範**

囲とされている。

2. 博物館の文化財等の展示ケース内の温度は22℃、相対湿度は60±5％(年間を通じて一定に維持すること) を標準値とする。ただし、金属製品の相対湿度については55％以下、近代の洋紙を利用した文書・典籍類、図面類、写真類などの相対湿度は50～55％程度を目安とする。

3. ホテルにおいて、配管シャフトを客室ごとに分散して設けることで、天井内や床下での横引き配管を短くできるため、階高を低く抑えることができる。

4. 事務所ビルの乗用エレベーターの計画は、一般に、利用者が最も集中する朝の出勤時の5分間の利用人数によって検討される。この5分間利用率（在籍人数に対するエレベーター利用者比率）は、出社時刻が分散する複数テナントの貸ビルで11～15％程度、出社時刻が集中する自社ビルで20～25％程度である。

No.6 正解 2 防災計画

1. 密閉方式は、防火区画や不燃区画により火災室を密閉し、火炎と同時に発生する煙の非火災室への拡散を防止する方式である。煙制御だけでなく延焼の防止とあわせて計画される。

2. 加圧防排煙方式は、廊下や付室に新鮮空気を加圧して、避難方向と逆方向の煙の流れをつくり、避難経路への煙の侵入を防ぐ方式である。

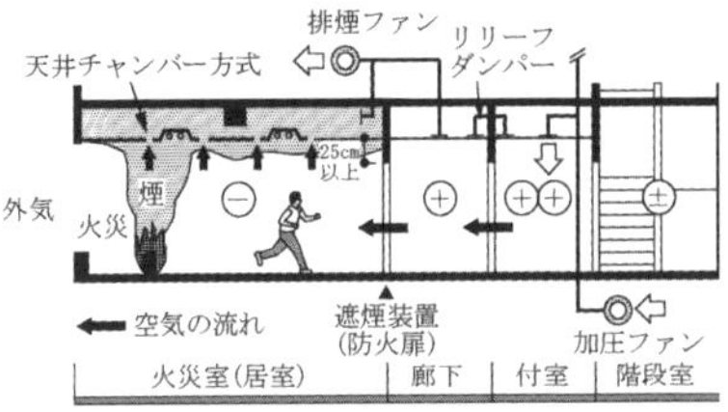

加圧防排煙方式の概念図

3. 排煙設備は、火災室の煙の降下を遅らせる、避難・消火活動にとって重要な空間への煙の侵入を防ぐ等の目的で設置されている。火災時に計画通り排煙を行うために、機械排煙設備が起動した際には空調・換気設備を連動して停止し、煙のかくはんを防ぐことが望ましい。

4. 特別避難階段の付室、非常用エレベーターの乗降ロビーの排煙においては、確実な排煙をするため給気口を設けることが規定されている（平成28年告示696号)。給気風道を用いた排煙方式における給気口は、常時開放されていると、冬期には、煙突効果によって煙が付室を経由して給気口に吸い込まれ、給気風道から上層階に運ばれてしまう可能性があるため、給気口は常時閉鎖とする。排煙の必要な場合に排煙口と連動する開放装置を設ける。

No.7 正解 4 防災計画

1. 建築物の11階以上の部分で、フロア全体の内装及び下地を不燃材料としたものは、耐火構造の床、壁、及び特定防火設備で区画する場合、床面積の合計500㎡以内ごとに区画しなければならない。ただし、スプリンクラー設備を設けた場合は、その部分の1／2に相当する床面積を除くことができるので、1,000㎡以内ごとに区画すればよい。

2. 特定防火設備である防火ダンパーは、鉄材または鋼材で造られたものとし、その厚さが1.5mm以上のものとする。

3. 面積区画を構成する床及び壁と接する外壁においては、それらの床及び壁に接する部分を含み、幅90cm以上の部分を準耐火構造としなければならない。

4. 避難経路上の常時開放式防火戸に設けるくぐり戸は、幅、高さ及び下端の床面からの高さが、それぞれ、75cm以上、1.8m以上及び15cm以下とする。

No.8 正解 3 防災計画

1. 特別避難階段の付室は、避難上の拠点になるとともに、非常用エレベーターの乗降ロビーと兼用する場合には、消防活動の拠点にもなる。避難者の滞留が発生する場合、防火防煙的に守られた一時的に滞留するスペースとして災害弱者に配慮した計画にする必要がある。なお、病人や怪我人、危険を察知する能力がない、または困難な人、幼児、高齢者などの成人健常者とは同等の避難行動をとり得ない人、これらの人々を災害弱者と称している。

2. 居室と廊下・ホール等をつなぐ前室的空間は、本来、室や居室とせず、避難経路として取り扱うものであるが、その前室的空間が概ね5～15㎡程度であれば、排煙を行わなくても安全上支障がないと認められるので、排煙設備を設置しなくてもよい。

3. 水平避難方式とは、一つの階を複数のゾーンに区画し、火災の発生していないゾーンに水平に移動することによって安全を確保する方法である。大規模店舗などの場合では階段による直接避難以外に、防火シャッターによる隣接区画へ水平に一時避難する計画も認められているが、避難対象人員の半数以上を水平避難に頼るような計画は好ましくない。

4. 2段降下式シャッターとは、煙感知器からの信号によって、あらかじめ設定した高さで停止して煙の流入を防ぎ、さらに火災が拡大した場合、熱感知器からの信号によって再降下させて、完全に閉鎖する方式のシャッターである。大規模店舗や駅のプラットフォームなど不特定多数が利用する施設に採用されている。

No.9 正解 1 採光・照明

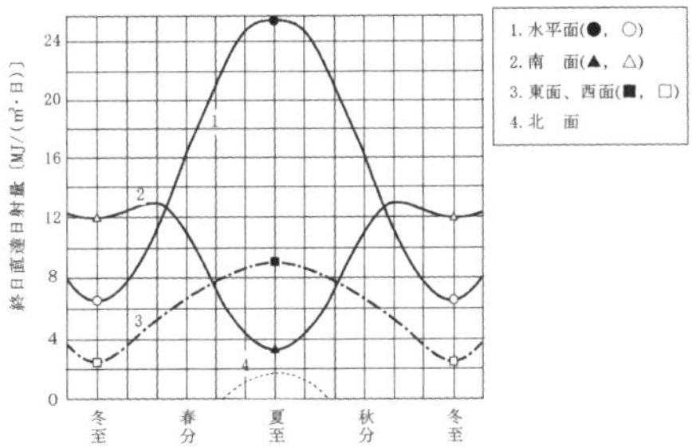

方位別の終日直達日射量
（東京：北緯 35°、大気透過率 0.7）

1. 上記の図より、夏至日の終日日射量は、東面＞南面となる。
2. 上記の図より、夏至日の終日日射量は、水平面＞西面となる。
3. 上記の図より、冬至日の終日日射量は、水平面＞東面となる。
4. 上記の図より、冬至日の終日日射量は、南面＞水平面となる。

No.10 正解 1 熱・結露

1. かさ比重（みかけの密度）とは、内部に空隙をもつ固体の比重である。同じ材料でも圧縮してかさ比重が大きくなると熱伝導率は大きくなり、逆にかさ比重が小さくなると熱伝導率は小さくなる傾向がある。
2. 対流熱伝達率は、壁表面とそれに接する空気等の流体との間の熱の伝わりやすさを示し、壁付近の空気の流れ方によって変化する。室内では、通常、壁と空気の温度差による自然対流が空気の流れ方に影響する。一方、屋外では、外部の風速によって変化する。また、流体の種類によっても異なる値となる。一般に、対流熱伝達率は風速が大きくなるほど大きくなる。
3. 壁体中の空気層の片面あるいは両面にアルミ箔を入れると、伝熱抵抗は2倍以上となり、伝熱量はほぼ半減する。なお、空気層のどちら側に入れても実用上差はない。
4. 密閉中空層の熱抵抗は、厚さ1～1.5cm程度までは、厚さに比例して増加し、厚さ2～4cm程度になると増加量はゆるやかになる。さらに、中空層の厚さが4cm程度を超えると、空気の対流が起こり、むしろ熱抵抗は減少する。

No.11 正解 4 熱・結露

熱取得と熱損失をそれぞれ計算し、これが等しくなることから室温を求める。

熱取得$q=\eta AJ+H$〔W〕

η:窓ガラスの日射熱取得率

A:窓ガラスの面積〔m²〕

J:窓ガラスに当たる全日射量〔W/m²〕

H:室内における発熱量〔W〕

設問の条件より、

$q=0.5\times(3\times2)\times200+1{,}200$

$=1{,}800$〔W〕

熱損失$q=KA(t_i-t_o)$〔W〕

KA:総合熱貫流率

t_i:室温〔℃〕

t_o:外気温〔℃〕

設問の条件より、

$q=60\times(t_i-4)=60t_i-240$〔W〕

したがって、

$1{,}800 = 60t_i - 240$

$60t_i = 2{,}040$

$\therefore t_i = 34$〔℃〕

No.12 正解 3 換気

温度差換気による換気量Q〔m^3/s〕は次式による。

$$Q = \alpha A\sqrt{2gh\left(\frac{t_i - t_o}{273 + t_i}\right)}\ 〔m^3/s〕$$

設問の条件より、

$$Q = 2 \times \sqrt{2 \times 10 \times 5 \times \left(\frac{27 - 18}{273 + 27}\right)}$$

$$= 2 \times \sqrt{100 \times \left(\frac{9}{300}\right)} = 2\sqrt{3} \fallingdotseq 3.5〔m^3/s〕$$

α:流量係数　A:開口面積〔m^2〕

αA:総合実効面積〔m^2〕

g=重力加速度〔m/s^2〕

h:上下開口部の中心間の垂直距離〔m〕

t_i:室温〔℃〕　t_o:外気温〔℃〕

No.13 正解 4 換気

1. PM2.5とは、大気中に浮遊している粒径2.5μm（1μmは1mmの千分の1）以下の小さな粒子のことで、従来から環境基準を定めて対策を進めてきた浮遊粒子状物質（SPM:粒径10μm以下の粒子）よりも小さな粒子である。PM2.5は非常に小さいため（髪の毛の太さの1/30程度）、肺の奥深くまで入りやすく、呼吸器系への影響に加え、循環器系への影響が心配されている。
2. 揮発性有機化合物（Volatile Organic Compounds）は、50～250℃で揮発する有機化合物の総称でシックハウス症候群の大きな原因となる化学物質である。塗料、印刷インキ、接着剤、洗浄剤などに含まれるトルエン、キシレン、酢酸エチルなどが代表的な物質である。キシレンは塗料用溶剤や希釈剤、接着剤に含まれ、空気より重いことなどトルエンとの共通点が多くある。
3. 一酸化炭素の室内空気汚染の許容値は、「建築物における衛生的環境の確保に関する法律（ビル管法）」により6ppm以下と定められている。
4. 人の呼気には、窒素、酸素、二酸化炭素、水蒸気が含まれており、二酸化炭素濃度は運動量にともない増加し、安静時の約1％から重作業の9％まで変化する。

No.14 正解 2 室内気候と気象

1. 開口部前後の圧力差による通過風量（換気量）Qは、次式で求められる。
$$Q = \alpha A\sqrt{\frac{2}{\rho}\Delta P} \times 3600\ 〔m^3/h〕$$
α:流量係数　A:開口部面積〔m^2〕
αA:実効面積〔m^2〕
ρ:空気密度〔kg/m^3〕
ΔP:開口部前後の圧力差〔Pa〕
上式より、開口面積A〔m^2〕が異なっても、流量係数をかけた実効面積αA〔m^2〕が同じであれば、開口部前後の圧力差が同じ場合、通過風量（換気量）Qは等しくなる。
2. 温度差（重力）換気における中性帯とは、室内外の圧力差が0（つり合う）となる部分をいう。無風で内外温度差があり、上下の開口部の大きさを変える場合、中性帯は**開口部の大きいほうに近づく**。

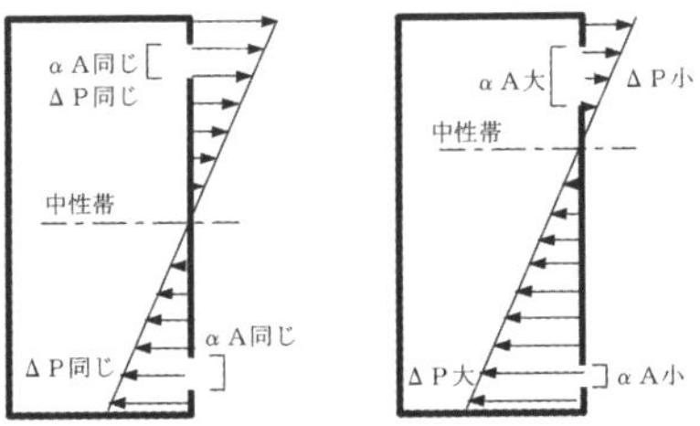

温度差換気における開口面積と内外圧力差の関係

3. 風力換気による換気量Q_w〔㎥/h〕は、次式による。

$Q_w = \alpha A v \sqrt{C_1 - C_2} \times 3600$〔㎥/h〕

α:流量係数　　A:開口面積〔㎡〕

v:風速〔m/s〕

C_1:風上側風圧係数

C_2:風下側風圧係数

上式より、同一風向の場合、風力換気による換気量は、外部風速に比例し、風上側、風下側の風圧係数の差の平方根に比例する。

4. 汚染質の除去を目的とした単位時間当たりの必要換気量〔㎥/h〕は、次式で求めることができる。

$$\text{必要換気量} = \frac{\text{単位時間当たりの汚染質発生量}}{\text{室内における汚染質の許容濃度} - \text{外気の汚染質濃度}}$$〔㎥/h〕

したがって、必要換気量は室容積には影響されない。

No.15　正解　2　　採光・照明

1. 複数の建築物が東西方向に並んだ場合、建築物の間に複合日影が生じ、それらの建築物から離れたところに島状にその周囲よりも日影時間が長い島日影と呼ばれる部分ができることがある。

2. 永久日影とは、一年中、日が当たらない部分をいう。我が国では、**夏至日**において終日日影となる部分は、一年中、日が当たらないので永久日影となる。

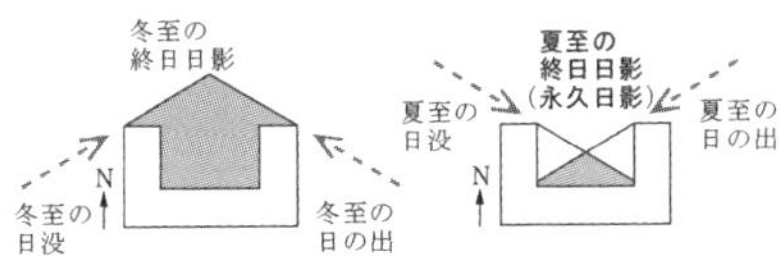

終日日影の例（北緯35°）

3. 4時間以上日影になる範囲は、一般に、ある程度以上の高さになるとほとんど変化しないが、建築物の東西方向の幅が広くなるにしたがって大きくなる。したがって、4時間以上日影になる範囲は高さよりも建築物の東西方向の幅から受ける影響が大きい。

4. 夏至日の「日の出直後」・「日の入り直前」の太陽は北よりの方位にあるため、このとき立方体の建築物の日影は南側の方向へ伸びる。太陽が北東の方角から上るため、建築物の日影は南西の方角に伸びる。

No.16　正解　1　　採光・照明

1. 配光曲線は、光源から各方向の光度の分布を、光源を原点として極座標（任意の点を基準軸との角度と原点からの距離で表した座標）で示した曲線である。輝度の分布ではない。

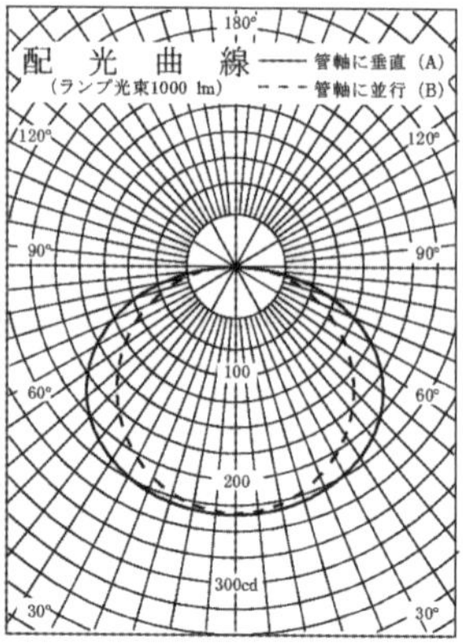

配光曲線の例

2. 照明率Uは、照明器具から発する光のエネルギーがどれだけ有効に作業面に届くかの割合であり、天井や周壁の反射率、室指数及び器具の配光・効率によって異なる。室指数は、部屋の形状・寸法の影響を加えるためのものである。

$$室指数 = \frac{XY}{H(X+Y)}$$

X:室の間口　　Y＝室の奥行

H:作業面から光源までの高さ

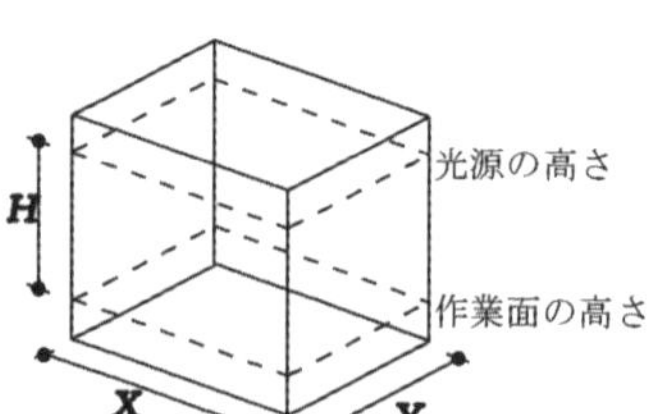

室指数

3. 照度計算に用いる保守率は、ランプの経年劣化やほこり等による照明器具の効率の低下をあらかじめ見込んだ定数である。一般に、照明器具の形状や清掃状況、ほこりの量等の室内の状況によって保守率は異なる。

4. 照明器具効率は、「光源を単独で点灯したときに放射される全光束」に対する「光源を照明器具に入れて点灯したときに放射される器具光束」の比率であり、照明器具に使われているランプから出る光束が、器具の外に出る割合を示す。

No.17　正解 3　音響

1. 隙間のない単層均質な壁体に平面波が垂直に入射した場合の透過損失TL_0は、壁が一体となってピストン運動することを仮定すると、次式のとおり、単位面積当たりの質量（面密度）M〔kg/㎡〕、入射する音の周波数f〔Hz〕が大きいほど、大きくなる。これを単層壁の質量則という。

$TL_0 = 20\log_{10}(f \cdot M) - 42.5$〔dB〕

厚さが2倍になると、面密度が2倍になるので、TL_0は約6dB増加する。

2. 拡散音場における室内音圧レベルL_p〔dB〕は、次式で求められる。

$L_p = L_w - 10\log_{10}A + 6$〔dB〕

L_w:音響パワーレベル

（音響出力のレベル）〔dB〕

A:室内の吸音力(等価吸音面積)〔㎡〕

（室内表面積S×室内平均吸音率$\bar{\alpha}$）

ここで、室内の吸音力が2倍になると、Aが$2A$となるので、

$L_p' = L_w - 10\log_{10}2A + 6$

$= L_w - (10\log_{10}A + 10\log_{10}2) + 6$

$\fallingdotseq L_w - (10\log_{10}A + 3) + 6$

$= L_W - 10\log_{10}A - 3 + 6$

$= L_P - 3$〔dB〕となり、室内音圧レベルは、約3dB小さくなる。

3. 最適残響時間の推奨値は、室の使用目的に応じて、室容積の関数として与えられており、室容積の増大に伴って長くなる。

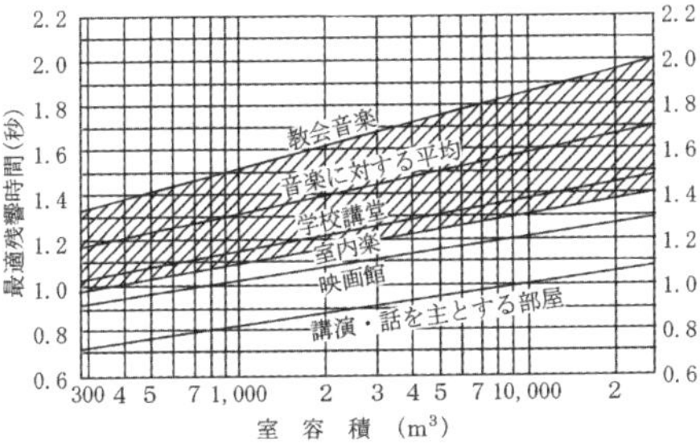

500Hzの最適残響時間

4. 多孔質吸音材は、細隙内の空気中に伝播した音波が、微小繊維等との間の空気の摩擦粘性抵抗などによって、音のエネルギーが最終的に熱エネルギーに変わることによって吸音される。多孔質材料の吸音特性は、下記の通りである。

(1)高音域の吸音率は大きいが、低音域の吸音率は小さい。多孔質材料の厚さを増すと、特に中低音域の吸音率が増加する。

(2)吸音材の背後に空気層を設け、空気層の厚さを増すほど低音域の吸音率が増加する。

(3)表面を塗装等で被覆し、通気性を悪くすると高音域の吸音率が低下する。

No.18 正解 1 水質基準・排水処理

1. 水道法第4条に基づく水質基準は、水質基準に関する省令（平成15年厚生労働省令第101号）により定められている。水道により供給される水の水質基準の検査項目には溶存酸素は定められていない。

2. 建築物における衛生的環境の確保に関する法律における雑用水の水質基準を下表に示す。

雑用水に関する衛生上必要な措置等

用途	水洗便所用水	散水、修景、清掃用水
pH値	5.8以上8.6以下であること	
臭気	異常でないこと	
外観	ほとんど無色透明であること	
大腸菌	検出されないこと	
濁度	−	2度以下であること
遊離残留塩素	給水栓の水で0.1mg/L以上、病原生物汚染のおそれがある場合は0.2mg/L以上	

※散水、修景、清掃用水には、し尿を含む水を原水として使用しないこと。

3. SS（Suspended Solid）とは、水中に浮遊または懸濁している直径2mm以下の粒子状物質の濃度のことであり、通常、水1リットルに含まれる浮遊・懸濁物質の重さで表す。

4. BOD（Biochemical Oxygen Demand）とは、水中の有機物の量を、水中の微生物が有機汚濁物質を生物化学的に酸化分解するときに消費する酸素量で表したもの。値が大きいほど汚染度が高い。生活排水の汚染度を表す指標としても用いられる。

No.19 正解 4 構造力学

長方形断面において、図心を通るX軸に関する断面二次モーメントI_Xは次式で求める。

$$I_X=\frac{BH^3}{12}$$

図のような断面A及び断面BにおいてX軸に関するそれぞれの断面二次モーメントI_A及びI_Bは、次式で求めることができる。

$$I_A=\frac{ab^3}{12} \quad I_B=\frac{a\times(2b)^3}{12}=\frac{8ab^3}{12}$$

I_AとI_Bの比は

$$\therefore I_A:I_B=\frac{ab^3}{12}:\frac{8ab^3}{12}=1:8$$

No.20 正解 3 一般構造

1. 建築基準法施行令に規定されている耐震規定では、一次設計と二次設計の2段階の設計手順が示されている。一次設計では、建築物の存在期間中に1回以上遭遇する可能性の高い（稀に発生する）中程度の地震に対して、許容応力度計算による設計を行う。また、二次設計では、極めて稀に発生する最大級の地震に対して、ある程度の損傷はやむを得ないが、建築物が倒壊・崩壊等して人命を失うことのないように設計する。例えば、保有水平耐力計算においては、一次設計では標準せん断力係数C_0を0.2以上、二次設計ではC_0を1.0以上として設計を行う。

2. 各階の剛性が異なると、剛性の小さな階に変形が集中して崩壊するので、各階の剛性率は均等であることが望ましい。

3. 鉄筋コンクリート構造は、柱と梁で構成されるラーメンと、その中に組み込まれる耐力壁の双方で、耐力を分担する設計法になっており、耐力壁が十分な量であっても、ラーメンに水平力を分担させる設計を行わなければならない。

4. 鉄筋コンクリート柱は、軸方向圧縮力が大きくなると、圧縮側コンクリートの破壊により、変形が小さなうちに急激な耐力低下を生じ、脆性破壊しやすくなるため、靱性は低下する。

No.21 正解 1 一般構造

1. 幅厚比や径厚比が大きいと局部座屈を起こしやすい。したがって、部材が降伏点に達するまで局部座屈を起こさないように、一般形鋼では幅厚比、鋼管では径厚比に制限がある。

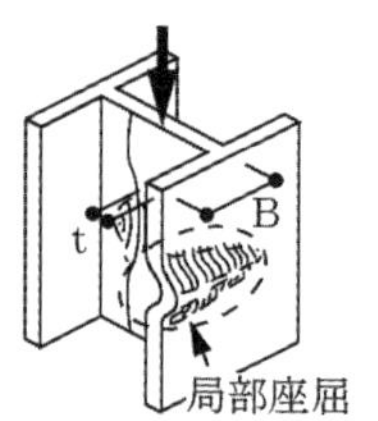

局部座屈

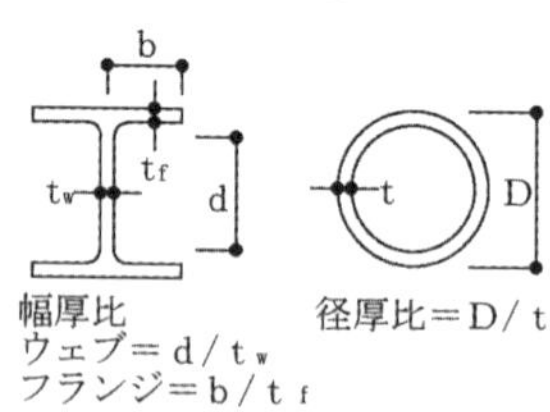

幅厚比・径厚比

2. ボルト孔などの断面欠損があると、断面欠損部周辺に応力集中が生じ破壊しやすくなるので、引張材の有効断面積はボルト孔などによる断面欠損を考慮して算出する。

3. 鋼材のように強度に比べて剛性の小

さい材料では、強度だけで設計すると、たわみや振動障害が生じることがある。したがって、梁の設計においては、強度だけでなく剛性も確保しなくてはならない。

4. 横座屈を拘束するために設ける補剛材には、曲げモーメントを受ける梁の圧縮側フランジ等が面外にねじれ、座屈しようとするのを支える剛性と強度が必要である。

No.22 正解 1 建築材料融合

1. 高遮蔽性能熱線反射ガラスは、金属などを溶融してガラス面に薄膜として付着させるスパッタリング工法により、**金属をフロートガラスの表面にコーティングしたガラスである。設問の記述は、熱線吸収ガラスの説明である。**
2. 強化ガラスは、板ガラスを軟化点（約700℃）近くまで加熱した後、常温の空気を均一に吹き付け、急冷して作る。この処理により表面には圧縮応力層が、内部には引張応力層が形成され、表面の圧縮応力の効果で高強度となる。同厚のフロート板ガラスに比べて3～5倍の曲げ強さを持つ。強化ガラスは加工後の切断ができないので、最終使用寸法で製作しなければならない。
3. 合わせガラスは、2枚または数枚のガラスの間に透明で接着力の強い中間膜をはさみ、加熱圧着で貼り合わせた安全性、防犯性の高いガラスである。割れても破片が飛散しない。
4. 複層ガラスは、2枚のガラスを専用のスペーサーにより一定間隔に保ち、その周辺を特殊な接着構造で密封し、内部の空気を乾燥状態に保ったガラスである。

No.23 正解 3 建築材料融合

1. ステンレスシートは、ステンレス鋼の薄板で防水層を構成する主材料で、屋根や庇（ひさし）の防水として用いられる。
2. エポキシ樹脂系接着剤は、優れた接着力を有し、耐水性、耐久性、耐薬品性などに優れている。様々なものの接着に用いられる他、コンクリートのひび割れの補修にも用いられる。
3. 大理石は、硬質で強度が大きく、磨くと光沢が得られるが、**耐酸性・耐火性・耐候性に劣る**などの特性を持つため、**外壁や外構など、屋外の使用には適さない**。主として室内の装飾に用いられる。
4. 銅は、熱伝導性が高く、加工・接合が容易な鋼材である。大気中における耐食性に優れており、コンクリート中などでは、黒色化しても腐食はほとんど進行しない。しかし、酸やアンモニア中では著しく腐食する性質をもっているので注意が必要である。

No.24 正解 2 各部工事

1. JASS4　既製コンクリート杭を現場

で仮置きするときは、地盤を水平にならし、まくら材を支持点として1段に並べ、それぞれの杭には、移動止めのくさびを施す。やむをえず2段以上とするときは、必ず同径のものを並べ、まくら材は同一鉛直面上にあるようにする。

2. JASS5　せき板に用いる木材を屋外で保管する場合は、直射日光が当たるのを避け、濡らさないようにシート等を用いて保護する。木材は直射日光に当てたり濡らしたりすると、木材中の糖分やタンニンが木材表面に抽出され、コンクリート表面の硬化不良の原因となる。

3. 建築工事監理指針　アスファルトルーフィングは縦積みとする。横積みにすると、ルーフィングに癖がついて、施工の際しわになり易い。

4. JASS5　鉄筋は、種別、長さ別に整理して、コンクリートの付着強度を低下させる泥、土、油等が付着しないように受材の上に置き、地面から10cm以上離して、雨露や潮風による有害な錆を生じさせないように必要に応じてシートを掛けて保管する。

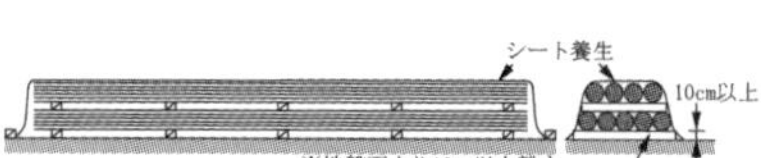

鉄筋の保管

No.25　正解　2　各部工事

1. JASS5　コンクリートの単位水量が大きくなると、構造体コンクリートに乾燥収縮ひび割れが生じやすくなる他、耐久性上好ましくないため、単位水量は、所要の品質が得られる範囲内で、できるだけ小さくする。

2. 建築工事監理指針　梁の打込みは、壁及び柱のコンクリートの沈みが落ち着いた後に行う。また、スラブの打込みは、梁のコンクリートの沈みが落ち着いた後に行う。柱･壁と梁及び梁とスラブを連続して打ち込むと、各箇所のコンクリートの沈降により、梁との境目にひび割れが発生するおそれがある。

3. JASS5　コンクリートの沈み、材料分離、ブリーディング及びプラスチック収縮ひび割れ等による不具合は、コンクリートの凝結が終了する前にタンピング等により処置する。

4. JASS5　コンクリートは、打込み終了直後からセメントの水和及びコンクリートの硬化が十分に進行するまでの間、透水性の小さいせき板による被覆、養生マットまたは水密シートによる被覆、散水･噴霧、膜養生剤の塗布などにより湿潤養生を行う。

No.26　正解　2　各部工事

1. JASS6　塗装する前には、必ず素地調整を施す。また、素地調整を行った鋼材面は活性となり、さびやすいため、ただちに塗装を行う。

2. JASS6　高力ボルト孔の孔あけ加工は、板厚に関係なくドリル孔あけとする。ただし、特記がある場合または監理者の承認を受けた場合は、レーザ孔あけとすることができる。

3. JASS6　溶融亜鉛めっき高力ボルトの締付けは、有資格者がナット回転法によって行う。

4. JASS6　溶融亜鉛めっきを施した鉄骨部材の摩擦面の処理方法は、ブラスト処理またはりん酸塩処理のいずれかの方法とする。

No.27　正解　4　各部工事

1. JASS19　タイル張り壁面の伸縮調整目地は、コンクリート躯体のひび割れ誘発目地・水平打継ぎ目地及びモルタル下地の伸縮調整目地と一致させる。おのおのの位置が異なった場合、コンクリート躯体のひび割れ誘発目地・水平打継ぎ目地及びモルタル下地の伸縮調整目地の位置にあるタイルは、ひび割れまたは浮きが発生する。

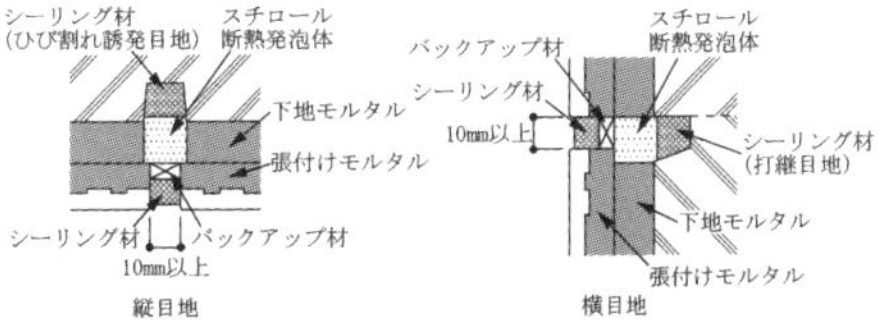

伸縮調整目地の位置

2. JASS19　寒冷地など冬期に凍結のおそれのある地域では、水掛かり箇所におけるタイルは、凍害を防止する性能を確保しなければならない。タイルの凍害とは、タイル素地中に吸収された水分の凍結融解作用により、タイルが破壊される現象である。したがって、雨掛かりとなる部分に使用するタイルは、吸水率の低いタイルが適している。

吸水率による区分

吸水率による区分	吸水率
Ⅰ類　(旧規格の磁器質タイルに相当)	3.0%以下
Ⅱ類　(旧規格のせっ器質タイルに相当)	10.0%以下
Ⅲ類　(旧規格の陶器質タイルに相当)	50.0%以下

3. JASS9　張り石工事において、外壁湿式工法及び内壁空積工法に用いる引き金物の材質はステンレス鋼SUS304とする。

4. JASS9　外壁湿式工法は、地震時などの躯体の挙動に張り石面が追従しにくいため、石材にひび割れが発生したり、脱落したりすることがある。乾式工法は、躯体の変形の影響を受けにくい。ただし、風圧、衝撃で損傷した場合、脱落に直結するので注意が必要である。

令和2年度

建築一般知識［解答・解説］

▶問題 P.40~

No.1 正解 4 建築物の計画

1. 中央熱源方式の全空気式空調設備を設けた事務所ビルにおいて、「延べ面積」に対する「空調の熱源機器等を設けた主機械室のスペース」の割合は、約5～8％を目安とする。なお、設備諸室の大きさは、主要機器の占有スペース、機器の搬出入スペース、保守管理のスペース等から検討する。
2. 中央熱源方式の全空気式空調設備を設けた事務所ビルにおいて、「延べ面積」に対する「空調シャフトのスペース」の割合は、約0.2～0.9％を目安とする。
3. 各階を垂直に貫通する空調用の主ダクトは、火災の拡大経路とならないように、耐火構造のシャフト内に収める。
4. オイルサービスタンクは、指定数量以上の場合、原則として専用室に設置する。なお、小規模のタンクでボイラー室に併設する場合、ボイラーとの離隔距離は2m以上とする。

No.2 正解 4 建築物の計画

1. ガラス屋根面に水を流すことによって、日射熱を抑え、夏期の空調負荷を低減することができる。
2. エアフローウインドウ方式は、二重サッシ（ガラス）の間に電動ブラインドを設け、日射を遮蔽すると同時に、二重サッシの間に室内の空気を通し、夏は外部に排出、冬は空調機に戻すことで、ペリメータゾーンの熱負荷を少なくするペリメータレス空調システムの一種である。冬期におけるコールドドラフト防止にも有効である。

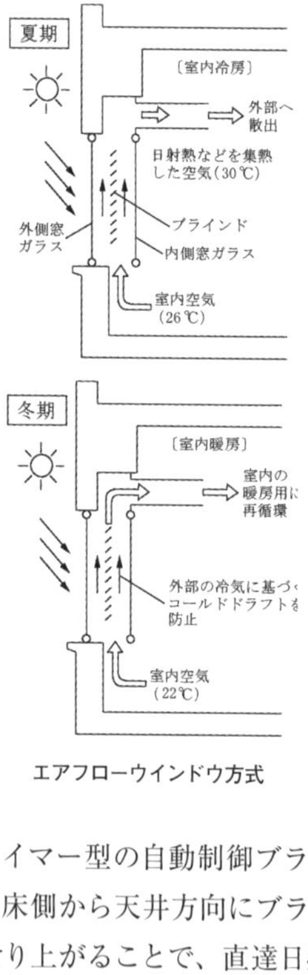

エアフローウインドウ方式

3. クライマー型の自動制御ブラインドは、床側から天井方向にブラインドがせり上がることで、直達日射を遮蔽しつつ高い眺望性と開放感を確保できる手法である。
4. 外気冷房システムは、室内での発熱が多く、中間期及び冬期でも冷房が必要な場合、低温の外気を空調機に導入し、冷凍機を運転することなく、冷房を行う省エネルギーな空調方式である。冬期は乾燥した外気を導入するので、加湿量は増加する。

No.3　正解　2　建築物の計画

1. 「CASBEE－建築（新築）」における評価は、BEE（Building Environmental Efficiency：建築物の環境性能効率）等で行う。Qが大きく、Lが小さい（＝BEEが大きい）ほど、建築物の環境性能は高く、環境性能に優れた建築物であることを示す。

$$BEE = \frac{\text{建築物の環境品質・性能Q}}{\text{建築物の外部環境負荷L}}$$

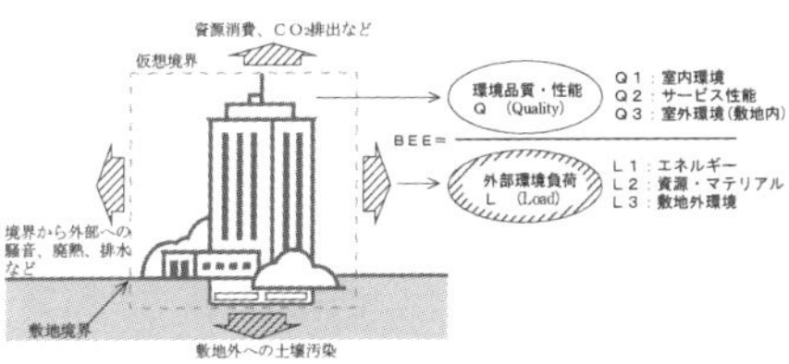

CASBEE のイメージ

2. BEI（Building Energy Index）とは、省エネ基準に則って求めた「基準一次エネルギー消費量」に対する「設計一次エネルギー消費量」の割合を表す指標で、値が小さいほど省エネルギー性能が高いことを示す。
3. ZEB（Net Zero Energy Building）とは、建築物における一次エネルギー消費量を、建築物・設備の省エネ性能の向上、エネルギーの面的利用、オンサイトでの再生可能エネルギーの活用等により削減し、年間の一次エネルギー消費量が正味（ネット）でゼロ又はマイナスとなる建築物と定義されている。ZEBの実現や普及に向け、4段階の定量的要件を設け、「ZEB」「Nearly ZEB」「ZEB Ready」「ZEB Oriented」が定義づけられている。ZEB Readyは、ZEBを見据えた先進建築物として、外皮の高断熱化及び高効率な省エネルギー設備を備えており、基準一次消費量から50%以上の一次エネルギー消費量を削減している建築物である。
4. BELS（Building Housing Energy－efficiency Labeling System：建築物省エネルギー性能表示制度）とは、第三者機関が建築物の省エネルギー性能の評価及び表示を行う制度である。建物の省エネルギー性能に応じて、5段階の星の数などで性能を表すことができる。

No.4　正解　4　建築物の計画

1. 内部負荷の大きい建築物においては、断熱性能を向上させると、年間熱負荷の増加を招くことがある。そのため、オフィスビルなどでは、冬期においても冷熱が必要になっている。また、住宅においても窓開けによる通風（換気）をとらない場合、内部発熱により冷房負荷が増大する傾向にある。
2. アトリウムのように天井の高い空間などでは、大きな上下温度差が生じやすく、空間全体を空調すると、省エネルギーにはならないため、空調ゾーンを居住域に限定することも検討する必要がある。なお、居住域など適正な環境に維持すべき範囲が、空間の下部に限定される場合は床吹出し空調方式が適している。

3. 放射空調は、室内の天井・壁・床などに設けた冷却・加熱パネルによって空調を行う方式である。人間の快感度が高く、送風動力が少ないという長所がある。

4. フリークーリングとは、冬期に冷凍機の運転を停止して、低温外気との熱交換により得られる冷水を、空調の冷熱源として利用する方式である。これにより、冷水製造に掛かる電力消費を大幅に軽減できる。

No.5 正解 3 建築物の計画

1. 屋内及び屋外の傾斜路の勾配は、1/12以下とする。なお、バリアフリー法の誘導基準では、屋外の傾斜路の勾配は、1/15を超えないものとすることとされている。

2. 階段の手すりの高さは、成人の場合、踏面の先端から75～85cm程度が適当である。二段手すりとする場合には、その下に幼児または高齢者対策として60～65cm程度のものを設けることが望ましい。

3. 車椅子使用者の利用に考慮したカウンターの高さは、床面から700～800mm程度であり、900mmでは高すぎる。

4. 車椅子使用者が車椅子を中心に360°回転するための物理的最少スペースは、直径1,500mmであるため、平面計画の基本モジュールを1,500mmとする計画は適当である。

No.6 正解 4 防災計画

1. 特別避難階段の付室に機械排煙設備を設ける場合、煙が階段室へ侵入するのを防ぐため、付室内の排煙口は、階段側の扉からできるだけ離し、反対の廊下側の扉の上部近傍に設けることが好ましい。

2. 加圧防排煙方式は、廊下や付室、階段室に新鮮空気を加圧して、避難方向と逆方向の煙の流れをつくり、避難経路への煙の侵入を防ぐ方式である。

3. 竪穴区画のうち、建築物内に何層にもわたって構成されたアトリウム等の大規模な吹抜け空間は、煙の上方への伝播経路となり、その速度も速いため上階での避難を阻害する危険が高い。そのため防火防煙シャッターを用いるのが通例であるが、上層階はガラススクリーンなどの固定間仕切りを併用して、シャッターの降下閉鎖障害の場合にも、一定時間は、煙の上階への侵入を防御する計画が望ましい。

4. 建築基準法第2条第九号の二ロにおいて、防火設備は、遮炎性能を有するものとする。なお、遮煙性能が要求されるのは、建築基準法施行令第

112条第19項第二号に該当する、階段室や昇降機の昇降路などの竪穴区画や異種用途区画の防火設備である。

No.7　正解　1　防災計画

1. 映画館は、建築基準法施行令第121条第1項第一号及び第129条の2第1項より、全館避難安全性能を確認した場合であっても、2以上の直通階段を設けなければならない。

2. 水平避難とは、一つの階を複数のゾーンに区画し、火災の発生していないゾーンに水平に移動することによって安全を確保する方式である。各ゾーンの出入口は、防火戸で区画する。

3. 避難者の歩行速度は、群衆密度1.5人/㎡の時、約1m/secである。それ以上混雑すると、歩行速度はさらに遅くなる。階段での歩行速度は、廊下の歩行速度より遅いので、避難階段に通じる出入口の幅は、階段の有効幅と一致させるか、有効幅よりやや狭くして、階段室内へ避難者が一気になだれ込まないようにコントロールする必要がある。

4. 中央部に光庭となるボイド空間を設けた超高層集合住宅において、ボイド空間を取り囲む開放廊下を避難経路とする場合には、上部に煙が充満して濃度が高くなり、避難に支障をきたすおそれがあるので、ボイドの下層部分または側面に給気口を設け、煙突効果を利用してボイド内の空気の流通を促進し、ボイド空間の煙を希釈する必要がある。

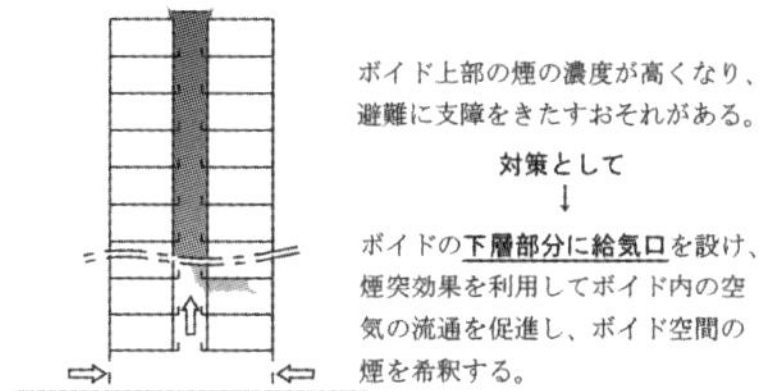
ボイド上部の煙の濃度が高くなり、
避難に支障をきたすおそれがある。
対策として
↓
ボイドの下層部分に給気口を設け、
煙突効果を利用してボイド内の空
気の流通を促進し、ボイド空間の
煙を希釈する。

ボイド型建築物の煙突効果を利用した排煙

No.8　正解　1　防災計画

1. 免震装置を設置する免震層は、駐車場など他の用途に使用する場合は、建築基準法上の階数及び延べ面積に算入するが、配管スペースとして使用する場合には算入しない。

2. 免震建築物は、免震層の位置により、基礎免震と中間層免震に分類される。中間層免震の建築物の場合、免震層上部の建築物の梁などからエレベーターシャフトを吊り下げ、免震層下部と絶縁する設置方法がある。

3. 基礎免震の免震装置は、一般に、基礎の一部とみなされるため、耐火被覆を行う必要はない。

4. 免震建築物は、何十年かに一度は到来するであろう大台風に対応できる耐風性能を確保し、風圧力によって免震層が過大に変形しないよう、ダンパーの容量等を検討する必要がある。

No.9　正解　3　採光・照明

1. 日射遮蔽係数は、透明ガラス（厚さ

3mm）の窓から侵入する日射熱を基準（1.0）として、日射遮蔽物によって遮蔽された後の室内に侵入する日射熱の割合を示すものである。

日射遮蔽係数

$$=\frac{\text{任意の日射遮蔽物の法線入射時日射熱取得}}{\text{標準ガラス(透明3mm)の法線入射時日射熱取得}}$$

したがって、日射遮蔽係数は、その値が小さいほど遮蔽効果が大きくなるため、日射熱取得が小さくなる。

2. 一般的な透明フロート板ガラスの場合、入射角が小さい範囲では、透過率及び反射率はほぼ一定となる。また、透過率、吸収率及び反射率の合計は常に一定であるため、透過率及び反射率がほぼ一定であれば、吸収率もほぼ一定となる。

3. 密閉中空層の熱抵抗は、厚さ1～1.5cm程度までは、厚さに比例して増加し、厚さ2～4cm程度になると増加量はゆるやかになる。したがって、中空層の厚さが12mmのものより、6mmのもののほうが熱抵抗は小さい。なお、中空層の厚さが4cm程度を超えると、空気の対流が起こり、むしろ熱抵抗は減少する。

4. 複層ガラスの中空層の熱抵抗は、中空層の厚さがおよそ2～4cmぐらいまでは、空気の対流による熱移動がなく、固体と同じように、(厚み)÷(熱伝導率）と考えることができる。中空層は通常、乾燥空気が封入されているが、複層ガラスの断熱性能を更に向上させたい場合は、空気より熱伝導率の小さなアルゴンガスやクリプトンガスが使われる。特にクリプトンガスの熱伝導率は空気の1/3程度であり、中空層に充填することで断熱性能が向上する。

No.10　正解　2　熱・結露

複層壁の熱貫流抵抗R〔㎡・K/W〕、熱貫流率K〔W/(㎡・K)〕は、下記のように表される。

$$R=r_o+r_k+r_a+r_i$$
$$=\frac{1}{\alpha_o}+\frac{d_k}{\lambda_k}+r_a+\frac{1}{\alpha_i}\text{〔㎡・K/W〕}$$
$$K=\frac{1}{R}\text{〔W/(㎡・K)〕}$$

r_o:外表面熱伝達抵抗〔㎡・K/W〕

α_o:外表面熱伝達率〔W/(㎡・K)〕

r_i:内表面熱伝達抵抗〔㎡・K/W〕

α_i:内表面熱伝達率〔W/(㎡・K)〕

r_k:外壁材の熱伝導抵抗〔㎡・K/W〕

λ_k:外壁材の熱伝導率〔W/(m・K)〕

r_a:中空層の熱抵抗〔㎡・K/W〕

d_k:外壁材の厚さ〔m〕

設問の条件を代入すると、

$$R=\frac{1}{23}+\frac{0.15}{1.4}+\frac{0.03}{0.037}+0.09+\frac{0.01}{0.17}+\frac{1}{9}$$
$$=1.221\cdots\text{〔㎡・K/W〕}$$
$$K=\frac{1}{R}=\frac{1}{1.221}\fallingdotseq 0.82\text{〔W/(㎡・K)〕}$$

したがって、選択肢2が最も適当である。

No.11　正解　1　熱・結露

1. PMV（Predicted Mean Vote：予測平均温冷感申告）は、ファンガー（P.O.Fanger）が提案した総合温熱環境指標であり、ある環境条件下で多数の人が温冷感の申告を行った場合の申告値の平均を予測する指標である。その尺度は、人間の温冷感覚を数量化したもので、下表のように＋３〜－３の７段階評価となる。ISO（国際標準化機構）では、PPD（Predicted Percentage of Dissatisfied：予測不満足者率）＜10％が望ましいとされており、下図のPPDとPMVとの関係から、－0.5＜PMV＜＋0.5の範囲が推奨値となる。

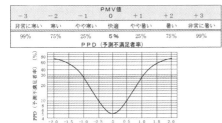

PMV値						
－3	－2	－1	0	＋1	＋2	＋3
非常に寒い	寒い	やや寒い	快適	やや暑い	暑い	非常に暑い
99%	75%	25%	**5%**	25%	75%	99%
PPD（予測不満足者率）						

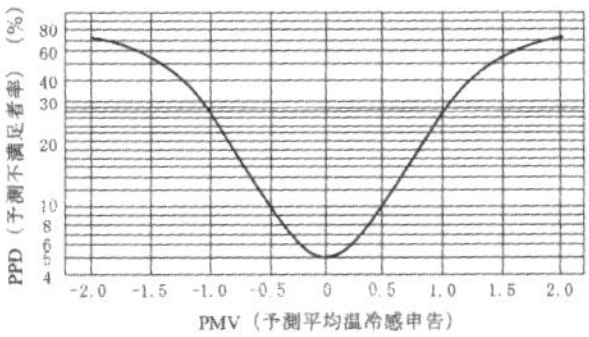

PMVの温熱評価スケールとPPDの関係

2. 椅座安静時の代謝量は1.0met程度、一般事務作業では1.2met程度である。なお、1metは58.2W/㎡であり、成人の体表面積は、一般に、1.6〜1.8㎡程度であるので、椅座安静状態における成人の代謝量は、100W/人程度となる。

3. 一般に、高齢者は基礎代謝量が低下するので、活動による生産エネルギー量（代謝量）が若年者に比べると少なくなる。したがって、高齢者の場合、代謝量が少なくなる分、若年者より高めの暖房設定温度にすることが望ましい。

4. 作用温度（OT：Operative Temperature）は、効果温度ともいい、人体周辺の放射熱源と気温、気流が人体に与える影響を評価するものである。空気温度と放射温度との重み付け平均した温度であり、湿度は関係ない。なお、静穏な気流（0.2m/s以下）の下では、室温とMRT（平均放射温度）の平均値で表され、グローブ温度とほぼ一致する。

$$OT \fallingdotseq \frac{(t_i+MRT)}{2} \fallingdotseq \text{グローブ温度}$$

t_i：室温〔℃〕

MRT：平均放射温度〔℃〕

No.12 正解 2 換気

室内の水蒸気発生量に対する排湿のための換気量Q〔㎥/h〕は次式で表される。

$$Q = \frac{W}{\rho(X_i - X_o)} \text{〔m}^3\text{/h〕}$$

W：水蒸気の発生量〔kg/h〕

ρ：空気密度（≒1.2）〔kg/㎥〕

X_i：室内の重量絶対湿度〔kg/kg(DA)〕

DAは乾燥空気

X_o：外気の重量絶対湿度〔kg/kg(DA)〕

設問の条件を式に代入すると、

$$Q = \frac{5.0}{1.2(0.012-0.005)} = 595.23\cdots$$
$$\fallingdotseq 600 \text{〔m}^3\text{/h〕}$$

よって、選択肢2が最も適当である。

No.13 正解 1 換気

1. 大気基準圧は、室内の気圧から、同じ高さにおける外部大気圧を減じた圧力である。なお、大気基準圧が大きいほど、開口部を通しての換気量は多くなる。
2. 温度差による換気量Q〔㎥/h〕は次式による。

   $$Q=\alpha A\sqrt{2gh\left(\frac{t_i-t_o}{273+t_i}\right)}\times 3600〔㎥/h〕$$

   α:流量係数　A:開口部面積〔㎡〕
   g=重力加速度〔m/s²〕
   h:上下開口部の中心間の垂直距離〔m〕
   t_i:室温〔℃〕　t_o:外気温〔℃〕
   上式より、温度差による換気量は上部の開口部と下部の開口部との垂直距離の平方根$\sqrt{h}$に比例する。
3. 風力による換気量Q〔㎥/h〕は次式による。

   $$Q=\alpha A v\sqrt{C_1-C_2}\times 3600〔㎥/h〕$$

   α: 流量係数　A:開口面積〔㎡〕
   v: 風速〔m/s〕
   C_1:風上側風圧係数
   C_2:風下側風圧係数
   よって、風力による換気量Qは流入口と流出口の風圧係数の差の平方根$\sqrt{C_1-C_2}$に比例する。
4. 建物内部の温度が外気温より低い場合、屋内の空気は密度が大きく重いため、上部の開口部から外気が室内に侵入し、室内の下部開口から空気が流出する。

No.14 正解 4 室内気候と気象

1. 空気中には様々なアレルゲンが浮遊している。ハウスダストや花粉の他にも、ダニ類やカビ類を吸入することで、アレルギー症状を起こすことがある。
2. 大気中の酸素濃度は約21%であるが、室内で給排気を行う開放型燃焼器具を使用した場合、室内の酸素濃度が18～19%になると、不完全燃焼による一酸化炭素量が急増する。なお、一酸化炭素の室内空気汚染の許容値は、10ppm以下と定められている。
3. 燃料が燃焼すると、空気中の窒素や燃料内に含まれる窒素成分が酸化し、窒素酸化物が発生する。
4. VOC（揮発性有機化合物）とは、揮発性を有し大気中で気体状となる有機化合物の総称である。VOCには毒性の明らかなものと、木材の天然成分のように人に対して有用なものがある。**スギやヒノキ等の無垢材から発生する特徴的な香り成分も、VOCの一種である。**

No.15 正解 3 採光・照明

1. 光ダクトシステムは、自然採光を利用する省エネルギー手法のひとつで、外壁や屋上から太陽からの自然光を建物内に取り込み、内面を高反射率鏡面としたダクト（光ダクト）の内部を反射させながら室内の必要な場所に導く方式である。窓から離れた位置や無窓室などの日照が得られない場所に自然光を搬送することができるので、省エネルギーに有効である。

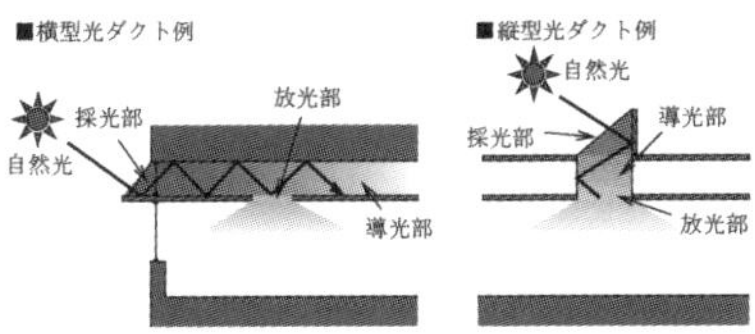

光ダクトシステムの例

2. 昼光率とは、採光の良否を判断するため、直射日光を含まない全天空照度を算出に用いることにより、室内のある点における屋外照度の時間的な変化に影響されない指標として定義づけられたものであり、次式で示される。

昼光率D

$$= \frac{\text{室内のある点の水平面照度}(E)}{\text{全天空照度}(E_s)} \times 100〔\%〕$$

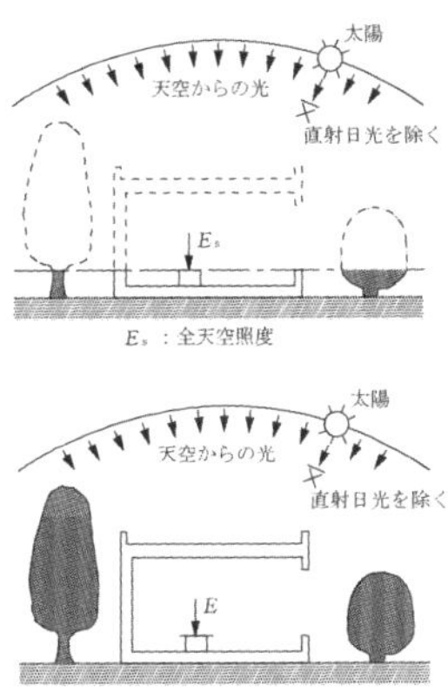

全天空照度と昼光率

3. 全天空照度は、直射日光を考慮しないため、「雲の多い晴天」に当たる「特に明るい日（薄曇）」の設計用全天空照度（50,000lx）よりも「快晴の青空」の設計用全天空照度（10,000lx）のほうが低い。

4. 同じ窓面積の場合、側窓よりも高窓や天窓のほうが、室内に均等に採光を取り込み、室全体が明るくできる。また、一般的に、室全体が明るくなると、均斉度は向上する傾向にある。

No.16　正解　2　　採光・照明

1. シルエット現象とは、明るい窓を背にした対象物の細部が見えにくくなり、シルエット（影絵）のように見える現象をいう。明るい窓を背景にすると、背景と対象物の輝度対比が大きくなることが原因である。ブラインド等で窓面の輝度を下げることで、シルエット現象を低減できる。

2. モデリングとは、立体に適度の明暗（陰影）をつけて、その形や質感を適切に表現する手法をいう。照明によって物の立体感や材質感を得る（モデリングを適切に行う）ためには、光の方向性と拡散性を考慮する。

3. 反射グレアの対策としては「展示物を照明し、外部よりも明るくする」、「ガラスの角度を変える」、「器具が映り込まない位置に照明を設置する」などによって防止できる。

4. 物体や文字などの見やすさを明視といい、一般に、「大きさ」、「明るさ」、「輝度対比」、「視速度（時間）」が明視の4条件とされている。

No.17 正解 1 音響

1. 単層壁に壁と平行に近い角度で音波が入射すると、その材料固有の曲げ振動が起こり、音波と壁体の共振によって、共鳴周波数での透過損失が質量則よりも著しく小さくなり、遮音性能が低下する。この現象をコインシデンス効果といい、一般に、中高音域で起こりやすい。同一材質の板状材料では、厚みが増すほど、材料固有の曲げ振動の波長が長くなり(周波数が低くなり)、コインシデンス効果による遮音性能の低下の影響は、より低い周波数域へ拡大する。

コインシデンス効果

2. 中空層のある二重壁は、中空層がバネとして働き、「質量」－「バネ」－「質量」の振動系を形成するため、二重壁が振動しやすい周波数ができ、その周波数域で質量則よりも透過損失は小さくなる。この振動しやすい周波数を共鳴透過周波数といい、一般的な二重壁では低音域で生じる。また、中空層の厚さを薄くするとバネの力が強くなるため、共鳴透過周波数はより高い周波数で生じるようになる。

3. 施工性に優れるボード直張り工法(コンクリートにせっこうボードを接着剤で点付けする方法)は、GL工法やボンド直付け工法とも呼ばれ、せっこうボードを張り付けることによって壁体全体の面密度が高くなるが、低音域(250Hz付近)での共鳴透過と中高音域(4000Hz付近)でのコインシデンス効果により、遮音性能が低下するので、一般に、遮音等級Dによる評価は低下する。

4. 多孔質材料は、微小繊維等との間の空気の摩擦粘性抵抗などによって、材料内部に伝搬した音のエネルギーの一部が、最終的に熱エネルギーに変わることによって吸音される。多孔質材料の表面を通気性の低い材料によって被覆すると、波長の短い音波が繊維内に直接入射されにくくなるので、多孔質材料の特徴である高音域の吸音効果が低下する。

No.18 正解 4 音響

1. エレベーターの走行時の騒音は、通過時にガイドレールを経て構造体に伝わる衝撃による振動が伝播して先の壁・天井・床等を振動させて音となって現れる。騒音防止対策としてエレベーターのガイドレールを支持するために昇降路の側面に設けた中間梁に支持することが望ましい。

2. 給水管の場合、ウォーターハンマー等で発生した騒音・振動が、支持点を通じて躯体に伝搬する恐れがある。対策として、ゴムシート付き樹脂製サドルバンド等によって給水管の支持部を防振処置し、騒音・振動の伝搬を抑えることが望ましい。

3. 自動ドア開閉時の発生騒音はあまり大きくないため、空気伝搬音の直上階への遮音対策は必要ないが、ドアの自動開閉にモーターを稼働させるため、モーターの振動や開閉機構の振動が固体伝搬音を発生させる。振動自体はそれほど大きくないが、頂上階へは対策が必要になる。自動ドアは、一般に、梁や垂れ壁に取り付けることが多いので、この部分で開閉機構全体を防振支持するのが望ましい。

4. 建築物の地階に機械式の駐車場を設け、直上の居室が受音室になる場合、騒音対策の主な対象となるのは、駐車場内における車の移動音および駐車装置の稼働音といった空気伝搬音や、躯体を伝搬し広い範囲に影響を及ぼす固体伝搬音である。したがって、上階の居室へ伝搬する騒音を低減させるために、駐車場の天井や壁を吸音処理することは、空気伝搬音対策としてはある程度の効果が期待できるが、対策として十分ではなく、**上階との界床の遮音性能をよくしたり、地階を防振床とした上に機械式駐車場を設置するなどの固体伝搬音への対策が必要な場合が多い。**

No.19 正解 4 構造力学

等分布荷重は、集中荷重12kN（3kN/m×4m）が部材の中間に加わったと考える。A点で切断し、A点より左側を選択する。A点にせん断力Q_A、曲げモーメントM_Aを仮定し、つり合い条件式を考える。

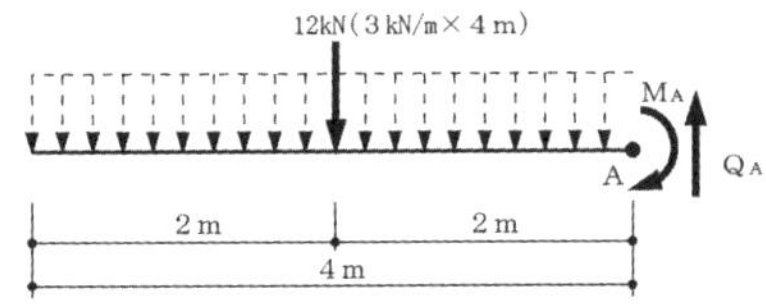

$\Sigma Y=0$より、

$Q_A-12kN=0 \quad Q_A=12kN$

$\Sigma M_A=0$より、

$M_A-12kN\times 2m=0$

$M_A=24kN\cdot m$

No.20 正解 3 一般構造

1. 垂れ壁や腰壁により変形を拘束されている柱を短柱という。短柱は、曲げ破壊より先に、せん断破壊する危険があるので、柱際にスリット（耐震スリット）を設けて、可撓（とう）長さ（部材の長さのうち、変形を拘束されている部分を除いた湾曲できる部分の長さ）を長くすることによって柱の脆性破壊を防ぎ、靱（じん）性を高める。

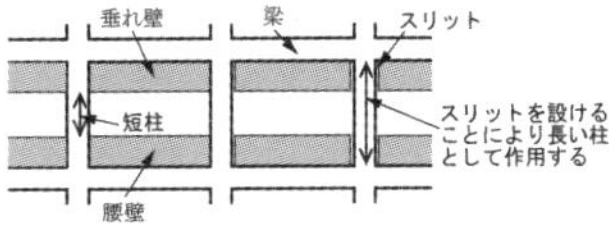

短柱への対策

2. 一次設計用地震力（$C_0\geqq 0.2$の地震

力）によって生じる各階の層間変形角については、$\frac{1}{200}$以内とすることが原則であるが、帳壁、内外装材、設備等に著しい損傷の生じるおそれがないことが確認された場合は、$\frac{1}{120}$以内にまで緩和することができる。

3. 水槽、煙突等の屋上突出物は、地震の振動が建物本体によって増幅されるため、建物本体よりも大きな加速度が作用する。

4. 露出形式柱脚において、安定した塑性変形能力を確保するためには、ねじ部降伏に先立って軸部が降伏（塑性変形）する必要がある。そのため、降伏比の上限を規定した「伸び能力のあるアンカーボルト」を用いる必要がある。

No.21 正解 2 一般構造

1. 杭の極限鉛直支持力は、極限先端支持力（杭先端の極限抵抗力）と極限周面摩擦力（杭周面の極限摩擦抵抗力）の和である。

2. 圧密沈下とは、有効地中応力の増加により、土粒子間に含まれる間隙水が長期間圧縮力を受けて排出され、徐々に沈下する現象で、**粘性土地盤**で起こる。なお、載荷と同時に沈下するのは即時沈下で砂質土地盤に見られる現象である。

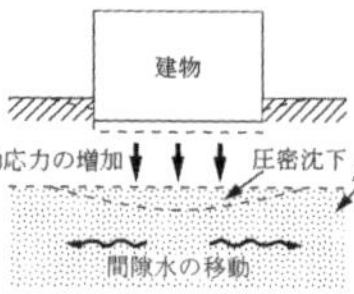

圧密沈下

3. 液状化は下記のような条件の下で起こりやすい。

①地下水位面以下の飽和砂質土で細粒土含有率が低く（35%以下）比較的均一な粒径の砂

②N値が小さい（概ね、15以下）

③地下水位面が地表面に近い

④大きな地震動、継続時間の長い地震動

また、地表面から20m以内の深さにある沖積層について、液状化の判定を行う必要がある。

4. べた基礎は、不同沈下を防ぐのに有効である。

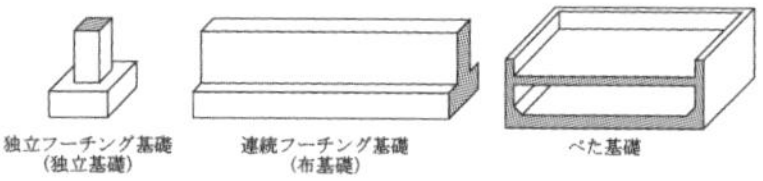

直接基礎の種類

No.22 正解 3 建築材料融合

1. 合板は、木材を薄くむいた単板3枚以上を主として、互いに繊維方向を直交させて積層接着させたもので、異方性の少ない面材である。

2. CLT（直交集成板Cross Laminated Timber）とは、挽板（ひき）又は小角材を並べ又は接着したものを、繊維方向が層ごとに直交するように積層接着し、3層以上の構造をもたせてパネル化したものである。主に床版、壁等の面材に使用される。

3. 構造用集成材は、厚さ2.5～5.0cm程度の木材の板を、繊維方向が互いに平行になるように組み合わせて接着剤で積み重ね、1つの部材としたものである。節その他の欠点を取り除いているので、割れや狂いの発生が少ない。集成材の貼り合わせ方法には､フィンガージョイント等がある。

4. LVL（単板積層材 Laminated Veneer Lumber）は、木材を厚さ3mm程度に切削した単板を繊維方向が、ほぼ平行となるように積層接着したもので、一般材（造作用材）と構造用材とがある。

原料と積層方向の組合せ

原料	繊維方向に平行に積層したもの	繊維方向に直交させて積層したもの
ひき板	集成材	ＣＬＴ（直交集成板）
単板（薄い板）	ＬＶＬ（単板積層材）	合板

No.23 正解 1 建築材料融合

1. インシュレーションボード（軟質繊維板）は、防音性及び断熱性に優れるため、内壁の下地材や天井材、吸音材､畳床､天井材として用いられる。吸音材としては、インシュレーションボードのほか、グラスウールやロックウールなどがあり、遮音材としてはコンクリートやガラスなどがある。なお、吸音とは音を吸収または透過させて反射させないことであり、遮音とは音を透過させないことである。

2. セルローズファイバーは、木質繊維を使用して製造された断熱材である。施工に手間がかかるため、日本ではあまり使用されていない。

3. ロックウールは、岩綿ともいう。安山岩や玄武岩などの岩石を溶かして高圧空気を吹き付け、急冷して繊維状としたもので、断熱性、耐熱性に優れている。ただし、吸水すると断熱性能が低下するので、湿度の高い場所の断熱材としては不向きである。

4. 防湿材として、ポリエチレンフィルムや塩化ビニルフィルムが用いられる。

No.24 正解 2 施工計画

1. JASS1　工事の内容･品質に多大な影響を及ぼすと考えられる工事部分については、監理者と協議したうえで、必要工事部分の工事種別施工計画書を作成する。

2. JASS1　工事種別施工計画書は、主要な工事（工種）について作成されるものである。環境の保全及び構造上の安全性を示す資料は、総合施工計画書において、監理者から要求があった場合に添付するものである。

3. JASS1　基本工程表の作成にあたっては、施工計画、製作図、施工図、見本等の承認、検査、立会等の日程を記載し、監理者の承認を受ける。

4. JASS1　設計図書において、指定された仮設物等がある場合、その内容を総合施工計画書に記述し、監理者の承認を受ける。総合施工計画書とは、総合仮設計画（図）を含めた工事の全般的な進め方や、主要工事の施工方法、品質目標と管理方針、重要管理事項等の大要を定めた、総合的な計画書をいう。

No.25 正解 2 各部工事

1. JASS5　鉄筋表面のごく薄い赤錆は、コンクリートの付着も良好のため除去しなくてよいが、粉状になるような赤錆は、コンクリートの付着を低下させるためワイヤブラシまたはハンマー等で除去する。
2. JASS5　鉄筋は、熱処理を行うと鋼材としての性能が変わるので、加工場での曲げ加工は常温（冷間）加工としなければならない。なお、鉄筋の折曲げは、手動鉄筋折曲げ機または自動鉄筋折曲げ機などによって行う。
3. 鉄筋継手工事標準仕様書　圧接部の品質は、圧接端面の状態に大きく左右されるので、十分注意して行う必要がある。鉄筋の圧接端面は、軸線にできるだけ直角に切断し、かつ、平滑に加工する。
4. JASS5　ガス圧接継手の位置は、原則として隣り合う鉄筋のガス圧接継手の位置と400mm以上ずらす。

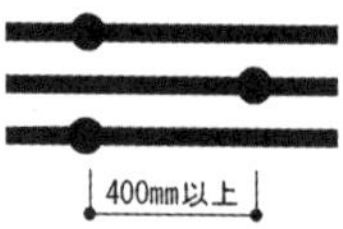

ガス圧接継手のずらし方

No.26 正解 4 各部工事

1. 公共建築工事標準仕様書　配管回りは、防水層の最下層に網状アスファルトルーフィングを増張りし、配管の根元の平場にストレッチルーフィングを150mm程度張り掛けて増張りする。
2. 公共建築工事標準仕様書　アスファルト防水層を貫通する配管回りの立上りの納まりは、所定の位置に防水層の端部をそろえ、ステンレス製の既製バンドで防水層端部を締め付け、上部にシール材を塗り付ける。

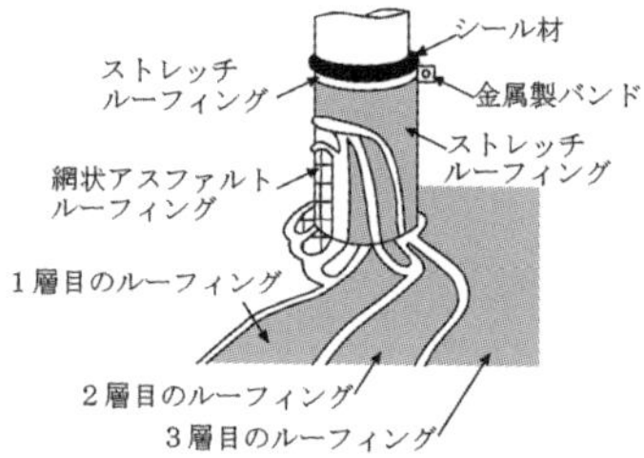

配管まわりのルーフィングの張付け

3. JASS8　アスファルトプライマーは、防水層となじみよく密着させるために、下地面に最初に塗布する液状材料で、下地を十分に清掃した後、はけなどで施工範囲の全面にむらなく均一に塗布する。塗布後8時間以内で乾燥するが、ルーフィング類の張付けは原則としてアスファルトプライマーを塗布した翌日とし、十分に乾燥させることが望ましい。
4. 公共建築工事標準仕様書　コンクリートの打継ぎ箇所等で防水上不具合のある下地は、一般部分の張付けに先立ち、幅50mm程度の絶縁用テープを張り付け、その上に幅300mm以上のストレッチルーフィングを増張りする。

No.27 正解 1 各部工事

1. 建築工事監理指針　埋戻しの際、透水性の悪い山砂の類および粘土質の場合は、まき出し厚さ約300㎜程度ごとにローラー、ランマーなどで締め固めながら埋め戻すのが原則である。
2. JASS6　さび止め塗装作業は、以下の環境条件の場合に中止する。
   ①塗装場所の気温が5℃以下、又は相対湿度が85%以上のとき。
   ②塗装時または塗膜の乾燥前に降雪・降雨・強風・結露などによって、水滴やじんあい（塵埃）などが塗膜に付着しやすいとき。
   ③炎天下で鋼材表面の温度が50℃以上と高く、塗膜に泡を生ずるおそれがあるとき。
3. JASS6　溶接材料は、湿気を吸収しないように保管し、被覆剤の剥脱、汚損、変質、吸湿、さびの発生したものは使用してはならない。また、吸湿の疑いがあるものは、その溶接材料の種類に応じた乾燥条件で乾燥して使用する。
4. JASS5　人工軽量骨材は、運搬中のスランプの低下やポンプ圧送時の圧力吸水を少なくするため、あらかじめ十分に吸水（プレソーキング）させたものを使用する。

建築一般知識［解答・解説］

▶問題 P.54～

No.1 正解 2 建築物の計画

1. コレクティブハウスは、個々のプライバシーを尊重しつつ、居住者の相互扶助活動を活かして、円滑な日常生活が営めるように、食事室・調理室・託児室・洗濯室などの共用施設を住棟内に設けた協同居住型の集合住宅である。
2. コーポラティブハウスは、自ら居住するための住宅を建設しようとする者が組合を結成して、企画・計画から建設・入居・管理まで行う協同組合運営方式の集合住宅である。
3. スケルトン・インフィル方式は、第一段階で、長期間の使用に耐える、「柱、梁、床等の骨格部分」と「廊下、エレベーター等の共用部分（共用部分の設備を含む）」まで設計し、実際の入居者が決定した段階（第二段階）で、比較的短期間の使用で、容易に更新できる、内装、設備等について計画し工事を行う方式である。第一段階は、建物の骨格などの供給となるので「スケルトン」といい、第二段階は、建物の内装などの供給となるので「インフィル」という。
4. 集合住宅におけるスキップフロア型とは、2～3階おきに共用廊下を設け、他の階は廊下階から階段を利用する型式である。廊下階以外の階を2面開口として採光や通風を確保する等により、住戸の居住性を高めることができる。
5. ツインコリドール型は、中廊下型の中間に吹き抜けと光庭を設け、中廊下型の短所である日照等の条件を改善したものである。住棟の配置は、東西軸にすると北向き住戸ができ、その住戸については日照条件が不利になるので、南北軸とするのが望ましい。

No.2 正解 3 建築物の計画

1. 成人が椅子に座った状態における目の高さは110cm程度になるので、事務室において、パーティションの高さが床面から110cmの場合は、見通しが利く。
2. エレベーターにおけるバンクとは、同一制御内にあり、相互にコントロールされているエレベーター群のことであり、1バンク当たり6台程度とし、最大でも8台を目安とする。
3. 大規模建築物のエレベーターで採用されるコンベンショナルゾーニング方式は、建物の階を何層か毎に複数のゾーンに区切り、それぞれのゾーンに違うエレベーター群を割り当てる方式である。また、ゾーン連絡のための「乗り継ぎ階」が必要であり、設問の場合、10階または11階のどちらかを共通の停止階としなければならない。
4. 自走式の立体駐車場の梁下の高さ

は、車路で2.3m以上とする。また、駐車スペースでは2.1m以上とする。

5. 大規模量販店の売場における通路の幅は、主な通路を3m以上、それ以外の通路を1.8m以上とするのが望ましい。

No.3 正解 5 医療施設

1. 病院の病棟や高齢者･幼児が使用する施設などの避難経路は、居室の避難扉、廊下、階段、バルコニーなどを通じて避難できるように設計の初期段階から計画を検討しておく必要がある。
2. 病院のデイルームとは、入院患者がくつろいだり、談話をするためのスペースであり､住宅の居間に相当する。
3. 放射線治療とは、がんなど病巣部に対して治療を目的として放射線を照射する治療の総称である。特にがん細胞は正常細胞よりも放射線の影響を受けやすいと考えられている。しかし、放射線は少なからず正常細胞にも影響を与えるので、漏洩防止のために地階に設ける場合もある。
4. 近年は、一般病院において受け入れ可能な感染症に対応した病室は、隔離病棟ではなく、一般病棟に感染症の患者を隔離できる病室（個室）として設置される傾向にある｡しかし、感染症室は、病原菌が外部へ漏出するのを避けるため、バイオハザード用バイオクリーンルームとし、周囲よりも室内を負圧に保つ必要がある。
5. **CCU（Coronary Care Unit:冠動脈疾患集中治療室）とは、主に心筋梗塞や狭心症で、急性発症し緊急の処置･管理を要する患者のための集中治療室である。設問のような、重症のがん患者のための集中治療室ではない。**

No.4 正解 2 計画全般

1. タスク空調とは、作業域に対する空調であり、アンビエント空調とは、室内全体の空気環境を制御する空調である。これらを併用したタスクアンビエント空調方式は、個人の好みに応じて室内環境を調整できるため、快適性を向上できるとともに、不在スペースの空調運転を停止することもできるため、空調用エネルギー使用量の削減に有効である。
2. クール･ヒートチューブは、外気を地中埋設管経由で取り込み、地中温度が夏季には外気温度より低いことを利用して外気を予冷する方法である。冬季は、取り入れた外気を地中の温度を使って予熱する。予冷･予熱を行い、室温との温度差を小さくしてから空調機に導入することで、空調負荷の低減を図ることができる。**設問の記述は、安定した温度の地下水を直接汲み上げてヒートポンプの熱源として利用する、地下水利用ヒートポンプの説明である。**
3. ダブルスキンは、建築物の外壁の一部または全面をガラスで二重に覆い、中空層部分にブラインドを設置し、そこに外気を導入して換気することで、日射遮蔽性能を高める建築手法である。

4. エアフローウィンドウ方式は、ペリメータゾーン（外周部）の温熱環境の向上や省エネルギーを図るために採用されている。窓まわりにおいて、外部からの熱を処理するために、窓と設備を一体化して、二重サッシまたは二重ガラスの空気層に室内の空気を導入し、夏季は排気、冬季は空調機に還気することができる空調システムである。

5. 建築物の屋上や壁面を緑化することによって、日射の遮蔽、葉面や土壌表面からの蒸発散による表面温度の低下（冷却効果）、さらに土壌の断熱性能により省エネルギー効果が期待できる。

No.5 正解 5 防災計画

1. 天井チャンバー方式は、天井面に特別な排煙口を設けずに天井懐内に設けた吸込口より機械排煙を行う方式である。同一防煙区画内が間仕切されていても、天井面に均等に配置された吸込口から室全体に均一な排煙ができる。

2. 蓄煙方式は、室上部の空間を蓄煙スペースとして利用して、煙降下の時間を遅らせる方式である。アトリウムや大規模ドーム等、上部空間の気積が大きい空間に用いられることが多い。

3. 密閉方式は、防火区画や不燃区画により火災室を密閉し、火炎と同時に発生する煙の非火災室への拡散を防止する方式である。煙制御だけでなく延焼の防止とあわせて計画される。

4. 排煙設備は、火災室の煙の降下を遅らせる、避難･消火活動にとって重要な空間への煙の侵入を防ぐ等の目的で設置されている。火災時に計画通り排煙を行うために、機械排煙設備が起動した際には空調･換気設備を連動して停止し、煙のかくはんを防ぐことが望ましい。

5. アトリウムに自然排煙設備を設ける場合、上部に排煙口、下部に給気口を設けることで、温度差換気の効果により排煙を促進させる手法が有効である。周囲へ煙を流出させないためには、**空間上部の排煙口を給気口と同程度の大きさにするか排煙口のほうをやや大きくし**、空間内を負圧にする。

No.6 正解 1 消火･消防用設備

1. 乾式の閉鎖型スプリンクラー設備は、配管内に常時圧縮空気を充満させておき、ヘッドが開放されると圧縮空気が抜けた後、水が入り散水する方式で、凍結のおそれのある寒冷地に適している。**一般に、コンピューター室などには採用されない。**

2. 放水型スプリンクラー設備は、閉鎖型のヘッドでは有効に火災を感知あるいは消火できない屋内野球場、ドームやアトリウムなどの大空間の高天井の部分に設置される。可動式ヘッド（放水銃など）を用いて放水範囲を変えることができる可動式は、感知器などにより火災箇所を確認して、そこに照準を合わせて放水するタイプのものである。

3. 放水型スプリンクラー設備における固定式は、天井や壁に固定式ヘッドを設置して、感知器との連動により一斉開放弁を解放させて放水するものである。

4. 特定施設水道連結型スプリンクラー設備とは、小規模の社会福祉施設などへの設置が認められたスプリンクラー設備である。イニシャルコストを抑えて設置しやすくするために、水検知装置や加圧送水装置を必要としない、水道水を水源とした簡易な設備である。

5. ドレンチャー設備は、外部の火災から建物を防護するため、延焼の恐れのある屋根、外壁、開口部にドレンチャーヘッドを設置し、ヘッドからの放水による水幕で隣接建物からの延焼を防止する設備である。

No.7　正解　3　防災計画

1. 学校における避難経路は、日常の利用に供している階段、廊下等がそのまま安全な避難ルートとなるように計画する。自然排煙の排煙口は、日常の換気に使用する窓などを利用することもできる。

2. 避難階段の踊り場は、避難者が円滑に転回できるように、避難階段の幅に合わせて計画する。踊り場の幅が広いと、避難者の滞留や混乱が生じ、転倒するおそれがある。

3. 水平避難方式とは、一つの階を複数のゾーンに区画し、火災の発生していないゾーンに水平に移動することによって安全を確保する方法である。大規模店舗などの場合では階段による直接避難以外に、防火シャッターによる隣接区画へ水平に一時避難する計画も認められているが、**避難対象人員の半数以上を水平避難に頼るような計画は好ましくない。**

4. 特別避難階段の付室は、避難上の拠点になるとともに、非常用エレベーターの乗降ロビーと兼用する場合には、消防活動の拠点にもなる。避難者の滞留が発生する場合、防火防煙的に守られた一時的に滞留するスペースとして災害弱者に配慮した計画を考慮する。

5. 建築基準法では、建物の高さ31m以下の部分にある3階以上の階には、火災時などの非常用進入口の設置が義務づけられている。その進入口は、幅75cm以上、高さ1m20cm以上、床面から80cm以下に設けることとされており、進入口外部には奥行1m以上、長さ4m以上のバルコニーを設ける。

No.8 正解 5 防災計画

避難安全検証法とは、大規模建築物等において、建築物の利用などの特性に応じた計算を行うことで避難の安全性を確かめる検証方法である。具体的には初期火災で発生した煙又はガスが避難上支障のある高さまで降下するまでの時間に在館者が避難先に避難できるかどうかを告示で定められた計算式に則って確認する。この検証を行うことにより、従来から仕様で決まっている廊下・出入り口の幅、歩行距離や排煙設備の設置などの制限が緩和される。

1. 避難安全検証法が適用される建築物においては、排煙設備を設置しなくて良い場合がある。
2. 建物の改修により間仕切りの位置を変更する場合には、改修後の計画において、再度避難安全検証法により避難安全性能を確認する必要がある。
3. 古い建物を増改築して確認申請を取得する場合には、現在の建築基準法に適合させる必要があり、既存不適格の建築物においては、新たに排煙窓を設置するなど多大な費用がかかったり、物理的に適合させることが不可能な場合がある。その場合でも避難安全検証法を用いることによって、既存不適格の部分を解消できる場合がある。
4. 避難安全検証法においては、人の頭が煙に近づくことを避けるため、天井高さや床の段差が厳しく設定されている。集合住宅に避難安全検証法を適用しようとした場合、実際の計算では天井高が3.5m以上になってしまったり、通常の仕様設計よりも過剰な防火設備などを設置する必要が発生したりするので、逆にコストアップにつながってしまうことも多い。よって、集合住宅においては避難安全検証法の適用は困難であると言える。
5. 病院、診療所、児童福祉施設といった用途など、在館者が自力で避難することが困難な建築物や、そのような用途に使用する階では避難安全検証法を適用することはできない。

No.9 正解 4 室内気候と気象

1. 熱負荷計算において、照明、人体、機器等による室内発熱の取り扱いは、冷房時と暖房時で異なる。暖房時においては、室内発熱は安全側すなわち室温上昇側に働くので、計算に含めない場合もあるが、負荷を過剰に見積もってしまい必要以上に容量の大きい機器を選定してしまう場合には室内発熱を見込んだ負荷計算を行う。
2. 通常室内部分で外気の影響を受けない室内中心部をインテリアゾーン、外壁に近いビル周囲で5メートル以内の外気に接する壁際部をペリメータゾーンとよぶ。ペリメータゾーンは外気負荷が大きいため、快適な環境に保つためには大きな冷暖房エネルギーが必要になる。よって、機械室などの非空調ゾーンをペリーメータゾーンに設けることは、熱負荷の低減につながる。

3. 外気の侵入を防ぐためにエントランスに風除室を設けても、通行量が多く常時自動扉が開放状態になってしまう場合には熱負荷低減の効果は低くなる。回転扉を設けることで、通行量が多くても建物内部と外部を常に遮断することができるので、熱負荷の低減効果が大きい。

4. 冷房負荷が増大する夏季における直達日射量は、南向き鉛直面よりも東・西向き鉛直面のほうが大きいため、建築物の窓面を南北面に設けるほうが熱負荷の低減に有利である。

5. ガラス表面に日射調整フィルムを貼ることで日射の長波長域（赤外線）の反射率を高めることができる。それにより採光及び透明感を確保しながら、日射を遮蔽することができ、冷房負荷を低減させる効果がある。

No.10 正解 2 日照・日射

東面と西面の直達日射量のグラフを見ると、おおよそ朝6時に太陽が昇り、夕方18時に太陽が沈むことが読み取れる。よって、日の出・日没の時刻より、このグラフは春秋分である。北緯35度の地点における春秋分の南中時の太陽高度は55°なので、南中時の直達日射量は南面よりも水平面のほうが大きくなる。よってAのグラフが水平面、Bのグラフが南面である。よって、選択肢2の組み合わせが適当である。

No.11 正解 1 熱・結露

1. 一般の材料は、同じ材料でも圧縮して密度が大きくなると、熱伝導率は大きくなるが、グラスウールなどの繊維系断熱材は、密度が大きいほど、断熱材内部の空隙が小さくなり、空気が流動しにくく、熱が伝わりにくくなるので、熱伝導率は小さくなる。

2. 水は空気に比べて熱を通しやすく、熱伝導率が大きい。ロックウール等の繊維系の断熱材は、細かな繊維のすき間に空気を保持することで断熱性を確保しているが、結露などによって湿気を含むと熱伝導率が大きくなり、断熱性能の低下につながる。

3. 対流熱伝達率は、壁表面とそれに接する空気等の流体との間の熱の伝わりやすさを示し、壁付近の空気の流れ方によって変化する。室内では、通常、壁と空気の温度差による自然対流が空気の流れ方に影響する。一方、屋外では、外部の風速によって変化する。また、流体の種類によっても異なる値となる。一般に、対流熱伝達率は風速が大きくなるほど大きくなる。

4. 夜間放射とは、実効放射ともいい、地表面から大気への上向きの地表面放射と大気から地表面への下向きの大気放射との差のことである。通常、前者から後者を引いた値で示す。曇天時においては、地表と雲とが放射熱交換を行い、雲量が多いほど、また、雲高が低いほど雲からの放射量が多くなるので、夜間放射量は少なくなる。

5. 同一仕様の内断熱と外断熱の場合、それぞれの壁体は同じ厚さの同じ材料で構成されており材料の順序が変わっているだけなので、壁体の断熱性を表す熱貫流率は同じである。

No.12 正解 4 換気

室内の二酸化炭素濃度による必要換気量Q〔㎥/h〕は、次のザイデルの式で求めることができる。

$Q=\frac{k}{P_i-P_o}$〔㎥/h〕

k :室内の二酸化炭素発生量〔㎥/h〕

P_i :室内空気中の二酸化炭素許容濃度〔㎥/㎥〕

P_o :外気の二酸化炭素濃度〔㎥/㎥〕

室内の二酸化炭素許容濃度は、

P_i=1000ppm=0.1%=0.001㎥/㎥

となる。

同様に、外気の二酸化炭素濃度は、

P_o=400ppm=0.0004㎥/㎥　となる。

また、在室人員1人当たりの二酸化炭素発生量は、

k=0.024〔㎥/h･人〕 である。

設問は在室者一人当たりの必要換気量が問われているので、ザイデルの式を用いて計算すると、

$Q=\frac{0.024}{0.001-0.0004}=40$〔㎥/h･人〕

よって、最も適当な必要換気量は選択肢4の40㎥/h･人　となる。

No.13 正解 3 換気

1. 局所換気とは、汚染物質の発生源がはっきりと固定されている場合に、その汚染源近くにフード等を設け、直接汚染物質を排除する方法である。汚染物質を排出するのが主目的となるため、排気を機械で行う第1種もしくは第3種換気方式を採用する。

2. 開口部前後の圧力差による換気量Qは、次式で求められる。

$Q=\alpha A\sqrt{\frac{2}{\rho}\Delta P}\times 3600$〔㎥/h〕

α:流量係数　　A:開口部面積〔㎡〕

ρ:空気密度〔kg/㎥〕

ΔP:開口部前後の圧力差〔Pa〕

上式より、開口部を通過する空気の流量は開口部前後の圧力差の平方根$\sqrt{\Delta P}$に比例する。

3. 風力による換気量Q_w〔㎥/h〕は、次式による。

$Q_w=\alpha A\upsilon\sqrt{C_1-C_2}\times 3600$〔㎥/h〕

α:流量係数　　A:開口面積〔㎡〕

υ:風速〔m/s〕

C_1:風上側風圧係数

C_2:風下側風圧係数

上式より、同一風向の場合、風力による換気量は、**外部風速に比例し、**風上側、風下側の風圧係数の差の平方根に比例する。

4. 温度差（重力）換気における中性帯とは、室内外の圧力差が0（つり合う）となる部分をいう。無風で内外温度差があり、上下の開口部の大きさを変える場合、中性帯は開口部の

大きいほうに近づく。

5. ディスプレイスメント・ベンチレーション（置換換気）方式とは、従来のように室内空気を混合して排気する方式と異なり、室下部に設置された低速吹出口から吹き出された室温よりも低温の空気が、人体・器具等からの発熱を伴う汚染空気の浮力による上昇を妨げることなく室下層部から広がり、居住域で発生した汚染質の混合を抑制して室上部に押し上げ、排出する方式である。

No.14 正解 1 室内気候と気象

1. オゾンの人工的な発生源としては、空気あるいは酸素中での放電、紫外線ランプによる紫外線放射、水の電気分解などがある。コロナ放電は尖った電極（針電極）の周りに不均一な電界が生じることにより起こる持続的な放電の総称であり、この性質を利用したコロナ放電式空気清浄機はオゾンや窒素酸化物を発生させる。
2. シックハウス対策のため、ホルムアルデヒドを放散する建築材料は、室温28℃、相対湿度50％の時のホルムアルデヒドの発散速度に応じて、「F☆☆☆☆」、「F☆☆☆」、「F☆☆」、「表示なし」に区分表示され、内装仕上げの制限を受ける。☆（スターマーク）の数の多い建築材料ほど、発散速度が遅く、放散量は少ない。
3. 二酸化炭素は、空気より重く無色・無臭である。二酸化炭素の増加にともない、臭気や塵埃も増加し室内空気の衛生状態が悪化していると判断できるので、室内汚染を表す指標として用いられる。室内環境における有害ガス、バクテリア、臭いや湿気が増加すると、二酸化炭素も同様に増加するという特徴がある。
4. カビはその発生源である土壌から胞子、菌糸が空中に浮遊し増殖に適した環境に付着して増殖する。カビの発育に必要な条件は栄養分、酸素、温度、湿度、時間であり、特に住宅内では温度と湿度の管理を行い、カビの繁殖を抑制する必要がある。
5. タバコの煙には、タバコを吸う人が直接吸い込む主流煙と、火のついた先から立ち上る副流煙に分かれる。副流煙には主流煙と同じく体に有害な成分が含まれていて、ニコチン、タール、一酸化炭素などの成分量は主流煙よりも多いといわれている。

No.15 正解 5 採光・照明

1. 設計用全天空照度は、全天空が望める水平面の天空光のみによる照度であり、快晴の青空で10,000lx、暗い日で5,000lxである。標準状態としては頻度の多い普通の日の値15,000lxをとることが多いが、必要最低照度を確保するためには暗い日である5,000lxを用いる。
2. Low-Eガラスは日射の長波長域（赤外線）の反射率を高めたものであり、単板ガラスに比べて可視光線

(380nm～780nm)の選択透過性が高い。

3. 室内の照度の均一さを表す指標として、均斉度が用いられている。窓は高い位置にあるほど、均斉度を高めることができる。

4. 布製の折り畳み可能な日除けであるオーニングは、固定式の庇・ルーバーとは違い、必要なときに設置することができる簡易的な日除けである。西向き窓で日射熱取得が多くなる日の入りの時間だけ日射を遮蔽するように設置できる。

5. 夏期における南面は、太陽高度が高くなるので、**南向き窓面における日射の遮蔽には、庇状の水平ルーバーが有効である。**

No.16 正解 4 採光・照明

1. 配光曲線は、光源から各方向の光度の分布を、光源を原点として極座標(任意の点を基準軸との角度と原点からの距離で表した座標)で示した曲線である。

2. 照明率Uは、照明器具から発する光のエネルギーがどれだけ有効に作業面に届くかの割合であり、天井や周壁の反射率、室指数および器具の配光・効率によって異なる。室指数は、部屋の形状・寸法の影響を加えるためのものである。

3. 光源の出す光の色を、これと等しい光色を出す黒体の絶対温度〔K〕によって表したものを色温度という。光色は色温度の上昇に伴い、赤→橙→黄→白→青と変化し、高い色温度の光は青味がかって見える。

4. 明るさに慣れる作用を順応といい、明順応(暗⇒明)は数分以内で視力が回復するが、暗順応(明⇒暗)には30分程度時間がかかる。よって、**暗順応のほうが明順応よりも時間を要する。**

5. 机上面の書類などの光の反射によって、輝度対比が小さくなり、字などが読みにくくなるグレアを光幕反射という。窓などからの光の入射角が70度以上になると、黒板が鏡面のようになり、光を反射して黒板の字が見えにくくなるのも光幕反射のためである。

No.17 正解 2 音響

1. 空調ダクトの内部においてファンや乱流によって発生した騒音が、ダクト開口端にて全てが外部に放射されず、低周波成分の一部がダクト内部に反射されることにより騒音の減衰が生じることを開口端反射減衰という。その量は、周波数が高いほど、開口寸法が大きいほど、小さくなる。

2. 内張りダクトの音の減音量は、減音量をR、断面周長をP、断面積をS、ダクト長をℓとすると、$R \propto (P/S) \cdot \ell$の関係がある。したがって、内張りダクトの減音量は断面の周長に比例し、**断面積に反比例する。**

3. 音響透過損失は、通常、材料の特性であり、音の入射条件が同じなら音源室と受音室が入れ替わっても変わらない。しかし、ダクトの場合、内から外への場合と、外から内への場合のダクト周壁への入射条件が異なる。ダクトの中に音源がある場合、周壁への音の入射は、拡散入射ではなく特定の方向から入射し、各面に対して平行に入射（入射角90度）に近いと考えられ、理論的には、波長が長い周波数域（平面進行波と仮定できる場合）においては、ダクト外への音の透過は少なく（音響透過損失が大きく）、周壁が金属製などの反射性の材料ならダクト内での距離減衰が小さくなる。一方、ダクト外に音源がある場合は、一般にダクトが室内や天井裏などにあると考えられるので、拡散入射に近いと考えられ、ランダム入射の透過損失となる。したがって、音響透過損失は、ダクト外からダクト内に音が侵入する場合のほうが小さい。

4. ダクト内で通風量を調整するダンパーにより発生する騒音は、ダンパーが全開に近い時は低周波数成分が多くなり、ダンパーの開度が絞られる、すなわち、開閉角度が大きくなるにつれて中高周波数成分が多くなる。

5. 消音チャンバーとは内張りチャンバーとも言い、チャンバーボックスの内側にグラスウールなどの吸音材を張ったものであり、「チャンバーの入口と出口の位置関係・断面変化による減音効果」と「内張り吸音材による吸音効果」の両方を利用して減音を行う。

No.18 正解 3 音響

1. サージングとは、コイルばね自体の固有振動のことである。ばねに質量があるため、ばねの固有振動数に近い振動数成分を有する外力が作用すると、サージングと呼ばれるばねの共振による激しい振動現象が現れる。したがってサージングを防ぐために、コイルばねとは固有振動数の異なる防振ゴムを用いる方法がある。

2. 防振する機器類をコンクリート製などの共通架台に固定する場合は、個々の機器を共通架台に固定し、共通架台自体を防振支持する。

3. 防振装置の防振効果は、低減対象となる振動数と防振系の固有振動数との比に関係し、$\frac{\text{振動数}}{\text{固有振動数}} \geqq \sqrt{2}$ となる範囲で防振設計を行う。防振効果は、この比がより大きくなるほど、すなわち、低減対象となる振動数に対して固有振動数が小さいほど大きくなる。

4. エレベーターは、ガイドレールに沿ってローラーガイドに案内されて走行するため、主に騒音振動の発生は、ガイドレールとローラーが接触していることが原因となる。そこでローラーの径を大きくすることで、同じ昇降速度でもローラーの回転速度を遅くし、さらにローラーの材質を柔らかくすることで、接触による騒音振動を低減しようする方法が採用される。

5. 機械室の壁や天井をグラスウールボードなどで吸音処理することにより、室内の平均音圧レベルが低くなるので、界壁を介して隣室へ伝搬する音が小さくなる。

No.19 正解 5 音響

1. 残響時間とは、室内の音のエネルギーが定常状態（平衡状態）にある時、室内の音源を停止した後、平均音響エネルギー密度が最初の100万分の1に減衰するまでの時間、すなわち、音の強さのレベルが60dB低下するのに要する時間をいう。

2. 吸音率の測定には音響管法と残響室法がある。音響管法は、音響管の一端に試料を置き、他端から純音を出し、反射波によって生じる定在波を測定し、吸音率を算出する。試料に音が垂直にあたるときの吸音率（垂直入射吸音率または、音響管法吸音率）を示すもので、垂直入射条件に限られる。一方、残響室法は、残響室に試験体を置かない場合と試験体（約12～14㎡）を置いた場合との残響時間を測定し、セービンの残響式に基づき、吸音率（残響室法吸音率）を計算する。残響室法は、試料に様々な角度から音が入射する条件での吸音性能を表し、材料や部材の吸音特性値として一般の使用状態に近いデータが得られるので音響設計に用いられている。

3. NC値とは、室内騒音の評価値で右図に示されている数値のことを指す。NC値が小さいほど静かさを必要とすることを示し、NC-30はNC-35に比べて室内騒音が小さい環境とされている。

4. 空気音遮断性能の遮音等級は、室間の平均音圧レベル差で表され、*Dr*-50、*Dr*-55などで示す。数字が大きいほど遮音性能は高くなる。

5. 床に標準の衝撃力を与えたときの直下階の平均音圧レベルを周波数毎に測定し、床衝撃音遮断性能等級曲線を使って床衝撃音のレベル等級を求め、*Lr*-50、*Lr*-55等で示す。値が小さいほど、下階に伝わる音が小さいといえるため、床の遮音性能が高いことを表す。

No.20 正解 1 水質基準・排水処理

1. 緑化を行っている屋上面の雨水利用については、土や落ち葉、肥料等が含まれるため、特殊な処理が必要である。一般に、利用する雨水は、緑化を行っていない屋上面から集水する。

2. COD（Chemical Oxygen Demand）とは化学的酸素要求量のことであり、水中の酸化されやすい有機物などによって消費される酸素量を、酸化剤を用いて分解するときに消費する酸素量で表したものである。

3. ディスポーザー排水処理とは、生ごみを粉砕するディスポーザーと、台所流し専用の配管、粉砕物の処理を行う専用の排水処理装置を組み合わせたシステムである。BOD（生物化学的酸素要求量）、SS（浮遊物質濃度）、n-Hex（ノルマルヘキサン抽出物質）については、下水道への放流水質基準が定められているため、下水道整備地区においてもこれらを基準値以下にして下水道に放流する必要がある。
4. 飲料水は、一般に、適量の溶存酸素によって、清涼感や新鮮味が感じられる。なお、溶存酸素を含まない水は死んだ水であり、新鮮味がないだけでなく、硫化水素や鉄分、嫌な味や臭い物質を含むので、より一層味が悪く感じられる。
5. 個別循環方式とは、単一の建物内で雨水や一度利用した排水を再生処理し同一建物内の雑用水として利用する方式で、汚濁負荷が低く、水量が安定している原水を用いる。原水は、雑排水（洗面、手洗い、湯沸し、炊事、厨房、掃除、風呂等）および便所洗浄排水（し尿を含む排水いわゆる汚水）のいずれかとされている。

No.21 正解 4 構造力学

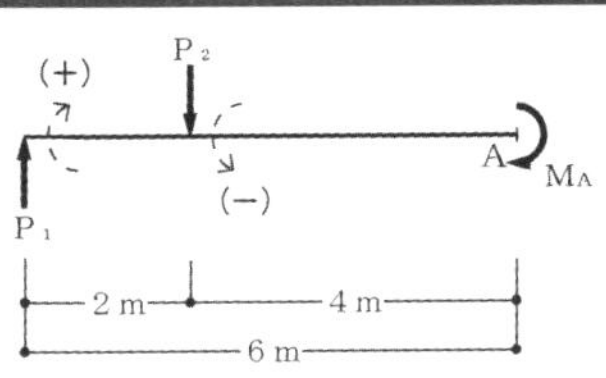

A点で部材を切断した左側部分を取り出して、切断面に曲げモーメントM_Aを仮定する。
A点まわりのモーメントのつり合い
$\Sigma M_A = 0$より

$M_A + P_1 \times 6 - P_2 \times 4 = 0$

設問より、A点に曲げモーメントが生じない（$M_A = 0$）から

$P_1 \times 6 - P_2 \times 4 = 0$

$6P_1 = 4P_2$

$\therefore \quad P_1 : P_2 = 4 : 6 = $ **2:3**

No.22 正解 4 一般構造

1. 設計用一次固有周期T（秒）は、精算によらない場合、次式で略算してよい。

   $T = h(0.02 + 0.01\alpha)$

   h：建築物の高さ（m）

   α：柱及び梁の大部分が木造または鉄骨造である階の合計高さのhに対する比

   全層が鉄骨造では$\alpha = 1$となるので$T = 0.03h$、全層が鉄筋コンクリート造では$\alpha = 0$となるので$T = 0.02h$で略算できる。従って、建物物の高さhが等しければ、一般に、建築物の設計用一次固有周期Tは、鉄筋コンクリート造より鉄骨造のほうが長くなる。
2. 建築基準法施行令に規定されている耐震規定では、一次設計と二次設計の2段階の設計手順が示されている。一次設計では、建築物の存在期間中に1回以上遭遇する可能性の高

い（稀に発生する）中程度の地震に対して、許容応力度計算による設計を行う。また、二次設計では、極めて稀に発生する最大級の地震に対して、ある程度の損傷はやむを得ないが、建築物が倒壊･崩壊等して人命を失うことのないように設計する。

3. 層間変形角は、建築物の各階に生じる水平方向の層間変位を、当該階の高さで除すことにより求められる。耐震二次設計では、$C_0 \geqq 0.2$の地震力が作用した場合の層間変形角が1/200以内であることを確認する。

4. 剛心（ある階の耐力壁や柱などの剛性の中心）と地震力が作用する重心との距離（偏心距離）が離れていると、ねじれ振動が生じ、部分的に変形が増大して損傷するおそれがある。ねじれ振動が生じにくいように、偏心距離を小さくする。耐震計算ルート2では、この偏心距離と各階のねじり剛性･水平剛性から求める偏心率を0.15以内とする。

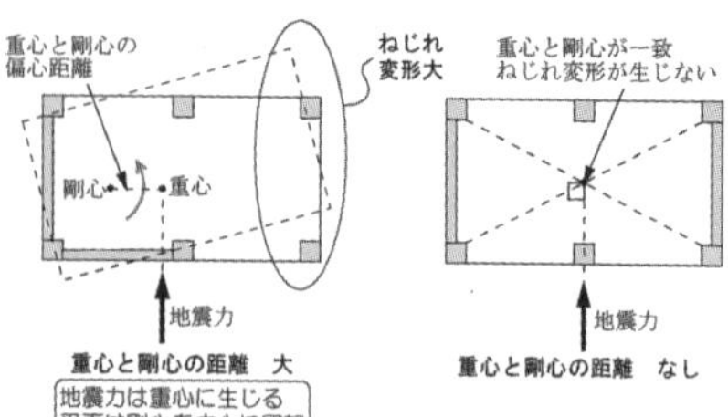

5. 建築物の各階の剛性に大きな差があると、地震時に剛性の小さな（剛性率の小さい）階に変形や損傷が集中しやすい。そのため、耐震計算ルート2では、各階の剛性率が0.6以上であることを確認する。

No.23　正解　2　一般構造

1. 鋼材に多数回の繰返し荷重が作用すると金属疲労が生じ、応力の大きさが降伏点以下の範囲であっても破断することがある。そのことを考慮して、10^4回（10,000回）を超える繰返し応力を受ける場合には、疲労の影響を考慮する。

2. 幅厚比や径厚比が大きいと局部座屈を起こしやすい。従って、部材が降伏点に達するまで局部座屈を起こさないように、一般形鋼では幅厚比、鋼管では径厚比に制限がある。

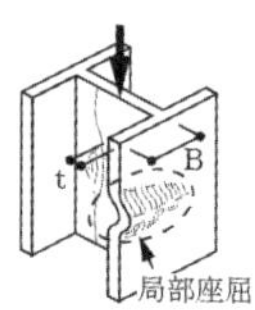

局部座屈

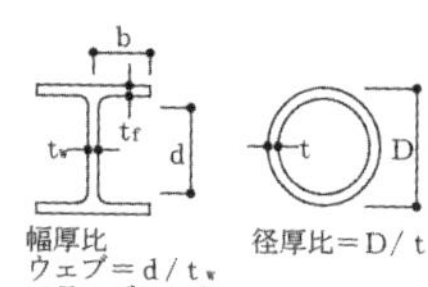

幅厚比・径厚比

3. 構造上主要な部分の接合部でボルト及び高力ボルト接合の場合は、ピン接合とする場合を除き、最少2本以上配置する。

4. 高力ボルトの相互間の中心距離は、その径の2.5倍以上とする。

5. ボルト孔などの断面欠損があると、断面欠損部周辺に応力集中が生じ破壊しやすくなるので、引張材の有効断面積はボルト孔などによる断面欠損を考慮して算出する。

No.24 正解 5 一般構造

1. コンクリートのスランプとは施工軟度を示し、この値が大きいほど軟らかいコンクリートである。一般に、コンクリートの単位水量を多くすると、スランプは大きくなる。
2. モルタルやコンクリートは、吸水すれば膨張し、中の水分が蒸発して、乾燥すれば収縮する。コンクリートの単位水量を多くすると、乾燥収縮によるひび割れが発生しやすくなったり、耐久性が低下したりする。
3. 4. コンクリートを調合する際のセメント（C）に対する水（W）の質量比（W/C）を水セメント比といい、水セメント比が大きいほど水分が多い調合であることを意味する。また、水（W）に対するセメント（C）の質量比（C/W）をセメント水比といい、これは水セメント比の逆数である。一般に、コンクリートの性質と、水セメント比、セメント水比との関係は、下表のとおりである。

水セメント比 小 ⇔ **大**		コンクリートの性質	セメント水比 小 ⇔ 大	
大	小	圧縮強度	小	大
遅い	**速い**	**中性化速度**	速い	遅い
小	大	乾燥収縮	大	小
小	大	透水性	大	小
小	**大**	**クリープ**	大	小

5. コンクリートの水和熱は、セメントと水が反応して生じる。よって、単位セメント量が大きいほど水和熱が大きくなる（多く発生する）。これに伴いひび割れも生じやすくなる。

No.25 正解 4 建築材料融合

1. 熱線反射ガラスは、フロート板ガラスの表面に反射率の高い薄膜をコーティングしたものであり、冷房負荷の軽減に有効である。
2. 倍強度ガラスは、フロート板ガラスを熱処理した加工ガラスであり、耐風圧強度、熱割れ強度においては、同厚のフロート板ガラスの２倍以上の性能を有する。なお、熱処理後、製品の切断はできない。
3. 合わせガラスは、２枚のガラスの間に薄いフィルムを挿入して密着させたガラスで、破損による脱落や飛散を防ぐことができる。
4. 線入板ガラスは、ガラスの間に金属線が平行に入っているガラスで、見た目がすっきりしているのでデザイン効果がある。一般的に、防煙垂れ壁などに使用する。飛散防止性に優れているが、網入板ガラスとは異なり、耐熱性が確保されていないため、**防火戸としては使用できない。**
5. 型板ガラスは、片面に型模様を付けたガラスである。光を拡散するとともに視野を遮る機能がある。装飾性を備え、柔らかい光をもたらし、プライバシーを確保する場所に用いられる。

No.26 正解 1 建築材料融合

1. 大理石は、硬質で強度が大きく、磨くと光沢が得られるが、**耐酸性・耐火**

性・耐候性に劣るなどの特性を持つため、外壁や外構など、屋外の使用には適さない。主として室内の装飾に用いられる。

2. パーティクルボードは、木材小片を接着剤で加熱圧縮成形した板で、壁や床などの下地材として用いる。

3. ステンレスシートは、ステンレス鋼の薄板で防水層を構成する主材料で、屋根や庇の防水として用いられる。

4. 押出成形セメント板は、セメント・けい酸質原料・繊維質原料等を、中空を有する板状に押出成形した後、オートクレーブ養生（蒸気がまの中で, 高温・高圧を加えて行う蒸気養生）を施したもので、防火・耐火性能を有する。

5. エポキシ樹脂系塗床材（2液形）は、エポキシ樹脂を主成分とする主剤と、硬化剤が反応して、塗膜を構成するものである。主剤と硬化剤は、製造所の指定する割合にしたがって、正確に計った量で混合する必要があり、規定量を変更してはならない。

No.27 正解 2 施工計画

公共建築工事標準仕様書　設計図書の優先順位は、①質問回答書、②現場説明書、③特記仕様書、④設計図、⑤標準仕様書とする。時系列的に後に作成されたものほど優先順位が高い。したがって、選択肢2.が適当である。

No.28 正解 3 各部工事

1. 建築基礎設計のための地盤調査計画指針　平板載荷試験は、地盤の極限支持力や地盤反力係数など地盤の強さと変形に関するデータを得るために実施される。

2. JIS A 1219　標準貫入試験は、ロッドの先端に取り付けたSPTサンプラーを、測定深さに掘ったボーリング孔底に降ろし、63.5kgのハンマーを76cmの高さからロッドの頭部に自由落下させ、SPTサンプラーを30cm貫入するために必要な打撃回数（N値）を測定する。このN値で地盤の硬軟、締り具合の判定、および土層構成を把握する試験である。

3. 建築基礎設計のための地盤調査計画指針　孔内水平載荷試験は、地震時の杭の水平抵抗を検討する場合や基礎の即時沈下の検討が要求されるときに、地盤の変形係数を推定するために行う。

4. 建築工事監理指針　オーガー（オーガー式）ボーリングは、ソイルオーガーを回転させながら地中に圧入して掘進し、周期的にオーガーを引き上げて採掘土を取り出し、浅い深さの地盤の構成を調査する。

5. 建築工事監理指針　ベーン試験は、十字型に組み合わせた羽根（ベーン）をロッドの先端に付けて、地中で回転させながら押し込み、粘性土地盤のせん断強さを調べる試験である。

No.29 正解 1 各部工事

1. 公共建築工事標準仕様書（機械設備工事編） スリーブに用いる材料は特記による。特記がない場合、**外壁の地中部分など水密を要する部分に用いるスリーブは、つば付き鋼管とし**、地中部分で水密を要しない部分に用いるスリーブは、硬質ポリ塩化ビニル管とする。

2. 建築工事監理指針 窓は、コンクリートが盛り上がるのを防ぐために端部にふたをする。窓の場合は、外側へ勾配をつける。また、小さな窓などの下枠は全閉とし、空気孔を設けて、コンクリートの充てん具合を点検する。

3. 労働安全衛生規則 パイプサポートの高さが3.5mを超えるとき、高さ2m以内ごとに水平つなぎを2方向に設け、かつ、水平つなぎの変位を防止する。

4. JASS5 支柱の盛替えは、原則として行わない。やむを得ず、資材・機器類の搬出などのため、一部の支柱の盛替えを行う必要が生じた場合は、その範囲と方法を定めて監理者の承認を受ける。

5. 建築工事監理指針 型枠緊張材（セパレーター）には、コーンを使用しない丸セパC型と、コーンを使用する丸セパB型があるが、見え掛りで仕上げがない箇所（設備シャフトの中など）では、丸セパC型を用いる。

No.30 正解 4 各部工事

1. JASS6 鉄骨部材の孔あけ加工において、型枠セパレーター、設備配管用貫通孔、及び設備・内外装・コンクリート打設用の付属金物等の孔で、孔径30mm以上の場合は、ガス孔あけとしてもよい。

2. JASS6 高力ボルト（トルシア形高力ボルト及び高力六角ボルト）の余長は、ナット面から突き出た長さが、ねじ1山～6山の範囲にあるものを適合とする。

3. JASS6 一群の高力ボルト（トルシア形高力ボルト及び高力六角ボルト）の締め付けは、締め付けによる板のひずみを周辺に逃がすため、群の中央から周辺部に向かう順序で行う。

4. 高力ボルト（トルシア形高力ボルト及び高力六角ボルト）の締付け作業は、1次締め、マーキングおよび本締めの3段階で行う。

5. JASS6 原則、溶融亜鉛めっき後の部材には、溶接を行ってはならない。

平成30年度

建築一般知識［解答・解説］

▶問題 P.70～

No.1　正解 4　建築物の計画

1. 高齢者が使用する浴室や洗面・脱衣室には、遠赤外線ヒーターなどの空調機を設けることで、ヒートショックを防ぐ計画とすることが望ましい。
2. 車椅子使用者は、車椅子から高低差のあるところへの移乗が困難なので、車椅子の座面高（40～45cm程度）に浴槽の縁やベッド、便器等の高さを揃えることが望ましい。
3. 高齢者は、在室する時間が長くなりがちであるため、居室には就寝と居間の機能を取り入れ、それぞれ独立させる広さを確保することが望ましい。
4. 階段の手すりは、できるだけ階段の両側に付けることが望ましいが、住宅などにおいて、階段の両側に手すりを設ける余裕がない場合には、昇りよりも下るときの方が危険なので、下るときの利き手側に手すりを設けることが望ましい。
5. 台所においては、車椅子での利用を考慮して、回転が容易にできる車椅子の特性を十分生かせるL字型配置のほうがI字型配置に比べて使いやすい。

No.2　正解 5　建築物の計画

1. 事務所ビルの階高は、一般に、3.3～4.2m程度、ホテルの階高は2.8～3.6m程度である。
2. 会議室の広さは、机の寸法、隣の席との間隔、通路寸法、スクリーンや演壇との関係等のレイアウトに応じて設定されるが、一般に、収容人員1人当たり2～5㎡ 程度が目安となる。収容人員8人では16～40㎡ となり、3.6m×5.4m＝19.44㎡ は適当である。
3. 宿泊を主な機能とするビジネスホテルでは、延べ面積に対する客室部門の合計床面積の比率は70％以上である。
4. 大規模量販店の延べ面積に対する売場面積（売場内の通路を含む）の比率は、一般に、60～65％程度である。
5. 一般的な料理店（レストラン）の厨房の床面積は、店全体の床面積の25％～35％程度、客席床面積の35％～45％程度である。オープンキッチン形式の場合、厨房床面積の比率は、一般的な料理店より高くなるため、20％では狭い。

No.3　正解 1　建築物の計画

1. 設問の記述は、特別教室型に関する内容である。教科教室型は、全教科が専用の教室を持ち、生徒が時間割りに従って教室を移動して授業を受ける運営方式である。主に、中学校、高校、大学などで採用される。
2. 体育館のアリーナ（競技室）の平面

寸法は、バスケットボールの競技ができる広さを基準とする。成人用のバスケットボールコートを2面配置するためには、一般に、床面の内法寸法で34m×41m程度必要である。また、天井高さはバレーボールの競技ができる高さを基準とする。バレーボールコートの天井高さは、センターライン上で12.5m以上、エンドライン上で10.5m以上必要である。

3. 近年は、一般病院において受け入れ可能な感染症に対応した病室は、隔離病棟ではなく、一般病棟に感染症の患者を隔離できる病室（個室）として設置される傾向にある。感染症室は、病原菌が外部へ漏出するのを避けるため、バイオハザード用バイオクリーンルームとし、周囲よりも室内を負圧に保つ必要がある。

4. 図書館におけるブックディテクションシステム（Book Detection System:BDS）は、電波・磁気を利用して、貸出処理のされていない資料の館外への持ち出しを感知し、警告音が鳴る防犯装置で、図書館利用者の玄関出入口と貸出カウンターの間に設置される。貸出時に消磁、返却時に帯磁する作業が必要となるが、利用者の私物の持ち込みが可能となり、玄関出入口のロッカーの設置が必要なくなるなど利便性は向上する。

5. コミュニティ施設は、地域住民の日常的な交流・集会・文化活動等の拠点になることが求められる。施設の夜間利用を想定して、夜間専用の出入口を設け、専用カードキーで利用できる計画が望ましい。

No.4　正解　2　建築物の計画

1. ZEB（Net Zero Energy Building）とは、建築物における一次エネルギー消費量を、建築物・設備の省エネ性能の向上、エネルギーの面的利用、オンサイトでの再生可能エネルギーの活用等により削減し、年間の一次エネルギー消費量が正味（ネット）でゼロ又は概ねゼロとなる建築物と定義されている。ZEBのEは、EnergyのほかにEmission（排出物をゼロにする）という意味でも用いられる。

2. 設問の記述は、BEI（Building Energy Index）であり、建築物省エネルギー性能表示制度（BELS）の性能評価指標として用いられている。「CASBEE－建築（新築）」における評価は、BEE（Building Environmental Efficiency：建築物の環境性能効率）等で行う。

$$\text{BEE} = \frac{\text{建築物の環境品質・性能Q}}{\text{建築物の外部環境負荷L}}$$

3. LEED（Leadership in Energy and Environmental Design）は、アメリカで提唱された建築物の総合的な環境性能評価の手法であり、建物と敷地利用の環境性能を様々な視点から評価する国際的な指標である。その評価は、複数の分野の環境性能を評価する必須項目と選択（加点）項目から構成され、その要件を満たすことで、その項目に割り振られているポイントを獲得するものである。得点に応じて上から、プラチナ、ゴールド、シルバー、サーティファイドの4段階で認証レベルが決まる。日本国内でも認証件数が年々増加している。

4. BELS（Building Housing Energy-efficiency Labeling System：建築物省エネルギー性能表示制度）とは、第三者機関が建築物の省エネルギー性能の評価及び表示を行う制度である。建物の省エネルギー性能に応じて、5段階の星の数などで性能を表すことができる。

5. eマーク（省エネ基準適合認定マーク）とは、平成29年4月1日に施行された建築物省エネ法の規定に基づき、建築物エネルギー消費性能基準に適合していると所管行政庁に認められた建築物に表示することができるマークである。

No.5 正解 1 防災計画

1. 遮煙性能が要求されるのは、建築基準法施行令第112条第19項第二号に該当する防火設備で、階段室や昇降機の昇降路などの竪穴区画や異種用途区画の防火設備である。

2. 地階にある居室おいて、排煙上有効なドライエリアに面している部分には、自然排煙口を設けることができる。

3. 特別避難階段の付室に機械排煙設備を設ける場合、煙が階段室へ侵入するのを防ぐため、付室内の排煙口は、階段側の扉からできるだけ離し、反対の廊下側の扉の上部近傍に設けることが好ましい。

4. 加圧防排煙方式は、廊下や特別避難階段の付室に新鮮空気を加圧して、避難方向と逆方向の煙の流れをつくり、避難経路への煙の侵入を防ぐ方式である。

5. 竪穴区画のうち、建築物内に何層にもわたって構成されたアトリウム等の大規模な吹抜け空間は、煙の上方への伝播経路となり、その速度も速いため上階での避難を阻害する危険が高い。そのため防火防煙シャッターを用いるのが通例であるが、上層階はガラススクリーンなどの固定間仕切りを併用して、シャッターの降下閉鎖障害の場合にも、ある時間の間は、煙の上階への侵入を防御する計画が望ましい。

No.6 正解 2 防災計画

避難時の煙流動等を考慮した計画において、排煙口の位置は、避難方向と煙の流れる方向とが反対になるように配置すべきである。避難階段の付近に機械排煙口がある選択肢2は、不適当である。

No.7 正解 2 防災計画

1. ハロゲン化物消火設備の消火剤として用いられるハロン1301は、オゾン層の保護のために新たな製造は停止されている。ただし、ハロン1301は、他の物質では代替できない限りのある資源であるため、国際的な合意のもとに徹底した在庫管理が行われ、防火安全上の必要性が高く、他に代わる設備がない場合（クリティカルユース）に限って、引き続き設置が認められている。

2. IG-55（アルゴナイト消火ガス）は、窒素50%、アルゴンガス50%を混合させたものであり、オゾン層破壊係数、地球温暖化係数が共にゼロの消火薬剤である。

3. 不燃性物質である炭酸ガス（二酸化炭素）は、酸素濃度を低下させるため窒息効果があり、電気の不良導体なので、電気火災にも適応できる。しかし、空気中の二酸化炭素濃度が高くなると、中毒から死に至る危険性がある。二酸化炭素を放射する不活性ガス消火設備の起動は、原則手動式とし、当該防護区画外で当該防護区画内を見通すことができ、かつ、防護区画の出入口付近等操作したものが容易に退避できる箇所に設ける。

4. 窒素を放射する不活性ガス消火設備の起動は、自動式とし、常時人がいない部分には、全域放出方式のものを設置する。

5. 全域放出方式のハロゲン化物消火設備（HFC系ガス）を設置した防護区画には、避圧口を設ける等、当該防護区画内の圧力上昇を防止するための措置を講じる。

No.8　正解 3　防災計画

1. 超高層建築物のように地上までの距離が非常に長い場合には、中間階に外気に開放された安全な場所を設け、そこを中間避難拠点として一時的に滞留できるスペースとすることが避難流動の上で有効である。

2. 避難階における避難階段出口から屋外までの避難経路は、一般階以上に安全性を確保する必要がある。また、火気を取り扱う部分を不燃材料で区画することは、安全を確保する上で有効である。

3. 特別避難階段の付室は、避難者の滞留スペースを確保するとともに、火炎や煙が階段室へ侵入するのを防ぐために設けられる。したがって、「廊下から付室への入口」と「付室から階段室への入口」とは、可能な限り離して計画するのが望ましい。

4. 籠城区画とは、病院の手術室や分娩室、ICU等、避難不可能な用途の空間でも、人命の安全が保てるように周囲の空間と完全独立とした防火区画である。籠城区画は、火災の可能性のある区画を経由しない避難経路、消防隊が容易に進入可能な経路が確保されているものとする。

5. 複合用途の建築物において、防災上、複合化に伴う連鎖拡大の危険性を取り除くため独立した部分に分割する必要がある。避難については分割されたそれぞれの区画で避難が完了するように計画することが原則である。

No.9 正解 4 室内気候と気象

1. 1metは、成人の椅座安静時の代謝量」(58.2W/m²) である。椅座作業時における代謝量はおおよそ、読書などで1.0met、タイプ・ワープロで1.1met、ファイル整理などで1.2metとされている。なお、成人の体表面積は、一般に、1.6～1.8m²程度であるので、椅座安静状態（1met）における成人1人当りの代謝量は、100W/人程度となる。

2. 着衣による断熱性能は、一般に、クロ[clo]という単位が用いられる。1cloは成人男子の背広服（合服）姿の着衣の熱抵抗に相当し、1clo=0.155m²・K/Wである。

3. 室内において椅座位の場合、くるぶし（床上0.1m）と頭（床上1.1m）との上下温度差は、ISO（国際標準化機構）では、3℃以内を推奨している。

4. 人体の温冷感に影響を与える要素は、環境側の空気温度・湿度・気流・放射温度の4要素に、人体側の代謝量・着衣量の2要素を加えた温熱6要素によって示される。設問の記述には湿度が抜けている。

5. PMV（Predicted Mean Vote: 予測平均温冷感申告）は、ファンガー（P.O.Fanger）が提案した総合温熱環境指標であり、ある環境条件下で多数の人が温冷感の申告を行った場合の申告値の平均を予測する指標である。その尺度は、人間の温冷感覚を数量化したもので、下表のように＋3～－3の7段階評価となる。ISO（国際標準化機構）では、PPD（Predicted Percentage of Dissatisfied: 予測不満足者率）＜10%が望ましいとされており、下図のPPDとPMVとの関係から、－0.5＜PMV＜＋0.5の範囲が推奨値となる。

PMV値						
－3	－2	－1	0	＋1	＋2	＋3
非常に寒い	寒い	やや寒い	快適	やや暑い	暑い	非常に暑い
99%	75%	25%	5%	25%	75%	99%
PPD（予測不満足者率）						

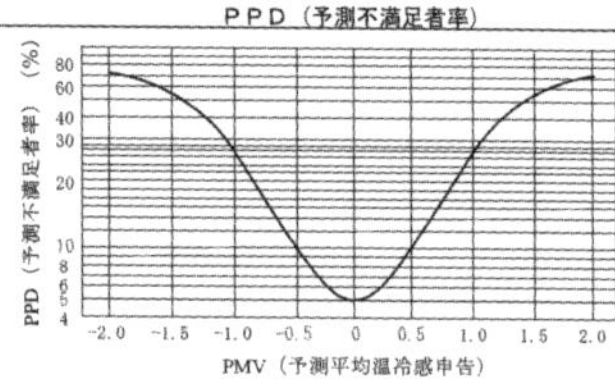

PMVの温熱評価スケールとPPDの関係

No.10 正解 5 熱・結露

1. 夏型結露とは、夏季の湿度が高い空気が外壁材内部に侵入することで、壁体内で露点温度を下回り、結露を生じさせる現象のことを言う。また、外壁材等に含まれている水分が日射で加熱されて水蒸気となり、壁体内の絶対湿度の上昇をもたらすことで発生する場合もある。

2. 室内側表面結露を生じさせないためには、壁体等の表面温度が室内空気の露点温度以下にならないようにする必要がある。外壁等に熱伝導率の小さい材料を用いて断熱性能を高め、室内側表面温度が低くならないようにすることが重要である。

3. 外壁の内部結露を防止するためには、断熱材の屋外側に通気用の空気層を設け、壁体内に浸入した湿気を外に排除することが有効である。ただし、壁体内の断熱材に直接冷気が入らないように防風層を設置するなど、断熱性能を失わない配慮が必要である。

4. 冬期における壁体内の結露の防止には、室内側からの水蒸気が壁体内部に浸入しないように、断熱材の室内側に防湿層を設ける。断熱材の室内側に防湿層を設けることによって、水蒸気の浸入を断熱材の手前で防ぐことができ、断熱材は内部結露しにくくなり、断熱材の性能低下を防ぐことができる。

5. 外気に面した窓ガラスの室内側にカーテンを設けると、ガラスとカーテンとの間の空気の流通が悪くなり、湿った空気が滞留し、また、ガラスの表面温度も下降するので、ガラスの室内側表面に結露が発生しやすくなる。カーテンに防湿効果はない。

No.11 正解 4 熱・結露

複層壁の熱貫流抵抗R〔m²·K/W〕、熱貫流率K〔W/(m²·K)〕は、下記のように表される。

$$R = r_i + r_k + r_o = \frac{1}{\alpha_i} + \frac{d_k}{\lambda_k} + \frac{1}{\alpha_o} \text{〔m²·K/W〕}$$

$$K = \frac{1}{R} \text{〔W/(m²·K)〕}$$

r_i :内表面熱伝達抵抗〔m²·K/W〕

α_i :内表面熱伝達率〔W/(m²·K)〕

r_o :外表面熱伝達抵抗〔m²·K/W〕

α_o :外表面熱伝達率〔W/(m²·K)〕

r_k :外壁材の熱伝導抵抗〔m²·K/W〕

λ_k :外壁材の熱伝導率〔W/(m·K)〕

d_k :外壁材の厚さ〔m〕

＊条件ではmmで与えられているので、mに直すこと

外壁Aの条件を代入すると、

$$R_A = \frac{1}{10} + \frac{0.15}{1.5} + \frac{0.06}{0.04} + \frac{1}{20} = 1.75 \text{〔m²·K/W〕}$$

$$K_A = \frac{1}{R_A} + \frac{1}{1.75} \fallingdotseq 0.57 \text{〔W/(m²·K)〕}$$

外壁Bの条件を代入すると、

$$R_B = \frac{1}{10} + \frac{0.09}{1.5} + \frac{0.08}{0.04} + \frac{1}{20} = 2.21 \text{〔m²·K/W〕}$$

$$K_B = \frac{1}{R_B} + \frac{1}{2.21} \fallingdotseq 0.45 \text{〔W/ (m²·K)〕}$$

外壁Cの条件を代入すると、

$$R_C = \frac{1}{10} + \frac{0.30}{1.5} + \frac{0.04}{0.04} + \frac{1}{20} = 1.35 \text{〔m²·K/W〕}$$

$$K_C = \frac{1}{R_C} + \frac{1}{1.35} \fallingdotseq 0.74 \text{〔W/ (m²·K)〕}$$

よって、外壁A·B·Cの熱貫流率の大小関係は、$K_C > K_A > K_B$ となるので、選択肢4のC>A>Bが正しい。

No.12 正解 3 換気

室内の水蒸気発生量に対する排湿のための換気量Q〔m³/h〕は次式で表される。

$$Q = \frac{W}{\rho(X_i - X_o)} \text{〔m³/h〕}$$

W :水蒸気の発生量〔kg/h〕

ρ :空気密度（≒1.2）〔kg/m³〕

X_i :室内の重量絶対湿度〔kg/kg(DA)〕

DAは乾燥空気

X_o :外気の重量絶対湿度〔kg/kg(DA)〕

設問の条件を式に代入すると、

$$Q = \frac{0.6}{1.2\ (0.01 - 0.005)} = 100 \text{〔m³/h〕}$$

よって、必要な換気量は100〔m³/h〕

となる。

No.13 正解 5 室内気候と気象

1. 建築基準法や建築物における衛生的環境の確保に関する法律（ビル衛生管理法）に基づく室内環境基準の中で、浮遊粉じんの量については、0.15mg/m³以下と規定されている。
2. 一酸化炭素の室内空気汚染の許容値は、「建築物における衛生的環境の確保に関する法律（ビル管法）」により6ppm以下と定められている。
3. 二酸化炭素の室内空気汚染の許容値は、「建築物における衛生的環境の確保に関する法律（ビル管法）」により1,000ppm以下と定められている。
4. アレルゲンとは、アレルギーの原因となる抗原物質の総称である。ハウスダストや花粉の他にも、ダニ類やカビ類がアレルギーの原因となることがある。学校環境衛生基準における検査項目「換気および保温等」のダニ又はダニアレルゲンの基準は、「100匹/m²以下又はこれと同等のアレルゲン量以下であること」である。
5. 「学校保健安全法」に基づく「学校環境衛生基準」において、ホルムアルデヒドの濃度は空気1m³当たり0.1mg以下（30分平均値）とされている。

No.14 正解 1 換気

1. ハイブリッド換気システムは、自然換気の省エネルギー性と機械換気の安定性の両方を活かした換気方式である。比較的安定した内外温度差が得られる冬季や、1日のうちでも時間帯により、適切な制御により機械換気と自然換気を切り替え、または組み合わせて利用することにより、エネルギー消費を最小限に抑えることのできるシステムである。
2. ソーラーチムニーとは、太陽熱と高低差による煙突効果を利用して、温度差による自然換気を積極的に活用する省エネルギー手法である。頂部での外部風によっても自然換気を促進することが期待される。ヒートチムニーともいう。
3. 開口部前後の圧力差による通過風量（換気量）Qは、次式で求められる。
$$Q=\alpha A\sqrt{\frac{2}{\rho}\Delta P}\times 3600\ 〔m^3/h〕$$
α:流量係数　A:開口部面積〔m²〕
αA:相当開口面積〔m²〕
ρ:空気密度〔kg/m³〕
ΔP:開口部前後の圧力差〔Pa〕
上式より、開口面積A〔m²〕が異なっても、流量係数をかけた相当開口面積αA〔m²〕が同じであれば、開口部前後の圧力差が同じ場合、通過風量（換気量）Qは等しくなる。
4. 風力による換気量Q_Wは以下の式で求められる。
$$Q_W=\alpha A v\sqrt{C_1-C_2}\times 3600\ 〔m^3/h〕$$
α: 流量係数　A:開口面積〔m²〕
ρ: 空気密度（≒1.2）〔kg/m³〕
v: 風速〔m/s〕
C_1:風上側風圧係数

C_2:風下側風圧係数
よって、風力による換気量Q_wは流入口と流出口の風圧係数の差の平方根$\sqrt{C_1-C_2}$に比例する。

5. 温度差による換気量Q〔m³/h〕は次式による。

$$Q=\alpha A\sqrt{2gh\left(\frac{t_i-t_o}{273+t_i}\right)}\times 3600$$

〔m³/h〕

α:流量係数　　A:開口部面積〔m²〕
g=重力加速度〔m/s²〕
h:上下開口部の中心間の垂直距離〔m〕
t_i:室温〔℃〕　　t_o:外気温〔℃〕
上式より、換気量は、内外温度差の平方根$\sqrt{t_i-t_o}$にほぼ比例する。

No.15 正解 4　採光・照明

1. 光束法による平均照度計算における照明率は、「ランプから発する全光束」に対する「作業面に到達する光束」の割合である。

2. 均斉度は、室内の照度分布の均一さを示す値で、次式で定義される。

$$照度の均斉度=\frac{作業面の最低照度}{作業面の最高照度}$$

$$または\ \frac{作業面の最低照度}{作業面の平均照度}$$

JIS Z 9110の照度基準で示されている照度均斉度には、後者の式に相当する「ある面における平均照度に対する最小照度の比」が使われている。

3. グレアとは、著しく明るい部分が視野内に入り、見やすさを損ねたり、不快感を生じさせたりする現象である。光源の輝度が高く、周囲の輝度が低いほど、また、光源の立体角が大きく、光源と視線とのズレが小さいほど、グレアの程度はひどくなる。

4. 面積効果とは、同じ色であっても、一般に、面積の大きいもののほうが、明度、彩度とも高く見える効果のことであり、たとえば、室内の壁の色は、色見本で適当だと感じる色よりも彩度の低い色を選ぶ。

5. 演色評価数は、同じ試験色を基準光源と試料（テスト）光源で照明した時の色ずれ（色度の差）を100から差し引いたものをいい、8色ほどの試験色による結果を平均した平均演色評価数Raによって演色性を示す。

No.16 正解 2　採光・照明

1. 実効放射（夜間放射）は、地表面から大気への上向きの地表面放射と大気から地表面への下向きの大気放射との差のことである。通常、前者から後者を引いた値で示す。

2. 昼光率とは、採光の良否を判断するため、直射日光を含まない全天空照度を算出に用いることにより、室内のある点における屋外照度の時間的な変化に影響されない指標として定義づけられたものであり、次式で示される。

昼光率D

$$=\frac{室内のある点の水平面照度(E)}{全天空照度(E_s)}\times 100〔\%〕$$

3. 大気圏外における、太陽光線と垂直な面（法線面）の受ける太陽の放射エネルギーを太陽定数という。季節によって多少変わるが、その年間平均値は約1,370W/㎡である。ただし、実際に地上に到達するのは、大気中の水蒸気や塵埃に吸収され、これよりも少なくなる。

4. 永久日影とは、一年中、日が当たらない部分をいう。我が国では、夏至の日に終日日影となる部分は、一年中、日が当たらないので永久日影となる。

5. 真太陽時と平均太陽時は年4回一致するが、その他は両者の時刻にはずれ（時差）がある。これを均差時といい、年により多少の変動があるので正確な値を知るにはその年の理科年表を確認する必要がある。

No.17　正解　2　音響

1. 隙間のない単層均質な壁体に平面波が垂直に入射した場合の透過損失TL_oは、単位面積当たりの質量（面密度）M〔kg/㎡〕、入射する音の周波数f〔Hz〕が大きいほど、大きくなる。これを単層壁の質量則という。

$TL_o=20\log_{10}(f \cdot M)-42.5$〔dB〕

上式より、面密度が2倍になるとTL_oは約6dB増加する。

2. 中空層のある二重壁は、中空層がバネとして働き、「質量」-「バネ」-「質量」の振動系を形成するため、二重壁が振動しやすい周波数ができ、その周波数域で質量則よりも透過損失は小さくなる。この振動しやすい周波数を共鳴透過周波数といい、一般的な二重壁では低音域で生じる。また、中空層の厚さを薄くするとバネの力が強くなるため、共鳴透過周波数はより高い周波数で生じるようになる。

3. 拡散音場における室内音圧レベルL_p〔dB〕は、次式で求められる。

$L_p=L_w-10\log_{10}A+6$〔dB〕

L_w:音響パワーレベル

（音響出力のレベル）〔dB〕

A:室内の吸音力（等価吸音面積）〔㎡〕

（室内表面積S×室内平均吸音率α）

ここで、室内の吸音力が2倍になると、Aが$2A$となるので、

$L_p'=L_w-10\log_{10}2A+6$

$=L_w-(10\log_{10}A+10\log_{10}2)+6$

$\fallingdotseq L_w-(10\log_{10}A+3)+6$

$=L_w-10\log_{10}A-3+6$

$=L_p-3$〔dB〕　となり、室内音圧レベルは、約3dB小さくなる。

4. 多孔質材料は、微小繊維等との間の空気の摩擦粘性抵抗などによって、材料内部に伝搬した音のエネルギーの一部が、最終的に熱エネルギーに変わることによって吸音される。多孔質材料の表面を通気性の低い材料によって被覆すると、波長の短い音波が繊維内に直接入射されにくくなるので、多孔質材料の特徴である高音域の吸音効果が低下する。

5. 合板や金属板など板状材料に多数の貫通孔をあけた孔あき板は、背後に空気層があると、孔と背後空気層とが共鳴器として機能する。すなわち、板の孔から音波が入射すると、背後

の空気層がバネの役割をして、孔の部分の空気を振動させ、孔の部分の空気と壁面との摩擦粘性抵抗により、音のエネルギーが熱のエネルギーに変わって吸音する。特に孔あき板の背後に多孔質材があると、粘性抵抗によるエネルギー損失が大きくなり、吸音率が大きくなる。孔あき板の背後に多孔質材料を入れる場合、その吸音特性は多孔質材料や下地材料の種類によって変化する。また、多孔質材料は孔あき板に密着させて設けるとその吸音性能が大きくなり、孔あき板から離れるに従って吸音率は低下する。

No.18 正解 3 音響

1. 等価騒音レベル（L_{Aeq}）〔dB〕は、A特性音圧レベル（聴感補正された音圧レベル）の観測時間内におけるエネルギーの平均値を求めて、それをdBに換算したものをいう。道路交通騒音など時間とともに変動する騒音の評価に用いられている。

2. 騒音の許容値は、騒音レベルで表示されることが多いが、より詳細な検討が必要な場合は、一定の周波数帯域ごとに分析（オクターブ分析）して検討するNC値が用いられる。室内騒音のNC値を求めるには、オクターブバンドごとのNC値を読みとり、その最大値を採用する。

3. 機械室のような大きな騒音が発生する室には、JIS A 4702「ドアセット」で遮音性による等級と性能（判定基準）が定められている防音扉が、一般に、用いられる。JISでは、扉の遮音等級をT-1からT-4の４段階に区分していて、数字が大きいほど遮音性能がよい。したがって、**遮音等級T-1の扉は、遮音等級T-3の扉に比べて性能が低い。**

4. 人の聴覚に対する音の大きさ（ラウドネス）のレベルは、1,000Hzの純音の音圧レベルを基準としている。通常の音圧レベルにおける耳の感度は、3,000Hz～4,000Hzの中高音域が最も良く聞こえ、低音域では感度が低下する。したがって、音圧レベルが等しくても100Hzの音よりも1,000Hzの音のほうが大きく感じられる。

5. 衝撃音の測定に用いる騒音計の規格は、国内においては、JIS C 1509シリーズ「電気音響―サウンドレベルメータ（騒音計）」および計量器検定検査規則がある。騒音レベルは、周波数重み付け特性と時間重み付け特性がある。時間重み付け特性での騒音レベルは、音圧の２乗信号を平均して求め、その平均の時定数により、F特性とS特性の２種類のが規定されている。F特性の時定数は125ms、S特性の時定数は１sである。一般の騒音測定にはF特性が用いられる。

No.19 正解 1 音響

1. 設備機器を防振支持する際に、機器を防振架台上に設置するが、耐震上の対策から耐震ストッパーボルトを取り付ける。その際、耐震ストッパーボルトのナットを防振架台に締め付けることで防振架台に接触することになり、防振効果が低下する。防振架台には十分な大きな孔を開け、耐震ストッパーボルトと防振架台との間にクリアランスを設け防振機能を保つ必要がある。
2. 「グラスウールを用いた浮き床構造」とは、スラブの上にグラスウールを緩衝材として敷き、この上にコンクリート等の床材を施工した構造である。上床材を質量に、緩衝材と緩衝材の中の空気がばねの働きをする振動系を構成することで振動しやすい周波数（固有振動数）を設備機器の加振振動数より低い周波数にすることで防振対策となる。一般に、30Hz以上の周波数域の対策に効果がある。これに対して「コイルばねを用いた架台」の場合は、たわみ量も大きくとれ、固有振動数も低くできるので、2～6Hzの低周波数域における防振対策に適している。
3. エレベーターの走行時の騒音は、通過時にガイドレールを経て構造体に伝わる衝撃による振動が伝播して先の壁･天井･床等を振動させて音となって現れる。騒音防止対策としてエレベーターのガイドレールを支持するために昇降路の側面に設けた中間梁に支持することが望ましい。
4. ポンプから発生する振動やポンプに直接接続された横引き配管に流体が流れることで発生する振動は、フレキシブル継手を用いて振動吸収、圧力吸収を図るとともに防振支持を行い、振動伝搬を低減する。配管の防振支持の例としてはスプリング併用の防振パット等がある。また、配管類を構造体から絶縁して取り付けるなどの対策も有効である。
5. 排水管などの防音対策として、管にグラスウール保温筒を巻きその上に鉛板を巻くなどの対策がある。その他の対策としては、放射面積の大きい排水立て管の屋内露出を避け、遮音性の材料で囲んだパイプシャフト内を通す等の方法がある。

No.20 正解 3 水質基準･排水処理

1. 水道水は水道法第4条に基づいた厚生労働省の「水質基準に関する省令」で、51項目の水質基準項目と基準値が規定されている。水質基準の項目には、一般細菌や大腸菌などのほか、味、臭気、色度、濁度等が含まれている。
2. 自浄作用とは、河川や湖沼に混入した汚濁物質を沈殿、酸化、生物による分解などにより水自体で浄化する作用のことで、物理的作用、化学的作用、生物的作用の3つからなる。湖沼水は、一般には河川水に比べて、自浄作用は、大きいとされている。

3. 厨房排水は、一般に有機物質や油脂分を多く含み、水温も高いことから腐敗しやすいので、他の雑排水に比べてBOD（生物化学的酸素要求量）、SS（浮遊物質濃度）の値が高くなる。

4. 嫌気性処理方式は、排水中の嫌気性菌の代謝作用を利用して、有機物をメタンガスや炭酸ガスに分解して処理する生物処理方法である。嫌気性処理には最適な環境温度領域が2種類あり、水温を中温嫌気性菌の働く30～35℃の領域、高温嫌気性菌の働く50～60℃の領域に制御する必要がある。

5. ばっ気槽とは、下水処理の過程で、汚泥中の好気性微生物にブロアで空気を送り込み、好気性微生物を活性化させることで浄化する設備で、ばっ気により槽内の水中に振動が発生する。ばっ気槽が躯体に直接接していると、この振動が躯体内を固体音として伝搬し、居室などで音として放射される。このため、ばっ気槽内を防振材で内張りすることで、固体伝搬音の発生を防ぐ必要がある。

No.21 正解 2 構造力学

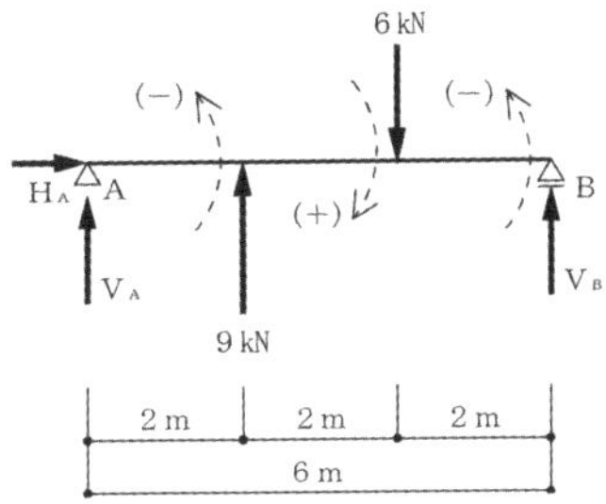

各支点に反力を仮定し、つり合い条件式を考える。

$\Sigma M_A = 0$ より

$-9kN \times 2m + 6kN \times 4m - V_B \times 6m = 0$

$-18kN \cdot m + 24kN \cdot m - 6V_B = 0$

$6kN \cdot m - 6V_B = 0$

$6V_B = 6kN \cdot m$

※両辺を6mで割る

$V_B = 1kN$

V_Bは「＋」であるから、向きが正しかったことになる。

$\therefore V_B = 1kN(\uparrow) = +1kN$ ※上向き「＋」

No.22 正解 5 一般構造

1. 不同沈下等を生じないようにするため、1つの建築物には、原則として、異なる構造方法による基礎を併用してはならない。

2. 杭の間隔は施工の可能性と支持力の影響を検討して決定する必要がある。打込み杭の場合、杭間隔を密にして打ち込むと、打設済みの杭が後打ちの杭によって水平変位を生じて変形したり、地盤の盛上がりとともに浮き上がったり、あるいは、地盤の締固めによって後打ちの杭が貫入不能になったり等の、杭相互の障害が生じる可能性がある。一方、埋込み杭や場所打ち杭については、打込み杭のような障害は生じないが、杭間隔を密にして施工すると、削孔によって隣接杭の周辺地盤をゆるめやすく、また、地盤中で杭が相互に接触する可能性があるなどの問題がある。このような杭の施工性を考慮し、従来は障害が生じにくい杭の最小間隔の目安値を確保している。

3. 静止土圧とは、地下外壁と土が静止状態にあるときの圧力をいう（なお、地下外壁が土に向って移動したときの圧力を、受働土圧、地下外壁が土から離れる側に移動した場合の地下外壁に作用する圧力を、主働土圧という）。地下外壁に作用する静止土圧Poは、次式で求める。

$P_0 = K_0 \cdot \gamma \cdot h$

K_0：静止土圧係数（通常0.5とする）

γ：土の単位体積重量（地下水位以下においては土の水中単位体積重量）

h：地表面からの深さ

したがって、静止土圧は、土の単位体積重量に比例する。

4. 土の分類、粒径は下表による。

土の分類

土の種類	礫（レキ）	砂	シルト	粘土
粒径	2㎜以上	2～0.075㎜	0.075～0.005㎜	0.005㎜以下

したがって、粒径の大小関係は、レキ＞砂＞シルト＞粘土となる。

5. 圧密沈下とは、有効地中応力の増加により、土粒子間に含まれる間隙水が長期間圧縮力を受けて排出され、徐々に沈下する現象で、粘土質地盤で起こる。なお、載荷と同時に沈下するのは即時沈下で砂質地盤に見られる現象である。

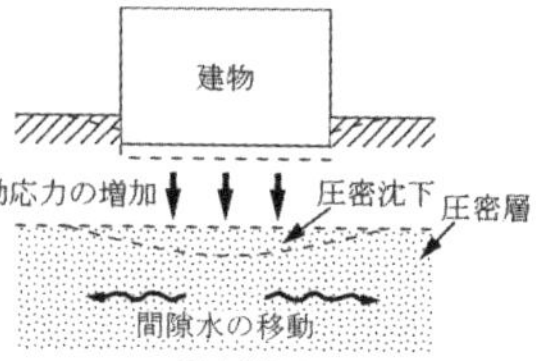

圧密沈下

No.23 正解 4 一般構造

1. 垂れ壁や腰壁により変形を拘束されている柱を短柱という。短柱は、曲げ破壊より先に、脆性的な破壊（せん断破壊）の危険があるので、柱際にスリットを設けて可撓（とう）長さを大きくすることで変形能力を大きくすることや、帯筋を密に配置する等の対策が必要となる。

2. 鉄筋に対するコンクリートのかぶり厚さは、鉄筋表面とこれを覆うコンクリートの表面までの最短距離をいう。かぶり部分は、鉄筋を錆びや火災から保護し、耐久性、防火性を高める。また、部材の強度にも影響する。

3. 梁の引張鉄筋比が、つり合い鉄筋比以下の場合、許容曲げモーメントと引張鉄筋量の間には、次の関係が成り立つ。

$M = a_t \cdot f_t \cdot j$　ただし$j = \frac{7}{8}d$

a_t：引張鉄筋の全断面積

f_t：鉄筋の許容引張応力度
j：応力中心間距離
d：梁の有効性
上式より、つり合い鉄筋比以下では、許容曲げモーメントMと、引張鉄筋の断面積a_tは比例する。

4. 柱は軸方向力と曲げモーメントを受けるが、軸方向力が大きくなると、曲げ変形能力が落ちて（靭性が小さくなって）、脆性破壊が生じやすくなる。

5. 鉄筋コンクリート構造の場合、ラーメン構造のような「柱及びはりを主要な耐震要素とする構造形式」は、壁構造のように「耐力壁の多い構造形式」に比べ、最大耐力は低いが、地震時の水平変形が大きく、最大耐力に達した後の耐力の低下が小さい。

No.24 正解 3 一般構造

1. 鉄筋の種別表示の数字は、降伏点の下限値を示している。SD345は、鉄筋コンクリート用の異形棒鋼で、降伏点の下限値が345N/mm²である。

2. 3. 鋼材の炭素含有量が多くなると、引張強度、降伏点強度、硬度が増す。しかし、伸びは減少し、溶接性が低下する。引張強さは、炭素含有量が0.8%前後のとき、最大となる。

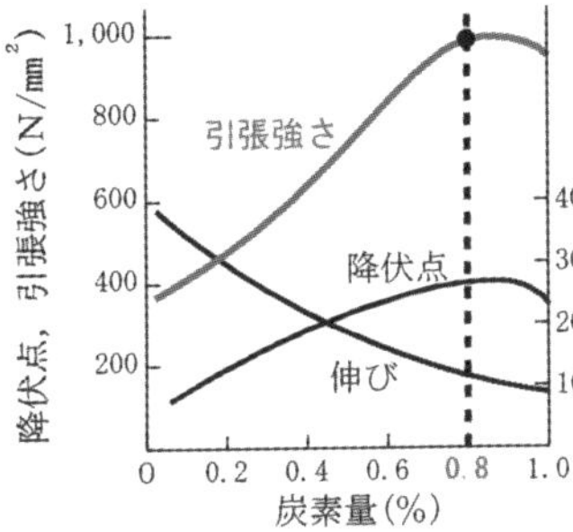

炭素量との関係

4. 鋼材の比重は7.85、アルミニウムの比重は2.70程度であるから、鋼材の比重はアルミニウムの比重の約3倍である。

5. 常温において、鋼材の線膨張係数（熱膨張係数）は、約1.0×10^{-5}（1/℃）であり、この値は、コンクリートの線膨張係数とほぼ等しい。そのため、温度変化があっても一体となって伸縮するので、鉄骨鉄筋コンクリート造や鉄筋コンクリート造等の構造形式が成り立つ。

No.25 正解 1 一般構造

1. コンクリートのヤング係数E_cは、次式で求める。

$$E_c = 3.35 \times 10^4 \times \left(\frac{\gamma}{24}\right)^2 \times \left(\frac{F_c}{60}\right)^{\frac{1}{3}}$$

γ：コンクリートの気乾単位体積重量（kN/m³）
F_c：コンクリートの設計基準強度（N/mm²）

よって、気乾単位体積重量の大きいもの、圧縮強度（設計基準強度）の高いものほどヤング係数は大きくなる。

2. コンクリートの引張強度は、圧縮強度の約1/10である。なお、通常の鉄筋コンクリート造においては、引張強度は無視して（0として）設計する。
3. コンクリートに用いるセメントは水硬性材料であり、湿潤状態を保ちやすい水中養生のほうが水分が補給され、水和反応が円滑に進んで硬化し、強度の増進が期待できる。空気中では乾燥により水和反応に必要な水分が奪われる恐れがある。
4. レイタンスとは、フレッシュコンクリートのブリーディングに伴い、浮かびあがった微粒物が、コンクリート表面に薄い層となり硬化したもののことである。コンクリートの打継ぎの障害となるため、除去する。
5. クリープ現象とは、部材に荷重を継続して載荷すると、時間の経過に伴い変形が増大する現象である。

No.26 正解 1 建築材料融合

1. 自然に発火する温度を発火点といい、木材の場合は、400～450℃である。なお、引火とは、火気や火花で可燃性気体が燃え、火炎が木材に伝わって発火する現象のことであり、引火したら自然には消えにくい260℃を木材の火災危険温度としている。
2. 一般の鋼材の引張強度は200～300℃程度で最大、500℃付近で半減、1,000℃でほぼ0となる。

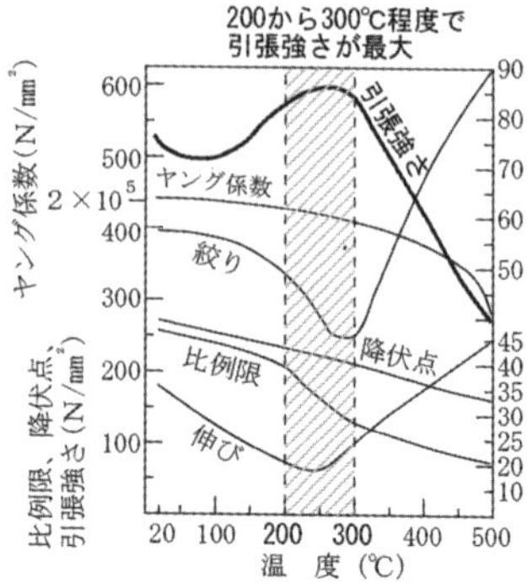

温度との関係

3. 普通板ガラスの一般的性質としての軟化点温度は、720～730℃である。設問の700℃程度と少しずれてはいるが、著しくずれてはおらず、また、選択肢1が明らかに不適当であることから、この設問においては、適当な記述となる。
4. コンクリートの圧縮強度は、常温時から100℃程度までは低下し、200～300℃で常温時の強度とほぼ同等の強度まで再上昇する。その後、温度の上昇とともに圧縮強度は低下し、一般に、500℃程度において、常温時の約60%以下となる。
5. 安山岩は、温度の上昇とともに、圧縮強度が緩やかに増加する。冷間圧縮強度では1,000℃で常温の150%の圧縮強度を示す。

No.27 正解 5 管理計画

1. 労働安全衛生規則　吊り足場の作業床は、幅を40cm以上とし、かつ、すき間がないようにする。
2. 労働安全衛生規則　高さ2m以上の

登り桟橋は、勾配を30度以下とし、15度を超える場合は踏みさん等の滑り止めを設ける。勾配が30度を超える場合は階段とする。

3. 労働安全衛生規則　架設通路における墜落の危険のある箇所には、85cm以上の手摺及び中さん等を設ける。ただし、作業上やむを得ない場合は、必要な部分に限って臨時にこれを取り外すことができる。

4. 酸素欠乏症等防止規則　事業者は、酸素欠乏危険作業に労働者を従事させる場合は、当該作業を行う場所の空気中の酸素の濃度を18%以上に保つように換気しなくてはならない。

5. 労働安全衛生規則　総括安全衛生管理者の選任は、その選任すべき事由が発生した日から14日以内に行わなければならない。

No.28 正解 2　管理計画

1. JASS5　コンクリートの練上がり温度が高いと、最高温度も高くなり温度ひび割れが入りやすくなるので、使用する材料は、なるべく温度の低いものを用いるようにする。その方法としては次のようなものがある。
   - ・骨材に直射日光を当てない
   - ・粗骨材に散水する
   - ・高温のセメントを用いない
   - ・液体窒素により骨材を冷やす
   - ・品質規定に適合する冷水を用いる、氷を用いるなどをして、練混ぜ水にできるだけ低温のものを使う

2. JASS5　せき板に用いる木材を屋外で保管する場合は、直射日光が当たるのを避け、濡らさないようにシート等を用いて保護する。木材は直射日光に当てたり濡らしたりすると、木材中の糖分やタンニンが木材表面に抽出され、コンクリート表面の硬化不良の原因となる。

3. JASS18　塗料等の可燃性材料の保管については、次のような事項が定められている。
   - ①不燃材料を使用した独立の平屋建とし、周囲の建物から規定された間隔を確保する
   - ②屋根は軽量な不燃材料でふき、天井は設けない
   - ③建物内の置場は、耐火構造の室を選ぶ
   - ④床には、不浸透性の材料を敷く
   - ⑤消火に有効な消火器や消火砂などを備える
   - ⑥十分な換気を図る
   - ⑦窓および出入口には、防火設備を設ける
   - ⑧出入口には戸締まりを設け、「塗料置場」や「火気厳禁」の表示をする

4. JASS6　溶接棒は乾燥したものを使用しなければならない。開封直後であっても、乾燥装置で乾燥させてから使用するのが好ましい。吸湿の疑いのある溶接棒は、再乾燥させてから使用する。

5. 廃棄物の処理及び清掃に関する法律　PCB（ポリ塩化ビフェニル）が付着

したコンクリートの破片類は、特別管理産業廃棄物として処理する。

No.29 正解 4 各部工事

1. JASS5　鉄筋の交差部分や重ね継手部分には、径0.8～0.85mm程度のなまし鉄線で結束するが、亜鉛めっき品やステンレス線を使用する場合もある。
2. JASS5　鉄筋相互のあきは、次の値のうち最大のもの以上とする。
   ①粗骨材の最大寸法の1.25倍
   ②25mm
   ③隣り合う鉄筋の平均径（異形鉄筋は呼び名の数値）の1.5倍
3. JASS5　異形鉄筋の定着長さは、「鉄筋の種類」、「鉄筋の径」、「コンクリートの設計基準強度」および「フック付き定着または直線定着」により異なる。
4. JASS5　ガス圧接継手の位置は、原則として隣り合う鉄筋のガス圧接継手の位置と400mm以上ずらす。
5. 公共建築工事標準仕様書スペーサーは、転倒、作業荷重等に耐えられるものとし、スラブに用いるスペーサーは、原則として、鋼製とする。また、鋼製のスペーサーは、型枠に接する部分に防錆処理を行ったものとする。

No.30 正解 4 各部工事

1. JASS5　構造体コンクリートの圧縮強度の検査は、コンクリートの打込み日ごと、打込み工区ごとに行う。ただし1日の計画打込み量が150㎥を超える場合は、150㎥以下にほぼ均等に分割した単位ごとに1回行う。
2. JASS5　棒形振動機は、打込み各層ごとに用い、コールドジョイントを防止するため、その下層に振動機の先端が入るようにほぼ鉛直に挿入する。挿入間隔は原則60cm以下とし、加振はコンクリートの上面にセメントペーストが浮くまでとする。
3. JASS5　コンクリートの打込みに際しては、最外側鉄筋とせき板とのあきの状態を観察し、スペーサー及び鉄筋のサポートの移動・転倒などにより、かぶり厚さ不足が生じることのないようにする。
4. 建築工事監理指針　梁の打込みは、壁及び柱のコンクリートの沈みが落ち着いた後に行う。また、スラブの打込みは、梁のコンクリートの沈みが落ち着いた後に行う。柱・壁と梁及び梁とスラブを連続して打ち込むと、各箇所のコンクリートの沈降により、梁との境目にひび割れが発生するおそれがある。
5. JASS5　コンクリートの硬化初期に振動が加わると、組織が損傷を受け、強度の発現が損なわれるため、コンクリート打込み中及び打込み後5日間は、乾燥・振動などによってコンクリートの凝結及び硬化が妨げられないように養生しなければならない。

建築法規

解答・解説

令和4年度

建築法規［解答・解説］

▶問題 P.90〜

No.1 正解 3 用語の定義

1. 正しい記述である。令第19条第1項により、障害福祉サービス事業（就労移行支援を行う事業）の用に供する施設は児童福祉施設等に該当し、令第115条の3第一号により、法別表第1(い)欄(2)項に掲げる用途に類する「特殊建築物」である。
2. 正しい記述である。法第2条第十六号及び第十八号。
3. 誤りである。法第23条かっこ書により、建築物の周囲において発生する通常の火災による延焼の抑制に一定の効果を発揮するために外壁に必要とされる性能は、「準防火性能」である。
4. 正しい記述である。法第2条第三十四号。

No.2 正解 3 面積・高さ等の算定方法

1. 正しい記述である。令第2条第1項第四号へ及び同条第3項第六号により、建築物の容積率の算定の基礎となる延べ面積には、宅配ボックス設置部分の床面積は、当該敷地内の建築物の各階の床面積の合計の1/100を限度として算入しない。
2. 正しい記述である。令第2条第2項により、建築物の高さ（同条第1項第六号）を算定する場合の「地盤面」とは、建築物が周囲の地面と接する位置の平均の高さにおける水平面をいい、その接する位置の高低差が3mを超える場合においては、その高低差3m以内ごとの平均の高さにおける水平面をいう。
3. 誤りである。令第2条第1項第六号により、建築物の高さは地盤面からの高さによるとされているが、同号イにより、法第56条第1項第一号（前面道路の反対側の境界線からの水平距離により制限される建築物の各部分の高さ）等の規定による高さの算定については、前面道路の路面の中心からの高さによる。
4. 正しい記述である。令第2条第1項第八号により、地階の倉庫、機械室その他これらに類する建築物の部分で、水平投影面積の合計が当該建築物の建築面積の1/8以下のものは、当該建築物の階数に算入しない。

No.3 正解 4 制度規定

1. 正しい記述である。法第44条第1項第二号。
2. 正しい記述である。法第15条第1項により、建築物の除却の工事を施工する者が床面積の合計が10㎡を超える建築物を除却しようとする場合においては、建築主事を経由して、その旨を都道府県知事に届け出なければならない。
3. 正しい記述である。法第43条第3項第一号。

4. 誤りである。法第9条第1項により、違反建築物に関する工事の請負人に対して、違反を是正するために必要な措置をとることを命ずることができるのは、特定行政庁である。

No.4 正解 2　一般構造

1. 正しい記述である。法第28条の2第三号、令第20条の6第二号。

2. 誤りである。令第26条第2項により、階段に代わる傾斜路には階段に関する規定が準用される。令第25条第3項により、傾斜路の幅が3mを超える場合においては、中間に手すりを設けなければならない。

3. 正しい記述である。法第28条第1項及び令第19条第2項第五号により、老人福祉施設の入所者用の娯楽室は、令第19条第3項表(8)に該当し、窓その他の開口部で採光に有効な部分の面積はその床面積の1/10以上としなければならない。設問の娯楽室の床面積は50㎡であるから、採光に有効な部分の面積は、5㎡以上となる。

4. 正しい記述である。法第28条第3項により、法別表第1(い)欄(1)項に掲げる用途に供する特殊建築物の居室には、所定の技術的基準に従って、換気設備を設けなければならない。

No.5 正解 3　耐火・防火

1. 正しい記述である。令第128条の3の2本文かっこ書により、天井の高さが6mを超えるものは除かれている。

2. 正しい記述である。映画スタジオは、令第115条の3第四号により、法別表第1(い)欄(6)項に掲げる特殊建築物であり、3階以上の階を当該用途に供する場合には法第27条第2項第二号に該当し、耐火建築物としなければならない。

3. 誤りである。令第112条第11項により、主要構造部を準耐火構造とし、かつ、地階又は3階以上の階に居室を有する建築物の階段の部分等の竪穴部分については、当該竪穴部分以外の部分と防火区画しなければならないが、同項第二号により、階数が3以下で延べ面積が200㎡以内の一戸建ての住宅は除かれている。

4. 正しい記述である。令第112条第1項により、主要構造部を耐火構造とした建築物で、延べ面積が1,500㎡を超えるものは、床面積の合計1,500㎡以内ごとに、所定の基準に適合する準耐火構造の床若しくは壁又は特定防火設備で区画しなければならない。ただし、同項かっこ書により、スプリンクラー設備等で自動式のものを設けた場合は、その部分の床面積の1/2に相当する部分の床面積が除かれるため、床面積の合計3,000㎡以内ごとに防火区画すればよいということになる。
設問の百貨店は延べ面積が4,000㎡なので、防火区画しなければならない。

No.6 正解 2 避難施設等

1. 正しい記述である。令第119条表により、共同住宅の住戸の床面積の合計が100㎡を超える階における共用の廊下の幅は、廊下の片側のみに居室がある場合、1.2m以上としなければならない。
2. 誤りである。令第125条第3項により、物品販売業を営む店舗の避難階に設ける屋外への出口の幅の合計は、床面積が最大の階における床面積100㎡につき60cmの割合で計算した数値以上としなければならない。
3. 正しい記述である。令第128条かっこ書。
4. 正しい記述である。令第128条の3第4項。

No.7 正解 4 換気設備

1. 正しい記述である。法第28条第2項ただし書により、居室に設ける自然換気設備の排気筒の有効断面積は、令第20条の2の基準によるものとしなければならない。
同条第一号イ(1)により、排気筒に必要な有効断面積は居室の床面積に比例して定められるが、当該床面積は、換気上有効な窓その他の開口部の換気上有効な面積に応じて減ずることができる。従って、換気上有効な面積が大きいほど、排気筒に必要な有効断面積は小さくすることができる。
2. 正しい記述である。法第28条第3項、令第20条の2第一号ロ(1)により、機械換気設備の有効換気量の計算は、$V=20A_f/N$の式によって計算しなければならない。この式において、N（実況に応じた1人当たりの占有面積）はかっこ書により、特殊建築物の居室にあっては3㎡を超えるときは3㎡としなければならない。
3. 正しい記述である。法第28条第3項、令第20条の3第2項第一号イ(1)かっこ書。
4. 誤りである。令第20条の9により、居室を有する建築物の建築材料及び換気設備についてのホルムアルデヒドに関する技術的基準の規定が適用除外となる居室は、1年を通じて、当該居室内の人が通常活動することが想定される空間のホルムアルデヒドの量を空気1㎥につきおおむね0.1mg以下に保つことができるものとして、国土交通大臣の認定を受けた居室である。

No.8 正解 2 昇降設備

1. 正しい記述である。令第129条の6第二号ただし書、平12建告第1416号第1第二号。
2. 誤りである。令第129条の2の4第

1項第三号ただし書、平17国交告第570号第一号ロにより、エレベーターに必要のない配管設備であっても、光ファイバー又は光ファイバーケーブル（電気導体を組み込んだものを除く。）は、昇降機の昇降路内に設けることができる。

3. 正しい記述である。令第129条の8第2項、平12建告第1429号第1第一号。

4. 正しい記述である。令第129条の3第2項第一号、平12建告第1413号第1第三号へ。

No.9 正解 1 建築設備

1. 誤りである。令第129条の2の4第1項第七号ただし書により、1時間準耐火基準に適合する準耐火構造の床又は壁で建築物の他の部分と区画されたパイプシャフトにおいては、同号イで定める貫通する部分からそれぞれ両側に1m以内の距離にある部分を不燃材料で造らなければならない規定のうちパイプシャフトの中にある部分は、除外される。

2. 正しい記述である。令第129条の2の4第1項第八号、昭56建告第1099号第1第一号又は第二号により、ガスを使用する設備又は器具に接続する金属管等とねじ接合することができるものであるか、若しくは過流出安全弁その他のガスが過流出した場合に自動的にガスの流出を停止することができる機構を有するもののいずれかとすればよい。

3. 正しい記述である。令第129条の2の3第三号、平12建告第1389号第一号表備考欄。

4. 正しい記述である。令第129条の2の3第二号、平12建告第1388号第5本文及び第二号。

No.10 正解 2 建築設備

1. 正しい記述である。令第126条の4第三号。令第126条の2第1項第二号により、「学校等」とは、学校、体育館、ボーリング場、スキー場、スケート場、水泳場、スポーツの練習場であるので、スケート場には、非常用の照明装置を設けなくてもよい。

2. 誤りである。令第126条の5第一号ロ及びニ、昭45建告第1830号第2第五号により、スイッチを設けることはできないが、コンセントは規定されていない。

3. 正しい記述である。令第126条の5第一号ニ、昭45建告第1830号第3第三号。

4. 正しい記述である。令第126条の5第一号ロ及びニ、昭45建告第1830号第2第三号イにより、電気配線は、下地を不燃材料で造り、かつ、仕上げを不燃材料でした天井の裏面に鋼製電線管を用いて行う配線とすることができる。

No.11 正解 1 昇降設備

1. 誤りである。法第34条第2項により、高さ31mを超える建築物には、非常用の昇降機を設けなければならないが、同条かっこ書及び令第129条の13の2第三号により、高さ31mを超える部分の階数が4以下の主要構造部を耐火構造とした建築物で、当該部分が床面積の合計100㎡以内ごとに耐火構造の床若しくは壁又は所定の特定防火設備で区画されているものは除かれている。設問は500㎡以内ごとの区画であるのでこの規定には該当せず、他の同条第一号、第二号、第四号にも該当しないため、非常用のエレベーターを設けなければならない。
2. 正しい記述である。令第129条の13の3第3項第七号。
3. 正しい記述である。令第129条の13の3第12項及び平12建告第1428号第1。
4. 正しい記述である。令第129条の13の3第1項、令第129条の6第四号。

No.12 正解 4 建築設備

1. 正しい記述である。令第126条の2第1項第一号により、老人福祉施設で、床面積100㎡以内ごとに準耐火構造の床若しくは壁又は所定の防火設備で区画された部分には、排煙設備を設けなくてもよい。
2. 正しい記述である。令第126条の3第1項第十一号。
3. 正しい記述である。令第128条の3第1項第六号、昭44建告第1730号第1第三号。
4. 誤りである。火災により煙が発生した場合に自動的に閉鎖する防火設備は、令第112条第19項第一号ニ、第二号ロのいずれかに該当するが、そのうち、随時閉鎖することができるものの構造方法は、昭48建告第2563号第1第二号ハ及び昭48建告第2564号第一号イに定められており、「煙感知器又は熱煙複合式感知器、連動制御器、自動閉鎖装置及び予備電源を備えたもの」としなければならない。

No.13 正解 4 建築士法

1. 正しい記述である。建築士法第20条の3第1項及び第2項。
2. 正しい記述である。建築士法第14条に一級建築士試験の受験資格が定められており、同条第三号により、国土交通大臣が同条第一号又は第二号に掲げる者と同等以上の知識及び技能を有すると認める者が掲げられている。
   令元国交告第752号第四号により、建築設備士は、建築実務の経験年数に関わらず、一級建築士試験の受験資格を有する者に該当する。
3. 正しい記述である。建築士法施行規則第17条の18、平13国交告第420号第二号。

4. 誤りである。建築士法第3条第1項第四号により、延べ面積が1,000㎡をこえ、且つ、階数が2以上の建築物は、一級建築士でなければ設計又は工事監理をしてはならない。

No.14 正解 3 消防法

消防法第17条の2の5第2項第四号により、特定防火対象物とは、百貨店、旅館、病院、地下街、政令で定める複合用途防火対象物、その他の防火対象物で多数の者が出入するものとして政令で定めるものをいう。同法施行令第34条の4第2項により、多数の者が出入するものとして政令で定める防火対象物は、同法施行令別表第1(1)項から(4)項まで、(5)項イ、(6)項、(9)項イ及び(16の3)項に掲げる防火対象物とされている。

1. 幼保連携型認定こども園は、同法施行令別表第1(6)項ハ(3)に該当し、特定防火対象物に該当する。
2. 集会場は、同法施行令別表第1(1)項ロに該当し、特定防火対象物に該当する。
3. 寄宿舎は、同法施行令別表第1(5)項ロに該当し、特定防火対象物に該当しない。
4. 地下街は、同法第17条の2の5第2項第四号により、特定防火対象物に該当する。

No.15 正解 2 消防法

1. 正しい記述である。旅館は、消防法施行令別表第1(5)項イに掲げる防火対象物である。同法施行令第26条第1項第一号により、原則として、避難口誘導灯を設置しなければならない。
2. 誤りである。消防法施行令別表第1において、事務所は(15)項、飲食店は(3)項ロに掲げる防火対象物である。従って、当該建築物は、(16)項イに掲げる複合用途防火対象物である。同法施行令第21条の2第1項第五号により、(16)項イに掲げる防火対象物の地階のうち、床面積の合計が1,000㎡以上で、かつ、(1)項から(4)項までに掲げる防火対象物の用途に供される部分の床面積の合計が500㎡以上のものには、ガス漏れ火災警報設備を設置しなければならない。設問は、400㎡なので設置しなくてもよい。
3. 正しい記述である。共同住宅は、消防法施行令別表第1(5)項ロに掲げる防火対象物である。同法第8条第1項、同法施行令第1条の2第3項第一号ハにより、収容人員が50人以上の防火対象物には、防火管理者を定めなければならない。
4. 正しい記述である。消防法第17条の3の3、同法施行令第36条第2項第一号。物品販売業を営む店舗は、同法施行令別表第1(4)項に掲げる防火対象物であり、延べ面積1,000㎡

以上のものが点検の対象となっている。

No.16 正解 4 電気事業法

1. 正しい記述である。電気事業法第38条第1項第一号、同法施行規則第48条第1項。
2. 正しい記述である。電気事業法第38条第1項、同法施行規則第48条第1項、第2項第二号により、電圧が600V以下の風力発電設備であって出力20kW未満のものは小規模発電設備に該当するが、設問は出力30kWのためこれには該当しない。
   法第38条第1項ただし書により、小規模発電設備以外の発電用の電気工作物と同一の構内に設置する電気工作物は、一般用電気工作物には該当しない。
   従って、同条第2項により、同一の構内に新たに当該風力発電設備を設置した場合、設問の電気工作物は事業用電気工作物となる。
3. 正しい記述である。電気事業法第44条第5項、同法施行規則第56条表第二号。
4. 誤りである。電気事業法第42条第1項により、保安規程を定めなければならない者は、主任技術者ではなく、**事業用電気工作物（小規模事業用電気工作物を除く。）を設置する者**である。

No.17 正解 1 関係法令融合

1. 誤りである。電気工事士法第3条第3項により、同法施行規則第2条の2第1項各号で定める特殊なもの（ネオン工事及び非常用予備発電装置工事）については、**特種電気工事資格者**でなければ、その作業に従事してはならない。
2. 正しい記述である。電気用品安全法第28条第1項、同法第10条第1項。
3. 正しい記述である。電気設備技術基準省令第5条第1項ただし書。
4. 正しい記述である。発電用太陽電池設備に関する技術基準を定める省令第4条第一号。

No.18 正解 1 関係法令融合

1. 誤りである。高齢者移動等円滑化法第14条第1項、同法施行令第9条により、建築主等は、特別特定建築物で床面積の合計が2,000㎡以上の建築をしようとするときは、建築物移動等円滑化基準に適合させなければならないが、事務所は、同法施行令第5条に規定する**特別特定建築物に該当しない**ため、適合させなくてもよい。
2. 正しい記述である。建築物省エネ法第11条第1項。同法施行令第4条第1項。
3. 正しい記述である。建築物衛生法第6条第1項。
4. 正しい記述である。労働安全衛生法

第11条第1項、同法施行令第2条第一号及び第3条。

建築法規［解答・解説］

▶問題 P.104~

No.1 正解 4 用語の定義

1. 正しい記述である。法第54条第1項。
2. 正しい記述である。令第39条第3項。
3. 正しい記述である。飲食店は、令第115条の3第三号、法別表第1(い)欄(4)項に掲げる「特殊建築物」である。
4. 誤りである。法第2条第九号の二イにより、「耐火建築物」において、耐火構造としなければならない部分は**主要構造部**であり、構造耐力上主要な部分ではない。

No.2 正解 3 面積・高さ等の算定方法

1. 正しい記述である。法第52条第3項により、建築物の容積率を算定する場合、住宅の地階（天井が地盤面からの高さ1m以下にあるものに限る。）は、原則として、地階を含めた建築物全体の住宅部分の1/3を限度として延べ面積に算入しない。
2. 正しい記述である。令第2条第1項第四号ニ、第3項第四号により、建築物の容積率の算定の基礎となる延べ面積には、「自家発電設備設置部分」の床面積は、当該敷地内の建築物の各階の床面積の合計の1/100を限度として算入しない。
3. 誤りである。令第2条第1項第六号ロにより、法第33条に規定する高さを算定する場合において、階段室、昇降機塔等の建築物の屋上部分は、その水平投影面積の合計が当該建築物の建築面積の1/8以内の場合であっても、その部分の高さを当該建築物の高さに算入する。
4. 正しい記述である。令第2条第1項第八号により、建築物の屋上部分である昇降機塔、装飾塔、物見塔等で、これらの用途の水平投影面積の合計が、当該建築物の建築面積の1/8以下の場合は階数に算入しない。居室は算入しない用途に該当しないので、その部分が一部であっても屋上部分は階数に算入する。

No.3 正解 3 制度規定

1. 必要がある。第88条第1項に掲げる工作物及びこれらに類するものとして政令で指定する工作物については、法第6条の規定を準用する。設問のコースターは令第138条第2項第二号に指定する工作物に該当し、確認済証の交付を受けなければならない。
2. 必要がある。法第87条の4及び令第146条第1項第一号により、エレベーターを、法第6条第1項第一号から第三号に掲げる建築物に設ける場合においては、確認済証の交付を受ける必要がある。設問の建築物は、法第6条第1項第二号に該当するので、確認済証の交付を受ける必要がある。

3. 必要がない。鉄骨造平屋建て、延べ面積200m²の事務所の大規模の模様替は、法第６条第１項第一号から第四号までのいずれにも該当しないので、確認済証の交付を受ける必要がない。

4. 必要がある。法第87条第１項により、建築物の用途を変更して法第６条第１項第一号の特殊建築物のいずれかとする場合は、確認済証の交付を受ける必要がある。

No.4　正解　1　一般構造

1. 誤りである。法第30条第１項第一号及び令第22条の３第１項により、長屋又は共同住宅の界壁には隣接する住戸からの日常生活に伴い生ずる音を低減するために必要とされる性能に関する技術的基準が求められているが、寄宿舎における間仕切壁は対象となっていない。

2. 正しい記述である。病院における病室は、法第28条第１項及び令第19条第３項表（4）により、窓その他の開口部で採光に有効な部分の面積は、原則として、その病室の床面積の1／7以上としなければならない。

3. 正しい記述である。令第27条により、昇降機機械室用階段には、令第23条第１項表における規定は、適用しない。令第129条の９第五号により、昇降機の機械室に通ずる階段の踏面の寸法は、15cm以上としなければならない。

4. 正しい記述である。法第29条により、地階に設ける住宅の居室は、令第22条の２で定める技術的基準に適合するものとしなければならない。同条第一号により、居室については、イからハのいずれかとすることができるので、同号イに規定するからぼりに面する所定の開口部を設けた場合には、必ずしも同号ハに規定する居室内の湿度を調節する設備を設ける必要はない。

No.5　正解　3　耐火・防火

1. 正しい記述である。令第112条第１項ただし書第一号により、主要構造部を耐火構造とした建築物であっても、工場等の用途に供する建築物の部分で、用途上やむを得ない場合には防火区画しなくてもよい。

2. 正しい記述である。令第114条第２項。

3. 誤りである。法第２条第八号、令第108条第一号により、屋内においてではなく、建築物の周囲において発生する通常の火災を対象とする。

4. 正しい記述である。令第113条第２項及び令第112条第21項各号。

No.6　正解　4　避難施設等

1. 正しい記述である。令第121条第１項第六号ロ及び第２項により、５階以下の階でその階にある居室の床面積の合計が、200m²を超える場合には、その階から避難階又は地上に通ずる２以上の直通階段を設けなければならないが、設問の建築物の５階は居室の床面積の合計が200㎡なので、２以上の直通階段を設けなくてもよい。

2. 正しい記述である。令第126条の7第三号。

3. 正しい記述である。令第126条第２項により、建築物の５階以上の階を百貨店の売場の用途に供する場合においては、避難の用に供することができる屋上広場を設けなければならない。

4. 誤りである。令第129条の２第１項により、全館避難安全性能を有するものであることについて全館避難安全検証法により確かめられた場合、一定の規定が適用されないが、令第126条の４の「非常用の照明装置」の設置については、適用されない条文に含まれていない。

No.7 正解 2 換気設備

1. 正しい記述である。令第20条の２第一号イ (3)、昭45建告第1826号第１第二号により、排気筒の断面の形状及び排気口の形状は、矩形、だ円形、円形その他これらに類するものとし、かつ、短辺又は短径の長辺又は長径に対する割合を1／２以上としなければならない。

2. 誤りである。令第129条の２の５第３項、昭45建告第1832号第一号により、中央管理方式の空気調和設備における居室の有効換気量を計算する場合において、当該居室が換気上有効な窓その他の開口部を有する場合であっても、当該開口部を有しない場合に比べて、少なくすることができるという規定はない。

3. 正しい記述である。法第28条第３項により、建築物の調理室等で、火を使用する設備若しくは器具を設けたものには、原則として、政令で定める技術的基準に従って、換気設備を設けなくてはならない。ただし、令第20条の３第１項第三号により、発熱量の合計が６kW以下の火を使用する設備又は器具を設けた室で、換気上有効な開口部を設けたものは、換気設備を設けなくてもよいとされているが、かっこ書で調理室は除かれており、換気設備が必要である。

4. 正しい記述である。令第20条の３第２項第一号イ (6)、昭45建告第1826号第3第三号イ。

No.8 正解 4 昇降設備

1. 正しい記述である。令第129条の7第四号。

2. 正しい記述である。令第129条の5第２項表により、乗用エレベーター以外のエレベーター（自動車運搬用エレベーターを除く。）の籠にあっては、床面積１㎡につき2,500Nとして計算した数値（４㎡×2,500N/㎡＝10,000N）を下回ってはならない。

3. 正しい記述である。令第129条の9

第二号表。

4. 誤りである。令第129条の3第2項第二号、平12建告第1413号第2第一号ニにより、勾配が30度を超えるエスカレーターは、踏段の奥行きを35cm以上としなければならない。

No.9 正解 1 建築設備

1. 誤りである。令第129条の2の6第二号、昭40建告第3411号第2により、所定の構造の冷却塔から他の冷却塔までの距離は、原則として、2m以上としなければならない。
2. 正しい記述である。令第20条の2第一号ハ及び令第129条の2の5第3項表(6)。
3. 正しい記述である。令第129条の2の4第1項第六号により、延べ面積が3,000㎡を超える建築物に設ける換気、暖房又は冷房の設備の風道は不燃材料で造ることとされているが、同号かっこ書により、屋外に面する部分その他防火上支障がないものとして国土交通大臣が定める部分は除かれている。
4. 正しい記述である。令第129条の2の4第1項第七号ロ、平12建告第1422号により、材質が硬質塩化ビニル、肉厚が5.9mm、外径が89mmの給水管は、2時間耐火構造の防火区画を貫通することができるので、準耐火構造の防火区画を貫通する場合にも用いることができる。

No.10 正解 3 排煙設備

1. 正しい記述である。令第126条の3第1項第四号。
2. 正しい記述である。令第123条第3項第二号、平28国交告第696号第五号イ(5)により、送風機の構造は、給気口の開放に伴い、自動的に作動するものでなければならない。
3. 誤りである。令第126条の3第1項第十二号、昭45建告第1829号第四号により、電源を必要とする排煙設備の予備電源は、自動充電装置又は時限充電装置を有する蓄電池、自家用発電装置等で、かつ、常用の電源が断たれた場合に自動的に切り替えられて接続されるもの、とされている。自家用発電装置に限られていない。
4. 正しい記述である。法第34条第2項、令第126条の3第1項第十一号。

No.11 正解 4 昇降設備

1. 正しい記述である。令第129条の13の3第3項第一号かっこ書及び同号ハにより、避難階の直上階で、屋内と連絡する乗降ロビーを設けることが構造上著しく困難である階には設けなくてもよい。
2. 正しい記述である。令第129条の13の3第3項第四号。
3. 正しい記述である。令第129条の13の3第3項第三号。
4. 誤りである。令第129条の13の3第3項各号により、乗降ロビーに電話装置を設置する規定はない。

No.12 正解 3 建築設備

1. 正しい記述である。令第126条の5第一号ニ、昭45建告第1830号第4第一号かっこ書により、非常用の照明装置にLEDランプを用いる場合にあっては、常温下で床面において水平面照度で2lx以上を確保することができるものとしなければならない。
2. 正しい記述である。令第126条の3第1項第七号、令第115条第1項第三号イ(2)。
3. 誤りである。令第128条の3第1項第六号、昭44建告第1730号第2第一号により、**床面積300㎡以内ごと**に区画しなければならない。
4. 正しい記述である。令第128条の3第1項第六号、昭44建告第1730号第3第二号により、非常用の排水設備の下水管、下水溝等の末端は、公共下水道、都市下水路その他これらに類する施設に、排水上有効に連結しなければならない。

No.13 正解 1 建築士法

1. 誤りである。建築士法第18条第4項により、建築士は、延べ面積が2,000㎡を超える建築物の建築設備に係る設計又は工事監理を行う場合においては、建築設備士の意見を聴くよう努めなければならない。同項ただし書により、設備設計一級建築士が設計を行う場合には、設計に関してはこの限りではないが、工事監理の場合には建築士が設備設計一級建築士であっても、建築設備士の意見を聴くよう努めなければならない。
2. 正しい記述である。建築士法第10条第1項第二号。
3. 正しい記述である。鉄骨造2階建て、延べ面積300㎡、高さ8mの店舗は、建築士法第3条第1項各号に該当しないが、同法第3条の2第1項各号に該当するため、一級建築士又は二級建築士でなければ設計してはならない。
4. 正しい記述である。建築士法第19条。

No.14 正解 1 消防法

1. 展示場は、消防法施行令別表第1(4)項に掲げる防火対象物である。同法施行令第12条第1項第四号により、**床面積の合計（延べ面積）が3,000㎡以上のものには、スプリンクラー設備を設置しなければならない。**
2. 共同住宅は、消防法施行令別表第1(5)項ロに掲げる防火対象物である。同法施行令第12条第1項各号に該当しないので、スプリンクラー設備の設置を要しない。
3. 旅館は、消防法施行令別表第1(5)項イに掲げる防火対象物である。同法施行令第12条第1項第四号により、平屋建て以外の防火対象物で、所定の部分以外の部分の床面積の合計が6,000㎡以上に該当しないため、スプリンクラー設備を設置しなくてもよい。また、同項第十一号イにより、4階部分の床面積が1,200㎡であるため、その階にも設置しなくてもよい。

4. 大学は、消防法施行令別表第1 (7) 項に掲げる防火対象物である。同法施行令第12条第1項各号に該当しないため、スプリンクラー設備を設置しなくてもよい。

No.15 正解 2 消防法

1. 正しい記述である。消防法第17条の2の5第2項第四号により、特定防火対象物とは、消防用設備等の技術上の基準に関する政令等の施行又は適用の際、現に存する百貨店、旅館、病院、地下街、複合用途防火対象物その他多数の者が出入するものとして同法施行令第34条の4第2項で定めるものである。設問の幼稚園は、同法施行令別表第1 (6) 項ニに掲げる防火対象物であり、同法施行令第34条の4第2項により、「特定防火対象物」に該当する。

2. 誤りである。事務所は、消防法施行令別表第1 (15) 項に掲げる防火対象物である。同法施行令第11条第1項第三号により、延べ面積が1,000㎡以上の場合は、原則として、屋内消火栓設備を設置しなければならない。ただし、同条第2項により、主要構造部を耐火構造とし、かつ、壁及び天井の室内に面する部分の仕上げを難燃材料でした場合は、設置対象となる建築物の延べ面積を3倍の数値(1,000㎡×3=3,000㎡)として適用される。設問は、延べ面積が2,200㎡なので、**屋内消火栓設備を設置しなくてもよい。**

3. 正しい記述である。共同住宅は、消防法施行令別表第1 (5) 項ロに掲げる防火対象物である。同法施行令第21条第1項第四号により、延べ面積が500㎡以上の場合は、原則として、自動火災報知設備を設置しなければならない。

4. 正しい記述である。消防法施行令第29条第2項第四号ロ、同法施行規則第31条第七号により、非常電源は、その容量を連結送水管の加圧送水装置を有効に2時間以上作動できる容量としなければならない。

No.16 正解 2 電気事業法

1. 正しい記述である。電気事業法第38条第2項及び第4項。

2. 誤りである。電気事業法第57条第1項及び第2項により、電線路維持運用者は、一般用電気工作物が所定の技術基準に適合していないと認めるときは、遅滞なく、その技術基準に適合するようにするためとるべき措置及びその措置をとらなかった場合に生ずべき結果をその所有者又は占有者に通知しなければならない。

3. 正しい記述である。電気事業法第42条第2項。

4. 正しい記述である。電気事業法第44条第5項、同法施行規則第56条により、第三種電気主任技術者免状の交付を受けている者は、原則として、電圧5万V未満の事業用電気工作物の工事、維持及び運用に関する保安の監督をすることができる。

No.17 正解 4 電気設備技術基準省令

1. 正しい記述である。電気設備技術基準省令第1条第十一号。
2. 正しい記述である。電気設備技術基準省令第1条第十七号。
3. 正しい記述である。電気設備技術基準省令第5条第1項ただし書。
4. 誤りである。電気設備技術基準省令第21条第2項により、地中電線には、感電のおそれがないよう、使用電圧に応じた絶縁性能を有するケーブルを使用しなければならない。絶縁電線は使用できない。

No.18 正解 2 関係法令融合

1. 正しい記述である。建設資材再資源化法第9条第1項及び第3項、同法施行令第2条第1項第二号及び第三号により、原則として、分別解体等をしなければならない規模は、特定建設資材を使用する増築の工事にあっては、当該工事に係る部分の床面積の合計が500㎡以上の場合である。
2. 誤りである。高齢者移動等円滑化法第14条第1項、同法施行令第9条により、建築主等は、特別特定建築物で床面積の合計が2,000㎡以上の建築をしようとするときは、建築物移動等円滑化基準に適合させなければならない。同法施行令第5条第八号により、税務署は特別特定建築物であるが、設問は床面積の合計が2,000㎡未満であるため建築物移動等円滑化基準に適合させなくてもよい。
3. 正しい記述である。建築物衛生法第4条第1項の規定による建築物環境衛生管理基準に従った維持管理をしなければならない特定建築物は、同法第2条第1項及び令第1条第一号により、図書館にあっては3,000㎡以上の建築物と規定されている。
4. 正しい記述である。建築物省エネ法第2条第1項第二号、同法施行令第1条各号。

建築法規［解答・解説］

▶問題 P.116~

No.1 正解 3 用語の定義

1. 正しい記述である。法第2条第一号により、土地に定着する観覧のための工作物は、「建築物」である。

2. 正しい記述である。令第19条第1項により、地域活動支援センターは、児童福祉施設等である。令第115条の3第一号により、法別表第1(い)欄(2)項に掲げる用途に類する「特殊建築物」である。

3. 誤りである。法第2条第十二号により、「設計図書」とは、建築物、その敷地又は所定の工作物に関する工事用の図面及び仕様書をいうが、同号かっこ書により、現寸図は除かれている。

4. 正しい記述である。令第126条の2第1項第二号。

No.2 正解 1 面積・高さ等の算定方法

1. 誤りである。令第2条第1項第一号により、**法第42条第2項の規定によって道路の境界線とみなされる線と道との間の部分の敷地は、敷地面積には算入されない。**

2. 正しい記述である。令第2条第1項第四号イ、同条第3項第一号により、建築物の容積率の算定の基礎となる延べ面積には、「自動車車庫等部分」の床面積は、当該敷地内の建築物の各階の床面積の合計の1/5を限度として算入しない。

3. 正しい記述である。令第2条第1項第七号により、軒の高さは、地盤面からの高さによるとされているが、同号かっこ書により、令第130条の12第一号イ（前面道路との関係についての建築物の各部分の高さの制限に係る建築物の後退距離の算定の特例）の場合には、前面道路の路面の中心からの高さによる。

4. 正しい記述である。令第2条第1項第八号により、地階の倉庫、機械室その他これらに類する建築物の部分で、水平投影面積の合計が当該建築物の建築面積の1/8以下のものは、当該建築物の階数に算入しないが、中央管理室は、当該建築物の階数に算入しない部分に規定されていない。従って、設問の地階部分は、当該建築物の階数に算入する。

No.3 正解 2 制度規定

1. 正しい記述である。法第7条の3第6項により、特定工程後の工程に係る工事は、当該特定工程に係る中間検査合格証の交付を受けた後でなければ、これを施工してはならない。

2. 誤りである。法第15条第1項により、**建築物除却届は、建築主事を経由して、その旨を都道府県知事に届け出なければならない。**

3. 正しい記述である。法第85条第6項により、特定行政庁は、仮設興行場、博覧会建築物、仮設店舗等の仮設建築物について安全上、防火上及び衛生上支障がないと認める場合においては、原則として、1年以内の期間を定めてその建築を許可することができる。この場合、第3章等の規定は適用されないが、法第6条の規定は適用される。従って、法第6条第1項各号のいずれかに該当する場合は、確認済証の交付を受ける必要がある。

4. 正しい記述である。法第9条第1項。

No.4 正解 3 一般構造

1. 正しい記述である。令第88条第4項により、建築物の地下部分の各部分に作用する地震力は、原則として、当該部分の固定荷重と積載荷重との和に所定の水平震度を乗じて計算しなければならない。
2. 正しい記述である。令第85条第1項表(い)欄(4)項により、店舗の売場における床の構造計算をする場合の床の積載荷重は、実況に応じて計算しない場合は、2,900N/㎡に床面積を乗じて計算することができる。
3. 誤りである。令第39条第3項により、国土交通大臣が定めた構造方法を用いるもの又は国土交通大臣の認定を受けたものとしなければならない。
4. 正しい記述である。令第87条第2項。

No.5 正解 4 耐火・防火

1. 正しい記述である。令第112条第11項により、主要構造部を準耐火構造とし、かつ、地階又は3階以上の階に居室を有する建築物の昇降機の昇降路の部分等の竪(たて)穴部分については、当該竪(たて)穴部分以外の部分と防火区画しなければならないが、同項第二号により、階数が3以下で延べ面積が200㎡以内の一戸建ての住宅は除かれている。
2. 正しい記述である。令第112条第19項第一号イ及び第二号イ。
3. 正しい記述である。令第128条の4第1項第二号。
4. 誤りである。令第114条第1項により、共同住宅の各戸の界壁は準耐火構造としなければならない。同条第5項により、給水管、配電管その他の管が第1項の界壁を貫通する場合、令第112条第20項の規定が準用され、同項により当該管と界壁との隙間をモルタルその他の不燃材料で埋めなければならない。

No.6 正解 1 避難施設等

1. 誤りである。令第121条第1項第五号、同条第2項により、ホテルの避難階以外の階で、その階における宿泊室の床面積の合計が200㎡（主要構造部が不燃材料なので、床面積は100㎡を200㎡と読み替える。）を超える場合には、その階から避難階又は地上に通ずる２以上の直通階段を設けなければならない。設問は200㎡であるため、２以上の直通階段を設けなくてもよい。また、同条第１項第六号ロにより、５階以下の階でその階における居室の床面積の合計が避難階の直上階にあっては400㎡（床面積は200㎡を400㎡と読み替える）を超える場合には、２以上の直通階段を設けなければならないが、設問の建築物は２階の居室の床面積の合計が200㎡なので、２以上の直通階段を設けなくてもよい。

2. 正しい記述である。令第123条第２項第一号。
3. 正しい記述である。令第126条の７第一号。
4. 正しい記述である。令第125条第３項。

No.7 正解 4 換気設備

1. 正しい記述である。令第20条の９。
2. 正しい記述である。令第20条の２第一号イ(3)、昭45建告第1826号第１第三号。排気筒の頂部が排気シャフトに開放されている場合においては、当該排気シャフト内にある立上り部分は、当該排気筒に排気上有効な逆流防止のための措置を講ずる場合を除き、２m以上のものとしなければならない。この場合において、当該排気筒は、直接外気に開放されているものとみなされる。
3. 正しい記述である。法第28条第３項、令第20条の２第一号ロ(1)により、機械換気設備の有効換気量計算は、$V=20A_f/N$の式によって計算しなければならない。この式において、N（実況に応じた１人当たりの占有面積）はかっこ書により、特殊建築物の居室にあっては３㎡を超えるときは３㎡としなければならない。
4. 誤りである。法第28条第３項及び令第20条の３第２項第一号イ(2)により、排気口は、換気設備を設けるべき調理室等の天井又は天井から下方80cm以内の高さの位置に設けなければならない。

No.8 正解 3 昇降設備

1. 正しい記述である。令第129条の２の４第１項第三号ただし書、平17国交告第570号第一号ロにより、エレベーターに必要のない配管設備であっても、光ファイバー又は光ファイバーケーブル（電気導体を組み込んだものを除く。）は昇降機の昇降路内に設けることができる。
2. 正しい記述である。令第129条の６第一号、平20国交告第1455号第１第九号により、籠の天井の高さは２m以上としなければならない。
3. 誤りである。令第129条の10第３項第二号、第４項及び平20国交告第1536号第２第二号かっこ書により、加速度を検知する部分を昇降路内に設ける場合には、原則として、当該部分を籠が停止する最下階の床面から昇降路の底部までの床面の部分に固定しなければならない。

4. 正しい記述である。令第129条の8第2項、平12建告第1429号第1第一号。

No.9 正解 2 建築設備

1. 正しい記述である。令第129条の2の4第3項第五号、昭50建告第1597号第2第二号ロただし書により、外部から内部の保守点検を容易かつ安全に行うことができる小規模な排水槽は除かれている。
2. 誤りである。法第36条、令第32条第1項第一号表欄外第一号、昭44建告第3184号により、老人ホームの合併処理浄化槽の処理対象人員は、建築物の用途別による屎尿浄化槽の処理対象人員算定基準（JIS A3302表2ニ）により、原則として、定員に基づいて算定しなければならない。
3. 正しい記述である。令第129条の2の4第1項第八号、昭56建告第1099号第1第一号又は第二号により、ガスを使用する設備又は器具に接続する金属管等とねじ接合することができるもの（第一号）であるか、若しくは過流出安全弁その他のガスが過流出した場合に自動的にガスの流出を停止することができる機構を有するもの（第二号）のいずれかとすればよい。
4. 正しい記述である。法第33条ただし書により、周囲の状況によって安全上支障がない場合においては、高さが20mをこえる建築物であっても、避雷設備を設けなくてもよい。

No.10 正解 3 建築設備

1. 正しい記述である。令第126条の4第三号。令第126条の2第1項第二号により、「学校等」とは、学校、体育館、ボーリング場、スキー場、スケート場、水泳場、スポーツの練習場であるので、ボーリング場には、非常用の照明装置を設けなくてもよい。
2. 正しい記述である。令第126条の5第一号ロ及びニ、昭45建告第1830号第1第二号により、照明器具内の電線は、二種ビニル絶縁電線、架橋ポリエチレン絶縁電線、けい素ゴム絶縁電線又はふっ素樹脂絶縁電線としなければならない。
3. 誤りである。令第126条の5第一号ロ及びニ、昭45建告第1830号第2第五号により、スイッチを設けることはできないが、コンセントは規定されていない。
4. 正しい記述である。令第126条の5第一号ロ及びニ、昭45建告第1830号第3第一号。

No.11 正解 1 昇降設備

1. 誤りである。法第34条第2項により、高さ31mを超える建築物には、非常用の昇降機を設けなければならないが、令第129条の13の2第二号により、高さ31mを超える部分の各階の床面積の合計が500㎡以下の建築物は除かれている。

2. 正しい記述である。令第129条の13の3第1項及び令第129条の4第3項第二号。

3. 正しい記述である。令第129条の13の3第1項、令第129条の9第一号。

4. 正しい記述である。令第129条の13の3第3項第九号。

No.12 正解 2 排煙設備

1. 正しい記述である。令第126条の2第1項第一号により、幼保連携型認定こども園で、床面積100㎡以内ごとに準耐火構造の床若しくは壁又は所定の防火設備で区画された部分には、排煙設備を設けなくてもよい。

2. 誤りである。令第128条の3第1項第六号、昭44建告第1730号第2第八号かっこ書により、一の排煙機が2以上の防煙区画部分に係る場合にあっては10㎥以上の室内空気を排出する能力を有する排煙機にて行うこととされている。

3. 正しい記述である。令第112条第19項、昭48建告第2563号第2第二号ロ(1)。

4. 正しい記述である。令第126条の7第七号、昭45建告第1831号第1第四号。

No.13 正解 4 建築士法

1. 正しい記述である。建築士法第3条第1項第四号により、延べ面積が1,000㎡をこえ、且つ、階数が2以上の建築物は、一級建築士でなければ設計又は工事監理をしてはならない。

2. 正しい記述である。建築士法施行規則第17条の35第1項及び第3項。

3. 正しい記述である。建築士法施行規則第17条の18、平13国交告第420号第三号。

4. 誤りである。高さが60mを超える建築物は、建築基準法第20条第1項第一号に該当する。その構造設計は、建築士法第20条の2第1項により構造設計一級建築士によるか、又は同条第2項により構造設計一級建築士以外の一級建築士の構造設計による場合には構造関係規定に適合するかどうかの確認を構造設計一級建築士に求めなければならない。従って、設問の建築物の構造設計は、構造設計一級建築士以外の一級建築士でも行うことができる。

No.14 正解 3 消防法

消防法第17条の2の5第2項第四号により、特定防火対象物とは、百貨店、旅館、病院、地下街((16の2)項)、政令で定める複合用途防火対象物((16項)イ)、その他防火対象物で多数の者が出入するものとして政令で定めるものをいい、同法施行令第34条の4第2項により、多数の者が出入するものとして政令で定める防火対象物は、同法施行令別表第1(1)項から(4)項まで、(5)項イ、(6)項、(9)項イ及び(16の3)項に掲げる防火対象物のうち、百貨店、旅館及び病院以外のものとされている。

1. 保育所は、同法施行令別表第1(6)項ハ(3)に掲げる防火対象物であり、特定防火対象物に該当する。
2. 特別支援学校は、同法施行令別表第1(6)項ニに掲げる防火対象物であり、特定防火対象物に該当する。
3. 博物館は、同法施行令別表第1(8)項に掲げる防火対象物であり、特定防火対象物に該当しない。
4. 地下街((16の2)項)は、同法第17条の2の5第2項第四号により、特定防火対象物に該当する。

No.15 正解 2 消防法

1. 正しい記述である。共同住宅は、消防法施行令別表第1(5)項ロに掲げる防火対象物である。同法施行令第11条第1項第二号により、延べ面積が700㎡以上の場合は、原則として、屋内消火栓設備を設置しなければならない。ただし、同条第2項により、主要構造部を耐火構造とし、かつ、壁及び天井の室内に面する部分の仕上げを難燃材料でした場合は、設置対象となる建築物の延べ面積を3倍の数値として適用される。設問は、延べ面積が2,500㎡なので、屋内消火栓設備を設置しなければならない。
2. 誤りである。物品販売業を営む店舗は、消防法施行令別表第1(4)項に掲げる防火対象物である。同法施行令第12条第1項第四号により、平屋建以外の物品販売業を営む店舗で延べ面積が3,000㎡以上のものには、原則として、スプリンクラー設備を設置しなければならない。
3. 正しい記述である。設問の内科診療所は、消防法施行令別表第1(6)項イ(2)(ⅰ)及び(ⅱ)に掲げる防火対象物である。同法施行令第21条第1項第一号イにより、規模に関わらず、原則として、自動火災報知設備を設置しなければならない。
4. 正しい記述である。飲食店は、消防法施行令別表第1(3)項ロに掲げる防火対象物である。同法施行令第26条第1項第一号により、規模に関わらず、原則として、避難口誘導灯を設置しなければならない。

No.16 正解 4 電気事業法

1. 正しい記述である。電気事業法第48条第1項、同法施行規則第65条第1項第一号及び同規則別表第2工事の種類欄「需要設備」の項第一号により、受電電圧1万V以上の需要設備の設置の工事は、原則として、その工事の計画を届け出なければならない。
2. 正しい記述である。電気事業法第42条第1項、同法施行規則第50条第1

項第二号及び第３項第七号により、自家用電気工作物（小規模事業用電気工作物を除く。）を設置する者は、保安規程において原則として、自家用電気工作物の工事、維持及び運用に関する保安についての記録に関して定めなければならない。

3. 正しい記述である。電気事業法第43条第２項。

4. 誤りである。電気事業法第26条第１項により、一般送配電事業者は、その供給する電気の電圧及び周波数の値を経済産業省令で定める値に維持するように努めなければならない。

No.17 正解 1 関係法令融合

1. 誤りである。電気通信事業法第72条第１項、工事担任者規則第４条表中の第一級デジタル通信ただし書により、総合デジタル通信用設備に端末設備等を接続するための工事は除かれている。

2. 正しい記述である。電気工事士法第３条第３項及び同法施行規則第２条の２第１項各号。

3. 正しい記述である。電波法第102条第１項。

4. 正しい記述である。電気設備技術基準省令第９条第１項。

No.18 正解 1 関係法令融合

1. 誤りである。浄化槽法第10条第２項、同法施行令第１条により、処理対象人員が501人以上の浄化槽の浄化槽管理者は、原則として、所定の業務を担当させるため、技術管理者を置かなければならない。

2. 正しい記述である。航空法第51条第１項。

3. 正しい記述である。大気汚染防止法第２条第11項、同法施行令第３条の３。

4. 正しい記述である。建築物省エネ法第34条第１項。

令和元年度 建築法規［解答・解説］

▶問題 P.126～

No.1 正解 2 用語の定義

1. 正しい記述である。法第2条第四号により、居住、執務、作業、集会、娯楽その他これらに類する目的のために継続的に使用する室は、「居室」である。
2. 誤りである。法第2条第九号の二イにより、「耐火建築物」において、耐火構造としなければならない部分は主要構造部であり、構造耐力上主要な部分ではない。
3. 正しい記述である。法第2条第三号により、建築物に設ける消火の設備（スプリンクラー設備）は、「建築設備」である。
4. 正しい記述である。法第2条第十五号により、「大規模の模様替」とは、建築物の主要構造部の一種以上について行う過半の模様替をいう。同条第五号により、主要構造部とは、壁、柱、床、はり、屋根又は階段であるため、2階の床は主要構造部に該当する。
5. 正しい記述である。法第2条第十六号及び第十八号。

No.2 正解 4 面積・高さ等の算定方法

1. 正しい記述である。令第2条第1項第二号により、建築面積は、建築物の外壁又はこれに代わる柱の中心線で囲まれた部分の水平投影面積と規定されているが、同号かっこ書により、地階で地盤面上1m以下にある部分は除かれている。
2. 正しい記述である。令第2条第1項第四号ロ及び同条第3項第二号により、建築物の容積率の算定の基礎となる延べ面積には、備蓄倉庫部分の床面積は、当該敷地内の建築物の各階の床面積の合計の1/50を限度として算入しない。
3. 正しい記述である。令第2条第2項により、建築物の高さ（同条第1項第六号）を算定する場合の地盤面とは、建築物が周囲の地面と接する位置の平均の高さにおける水平面をいい、その接する位置の高低差が3mを超える場合においては、その高低差3m以内ごとの平均の高さにおける水平面をいう。
4. 誤りである。令第2条第1項第六号ロにより、法第33条に規定する高さ（避雷設備の設置の規定に係る建築物の高さ）を算定する場合において、階段室、昇降機塔等の建築物の屋上部分は、その水平投影面積の合計が当該建築物の建築面積の1/8以内の場合であっても、その部分の高さを当該建築物の高さに算入する。
5. 正しい記述である。令第2条第1項第八号により、建築物の屋上部分である昇降機塔、装飾塔、物見塔等で、これらの用途の水平投影面積の合計が、当該建築物の建築面積の1/8

以下の場合は階数に算入しない。居室は算入しない用途に該当しないので、その部分が一部であっても屋上部分は階数に算入する。

No.3 正解 5 制度規定

1. 正しい記述である。法第87条の4及び令第146条第1項第一号により、エレベーターを、法第6条第1項第一号から第三号に掲げる建築物に設ける場合においては、確認済証の交付を受ける必要がある。設問の建築物は、法第6条第1項第二号（木造の建築物で3以上の階数を有するもの）に該当するので、確認済証の交付を受ける必要がある。
2. 正しい記述である。法第6条の2第1項。
3. 正しい記述である。法第7条の6第1項により、法第6条第1項第一号から第三号までの建築物の増築で、避難施設等に関する工事を含むものをする場合においては、原則として、検査済証の交付を受けた後でなければ、当該建築物若しくは建築物の部分を使用し、又は使用させてはならない。
4. 正しい記述である。法第43条第3項第一号。
5. 誤りである。法第85条第2項及び第4項により、特定行政庁は、災害があった際に建築された応急仮設建築物である官公署等の存続の許可の申請（同条第3項）があった場合において、安全上、防火上及び衛生上支障がないと認めるときは、2年以内の期間を限って、その許可をすることができる。

No.4 正解 2 一般構造

1. 正しい記述である。令第21条第1項。用途にかかわらず、居室の天井の高さは2.1m以上でなければならない。
2. 誤りである。令第25条第3項ただし書により、階段の幅が3mをこえる場合においては、中間に手すりを設けなければならないが、蹴上げが15cm以下で、かつ、踏面が30cm以上の場合には、手すりを設けなくてもよい。
3. 正しい記述である。令第129条の9第五号により、当該階段の両側に側壁がある場合においては、手すりを設けなくてもよい。
4. 正しい記述である。法第28条第1項及び令第19条第2項第一号により、幼保連携型認定こども園における保育室は同条第3項表(2)に該当し、窓その他の開口部で採光に有効な部分の面積は、原則として、その保育室の床面積の1/5以上としなければならない。
5. 正しい記述である。法第19条第1項。

No.5 正解 1 構造強度

1. 誤りである。令第85条第1項により、柱の垂直荷重による圧縮力を計算する場合の室の床の積載荷重の数値は、同項表(ろ)の欄の数値によることができる。また、同条第2項により、柱の支える床の数に応じて、第1項表(ろ)の欄の数値に第2項表の数値を乗じた数値まで減らすことができるとされているが、同項ただし書きにより、**集会場の集会室は第1項表(5)に該当するため**、床の積載荷重を減らすことはできない。

2. 正しい記述である。令第87条第3項により、建築物に近接してその建築物を風の方向に対して有効にさえぎる他の建築物、防風林等がある場合においては、その方向における速度圧は、所定の数値の1/2まで減らすことができる。

3. 正しい記述である。令第86条第4項により、屋根の積雪荷重は、屋根に雪止めがある場合を除き、その勾配が60度以下の場合においては、その勾配に応じた屋根形状係数を乗じて低減することができる。

4. 正しい記述である。令第91条表により、短期に生ずる力に対するせん断の許容応力度は、長期に生ずる力に対するせん断の許容応力度の2倍である。長期に生ずる力に対するせん断の許容応力度は、F/30(Fは設計基準強度)であるため、短期に生ずる力に対するせん断の許容応力度は、設計基準強度Fの1/15(F/30×2)としなければならない。

5. 正しい記述である。令第38条第6項により、建築物の基礎に木ぐいを使用する場合においては、その木ぐいは、常水面下にあるようにしなければならないが、平屋建の木造の建築物に使用する場合は除かれている。

No.6 正解 3 耐火・防火

1. 正しい記述である。令第128条の4第3項により、階数が2で延べ面積が1,000㎡を超える建築物は、原則として、内装制限を受ける。その場合、令第128条の5第4項第一号により、居室の壁及び天井の室内に面する部分の仕上げは、難燃材料とすることができる。

2. 正しい記述である。テレビスタジオは、令第115条の3第四号により、法別表第1(い)欄(6)項に掲げる特殊建築物であり、3階以上の階を当該用途に供する場合には法第27条第2項第二号に該当し、耐火建築物としなければならない。

3. 誤りである。令第112条第7項により、設問の建築物は、準耐火構造の床若しくは壁等ではなく、**耐火構造の床若しくは壁等**にて区画しなければならない。

4. 正しい記述である。令第112条第1項ただし書第一号により、主要構造部を耐火構造とした建築物であっても、体育館等の用途に供する建築物の部分で、用途上やむを得ない場合には防火区画しなくてもよい。

5. 正しい記述である。令第128条の5第7項。

No.7 正解 5 避難施設等

1. 正しい記述である。令第123条第1項第三号。
2. 正しい記述である。令第123条第3項第四号。
3. 正しい記述である。令第121条第1項第二号により、床面積の合計が1,500㎡を超える物品販売業を営む店舗において、避難階以外の階に売場を有する場合には、その階から避難階または地上に通ずる2以上の直通階段を設けなければならない。
4. 正しい記述である。令第128条の3第4項。
5. 誤りである。令第129条の2第1項により、当該建築物が全館避難安全性能を有するものであることについて、全館避難安全検証法により確かめられた場合であっても、**非常用の進入口の設置の規定（令第126条の6）は適用される。**

No.8 正解 1 換気設備

1. 誤りである。令第20条の2第一号イ(3)、昭45建告第1826号第1第二号により、排気筒の断面の形状及び排気口の形状は、矩(く)形、だ円形、円形その他これらに類するものとし、かつ、**短辺又は短径の長辺又は長径に対する割合を1/2以上としなければならない。**
2. 正しい記述である。令第129条の2の5第3項、昭45建告第1832号第一号により、中央管理方式の空気調和設備における居室の有効換気量を計算する場合において、当該居室が換気上有効な窓その他の開口部を有する場合であっても、当該開口部を有しない場合に比べて、少なくすることができるという規定はない。
3. 正しい記述である。令第129条の2の4第1項第六号。
4. 正しい記述である。法第28条第3項、令第20条の3第2項第一号イ(1)かっこ書。
5. 正しい記述である。令第20条の7第1項第二号により、居室の内装の仕上げに「第三種ホルムアルデヒド発散建築材料」を使用するときは、原則として、当該材料を用いる内装の仕上げの部分の面積に同号表(2)の項に定める数値を乗じて得た面積が、当該居室の床面積を超えないようにしなければならない。設問は、住宅の居室で1時間当たりの換気回数が0.7以上であるため、「第三種ホルムアルデヒド発散建築材料」を使用する内装の仕上げの部分の面積に、0.20を乗じて得た面積が、当該居室の床面積を超えてはならない。

No.9 正解 5 給排水設備

1. 正しい記述である。令第129条の2の4第1項第七号ただし書き。
2. 正しい記述である。令第129条の2の4第3項第五号、昭50建告第

1597号第2第二号ホ。

3. 正しい記述である。令第129条の2の4第3項第五号、昭50建告第1597号第2第三号ハにより、排水トラップが阻集器を兼ねる場合は、汚物等の付着・沈殿の防止措置は必要ない。

4. 正しい記述である。令第129条の2の4第3項第五号、昭50建告第1597号第2第五号ハにより、配管内の空気が屋内に漏れることを防止する装置が設けられている通気管は、直接外気に衛生上有効に開放しなくてもよい。

5. 誤りである。令第129条の2の4第3項第五号、昭50建告第1597号第2第六号ホにより、塩素消毒その他これに類する措置を講じなければならない。排水再利用水の使用用途による特例はない。

No.10　正解 2　昇降設備

1. 正しい記述である。令第129条の5第2項表により、床面積が2㎡の籠の積載荷重は、床面積の1.5㎡を超える面積に対して1㎡につき4,900Nとして計算した数値に5,400Nを加えた数値:(2㎡−1.5㎡)×4,900N/㎡+5,400N=7,850Nを下回ってはならない。

2. 誤りである。令第129条の9第二号表により、籠の定格速度が毎分120mの場合、床面から天井又ははりの下端までの垂直距離は、2.2m以上としなければならない。

3. 正しい記述である。令第129条の6第二号、平12建告第1416号第1第二号。

4. 正しい記述である。令第129条の3第2項第一号、平12建告第1413号第1第三号ニ。

5. 正しい記述である。令第129条の3第2項第二号、平12建告第1413号第2第一号イ。

No.11　正解 3　建築設備

1. 正しい記述である。令第20条の2第二号により、法第34条第2項に規定する非常用エレベーターを設けなければならない建築物に設ける中央管理方式の空気調和設備の制御及び作動状態の監視は、中央管理室（常時当該建築物を管理する者が勤務する場所で避難階又はその直上階若しくは直下階に設けたもの）において行うことができるものでなければならない。

2. 正しい記述である。令第129条の2の6第二号、昭40建告第3411号第2。

3. 誤りである。令第20条の2第一号ハ及び令第129条の2の5第3項表(6)により、建築物に設ける中央管理方式の空気調和設備は、居室における気流が、おおむね1秒間につき0.5m以下となるように空気の流量を調節して供給することができる性能を有するものとしなければならない。

4. 正しい記述である。令第115条第1

項第七号及び昭56建告第1112号第3かっこ書により、原則として、ボイラー（灯油を使用するボイラー）の煙突の地盤面からの高さは、9m以上と規定されている。

5. 正しい記述である。法第36条、令第32条第1項第二号。

No.12 正解 5 排煙設備

1. 正しい記述である。令第126条の2第1項第一号により、ホテル（法別表第1(い)欄(2)項に該当）で床面積100㎡以内ごとに準耐火構造の床若しくは壁又は所定の防火設備で区画された部分には、排煙設備を設けなくてもよい。
2. 正しい記述である。令第126条の2第1項により、法別表第1(4)項に該当する建築物で延べ面積が500㎡を超えるものには排煙設備を設けなければならないが、設問の建築物は令第126条の2第1項第五号及び平12建告第1436号第四号ニ(3)に該当するため設けなくてもよい。
3. 正しい記述である。令第126条の3第1項第四号。
4. 正しい記述である。令第123条第3項第二号、平28国交告第696号第五号ロ。
5. 誤りである。令第123条第3項第二号及び平28国交告第696号第二号ロにより、排煙口の開口面積は、付室を非常用エレベーターの乗降ロビーの用に供する場合（兼用する場合）にあっては、6㎡以上としなければならない。

No.13 正解 4 非常用エレベーター

1. 正しい記述である。法第34条第2項及び令第129条の13の2第三号。
2. 正しい記述である。令第129条の13の3第5項により、避難階においては、非常用エレベーターの昇降路の出入口から屋外への出口の一に至る歩行距離は、30m以下としなければならない。
3. 正しい記述である。令第129条の13の3第7項。
4. 誤りである。令第129条の13の3第12項及び平12建告第1428号第1により、非常用エレベーターの籠は、構造上軽微な部分を除き、不燃材料で造り、又は覆わなければならない。
5. 正しい記述である。令第129条の3第2項第一号、平12建告第1413号第1第三号ハ。

No.14 正解 4 建築設備

1. 正しい記述である。令第126条の6により、建築物の高さ31m以下の部分にある3階以上の階には、原則として、非常用の進入口を設けなければならないが、同条第一号により、非常用エレベーターを設置した場合は、この限りでない。
2. 正しい記述である。令第115条の3第一号より、幼保連携型認定こども園は法別表第１(い)欄(2)項の用途（児童福祉施設等）に該当する。令第126条の４により､法別表第１(い)欄(2)項に掲げる用途に供する居室には、原則として、非常用の照明装置を設けなければならない。

3. 正しい記述である。令第128条の３第１項第六号、昭44建告第1730号第１第一号。

4. 誤りである。令第126条の３第１項第十一号により、地下街に設ける排煙設備の制御及び作動状態の監視を中央管理室で行うことができるものとしなければならないのは、各構えの床面積の合計が1,000㎡を超える場合である。

5. 正しい記述である。令第128条の３第１項第六号、昭44建告第1730号第２第一号。

No.15 正解 2 建築士法

1. 正しい記述である。建築士法第３条第１項第三号により、鉄筋コンクリート造で、延べ面積が300㎡又は高さが13mをこえる建築物は、一級建築士でなければ、設計又は工事監理をしてはならない。

2. 誤りである。建築士法第20条の３第１項及び第２項により、設備設計一級建築士以外の一級建築士が、設備設計一級建築士に当該設備設計に係る建築物が設備関係規定に適合するかどうかの確認を求めなければならない場合は、階数が３以上で床面積の合計が5,000㎡を超える建築物の設備設計を行ったときである。

3. 正しい記述である。建築士法第24条第１項、第２項及び同法施行規則第20条の４。

4. 正しい記述である。建築士法第24条の９。

5. 正しい記述である。建築士法第24条の７第１項第三号。

No.16 正解 4 消防法

1. 正しい記述である。消防法第17条の２の５第２項第四号により、特定防火対象物とは、消防用設備等の技術上の基準に関する政令等の施行又は適用の際、現に存する百貨店、旅館、病院、地下街、複合用途防火対象物その他多数のものが出入するものとして政令（同法施行令第34条の４第２項）で定めるものである。設問の診療所は、令別表第１(6)項イ(4)に掲げる防火対象物であり、令第34条の４第２項により、特定防火対象物に該当する。

2. 正しい記述である。老人デイサービスセンターは、消防法施行令別表第１(6)項ハ(1)に掲げる防火対象物である。消防法第８条第１項、同法施行令第１条の２第３項第一号ロにより、収容人員が30人以上の防火対象物には、防火管理者を定めなければならない。

3. 正しい記述である。飲食店は、消防法施行令別表第１(3)項ロに掲げる防火対象物である。同法施行令第21条第1項第三号イにより、延べ面積が300㎡以上の場合は、自動火災報知設備を設置しなければならない。

4. 誤りである。事務所は、消防法施行令別表第1(15)項に掲げる防火対象物である。同法施行令第11条第1項第三号により、延べ面積が1,000㎡以上の場合は、原則として、屋内消火栓設備を設置しなければならない。ただし、同条第2項により、主要構造部を耐火構造とし、かつ、壁及び天井の室内に面する部分の仕上げを難燃材料（不燃材料を含む。）でした場合は、設置対象となる建築物の延べ面積を3倍の数値（1,000㎡×3＝3,000㎡）として適用される。設問は、延べ面積が2,200㎡なので、屋内消火栓設備を設置しなくてもよい。

5. 正しい記述である。ホテルは、消防法施行令別表第1(5)項イに掲げる防火対象物である。同法施行令第26条第1項第一号により、原則として、階数、規模に関係なく避難口誘導灯を設置しなければならない。

No.17　正解　3　消防法

1. 倉庫は、消防法施行令別表第1(14)項に掲げる防火対象物である。同法施行令第12条第1項第五号により、天井の高さが10mを超え、かつ、延べ面積が700㎡以上のラック式倉庫には、原則として、スプリンクラー設備を設置しなければならない。設問は、天井の高さ9mなので、設置しなくてもよい。

2. 幼保連携型認定こども園は、消防法施行令別表第1(6)項ハ(3)に掲げる防火対象物である。同法施行令第12条第1項各号に該当しないためスプリンクラー設備を設置しなくてもよい。

3. 展示場は、消防法施行令別表第1(4)項に掲げる防火対象物である。同法施行令第12条第1項第四号により、平屋建以外で、**床面積の合計（延べ面積）が3,000㎡以上のものにはスプリンクラー設備を設置しなければならない。**

4. ホテルは、消防法施行令別表第1(5)項イに掲げる防火対象物である。同法施行令第12条第1項第四号により、平屋建以外の防火対象物で、所定の部分以外の部分の床面積の合計が6,000㎡以上に該当しないため、スプリンクラー設備を設置しなくてもよい。また、同項第十一号イにより、4階部分の床面積が1,200㎡であるため、その階にも設置しなくてもよい。

5. 共同住宅は、消防法施行令別表第1(5)項ロに掲げる防火対象物である。同法施行令第12条第1項各号に該当しないためスプリンクラー設備を設置しなくてもよい。

No.18　正解　5　電気事業法

1. 正しい記述である。電気事業法第38

条第2項及び第4項。

2. 正しい記述である。電気事業法第38条第1項、同法施行規則第48条第1項、第2項第一号により、電圧が600V以下の太陽電池発電設備であって出力50kW未満のものは、小規模発電設備に該当する。同法第38条第1項により、同一の構内に設けるものが小規模発電設備であるため、当該太陽電池発電設備を設置した場合であっても一般用電気工作物に該当する。

3. 正しい記述である。電気事業法第43条第1項、同法施行規則第52条第2項第四号。

4. 正しい記述である。電気事業法第44条第5項、同法施行規則第56条により、第三種電気主任技術者は、原則として、電圧5万V（50kV）未満の事業用電気工作物の工事、維持及び運用に関する保安の監督をすることができる。

5. 誤りである。電気事業法第53条により、自家用電気工作物を設置する者は、原則として、使用の開始の後、遅滞なく、その旨を主務大臣に届け出なければならない。

No.19 正解 2 電気設備技術基準省令

1. 正しい記述である。電気設備技術基準省令第2条第1項第二号。

2. 誤りである。電気設備技術基準省令第58条表により、電気使用場所における使用電圧が300V以下で、対地電圧が150Vを超える場合の電路と大地との間の絶縁抵抗値は、0.2MΩ以上でなければならない。

3. 正しい記述である。電気設備技術基準省令第65条。

4. 正しい記述である。電気設備技術基準省令第63条第1項。

5. 正しい記述である。電気設備技術基準省令第5条第1項ただし書。

No.20 正解 1 関係法令融合

1. 誤りである。建築物衛生法第4条第1項の規定による建築物環境衛生管理基準に従った維持管理をしなければならない特定建築物は、法第2条第1項及び令第1条第二号により、店舗にあっては3,000㎡以上の建築物と規定されている。

2. 正しい記述である。建設業法第3条第1項第二号、同法施行令第2条及び法第3条第6項により、4,500万円以上となる下請契約を締結して施工しようとするものは、特定建設業の許可を受けなければならない。

3. 正しい記述である。耐震改修促進法第17条第1項及び第3項第五号により、既存耐震不適格建築物を増築することにより容積率関係規定に適合しないこととなる場合であっても、所定の基準に適合しているときには、所管行政庁による計画の認定を受けることができる。

4. 正しい記述である。労働安全衛生法

第11条第1項、同法施行令第2条第一号及び令第3条。

5. 正しい記述である。建築物省エネ法第11条第1項及び同法第12条第1項。

平成30年度

建築法規［解答・解説］

▶問題 P.146~

No.1 正解 3 用語の定義

1. 正しい記述である。法別表第1（い）欄(2)項及び令第115条の3第一号により、幼保連携型認定こども園は、法別表第1（い）欄(2)項に掲げる「特殊建築物」である。
2. 正しい記述である。令第1条第二号により、「地階」とは、床が地盤面下にある階で、床面から地盤面までの高さがその階の天井の高さの1/3以上のものをいう。1/2であれば地階に該当する。
3. 誤りである。法第2条第十四号により、「大規模の修繕」とは、建築物の主要構造部の一種以上について行う過半の修繕をいう。同条第五号により、主要構造部とは、壁、柱、床、はり、屋根又は階段であるため、建築物に設ける建築設備について行う過半の修繕は、「大規模の修繕」には該当しない。
4. 正しい記述である。法第6条第1項、令第9条第十六号。
5. 正しい記述である。法第23条かっこ書。

No.2 正解 4 面積・高さ等の算定方法

1. 正しい記述である。令第2条第1項第四号イ、同条第3項第一号により、建築物の容積率の算定の基礎となる延べ面積には、「自動車車庫等部分」の床面積は、当該敷地内の建築物の各階の床面積の合計の1/5を限度として算入しない。
2. 正しい記述である。法第52条第6項第一号により、同条第1項に規定する建築物の容積率の算定の基礎となる延べ面積には、政令で定める昇降機の昇降路の部分の床面積は算入しない。令第135条の16により、エレベーターは、政令で定める昇降機である。
3. 正しい記述である。令第2条第1項第二号ただし書。
4. 誤りである。令第2条第1項第六号により、建築物の高さは、地盤面からの高さによるとされているが、同号イにより、法第56条第1項第一号（前面道路の反対側の境界線からの水平距離により制限される建築物の各部分の高さ）等の規定による高さの算定については、前面道路の路面の中心からの高さによる。
5. 正しい記述である。令第2条第1項第七号により、軒の高さは、地盤面からの高さによるとされているが、同号かっこ書により、令第130条の12第一号イ（前面道路との関係についての建築物の各部分の高さの制限に係る建築物の後退距離の算定の特例）の場合には、前面道路の路面の中心からの高さによる。

No.3 正解 3 制度規定

1. 正しい記述である。法第88条第1項に掲げる工作物及びこれらに類するものとして政令で指定する工作物については、法第6条の規定を準用する。原動機を使用するメリーゴーラウンドは令第138条第2項第三号に指定する工作物に該当し、確認済証の交付を受けなければならない。
2. 正しい記述である。法第87条第1項により、建築物の用途を変更して法第6条第1項第一号の特殊建築物のいずれかとする場合は、確認済証の交付を受ける必要がある。なお、旅館から寄宿舎への用途変更は、令第137条の18により、建築主事の確認等を要しない類似の用途には該当しない。
3. 誤りである。法第15条第1項ただし書により、除却工事に係る部分の床面積の合計が10㎡以内である場合においては、除却届は不要である。
4. 正しい記述である。設問の建築物は、法第6条第1項第一号に該当する。法第7条の6第1項により、法第6条第1項第一号から第三号までの建築物を新築する場合には、原則として、検査済証の交付を受けた後でなければ、当該建築物又は建築物の部分を使用し、又は使用させてはならない。ただし、法第7条の6第1項第一号、第二号により、特定行政庁、建築主事又は指定確認検査機関から仮使用の認定を受けた場合は、使用できる。設問の場合は第二号に該当する。
5. 正しい記述である。法第12条第1項により、法第6条第1項第一号に掲げる建築物で安全上、防火上又は衛生上特に重要であるものとして政令（令第16条第1項）で定めるもの（国等の建築物を除く。）の所有者等は、当該建築物の敷地、構造及び建築設備について、所定の資格を有するものに調査をさせて、その結果を特定行政庁に報告しなければならない。床面積の合計が400㎡の劇場は法第6条第1項第一号に掲げる建築物であり、その主階が1階にないものは令第16条第1項第二号に該当する。したがって定期調査を行い、その結果を、特定行政庁に報告しなければならない。

No.4 正解 3 一般構造

1. 正しい記述である。令第23条第3項により、階段及びその踊場に「手すり等」が設けられた場合における、階段及びその踊場の幅は、手すり等の幅が10cmを限度として、ないものとみなして算定する。
2. 正しい記述である。法第29条により、地階に設ける住宅の居室は、令第22条の2で定める技術的基準に適合するものとしなければならない。同条第一号により、居室については、イからハのいずれかとすることができるので、同号イに規定するからぼりに面する所定の開口部を設けた場合には、必ずしも同号ハに規定する居室内の湿度を調節する設備を設ける必要はない。

3. 誤りである。法第28条第3項により、法別表第1(い)欄(1)項に掲げる用途に供する特殊建築物の居室には、換気設備を設けなければならない。

4. 正しい記述である。法第30条第1項第一号及び令第22条の3第1項。

5. 正しい記述である。法第28条第1項、令第19条第2項第五号及び第3項表(8)により、診療所における入院患者用の談話室の窓その他の開口部で採光に有効な部分の面積は、原則として、その談話室の床面積の1/10以上としなければならない。

No.5 正解 4 構造強度

1. 正しい記述である。令第91条表により、短期に生ずる力に対する圧縮の許容応力度は、長期に生ずる力に対する圧縮の許容応力度の2倍である。長期に生ずる力に対する圧縮の許容応力度は、F/3（Fは設計基準強度）であるため、F/3×2=2F/3となる。従って、短期に生ずる力に対する圧縮の許容応力度は、設計基準強度の2/3以上としなければならない。

2. 正しい記述である。令第86条第6項。

3. 正しい記述である。令第85条第1項表(は)欄(4)項により、百貨店の売場における地震力を計算する場合の床の積載荷重は、実況に応じて計算しない場合は1,300N/㎡とすることができる。

4. 誤りである。令第87条第1項により、風圧力は、速度圧に同条第4項に規定する風力係数を乗じて計算しなければならない。

5. 正しい記述である。令第93条により、密実な砂質地盤の短期に生ずる力に対する許容応力度は、同条表により、長期に生ずる力に対する許容応力度の数値（200kN/㎡）の2倍となるので、400kN/㎡とすることができる。

No.6 正解 5 耐火・防火

1. 正しい記述である。法第61条。なお、事務所は特殊建築物ではないため、法第27条の規定には該当しない。

2. 正しい記述である。令第128条の4第1項第二号。

3. 正しい記述である。令第112条第21項第一号及び第二号。

4. 正しい記述である。令第112条第11項により、主要構造部を準耐火構造とし、かつ、地階又は3階以上の階に居室を有する建築物は、吹抜きとなっている部分等の竪穴部分については、当該竪穴部分以外の部分と防火区画しなければならないが、同項ただし書第二号により、一戸建の住宅において、階数が3以下で延べ面積が200㎡以内のものは除外されており、防火区画しなくてもよい。

5. 誤りである。令第112条第1項により、主要構造部を耐火構造とした建築物で、延べ面積が1,500㎡を超えるものは、床面積の合計1,500㎡以内ごとに、所定の基準に適合する準耐火構造の床若しくは壁又は特定防火設備で区画しなければならない。ただし、同項かっこ書により、スプリンクラー設備等で自動式のものを設けた場合は、その部分の床面積の1/2に相当する部分の床面積が除かれるため、床面積の合計3,000㎡以内ごとに防火区画すればよいということになる。設問の百貨店は延べ面積が4,000㎡（3,000㎡を超えている）なので、防火区画しなければならない。

No.7 正解 5 避難施設等

1. 正しい記述である。令第121条第1項第六号ロ及び第2項により、5階以下の階にある居室の床面積の合計が、100㎡（主要構造部が耐火構造なので、床面積は200㎡と読み替える。）を超える場合には、その階から避難階又は地上に通ずる2以上の直通階段を設けなければならないが、設問の建築物の5階は居室の床面積の合計が200㎡なので、2以上の直通階段を設けなくてもよい。
2. 正しい記述である。令第125条第3項。
3. 正しい記述である。令第123条第2項第一号。
4. 正しい記述である。令第128条。
5. 誤りである。令第126条の7第三号により、非常用の進入口の幅、高さ及び下端の床面からの高さは、それぞれ、75cm以上、1.2m以上及び80cm以下と規定されている。

No.8 正解 1 換気設備

1. 誤りである。令第20条の2第一号イ(3)、昭45建告第1826号第1第三号。排気筒の頂部が排気シャフトに開放されている場合においては、当該排気シャフト内にある立上り部分は、当該排気筒に排気上有効な逆流防止のための措置を講ずる場合を除き、2m以上のものとしなければならない。この場合において、当該排気筒は、直接外気に開放されているものとみなされる。
2. 正しい記述である。法第28条第2項により学校の教室（居室）に設ける自然換気設備の排気筒の有効断面積は、令第20条の2の基準によるものとしなければならない。同条第一号イ(1)により、排気筒に必要な有効断面積は居室の床面積に比例して定められるが、当該床面積は、換気上有効な窓その他の開口部の換気上有効な面積に応じて減ずることができる。従って、換気上有効な面積が大きいほど、排気筒に必要な有効断面積は小さくすることができる。
3. 正しい記述である。令第20条の9。
4. 正しい記述である。法第28条第3項により、建築物の調理室等で、火を使用する設備若しくは器具を設けたものには、原則として、政令で定める技術的基準に従って、換気設備を設けなくてはならない。ただし、令第20条の3第1項第三号により、発熱量の合計が6kW以下の火を使用する設備又は器具を設けた室で、換気上有効な開口部を設けたものは、換気設備を設けなくてもよいとされているが、かっこ書で調理室は除かれており、換気設備が必要である。

5. 正しい記述である。令第20条の3第2項第一号イ(6)、昭45建告第1826号第3第三号イ。

No.9 正解 4 給排水設備

1. 正しい記述である。令第129条の2の4第1項第七号ロ、平12建告第1422号により、材質が硬質塩化ビニル、肉厚が5.5mm、外径が89mm（90mm未満）の給水管は、2時間耐火構造の防火区画を貫通することができるので、準耐火構造の防火区画を貫通する場合にも用いることができる。
2. 正しい記述である。令第129条の2の3第二号、平12建告第1388号第4第三号。
3. 正しい記述である。令第129条の2の4第3項第五号、昭50建告第1597号第2第二号ロただし書により、外部から内部の保守点検を容易かつ安全に行うことができる小規模な排水槽は除かれている。
4. 誤りである。令第129条の2の4第3項第五号、昭50建告第1597号第2第二号ニ。排水槽の底の勾配は、吸い込みピットに向かって1/15以上1/10以下としなければならない。
5. 正しい記述である。令第129条の2の4第3項第五号、昭50建告第1597号第2第六号ニ。

No.10 正解 1 昇降設備

1. 誤りである。令第129条の6第一号、平20国交告第1455号第1第八号。乗用エレベーター及び寝台用エレベーターにあっては、かごの床面で50lx以上の照度を確保することができる照明装置を設けなければならない。
2. 正しい記述である。令第129条の10第3項第一号イ。
3. 正しい記述である。令第129条の7第四号により、寝台用エレベーターのかごの床先と昇降路壁との水平距離は、12.5cm以下としなければならない。
4. 正しい記述である。令第129条の5第2項表により、乗用エレベーター以外のエレベーター（自動車運搬用エレベーターを除く。）のかごにあっては、床面積1㎡につき2,500Nとして計算した数値（4㎡×2,500N/㎡＝10,000N）を下回ってはならない。
5. 正しい記述である。令第129条の2の4第1項第三号ただし書、平17国交告第570号第一号ロにより、エレベーターに必要のない配管設備であっても、光ファイバー又は光ファイバーケーブル（電気導体を組み込んだものを除く。）は昇降機の昇降路内に設けることがきる。

No.11 正解 2 建築設備

1. 正しい記述である。令第129条の12第1項第五号、平12建告第1417号第2第一号。
2. 誤りである。令第129条の2の6第三号、昭40建告第3411号第3。令第129条の2の6第三号に規定する温度は、260度と定められている。
3. 正しい記述である。令第129条の2の4第1項第八号、昭56建告第1099号第1第一号又は第二号により、ガスを使用する設備又は器具に接続する金属管等とねじ接合することができるもの（第一号）であるか、若しくは過流出安全弁その他のガスが過流出した場合に自動的にガスの流出を停止することができる機構を有するもの（第二号）のいずれかとすればよい。
4. 正しい記述である。令第33条。
5. 正しい記述である。法第36条、令第32条第1項第一号表欄外第一号、昭44建告第3184号、建築物の用途別による屎尿浄化槽の処理対象人員算定基準（JIS A 3302）により、劇場に設ける合併処理浄化槽の処理対象人員（n）の算定式は、n=0.08A（A:延べ面積）と規定されており、延べ面積に基づいて算定される。

No.12 正解 5 非常用照明装置

1. 正しい記述である。令第126条の4第二号により、病院の病室には非常用の照明装置を設けなくてもよい。
2. 正しい記述である。令第126条の5第一号ロ及びニ、昭45建告第1830号第1第一号イ、ロ、ハにより、照明器具は所定の白熱灯、蛍光灯又はLEDランプとしなければならない。
3. 正しい記述である。令第126条の5第一号ニ、昭45建告第1830号第4第一号により、非常用の照明装置は、常温下で床面において水平面照度で1lx（蛍光灯又はLEDランプを用いる場合にあっては、2lx）以上を確保することができるものとしなければならない。
4. 正しい記述である。令第126条の5第一号ロ及びニ、昭45建告第1830号第1第四号。
5. 誤りである。令第126条の5第一号ロ及びニ、昭45建告第1830号第3第三号により、予備電源は、自動充電装置又は時限充電装置を有する蓄電池、又は蓄電池と自家用発電装置を組み合わせたものとしなければならない。

No.13 正解 2 昇降設備

1. 正しい記述である。法第34条第2項により、高さ31mを超える建築物には、非常用の昇降機を設けなければならないが、同項かっこ書により、令第129条の13の2各号のいずれかに該当する場合においては、その設置を要しない。設問は、令第129条の13の2第二号に該当するため、非常用エレベーターを設けなくてもよい。

2. 誤りである。令第129条の13の3第2項表の(1)により、高さ31mを超える部分の床面積のうち最大の階の床面積が1,500㎡以下の場合は1以上、(2)により高さ31mを超える部分の床面積のうち最大の階の床面積が1,500㎡を超える場合は、3,000㎡以内を増すごとに(1)の数に1を加えた数以上設けなければならない。4,500㎡であるから、**2以上**としなければならない。

3. 正しい記述である。令第129条の13の3第1項、令第129条の6第四号。

4. 正しい記述である。令第129条の13の3第3項第三号。

5. 正しい記述である。令第129条の13の3第1項、令第129条の9第一号ただし書。

No.14 正解 5 建築設備

1. 正しい記述である。防火区画に用いる防火設備の構造は、令第112条第19項、昭48建告第2563号及び第2564号に定められている。火災により温度が急激に上昇した場合に自動的に閉鎖するものについては、告示第2563号第2及び第4に定められており、そのうち随時閉鎖することができる構造のものについては、第2第二号又は第4第二号による。いずれの場合も、第2第二号により、ロ（熱感知器又は熱煙複合式感知器）、又はハ（温度ヒューズ）と連動して自動的に閉鎖する構造のものとすることができる。

2. 正しい記述である。「火災により煙が発生した場合に自動的に閉鎖する防火設備」は、令第112条第19項第一号ニ、第二号ロのいずれかに該当するが、そのうち、随時閉鎖することができるものの構造方法は、昭48建告第2563号第1第二号ハ及び昭48建告第2564号第一号イに定められており、昭48建告第2563号第1第二号ハ「煙感知器又は熱煙複合式感知器、連動制御器、自動閉鎖装置及び予備電源を備えたもの」としなければならない。

3. 正しい記述である。令第126条の2第1項第一号かっこ書により、共同住宅で、床面積200㎡以内ごとに準耐火構造の床若しくは壁又は所定の防火設備で区画された住戸の部分には、排煙設備を設けなくてもよい。

4. 正しい記述である。令第123条第3項第二号、平28国交告第696号第三号ハ及び第二号イ。

5. 誤りである。令第128条の3第1項第六号、昭44建告第1730号第2第八号により、地下街の各構えの接する地下道に設ける非常用の排煙設備においては、排煙は、原則として1秒間に**5㎥**以上の室内空気を排出する能力を有する排煙機により行わなければならない。

No.15 正解 2 建築士法

1. 正しい記述である。建築士法第24条の3第2項より、建築士事務所の開設者は、委託者の許諾を得た場合においても、延べ面積が300㎡を超える建築物の新築工事である場合においては、一括して他の建築士事務所の開設者に委託してはならない。
2. 誤りである。**設問の保育所は用途上、建築士法第3条第1項第一号に該当せず、同項第二号による木造の規模及び同項第四号の規模にも該当しないため、一級建築士でなければその設計又は工事監理をしてはならない建築物には該当しない。**
3. 正しい記述である。建築士法第22条の3の3第1項第二号。
4. 正しい記述である。建築士法第18条第4項により、建築士は、延べ面積が2,000㎡を超える建築物の建築設備に係る設計又は工事監理を行う場合においては、建築設備士の意見を聴くよう努めなければならない。
5. 正しい記述である。法第14条に一級建築士試験の受験資格が定められており、同条第三号により、国土交通大臣が同条第一号又は第二号に掲げる者と同等以上の知識及び技能を有すると認める者が掲げられている。令元国交告第752号第四号により、建築設備士は、一級建築士試験の受験資格を有する者に該当する。

No.16 正解 3 消防法

消防法第17条の2の5第2項第四号により、特定防火対象物とは、百貨店、旅館、病院、地下街（(16の2）項)、政令で定める複合用途防火対象物（(16)項イ)、その他の防火対象物で多数の者が出入するものとして政令で定めるものをいう。同法施行令第34条の4第2項より、多数の者が出入するものとして政令で定める防火対象物は、令別表第1(1)項から(4)項まで、(5)項イ、(6)項、(9)項イ及び(16の3)項に掲げる防火対象物とされている。

1. 乳児院は、同法施行令別表第1(6)項ロ(3)に該当し、特定防火対象物に該当する。
2. 幼稚園は、同法施行令別表第1(6)項ニに該当し、特定防火対象物に該当する。
3. 小学校は、同法施行令別表第1(7)項に該当するため、**特定防火対象物に該当しない。**
4. 集会場は、同法施行令別表第1(1)項ロに該当し、特定防火対象物に該当する。
5. カラオケボックスは、同法施行令別表第1(2)項ニに該当し、特定防火対象物に該当する。

No.17 正解 1 消防法

1. 誤りである。旅館は、消防法施行令

別表第1(5)項イに掲げる防火対象物である。同法施行令第11条第1項第二号により、延べ面積が700㎡以上の場合は、原則として、屋内消火栓設備を設置しなければならない。ただし、同条第2項により、主要構造部を耐火構造とし、かつ、壁及び天井の室内に面する部分の仕上げを難燃材料でした場合は、設置対象となる建築物の延べ面積を3倍の数値(700㎡×3＝2,100㎡)として適用される。設問は、延べ面積が1,800㎡なので、屋内消火栓設備を設置する必要はない。

2. 正しい記述である。共同住宅は、消防法施行令別表第1(5)項ロに掲げる防火対象物である。同法施行令第21条第1項第四号により、延べ面積が500㎡以上の場合は、原則として、自動火災報知設備を設置しなければならない。
3. 正しい記述である。消防法施行令第19条第1項、第4項、同法施行令別表第1(4)項。
4. 正しい記述である。消防法第17条の3の3、同法施行令第36条第2項第一号。物品販売業を営む店舗は、同法施行令別表第1(4)項に掲げる防火対象物であり、延べ面積が1,000㎡以上のものが対象となっている。
5. 正しい記述である。消防法施行令第3条の2第1項。なお、共同住宅は同法施行令別表第1(5)項ロに掲げる防火対象物であり、同法施行令第1条の2第3項第一号ハにより、収容人員が50人以上の場合は、原則として、防火管理者を定めなければならない。

No.18 正解 4 関係法令融合

1. 正しい記述である。電気事業法第42条第3項。
2. 正しい記述である。電気事業法第43条第2項。
3. 正しい記述である。電気事業法第57条第1項。
4. 誤りである。電気工事士法第3条第3項により、原則として**特種電気工事資格者**でなければ、その作業に従事してはならない。
5. 正しい記述である。電気用品安全法第9条第1項第一号。

No.19 正解 1 電気設備技術基準省令

1. 誤りである。電気設備技術基準省令第21条第2項により、地中電線には、感電のおそれがないよう、使用電圧に応じた**絶縁性能を有するケーブル**を使用しなければならない。絶縁電線は使用できない。
2. 正しい記述である。電気設備技術基準省令第64条。
3. 正しい記述である。電気設備技術基準省令第37条。
4. 正しい記述である。電気設備技術基準省令第61条。
5. 正しい記述である。電気設備技術基準省令第13条第二号。

No.20 正解 1 関係法令融合

1. 誤りである。木材は、建設資材再資源化法施行令第1条第三号により特定建設資材に該当する。同法第9条第1項及び第3項、同法施行令第2条第1項第二号及び第三号により、原則として分別解体等をしなければならない規模は、特定建設資材を使用する新築工事にあっては、当該建築物の床面積の合計が500㎡以上、又は請負代金の額が1億円以上の場合である。
2. 正しい記述である。建築物省エネ法第11条第1項。
3. 正しい記述である。労働安全衛生法第10条第1項、令第2条第一号。
4. 正しい記述である。高齢者移動等円滑化法第14条第1項、令第5条第九号、同法施行令第9条により、建築主等は、特別特定建築物で床面積の合計が2,000㎡（公衆便所は50㎡）以上の建築をしようとするときは、建築物移動等円滑化基準に適合させなければならない。同法施行令第5条第九号により、老人ホームは、特別特定建築物に該当する。
5. 正しい記述である。建設業法第3条第1項、第2項、法別表第1。

MEMO

建築設備

解答・解説

令和4年度

建築設備［解答・解説］

▶問題 P.166~

No.1 正解 2 空気・空気線図

1. 飽和度は、湿り空気の湿度の表し方の一つで、「飽和空気の絶対湿度」に対する「湿り空気の絶対湿度」の割合を百分率［%］で表したものである。

2. 絶対湿度は、ある状態の空気中に含まれる水蒸気の絶対量を表すもので、重量絶対湿度と容積絶対湿度の2種類がある。重量絶対湿度は、乾き空気1kg［kg（DA）］に対する水蒸気の質量比［kg/kg（DA）］で示され、容積絶対湿度は、空気1㎥中の水蒸気量［kg/㎥］で示される。

3. シリカゲル等を用いた固体吸着減湿を行う場合、水分を吸収する際に熱を発生させるため、乾球温度と湿球温度が上昇する。

4. 絶対湿度が一定の状態で、湿り空気を乾いた伝熱面で加熱すると、相対湿度は低下する。

No.2 正解 1 空調計画

1. 1台の空調機で多数の室へ給気する場合、各室への風量は、一般に、空調機の全風量を各室の顕熱負荷に応じて比例配分する。

2. ペリメータゾーンとは、日射や外気温の影響を受けやすい建築物の外周部分のことであり、一般に、外壁の中心線から3～5m程度とされている。

3. 屋上植栽には、保水、断熱、日射の焼け込み低減等の効果がある。ただし、断熱効果は断熱材の利用のほうが高い。

4. 内部負荷の大きい建築物においては、断熱性能を向上させると、年間熱負荷の増加を招くことがある。そのため、オフィスビルなどでは、冬期においても冷熱が必要になっている。また、住宅においても窓開けによる通風（換気）をとらない場合、内部発熱により冷房負荷が増大する傾向にある。

No.3 正解 4 熱源機器

1. ガスエンジン駆動ヒートポンプは、室外機のコンプレッサーをガスエンジンで駆動するヒートポンプであり、エンジンを動かすために使用したガスの排熱を冬期の暖房に利用できるため、効率の高い暖房運転が可能となる。

2. ごみ焼却施設や工場などから排出される比較的高温（100℃前後またはそれ以上）の排熱は、給湯や地域冷暖房の熱源として直接利用できるほか、吸収冷凍機の駆動用エネルギーなどにも用いることができる。

3. 海水の温度は、大気に比べると、夏期は低く、冬期は高く、年間の温度変化も小さく安定しているため、ヒートポンプの熱源として効率的に利用できる。

4. ガスタービンを使用したコージェネレーションシステムは、ガスタービンで発電機を駆動して発電し、排ガスから排熱を蒸気の状態で回収し、冷暖房や給湯などに利用するシステムである。高温（450～550℃程度）の排ガスを利用するため、蒸気回収を容易に行うことができる。

No.4 正解 1 空調計画

1. 蒸気暖房は、温水暖房に比べて熱媒温度が高く、放熱器面積も装置全体の熱容量も小さいために起動が早く、設備費が安いなどの長所がある。反面、室内上下の温度差が大きくなりやすく、負荷変動に対する放熱量の制御が困難で、還水管の内面腐食が早いなどの短所がある。

温水暖房と蒸気暖房

	温水暖房	蒸気暖房
熱容量	大	小
起動	遅	早
制御	易	難

2. ペリメータファンコイルユニット方式は、一般に、スキンロード（外皮負荷）対応としてファンコイルユニットをペリメータゾーンに設置し、外気負荷と室内負荷については空調機による定風量または変風量ダクト方式などを併用する方式である。

3. ターミナル空調機は、天井内などに設置できるコンパクトな空調機であるため、格納されているファンも通常の空調機よりも小さい。そのため、ダクトを長くすることができず、空調対象室の直近に配置することが望ましい。

4. 放射空調方式は、室内の天井・壁・床などに設ける冷却・加熱パネルによって放射熱交換を行う方式である。気流によるドラフトや騒音が生じず、温度のむらが少ないため、快適性が高く、送風動力が少ないという長所がある。

No.5 正解 3 空調機器

蒸気加湿量L［kg/h］＝ρ×Q×⊿x

ρ:空気の密度［kg/m³］

Q:送風量［m³/h］

⊿x:入口空気と出口空気の絶対湿度の差［kg/kg（DA）］

また、⊿x［kg/kg（DA）］＝⊿h/hs

⊿h:入口空気と出口空気の比エンタルピー差［kJ/kg（DA）］

hs:加湿蒸気の比エンタルピー［kJ/kg］

これらの式に、条件の値を代入して計算する。このとき、蒸気加湿量の単位は［kg/h］で求めるため、送風量は、条件ハ.の通り1,000［m³/h］のまま用いてよい。

⊿x＝13.5÷2,700＝0.005［kg/kg(DA)］

L＝1.2×1,000×0.005＝6.0［kg/h］

よって、6.0［kg/h］である。

No.6 正解 3 空調設備

全空気方式の空気調和設備における冷房時の送風量は、吹出し温度差と室内冷房顕熱負荷によって決まる。

1. 壁体の貫流熱負荷は、冷房時、暖房時共に、室内顕熱負荷であるため考慮する。
2. ガラス窓透過日射熱負荷は、冷房時は、室内冷房顕熱負荷であるため考慮する。
3. 照明負荷は、冷房時は、室内冷房顕熱負荷であるため考慮する。
4. 外気負荷は、室内負荷ではないため考慮しない。

No.7 正解 1 空調設備

1. ダイレクトリターン方式は、ポンプに近い機器から順に接続する方式である。機器の遠近で配管抵抗に差が生じ、流量がアンバランスになるため、各機器に定流量弁などが必要になる場合もある。一方、リバースリターン配管方式は、熱源機器とファンコイルユニット等の各負荷機器を結ぶ配管長さをほぼ等しくし、配管抵抗をほぼ同じとする方式である。各枝管の管内循環量を同一にする目的で設けられる。配管主管がダイレクトリターン方式に比べて、ほぼ1本余分に必要となるため、配管スペースは多く必要になる。

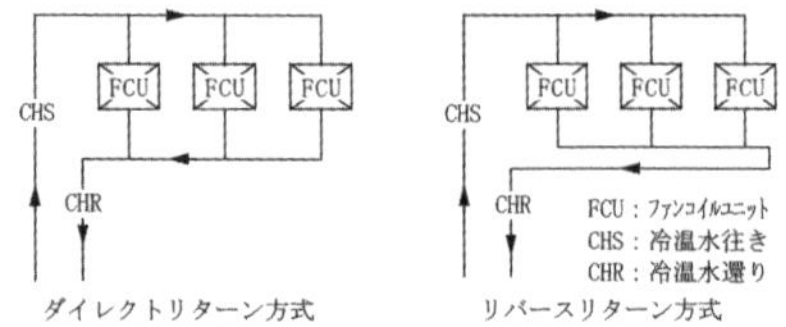

還水方式による分類

2、3. 湯を使用する空調システムは、温度上昇で膨張する水の圧力を吸収する必要がある。ダイヤフラム型密閉式タンクは、循環水と密閉された空気層をダイヤフラムで仕切り、空気層で膨張圧力を吸収する。空気に触れないために耐久性に優れ、設置場所も選ばないが、圧力を吸収するための空気層が大きくなるため、一般に、開放型より容積が大きくなる。

ダイヤフラム型密閉式膨張タンクの必要容量V_t（加圧室の有効最大容量）は、下式により求められる。

$$V_t = \frac{\Delta v_e}{1-(P_f/P_o)} \ [m^3]$$

Δv_e:温水の有効膨張量［m³］

温水の実質膨張量から、配管・器具類の膨張による内容積の増大を差し引いたもの

P_f:最低水温のときのタンクの最低必要圧力（初期充填圧力）［MPa］

P_o:最高水温のときのタンクの最高使用圧力［MPa］

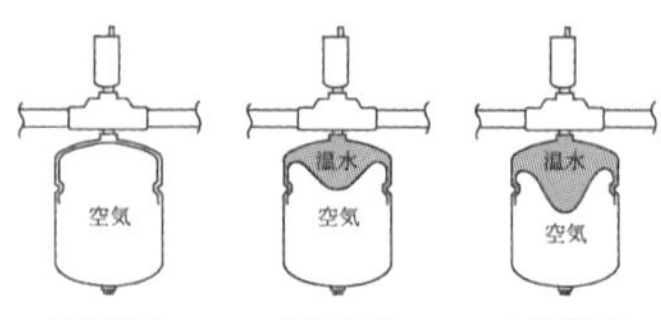

密閉式膨張タンク（ダイヤフラム型）の作用

4. ポンプを動かすのに必要な軸動力P_p

［kW］は、次式で求められる。

$$P_p = \frac{1}{\eta_p} \cdot \frac{\rho gQH}{1,000} \text{［kW］} \cdots ①$$

η_p:ポンプ効率
ρ:水の密度［kg/㎥］
g:重力加速度［m/s^2］
Q:ポンプの吐出し量［㎥/min］
H:全揚程［m］
なお、水動力P_0とは、ポンプが単位時間に液体に与える有効エネルギーのことで、$P_0 = \frac{\rho gQH}{1,000}$で表される。
よって、①の式に代入すると、
$P_p = \frac{1}{\eta_p} \cdot P_0$となる。
上式より、遠心ポンプの軸動力は水動力をポンプ効率で除して求められる。

No.8　正解　1　空調設備

1. 空気の温度が低くなると密度が大きくなり、それに伴い、空気の粘性も大きくなる。そのため、ダクト直管部における摩擦損失が大きくなり、結果としてダクトの圧力損失は大きくなる。
2. 円形ダクトの直管部の全圧損失（圧力損失、または、摩擦損失）
ΔP_T〔Pa〕は、次式で求められる。
$\Delta P_T = \frac{\lambda L}{d} P_V = \frac{\lambda L}{d} \cdot \frac{1}{2} \rho v^2$〔Pa〕
λ:ダクト摩擦係数
L:ダクトの直管部の長さ〔m〕
P_V:動圧〔Pa〕
d:ダクトの内径〔m〕
ρ:空気の密度〔kg/㎥〕
v:平均風速〔m/s〕
上式より、直管部の摩擦損失は、風速の２乗に比例する。
3. ダクトの種類には、送風ダクト、還気ダクト、外気取入れダクト、排気ダクトがあり、静圧によって、低圧ダクト、高圧１ダクト及び高圧２ダクトに区別されている。
4. 吐出し口に接続するダクトの形状は、吸込み側の形状による送風機性能への影響ほど大きくない。例えば、吸込み口で流れが偏る接続方法では、風量、圧力損失は大きく異なる。

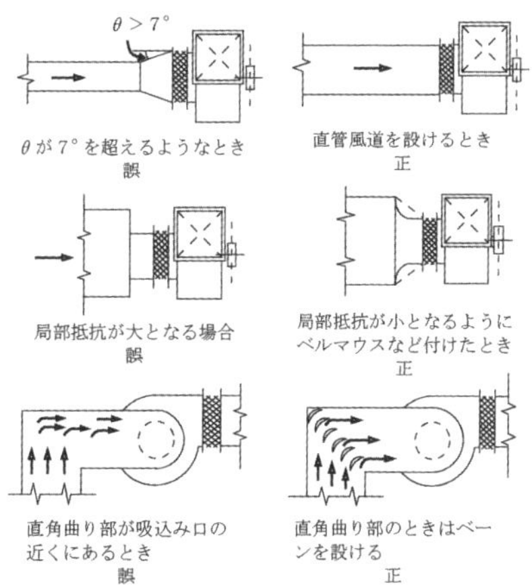

遠心式送風機吸込み側の接続ダクトの良否

No.9　正解　2　空調設備

送風機全圧は、送風機の入口（b）と出口（c）の全圧の差で求められる。
したがって、問題の表より、送風機全圧＝180－（－60）＝240［Pa］
送風機静圧は、送風機全圧から送風機出口（c）の動圧を減じて求められる。

したがって、送風機静圧＝240－40＝200［Pa］

No.10 正解 4 換気設備

室内が定常状態で、室内の粉じんの量が定常濃度（増減しない）とすれば

室内に入ってくる粉じんの量＋室内の粉じん発生量＝出て行く粉じんの量

$C_O \times Q_O \times (1-\eta) + M = C \times Q_E$

C_O:外気の粉じん濃度［mg/㎥］

Q_O:外気取入れ量［㎥/h］

η:フィルターの粉じん捕集率 → つまり、$1-\eta$はフィルターの粉じん通過率

M:室内の粉じん発生量［mg/h］

C:室内空気の粉じん濃度［mg/㎥］

Q_E:排気量［㎥/h］

条件で与えられた値を代入すると

$$0.1 \times 500 \times (1-\eta) + 60 = 0.15 \times 500$$
$$50 - 50\eta + 60 = 75$$
$$50\eta = 35$$

$\therefore \eta = 0.7$

No.11 正解 4 空調設備

1. 三方弁制御は、負荷の変動があっても配管系全体の流量を一定に保つ定流量（CWV）方式である。
2. 二方弁制御は、冷温水配管などにおいて、負荷の変動に応じて流量を制御する変流量（VWV）方式である。低負荷時にポンプの台数制御や回転数制御を行うことで、ポンプの搬送動力を低減できる。
3. 外気冷房制御は、一般に、室内と外気のエンタルピー差から外気ダンパーの開度制御や送風機の回転数制御を行うことで､外気負荷を低減できる。
4. CO_2濃度制御は、還気ダクトに設けたCO_2濃度センサーにより、外気ダンパーの開度制御を行うものである。

No.12 正解 2 排煙設備

1. 排煙ダクトに設置する防火ダンパーの温度ヒューズの溶融温度は280℃とする。
2. 特別避難階段の付室及びこれと兼用しない「非常用エレベーターの乗降ロビー」に設ける排煙機は、4㎥/s（＝240㎥/min）以上の空気を排出する能力（排煙風量）を有し、かつ、排煙口の一の開放に伴い、自動的に作動するものとする。なお、特別避難階段の付室と兼用する「非常用エレベーターの乗降ロビー」に設ける排煙機の排煙風量は、6㎥/s（＝360㎥/min）以上とする。
3. 排煙ダクトは、可燃材料から15cm以上離して施設する。可燃材料と15cm以上の離隔距離が確保できない場合は、ロックウール、または、グラスウールを用いて断熱措置を施す。
4. 防煙区画の排煙ダクト及び排煙口の排煙風量は、床面積1㎡当たり1㎥/min以上とする。

No.13 正解 3　換気設備

1. プレート式熱交換器は、伝熱板を何枚も重ねて締めつけ、フレームで支えた熱交換器で、温度差1℃程度まで熱交換できる高性能な熱交換器である。二つの流体が板の間を一枚おきに交互に流れる。

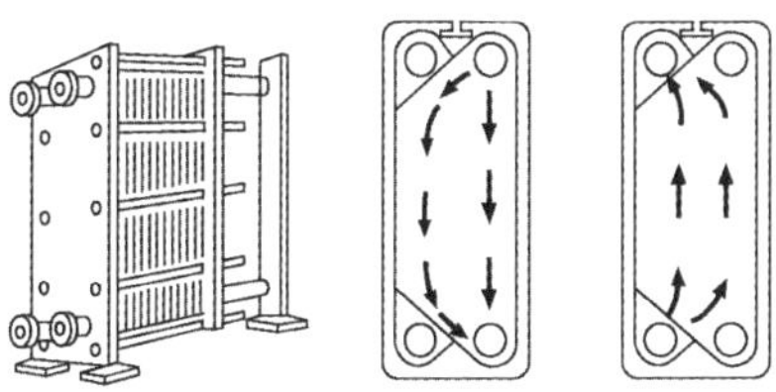

プレート式熱交換器

2. 蒸気対温水の熱交換器は、多管式や貯湯槽式などが主流であったが、空調用として使用圧力などの条件が合えば、多管式に代わり、プレート式も採用することができる。
3. 冷却コイルの必要列数Nは、下式にて求められる。

$$N=\frac{q_t}{K \cdot C_{WS} \cdot FA \cdot \varDelta t_m}$$

q_t:冷却熱量（全熱量）［W］
K:熱通過量［W/（㎡（FA）·K·列）］
C_{WS}:ぬれ面補正係数
FA:コイル正面面積［㎡］
$\varDelta t_m$:空気と熱媒の平均温度差［K］
したがって、冷却コイルの必要列数Nは、コイルの正面面積および**空気と冷水の平均温度差に反比例する。**
4. 回転型全熱交換器は、吸湿性のあるハニカムロータを回転させ、その中を半分ずつ給気と排気を通し、顕熱だけでなく潜熱の交換も行う空気対空気熱交換器である。

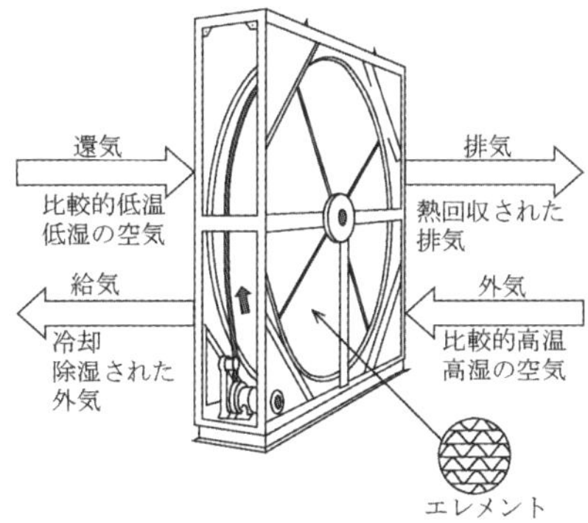

［注］空気状態は夏期を示す。

回転型全熱交換器

No.14 正解 3　空調機器

1. 現在では、全世界的にフロンガスの使用規制がかかり、エアコンの冷媒等には、代替フロンであるHFC（ハイドロフルオロカーボン）やPFC（パーフルオロカーボン）が使用されるようになった。しかし､代替フロンは、オゾン層破壊防止に効果があるが、温室効果ガスの一種であり、地球温暖化係数は数百～数千と高い。
2. 定格冷暖房能力は、屋内機の吸込み温度（室内温度）がJISで定める条件（冷房27℃、暖房20℃）であるときのものである。そのため、屋内機の選定に当たっては、実際の吸込み温度に応じて、冷暖房能力を補正する必要がある。
3. パッケージ型空気調和機の冷房能力は、冷媒配管の長さ（相当配管長）

が同じである場合、屋外機と室内機との高低差による影響を受ける。屋外機に対する屋内機の設置高さが高いほうが、冷房能力は低くなる。

4. ガスエンジンヒートポンプパッケージ（GHP）型空調機は、圧縮機をLPガスや都市ガスを燃料としたガスエンジンの回転で圧縮機を駆動し、ヒートポンプによって冷暖房を行う空調システムである。エンジンを動かすために使用したガスの排熱も利用するため、電気式ヒートポンプパッケージ（EHP）型空調機に必要な霜取り運転をする必要がほぼなく、急速暖房もできる。

No.15　正解　2　空調機器

1. 密閉式冷却塔は、冷却水管内が密閉配管となるので、水質劣化に伴う冷凍機の性能劣化が少なく、開放式に比べて、水質管理が容易である。ただし、開放式に比べて、送風機動力が大きくなり、運転費、設備費とも増加する。また、密閉式冷却塔は、散水用水の保有水量が少ないので、散水用水の中の不純物が濃縮されやすい。

2. 吸収冷凍機は、吸収器で水分を吸収した吸収液を、稀溶液から濃溶液に再生するのに加熱を必要とし、この加熱分を冷却するのに、凝縮器のほかにも吸収器を冷却する必要があるため、凝縮器のみを冷却する圧縮冷凍機に比べて冷却水量が多くなる。

3. 外気温度の低い冬期や湿度の高い中間期には、吐出される飽和空気は大気中で一時的に過飽和の状態となり、水分が白煙状になって種々の障害を起こすことがある。この現象を白煙という。白煙防止対策としては、吐出し空気を乾燥した高温の空気で加熱して大気に放出したり、大気を加熱して吐出し空気と混合して大気に放出するなどの方法がある。

4. フリークーリングとは、冬期に冷凍機の運転を停止して、低温外気との熱交換により得られる冷水を、空調の冷熱源として利用する方式である。これにより、冷水製造に掛かる電力消費を大幅に軽減できる。

No.16　正解　2　給排水衛生設備

1. ベルヌーイの定理とは、流体の運動に関するエネルギー保存を表すものであり、非圧縮性･非粘性流体の定常流において、下式が成り立つ。

$$\frac{P_1}{\rho g}+\frac{V_1^2}{2g}+Z_1=\frac{P_2}{\rho g}+\frac{V_2^2}{2g}+Z_2+h_{12}=H=一定$$

P_1,P_2:流体の圧力［Pa］
ρ:流体の密度［kg/m³］
V_1,V_2:流体の速度［m/s］
g:重力加速度［9.8m/s²］
Z_1,Z_2:基準面からの高さ［m］
h_{12}:圧力損失［m］
なお、$P/\rho g$を圧力ヘッド、$V^2/2g$を速度ヘッド、Zを位置ヘッド、hを損失ヘッド、Hを全ヘッドといい、流体柱の高さ［m］で表す。

2. サージングとは、ポンプ等を低流量域で使用するときに、吐出し圧力や流量が、かなり低い周波数（1/10～10Hz）で激しく変動する現象をいい、この状態で運転を続けるとポンプの寿命が短くなり、騒音を発する。サージングを防ぐためには、配管の空気だまりなどを無くしたり、ポンプの水量調節弁をできるだけポンプの近い位置に設けるなどの対策を行う必要がある。設問の記述は、キャビテーションである。

3. レイノズル数とは、流体の粘性力に対する慣性力の強さであり、下式で表される。

$$R_e = \frac{\upsilon d}{\nu}$$

R_e:レイノズル数
υ:管内平均流速［m/s］
d:管径［m］
ν:動粘性係数［㎡/s］
一般に$R_e < 2,000$の場合は層流、$R_e > 4,000$の場合は乱流となる。

4. 給水栓を急閉止したときに生じるウォーターハンマーによる水撃圧の大きさは、下式で表される。なお、急閉止とは、圧力波の伝播速度をa［m/s］、水撃波の伝わる管長をL［m］、閉鎖時間T［s］とした場合に、$T \leqq 2L/a$のときを示す。

$H = a \cdot \upsilon \cdot \rho$（ジェーフスキの方式）
H:水撃圧［Pa］
υ:閉鎖の速度［m/s］
ρ:水の密度［kg/㎥］

No.17 正解 1 給排水衛生設備

1. 排水再利用水は、便所洗浄水のほかに散水用水や修景用水、掃除流しに用いることができる。しかし、冷却塔の補給水は、水道法の上水の水質基準を満たす必要があり、水道水を使用することが前提とされているため、排水再利用水を用いることはできない。

2. 太陽熱給湯の強制循環式システムは、住宅のセントラル給湯システム、ホテルや病院、学校給食などの大量の湯を消費する大規模給湯設備に、補助熱源装（給湯ボイラーなど）と組み合わせて用いられる。

3. 給湯設備の省エネルギーは、放熱損失（使われずに捨てられる熱）の削減に留意する。貯湯槽においては、脚部まで十分な断熱性能を確保する。

4. 便所に節水便器、自動水栓及び擬音装置を設置することは、衛生器具設備の節水に有効である。

No.18 正解 1 給排水衛生設備

1. 集合住宅における設計用使用給水量（1人1日当たり）は、200～350 *l* とされている。

設計用使用給水量

建物種別	使用水量
戸建住宅	200～400 *l*/人・日
集合住宅	**200～350 *l*/人・日**
事務所	60～100 *l*/人・日
総合病院	1,500～3,500 *l*/床・日
ホテル客室部	350～450 *l*/ベッド・日
学校	70～100 *l*/人・日

2. 超高層建築物の場合には、給水系統を1系統とすると下層階においては給水圧力が過大となり、騒音やウォーターハンマーなどが生じ、水栓、器具などの使用に支障をきたしたり、部品の摩耗が激しくなったりする。給水圧力の上限は、ホテルや集合住宅などでは300～400kPa程度、事務所や工場などでは400～500kPa程度に抑えるように、ゾーニングを行う。

3. 一般に、排水槽の容量は、最大排水流量の15～60分間分（平均排水流量の30分～2.5時間分）または排水ポンプ容量の10分～20分間分のいずれかの条件を考慮して決定する。

4. 屋内消火栓設備は、在室者による初期消火に必要な設備であり、防火対象物の階ごとに、その階の各部分からホース接続口までの水平距離が1号消火栓は25m以下、2号消火栓は15m以下となるように配置する。広範囲型2号消火栓の警戒区域範囲は、1号消火栓と同じであり、防火対象物の階ごとに、その階の各部分からホース接続口までの水平距離は25m以下とする。

No.19 正解 2 給水設備

揚程とは、ポンプが水を何mの高さまで揚げられるかを示す、ポンプの性能をいう。

下式を用いて、ガス給湯機、シャワーにおいて、それぞれ最低必要な揚程を求め、いずれか大きいほうの値が給水ポンプの最低必要な揚程となる。

最低必要な揚程［m］=①+②+③

①必要な実揚程（受水槽の水位から給水器具までの高さ）［m］

②配管の摩擦損失による揚程［m］

③器具の必要圧力による揚程［m］

［ガス給湯機に関する最低必要な揚程］

①必要な実揚程

＝（6－1－2）＋4＋4＋3＋1

＝15［m］

②配管の摩擦損失による揚程の算定において、

まず、配管の実管長（最も遠い給水器具までの配管長さ）を求める。

配管の実管長

＝5＋（6－1）＋20＋4＋4＋3＋6＋1＝48［m］

次に、条件ニ「継手、弁類の相当管長は、実管長の100%とする。」より、実管長の2倍となる。また、条件イより、配管の摩擦損失は0.5［kPa/m］なので、

配管の摩擦損失

＝48［m］×2×0.5［kPa/m］

＝48［kPa］

水圧P［kPa］と揚程H［m］の関係は、P［kPa］＝10H［m］、つまりH［m］＝0.1P［kPa］なので、

配管の摩擦損失による揚程

＝0.1×48＝4.8［m］

③器具の必要圧力による揚程は、条件ロより、ガス給湯機の必要圧力が80［kPa］であるため、0.1×80＝8［m］

したがって、ガス給湯機に関する最低必要な揚程＝15＋4.8＋8＝27.8[m]

[シャワーに関する最低必要な揚程]

①必要な実揚程
＝（6－1－2）＋4＋4＋2
＝13［m］

②配管の実管長
＝5＋（6－1）＋20＋4＋4＋20＋2
＝60［m］
配管の摩擦損失
＝60［m］×2×0.5［kPa/m］
＝60［kPa］
水圧P［kPa］と揚程H［m］の関係は、P［kPa］＝10H［m］、つまりH［m］＝0.1P［kPa］なので、
配管の摩擦損失による揚程
＝0.1×60＝6［m］

③器具の必要圧力による揚程は、条件ハより、シャワーの必要圧力が80［kPa］であるため、
0.1×80＝8［m］
したがって、シャワーに関する最低必要な揚程＝13＋6.0＋8＝27［m］
給水ポンプの最低必要な揚程は、両者のうち大きいほう（27.8［m］）なので、28［m］が最も適当な値である。

【補足】揚程と水圧の関係

揚程1［m］の水圧は、水の密度を1,000［kg/㎥］、重力加速度を10［m/s²］（条件チより）とすると、揚程1［m］＝1,000[kg/㎥]×10[m/s²]×1［m］＝10,000［kg/（m·s²）］
ここで、1［Pa］＝1［N/㎡］、1［N］＝1［kg·m/s²］より、
1［Pa］＝1［kg/（m·s²）］
すなわち、揚程1［m］＝10,000［Pa］＝10［kPa］となる。

No.20　正解　4　給水設備

1. 簡易専用水道とは、水道及び専用水道以外の水道であって、市町村等の水道事業者から供給される水のみを水源とし、受水槽の有効容量が10㎥を超えるものをいう。
2. 一般水栓の最低必要圧力は、一般に、30kPaである。なお、大小便器洗浄弁の最低必要圧力は、一般に、70kPaである。
3. パネル型FRP受水槽の大きさと形状は、最小モジュール500mmで自由に選択できる。
4. 高置水槽の有効容量を算定する場合の揚水ポンプの最短運転時間は、一般に15分程度である。

No.21　正解　3　給湯設備

1. 給湯設備の汚染の中で最も深刻なのが、レジオネラ菌によるものである。レジオネラ菌の繁殖、活性化、感染を防止するためには、「給湯中の塩素濃度を高く維持する」「給湯温度を高温（一般に55℃以上）に保つ」「貯湯槽内の温度を60℃以上に保つ」「エアロゾルの発生を防ぐ」ことが有効である。
2. 管の線膨張係数を次表に示す。銅管の線膨張係数は1.7×10⁻⁵/℃、

ポリブテン管の線膨張係数は15×10⁻⁵/℃である。したがって、線膨張係数は、ポリブテン管のほうが大きい。

管の線膨張係数

管材料	線膨張係数[$\times 10^{-5}$/℃]
鋼	1.2
ステンレス鋼	1.7
銅	1.7
ポリブテン	15
架橋ポリエチレン	20

3. 一管式の局所式給湯設備において、配管計画は、配管内の湯の滞留時間（配管内保有水量/流水量）が10秒以下となるように行う。

4. 循環式の中央式給湯設備における湯の供給方式には、上向き供給方式と下向き供給方式がある。下向き供給方式とは、給湯立て管の最上部に汽水分離器を取り付け、下方の器具へ給水、給湯する方式である。そのため、上向き供給方式よりも、気泡の排除が行いやすい。

No.22 正解 4 排水通気設備

1. 通気管末端の開口部が凍結によって閉鎖されるおそれがある場合には、開口部の管径は75mm以上とする。開口部において管径を拡大する必要が生じた場合、その管径の変更は建物内部で、かつ屋根または外壁の内面から300mm以上離れた位置で行う。

2. 人が常時出入りしない屋上や屋根に通気管を開放する場合は、屋上面または屋根から200mm以上立ち上げる。

3. 間接排水の最小排水口空間を次表に示す。管径40mmの間接排水管の排水口空間は、最小100mmとする。

最小排水口空間

間接排水管の管径(mm)	最小排水口空間※1(mm)
25以下※2	50
30〜50	100
65以上	150

※1　各種の飲料用貯水槽等の間接排水管の排水口空間は、上表に関わらず最小150mmとする。
※2　管径25mm以下の間接排水管は、機器に付属の排水管に限る。

4. 掃除流しによる排水トラップの最小口径は、65mmである。

トラップの最小口径

器　具	トラップの最小口径〔mm〕	器　具	トラップの最小口径〔mm〕
大便器	75	浴槽(洋風)	40
小便器(小形)	40	ビデ	30
小便器(大形)	50	調理流し	40
洗面器(小・大形)	30	掃除流し	65
手洗器	25	洗濯流し	40
手術用手洗器	30	連合流し	40
洗髪器	30	汚物流し	75
水飲器	30	実験流し	40
浴槽(和風)	30	ディスポーザ	30

No.23 正解 2 排水通気設備

[雨水立て管ⓐ]

条件ホ.「4か所のルーフドレン以外からの雨水の流入は、考慮しないものとする」及び設問の図より、雨水横主管ⓐは、グレーの屋根面積及び壁面積の雨水を集水する。

屋根面の屋根面積

＝10×10＋8×10＝180［m²］

また、壁面のうち、50％を屋根面積として加味するので、

壁面の屋根面積

＝10×16×0.5＝80［m²］

∴ 雨水立て管ⓐの屋根面積＝180＋80

＝260［㎡］
条件イより、最大雨量が150［mm/h］であり、表1を適用するにあたり、雨量を100［mm/h］に換算すると、
換算屋根面積
$=260\times\frac{150}{100}=390$［㎡］
表1より、雨水立て管ⓐの最小管径は、許容最大屋根面積が425㎡である100［mm］となる。

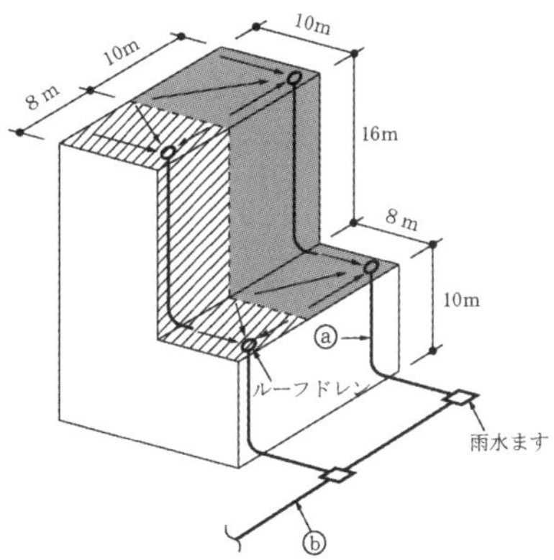

[雨水横主管ⓑ]
条件ホ.「4か所のルーフドレン以外からの雨水の流入は、考慮しないものとする」及び設問の図より、雨水横主管ⓑは、グレーと斜線の屋根面積及び壁面積の雨水を集水する。
屋根面の屋根面積
＝（8＋10）×10＋（8＋10）×8
＝324［㎡］
また、壁面のうち、50％を屋根面積として加味するので、
壁面の屋根面積
＝（8＋10）×16×0.5＝144［㎡］
∴ 雨水横主管ⓑが受け持つ屋根面積＝324＋144＝468［㎡］
条件イより、最大雨量が150［mm/h］であり、表2を適用するにあたり、雨量を100［mm/h］に換算すると、
換算屋根面積$=468\times\frac{150}{100}=702$［㎡］
表2より、雨水立て管ⓑの最小管径は、許容最大屋根面積が1,380［㎡］である200［mm］となる。

No.24 正解 2 浄化槽設備

BOD負荷［g/日］
＝BOD（濃度）［g/l］×水量［l/日］
より
BOD（濃度）［g/l］
$=\frac{\text{BOD負荷［g/日］}}{\text{水量［}l\text{/日］}}$…… ①
排水のBOD負荷の合計＝共同住宅のBOD負荷＋喫茶店のBOD負荷＋マーケットのBOD負荷
＝2,700×10×200＋100×160×150＋100×15×150
＝8,025,000［mg/日］…… ②
排水量の合計＝共同住宅の排水量＋喫茶店の排水量＋マーケットの排水量
＝2,700×10＋100×160＋100×15
＝44,500［l/日］…… ③
①②③より、排水のBOD（濃度）
$=\frac{8{,}025{,}000}{44{,}500}\fallingdotseq 180.3$［mg/$l$］である。
設問より、合併処理浄化槽のBOD除去率は90［％］なので、
放流水のBOD＝180.3×（1－0.9）
＝18.03［mg/l］である。
したがって、選択肢2の18［mg/l］が最も適当である。

No.25 正解 1 給排水衛生設備

1. 便所洗浄水に利用する排水再利用水の水質基準には、濁度の値は定められていない。
2. 膜分離活性汚泥処理装置を用いた標準処理フローは、あらゆる原水に適応でき、浮遊物質をほとんど含まない清澄な処理水が得られる。
3. 雨水貯留槽は、満水時にさらに流入した雨水を排除できるよう、水槽にオーバーフロー対策などを施し、屋外の雨水系統ますへ排出できる構造とされている。また、公共下水道とのレベル差から水槽におけるオーバーフロー対策が困難な場合は、雨水集水管途中に電動遮断弁及び手動遮断弁を設けるなどの措置を講じる必要がある。
4. 雨水貯留槽は、建物の地下ピットを利用して設置され、その容量から地中梁で多槽に仕切られるため、死水域をつくらないように連通管の位置や大きさを決定することが必要である。

No.26 正解 4 浄化槽設備

1. 浴槽循環ろ過設備におけるろ過器の能力は、一般に浴槽の湯が1時間に2～3回程度循環する容量で決定する。ただし、気泡浴槽や超音波浴槽では湯が汚れやすいので、循環回数を3～5回/h程度にすることが望ましい。
2. 循環ポンプの揚程は、ろ過器、熱交換器、循環配管及びヘアキャッチャー（集毛器）における摩擦損失水頭と浴槽吐出し口における吐出し水頭の合計で表される。
3. 浴槽水の消毒は、ろ過器内での生物膜（バイオフィルム）の生成を抑制するために消毒剤をろ過器の直前に注入して行う。
4. 循環式浴槽設備のろ過器には、一般に、砂式ろ過器、ケイソウ土式ろ過器、カートリッジろ過器等が用いられる。**生物浄化式ろ過器は用いない。**

No.27 正解 3 消火設備

1. 11階以上に設置する連結送水管の放水口は、双口形（または単口形2個）とし、長さ20mのホース4本以上およびノズル2本以上とする。放水用具を格納箱は、一つの直通階段について階数3以内ごとに、放水口から歩行距離5m以内で消防隊が有効に消火活動を行うことができる位置に設ける。
2. 乾式および予作動式のスプリンクラー設備は、ヘッドが開放した場合に1分以内にそのヘッドから放水されていなくてはならない。
3. 屋内消火栓（広範囲型の2号消火栓）の吐出量q［l/min］は、下式により算出する。

   $q=vs$

   v:消火栓1個当たりの吐出量［l/（min·個)］

１号消火栓･易操作性１号消火栓:
150［l/（min･個）］
２号消火栓:
70［l/（min･個）］
広範囲型２号消火栓:
90［l/（min･個）］
s:消火栓の階ごとの設置個数のうち、最大の設置個数（ただし、最大２個）
したがって、
q＝90［l/（min･個）］×２［個］
＝180［l/min］以上必要である。

4. 二酸化炭素を放射する全域放出方式の不活性ガス消火設備の場合は、起動ボタンを押してから消火剤の放射まで20秒以上となるように遅延装置を設ける。

No.28 正解 3 ガス設備

1. 都市ガスの種類は、ウォッベ指数と燃焼速度により分類される。ウォッベ指数とは、ガス器具に対するガスの入熱量（入力）を表現する指数で、ガスの単位体積当たりの総発熱量［MJ/㎥］をガスの比重の平方根で除したものをいう。

$$WI==\frac{H}{\sqrt{a}}$$

WI:ウォッベ指数
H:ガスの単位体積当たりの総発熱量
a:ガスの比重
また、燃焼速度とは、燃焼が周囲に伝播されていく際、火炎が火炎面に垂直な方向に、未燃焼ガスのほうへ移動する速度をいう。

2. 都市ガスの圧力による分類を次表に示す。

都市ガスの圧力による分類

分類	圧力
高圧	1.0MPa以上
中圧	0.1MPa以上1.0MPa未満※
低圧	0.1MPa未満

※中圧Ａ（0.3MPa以上1.0MPa未満）及び中圧Ｂ（0.1MPa以上0.3MPa未満）に区分されることもある。

3. ガス漏れ検知器（警報器）の検査合格表示の有効期間は、都市ガス用、液化石油ガス用ともに、**5年**である。

4. 排気フードを設ける場合、燃焼器具の火源から排気フード下端までの高さを100cm以下とする。

No.29 正解 4 給排水衛生設備融合

1. 大便器の洗浄装置の洗浄弁方式（フラッシュバルブ式）は、給水管に直結し、弁を押すと13～15lの水が流れる定量弁の一種で、不特定多数の人が連続して使用する場合に適している。

2. 専用洗浄弁式便器は、専用の洗浄用給水装置を使用し、給水管内の圧力などを利用して、便器へ給水する方式である。断水などで給水管内が負圧になる場合、外部から空気を吸引して負圧の発生を防ぎ、汚水等の逆流を防止する負圧破壊装置（バキュームブレーカ）を洗浄弁のまわりや給水管に設ける必要がある。

3. 壁掛け型小便器において、小便受け口の床面からの高さが350mm以下の場合は、子供や高齢者、障がい者にも使える小便器として、床置き型小便器と同等であるとみなすことができる。

4. 温水洗浄便座の洗浄用水加温方式には貯湯式と瞬間式がある。貯湯式は、内蔵されたタンクに温水を貯めておく方式であり、40℃程度の温水を1L程度貯湯するタンクを有している。

No.30 正解 3 給排水衛生設備

1. 水道用硬質塩化ビニルライニング鋼管において、SGP−VDは、管の内外面に硬質塩化ビニルを被覆した給水用配管材である。

水道用硬質塩化ビニルライニング鋼管の種類

種類	記号	原管	外面	適用例(参考)
水道用硬質塩化ビニルライニング鋼管 A	SGP−VA	JIS G 3452(配管用炭素鋼鋼管)の黒管	一次防錆塗装	屋内配管
水道用硬質塩化ビニルライニング鋼管 B	SGP−VB	JIS G 3442(水配管用亜鉛めっき鋼管)	亜鉛めっき	屋内配管、屋外露出配管
水道用硬質塩化ビニルライニング鋼管 D	**SGP−VD**	JIS G 3452(配管用炭素鋼鋼管)の黒管	**硬質塩化ビニル被覆**	屋外露出配管及び地中埋設配管

2. 水道用耐熱性硬質塩化ビニルライニング鋼管は、配管用炭素鋼鋼管(SGP)の内面に耐熱性硬化ポリ塩化ビニル管をライニングしたものであり、外面仕様は一次防錆塗装である。用途は、給湯･冷温水･温泉などであり、流体の連続使用許容温度は、85℃以下である。

3. 配管用管及び水道用銅管は、肉厚の数値の大小によって、Kタイプ、Lタイプ、Mタイプがあり、呼び径が同じ場合、肉厚の大きいほうからK>L>Mとなる。

4. 弁を中間開度にして流量調整を行う場合には、玉形弁とバタフライ弁は適しており、仕切弁とボール弁は適していない。

弁構造の違いによる特徴

項目	仕切弁	玉形弁	バタフライ弁	ボール弁
弁の操作性	普通	普通	良い	良い
面間寸法	大きい	最も大きい	小さい	大きい
本体の重量	重い	重い	軽い	重い
本体の高さ	最も高い	高い	低い	低い
中間開度の使用	**適さない**	**適している**	**適している**	**適さない**
使用温度範囲	広い	広い	狭い	狭い
使用圧力範囲	広い	広い	狭い	狭い

No.31 正解 1 電気設備

1. 磁界中に電流を流した導体をおくと、導体に電磁力が発生する。フレミングの左手の法則では、左手の人差し指、中指、親指を互いに直角に曲げたときに、人差し指が磁界、中指が電流、親指が電磁力の方向を示す。なお、フレミングの右手の法則は、磁界中にある導体が移動したとき、導体に発生する起電力の関係を示す。親指を導体が移動する方向に向ければ、人差し指が磁界、中指が起電力の方向を示す。設問の記述はフレミングの右手の法則である。

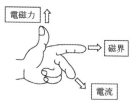

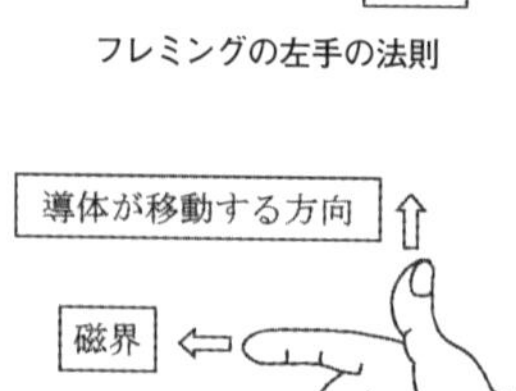

フレミングの左手の法則

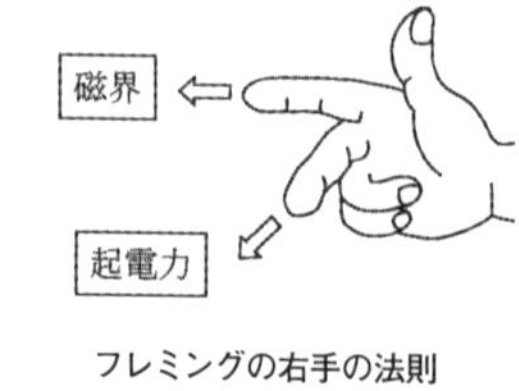

フレミングの右手の法則

2. キルヒホッフの第一法則は電流連続則とも呼ばれ、回路中の任意の節点に流入する電流の代数和は0であることを示している。また、キルヒホッフの第二法則は電圧平衡則とも呼ばれ、回路中の任意の閉回路において、抵抗による電圧降下の総和は閉回路内の起電力の総和に等しいことを示している。

3. 電荷に係る位置エネルギーを「電位」といい、回路におけるある2点間の電位の差を「電位差」という。単位はどちらもV（ボルト）が用いられ、「電位差」は「電圧」ともいう。

4. 交流回路において、電流を妨げる働きをする定数を「インピーダンス」といい、単位はΩ（オーム）が用いられる。インピーダンスには、抵抗のほかにコイルやコンデンサなどの「リアクタンス」がある。このうち、コイルのリアクタンスを「誘導性リアクタンス」といい、電流の位相を電圧の位相よりも遅らせる要素である。なお、コンデンサのリアクタンスを「容量性リアクタンス」といい、誘導性リアクタンスとは逆に、電流の位相を電圧の位相よりも進ませる要素である。

No.32 正解 4 電気設備

4. JIS C 0303に定める配電盤の図記号は、⊠ である。
設問の図記号は、分電盤を表すものである。

No.33 正解 1 電気設備

図のようなブリッジ回路において、BC間に電流が流れない平衡条件にあるとき、向かい合った抵抗の積は等しくなる。したがって、

$3 \times R = 9 \times 5 \qquad \therefore R = 15$ [Ω]

ABD間において、AB間とBD間の電流は等しい。この間の電流が求めるべき電流であり、これをI_1とおくと、オームの法則より　$I_1 = \frac{60}{15+5} = 3$ [A]

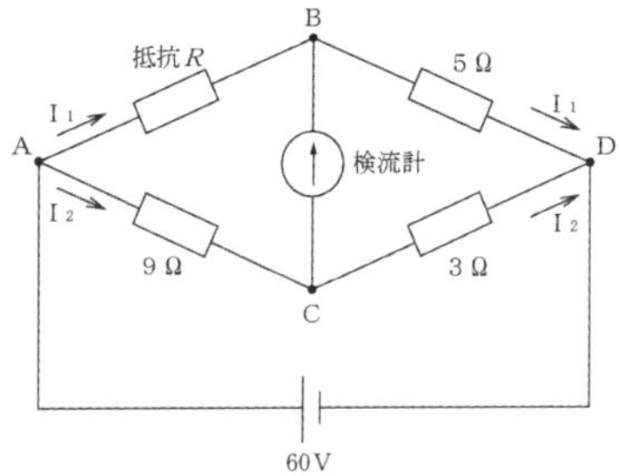

No.34 正解 3 電気設備計画

1. 高圧または特別高圧の電路に変圧器によって結合される、使用電圧が300Vを超える低圧電路には、地絡が生じたときに電路を遮断するために漏電遮断器を設ける。

2. ガスタービンの冷却は、一般に、空気により行われ、冷却水を必要としない。なお、ガスタービンは、圧縮空気と燃料を混合し、これを燃焼し生成された高温ガスの膨張するエネルギーによりタービンを回転させて発電する。

3. 電動機の保護継電器には、過負荷継

電器（1Eリレー）、過負荷・欠相継電器（2Eリレー）、過負荷・欠相・反相継電器（3Eリレー）があり、一般的には、過負荷保護と欠相保護を目的とした過負荷・欠相継電器（2Eリレー）が用いられる。ただし、**水中ポンプ**等の回転方向が目視できないものは**過負荷・欠相・反相継電器（3Eリレー）**を用いる。

4. 漏電遮断器で保護されている電路と、保護されていない電路に施設される機器などの接地線及び接地極は共用してはならない。ただし、接地抵抗値が2Ω以下となる接地極を使用する場合は、この限りではない。

No.35 正解 1 電気設備計画

1. 自動火災報知設備の受信機には、感知器または発信機が動作した場合、感知器または発信機から共通の信号として受信するP型受信機と、共通の信号として中継器に送られ、中継器から固有の信号として受信するR型受信機がある。また、GP型受信機またはGR型受信機は、P型受信機またはR型受信機にガス漏れ感知器の受信を兼ね備えた受信機あり、**防火・排煙設備連動制御器を備えたもの**ではない。

2. アンテナマストと増幅器が離れている場合、一般には、地上波デジタルとBSの電波を混合器で混合したのちに1個の増幅器で増幅する。ただし、アンテナマストと増幅器が近接している場合には、混合器の機能を併せ持つ増幅器を用いて混合器を省略することができる。

3. 同軸ケーブルは、硬く丈夫で耐ノイズ性能に優れるが、施設が難しく、拡張性に劣る。監視カメラ設備において、ネットワーク伝送方式のカメラへの配線には、扱いが容易で拡張性に優れるツイストペアケーブルが用いられる。ツイストペアケーブルは、シールドの有無により、シールド付きのSTPケーブルとシールド無しのUTPケーブルに分かれ、一般的には、UTPケーブルが使用される。

4. 親時計の時刻補正には、長波帯標準電波を受信する方式のほか、GPS衛星電波やFMラジオの時報、または地上デジタル放送を受信する方式がある。

No.36 正解 3 受変電設備計画

1. 直列リアクトル付き進相コンデンサを設置することにより、高調波電流の流出を抑制することができる。進相コンデンサは、高圧側と低圧側の両方で使用されるが、配電系統への高調波電流の流出を抑制するためには、低圧側に設置したほうが効果が高い。

2. 主遮断装置は、需要家側で発生した過負荷、短絡事故を系統側に波及させないように設けるものであり、電気事業者の配電用変電所に設けられている過電流保護装置との動作協調を図り、需要家側で事故が発生した場合には、電気事業者側より早く動作させるように設定する。

3. 高圧受電の場合、電力会社との責任分界点には高圧交流負荷開閉器を設置する必要がある。高圧交流負荷開閉器には、気中負荷開閉器、真空負荷開閉器、ガス負荷開閉器、油入負荷開閉器などがあるが、**柱上は落雷の危険性があるため、油入負荷開閉器を設置してはならない。**

4. キュービクル式高圧受電設備は、JIS C 4620「キュービクル式高圧受電設備」において、遮断方式により遮断器形（CB形）と高圧限流ヒューズ・高圧交流負荷開閉器形（PF·S形）に分けられており、受電設備容量などに応じて選定される。

キュービクルの種類と受電設備容量

主遮断装置	受電設備容量
ＣＢ形	4,000kVA以下
ＰＦ・Ｓ形	300kVA以下

CB形：受電設備容量4,000kVA以下の主遮断装置として、遮断器（CB）を用いるもので、過電流継電器、地絡継電器などと組み合わせることによって、過負荷・短絡・地絡等の事故時の保護をする。

PF·S形：受電設備容量300kVA以下の主遮断装置として、高圧限流ヒューズ（PF）と高圧交流負荷開閉器（LBS）とを組み合わせて用いる。

No.37 正解 2 受変電設備

三相3線式回路における設備不平衡率は、

$$設備不平衡率=\frac{各線間単相負荷の最大・最小の差(kVA)}{総変圧器容量(kVA)の1/3}\times 100\ [\%]$$

出題では、単相負荷はRS間で100kVA、ST間で50kVA、RT間で150kVAであるので、

最大と最小の差は、150－50＝100[kVA]

総変圧器容量は、50＋100＋150＋200＋500＋500＝1,500［kVA］

設備不平衡率＝100/1,500/3×100＝0.2×100＝20［%］

No.38 正解 1 発電設備

1. 再生可能エネルギーとは、エネルギー源として永続的に利用することができると認められるものとして、太陽光、風力、水力、地熱、太陽熱、大気中の熱その他の自然界に存する熱、バイオマスが規定されている。**原子力発電は含まれない。**

2. 太陽光発電は、太陽光のエネルギーを太陽電池セルにより吸収し起電力を得る効果を利用して、電気エネルギーに変換するものである。

3. 廃棄物発電は、廃棄物をエネルギー源とする発電である。一般的には、可燃ごみを焼却してその熱を回収（サーマルリサイクル）し、蒸気を発生させて蒸気タービンを回すことによって電気エネルギーに変換する。

4. 燃料電池は、天然ガス等から取り出

した水素（H_2）と空気中の酸素（O_2）が化合して水（H_2O）ができるときに電力と熱が発生する原理を利用して発電する。水素イオンは通常、陽イオン（H^+）であるので、アノード（外部回路へ電子が流れ出す電極）から電子を受け取り水素となり、酸素イオンは通常、陰イオン（O^{2-}）であるので、カソード（外部回路から電子が流れ込む電極）へ電子を渡して酸素となる。

No.39　正解　3　発電設備

1. 商用電力の配電線網のことを系統といい、その系統と自家発電設備を連系して運用することを系統連系という。自家発電設備としては、太陽光発電やコージェネレーションシステムなどがあり、これらによる系統連系については、系統運用者である一般送配電事業者と電力需要家との間で、その条件について個別に協議を行い設定される。

2. コージェネレーションシステムの総合エネルギー効率は、ガスタービンが70～80%、ディーゼルエンジンが60～75%、ガスエンジンが65～80%であるため、設問の80%程度という記述は適当である。

3. ガスタービンと内燃機関（ディーゼルエンジン、ガスエンジン）の比較を次表に示す。ガスタービンの熱電比は2.0～3.0であるのに対して、ディーゼルエンジンの熱電比は約1.0であるので、ガスタービンのほうが大きい。

4. コージェネレーションシステムの運転方式には、電力需要に合わせて運転する「電主熱従運転方式」と、熱需要に合わせて運転する「熱主電従運転方式」があり、一般的には、「電主熱従運転方式」が多く用いられている。「電主熱従運転方式」では、

ガスタービンと内燃機関の一般的な比較

原動機／項目	ガスタービン	内燃機関	
		ディーゼルエンジン	ガスエンジン
作動原理	連続燃焼している燃焼ガスの熱エネルギーを直接タービンにて回転運動に変換(回転運動)	断続燃焼する燃焼ガスの熱エネルギーをピストンの往復運動に変換し、それをクランク軸で回転運動に変換(往復運動→回転運動)	
出力	吸込空気温度が高いときは、圧縮機で圧縮される空気値が減るために出力が制限される。	吸込空気温度による出力制限は少ない。	吸込空気温度が高いときは、サージングを発生するが、出力制限は少ない。
燃料消費率	230～460 g /kWh	200～260 g /kWh	9, 200～13, 400kJ/kWh 2, 200～3, 200kcal/kWh
使用燃料	灯油、軽油、A重油、天然ガス、都市ガス(プロパン)	軽油、A重油、(B重油、C重油、灯油)	天然ガス、都市ガス、プロパン(ＬＰＧ)
発電効率(低位発熱量基準)	20～35% (マイクロガスタービン25～30%)	30～40%	30～40%
熱電比※	2.0～3.0	約1.0	1.0～1.5
総合ｴﾈﾙｷﾞｰ効率	70～80%	60～75%	65～80%
起動時間	20～40秒	5～40秒	10～40秒
軽負荷運転	特に問題はない。	燃料の完全燃焼が得られにくい。	特に問題はない。
振動	少ない	防振装置により減少可能	
冷却水	不要(空気冷却方式)	40～55ℓ/kWh(放流式)	50～70ℓ/kWh(放流式)

※熱電比＝供給可能熱出力／発電出力

熱負荷が多い場合は、足りない熱をボイラーで補完し、熱負荷が少ない場合は、余った排熱を冷却設備によって放熱させる。

No.40 正解 2 照明設備

1. 低温環境を維持する必要がある倉庫等においては、一般的な照明器具ではランプがつきにくく、十分な明るさが得られない。特に、蛍光灯の光束は、周囲温度が低くなると著しく低下するため、低温環境においては蛍光ランプを保温するための対策が必要になる。一方、LEDは、蛍光灯のように周囲温度によって光束が変化することはなく、低温環境においても定格以上の光束を維持することができる。
2. クリーンルームとは、室内の浮遊塵埃や浮遊微生物量が極度に少なくなるように、高度に清浄度管理された空間である。クリーンルーム用照明器具には、次のような構造が求められる。
   ①塵埃が付着しにくい
   ②気密性を保つことができる
   ③気流の乱れを起こしにくい
   設問の「静電気によってほこりを付着させやすい構造」というのは誤りである。
3. 化学工場等のように、腐食性ガスの発生しやすい環境における照明器具には、器具本体にガラス繊維強化ポリエステル樹脂（FRP）、ランプカバーにアクリル樹脂を使用した防食照明器具が使用される。
4. ガス蒸気危険場所または粉じん危険場所における照明器具には、厚生労働大臣が定める「電気機械器具防爆構造規格」を具備した防爆照明器具を使用しなければならない。

No.41 正解 1 照明設備

B点の水平面照度E_h［lx］は、余弦の法則によって求めることができる。

$$E_h = \frac{I(\theta)}{R^2}\cos\theta \ [\mathrm{lx}]$$

ここで、AB間の距離は、

$R = \sqrt{4^2+3^2} = \sqrt{25} = 5$［m］、

$\cos\theta = \frac{4}{5} = 0.8$となり、

設問より$I(\theta) = 3{,}000$[cd]であるから、

$E_h = \frac{3{,}000}{5^2} \times 0.8 = 96$［lx］となる。

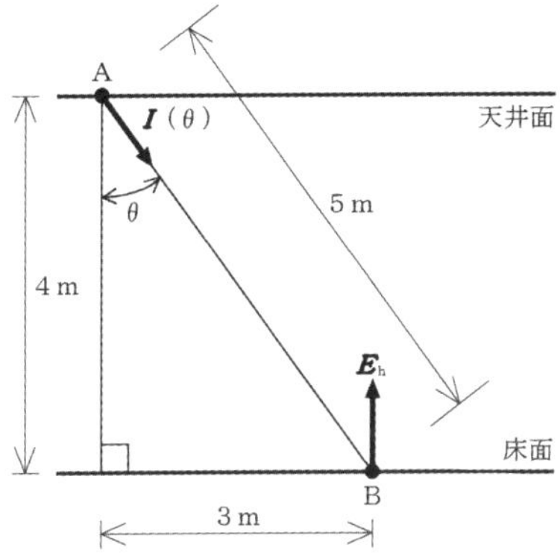

No.42 正解 2 電動機

1. スターデルタ始動方式とは、電動機等の始動電流を小さくするため、一次巻線がデルタ結線の電動機を始動

時に一次巻線をスター結線（星形またはY形結線）で接続し、始動後にデルタ結線（三角結線）に切り替える方式である。スターデルタ始動方式を採用すると、電動機等の始動電流を小さく抑えることができるので、電路、遮断器等の容量が過大になるのを防ぐことができる。

2. 全電圧始動（直入れ始動）は、電動機の端子に定格電圧を直接加えて始動する方式であり、定格電流の５～７倍の始動電流が流れるので、十分な電源容量が必要である。一方、スターデルタ始動は、始動時に一次巻線をスター結線（星形またはY形結線）で接続し、始動後にデルタ結線（三角結線）に切り替える方式であり、始動電流及び始動トルクを全電圧始動（直入れ始動）の１/３に抑えることができる。したがって、**全電圧始動（直入れ始動）方式は、スターデルタ始動方式に比べて、始動電流及び始動トルクが大きくなる。**

3. 電動機の保護としては、過負荷保護、欠相保護、短絡保護がある。短絡保護には、十分な遮断容量を有する過電流遮断器（ヒューズ、配線用遮断器（MCCB）、漏電遮断器（ELCB））を用いる。電動機の過負荷保護を目的としたものは保護継電器であり、一般には入力電流を検出し、電動機の温度上昇を推定する方式が多く、熱動式（サーマルリレー）が用いられる。

4. 定格出力が3.7kWを超える三相誘導電動機は、原則として、始動装置を使用して始動電流を抑制する。その始動装置のうち、スターデルタ始動器を使用する場合の始動器と電動機間の配線については、当該電動機分岐回路の配線の60％以上の許容電流を有する電線を使用する。

No.43 正解 4　電動機

電動機類の制御方法として、可変速運転が可能なインバータ制御が挙げられる。インバータは、コンバータ部、平滑回路部、インバータ部、制御回路部から構成されている。

入力電源は、コンバータ部で直流に変換され、平滑回路部でこの直流を平滑化しインバータ部で交流に逆変換される。

制御方式は電圧制御と電流制御の２方式があるが、汎用インバータでは、出力周波数に比例して出力電圧を制御する電圧制御方式が多用されている。

インバータ制御を採用することで得られる特徴は以下の通りである。

①汎用電動機に適用可能

②連続的に回転数を変化させることができる

③始動電流が少ない（選択肢２）

④速度が電源に影響されない

⑤電動機の小型化が可能（選択肢３）

⑥低速でトルクが出にくい（選択肢１）

⑦**電源系に高調波やノイズが発生する**（選択肢４）

No.44 正解 1 防災設備

1. 煙感知器（光電式分離型感知器を除く。）は、廊下及び通路にあっては歩行距離30m（3種の感知器は20m）につき1個以上の個数を、階段及び傾斜路にあっては垂直距離15m（3種の感知器は10m）につき1個以上を設けなければならない。
2. 自動火災報知設備の地区音響装置は、各階ごとに、その階の各部分から一の地区音響装置までの水平距離が25m以下となるように設ける。
3. 自動火災報知設備の受信機には、感知器･発信機が動作した場合、感知器･発信機から共通の信号として受信するP型受信機と、共通の信号として中継器に送られ、中継器から固有の信号として受信するR型受信機がある。P型受信機とする場合、受信機－発信機－感知器間の配線には、一般配線を用いてもよい。ただし、受信機への電源は、蓄電池または交流低圧屋内幹線から他の配線を分岐させずに専用回路としなければならない。
4. 自動火災報知設備における一の警戒区域の面積は、600㎡以下とし、その一辺の長さは、50m以下とする。ただし、当該防火対象物の主要な出入口からその内部を見通すことができる場合にあっては、その面積を1,000㎡以下とすることができる。

No.45 正解 2 防災設備

1. 無線通信補助設備の無線機を接続する端子は、地上で消防隊が有効に活動できる場所及び防災センター等に設ける。
2. 非常放送設備のスピーカーを階段または傾斜路に設置する場合、垂直距離15mにつきL級のものを1個以上設ける。

スピーカーの種類と音圧

種類	音　圧
L級	92dB以上
M級	87dB以上　92dB未満
S級	84dB以上　87dB未満

3. 煙感知器には、火災の煙による光の乱反射または遮光を検出して作動する「光電式」と、空気中のイオンの変化で作動する「イオン化式」がある。さらに、光電式は、局所的な煙をとらえる「スポット型」と、より広範囲な空間の煙をとらえるため、光を発する送光部と光を受ける受光部に分離している「分離型」がある。体育館などの大きな空間には、光電式分離型感知器が用いられ、感度に応じて1種及び2種に区分される。
4. 定格電圧における音圧は、無響室で音響装置の中心から前方1m離れた地点で測定した値が、火災報知設備に用いる主音響装置にあっては85dB（P型3級受信機及びGP型3級受信機に設けるものにあっては70dB）以上、その他のものにあっては70dB以上とする。

No.46 正解 2 通信・情報設備

1. 主なLAN用メタルケーブルの規格を次表に示す。

主なLAN用メタルケーブルの規格

	カテゴリ5	カテゴリ5e	カテゴリ6	カテゴリ6A	カテゴリ7
適合するイーサネット規格※	100BASE-TX	1000BASE-T	1000BASE-TX	10GBASE-T	10GBASE-T
周波数帯域	100MHz	100MHz	250MHz	500MHz	600MHz
伝送速度	100Mbps	1Gbps	1Gbps	10Gbps	10Gbps

※上位カテゴリ規格のケーブルは、低位カテゴリ規格のネットワークで使用可能

2. LANに使用させるケーブルは、メタルケーブルと光ファイバーケーブルに大別され、メタルケーブルには、ツイストペアケーブルと同軸ケーブルがある。さらに、ツイストペアケーブルは、シールドの有無により、シールド付のSTP（Shielded Twist Pair）ケーブルとシールドのないUTP（Unshielded Twist Pair）ケーブルに分かれる。一般的には、UTPケーブルが使用されるが、ノイズの影響を受けるため伝送距離が100m以下に制限されている。

3. IPアドレスとは、IP（Internet Protocol）におけるネットワーク上の機器に割り当てられている識別番号であり、以前はIPv4（バージョン4）が広く普及していた。IPv4は、「0」と「1」の2進数を8ビット（8桁）ずつで4つの区切りで表すため、IPアドレスの数は2の32乗個（8ビット×4つ）つまり約43億個になる。IPv4は、既にほぼ全てが全世界へ割り振られているため、IPアドレスの枯渇問題が顕在化した。そのため、新たに、IPv6（バージョン6）の導入が進められている。IPv6のアドレス数は、2の128乗個となり、実質的には無限に近い。

4. 無線LANのセキュリティは、暗号化と認証で構成されている。暗号化方式としてはWEP（Wired Equivalent Privacy）、認証方式としてはSSID（Service Set IDentifier）が最初に規定された。次に、WEPのセキュリティ強度の向上を目的として、WPA（Wi-Fi Protocol Access）というセキュリティ技術が発表され、その後、さらにセキュリティを強化したWPA 2が発表された。したがって、WEP方式よりWPA 2方式のほうが、暗号化強度に優れている。

No.47 正解 4 通信・情報設備

1. 扉や窓等の開閉部分はマグネットスイッチやリミットスイッチ等により開放を検出する。また、ガラス等を破壊されたことを検知するために振動スイッチを設けることもある。

2. 侵入者を検知するために室内空間を警戒する機器には、超音波や微弱な電波を発し、その反射波の変化により移動物体を検出するものや、検知エリア内での急激な温度変化を検出して侵入者を検知するものなどがある。また、監視カメラにより撮影した画像を一定間隔で比較し、画像の変化部分を物体の移動として検出する画像解析システムも実用化されている。

3. ネットワークカメラは、インターネットやLAN環境における利用を前提とするもので、LANケーブルでネットワークに接続し、双方向での通信･制御が可能である。また、複数の遠隔箇所から監視することができ、インターネットやLAN環境上での画像記録も可能である。

4. 生体認証とは、顔や指紋などの生体情報を使って本人を識別する方法であり、IDカード認証よりも高いセキュリティ性を備えている。

No.48 正解 4 避雷設備

1. 建築物等の屋根構造材の金属製部分（トラス、相互接続した鉄筋等）は、“構造体利用”受雷部構成部材であるとみることができる。

2. 建物等の被保護物から独立しない雷保護システムにおいては、鉄骨や鉄筋等の構造体を引下げ導線として利用できるため、壁が不燃性材料からなる場合、一般的に、引下げ導線は、壁の内部に施設される。また、壁面に沿って等間隔に引き下げることも可能である。

3. 受雷部システムの材料には、導電性及び耐食性が十分な銅、溶融亜鉛めっき鋼、ステンレス鋼、アルミニウム等を用いる。

4. 雷保護システムにおいて、保護レベルは、雷の影響から被保護物を保護する確率によって、Ⅰ～Ⅳの４段階で表す。保護角法による保護角は、保護レベルがⅠに近いほど、また、地表面から受雷部の上端までの高さが高くなるほど小さくなる。

保護レベルに応じた受雷部の配置

保護レベル	回転球体法 球体半径 (m)	保護角法 地表面から受雷部上端までの高さ(m) 20 α(°)	30 α(°)	45 α(°)	60 α(°)	60超 α(°)	メッシュ法 幅 (m)
Ⅰ	20	25	*	*	*	*	5
Ⅱ	30	35	25	*	*	*	10
Ⅲ	45	45	35	25	*	*	15
Ⅳ	60	55	45	35	25	*	20

*：回転球体法及びメッシュ法だけを適用する。

No.49 正解 4 電気設備

1. C種接地工事の接地抵抗値は、10Ω以下とする。ただし、地絡時に0.5秒以内に自動遮断する装置（地絡遮断装置）を設けた場合は、500Ω以下とすることができる。

2. D種接地工事の接地抵抗値は、100Ω以下とする。ただし、地絡時に0.5秒以内に自動遮断する装置（地絡遮断装置）を設けた場合は、500Ω以下とすることができる。

3. ライティングダクト工事による低圧屋内配線において、ダクトには、D種接地工事を施す。ただし、次のいずれかに該当する場合、この限りではない。
   ①合成樹脂その他の絶縁物で金属製部分を被覆したダクトを使用する場合
   ②対地電圧が150V以下で、かつ、ダクトの長さが4m以下の場合

4. 低圧屋内配線の使用電圧が300V以下の場合、金属管には、D種接地工事を施す。ただし、次のいずれかに該当する場合、この限りではない。
   ①金属管の長さが4m以下のものを

乾燥した場所に施設する場合

②屋内配線の使用電圧が直流300Vまたは交流対地電圧150V以下の場合において、金属管の長さが8m以下のものに簡易接触防護措置を施すとき、または乾燥した場所に施設するとき

設問の条件は、上記に該当しないため、D種接地工事を施さなければならない。なお、低圧屋内配線の使用電圧が300Vを超える場合、金属管には、C種接地工事を施す。ただし、接触防護措置を施す場合は、D種接地工事によることができる。

No.50 正解 2 低圧配線

1. 供給変圧器の二次側端子または引込線取付点から最遠端の負荷に至る間の電線のこう長が60mを超える場合の電圧降下は、次表による。設問は、受変電設備がある場合に該当し、こう長が120mを超え200m以下の場合であるので、電圧降下は標準電圧の6％以下とする。

こう長が60mを超える場合の電圧降下

こう長	電圧降下	
	一般供給の場合	受変電設備がある場合
120m以下	4％以下	5％以下
200m以下	5％以下	6％以下
200m超過	6％以下	7％以下

2. 住宅の屋内電路の対地電圧は、原則として、150V以下とする。
3. がいし引き工事により施設する低圧配線が、弱電流電線等または水管等と接近または交差する場合、離隔距離は10cm（電線が裸電線である場合は30cm）以上とする。ただし、低圧配線の使用電圧が300V以下の場合において、低圧配線と弱電流電線等または水管等との間に絶縁性の隔壁を堅ろうに取り付けた場合、または低圧配線を十分な長さの難燃性及び耐水性のある堅ろうな絶縁管に収めて施設する場合は、この限りでない。
4. フロアダクト配線は、屋内の乾燥したコンクリートまたはシンダーコンクリートの床内の埋込みに限り、施設することができる。

No.51 正解 3 低圧配線

比較的、電線こう長が短く、電路が細い場合には、以下の計算式により電圧降下を求める。

$$e=K\times\frac{L\times I}{1{,}000\times A}$$

K:配線方式による係数　単相２線式⇒35.6、単相３線式⇒17.8、三相３線式⇒30.8

L:電線こう長〔m〕、I:電流〔A〕、

A:使用電線の断面積〔mm^2〕

設問本文の条件より、

$$e=35.6\times\frac{20\times20}{1{,}000\times8}=1.78$$

各選択肢について同様の計算を行って比較してもいいが、分子のKや分母の1,000は同じなので、$\frac{L\times I}{A}$の部分だけで比較を行う。

設問本文の条件より、

$$\frac{L\times I}{A}=\frac{20\times20}{8}=50$$

1. $L=50$m、$A=14$ mm²にすると、

$\frac{L\times I}{A}=\frac{50\times 20}{14}\fallingdotseq 71.4$

$\frac{71.4}{50}\fallingdotseq 1.43$

電圧降下は約1.43倍になる。

2. $L=10$m、$A=5.5$ mm²にすると、

$\frac{L\times I}{A}=\frac{10\times 20}{5.5}\fallingdotseq 36.4$

$\frac{36.4}{50}\fallingdotseq 0.73$

電圧降下は約0.73倍になる。

3. $I=30$A、$L=50$mにすると、

$\frac{L\times I}{A}=\frac{50\times 30}{8}\fallingdotseq 187.5$

$\frac{187.5}{50}=3.75$

電圧降下は3.75倍になる。

4. $I=10$A、$A=5.5$ mm²にすると、

$\frac{L\times I}{A}=\frac{20\times 10}{5.5}\fallingdotseq 36.4$

$\frac{36.4}{50}\fallingdotseq 0.73$

電圧降下は約0.73倍になる。

No.52 正解 3 受変電設備

1. 変圧器は、絶縁方式によって、油入、モールド、ガス、乾式に分類される。なお、H種乾式変圧器とは、耐熱クラスHの絶縁物を使った乾式変圧器であり、SF_6ガス絶縁変圧器とは、不活性ガスとしてSF_6（六ふっ化硫黄）を封入した変圧器である。
2. 直列リアクトルは、無効電力制御に用いるコンデンサに直列に挿入し、回路電圧波形のひずみを軽減し、コンデンサ投入時の突入電流を抑制するために用いる。
3. 過電流継電器（OCR）は、電路の短絡または過負荷の際に流れる過電流を検出し、遮断器を開放させる。過電流継電器の動作特性には、短絡電流に対しての瞬時特性と過負荷電流に対しての反限時特性の2要素がある。
4. 受電設備に用いられる避雷器は、引込口の近くに設置し、雷及び電線路開閉等による異常電圧が侵入したとき、その電流を大地に放電させ、機器の絶縁を保護するものである。

No.53 正解 3 電気設備融合

1. ねじなし電線管は、厚鋼電線管や薄鋼電線管と異なり、管端にねじが付いていない鋼製電線管である。ねじなし電線管は、ねじ溝を入れるのに必要な厚みがないため内径が大きく、管の中を通す電線の本数を増やすことができる。また、外径が同じ薄鋼電線管よりも肉厚が薄いので切断・曲げ等の加工性がよい。
2. 耐熱ケーブルは、導体と絶縁物の間に耐熱層を施したもので、15分で380℃に達する温度曲線での加熱に耐える。消防設備の操作回路や音響装置の弱電回路に使用される。なお、耐火ケーブルは、導体の絶縁体の間に耐火層を施したもので、30分で840℃に達する温度曲線での加熱に耐える。消防設備の電源回路に使用される。
3. 通信用構内ケーブルとは、電話線に

使用されるケーブルであり、TV受信用には、一般に、同軸ケーブルが使用される。

4. バスダクトとは、金属製ダクト内に絶縁物を介して銅またはアルミの導体を直接収めたものであり、工場や大規模建築物への引き込み幹線及び電気室内の高圧配電などに使用される。プラグインバスダクトは、バスダクトの側面に設けられたスリットから、比較的容易に電力の分岐ができるような構造を有している。

No.54 正解 3 エレベーター・エスカレーター

1、2. 非常用エレベーターは、非常事態の発生時において、消防隊員等の操作により乗場の呼び戻しボタンを押すか、中央管理室の呼び戻しスイッチを操作することにより、消防運転に切り替わり、籠は直ちに避難階に戻る。その後、籠に乗り込み、操作盤の一次消防スイッチを特定の鍵を使って入れることで一次消防運転に切り替わる。一次消防運転においては、乗場からエレベーターを呼ぶことができなくなり、籠内からのみ運転の操作ができる。また、通常運転では、目的階に到着すれば自動的に籠の扉は開くが、消防運転時には開ボタンを押すまで扉は開かず、また、扉が開いている途中でも閉ボタンを押せば直ちに閉まる。さらに、地震や火災等の影響により、籠の扉が歪んだり外れたりして閉まらなくなることにより運転ができなくなった場合は、二次消防運転に切り替えることにより、扉を開いたまま運転ができるようになる。

3. 建築基準法施行令第129条の13の3第2項により、2基以上の非常用エレベーターを設置する場合には、避難上及び消火上有効な間隔を保って配置しなければならない。

4. 非常用エレベーターは、積載荷重1,150kg以上、最大定員17人以上とする。

No.55 正解 2 建築設備に関する申請・届出

1. 高圧ガス保安法により、冷凍のためガスを圧縮し、または液化して高圧ガスを製造する設備でその1日の冷凍能力が下記に該当するものを設置する場合は、その設備により高圧ガスの製造を開始する日の20日前までに、「高圧ガス製造事業届書」を都道府県知事に提出しなければならない。

①フルオロカーボン（不活性のものに限る）及び二酸化炭素　20t以上50t未満

②フルオロカーボン（不活性のものを除く）及びアンモニア　5t以上50t未満

③上記以外　3t以上20t未満

2. 電気事業法第42条第1項により、事業用電気工作物を設置する者は、使用の開始前に「保安規定届出書」を経済産業大臣に届け出なければなららない。また、同法施行規則第48条第2項第一号により、太陽光発電設備であって出力50kW未満のものは、一般用電気工作物に該当する。設問では、「出力10kWの太陽光発電設備」となっているので、「保安規定届出書」を提出する必要はない。

3、4. 大気汚染防止法により、ガスタービンやボイラー等のうち、燃料の燃焼能力が重油換算50L/h以上のものは「ばい煙発生施設」に該当し、当該施設を設置しようとする日の60日前までに「ばい煙発生施設設置届出書」を都道府県知事に提出しなければならない。ただし、これらの施設が「電気工作物」である場合（選択肢3の「常用発電設備の設置」がこれに該当する）には、上記の手続きに代わり、電気事業法により、工事開始の30日前までに「工事計画届出書」を経済産業大臣に提出する。

No.56　正解　4　空調設備工事

1. 吸込型の空調ではドレン排出口が負圧に、押出型の空調では正圧になる。空調機のドレン配管に設けるトラップの封水深さは、運転時の空調機内と室内との差圧を考慮して、封水切れを起こさないように決定する。

2. HFC（ハイドロフルオロカーボン）系新冷媒（R407C、R401A）は、従来のHCFC系冷媒（R22）に比べ、冷媒管系内に混入する不純物（油、水、酸化被膜）による影響を受けやすいので、ろう付け時の窒素置換による管部の酸化防止対策を講じたり、管内フラッシング及び配管保管時の養生などを行う。

3. 蒸気配管は、管の温度変化による伸縮に十分注意し、膨張時に配管や機器に過大な応力が作用しないようにする。蒸気配管の主幹から分岐配管を取り出す場合は、上向き分岐を原則とし、分岐管には熱応力を緩和するように、3エルボ以上を使用する。

4. 冷温水配管に設ける自動空気抜き弁は、配管頂部で、かつ、管内が正圧になる部分に設ける。

No.57　正解　1　給排水衛生設備工事

1. 水道用硬質塩化ビニルライニング鋼管の切断には、帯のこ盤または丸のこ盤等を使用する。高速砥石やガスによる切断は、加熱損傷するので使用しない。また、パイプカッターは、内面にかえりが生じ、管端防食継手のコアを損傷させたり、内面ライニングを剥離させるので使用しない。

2. 免震構造の建築物において、免震層を通過する配管には、地震時に発生する大きな変位を吸収するために変位吸収継手を設ける。変位吸収継手はゴム製とステンレス製があり、給水配管ではどちらも使用できるが、給湯配管では耐熱性のあるステンレス製を使用する。

3. 配管が腐食するおそれのある場所に埋設され、配管と鉄筋とが接触して、マクロセル腐食が発生するおそれのある場合、配管材は耐食性のある管種を採用し、かつ土中に埋設される手前に、絶縁継手を設ける。

4. ソルベントクラッキングとは、硬質ポリ塩化ビニル管のような樹脂管の表面に接着剤の溶剤が接触することが要因となる亀裂である。ソルベントクラッキングは、次の要因が重なったときに発生しやすい。

①溶剤ガスが管路に発生したとき。
②5℃以下の低温のとき。
③施工時に曲げや不陸などの無理な圧力が掛かっているとき。

防止対策として、次の注意が必要である。

①接着剤は薄く均一に塗布するとともに、内外面にはみ出した接着剤は拭き取り、通水または通風により、溶剤ガスを速やかに追い出す。
②露出のまま放置せず、乾いた砂や土を被せる。
③施工によるひずみや応力が発生しないようにする。

冬期で5℃以下の低温の場合、ソルベントクラッキングが発生しやすいため、夏期よりも通風を多くして溶剤ガスを速やかに追い出す必要がある。

No.58 正解 4 電気設備工事

1. 金属ダクト工事に使用する金属ダクトを造営材に取り付ける場合は、ダクトの支持点間の距離を3m（取扱者以外の者が出入りできないように措置した場所において、垂直に取り付ける場合は6m）以下とし、堅ろうに取り付ける。

2. 高圧計器用変成器の二次側電路には、D種接地工事を施す。なお、特別高圧計器用変成器の二次側電路には、A種接地工事を施す。

3. A種接地工事の接地極を人が触れるおそれがある場所に施設する場合は、地下75cm以上の深さに埋設する。また、接地極を鉄柱その他の金属体に近接して施設する場合は、接地極を鉄柱その他の金属体の底面から30cm以上の深さに埋設するか、接地極を地中でその金属体から1m以上離して埋設する。

4. 低圧電路の電線相互間及び電路と大地との間の絶縁抵抗は、次表に掲げる値以上とする。設問は、使用電圧が300V超過の場合に該当するため、**絶縁抵抗値は0.4MΩ以上とする。**

低圧電路の絶縁抵抗値

電路の使用電圧の区分		絶縁抵抗値
300V以下	対地電圧150V以下	0.1MΩ
	対地電圧150V超過	0.2MΩ
300V超過		0.4MΩ

No.59 正解 4 建築設備工事

1. ライフサイクルコストは、建築物や設備の建設から運転、維持管理、老朽化後の解体処理までの使用するうえでかかる総費用で、企画設計費、（初期）建設費、運用管理費、解体再利用費（廃棄処分費）等によって構成される。

2. 改良保全は、故障が起こりにくい設備への改善、または性能向上を目的とした保全活動である。具体例としては、設備の構成要素･部品の材質や仕様変更、構造の設計変更、稼働条件の改善によるサイクルタイムの短縮、生産効率の向上、工具の寿命延長などが挙げられる。

3. 法定耐用年数とは、「減価償却資産の耐用年数に関する省令」に定められている税制上の耐用年数のことである。

4. 平均故障寿命とは、修理できないアイテムの故障するまでの寿命の平均時間のことである。設問の記述は、平均故障間隔のことである。

No.60 正解 2 施工計画･施工管理

1. 記述の通り、正しい。

2. 現場管理費は、工事施工にあたり、工事現場を管理運営するために必要な費用で、共通仮設費は含まれない。

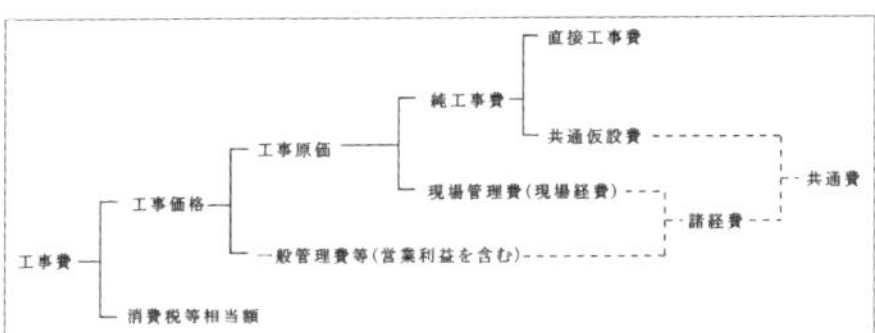

工事費の構成

3. 共通仮設費は、建築、電気、機械など複数の工事種目に対して共通の仮設に必要となる費用をいう。

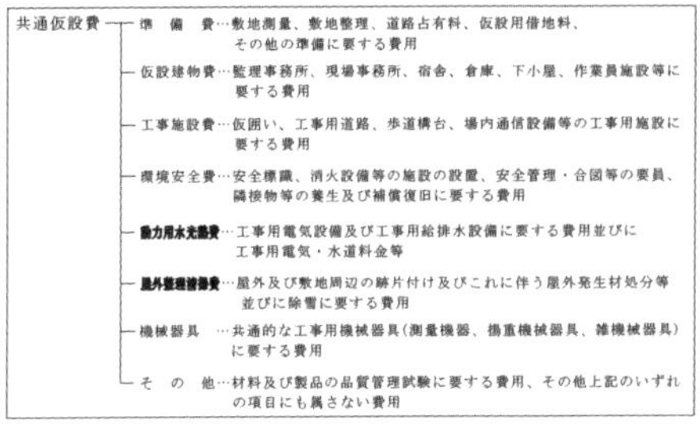

4. 直接工事費の算定には、「材料価格等（材料単価）に個別の数量を乗じて算定する方法」または「単位施工当たりの単価（労務単価）に数量を乗じて算定する方法」がある。実際の工事価格には、材料そのものの単価だけでなく、作業手間に対する単価や施工機械･道具の使用等に係る経費も含まれるため、施工に必要となる全ての費用を「一式」として算定する場合もある。

建築設備［解答・解説］

▶問題 P.202~

No.1 正解 1 環境・省エネルギー

1. 顕熱比（SHF:Sensible Heat Factor）、湿り空気の状態変化において、「全熱量変化」（顕熱量変化+潜熱量変化）に対する「顕熱量変化」の割合をいう。設問の記述は、熱水分比である。

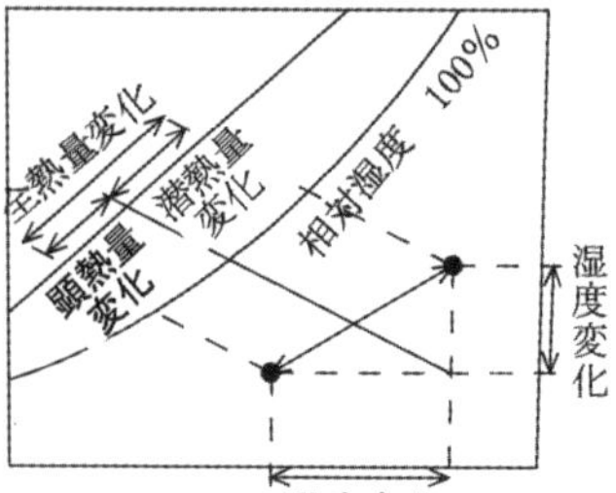

顕熱比 SHF のイメージ

2. ある湿り空気が有する熱量をエンタルピーといい、乾燥空気1kgあたりのエンタルピーを比エンタルピーh［kJ/kg（DA)］という。比エンタルピーは、湿り空気の温度t［℃］と絶対湿度x［kg/kg（DA)］から、次式のように概算できる。

$$h \fallingdotseq t + 2{,}500x$$

3. ある湿り空気を絶対湿度を一定に保ちながら冷却した場合に、相対湿度が100%となる温度（飽和状態となる温度）を、もとの湿り空気の露点温度という。
4. 相対湿度は、「湿り空気の水蒸気分圧（水蒸気量)」と「その温度における飽和空気の水蒸気分圧（水蒸気量)」との比を百分率［%］で表したものである。

No.2 正解 2 空調計画

1. 床面積が同一の場合、建築物の平面形状（アスペクト比）が正方形に近くなるほど、外皮面積が小さくなるため、単位床面積当たりの熱負荷は小さくなる。
2. 夏期の日射による熱負荷は、南面よりも東西面のほうが大きく、水平面を除き、午前で東側、午後で西側の負荷が最大になる。このため、方位別の負荷として、東西に面する室の日射による負荷は、午前と午後で大きく異なり、部分負荷運転の割合が増える。逆に、南面、北面の日射による負荷は、東西面と比べて変動が少ない。
3. 一般に、空調機風量Q［㎥/s］は、下式より計算される。

$$Q = \frac{q_s}{0.33 \times \Delta t}$$

q_s:最大顕熱負荷［W］
Δt:吹出し温度差（室温と空調機吹出し温度との差）［℃］

したがって、吹出し温度差Δtを大きくするほど、空調機風量Qは小さくなるため、送風機動力の低減を図ることができる。ただし、吹出し温度差Δtを過大にすると、空調機風量Qが小さくなり過ぎ、室内の温度分布・

気流分布が悪くなる。

4. 空調空気の搬送エネルギーは、ダクト形状や風量が同じであれば搬送距離に比例するため、空調機を空調負荷の中心に配置し、搬送距離を短くすることが望ましい。

No.3 正解 3 熱源機器

1. 都市下水からの処理水の水温は、年間を通じて15～25℃前後であり、自然水に比べて水温が高く安定しているとともに、外気温度よりも夏期は低く冬期は高いため、冷暖房を行う際のヒートポンプの熱源として適している。
2. 変電所の排熱は、一般に25～35℃の低温排熱であり暖房･給湯への直接利用はできないが、ヒートポンプのヒートソースとして利用できる。年間を通して暖房負荷の大きい地域や給湯負荷の大きい場合に有効である。
3. **地下鉄からの強制排気は、駅舎から発生するもののほか、地下鉄の運転、車内の冷房からの排熱など、空気量は多量になり、エネルギー密度は低くなる。**
4. 外気冷房は、外気の比エンタルピーが室内空気の比エンタルピーより低いときに外気ダンパの制御を行い、必要最小外気量より多くの外気を導入して冷房を行うシステムである。

No.4 正解 2 空調計画

1. 定風量単一ダクト方式は送風量が常に一定で安定しているため、空気質の維持や気流分布の確保に向いている。そのため、要求性能の高いクリーンルームや手術室の空調方式として採用されている。
2. 変風量単一ダクト方式は、室内の冷暖房負荷変動に応じて、送風量を調整して、室温を制御する方式である。VAV方式を採用する場合は、低風量送風時においても、一定の必要外気量を確保できるように、最小送風量を予測して、あらかじめ多めの外気を導入するなどの対策が必要である。**送風量を減少させた場合には、外気導入量を増加させ必要換気量を確保できるような仕組みが必要である。**
3. 床吹出し空調方式は、主に、OA機器等の配線ルートである二重床（フリーアクセスフロア）を利用した床下チャンバー方式で給気するものであり、床吹出しユニットから吹出す方式である。冷房時においては低温の空気が床から吹き出し、居住域の垂直温度差が付きやすいという欠点があるため、一般に、吹出し温度を天井吹出し空調方式よりも高く設定する。
4. マルチパッケージ型空気調和方式の基本的な構成は屋外機と屋内機であり､設置スペースが小さい反面､湿度､換気や空気清浄度等の細やかな制御

はできない。それに対し、中央式空気調和方式は、機械室等に設置された空調機において、加湿·除湿や新鮮外気の導入、空気清浄度の確保が行われるため、制御性に優れている。

No.5 正解 2 空気·空気線図

まず、熱交換がない場合の外気による顕熱負荷q_sを求める。

$q_s = C_{pa} \times \rho \times Q \times (t_i - t_o)$

ここにq_s:顕熱負荷[kW=kJ/s]

C_{pa}:空気の比熱[kJ/(kg·K)]

ρ:空気の密度[kg/m³]

Q:外気取入れ量[m³/s]

t_i:室内温度[℃]

t_o:外気温度[℃]

この式に条件で与えられている値を代入する。このとき、外気取入れ量Qの単位は[m³/s]であるため、条件イの5,000[m³/h]もそれに合わせて$\frac{5,000}{3,600}$[m³/s]に変換する必要がある(1時間当たりを1秒当たりに変換 1h=3,600s)。

$q_s = 1.0 \times 1.2 \times \frac{5,000}{3,600} \times (24-4)$

$\fallingdotseq 33.3$[kW]

条件ヘより、熱交換によって64%の顕熱が回収されるため、負荷は36%に低減されるから、全熱交換器を経た外気による顕熱負荷は、33.3×0.36≒12[kW]となる。

No.6 正解 2 環境·省エネルギー

1. 気体から固体への熱移動には、対流によって生じる対流熱伝達と放射によって生じる放射熱伝達があり、これらを合計したものを総合熱伝達という。一般に、建築物の外表面熱伝達率は、対流熱伝達率と放射熱伝達率を合計したものであり、23~35[W/(m²·K)]が常用値として使われている。
2. 間欠空調とは、終日空調を行うのではなく、業務時間帯に合わせて空調し、業務時間帯以外は空調を停止する形態である。間欠空調による蓄熱負荷は、夏期冷房時は一般に見込まないが、冬期暖房時は、朝の空調立ち上げ時に蓄熱負荷と重なり最大負荷が発生するので、無視するわけにはいかない。
3. 送風機·ポンプの電力消費による発熱の大部分は熱媒に加わる。冷房負荷の算定においては熱負荷として見込み、暖房負荷の算定においては計算上無視する。
4. 北面のガラス窓や日影となるガラス窓についても、日射熱取得は発生するため、冷房時においては考慮する必要がある。なお、暖房時においては安全側に働くので無視することが多い。

No.7 正解 2 空調機器

1. 遠心送風機には、羽根形状が回転方向に対して前に傾斜している多翼型(シロッコ)と、後に傾斜している後向型(ターボ)がある。

送風機の形式と用途

種類		一般名称	形状	静圧範囲	用途
軸流式	プロペラ型	有圧扇		50〜1,000Pa	換気、排煙 冷却塔ファン
				5〜15Pa	中・高層住宅換気扇
遠心式	多翼型	シロッコ	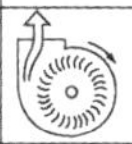	30〜1,300Pa	一般空調用 排煙用 一般換気用
	後向型	ターボ		300〜6,000Pa	省エネ空調用 一般空調用 排煙用、一般換気用

2. 多翼送風機は、低静圧、大風量に適した送風機で、高速回転、高静圧には適さない。低速回転のため騒音が少ないという利点がある。

3. 空調用途に使用される低圧送風機について、まったく同一性能の送風機を2台用いて直列運転を行う場合、各送風機内を流れる風量は同一となり、送風機全圧は同一風量における各送風機全圧を合計した値（2倍）となる。なお、送風機静圧は2倍とはならない。

4. サージングとは、ポンプや送風機、圧縮機を低流量域で使用するとき、吐出し圧力や流量がかなり低い周波数で激しく変動する現象である。圧力比と空気流量曲線が右上がりである領域では、管路の特性にかかわらず発生することが多い。

No.8　正解　1　空調機器

「全圧＝静圧＋動圧」より

A－B間の全圧損失＝（断面Aの静圧＋断面Aの動圧）－（断面Bの静圧＋断面Bの動圧）

断面A、Bの静圧は、条件イ、ロよりそれぞれ300Paと310Paである。

断面A、Bの動圧は、条件ハ、ニの風速がそれぞれ10m/s、5m/sであることから、次式で求める。

動圧［Pa］＝$\frac{1}{2}\rho v^2$

ρ：空気の密度［kg/m³］

v：風速［m/s］

断面Aの動圧＝

$\frac{1}{2}\times 1.2\times 10\times 10=60$［Pa］

断面Bの動圧＝

$\frac{1}{2}\times 1.2\times 5\times 5=15$［Pa］

したがって、A－B間の全圧損失＝

(300＋60)－(310＋15)

＝360－325＝35［Pa］

No.9　正解　4　換気設備

1. 直だき冷温水機を設置した機械室の換気方式は、燃焼用空気が必要であるため、第3種換気としてはならない。

2. ホテルにおける客室の換気量（外気取入れ量）は、通常、浴室部分の換気回数から決まってくる。入浴時における湯気の排出と便器から発生する臭気の除去の点から見て、換気回数を10回/hとすれば、換気量は一般的に70～90m³/h程度になる。これを在室者の衛生上必要な換気量30m³/(h·人)と比較するとかなり多い量であるから、このバランスがとれるように外気取入れ量を決定すべきである。

3. 居室には、原則として、機械換気設備または中央管理方式の空気調和設備を設ける。（建築基準法施行令第20条の8第一号）

4. 置換換気（ディスプレイスメント・ベンチレーション）は、新鮮空気と汚染空気が混合しないよう、室下部から設定室温よりやや低温の新鮮空気を低速で吹出し、居住域で発生した汚染質を室上部から排出する換気方式である。新鮮空気が汚染空気との混合を避けながら押しあげて排出されるので、換気効率が高い。汚染物質が周囲温度より高いあるいは軽量であると、汚染物質が上昇しやすく、混合せずに効率よく排出されやすい。アトリウムなど天井高さが高く、人が多く存在する空間に適している。

No.10 正解 3 空気・空気線図

室内顕熱負荷q_sに関して、以下の式が成り立つ。

$q_s = C_{pa} \times \rho \times Q \times (t_i - t_o)$

ここにq_s:室内顕熱負荷[kW=kJ/s]

C_{pa}:空気の比熱[kJ/(kg·K)]

ρ:空気の密度[kg/m³]

Q:換気量[m³/s]

t_i:室内空気温度[℃]

t_o:導入外気温度[℃]

このとき、室内顕熱負荷q_sは、条件イ「室内の発生全熱量」と条件ロ「室内の発生潜熱量」の差である。また、換気量Qの単位は[m³/s]であるため、条件ハの5,000[m³/h]もそれに合わせて$\frac{5,000}{3,600}$[m³/s]に変換する必要がある。

$$(50-10) = 1.0 \times 1.2 \times \frac{5,000}{3,600} \times (t_i - 5)$$

$$40 = 1.67 \times (t_i - 5)$$

$$\therefore t_i \fallingdotseq 24 + 5 = 29 \ [℃]$$

No.11 正解 3 空調設備

1. ダクト全長が短い場合、ダクト直管部における音の自然減衰量は小さく、一般に、無視する。
2. 曲率を付けない角形（突付け）エルボは、ダクトの辺長に応じた周波数において、曲率を有するエルボ（ラウンドエルボ）より減衰量が大きくなる。特に、エルボ部分の断面寸法を大きくすれば、低周波数域の減衰量も大きくなる。
3. スプリッタ型消音器とは、角ダクトを吸音板または吸音材を貼った仕切板で縦または横に分割し、表面積を大きくして消音効果を高めたものである。減衰特性は、中高周波数域では大きいが、低周波数域では小さい。なお、同様の方式で断面を縦横に分割したダクトをセル型といい、セル型はスプリッタ型よりさらに高周波数域の減音効果がある。

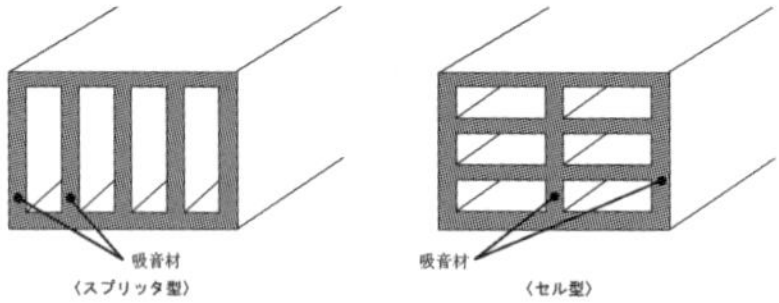

角ダクト消音器

4. A特性音圧レベルは、騒音計の周波数補正回路のA特性を用いて、受音レベルを聴覚に合わせ、周波数別に聴感補正を行った音のレベルであり、室内騒音の評価や設備機器等による環境騒音の規制等に用いられている。

No.12 正解 3 排煙設備

1. 劇場の客席で延べ面積が500㎡を超える場合は、床面積500㎡以内ごとに防煙区画をしなければならないが、天井の高さが3m以上あり、所定の内装制限をし、かつ、所定の排煙設備を設けたものは除かれる。
2. 天井高が3m未満の居室に設ける排煙口の設置高さは、天井面または天井から80cm以内、かつ、防煙垂れ壁で区画する場合は防煙垂れ壁の下端より上の部分とする。
3. 排煙口の大きさは、一般に、吸込み速度が10m/s以下となるように計画する。(日本建築センター新・排煙設備技術指針)
4. 排煙ダクトの大きさは、ダクト内風速20m/s以下を目安に選定するとしているが、風速による摩擦損失の影響も考慮した上で、一般に、ダクト内風速15m/s以下が選定の目安となっている。(日本建築センター新・排煙設備技術指針)

No.13 正解 4 空調設備

1. 一般的に、圧縮式冷凍機の冷水出口温度は5～7℃なのに対して吸収式冷凍機は7～8℃が用いられている。
2. インバータ搭載型の遠心冷凍機は、インバータにより、負荷の大きさに応じて電流の流れを細かく変換して、冷凍機内の圧縮機の回転を自由に制御することができる。したがって、定格運転時に比べて、部分負荷運転時の効率が高い。
3. 排熱投入型ガス吸収冷温水機(ジェネリンク)は、ガスコージェネレーション(ガスエンジン、ガスタービン)から発生する排熱を有効に利用し、空調を行う吸収冷温水機である。排熱を有効利用することで、燃料消費量を大幅に削減することができる。
4. 吸収式冷凍機は、自然冷媒である水を冷媒に使用し、水を低圧(真空)下で蒸発させるためにLiBr(臭化リチウム)の濃溶液を吸収液として使用する。

No.14 正解 1 空調設備

1. 気化式加湿器は、ぬれ表面に通風し、空気に湿り気をもたせて加湿する装置である。加湿後の空気温度は、ぬれ表面と接触した際、水に熱を奪われることにより低下する。
2. 超音波式加湿器は、水槽底部の振動子に超音波振動を加え、水を霧化させて加湿する装置である。給水中の不純物が水とともに空気中に放出されやすい。
3. パン型加湿器は、水の入った皿形容器に電気ヒーターを入れ、蒸気を発生させて加湿する装置である。水の中で不純物が濃縮されるため、適宜掃除が必要である。
4. 蒸気式加湿器は、加湿による温度降下をなくすことができ、不純物が混入しにくく、応答性に優れるなどの利点がある。

No.15 正解 4 空調方式

1. 従来型の空調機の場合は、湿度を下げるのに、空気を冷却（過冷却）し、結露させて絶対湿度を下げた後、低温の空気を必要温度まで再加熱して調整していたが、デシカント空調は、乾燥剤（デシカント）で直接、吸着により除湿を行うので、過冷却（コイルに流れる冷水温度を低くする）する必要がないため、空調機で利用する冷水の温度を比較的高く設定（蒸発温度を上げることが）できる。つまり、冷凍機の冷水出口温度を高く設定できるので、冷凍機の成績係数（COP）は高くなり、省エネルギーとなる。また、デシカント空調は、再加熱の必要もないので、効率よく除湿できる。
2. デシカント空調は、乾燥剤（デシカント）に水蒸気を吸着させて空気中の湿分を除去する方式であるため、過冷却は生じない。そのため、除湿後の空気を再熱する必要はない。
3. ゼオライト、シリカゲル、高分子系収着剤など、各デシカントには、効率よく吸着する温度領域が存在する。高分子系収着剤は、低温再生温度領域において高い吸着性能を有していることから、これまで捨てられていた各種の未利用の排温水や太陽熱温水を利用することができる。

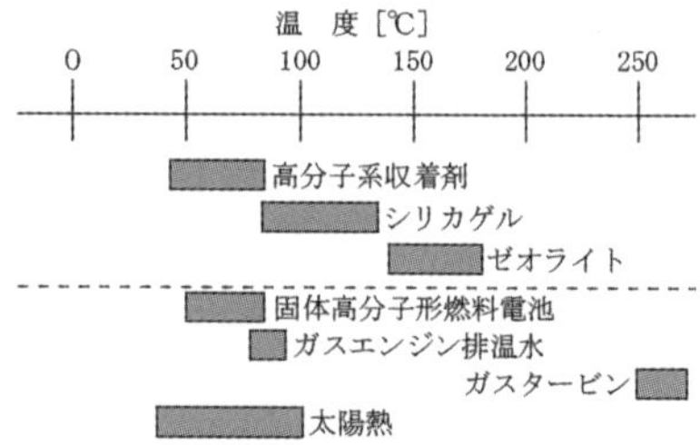

各デシカントの最適再生温度及び各熱源温度

4. デシカントに水蒸気が吸着する際に、理想状態においては、①→②のように、エンタルピーが一定のまま（等エンタルピー変化をしながら）絶対湿度が低下し、乾球温度が上昇する。しかし、実際には、水の吸着熱及びロータからの顕熱の移動により、①→②'のように、エンタルピーは増加し、理論上の除湿量に対して実際の除湿量は低下する。

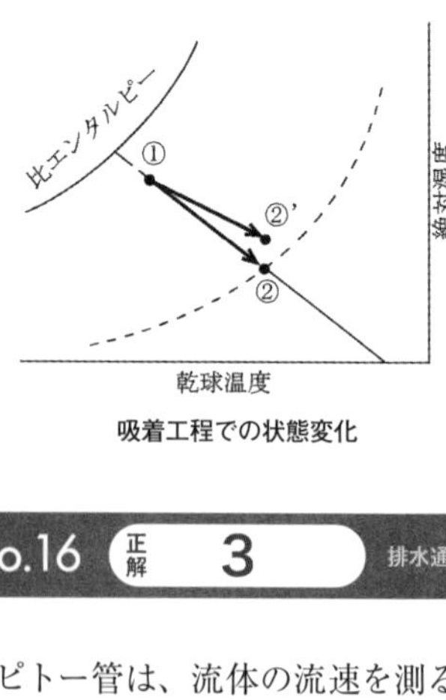

吸着工程での状態変化

No.16 正解 3 排水通気設備

1. ピトー管は、流体の流速を測る器具である。流れに正対する孔から全圧を測定し、流れに直交する孔から静圧を測定して、その差から求めた動圧により流速を計算する。
2. ムーディ線図は流体力学に用いられ

るグラフであり、レイノルズ数（流体の粘性力に対する慣性力の強さ）と管壁の粗度から管摩擦係数を求めることができる。

3. 直管に流体を通す場合の摩擦抵抗の算出には、ダルシー・ワイスバッハの式が用いられる。マニングの式は、敷地排水管内の平均流速などの算出に用いられる。

4. 排水立て管の許容流量の算出にはワイリー・イートンの式が用いられる。

No.17　正解　3　給排水 衛生設備

1. 超高層のような建物の場合には、給水系統を１系統とすると下層階においては給水圧力が過大となり、水栓、器具などの使用に支障をきたしたり、騒音やウォータハンマなどが生じたり、水栓や弁などの部品の摩耗が激しくなり寿命が短くなったりする。給水圧力の上限は、ホテルやアパートなど人間の私的生活の場においては、300～400kPa程度、事務所や工場などにおいては400～500kPa程度に抑える。

2. ホテルの客室における設計用給湯量（客１人当たり・１日当たり）は、150～250Lとされている。

設計用給湯量

建物種別	給湯量
事務所	7～10 L/人・日
ホテル（客室）	**150～250 L/客・日**
病院	150～200 L/床・日
レストラン	40～80 L/㎡・日
集合住宅	150～300 L/戸・日

3. 飲料水用受水槽における間接排水管の排水口空間は、間接排水管の管径にかかわらず、最小150mmとする。

4. 連結送水管は、消防法で定める防火対象物で地上７階建以上の建築物、または地上５階建以上で延べ面積6,000㎡以上の建築物、または延べ面積1,000㎡以上の地下街等に設置する。放水口は地上３階以上の各階、または地階に設け、地上11階以上に設けるものは双口形とする。（消防法施行令第29条）

No.18　正解　4　給水設備

1. 木製水槽は、「断熱性が高い」、「堅牢な構造で水密性が良い」、「水槽内部の防食処理が不要」等の特性を有しており、上水用水槽としても用いられる。

2. ステンレス鋼板製受水槽に関しては、耐食性などを考慮して、水に触れる液相部にはSUS444、空気に触れる気相部にはSUS329J4L等が使用されている。他にも液相部にはSUS304やSUS316等も使用されるが、それぞれの材料で耐食性や加工性が異なるので注意が必要である。

3. 水道直結増圧方式では、何らかの圧力変動等で水道本管側への逆流を防止するための逆流防止器が必要であり、配管中の空気によって出水不良やポンプのエアロック（気泡による詰まり）を防ぎ、また管路に負圧が生じたときに開放して逆流を防ぐなどのための吸排気弁を設ける必要がある。

4. 水柱分離とは、揚水ポンプを停止して流れを急に止めた場合に、「慣性力で揚水する力」と「重力で落下する力」の分岐点で水流が途切れる（分離する）現象をいう。水柱分離により、大きな衝撃音（ウォーターハンマー）が発生したり、配管が破壊されたりすることがある。水柱分離を防止する配管計画としては、揚水管をポンプからすぐに立ち上げて横引き配管を高層階で長くとるのではなく、横引き配管をできるだけ低層階で長くとることが望ましい。

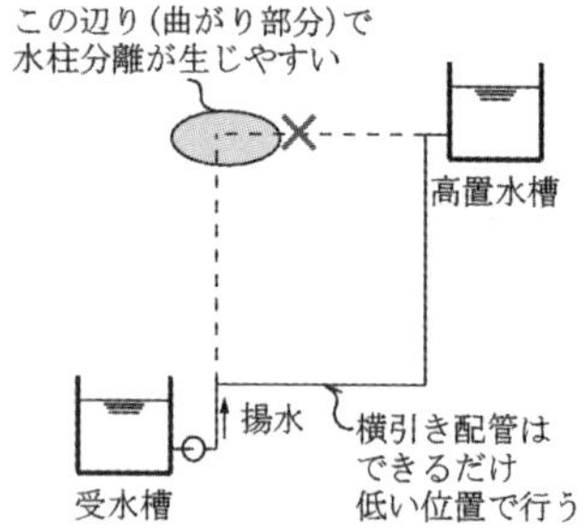

水柱分離を防止する配管計画

No.19 正解 3 給水設備

[吐出し量Q]

吐出し量Qはポンプの回転数に比例するため、ポンプの回転数を50%〔$\frac{1}{2}$〕に変化させた場合、吐出し量Qも$\frac{1}{2}$となる。したがって、$Q=800\times\frac{1}{2}=400$L/min

[軸動力P]

軸動力Pはポンプの回転数の3乗に比例するため、ポンプの回転数を50%〔$\frac{1}{2}$〕に変化させた場合、軸動力Pは〔$\frac{1}{2}$〕^{3}＝$\frac{1}{8}$となる。したがって、$P=11\times\frac{1}{8}=1.375\fallingdotseq1.4$ kW

No.20 正解 1 給湯設備

1. ハイブリッド給湯システムとは、給湯負荷変動が少ないベース負荷を高効率のヒートポンプ給湯機が受け持ち、ベース負荷以上の場合に加熱能力が一定の燃焼式加熱機でバックアップする仕組みとなっている。設問の記述は、ヒートポンプ給湯機と燃焼式加熱機が入れ替わっている。

2. 潜熱回収型ガス給湯機は、ガス給湯機の排熱を給水の予熱として利用するもので、従来のガス給湯機が80%程度だった給湯効率が90～95%程度に向上している。機内で発生するドレン水は、中和器で中和処理し排出されるが、ドレン水を排出させるための配管が必要となる。

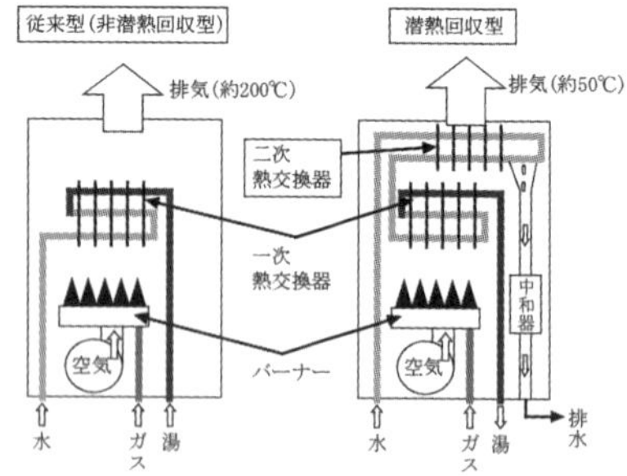

従来型ガス給湯機と潜熱回収型給湯機の比較

3. 自然冷媒ヒートポンプは、二酸化炭素やアンモニアなどの自然界に存在する物質を冷媒として用いたヒートポンプであり、近年は二酸化炭素を用いた家庭用ヒートポンプ給湯機が普及している。安価な深夜電力を用いてヒートポンプユニットを稼働させて湯を作り、使用時まで貯湯タンクユニットに蓄えておく構成となっている。

4. 燃料電池は、外部から取り出した水素（H_2）と空気中の酸素（O_2）が化合して水（H_2O）ができるときに電力と熱が発生する原理を利用して発電し、同時に給湯等を行う。燃料としては、都市ガス、液化石油ガス、バイオガス、メタノール等が使用される。家庭用コージェネレーションシステム（通称「エネファーム」）の原動機として用いられている。

No.21 正解 1 給湯設備

加熱能力H［kJ/min］

$=q\times N\times K\times c\times \rho\times (t_h-t_c)$

q:給湯栓の給湯量［L/（min·個）］

N:給湯栓の設置個数［個］

K:同時使用率

c:水及び湯の比熱［kJ/（kg・K）］

ρ:水及び湯の密度［kg/L］

t_h:給湯温度［℃］　t_c:給水温度［℃］

条件に与えられている値を代入すると、

H＝7.5L/（min·個）×4個×0.7×4.2kJ/(kg·K)×1kg/L×(42℃－5℃)

＝3,263.4kJ/min

解答で求められている単位はkWで、1kW＝1kJ/sであるため、3,263.4kJ/minをkJ/sに単位換算する必要がある。

したがって、

$$H=\frac{3{,}263.4\,kJ/min}{60\,s/min}=54.39\,kJ/s$$

＝54.39kW

したがって、55［kW］が最も適当である。

No.22 正解 4 排水通気設備

1. 雨水横主管または敷地雨水管に接続する雨水横枝管にトラップを設けると、二重トラップになるので、設けてはならない。

2. 特殊継手排水システムとは、排水が立て管の内面をらせん状に流れ、中央部は空気の通り道となり、排水中であっても通気が確保できる方式である。特殊継手排水システムを採用した場合、排水立て管の上部を延長した伸頂通気管を屋上に立ち上げ、大気に開放する伸頂通気方式とするため、通気立て管は省略することができる。特殊継手排水システムを採用する場合、排水立て管には、オフセットを設けてはならない。

3. 通気管は、トラップの封水保護のために設けられる。通気管において、吸気機能のみを有する通気弁を設けた場合は、排水管の臭気が漏えいするおそれがないため、当該通気管を屋内開放にすることもできる。

4. 各個通気方式は、各器具トラップごとに通気管を設け、それらを通気立て管に接続する方式である。なお、通気立て管を設けないのは伸頂通気方式である。

No.23 正解 4 排水通気設備

各経路における器具排水負荷単位数の合計は、次の図のようになる。これを元に最小管径を決定する。

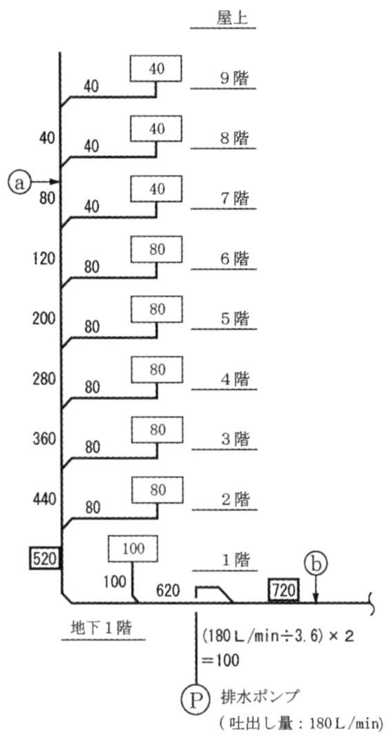

排水立て管ⓐの最小管径は、表より決定するが、下階から上階まで同じ管径で立ち上げなければならないので、1階の器具排水負荷単位数の合計（520）を元に表を照合すると、ⓐを含む1階から最上階までの立て管の最小管径は125mmとなる。

排水横主管ⓑの最小管径は、2階から1階の排水立て管、1階から地下1階の排水立て管、排水ポンプの器具排水負荷単位数の合計より決定する。

ここで、

2階から1階の排水立て管＝520

1階から地下1階の排水立て管＝100

排水ポンプ＝

(180L/min÷3.6L/min）×2＝100

器具排水負荷単位数の合計は、

520＋100＋100＝720

であるので、表より最小管径は200mmとなる。

No.24 正解 2 浄化槽設備

1. 浄化槽には、し尿と雑排水を処理する合併処理浄化槽と、し尿のみを処理する単独処理浄化槽がある。この内、単独処理浄化槽は、雑排水を処理しないことから河川の水質汚染の原因となるため、平成13年の浄化槽法改正に伴い新設することが禁止されている。また、現存する単独処理浄化槽についても、合併処理浄化槽に転換することを努めるとされている。
2. 処理対象人員が5～50人の小規模な合併処理浄化槽の処理方式は、分離接触ばっ気方式、嫌気ろ床接触ばっ気方式及び脱窒ろ床接触ばっ気方式とされている。**長時間ばっ気方式は、処理対象人員が101人以上の合併処理浄化槽で採用される。**（昭和55年建設省告示第1292号第6）
3. 処理対象人員が50人以下の小規模合併処理浄化槽に関しては、浄化槽の処理性能として、放流水のBOD除去率を90％以上、BOD濃度を20mg/L以下とするように定められている。

4. 浄化槽の法定検査は、浄化槽が正しく設置され、正常な機能を発揮しているかどうかを検査するもので、設置後の水質検査と定期検査の２種類がある。設置後の水質検査は、浄化槽を新たに設置したり、構造の変更等を行ったりした際、使用開始後３か月を経過した日から５か月の間に、水質検査を受けることが義務付けられている。また、その後は年１回の定期検査を受けることが義務付けられており、これにより保守点検及び清掃が正しく行われ、浄化槽が正常に機能しているかどうかを検査する。

No.25 正解 3 水の性質

1. 建築物環境衛生管理基準において、pH値、臭気、外観、遊離残留塩素の検査については、７日以内ごとに１回、大腸菌、濁度の検査については、２ヶ月以内ごとに１回、定期に、行うことと定められている。

2. 雨水利用設備における沈砂槽は、雨水中に含まれる土砂を除去する目的で設けられる。沈砂槽の有効容量は、計画時間最大雨水集水量の１/60程度の容量とする。

3. 散水用水、水景用水、清掃用水に利用する雨水利用水及び排水再利用水（原水にし尿を含まない）は、大腸菌が検出されないことと定められている。

4. 排水再利用設備における流量調整槽は、流入する原水を一時貯留して、処理設備にかかる負荷の均一化を図るために設置するもので、汚泥等の沈降･腐敗防止の機能を備え、槽内を十分に混合攪拌できる構造とする。有効水深は、1.5m以上とする。

No.26 正解 2 給排水衛生 特殊設備

1. 放射性物質の処理方法には、以下の種類がある。
①保管減衰法:長時間保管して放射性物質が自然に減衰するのを待つ方法
②希釈法:事業所の一般排水で希釈し事業者から放出する放射性廃液を濃度限度以下とする方法
③濃縮処理法:放射性廃液を濃縮処理して分別し、放射性物質を除去する方法
放射性排水希釈槽における希釈水として、放射性物質の含まれていない一般の雑排水などを利用することが望ましい。

2. 処理フローで発生する放射性廃棄物は、一般の排水系統に流してはならない。発生した放射性廃棄物は、放射性廃棄物廃棄許可業者に引き渡す。

3. 放射性排水用流しの材質としては、ステンレス製または樹脂製とする。また、流しと床の隙間、流しと壁の隙間はシールを施す。

4. 放射性排水用流し付近の床材料は、万一、放射性排水がこぼれても床下に浸透することなく、簡単に除染で

きるようプラスチック系のものが望ましい。

No.27 正解 3 消火設備

1. スプリンクラー設備に設けられる流水検知装置の一次側には､制御弁（仕切弁を使用し放水区域を閉止する）を床面から0.8m以上1.5m以下の箇所に設ける。

2. 地盤面下に設けられる屋外消火栓のホース接続口は、地盤面からの深さが0.3m以内の位置に設ける。

3. 消防用水は、消防ポンプ自動車が2m以内に接近することができるように設ける。

4. 泡消火設備には、泡放出口を天井面やタンク上部に取り付け､火災の際、自動または手動で泡を放出する固定式と、泡ノズルを手に持ち、ホースを延長して火に向けて泡を放出する移動式がある。また、泡消火薬剤は、発生する泡の膨張比（発生した泡の体積を、泡を発生するのに要する泡水溶液の体積で除した値）により、膨張比20以下の低発泡と、80以上1000未満の高発泡に分類される。移動式の泡消火設備に用いる泡消火薬剤には、一般に、低発泡のものが用いられる。

No.28 正解 4 ガス設備

1. ガス1m³（N）が理論空気量（燃料を完全に燃焼させるのに必要な理論上の空気量）の空気と反応して、完全燃焼した場合の排ガス量を理論排ガス量という。理論排ガス量は、都市ガスの種類にかかわらず、約0.26m³である。

2. 密閉式ガス機器は、燃焼用の空気を屋外から取り入れながら排ガスを屋外に出す方式である。室内空気を燃焼用として用いず、排ガスも室内に出さないため、室内空気を汚染しない。密閉式ガス機器の方式には、自然給排気式（BF式）と強制給排気式（FF式）がある。また、半密閉式ガス機器には、自然排気式（CF式）と強制排気式（FE式）とがある。

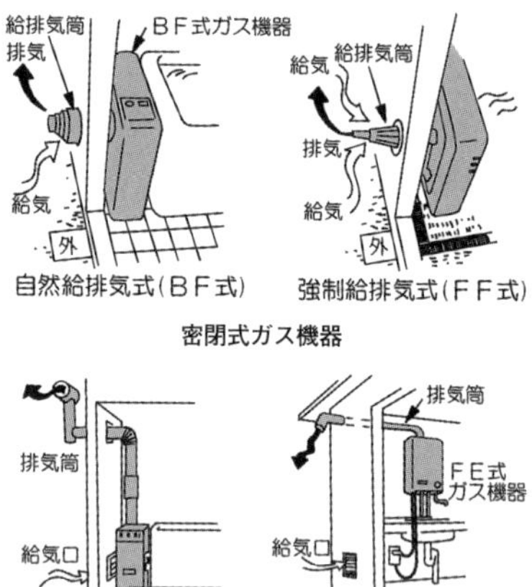

密閉式ガス機器

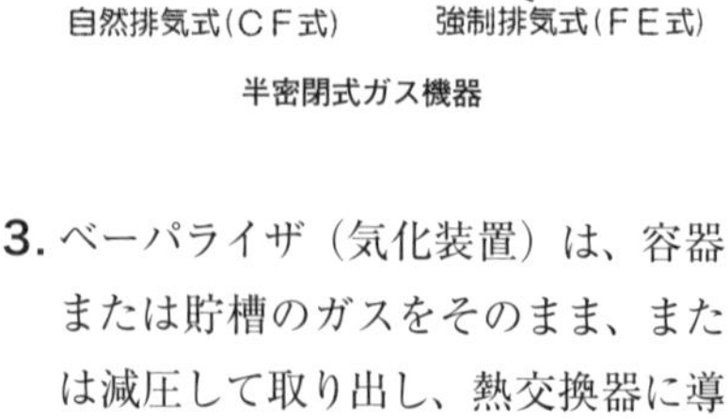

半密閉式ガス機器

3. ベーパライザ（気化装置）は、容器または貯槽のガスをそのまま、または減圧して取り出し、熱交換器に導き、加温してガス化するものである。ベーパライザは、最大ガス消費量の1.2倍以上のガス発生能力を有するものとする。

4. ガス消費量が12kWを超える燃焼器については、燃焼方式に応じた排気筒（燃焼器の構造等によっては排気フード）及び給気口を設けなければならない。

No.29 正解 2 給排水衛生設備融合

1. 1個の洗浄弁を2個以上の大便器に連結して使用してはならない。大便器用洗浄弁は、大便器1個の洗浄に必要な吐水量となっており、2個以上の大便器に連結すると、洗浄水量の不足により洗浄不良を起こす。

2. 大便器に設ける排水トラップの最小口径は、75mmとする。

3. JIS A 5207（衛生器具－便器・洗面器類）において、洗浄水量が8.5L以下の大便器はⅠ形、6.5L以下の大便器はⅡ形に分類される。なお、令和元年11月にJISが改定される前は、それぞれ節水Ⅰ形、節水Ⅱ形と分類され、洗浄水量が8.5Lを超えるものを一般形大便器と呼んでいたが、節水形大便器の普及により、「節水」がとれて単にⅠ形、Ⅱ形と呼ぶようになり、一般形大便器の分類は廃止された。

4. 大便器の洗浄装置のロータンク方式は、便器に近接して設けたタンクに溜めた水を一時的に流し、洗浄を行うもので、騒音が最も小さい。給水管の管径や水圧も小さくて済み、最低必要水圧（流動時の水圧）は30kPa～50kPaである。

No.30 正解 1 給排水衛生設備融合

1. 管の線膨張係数を次表に示す。線膨張係数は、一般配管用ステンレス鋼鋼管の材料であるステンレス鋼（1.7×10^{-5}/℃）より、配管用炭素鋼鋼管の材料である鋼（1.2×10^{-5}/℃）のほうが小さい。

管の線膨張係数

管材料	線膨張係数[$\times10^{-5}$/℃]
鋼	1.2
ステンレス鋼	1.7
銅	1.7
ポリブテン	15
架橋ポリエチレン	20

2. 排水用硬質塩化ビニルライニング鋼管は、鋼管内面に耐食性に優れた硬質ポリ塩化ビニル管を内張りしたもので、鋼管の強度と硬質ポリ塩化ビニル管の耐食性を兼ね備えている。排水用硬質塩化ビニルライニング鋼管の継手には、排水管専用のメカニカル継手として、排水鋼管用可とう継手が用いられる。

3. ストレーナは、配管内の不要物（ごみ・異物・土砂・金属粉等）をスクリーンによってろ過して、下流側の弁類・流量計・設備を保護するものである。

4. 仕切弁は、流体の通路を弁体にて垂直に遮断する。外ねじ式仕切弁は、弁棒の昇降とともに弁体が上下して開閉するため、弁体の開度を外部から確認することができる。なお、内ねじ式仕切弁は、弁棒の回転によって弁体のみが昇降する方式である。

No.31 正解 3 電気設備

1. 過電流とは、過負荷電流及び短絡電流の総称である。
2. 感度電流とは、規定の条件の下で漏電遮断器が動作する主回路に流れる零相電流である。
3. 使用電圧（公称電圧）とは、電線路において、その線路を代表する線間電圧である。**設問の記述は、定格電圧である。**
4. 歩幅電圧とは、地絡電流や雷撃電流によって発生する地表面近傍の電圧である。1m離れた2点間の電圧で評価する。

No.32 正解 4 電気設備

4. JIS C 0303に定めるデジタル回線終端装置の図記号は、DSUである。**設問の図記号は、集線装置（ハブ）を表すものである。**

No.33 正解 2 電気設備

図1より、スイッチを閉じる前にⓐに流れる電流I_1は、

$$I_1=\frac{100[\mathrm{V}]}{5[\Omega]}=20\ [\mathrm{A}]$$

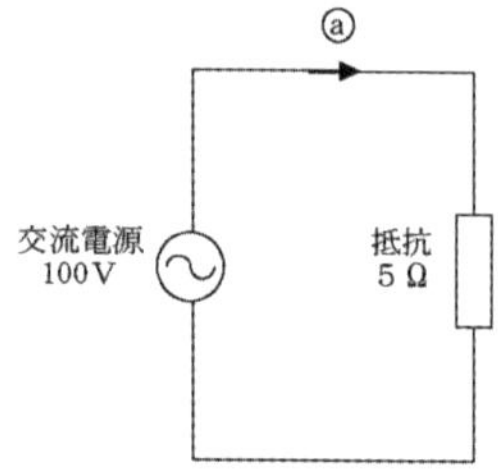

図1

次に、図2より、スイッチを閉じた後にaに流れる電流I_2を求める。

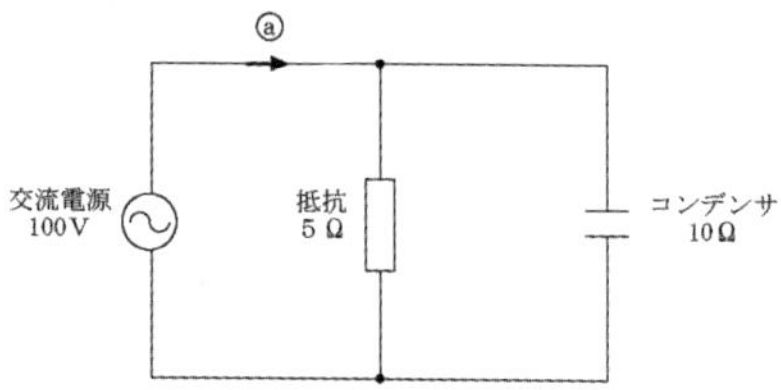

図2

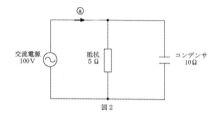

抵抗とコンデンサによる、交流の並列回路の合成インピーダンスZは、

$$Z=\frac{1}{\sqrt{\left(\frac{1}{R}\right)^2+\left(\frac{1}{X_c}\right)^2}}=\frac{1}{\sqrt{\left(\frac{1}{5}\right)^2+\left(\frac{1}{10}\right)^2}}$$

$$=\sqrt{20}=2\sqrt{5}$$

したがって、電流I_2は、

$$I_2=\frac{100[\mathrm{V}]}{2\sqrt{5}\ [\Omega]}=10\sqrt{5}\fallingdotseq 22.36\ [\mathrm{A}]$$

ⓐに流れる電流の変化する量は、

$$I_2-I_1=22.36-20\fallingdotseq 2.4\ [\mathrm{A}]$$

No.34 正解 2 電気設備計画

1. 屋外や水による漏電の可能性がある電路には、原則として、漏電遮断器を設置しなければならない。具体例としては、

①プール、公衆浴場、噴水、池、水

田等これらに類するものに使用する循環ろ過ポンプ、給排水ポンプ等用の電動機設備

②プールサイドに施設する照明設備。ただし、照明設備が絶縁性のポール上にある場合など金属部分に人が触れるおそれのない場合または外箱が絶縁性のものである場合は、この限りでない。

③雨線外に施設する電動機（制御用のものを除く。）を有する機械器具

④屋側または屋外に施設するコンセント設備等

2. 連続負荷を有する分岐回路の負荷容量は、その分岐回路を保護する過電流遮断器の定格電流の80%を超えないようにする。なお、連続負荷とは、常時3時間以上連続して使用されるものをいう。

3. 20A配線用遮断器分岐回路のコンセント専用でその他（住宅・アパート以外）に該当するコンセントの数は10個以下となる。

4. コンセント1個あたりの想定負荷は150VAとする。ただし、1個の口数が4口以上になる場合は、1口あたり150VAを加算する。

No.35 正解 3 電気設備計画

1. 誘導灯は、常時点灯が原則とされているが、夜間など建物内が完全に無人になる場合は、誘導灯信号装置を使用することにより、消灯することができる。

2. 消防法施行令第29条の3第1項により、無線通信補助設備は、延べ面積1,000㎡以上の地下街において設置が義務付けられている。また、消防法施行規則第31条の2の2第十号には、警察の無線通信その他の用途と共用する場合は、消防隊相互の無線連絡に支障のないような措置を講じることと定められており、警察の無線通信との共用が認められている。

3. 進相コンデンサは、受変電設備や個々の負荷に並列に接続し、力率を改善する目的で設置される。進相コンデンサは、高圧側と低圧側の両方で使用されるが、変圧器等の力率を改善するためには、変圧器の低圧側に進相コンデンサを設置するほうが望ましい。

4. 避雷器は、雷及び電線路開閉等による異常電圧が侵入したとき、その電流を大地に放電させ、機器の絶縁を保護する目的で、引込口、引出口や主要保護機器の近くに設置する。

No.36 正解 3 電気設備計画

1. 高圧の電路に使用する電線の種類は、絶縁電線、ケーブルまたは高圧機器内配線用電線とする。ただし、高圧母線には、銅帯、銅棒、銅パイプなどの裸導体も使用できる。

2. 屋外に設置するキュービクル式高圧受電設備の施設場所は、次の①～③により選定する。

①機器重量を考慮し、地盤の堅固な

場所とすること。

②設置方向は、換気孔の位置に対する風向きを考慮すること。

③風雨・氷雪による被害等を受けるおそれがないように十分注意すること。

3. キュービクル式高圧受電設備は、JIS C 4620「キュービクル式高圧受電設備」において、遮断方式により遮断器形（CB形）と高圧限流ヒューズ・高圧交流負荷開閉器形（PF・S形）に分けられている。

CB形：主遮断装置として、遮断器（CB）を用いるもので、過電流継電器、地絡継電器などと組み合わせることによって、過負荷・短絡・地絡等の事故時の保護をする。

PF・S形：主遮断装置として、高圧限流ヒューズ（PF）と高圧交流負荷開閉器（LBS）とを組み合わせて用いる。

設問の記述は「保護方式をCB形とした」となっているので、その後に続くPF・S形を示す内容は整合していない。

4. 変圧器の並行運転にあたっては、変圧比が等しいことが条件である。また、並行運転する変圧器の負荷分担はインピーダンス電圧（%インピーダンス）に反比例する。したがって、同容量の変圧器を並行運転する場合は、それぞれのインピーダンス電圧（%インピーダンス）が等しい場合に、取り出せる電力が最大になる。

No.37 正解 2 受変電設備

力率改善前と改善後の電力をベクトル図で示すと、下図のようになる。

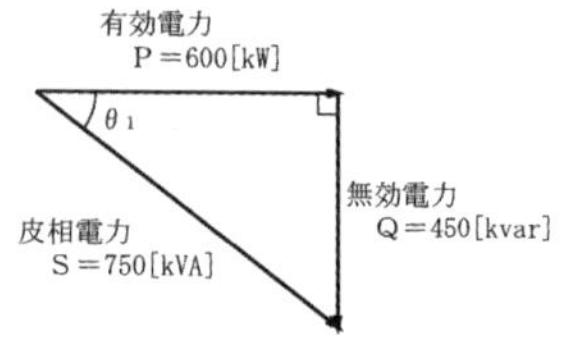

力率改善前

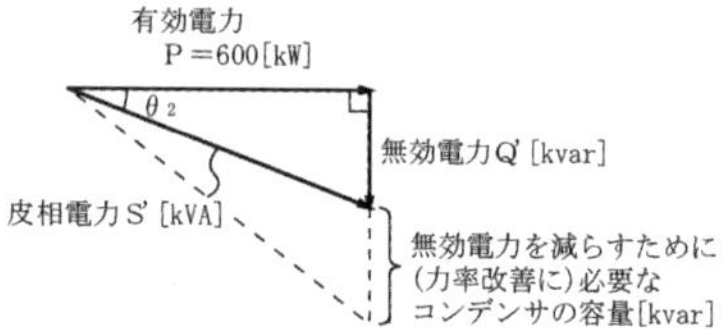

力率改善後

つまり、力率改善に必要な高圧進相コンデンサの容量＝Q－Q' [kvar]

ここで、改善後の力率が95%であるので、$\cos\theta_2=0.95$、$\sin\theta_2=0.31$となり、力率改善後のベクトル図より

$$Q'=P\times\tan\theta_2=P\times\frac{\sin\theta_2}{\cos\theta_2}=600\times\frac{0.31}{0.95}$$

$\fallingdotseq 195.8$ [kvar]

よって、力率改善に必要な高圧進相コンデンサの容量＝450－195.8＝254.2 [kvar]

したがって、選択肢2の255 [kvar] が最も適当である。

No.38 正解 1 蓄電池設備

1. フライホイール電力貯蔵装置は、電動機と直結した弾み車を用いて、電気エネルギーと回転エネルギーとを相互に変換して、電力の貯蔵または放出を行う装置である。放出時間は比較的短く、無停電電源装置（UPS）などに用いられる。したがって、長時間の出力には適していない。

2. レドックスフロー電池は二次電池の一種で、イオンの酸化還元反応により、充電と放電を行う。電解液が正負極のタンクに分離貯蔵されているため、セル部を除き、待機、停止時の自己放電がない。

3. 電気二重層キャパシタは、2種の異なる物質の境界面にできる電気二重層の電荷蓄積作用を利用する蓄電媒体である。例えば、1対の活性炭電極と電解液とで構成し、充放電時に化学反応を伴わないため、電極の劣化がほとんどなく、長期に渡って使用できる。二次電池より短時間、かつ、コンデンサより大容量の充放電が可能である。

4. 1セル当たりの公称電圧は、鉛蓄電池が2.0V、アルカリ蓄電池が1.2Vである。

No.39 正解 1 発電設備

1. パワーコンディショナは、直流電力を交流電力に変換するためのインバータと系統連系保護装置が組み合わされたものをいい、必ずしも蓄電池は組み合わされていない。なお、系統連系保護装置は、系統連系する場合、需要家の構内事故（短絡・地絡）や系統側の事故等の際に、自動的に発電設備を系統側から切り離すための装置である。

2. 太陽電池の種類には、大別してシリコン系と化合物系がある。シリコン系太陽電池の一種である単結晶シリコン太陽電池のエネルギー変換効率は最大18～20%程度であるのに対して、同じくシリコン系太陽電池の一種であるアモルファスシリコン太陽電池のエネルギー変換効率は最大6～9%程度である。エネルギー変換効率が高いほうが発電量は多くなり、エネルギーの有効利用において効果がある。

3. 一般用電気工作物は、600V以下で受電する電気工作物又は一定の出力未満の小出力発電設備であり、安全性が高いものである。
一般用電気工作物のうち、小出力発電設備とは、次の①～⑤を示す。
①太陽電池発電設備であって、出力50kW未満のもの。
②風力発電設備であって、出力20kW未満のもの。
③水力発電設備であって、出力20kW未満のもの。（ダムを伴うものを除く。）
④内燃力を原動力とする火力発電設備であって、出力10kW未満のもの。
⑤燃料電池発電設備（固体高分子型又は固体酸化物型のものであって、燃料・改質系統設備の最高使用圧力が0.1MPa未満、液体燃料を通ずる部分にあっては1.0MPa未満のものに限る。）であって、出力10kW未満のもの。

4. 風力発電設備は、風がもつ運動エネ

ルギーを電気エネルギーに変換する装置である。発生電圧は、400V系または600V系であり、その後、電力系統電圧に変圧器で昇圧され、送電線に電力が送られる。

No.40 正解 4 照明設備

1. 光度とは、ある方向への単位立体角当たりの光束をいう。
2. LEDモジュールの寿命は、照明器具製造業者が規定する条件で点灯したとき、LEDモジュールが点灯しなくなるまでの総点灯時間または、全光束が点灯初期に計測した値の70%に下がるまでの総点灯時間のいずれか短い時間とされている。
3. 屋内統一グレア評価値UGR（Unified Glare Rating）は、国際照明委員会（CIE）が、グレアインデックス方式を統一した方式として設定したものであり、値が大きいほど、不快グレアの程度が悪いことを示している。
4. 照明による物体色の見え方を演色といい、光源の分光分布による影響を受ける。演色性とは、物体色の見え方を決定する光源の性質をいい、JISにおいて評価方法が定められている。演色評価数は100を最大とし、値が大きいほど、演色性が良い、すなわち自然光による色の見え方に近いことを表す。

No.41 正解 2 照明設備

光束法による視作業面の平均照度E［lx］は、次式で求めることができる。

$$E = \frac{FNUM}{A} \text{［lx］}$$

設問より、

F:照明器具1台当たりの光束6,300 lm/台

N:照明器具の台数18台

U:照明率0.83、M:保守率0.81

A:床面積14m×12m＝168㎡

条件の数値を代入すると、

$$E = \frac{6{,}300 \times 18 \times 0.83 \times 0.81}{168} \fallingdotseq 453.8\text{[lx]}$$

したがって、選択肢2の450［lx］が最も適当である。

No.42 正解 3 電動機

三相誘導電動機には、回転子の構造によって「かご形」と「巻線形」がある。かご形誘導電動機には、全電圧始動方式、スターデルタ始動方式、リアクトル始動方式、コンドルファ始動方式などがある。二次抵抗始動方式は、巻線形誘導電動機において、二次巻線の外部に抵抗を接続し、この抵抗値を徐々に小さくする始動方式である。これにより、始動電流を制限し、しかも大きな始動トルクが得られる。二次抵抗始動方式は、巻線形誘導電動機だけで可能な始動方式である。

No.43 正解 1 電動機

かご形三相誘導電動機の速度特性曲線

より、ⓐ一次電流、ⓑトルク、ⓒ出力の組合せの選択肢1が最も適当である。

No.44 正解 2 防災設備

無線通信補助設備における非常電源の容量は、30分間以上とする。

No.45 正解 4 防災設備

1. 消防法施行令第29条の2により、非常コンセント設備は、地上11階以上の階、または地下街で延べ面積が1,000m²以上の場合に設置する。非常コンセントは、それぞれの階の各部分から一の非常コンセントまでの水平距離が50m以下となるように、かつ、階段室、非常用エレベーターの乗降ロビー等で、消防隊が有効に消火活動を行うことができる位置に設ける。また、供給電力は、単相交流100Vで15A以上の電力を供給できるものとする。
2. 建築基準法施行令第126条の4により、階数が3以上で延べ面積が500m²を超える建築物の居室及びこの居室から地上に通ずる廊下、階段その他の通路には、非常用の照明装置を設けなければならない。ただし、同条のかっこ書により、採光上有効に直接外気に開放された通路は除かれている。
3. 消防法施行規則第28条の3第4項第十号により、誘導灯の非常電源は、直交変換装置を有しない蓄電池設備によるものとし、その容量を誘導灯を有効に20分間（高層または大規模な建築物に設けるものについては60分間）作動できる容量以上とする。高層または大規模な建築物とは、以下に掲げるものである。
   ①延べ面積50,000m²以上
   ②地階を除く階数が15以上であり、かつ、延べ面積30,000m²以上
   ③地下街で延べ面積1,000m²以上
4. 客席誘導灯は、劇場等の客席の通路の足元を照らすために設ける。客席内の通路の床面における水平面照度が0.2lx以上となるように配置する。

No.46 正解 4 通信・情報設備

1. 地上デジタル放送、BSデジタル放送及び110度CSデジタル放送の信号は、混合器を経由して、1本の同軸ケーブルで伝送することができる。
2. 分配器は、入力信号を均等に分配させるとともに、インピーダンスの整合を行う機器である。
3. 増幅器は、受信点の電界強度が低い場合、伝送路、分岐器、分配器、直列ユニットなどの信号レベルの損失を補償する機器である。
4. 分岐器は、伝送路の幹線から必要な量の信号を分岐させる機器である。設問の記述は、分波器である。

No.47 正解 4 通信・情報設備

1. LAN機器の接続形態には、バス型、

リング型、スター型等があり、一般的には、構築後の運営が容易であることから、スター型が用いられている。

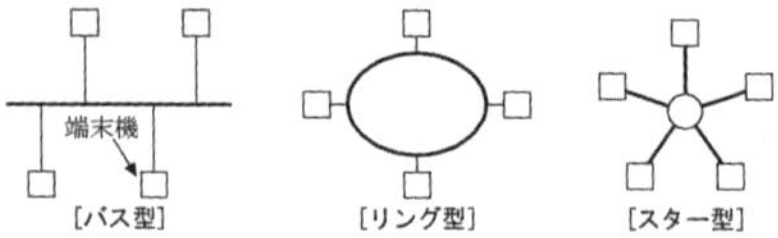

2. 入退室管理設備のIDカードには、アンテナコイルを内蔵している非接触ICカード、接触端子を内蔵している接触ICカード、及び磁気を読み取る磁気カード等がある。

3. 駐車場管制設備における車両の検出方式には、赤外線ビーム方式、ループコイル方式、超音波式、テープスイッチ式等があり、赤外線ビーム方式とループコイル方式が多く採用されている。
・赤外線ビーム方式:発光器と受光器間で常時、発・受光している赤外線を、車両により遮光することにより検知する。
・ループコイル方式:地中に電線をコイル状に埋設し、そのコイルのインダクタンスの変化により車両を検知する。

4. マイクロホンは、音を電気信号に変換する機器であり、方式により、ダイナミック形とコンデンサ形の2種類がある。コーン型、ホーン型、ドーム型はスピーカーの分類である。

No.48 正解 2 避雷設備

1. 引下げ導線は、被保護物の外周に沿って、相互の平均間隔が次表に示す値以下となるように2条以上引き下げる。ただし、一般建築物等の被保護物の水平投影面積が25㎡以下のものは、1条でよい。

保護レベルに応じた引下げ導線の平均間隔

保護レベル	平均間隔(m)
Ⅰ	10
Ⅱ	15
Ⅲ	20
Ⅳ	25

2. A型接地極は、放射状接地極、垂直接地極または板状接地極から構成し、各引下げ導線に接続する。接地極の数は、2以上とする。

3. 外周環状接地極は、0.5m以上の深さで被保護物の壁から1m以上離して埋設するのが望ましい。

4. 固い岩盤が露出した場所では、B型接地極が推奨されている。

No.49 正解 1 電気設備

1. 電路に施設する機械器具の金属製の台及び外箱には、使用電圧の区分に応じて、次表に示す接地工事を施す。高圧用なので、A種接地工事が必要である。

機械器具の区分による接地工事の適用

機械器具の使用電圧の区分		接地工事
低　圧	300V以下	D種接地工事
	300V超過	C種接地工事
高　圧		A種接地工事

2. 変圧器の高圧巻線と低圧巻線とが直接接触しないように相互間に設ける金属製の混触防止版には、B種接地工事を施す。

3. 水泳プールその他これに類する場所に施設する水中照明灯を収める容器及び防護装置の金属製部分には、C種接地工事を施す。

4. バスダクトにおいて、使用電圧が300V以下の場合は、D種接地工事を施す。また、使用電圧が300Vを超える場合は、C種接地工事を施す。ただし、接触防護措置を施す場合は、D種接地工事によることができる。

No.50 正解 1 低圧配線

1. 低圧電路の電線相互間及び電路と大地との間の絶縁抵抗は、次表に掲げる値以上とする。150Vを超え、300V以下の場合、0.2MΩ以上とする。

低圧電路の絶縁抵抗値

電路の使用電圧の区分		絶縁抵抗値
300V以下	対地電圧150V以下	0.1MΩ
	対地電圧150V超過	0.2MΩ
300V超過		0.4MΩ

2. 電線やケーブルを同一の金属ダクトに多数収める場合、発熱が多くなるために許容電流が低減される。ダクトに収める電線の断面積（絶縁被覆の断面積を含む。）の総和は、ダクトの内部断面積の20%以下とする。

3. 供給変圧器の二次側端子または引込線取付点から最遠端の負荷に至る間の電線のこう長が60mを超える場合の電圧降下は、次表による。

こう長が60mを超える場合の電圧降下

こう長	電圧降下	
	一般供給の場合	受変電設備がある場合
120m以下	4%以下	5%以下
200m以下	5%以下	6%以下
200m超過	6%以下	7%以下

4. 低圧幹線との分岐点から分岐回路用の過電流遮断器までの電線の長さは、3m以下とする。ただし、次のいずれかに該当する場合は、分岐点から3mを超える箇所に施設することができる。

①電線の許容電流が、その電線に接続する低圧幹線を保護する過電流遮断器の定格電流の55%以上である場合

②電線の長さが8m以下であり、かつ、電線の許容電流がその電線に接続する低圧幹線を保護する過電流遮断器の定格電流の35%以上である場合

設問の条件は、上記の①、②に該当しないため、原則通りの3m以下とする。

No.51 正解 3 低圧配線

異なる太さの絶縁電線を同一管内に収める場合の金属管の太さは、電線の被覆絶縁物を含む断面積の総和が管の断面積の32%以下となるように選定する。表1及び表2より、電線の被覆絶縁物を含む断面積に収容本数と補正係数を乗じた総和が、金属管の太さの32%となるように金属管の太さを求める。

$$\frac{20\text{mm}^2\times3本\times1.2+28\text{mm}^2\times3本\times1.2+45\text{mm}^2\times3本\times1.0}{0.32}$$

$\fallingdotseq 962\text{mm}^2$

この値を表3に照らすと、呼び方は「E39」となる。

No.52 正解 1 受変電設備

1. 「エネルギーの使用の合理化等に関する法律」に規定されるトップランナー制度の対象機器等には現在31品目が該当し、変圧器も含まれる。トップランナー基準を達成した変圧器は、通称「トップランナー変圧器」と呼ばれており、トップランナー変圧器の適用範囲は、油入変圧器、モールド変圧器に限られ、ガス絶縁変圧器やスコット結線変圧器等は除外される。
2. 保護継電器は、機器や電路に事故が発生した場合、被害を最小限に抑え、他の系統への事故波及を防止するために、遮断器へ制御信号を送出する装置である。保護継電器には、過電流継電器、不足電圧継電器、地絡継電器等がある。
   - ・過電流継電器:電路の短絡または過負荷の際に流れる過電流を検出し、遮断器を開放させる。過電流継電器の機能は、短絡電流に対しての瞬時動作と過負荷電流に対しての反限時動作の2要素がある。
   - ・不足電圧継電器:電路の電圧が予定値以下に低下した場合に動作する継電器で、停電や負荷の短絡等に伴う電圧低下の警報や、予備発電機の起動指令に使用される。
   - ・地絡継電器:機器の内部または電路に発生した地絡を検出し、遮断器を開放させる。地絡事故時、零相電流を検出する零相変流器と組み合わせるものを地絡過電流継電器、零相電圧を検出する零相電圧検出装置と組み合わせるものを地絡過電圧継電器という。
3. 高圧交流遮断器は、定常状態における電流の開閉のほか、過電流・短絡・地絡などの故障時の電流を遮断する装置である。
4. 記述の通り、正しい。断路器は、高圧または特別高圧の電路において、点検・修理のために、電流が流れていない電路を開閉するものであり、負荷電流や過負荷電流の開閉及び遮断はできない。

No.53 正解 3 電気設備融合

1. VVケーブル（ビニル絶縁ビニルシースケーブル）は、導体をビニルで絶縁し、その上にビニルのシースを被覆したものであり、低圧配線等に用いられる。丸形のものをVVR、平形のものをVVFという。
2. CVケーブル（架橋ポリエチレン絶縁ビニルシースケーブル）は、導体を架橋ポリエチレンで絶縁し、その上にビニルのシースを被覆したものであり、低圧配線、高圧配線等に用いられる。単心のCVケーブルを3本よったものをCVTという。

3. CPEVケーブル（ポリエチレン絶縁ビニルシースケーブル）は、導体をポリエチレンで絶縁し、その上にビニルのシースを被覆したものであり、**電話回線等に用いられる。**

4. 耐火ケーブルは、導体の絶縁体の間に耐火層を施したもので、30分で840℃に達する温度曲線での加熱に耐える。消火ポンプ、非常照明などの給電回路に使用する。

No.54 正解 3 エレベーター・エスカレーター

1. 非常用発電時（自家発時）管制運転とは、非常時（停電時）に、非常用発電設備により、エレベーターを各グループ単位に、順次避難階または最寄階に帰着させる機能である。なお、非常用発電設備を持たない建物にエレベーターを設置する場合は、予備電源により、かごを最寄階まで低速で自動着床させる救出運転を行う。

2. 浸水時管制運転とは、地盤面より下部に着床階があるエレベーターが高波、洪水等により浸水するおそれがある場合に、管理人室等に設けたスイッチによりエレベーターに信号を与えて、エレベーターを速やかに最下階以外の避難階に帰着させる機能である。

3. 閉じ込め時リスタート運転は、地震時管制運転によりエレベーターが最寄階に向けて走行している途中で安全装置が作動し階間で停止した場合、安全装置が正常に復帰した場合に限り、低速走行で**最寄階に停止させ、扉を開放するものである。**

4. 自動診断仮復旧運転とは、地震によりエレベーターが運転休止となった場合、自動または遠隔で診断運転を行い、運転可能な状態と判断された場合には、速度を落とすなどして仮復旧運転を行うものである。

No.55 正解 1 建築設備に関する申請・届出

1. 第一種圧力容器設置届は、事業者が、工事開始日の30日前までに労働基準監督署長に届け出る。（労働安全衛生法）

2. 騒音規制法に基づく「特定施設設置届出書」は、設置者が、工事開始日の30日前までに、**市町村長に届け出る。**

3. **危険物貯蔵所設置許可申請書は、消防本部及び消防署を置く市町村の区域に設置する場合は、設置者が市町村長に届け出る。また、消防本部等所在市町村以外の市町村の区域に設置する場合は、設置者が都道府県知事に届け出る。（消防法）**

4. **道路使用許可申請書は、警察署長に届け出る。（道路交通法）**

No.56 正解 4 空調設備工事

1. ダクト断面を変化させる場合、圧力損失を小さくするため、なるべく緩やかな角度にする。拡大部は15度以下、縮小部は30度以下が望ましい。

2. ダクトの曲がり部における圧損や乱流を少なくするため、ダクト湾曲部の内側曲半径は、円形ダクトではその半径以上、長方形ダクトでは曲がり半径方向のダクト幅の1/２以上とする。

3. 送風機の吐出し口直後にダンパーを設ける場合は、ダンパーの軸を羽根車の軸に対して直交するように設置する。

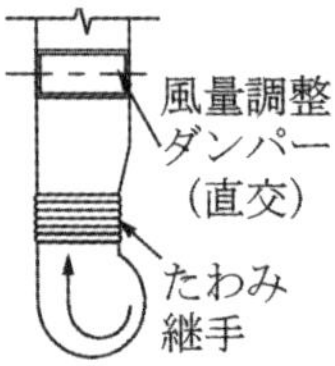

単独送風機とダンパー

4. 点検口は、気密性を確保するために、また、開閉機構に何らかの支障等が生じた場合でも開放状態にならないように、正圧となるサプライ側では内開き、負圧となるレタン側では外開きとする。

No.57 正解 2 給排水衛生設備工事

1. 水道直結系統の試験圧力は、配管の最低部において最小1.75MPaとする。ただし、水道事業者の規定に従う。

2. 末端の給水栓においては、遊離残留塩素が0.2mg/L以上であることを確認する。なお、「水道法」では、給水栓における水が、遊離残留塩素を0.1mg/L以上（結合残留塩素の場合は0.4mg/L以上）とし、病原生物により汚染されるか、または汚染されるおそれのある場合は、0.2mg/L以上（結合残留塩素の場合は1.5mg/L以上）にするよう規定されている。

3. 排水横管は、凹凸がなく、かつ適切な勾配で配管する。

排水横管の勾配

管径(mm)	勾配(最小)
65以下	1/50
75、100	1/100
125	1/150
150以上	1/200

4. 排水ますは、敷地排水管の延長が、その管内径の120倍を超えない範囲内において、排水管の維持管理上適切な箇所に設ける。管径150mmの場合、150mm×120＝18mを超えない範囲内で設ける必要があり。設問の記述はこれに適合している。

No.58 正解 4 電気設備工事

1. 電路に施設する機械器具の金属製の台及び外箱には、使用電圧の区分に応じて、下表に示す接地工事を施す。ただし、機械器具が小出力発電設備である燃料電池発電設備である場合を除き、交流の対地電圧が150V以下または直流の使用電圧が300V以下の機械器具を、乾燥した場所に施設する場合は省略することができる。

機械器具の区分による接地工事の適用

機械器具の使用電圧の区分		接地工事
低　圧	300V以下	D種接地工事
	300V超過	C種接地工事
高　圧		A種接地工事

2. 自家用電気工作物のうち、電圧600V以下の低圧配線工事に従事できるのは、第1種電気工事士と認定電気工事従事者である。
3. ケーブルを造営材の側面または下面に沿って取り付ける場合は、ケーブルの支持点間の距離を2m（垂直に取り付ける場合は6m）以下とし、かつ、その被覆を損傷しないように取り付ける。
4. 7kV以下の器具等の電路の絶縁耐力試験においては、試験電圧として最大使用電圧の1.5倍の電圧を10分間加えても機器の絶縁性能に異常が生じないことを確認する。最大使用電圧は、通常の使用状態において電路に加わる最大の線間電圧であり、公称電圧の1.15/1.1倍とする。

No.59　正解　1　施工計画・施工管理

1. 工程表には、ネットワーク工程表とバーチャート工程表等がある。バーチャート工程表は作成が容易だが、クリティカルパスはわからない。
2. ネットワーク工程表は、「プロジェクト（対象工事）の全体及び部分が把握しやすく、問題点の発見が容易である」「作業の順序関係が明確になる」「クリティカルパスが明確になる」といった特徴がある。
3. 契約図書に基づいて工事目的物を完成するため、また、設計図書に要求された品質を実現するため、施工計画及び施工管理体制を確立し、品質・予算・工程・安全・地球環境保全等の施工管理を行う。
4. 施工計画書は、施工者が当該工事で実際に施工することを具体的な文章にし、そのとおりに施工すると約束したものである。

No.60　正解　2　建設業法

1. 国土交通大臣又は都道府県知事は、許可を受けてから1年以内に営業を開始せず、又は引き続いて1年以上営業を休止した場合は、その許可を取り消さなければならない。（建設業法第29条第1項第四号）
2. 建設工事の注文者は、建設業者が当該建設工事の見積りをするために必要な一定の期間を設けなければならない。工事1件の予定価格が5,000万円以上の工事については、原則として、15日以上の見積期間を設けなければならない。（建設業法第20条）
3. 建設業者は、その請け負った建設工事を、一括して他人に請け負わせてはならない。ただし、共同住宅の新築工事以外の建設工事で、当該建設工事の元請負人があらかじめ発注者の書面による承諾を得たときは、この規定は、適用しない。（建設業法第22条第3項）

4. 建設業法第19条第1項第七号により、正しい記述である。

建築設備［解答・解説］

▶問題 P.234～

No.1 正解 1 環境・省エネルギー

1. SAT（Sol－Air Temperature）とは、相当外気温度のことで、外壁等に日射が当たる場合の影響を外気温度に換算した温度である。外表面に当たる日射の効果を外気温の上昇として捉えたものを日射の等価気温上昇といい、これに外気温を加えた値で表す。壁体内での熱的遅れは考慮しない。設問の記述は、実効温度差ETD（Effective Temperature Difference）の説明である。
2. IPF（Ice Packing Factor）とは、氷充填率のことで、氷蓄熱方式における蓄熱槽中に氷が占める体積比率で、$\frac{\text{氷蓄熱槽内の製氷容積}}{\text{氷蓄熱槽内の全水量（水＋氷）}}$にて求める。
3. APF（Annual Performance Factor）とは、通年エネルギー消費効率のことで、パッケージエアコンが、「冷房期間＋暖房期間を通じた除去・供給熱量」を、「冷房期間＋暖房期間に消費する総電力量」で除した値である。APFは定格冷房・定格暖房だけでなく、暖房低温、中間冷房、中間暖房を含めた5つの評価点において年間に消費する総電力量より算出する。値が大きいほど、省エネルギーに優れている。

$$\text{APF}=\frac{\text{冷房期間＋暖房期間を通じた除去・供給熱量〔kW・h〕}}{\text{冷房期間＋暖房期間に消費する総電力量〔kW・h〕}}$$

4. PAL＊（パルスター）とは、年間熱負荷係数のことで、建物外周部の熱的省エネルギー性能を評価する建築的な省エネルギー指標である。

$$\text{PAL＊}=\frac{\text{ペリメータゾーンの年間熱負荷〔MJ/年〕}}{\text{ペリメータゾーンの床面積〔m}^2\text{〕}}\quad\text{〔MJ/(年・m}^2\text{)〕}$$

PAL＊の値は小さいほど、ペリメータゾーン単位面積当たりの年間熱負荷が小さいことを示しているので、建築物の外皮の熱性能が高いと判断される。PAL＊の値を小さくするためには、建築物の用途・形状・方位・ゾーニング・窓面積等の計画において、工夫や配慮を行うことが重要である。

No.2 正解 3 空調計画

1. 定風量単一ダクト方式は、劇場などの単一使用区画の大部屋や、恒温、恒湿が求められるクリーンルーム・手術室・放送スタジオなど、風量変化に伴う騒音防止や空気質の確保が必要な所に採用される。
2. マルチパッケージ型空調方式は、主に中小規模の貸事務所や店舗（テナント）ビルに用いられる。
3. データセンターの空気調和設備の特徴は、「年間連続運転」、「年間冷房」、「顕熱負荷が主体」等であり、外気冷房や冷却塔フリークーリングが効果的である。また、サーバルームは漏水を嫌うため、漏水の危険性がある冷温水管およびドレン管を必要とする天井吊り形のファンコイルユニット方式は、不適当である。

4. 床吹出し空調方式は、高天井でも効率よく居住域を空調できるため、美術館の展示室に用いられることがある。ただし、床面に配置された展示品及び造作による遮蔽により、制約を受ける場合がある。

No.3 正解 3 熱源機器

1. 地中熱とは、浅い地盤中に存在する熱エネルギーである。地中温度は、夏期は外気温より低く、冬期は外気温より高いため、ヒートポンプの熱源として利用することで、空調・給湯の効率を高めることができる。また、冷房時におけるエアコン室外機から大気への放熱を低減できるため、都市部で問題となっているヒートアイランド現象の抑制にも有効である。

2. ヒートポンプは、冷却水、熱源水の温度によってCOP（成績係数・効率）が変化する。河川水の温度は、大気に比べると、夏期は低く、冬期は高く、1日の温度変化も小さく安定しているので、河川水などを利用した水熱源ヒートポンプは、空気熱源ヒートポンプよりもCOPが高くなる。

3. ガスタービンを使用したコージェネレーションシステムは、ガスタービンで発電機を駆動して発電し、排ガスから排熱を蒸気の状態で回収し、冷暖房や給湯などに利用するシステムである。高温（450～550℃程度）の排ガスを利用するため、蒸気回収を容易に行うことができる。また、ガスタービンの冷却には、空気を用いる（冷却水は用いない）。

4. 各デシカントには、効率よく吸着・除湿できる温度領域が存在する。シリカゲルや高分子系収着剤は、低温の再生温度領域において高い吸着性能を有していることから、これまで捨てられていた各種の未利用の排温水や太陽熱を利用することができる。

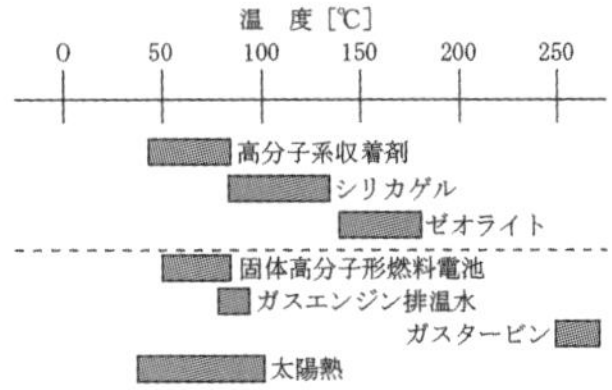

各デシカントの最適再生温度及び各熱源温度

No.4 正解 2 空調計画

1. ペリメータレス方式は、空調負荷低減手法のひとつで、壁面の一部または全部を二重化するダブルスキンや、二重化したガラス内部の熱を室内空気で除去・集熱するエアフローウインドウ方式などがある。いずれもペリメータにおける熱負荷を低減させる効果が期待できる。

2. 共用部分の機械室にペリメータゾーン専用の空気調和機を設置し、単一ダクト方式により冷暖房を行う場合は、方位による時間毎の日射量が異なり、熱負荷が変化することから、一般に、方位ごとに空調系統を分割する。

3. ウォールスルー型の空気熱源ヒート

ポンプパッケージは、外壁を貫通する型で設置する、空冷式の一体型の機種である。これを窓台内に設置する方式は、一般に、冷暖房と同時に外気の取り入れが可能である。

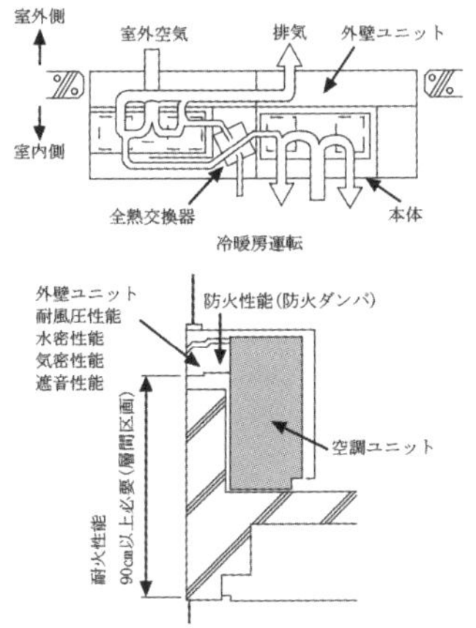

ウォールスルー型システムの概要

4. 事務所ビルなどでは、インテリアゾーンは年間を通して冷房傾向となるが、ペリメータゾーンは、外気温度が低い中間期から冬期にかけて、暖房が必要となる。この場合、インテリアゾーンとペリメータゾーンとの空調の混合損失が問題となる。

No.5 正解 1 空気・空気線図

室内顕熱負荷q_sに関して、以下の式が成り立つ。

$$q_s = C_{pa} \times \rho \times Q \times (t_d - t_i)$$

ここに　q_s:室内顕熱負荷［kW＝kJ/s］

C_{pa}:空気の比熱［kJ/(kg·K)］

ρ:空気の密度［kg/m³］

Q:送風量［m³/s］

t_d:吹出し空気温度［℃］

t_i:室内空気温度［℃］

この式に条件で与えられている値を代入する。このとき、送風量Qの単位は［m³/s］であるため、条件イ. 送風量6,000［m³/h］もそれに合わせて$\frac{6,000}{3,600}$［m³/s］に変換する必要がある（1時間当たりを1秒当たりに変換 1h＝3,600s）。また、室内空気温度t_iは、空気線図より20℃と読み取ることができる。

$$20 = 1.0 \times 1.2 \times \frac{6,000}{3,600} \times (t_d - 20)$$

$$20 = 2.0 \times (t_d - 20)$$

$$t_d - 20 = \frac{20}{2.0} = 10$$

$$\therefore \quad t_d = 10 + 20 = 30 \text{［℃］}$$

水加湿量（蒸気加湿量）Lに関して、以下の式が成り立つ。

$$L = \rho \times Q \times (x_2 - x)$$

ここに　L:水加湿量［kg/h］

ρ:空気の密度［kg/m³］

Q:送風量［m³/h］

x_2:吹出し空気の絶対湿度［kg/kg(DA)］

x:加湿前の絶対湿度［kg/kg(DA)］

この式に条件で与えられている値を代入する。このとき、空気線図より

x_2:＝0.0058［kg/kg(DA)］

x＝0.0034［kg/kg(DA)］と読み取ることができる。

$$L = 1.2 \times 6,000 \times (0.0058 - 0.0034)$$

$$\therefore \quad L = 17.28 \text{［kg/h］} \fallingdotseq 17 \text{［kg/h］}$$

よって、選択肢1が最も適当である。

No.6 正解 2 環境・省エネルギー

1. 壁面等の直達日射量は、受照面に対する入射角が小さいほど、大きくな

る。南向き鉛直面に対する正午頃の入射角は、冬至日で約31度、春分日・秋分日で約55度、夏至日で約78度である。したがって、入射角が小さい秋期の方が、夏期よりも日射量が大きい。

2. 一般に人体からの発生熱は、体表面からの対流、放射による顕熱と、汗などの水分蒸発による潜熱がある。作業状態が同じ場合、室温が変化しても、顕熱と潜熱の和である全熱の値は、ほぼ一定である。

3. 暖房負荷となる熱は、外壁やガラスから屋外に流出する貫流伝熱による熱と換気や隙間風のために導入する外気を加熱するための熱であり、これらから日射熱、照明、人体、設備機器等の発熱分を差し引いたのが、実際の暖房負荷である。ただし、暖房負荷を計算する上では、日射熱、人体、照明、設備機器等の発熱分は安全側に働くので、差し引かない（考慮しない）場合が多い。

4. 土間床・地下壁の通過熱負荷は、地中温度と室温との温度差によって生じる。地中温度は、ある深さ以下では一年を通してほぼ年平均気温で平準化される。暖房時においては暖房負荷として考慮するが、冷房時においては、冷房温度より土中温度のほうが低く、実質、安全側となるため、一般に、考慮しない。

No.7 正解 4 給水設備

ポンプを動かすのに必要な軸動力P_p［kW］は、次式で求められる。

$$P_p=\frac{1}{\eta_p}\cdot\frac{\rho gQH}{1{,}000}\ [\mathrm{kW}]$$

η_p:ポンプ効率

ρ:水の密度［kg/㎥］

g:重力加速度［m/s²］

Q:ポンプの吐出し量［㎥/min］

H:全揚程［m］

ポンプの吐出し量は、設問で与えられている循環水量と同じなので、1台運転時で1.0㎥/min、2台並列運転時で1.1㎥/minとなる。さらに、2台を並列運転させているときの1台当たりの吐出し量は0.55㎥/minとなる。これらと図「循環ポンプの特性曲線」より、それぞれのポンプ効率と全揚程を読みとり、式に代入する。

なお、重力加速度gの単位は［m/s²］であるため、ポンプの吐出し量Qの単位［㎥/min］もそれに合わせて［m/s］に変換する必要がある。（1分当たりを1秒当たりに変換1min＝60s）

ポンプ1台の場合:

$$P_1=\frac{1}{0.72}\cdot\frac{\rho\times g\times\frac{1.0}{60}\times 24}{1{,}000}$$

$$=0.00056\rho g\ [\mathrm{kW}]$$

ポンプ2台の場合:

$$P_2=\frac{1}{0.58}\cdot\frac{\rho\times g\times\frac{1.1}{60}\times 29}{1{,}000}$$

$$=0.00092\rho g\ [\mathrm{kW}]$$

「ポンプ1台運転時の軸動力」に対する「ポンプ2台運転時の軸動力」は、

$$\frac{0.00092\rho g}{0.00056\rho g}=1.64\cdots\fallingdotseq 1.7$$

よって、選択肢4が最も適当である。

No.8　正解　4　空調方式

1. グリル型吹出し口は、ベーン（羽根）角度により、到達距離や降下度を調整できるため、壁や下がり天井側部からの吹出し方式に適している。
2. アネモ型吹出し口は、誘引性、混合拡散性がよいため、一次空気の温度差が大きくとれ、比較的大風量を処理できる。一般事務室で比較的よく用いられている。
3. スロット型吹出し口は、アスペクト比が大きいライン上吹出し口であり、ライン上に沿って幅広く吹出しが行える。また、意匠的に目立たないことから最近多く用いられており、窓に平行して設置してペリメータの負荷処理を行う場合に適している。
4. パンカルーバ型吹出し口は、吹出し気流の方向や風量を容易に変更できる機構を有し、工場や厨房などの局所冷房によく利用される。**設問の記述は「パン型空調」の説明である。**

No.9　正解　3　換気設備

1. 置換換気（ディスプレイスメント・ベンチレーション）方式とは、従来のように室内空気を混合して排気する方式と異なり、室下部に設置された低速吹出口から吹き出された室温よりも低温の空気が、人体・器具等からの発熱を伴う汚染空気の浮力による上昇を妨げることなく室下層部から拡がり、居住域で発生した汚染質の混合を抑制して室上部に押し上げて、排出する方式である。一般に、従来の混合換気（全般換気）よりも、換気効率は高くなるので、居住域の空気質を高めることができる。

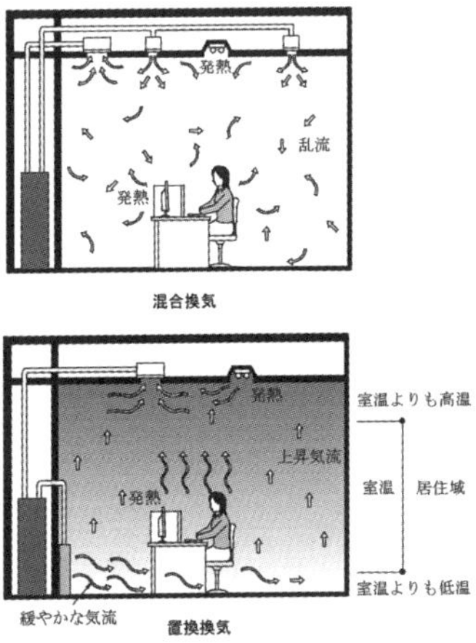

混合換気と置換換気の概念図

2. 全般換気は、室内で発生する汚染質を完全に希釈・拡散したうえで排気することが原則なので、汚染質の種類やその発生量によっては、非常に大量の換気を必要とすることがある。一方、局所換気は、汚染質を汚染源の近くで捕捉・処理するため、周辺の室内環境を衛生的かつ安全に保つ上で有効であり、換気量も比較的少なくてすむ。
3. バイオハザード実験室やトイレ、厨房などの汚染物質を他室に漏らしたくない室においては、**室圧を常時負圧とする必要がある。**
4. 駐車場法施行令第6条、第12条に

より、自動車の駐車の用に供する部分の面積が500㎡以上である屋内駐車場は、その内部の空気を床面積1㎡につき14㎥/h以上直接外気と交換する能力を有する換気装置を設けなければならない。ただし、窓その他の開口部を有する階で、その開口部の換気に有効な部分の面積が、その階の$\frac{1}{10}$以上である物については、この限りではない。

No.10 正解 4 換気設備

室内の二酸化炭素の発生量から見た必要換気量Qは、以下の式で求めることができる。

$$Q=\frac{k}{P_i-P_o}$$

Q:必要換気量［㎥/h］

k:室内の二酸化炭素(CO_2)の発生量［㎥/h］

P_i:室内空気の二酸化炭素(CO_2)濃度［㎥/㎥］

P_o:外気の二酸化炭素(CO_2)濃度［㎥/㎥］

また、必要換気量Qを室の容積Vで割ると、必要換気回数Nが求められる。

$$N=\frac{Q}{V}\ [回/h]$$

これらの式に、条件で与えられている値を代入する。このとき、室内の二酸化炭素の発生量kは

k=0.030㎥/(h・人)×10人

=0.3［㎥/h］

また、条件ハの400ppmは0.0004、条件ニの1,000ppmは0.001に変換する必要がある。

したがって、必要換気量

$$Q=\frac{0.3}{0.001-0.0004}=\frac{0.3}{0.0006}$$

=500［㎥/h］

室の容積V=160㎡×2.5m=400［㎥］

換気回数$N=\frac{500}{400}=1.25$［回/h］

よって、選択肢4が最も適当である。

No.11 正解 2 自動制御

1. 電気式自動制御機器は、制御量の変化による機械的変位を電気信号として取り出し、操作部を駆動するものである。

2. 電子式自動制御機器は、検出部と調節部が独立した構造のものである。検出部からの入力信号を、調節部の電子回路により、操作部に制御信号を出力する方式であり、電気式より高い精度や応答性が要求される設備に使用される。

3. デジタル式自動制御装置は、検出部からのアナログ信号を調節部のデジタル回路で解析し、デジタル化した制御信号を操作部に出力する方式である。

4. 空気式自動制御機器は、検出部で温度変化を機械的に変換し、偏差に応じた空気圧を出力するものである。

No.12 正解 4 排煙設備

1.「特別避難階段の付室と兼用する非常用エレベーターの乗降ロビー」のための排煙機の排煙風量は、6㎥/s以上とする。なお、「特別避難階段

の付室」、「（付室と兼用しない）非常用エレベーターの乗降ロビー」のための排煙機の排煙風量は、4㎥/s以上とする。

2. 天井高が3m以上の居室に設ける排煙口の設置高さは、床面からの高さが2.1m以上で、かつ、天井高の1/2以上の部分とする。

3. 記述の通り正しい。（建築基準法施行令第126条の3第1項第三号）

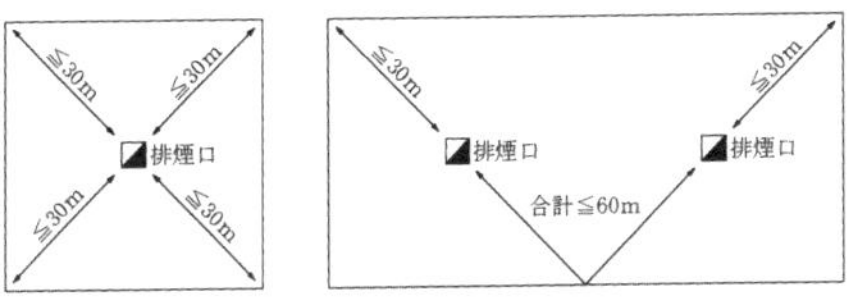

排煙口の平面上の配置

4. 排煙ダクトに設置する防火ダンパーの温度ヒューズの溶融温度は280℃とする。

No.13 正解 1 換気設備

1. 静電気空気浄化装置（電気集じん装置）は、高圧直流電源を用い、コロナ放電によって粉じんガス中の粒子に荷電を与え、帯電粒子をクーロン力によって捕集する装置である。比較的微細な粉じんの捕集に適している。

2. 活性炭の吸着性能（ガス除去率）は、対象ガス（アンモニア、有機酸、アセトアルデヒド、ホルムアルデヒド等）の物性や、空調環境の温度、湿度等に大きく影響される。

3. 化学吸着式フィルターは、素材である活性炭や合成繊維、樹脂などに、反応薬剤を添着、もしくはイオン交換基を付与したもので、物理吸着捕集がしにくい無機系ガスを対象に使用される。

4. エアフィルターは、粉じん捕集率の高いものから低い種類のものまである。すべてのエアフィルターの性能は、粒径による粉じん捕集室の負荷状態によって変化し、効率評価が困難である。エアフィルターのろ材部で捕集する粉じん捕集率評価は、粉じん捕集率の粒度区分の高低差によっても異なり、また、評価法によっても異なる。

エアフィルタの捕集率評価法

捕集率評価法	質量法	比色法	計数法
規　格	JIS B 9908 ASHRAE AFI	JIS B 9908 ASHRAE NBS AFI	JIS Z 4812 MIL ANSI
適用 エアフィルタ	低性能 フィルタ	中性能 フィルタ	高性能 フィルタ

No.14 正解 4 給湯設備

1. 炉筒煙管ボイラーは、保有水量が多いため、起動時間は長いが、負荷変動に対して安定性がある。また、水面が広いため、給水制御が容易であり、水処理は比較的簡単である。

2. 循環型ボイラーでは、汽水分離の際に給水中の不純物が水中に濃縮されることで、蒸気の純度が保たれている。一方、小型貫流ボイラーは、起動時間は短いが、汽水分離機能を持たないため、蒸気の純度を確保するために給水の純度を高める必要があり、高度な水処理が求められる。

3. 鋳鉄製ボイラー（セクショナルボイラー）は、セクションを組み合わせて利用でき、組み立て、解体、搬入に便利である。また、地下室など、入口の狭い場所でも設置することができる。

4. 真空式温水機は、熱媒水が密封されているため、水処理をほとんど必要としない。また、熱媒水に圧力がかかっていないため、「ボイラー及び圧力容器安全規則」の適用を受けず、免許や資格を必要とせず、誰でも取り扱うことができる。

No.15 正解 1 熱源機器

1. 冷却水温度は、一般に低いほうがエネルギー的に有利であるので、冷凍機の機能に支障のない範囲で出口温度を低く設定することが望ましい。ただし、外気温が低い時期まで運転が必要な冷凍機システムでは、冷却水温度が不安定となる場合があるので、注意を要する。

2. 外気温度の低い冬期や湿度の高い中間期には、吐出される飽和空気は大気中で一時的に過飽和の状態となり、水分が白煙状になって種々の障害を起こすことがある。この現象を白煙という。白煙防止対策としては、吐出し空気を加熱して大気に放出したり、大気を加熱して吐出し空気と混合して大気に放出するなどの方法がとられている。

3. 吸収冷凍機は、吸収器で水分を吸収した吸収液の稀溶液を濃溶液に再生するのに加熱を必要とし、この加熱分を冷却するのに凝縮器のほかにも吸収器を冷却する必要があるため、凝縮器のみを冷却する圧縮冷凍機に比べて冷却水量が多くなる

4. 密閉型冷却塔は、散水系統の保有水量が少なく不純物の凝縮が激しいため、この系統に対する水質管理を厳密に行う必要がある。

No.16 正解 3 水の性質

1. 記述の通り、正しい。

2. 記述の通り、正しい。

3. 水の密度は、水温が4℃で最大値1,000kg/㎥を示し、温度が上昇しても下降しても減少する。

4. 流体の粘性力に対する慣性力の強さをレイノルズ数という。管内の流れを考えた場合、流体が常に管軸と平行に移動する流れを層流といい、乱れた流れを乱流という。レイノルズ数が小さく1,000程度のときには、層流となる。

No.17 正解 4 給排水衛生設備融合

1. 事務所ビルにおける設計用給水量（1人1日当たり）は、60～100lとされている。

設計用給水量

建物種別	使用水量
戸建住宅	200～400 l/人・日
集合住宅	200～350 l/人・日
事務所	**60～100 l/人・日**
総合病院	1,500～3,500 l/床・日
ホテル客室部	350～450 l/ベッド・日
学校	70～100 l/人・日

2. 厨房のない事務所ビルにおける設計用給湯量（1人1日当たり）は、7～10lとされている。

設計用給湯量

建物種別	給湯量
事務所	**7～10 l/人・日**
ホテル(客室)	150～250 l/客・日
病院	150～200 l/床・日
レストラン	40～80 l/㎡・日
集合住宅	150～300 l/戸・日

3. 事務所衛生基準規則第17条によると、事務所ビルにおける女性用便器の数は、20人以内ごとに1個以上であるから、女性の在勤者100人に対し便器5個は適当である。なお、男性用小便器は30人以内ごとに1個以上、男性用大便器は60人以内ごとに1個以上と定められている。

4. 一般に、排水槽の容量は、最大排水流量の15～60分間分（平均排水流量の30分～2.5時間分）または排水ポンプ容量の10分～20分間分のいずれかの条件を考慮して決定する。

No.18 正解 2 給水設備

1. 一般水栓の最低必要圧力は、一般に、30kPaである。なお、大小便器洗浄弁の最低必要圧力は、一般に、70kPaである。

2. 給水設備に給水容量や給水管径を決定するために、建物内で水がどの程度使用されるのかを推定したものが予想給水量である。予想給水量には1日予想給水量、時間平均予想給水量（1日予想給水量を、その水の大部分が使用される時間で除したもの）、時間最大予想給水量（1日のうちに最も多くの水が使用される1時間の給水量）及びピーク時予想給水量（1日のうちに最も多くの水が使用されるピーク時における1分当たりの給水量）がある。一般に、時間最大予想給水量は、時間平均予想給水量の1.5～2.0倍程度、ピーク時予想給水量は、時間平均予想給水量の3.0～4.0倍程度として算出する。

3. 水道直結増圧方式の増圧ポンプの制御方法は、圧力発信器などからの信号によりインバータ制御を行い、末端圧力が一定となる吐出し圧力を推定して圧力を制御する推定末端圧力一定制御（末端圧力推定制御）と台数制御によって運転される。

4. 定水位弁とは、水位検出及び弁開閉調節動作を行わせるボールタップを子弁として弁本体と分離して受水槽水面に配置し、給水管に設けた親弁（弁本体）との間をバイパス細管で継ぐことによって弁閉止を行うものである。弁本体の開閉速度が比較的緩やかになるため、流量が大きい大型の受水槽に用いることでウォーターハンマーを防止することができる。

No.19 正解 1 給水設備

高置水槽方式において、高置水槽の容量と揚水ポンプの揚水量には以下の関係がある。

$V_E=(Q_p-Q_{pu})T_p+Q_{pu}T_{pr}$

ただし、$Q_p<Q_{pu}$であっても$Q_p-Q_{pu}=0$とみなす。

この式において、

V_E:高置水槽の有効容量［l］

Q_p:ピーク時予想給水量［l/min］

Q_{pu}:揚水ポンプの揚水量［l/min］

T_p:ピーク時予想給水量の継続時間［min］

T_{pr}:揚水ポンプの最短運転時間［min］

設問の条件を代入すると、

$V_E=(600-400)\times30+400\times10$

$=6{,}000+4{,}000=10{,}000$［$l$］

$=10$［㎥］

No.20 正解 3 給湯設備

1. 一管式の局所式給湯設備において、配管計画は、配管内の湯の滞留時間（配管内保有水量/流水量）が10秒以下となるように行う。
2. 循環ポンプの水量（循環量）W［l/min］は、下式にて求める。

 $W=\dfrac{3{,}600\times\Sigma H_L}{4{,}186\times\Delta t}$

 ΣH_L:配管・弁・ポンプなどの循環管路からの熱損失合計［W］（湯が循環している間に放熱される熱量）

 Δt:給湯温度と返湯温度との許容温度差降下（一般に5℃）
3. レジオネラ属菌は、水あるいは空気中のエアロゾルを媒体として人間に感染し、肺炎に似た症状を起こす常在菌であり、26℃前後で増殖が始まり、35～40℃が菌にとって最適とされ、60℃以上で死滅する。したがって、循環式の中央式給湯設備において、給湯温度は貯湯槽内で60℃以上、末端の水栓でも55℃以上に維持する。
4. 循環式の中央式給湯設備において、循環ポンプは、貯湯槽の直前の返湯管部分に設ける。

No.21 正解 4 給湯設備

1. 記述の通り、正しい。
2. 記述の通り、正しい。
3. 管の線膨張係数を次表に示す。架橋ポリエチレン管の線膨張係数は20×10^{-5}/℃、銅管の線膨張係数は1.7×10^{-5}/℃である。

管の線膨張係数

管材料	線膨張係数［$\times10^{-5}$/℃］
鋼	1.2
ステンレス鋼	1.7
銅	1.7
ポリブテン	15
架橋ポリエチレン	20

4. 水道用耐熱性硬質塩化ビニルライニング鋼管は、配管用炭素鋼鋼管（SGP）の内面に耐熱性硬質ポリ塩化ビニル管をライニングしたものであり、外面仕様は一次防錆塗装である。用途は、給湯・冷温水・温泉などであり、流体の連続使用許容温度は、85℃以下である。

No.22 正解 1 排水通気設備

1. 排水横管からの通気の取り出しは、排水横管の直上部から垂直に取り出してまっすぐ上に立ち上げる。それが施工上困難な場合は、排水横管の垂直中心線上部から45度以内の角度で取り出す。

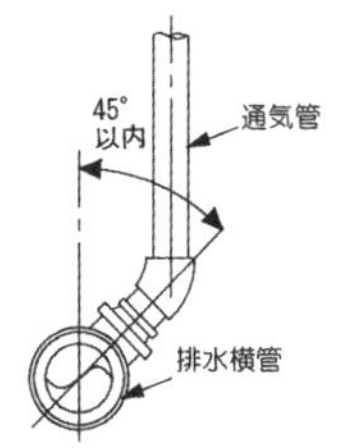

断面図

排水横管からの通気の取り出し

2. 通気立て管の上部は、管径を縮小せずに延長し、その上端は最高位の衛生器具のあふれ縁から150mm以上高い位置で、伸頂通気管に接続するか、単独に大気中へ開口する。

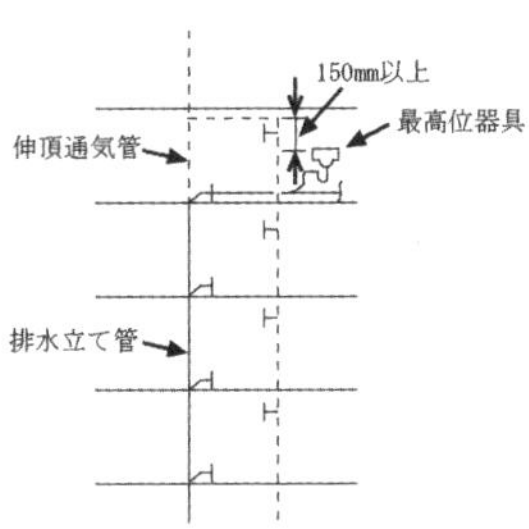

(a)

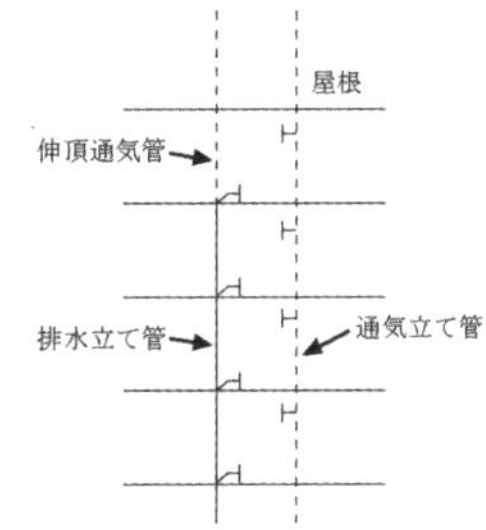

(b)

通気立て管の上部の処置

3. 屋上などを庭園、物干し場などに使用する場合、通気管は2m以上立ち上げた位置で大気中に開口する。

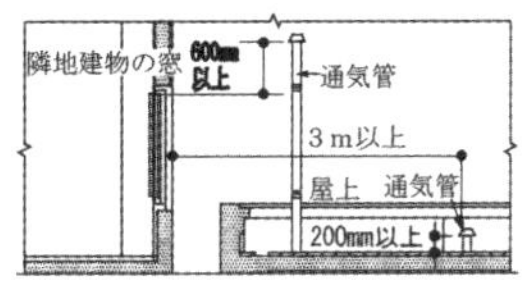

屋根に開放する場合

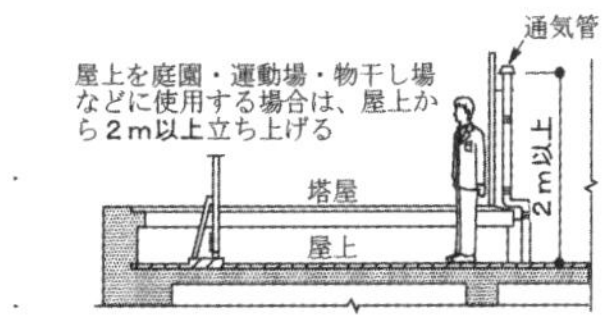

屋上に開放する場合

通気管末端部の開口位置

4. 通気管の最小管径は、30mmとする。ただし、建物の排水槽に設ける通気管の管径は、いかなる場合にも50mmより小さくしてはならない。

No.23 正解 2 浄化槽設備

BOD除去率とは、流入排水中のBODのうち、処理装置等の中で除去された割合を示す。

BOD除去率

$$= \frac{\text{流入水のBOD負荷} - \text{放流水のBOD負荷}}{\text{流入水のBOD負荷}} \times 100\ [\%]$$

BOD負荷［g/日］

＝BOD濃度［g/l］×水量［l/日］

ここで、BOD濃度に関しては、条件ハ、ニ及びホで単位が［mg/l］で与えられているため、単位を［g/l］に換算するために、条件の数値に10^{-3}［g/mg］をかける必要がある。また、水量に関しては、条件イ及びロで単位が［m^3/日］で与えられているため、単位を［l/日］に換算するために、条件の数値に10^3［l/m^3］をかける必要がある。（結局、10^{-3}と10^3をかける形になり、これらは相殺される）

流入水のBOD負荷

＝流入汚水のBOD負荷＋流入雑排水のBOD負荷

$=(260\times10^{-3}\times25\times10^3)$

$\quad+(180\times10^{-3}\times75\times10^3)$

＝20,000g/日

放流水量＝25m^3/日＋75m^3/日

＝100m^3/日

放流水のBOD負荷＝$14\times10^{-3}\times100\times10^3$

＝1,400g/日

したがって、

$$\text{BOD除去率}=\frac{20{,}000-1{,}400}{20{,}000}\times100$$

＝93［%］

No.24 正解 2 排水通気設備

図に示すとおり、雨水横主管ⓐは2つの雨水ます以降であるため、1階壁面の雨水は集水せず、グレーと斜線の屋根面部分及び壁面部分の雨水を集水する。

雨水横主管ⓐの最小管径決定のための屋根面積は、

屋根面の屋根面積＝(10×7＋10×8)×2

＝300㎡

また、壁面のうち50%を最小管径決定のための屋根面積として加味するので、

壁面の屋根面積＝10×20×2×0.5

＝200㎡

∴　雨水横主管ⓐが受け持つ屋根面積

＝300＋200＝500㎡

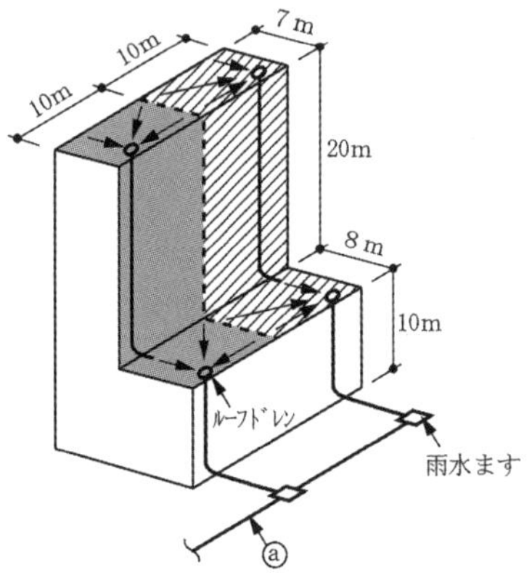

条件イより、最大雨量が70mm/hであり、表を適用するにあたり、雨量を100mm/hに換算すると、

$$\text{換算屋根面積}=\frac{500\times70}{100}=350\text{㎡}$$

表より、雨水横主管ⓐの最小管径は、許容最大屋根面積が392㎡である125mmとなる。

No.25 正解 1 排水再利用設備・雨水

1. 排水再利用水及び雨水再利用水の水質基準において、pH値は、5.8以上8.6以下であることと定められている。（建築物における衛生的環境の確保に関する法律）
2. 散水用水、水景用水、清掃用水に利用する雨水利用水及び排水再利用水

（原水にし尿を含まない）の濁度は、２度以下と定められている（建築物における衛生的環境の確保に関する法律）。

3. 雨水利用設備における沈殿槽は、集水した雨水に含まれる細砂を自然沈降によって除去するためのものであり、その容量は計画時間雨水集水量の$\frac{1}{60}$程度となる。ここで、計画時間雨水集水量は、一般に、降雨強度が10～20mm/h程度の時の雨水集水量とされている。

4. 雨水利用設備の標準処理フローにおいては、ろ過装置を用いた場合であっても、消毒装置を設置しなければならない。

No.26 正解 1 給排水衛生 特殊設備

1. 食器洗浄機には、殺菌のため80℃以上の湯を使用する。一般には、60℃程度の給湯器から供給される湯を、食器洗浄機内に付属されたブースターヒーターで80℃以上に昇温する。

2. 記述の通り、正しい。

3. 記述の通り、正しい。

4. 記述の通り、正しい。

No.27 正解 4 消火設備

1. 屋内消火栓設備は、在室者による初期消火に必要な設備であり、防火対象物の階ごとに、その階の各部分からホース接続口までの水平距離が１号消火栓は25m以下、２号消火栓は15m以下となるように配置する（消防法施行令第11条第３項）。広範囲型２号消火栓の警戒区域範囲は、１号消火栓と同じであり、防火対象物の階ごとに、その階の各部分からホース接続口までの水平距離は25m以下とする。

2. 消防法施行令第12条第２項第二号及び消防法施行規則第13条第３項第一号より、便所はスプリンクラーヘッドの設置が免除されるが、その代替として補助散水栓を設ける必要がある。

3. 屋外消火栓の水源水量Q［㎥］は、下式により算出する。

Q≧７S

S：屋外消火栓の設置個数（ただし、最大は２個）

したがって、Q≧７×２＝14㎥　より、適当である。

4. 連結送水管の放水口のホース接続口は、床面からの高さが0.5m以上１m以下の位置に設ける。（消防法施行規則第31条第二号）

No.28 正解 3 ガス設備

1. 記述の通り、正しい。なお、高さ31mを超える建築物には、引込み管ガス遮断装置を設けなければならない。

2. ガス引込み管を不等沈下のおそれがある場所に設置する場合、不等沈下に追従できるようにするために、管径80mm以下の場合は、近年では高い柔軟性と伸縮性のあるポリエチレン管（PE管）を融着する工法が主流である。また、大口径の場合は、鋳鉄管を機械的接合したり、プラスチック被覆鋼管（カラー鋼管）を溶接接合する方法がとられる。これらのほか、伸縮継手によることも可能である。

3. ガス漏れ検知器（警報器）は、液化天然ガス（LNG、都市ガス）のような空気より軽いガスを使用する場合、ガス燃焼器から検知部までの水平距離を**8m以内**、天井面から検知部の下端までの位置を30cm以内の位置に設ける。また、液化石油ガス（LPG、プロパンガス）のような空気より重いガスを使用する場合、ガス燃焼器から検知部までの水平距離を4m以内、床面から検知部の上端までの高さを30cm以内の位置に設ける。

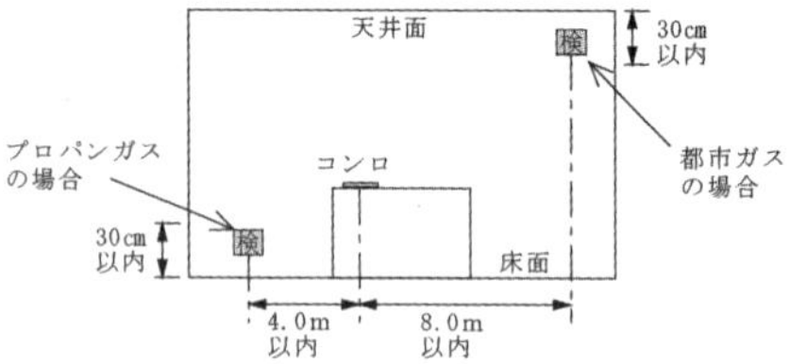

ガス漏れ検知器の取付け位置

4. 液化石油ガス用容器は、常にその温度を40℃以下に保つ措置をし、日光以外の熱源により、容器が40℃を超えて加熱されるおそれのある場合は、不燃性の隔壁を容器との間に設ける必要がある。

No.29 正解 3 給排水衛生設備融合

1. フート弁は、ポンプの吸込み垂直配管端に設け、水の逆流を防止するための逆止め弁である。一般の渦巻きポンプには自吸力がなく、吸込み管内の水が途切れると揚水ができなくなる。このため、ポンプが停止した際、配管内の水が水槽内に落下することを防止し、ポンプに注水せずに再運転ができるようにフート弁を設ける。

2. ボール弁は、穴の開いた球状の弁体を90度回転することにより管路を開閉する弁である。操作が容易で開閉時間が短く、水密性に優れており、開閉時の圧力損失も小さいため、小口径の弁には広く使用されている。ボール弁には、フルボア形とレデュースボア形があり、フルボア形は、弁体の全開時に流路が配管と同形状になるので、圧力損失が極めて少ない。

3. 水道用硬質塩化ビニルライニング鋼管において、SGP−VAは、管の外面に**一次防錆塗装**を施したものである。

水道用硬質塩化ビニルライニング鋼管の種類

種類	記号	原管	外面	適用例（参考）
水道用硬質塩化ビニルライニング鋼管 A	**SGP−VA**	JIS G 3452（配管用炭素鋼鋼管）の黒管	**一次防錆塗装**	屋内配管
水道用硬質塩化ビニルライニング鋼管 B	SGP−VB	JIS G 3442（水配管用亜鉛めっき鋼管）	亜鉛めっき	屋内配管、屋外露出配管
水道用硬質塩化ビニルライニング鋼管 D	SGP−VD	JIS G 3452（配管用炭素鋼鋼管）の黒管	硬質塩化ビニル被覆	屋外露出配管及び地中埋設配管

4. 硬質ポリ塩化ビニル管のうち、VPは厚肉管、VUは薄肉管と呼ばれる。なお、同じ呼び径（外径）の場合、VPのほうが厚いため、内径は小さくなる。

No.30 正解 4 給排水衛生設備融合

1. 孔食は、ステンレス鋼等の金属が、塩化物と酸化物がある環境で穴状に浸食される局部腐食である。
2. 記述の通り、正しい。
3. 溝状腐食は、電気抵抗溶接鋼管（電縫鋼管）の接合突合せ部に沿うV字状の局部腐食である。
4. かい食は、比較的速い流れのある場合に材料が受ける局部腐食で、馬蹄型の損傷跡を残すのが特徴である。設問の記述は、微生物腐食である。

No.31 正解 4 電気設備

1. キルヒホッフの第一法則は電流連続則とも呼ばれ、回路中の任意の節点に流入する電流の総和と流出する電流の総和は等しいことを示している。また、キルヒホッフの第二法則は電圧平衡則とも呼ばれ、回路中の任意の閉回路において、抵抗による電圧降下の総和は閉回路内の起電力の総和に等しいことを示している。
2. フレミングの右手の法則は、磁界中にある導体が移動したとき、導体に発生する起電力の関係を示す。親指を導体が移動する方向に向ければ、人差し指が磁界、中指が起電力の方向を示す。なお、磁界中に電流を流した導体をおくと、導体に電磁力が発生する。フレミングの左手の法則では、左手の人差し指、中指、親指を互いに直角に曲げたときに、人差し指が磁界、中指が電流、親指が電磁力の方向を示す。

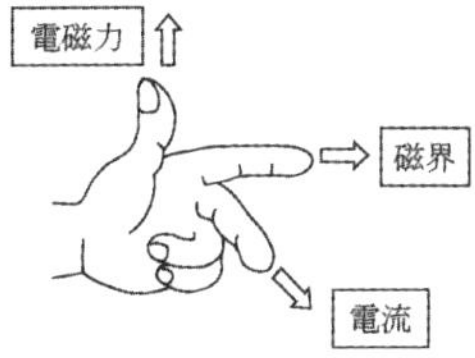

フレミングの左手の法則

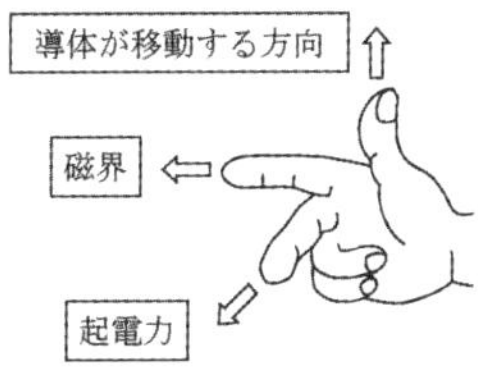

フレミングの右手の法則

3. 図のように、二つの電荷Q_1[C(クーロン)]、Q_2[C] をr[m] 離して置くと、その間に働く静電力（クーロン力）F[N(ニュートン)]は、両電荷の大きさの積Q_1Q_2に比例し、距離rの２乗に反比例する。これを、静電気に関するクーロンの法則といい、次式で表される。
$F = 9 \times 10^9 \times \frac{Q_1 Q_2}{r^2}$ [N]

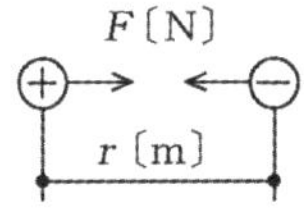

クーロンの法則

なお、電荷による力には反発力と吸引力があるが、Q_1とQ_2の積が「+」の場合には互いに同符号であるから反発力を、異符号の場合には積が「−」となり吸引力を表す。
4. 電熱器に電圧を加えて電流を流すと

熱が発生する。I[A] の電流が抵抗 R[Ω] の導体中を t[秒] 間流れたときに発生する熱量 H[J（ジュール)] は次式で表され、これをジュールの法則という。

$H=RI^2t$ [J]

したがって、発生する熱量（ジュール熱）は、電流の２乗と抵抗に比例する。

No.32 正解 1 電気設備融合

1. JIS C 0303に定める警報ベルの図記号は、Ⓑである。
設問の図記号は、配線用遮断器を表すものである。

No.33 正解 4 回路

直列接続した場合の合成抵抗は、それぞれの抵抗の和に等しい。

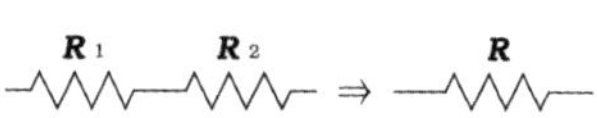

$\boldsymbol{R}=\boldsymbol{R}_1+\boldsymbol{R}_2$

並列接続した場合の合成抵抗の逆数は、それぞれの抵抗の逆数の和に等しい。

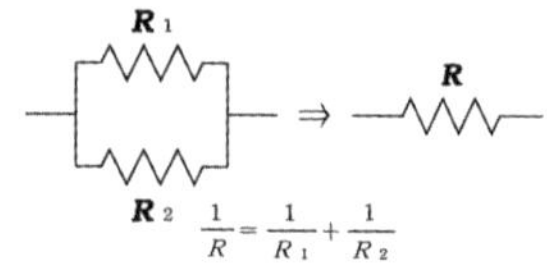

$$\frac{1}{R}=\frac{1}{R_1}+\frac{1}{R_2}=\frac{R_1+R_2}{R_1\cdot R_2}$$

$$\therefore R=\frac{R_1\cdot R_2}{R_1+R_2}$$

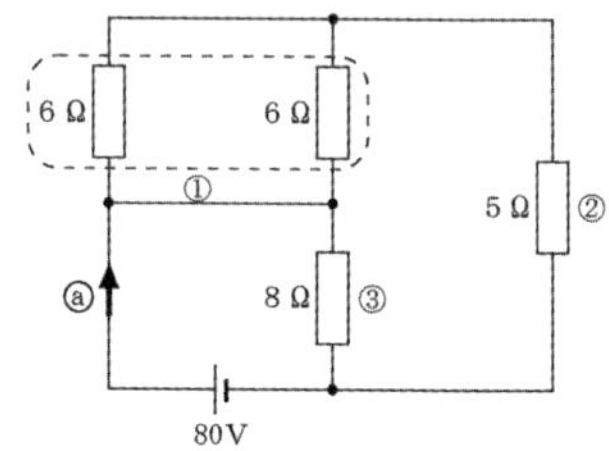

①部分の抵抗値 R_1 は、並列合成になるため、$R_1=\frac{6\times 6}{6+6}=\frac{36}{12}=3$ [Ω]

①+②部分の抵抗値 R_2 は、直列合成になるため、$R_2=3+5=8$ [Ω]

①+②+③部分の抵抗値 R_3 は、並列合成になるため、

$R_3=\frac{8\times 8}{8+8}=\frac{64}{16}=4$ [Ω]

回路全体の抵抗値が4 [Ω]、電源電圧が80[V] であるため、

オームの法則より、

ⓐで示す箇所の電流値 $=\frac{80}{4}=20$ [A]

No.34 正解 1 電気設備計画

1. 遮断器の定格電流とは、定格電圧・定格周波数のもとに規定された温度上昇限度を超えないで、その遮断器に連続して通じられる電流の限度をいう。一般には、始動電流や電圧変動、その他の安全を考慮して、最大負荷電流の120%以上の定格電流をもつ遮断器を選定する。

2. 高圧または特別高圧の電路に変圧

器によって結合される、使用電圧が300Vを超える低圧電路には、地絡が生じたときに電路を遮断するために漏電遮断器を設ける。

3. 救急医療活動を行う救護施設は、大地震時における災害応急対策活動に対応するため、救急医療活動に使用する場所等においては照明の全灯数を、救急医療活動部分の廊下においては照明の全灯数の$\frac{1}{2}$を非常用発電機回路とするなど、医療活動が行われるように配慮する。

4. 消防法により、危険物にはその種類ごとの指定数量が定められている。また、指定数量の$\frac{1}{5}$以上で指定数量未満の量の危険物を少量危険物といい、重油は軽油の2倍の量を貯蔵できるため、発電設備の運転時間を長くできる。

軽油・重油の指定数量

品　名	指定数量
軽油(第二石油類)	1,000 ℓ
重油(第三石油類)	2,000 ℓ

No.35 正解 3 電気設備計画

1. 集合住宅の幹線など、電線こう長が長く、大電流を扱う場合には、以下の計算式により電圧降下値を計算することが望ましい。

電圧降下e

$=K_1 I(R\cos\theta_r + X\sin\theta_r)L$ [V]

この式において、

K_1:配線方式による係数

I:通電電流 [A]

R: 電線1kmあたりの交流導体抵抗 [Ω/km]

X: 電線1kmあたりのリアクタンス [Ω/km]

$\cos\theta_r$:負荷端力率

L:電線のこう長 [km]

2. 全電化集合住宅の幹線の太さを決定するに当たっては、一般電力の需要率、電気温水器の種別 (23時一斉始動型、マイコン制御型、ヒートポンプ式給湯器など) 及び重畳率を考慮し、昼間と夜間における負荷電流の多いほうで決定する。重畳率とは、夜間の最大需要電力から深夜電力を差し引いた値を、一般電力の最大需要電力で除した比率をいい、一般に、電灯負荷は0.7、動力負荷は0.2としている。

3. 同軸ケーブルは、硬く丈夫で耐ノイズ性能に優れるが、施設が難しく、拡張性に劣る。監視カメラ設備において、ネットワーク伝送方式のカメラへの配線には、扱いが容易で拡張性に優れるツイストペアケーブルが用いられる。

4. 電算機室や電話交換機室の環境条件として、温度は5～40℃、相対湿度は30～80%と定められている。

No.36 正解 2 受変電設備

1. 直列リアクトル付き進相コンデンサを設置することにより、高調波電流の流出を抑制することができる。進相コンデンサは、高圧側と低圧側の両方で使用されるが、配電系統への高調波電流の流出を抑制するためには、低圧側に設置したほうが効果が高い。

2. 定格遮断電流の小さい配線用遮断器を用いるためには、配電用変圧器は、短絡インピーダンスの大きいものとする。

3. 地絡遮断装置とは、電路に地絡を生じたときに、自動的に電路を遮断する装置であり、電気事業者の配電用変電所の地絡保護装置との動作協調を図る。

4. 低圧及び高圧受電の三相３線式における不平衡負荷の限度は、単相接続負荷より計算し、設備不平衡率30%以下とする。この場合の設備不平衡率は次式で表す。

設備不平衡率

$$=\frac{\text{各線間単相負荷の最大・最小の差〔kVA〕}}{\text{総変圧器容量〔kVA〕の1/3}}\times 100〔\%〕$$

No.37 正解 2 受変電設備

三相３線式の受電設備における最大負荷電流は、次式で求める。

最大負荷電流［A］

$$=\frac{\text{総変圧器容量［kVA］}}{\sqrt{3}\cdot\text{配電電圧［kV］}\cdot\text{力率}}$$

設問の図より、総変圧器容量［kVA］

$=750+500+200+150=1{,}600$［kVA］

配電電圧は6.6［kV］、力率は100%であるので、

最大負荷電流［A］

$$=\frac{1{,}600[\text{kVA}]}{\sqrt{3}\times 6.6[\text{kV}]\times 1}\fallingdotseq 140\ [\text{A}]$$

したがって、選択肢２の140Aが最も近い。

No.38 正解 3 電気設備方式

1. コージェネレーションシステムの総合エネルギー効率は、ガスタービンが70～80%、ディーゼルエンジンが60～75%、ガスエンジンが65～80%であるため、設問の80%程度という記述は適当である。

2. 出力が10kW未満の燃料電池発電設備で、電気事業の用に供する電気工作物及び一般用電気工作物以外の電気工作物は、自家用電気工作物に該当する。自家用電気工作物を設置する者は、その工事、維持及び運用に関する保安を確保するため、主務省令で定めるところにより保安規程を定め、その自家用電気工作物の使用の開始前に、主務大臣に定めなければならない。

3. 商用電力の配電線網のことを系統といい、その系統と自家用発電設備を連系して運用することを系統連系という。系統連系方式にすることにより、急激な負荷変動があった場合には、商用電力を利用して自家用発電設備への負担を軽減することができる。

4. コージェネレーションシステムは、消防法の規定に適合する場合、非常電源用の自家発電設備として兼用することができる。

No.39 正解 1 蓄電池設備

1. 蓄電池の容量算出に用いる容量換算

時間Kは、放電時間T、許容最低電圧及び最低蓄電池温度によって決められる値である。放電時間及び1セル当たりの許容最低電圧が同一の場合、最低蓄電池温度が高いほど、容量換算時間Kは小さく設定されている。

2. 鉛蓄電池は、蓄電池から発生するガスへの対処法によってベント形とシール形に分類される。ベント形は、排気栓にフィルタを設け、酸霧が脱出しにくいようにした構造のものである。一方、シール形は、触媒栓式と制御弁式があり、いずれも電池内で発生するガスを水に戻す構造で、ガスをほとんど外部に放出しない。なお、ベント形とシール形の分類は、アルカリ蓄電池にも適用される。
3. 制御弁式鉛蓄電池は、補水や均等充電等の保守が不要であり、維持費を考慮した場合には経済的である。
4. 鉛蓄電池は、アルカリ蓄電池に比べて、期待寿命が短い。

No.40 正解 1 照明設備

1. 均斉度は、室内の照度分布の均一さを示す値で、次式で表される。

$$\text{照度の均斉度} = \frac{\text{作業面の最低照度}}{\text{作業面の最高照度}}$$

$$\text{または} \ \frac{\text{作業面の最低照度}}{\text{作業面の平均照度}}$$

後者の式による場合、平均照度に対する最低照度の比率である。

2. 全般照明とは、部屋全体を一様に明るくする照明であり、局部照明とは、作業面等の照度を補うため、比較的小面積や限られた場所を照らす照明である。
3. リモコンスイッチ方式とは、照明設備を遠隔操作して、点滅制御する方式である。リモコン変圧器によって供給する制御回路で、リモコンスイッチによってリモコンリレーを制御し、照明回路を開閉する。
4. タスク・アンビエント照明方式は、全般照明（アンビエント照明）で周囲に最低限必要な明るさを確保し、作業面は局部照明（タスク照明）によって作業をするための十分な照度を確保する方式である。局部照明（タスク照明）の比率を小さくするほど、省エネルギー効果がある。なお、全般照明の照度は、目の疲労、グレア防止を考慮して、局部照明の照度の$\frac{1}{3}$～$\frac{1}{10}$であることが望ましい。

No.41 正解 3 照明設備

光束法による視作業面の平均照度E［lx］は、次式で求めることができる。

$$E = \frac{FNUM}{A} \ [\text{lx}]$$

照明器具の台数N［台］を求める式とすると、

$$N = \frac{EA}{FUM} \ [\text{台}]$$

設問より、E:平均照度500lx

F: 照明器具1台当たりの光束4,700lm/台

U: 照明率0.71、M:保守率0.81、

A: 床面積40㎡

$$N = \frac{500 \times 40}{4{,}700 \times 0.71 \times 0.81} \fallingdotseq 7.4 \ [\text{台}]$$

したがって、7.4台以上で最も近い8台

を配置する。

No.42 正解 2 電動機

1. 直流電動機は、始動トルクが大きく、回転速度を広範囲・円滑・精密に調整することができる。主に電気鉄道、クレーン等に使用される。
2. 同期速度とは、回転磁界の回転速度のことをいう。誘導電動機の同期速度N_Sは、誘導電動機の極数をp、周波数をf[Hz]とすると、次式により求められる。

$$N_S = \frac{120f}{p}$$

したがって、誘導電動機の同期速度N_Sは、周波数fに比例し、電動機の極数pに反比例する。

3. 電路に施設する機械器具の金属製の台及び外箱には、使用電圧の区分に応じて、次表に示す接地工事を施す。

機械器具の区分による接地工事の適用

機械器具の使用電圧の区分		接地工事
低　圧	300V以下	D種接地工事
	300V超過	C種接地工事
高　圧		A種接地工事

4. 電動機の保護としては、過負荷保護、欠相保護、短絡保護がある。短絡保護には、十分な遮断容量を有する過電流遮断器（ヒューズ、配線用遮断器（MCCB）、漏電遮断器（ELCB））を用いる。電動機の過負荷保護を目的としたものは保護継電器であり、一般には入力電流を検出し、電動機の温度上昇を推定する方式が多く、熱動式（サーマルリレー）が用いられる。

No.43 正解 4 電動機

電動機類の制御方法として、可変速運転が可能なインバータ制御が挙げられる。インバータは、コンバータ部、平滑回路部、インバータ部、制御回路部から構成されている。入力電源は、コンバータ部で直流に変換され、平滑回路部でこの直流を平滑化しインバータ部で交流に逆変換される。制御方式は電圧制御と電流制御の2方式があるが、汎用インバータでは、出力周波数に比例して出力電圧を制御する電圧制御方式が多用されている。

インバータ制御を採用することで得られる特徴は以下の通りである。

①汎用電動機に適用可能

②連続的に回転数を変化させることができる（選択肢3）

③始動電流が少ない（選択肢2）

④速度が電源に影響されない

⑤電動機の小型化が可能

⑥低速でトルクが出にくい（選択肢4）

⑦電源系に高調波やノイズが発生する（選択肢1）

No.44 正解 4 防災設備

1. 自動火災報知設備の配線に使用する電線と、その他の電線とは、同一の管、ダクトまたはプルボックス等の中に布設してはならない。ただし、60V以下の弱電流電線にあっては、この限りではない。

2. 消防法施行令第21条第2項第二号により、自動火災報知設備の一の警戒区域の面積は、600㎡以下とし、その一辺の長さは、50m以下とする。ただし、当該防火対象物の主要な出入口からその内部を見通すことができる場合にあっては、その面積を1,000㎡以下とすることができる。

3. 自動火災報知設備におけるアナログ式感知器から受信機までの配線は、耐熱配線とする。

4. 消防法施行規則第24条第五号ニにより、自動火災報知設備の地区音響装置は、各階ごとに、その階の各部分から一の地区音響装置までの水平距離が25m以下となるように設ける。

No.45 正解 2 防災設備

1. 消防法施行規則第28条の3第4項第十号により、誘導灯の非常電源は、直交変換装置を有しない蓄電池設備によるものとし、その容量を誘導灯を有効に20分間（高層または大規模な建築物に設けるものについては60分間）作動できる容量以上とする。高層または大規模な建築物とは、以下に掲げるものである。

①延べ面積50,000㎡以上

②地階を除く階数が15以上であり、かつ、延べ面積30,000㎡以上

③地下街で延べ面積1,000㎡以上

2. 非常用の照明装置は、直接照明とし、照度は常温下で床面において水平面照度1lx（蛍光灯またはLEDランプの場合は2lx）以上確保する。

3. 消防法施行規則第28条の3第4項第四号により、階段または傾斜路に設ける通路誘導灯は、踏面または表面及び踊場の中心線の照度が1lx以上となるように設ける。

4. 消防法施行令第29条の2により、非常コンセント設備は、防火対象物で地上11階以上の階、または地下街で延べ面積が1,000㎡以上の場合に設置する。非常コンセントは、それぞれの階ごとに、その階の各部分から一の非常コンセントまでの水平距離が50m以下となるように、かつ、階段室、非常用エレベーターの乗降ロビーなど、消防隊が有効に防火活動を行うことができる位置に設ける。また、消防法施行規則第31条の2により、非常コンセントに電気を供給する電源からの回路は、各階において、2以上となるように設ける。ただし、階ごとに非常コンセントの数が1個のときは、1回路とすることができる。また、それらの回路に設ける非常コンセントの数は、10個以下とする。

No.46 正解 1 通信・情報設備

1. 拡声設備の増幅器（アンプ）の定格出力は、接続されるスピーカーの入力の合計値以上とし、将来の増設を考慮して容量を決定する。

2. スピーカーへの出力方式には、ハイ

インピーダンス伝送方式と、ローインピーダンス伝送方式があり、非常放送設備など、館内の拡声システムには、ハイインピーダンス伝送方式が使用される。

増幅器の出力インピーダンスによる比較

種別	ハイインピーダンス（定電圧方式）	ローインピーダンス
方式	100Vラインなど	4～16Ω
配線延長	電圧に対する電流が小さく、配線損失が非常に小さいことから、長い距離を配線できる	大容量のスピーカーを接続する。配線を長くする場合は配線を太くする必要がある。
スピーカー接続	1出力に対して多数のスピーカーを並列接続可能	基本的には1出力に対して1つのスピーカーを設置する
出力制御	回線選択スイッチによる出力制御が可能	増幅器の出力側での出力制御は不可能
用途	館内拡声システム	音響システム

3. アンテナは素子数が多いほど利得が大きく、遠距離受信に適している。逆に、素子数が少ないほど利得が小さく、近距離受信に適している。素子数が同一の場合、受信帯域が広くなるほど、利得は小さくなる。利得とは、入力に対する出力の比を対数表示した値で、単位はdB（デシベル）である。

4. 扉や窓等の開閉部分はマグネットスイッチやリミットスイッチ等により開放を検出する。また、ガラス等を破壊されたことを検知するために振動スイッチを設けることもある。

No.47 正解 3 通信・情報設備

1. LANに使用させるケーブルは、メタルケーブルと光ファイバーケーブルに大別され、メタルケーブルには、ツイストペアケーブルと同軸ケーブルがある。さらに、ツイストペアケーブルは、シールドの有無により、シールド付のSTP（Shielded Twist Pair）ケーブルとシールドのないUTP（Unshielded Twist Pair）ケーブルに分かれる。一般的には、UTPケーブルが使用されるが、ノイズの影響を受けるため伝送距離（ケーブルのこう長）が100m以下に制限されている。

2. 主なLAN用メタルケーブルの規格を次表に示す。

主なLAN用メタルケーブルの規格

	カテゴリ5	カテゴリ5e	カテゴリ6	カテゴリ6A	カテゴリ7
適合するイーサネット規格※	100BASE-TX	1000BASE-T	1000BASE-TX	10GBASE-T	10GBASE-T
周波数帯域	100MHz	100MHz	250MHz	500MHz	600MHz
伝送速度	100Mbps	1Gbps	1Gbps	10Gbps	10Gbps

※上位カテゴリ規格のケーブルは、低位カテゴリ規格のネットワークで使用可能

3. 無線LANのセキュリティは、暗号化と認証で構成されている。暗号化方式としてはWEP（Wired Equivalent Privacy）、認証方式としてはSSID（Service Set IDentifier）が最初に規定された。次に、WEPのセキュリティ強度の向上を目的として、WPA（Wi-Fi Protocol Access）というセキュリティ技術が発表され、その後、さらにセキュリティを強化したWPA2が発表された。したがって、**WEP方式よりWPA2方式のほうが、暗号化強度に優れている。**

4. ファイアウォールとは、外部からのウィルスの侵入や不正なアクセスによって、インターネットやイントラネットに接続した端末やサーバーが危険にさらされることを保護するために設ける保安用システムである。内部と外部のネットワーク間で出入り

するパケットを監視し、管理者が意図しない通信を行えないようにする。

No.48 正解 3 避雷設備

1. 雷保護システムにおいて、保護レベルは、雷の影響から被保護物を保護する確率によって、Ⅰ～Ⅳの４段階で表す。保護角法による保護角は、保護レベルがⅠに近いほど、また、地表面から受雷部の上端までの高さが高くなるほど小さくなる。地表面から受雷部の上端までの高さが60mのときには、保護角は25度である。

保護レベルに応じた受雷部の配置

保護レベル	回転球体法 球体半径（m）	保護角法 地表面から受雷部上端までの高さ（m）					メッシュ法 幅（m）
		20	30	45	60	60超	
		α（°）	α（°）	α（°）	α（°）	α（°）	
Ⅰ	20	25	＊	＊	＊	＊	5
Ⅱ	30	35	25	＊	＊	＊	10
Ⅲ	45	45	35	25	＊	＊	15
Ⅳ	60	55	45	35	25	＊	20

＊：回転球体法及びメッシュ法だけを適用する。

2. メッシュ法の幅は、保護レベルⅠの場合で５m、保護レベルⅣの場合で20mである。
3. 回転球体法の球体半径は、保護レベルⅠの場合で20m、保護レベルⅣの場合で60mである。したがって、保護レベルⅠのほうが小さい。
4. 独立しない雷保護システムにおける引下げ導線は、地表面近く及び垂直方向最大20m間隔ごとに、水平環状導体等で相互に接続しなければならない。

No.49 正解 4 低圧配線

1. 許容電流は、配線方法、敷設状態、絶縁物の種類によって定められ、周囲温度の影響も受ける。周囲温度は、一般に、30℃を基準として定められており、30℃を超える場合は補正係数を乗じる。
2. 異なる太さの絶縁電線を同一管内に収める場合の金属管の太さは、電線の被覆絶縁物を含む断面積の総和が管の断面積の32%以下となるように選定する。
3. 導体の電気抵抗Rは、長さLと抵抗率ρに比例し、断面積Sに反比例する。

$$R = \rho \times \frac{L}{S}$$

式より、導体の電気抵抗は、導体の長さと断面積が同一の場合、導体の物質がもつ抵抗率に比例する。アルミニウムの抵抗率は、銅よりも大きいため、導体の長さと断面積が同一の場合、電気抵抗はアルミニウムのほうが大きくなる。したがって、抵抗値の大きいアルミニウム導体のほうが、銅導体より許容電流が小さい。

主な物質の抵抗率

物質名	抵抗率［Ω・m］	主な使用例
銀	1.59×10^{-8}	接点材料
銅	1.68×10^{-8}	電線、ターミナル、スリーブ
アルミニウム	2.65×10^{-8}	圧着端子、電線
タングステン	5.48×10^{-8}	電球、真空管のフィラメント
鉄	10×10^{-8}	電動機、変圧器の鉄心
マンガン線	$42 \sim 48 \times 10^{-8}$	抵抗器用巻線
ニクロム線	$100 \sim 110 \times 10^{-8}$	電熱線

4. 導体の断面積及び周囲温度が同一の場合、許容電流は、絶縁体の最高許容温度に依存し、最高許容温度が高い絶縁体を利用した導体のほうが許容電流は大きい。絶縁体の最高許容温度は、CVケーブル（架橋ポリエチレン絶縁ビニルシースケーブル）

が90℃であるのに対して、VVケーブル（ビニル絶縁ビニルシースケーブル）が60℃であるので、許容電流はCVケーブルのほうが大きい。

No.50 正解 2 低圧配線

1. キャブタイヤケーブル以外のケーブル配線は、使用電圧に係わらず、すべての場所に施設できる。
2. バスダクト配線は、屋内における乾燥した露出場所または点検できる隠ぺい場所に限り、施設することができる。
3. ライティングダクト工事による低圧屋内配線において、ダクトには、D種接地工事を施す。ただし、次のいずれかに該当する場合、この限りではない。
   ①合成樹脂その他の絶縁物で金属製部分を被覆したダクトを使用する場合
   ②対地電圧が150V以下で、かつ、ダクトの長さが4m以下の場合
4. 屋内に施設する低圧電線には、原則として裸電線を使用しないこと。ただし、電線の被覆絶縁物が腐食してしまう場所に施設する場合は、がいし引きなどの工法で裸電線を使用しても良い。

No.51 正解 4 低圧配線

比較的、電線こう長が短く、電路が細い場合には、以下の計算式により電圧降下を求める。

$$e = K \times \frac{L \times I}{1{,}000 \times A}$$

K:配線方式による係数　単相2線式⇒35.6、単相3線式⇒17.8、三相3線式⇒30.8

L:電線こう長〔m〕、I:電流〔A〕、A:使用電線の断面積〔mm²〕

設問本文の条件より、

$$e = 35.6 \times \frac{100 \times 80}{1{,}000 \times 60} \fallingdotseq 4.75$$

各選択肢について同様の計算を行って比較してもいいが、分子のKや分母の1,000は同じなので、$\frac{L \times I}{A}$の部分だけで比較を行う。

設問本文の条件より、

$$\frac{L \times I}{A} = \frac{100 \times 80}{60} \fallingdotseq 133$$

1. $L = 60$m、$A = 100$mm²にすると、

$$\frac{L \times I}{A} = \frac{60 \times 80}{100} = 48$$

$$\frac{48}{133} \fallingdotseq 0.36$$

電圧降下は約0.36倍になる。

2. $L = 120$m、$A = 100$mm²にすると、

$$\frac{L \times I}{A} = \frac{120 \times 80}{100} = 96$$

$$\frac{96}{133} \fallingdotseq 0.72$$

電圧降下は約0.72倍になる。

3. $I = 120$A、$L = 120$mにすると、

$$\frac{L \times I}{A} = \frac{120 \times 120}{60} = 240$$

$$\frac{240}{133} \fallingdotseq 1.80$$

電圧降下は約1.80倍になる。

4. $I = 120$A、$A = 100$mm²にすると、

$$\frac{L \times I}{A} = \frac{100 \times 120}{100} = 120$$

$$\frac{120}{133} \fallingdotseq 0.90$$

電圧降下は約0.90倍になる。

No.52 正解 1 電気設備融合

1. 変圧器は、絶縁方式によって、油入、モールド、ガス、乾式に分類される。ガス式、気中式、真空式等に分類されるのは、遮断器である。
2. 直列リアクトルは、無効電力制御に用いるコンデンサに直列に挿入し、回路電圧波形のひずみを軽減し、コンデンサ投入時の突入電流を抑制するために用いる。
3. スコット結線変圧器は、三相電源に不平衡を与えないように、位相が異なる二つの単相電源を取り出せるようにした変圧器である。
4. 全電圧始動（直入れ始動）は、電動機の端子に定格電圧を直接加えて始動する方式であり、定格電流の5～7倍の始動電流が流れるので、十分な電源容量が必要である。一方、スターデルタ始動は、始動時に一次巻線をスター結線（星形またはY形結線）で接続し、始動後にデルタ結線（三角結線）に切り替える方式であり、始動電流及び始動トルクを全電圧始動（直入れ始動）の$\frac{1}{3}$に抑えることができる。

No.53 正解 1 受変電設備

1. 高圧限流ヒューズ（PF）は、高圧回路及び機器の短絡保護に用いるもので、安価であり、小型･軽量、大きな遮断容量を有する。
2. 受変電設備の遮断器には、真空遮断器（VCB）、ガス遮断器（GCB）、気中遮断器（ACB）、油遮断器（OCB）がある。高圧受変電設備の遮断器には、小型、軽量、不燃化等の面から、一般に、真空遮断器が用いられる。
3. ZCT（Zero phase Current Transformer：零相変流器）は、地絡事故時に零相電流を検出するために用いられる変流器である。また、零相電圧は、地絡発生時に生じる電圧で、ZPD（Zero phase Potential Device）により検出する。
4. 受電設備に用いられる避雷器は、引込口の近くに設置し、雷及び電線路開閉等による異常電圧が侵入したとき、その電流を大地に放電させ、機器の絶縁を保護するものである。

No.54 正解 1 エレベーター･エスカレーター

1. 地震時管制運転は、地震時に乗客の安全を図り、機器の損傷を防止するために、地震感知器との連動によって、エレベーターを最寄階に停止させる。
2. ピット冠水時管制運転は、ピットへの浸水を検知したときに、エレベーターを速やかに安全な待避階に停止させる。
3. 火災時管制運転は、火災時に、防災センターの切換スイッチの作動、または火災報知器の防災信号によって全エレベーターを一斉に避難階に帰着させる。

4. 停電時救出運転は、停電によるエレベーターの停止時に、蓄電池電源によって、エレベーターを低速走行で最寄階に停止させる。

No.55 正解 2 施工計画・施工管理

1. 総合工程表は、主に各部門の工事の順序、工期を総体的に把握して、工事全体の作業の進捗を大局的に統括するためのものである。
2. バーチャート工程表は、作成が簡単であり、各作業の施工時期や所要日数が明確であるが、作業間の関連が明確ではなく、全体工程への影響度が把握しにくい。
3. ガントチャート工程表は、棒工程表の一つである。各作業の現時点における進行状態（達成度）がよくわかり、作成も容易であるが、他の作業との相互関係や作業の遅れを把握しにくい。
4. ネットワーク工程表は、作業の開始・終了時を○（結合点）と→（矢線）で表現し、各作業の相互関係、所要日数、開始時、終了時を網状に構成させ工事進捗の支障、最短工程も把握できる合理的な工程管理方式となっている。

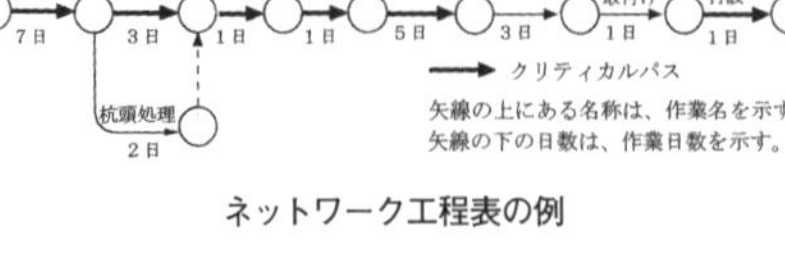

ネットワーク工程表の例

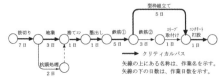

No.56 正解 2 空気調和設備工事

1. HFC（ハイドロフルオロカーボン）系新冷媒（R407C、R401A）は、従来のHCFC系冷媒（R22）に比べ、冷媒管系内に混入する不純物（油、水、酸化被膜）による影響を受けやすいので、ろう付け時の窒素置換や、管内フラッシング及び配管保管時の養生などに、より一層注意する必要がある。
2. 空気調和機への冷温水配管は、冷温水コイル下部に送り管、冷温水コイル上部に返り管を接続する。
3. 冷温水配管に設ける自動空気抜き弁は、配管頂部で、かつ、管内が正圧になる部分に設ける。
4. 還水管は先下がり勾配とし、勾配は$\frac{1}{200}$～$\frac{1}{300}$とする。

No.57 正解 2 給排水衛生設備工事

1. 天井内、パイプシャフト内及び空隙壁中に設ける管径32mmの給水管で、ロックウール保温材、グラスウール保温材及びポリスチレンフォーム保温材を使用する場合の保温材の厚さは、20mmとする。
2. 給水管と排水管を平行して埋設する場合には、両配管の間隔は500mm以上とし、かつ給水管を排水管の上方に配置する。
3. 通気管の末端が、その建物及び隣接建物の出入口・窓・換気口などの付近にある場合は、それら換気口の開口部の上端から600mm以上立ち上げて大気中に開放させる。なお、換気口開口部の上部から600mm以上立ち上げられない場合は、各換気用開口部から水平に3m以上離さなければならない。

4. 排水槽の底部には$\frac{1}{15}$以上、$\frac{1}{10}$以下の勾配を設け、最下部に吸込ピットを設ける。

No.58 正解 3 電気設備工事

1. ケーブル工事による複数の高圧屋内配線は、接近または交差させて施設することができる。
2. 電気用品安全法の適用を受ける二重絶縁構造の機械器具にあっては、地絡遮断器（漏電遮断器）の施設を省略することができる。
3. 合成樹脂管工事において、CD（Combine Duct）管は、次のいずれかにより施設する。
   ①直接コンクリートに埋め込む。
   ②専用の不燃性または自消性のある難燃性の管またはダクトに収める。
   したがって、露出して施設することはできない。
4. 金属ダクト工事に使用する金属ダクトを造営材に取り付ける場合は、ダクトの支持点間の距離を3m（取扱者以外の者が出入りできないように措置した場所において、垂直に取り付ける場合は6m）以下とし、堅ろうに取り付ける。

No.59 正解 1 維持管理

1. JIS Z 8115　平均故障寿命とは、故障後に修理しないアイテムの故障までの平均時間のことである。設問の記述は、平均故障間隔のことである。
2. 法定耐用年数とは、「減価償却資産の耐用年数に関する省令」に定められている税制上の耐用年数のことである。
3. 保全形態を保全方法別にみた場合、大きく分類して「予防保全」と「事後保全」がある。一般に、予防保全のほうが、長期的にみて保全費用や設備やシステムの寿命に有利である。
4. ライフサイクルマネジメントは、ライフサイクルコストのほかに、地球環境問題となる全体の二酸化炭素などの排出量、エネルギー使用量、資源使用量等を含んだ管理手法である。

No.60 正解 3 積算

1. 共通仮設費は、各工事種目に共通の仮設に要する費用である。
2. 共通仮設費は、建築、電気、機械など複数の工事種目に対して共通の仮設に必要となる費用をいう。

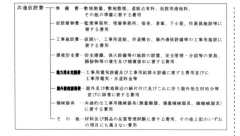

共通仮設費
- 準　備　費…敷地測量、敷地整理、道路占有料、仮設用借地料、その他の準備に要する費用
- 仮設建物費…監理事務所、現場事務所、宿舎、倉庫、下小屋、作業員施設等に要する費用
- 工事施設費…仮囲い、工事用道路、歩道構台、場内通信設備等の工事用施設に要する費用
- 環境安全費…安全標識、消火設備等の施設の設置、安全管理・合図等の要員、隣接物等の養生及び補償復旧に要する費用
- 動力用水光熱費…工事用電気設備及び工事用給排水設備に要する費用並びに工事用電気・水道料金等
- 屋外整理清掃費…屋外及び敷地周辺の跡片付け及びこれに伴う屋外発生材処分等並びに除雪に要する費用
- 機械器具　…共通的な工事用機械器具(測量機器、揚重機械器具、雑機械器具)に要する費用
- そ　の　他…材料及び製品の品質管理試験に要する費用、その他上記のいずれの項目にも属さない費用

3. 現場管理費は、工事施工に当たり、工事現場を管理運営するために必要な費用であり、**共通仮設費以外の費用とする。**

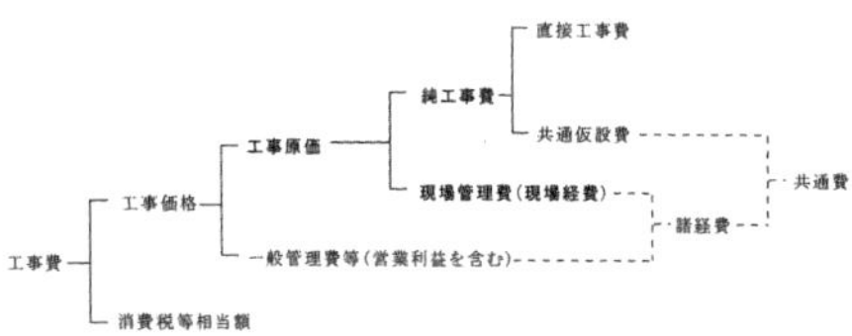

工事費の構成

4. 一般管理費等は、工事施工に当たる受注者の継続運営に必要な費用で、一般管理費と付加利益等からなる。

建築設備［解答・解説］

▶問題 P.266〜

No.1 正解 4 環境・省エネルギー

1. 外気冷房は、自然換気と同様に、外気エンタルピーが室内エンタルピーより低いときに外気ダンパの制御を行い、必要最小外気量より多くの外気を導入して冷房を行うシステムである。
2. 混合気利用方式は、熱を空気で回収し、室内空気と混合して利用する方式であり、例えば照明発熱のように回収熱流体が無害の場合に採用できる。なお、熱交換器を介して利用する熱交換利用方式は、回収熱物体が有害物質を含んでいても問題ない。
3. ダブルバンドルコンデンサ・ヒートポンプ方式は、熱回収ヒートポンプ方式などにおいて、凝縮器に２系統のコイルを設けて、１系統は冷却塔により冷却し、他は暖房用または再熱源、あるいは給湯熱源として利用するものである。
4. 一重二重効用吸収冷温水機は、一重効用と二重効用を併用した吸収冷温水機である。熱源が都市ガスや重油などであれば、直だきによって高温が得られるため二重効用で運転し、排ガスや排温水など、低温の排熱を利用する場合は一重効用で運転する。
5. ガスエンジン駆動ヒートポンプは、室外機のコンプレッサーをガスエンジンで駆動するヒートポンプであり、エンジンを動かすために使用したガスの排熱も利用できる。そのため、霜取り運転をする必要がなく、また、排熱を暖房に利用できるため、効率の高い暖房運転が可能となる。

No.2 正解 3 空気・空気線図

1. 顕熱比（SHF：Sensible Heat Factor）は、湿り空気の状態変化において、「全熱量変化」（顕熱量変化＋潜熱量変化）に対する「顕熱量変化」の割合をいう。
2. 熱水分比は、「絶対湿度の変化量」に対する「比エンタルピーの変化量」の割合をいう。温水や蒸気を噴霧して加湿する場合、空気線図上では熱水分比と平行に状態変化していく。
3. 絶対湿度は、ある状態の空気中に含まれる水蒸気の絶対量を表すもので、重量絶対湿度と容積絶対湿度の２種類がある。重量絶対湿度は、乾き空気1kg［kg(DA)］に対する水蒸気の質量比［kg/kg(DA)］で示され、容積絶対湿度は、空気１㎥中の水蒸気量［kg/㎥］で示される。
4. 相対湿度は、「湿り空気の水蒸気量（水蒸気分圧）」と「その温度における飽和空気の水蒸気量（水蒸気分圧）」との比を百分率［%］で表したものである。
5. 飽和度は、湿り空気の湿度の表し方の一つで、「飽和空気の絶対湿度」に対する「湿り空気の絶対湿度」の割合を百分率［%］で表したものである。

No.3 正解 2 空気·空気線図

蒸気加湿量L［kg/h］＝ρ×Q×⊿x

ρ：空気の密度［kg/㎥］

Q：送風量［㎥/h］

⊿x：入口空気と出口空気の絶対湿度の差［kg/kg(DA)］

また、⊿x［kg/kg(DA)］＝⊿h/hs

⊿h：入口空気と出口空気の比エンタルピー差［kJ/kg(DA)］

hs：加湿蒸気の比エンタルピー［kJ/kg］

これらの式に、条件の値を代入して計算する。このとき、蒸気加湿量の単位は［kg/h］で求めるため、送風量は、条件ハ.の通り1,000［㎥/h］のまま用いてよい。

⊿x＝36÷2,700≒0.013［kg/kg(DA)］

L＝1.2×1,000×0.013＝15.6［kg/h］

よって、最も近い値は選択肢2の16［kg/h］である。

No.4 正解 2 自動制御

1. 自動制御機器は、検出部、調節部及び操作部から構成されている。検出部は制御量を計測し、電気信号·物理的変位により調節部へ計測値を出力する機能を持つ。調節部は、検出部から出力される制御対象の計測値を設定値と比較し、偏差を収束させるような操作出力を操作部に対し行う。操作部は、調節部からの制御出力により冷温水流量、風量等を調節する機能をもつ。
2. 冷温水の流量検出器（流量計）には、電磁式、超音波式、渦式などがある。**非拡散型赤外線吸収方式は、二酸化炭素濃度の測定に用いられる。**
3. 風速検出器（風速センサ）には、電子式風速センサ、カルマン渦風速センサ、熱線式風速センサ、プロペラ式風速センサ、さらにオリフィスやピトー管を用いた差圧式風速センサなどもある。

4. 5.

冷温水配管における負荷機器の制御方法には、自動三方弁によるCWV（定水量または定流量）方式と、自動二方弁によるVWV（変水量または変流量）方式等がある。CWV方式は、負荷機器への送水量は変化するが、配管系全体の循環水量は変化しない。一方、VWV方式は、ポンプの台数制御や回転数制御と組み合わせることにより、ポンプの搬送動力を削減することができる。

No.5 正解 5 空調計画

1. ペリメータゾーンとは、日射や外気温の影響を受けやすい、建築物の外周部分のことであり、一般に、外壁の中心線から3～5m程度とされている。
2. ペリメータファンコイルユニット方式は、一般に、スキンロード（外皮負荷）対応としてファンコイルユニットをペリメータゾーンに設置し、外気負荷と室内負荷については空調機による定風量または変風量ダクト方式などを併用する方式である。

3. 記述の通り正しい。

4. 1台の空調機で多数の室へ給気する場合、各室への風量は、一般に、空調機の全風量を各室の顕熱負荷に応じて比例配分する。

5. 間欠空調とは、終日空調を行うのではなく、業務時間帯に合わせて空調し、業務時間帯以外は空調を停止する形態である。間欠空調による蓄熱負荷は、夏期冷房時は一般に見込まないが、冬期暖房時は、朝の空調立ち上げ時に最大負荷が発生し、蓄熱負荷と重なるので、無視するわけにはいかない。

No.6　正解　2　　騒音・振動

1. A特性音圧レベルは、騒音計の周波数補正回路のA特性を用いて、受音レベルを聴覚に合わせ、周波数別に聴感補正を行った音のレベルであり、室内騒音の評価や設備機器等による環境騒音の規制等に用いられている。

2. 消音ボックスはダクト経路に取り付け、吹き出し口に至るまでの騒音を軽減する装置である。吹き出し口本体で発生する騒音には対応できない。

3. スプリッタ型消音器とは、角ダクトを吸音板または吸音材を貼った仕切板で縦または横に分割し、表面積を大きくして消音効果を高めたものである。減衰特性は、中高周波数域では大きいが、低周波数域では小さい。なお、同様の方式で断面を縦横に分割したダクトをセル型といい、セル型はスプリッタ型よりさらに高周波数域の減音効果がある。

4. ダクト全長が短い場合、ダクト直管部における音の自然減衰量は小さく、一般に、無視する。

5. 曲率を付けない角形（突付け）エルボは、ダクトの辺長に応じた周波数において減衰量が大きくなる。特に、エルボ部分の断面寸法を大きくすれば、低周波数域の減衰量も大きくなる。

No.7　正解　1　　換気設備

1. 受変電室（電気室）において、機器の発熱除去に必要な換気量を計算する場合、顕熱量は考慮するが、潜熱量は考慮しない。

2. ボイラー室等の燃焼機器を使用する機械室の換気方式は、燃焼用空気が必要であるため、第3種換気方式としてはならない。

3. ホテルにおける客室の換気量（外気取入れ量）は、通常、浴室部分の換気回数から決まってくる。入浴時における湯気の排出と便器から発生する臭気の除去の点から見て、換気回数を10回/hとすれば、換気量は一般的に70～90㎥/h程度になる。これを在室者の衛生上必要な換気量30㎥/(h·人)と比較するとかなり多い量であるから、このバランスがとれるように外気取入れ量を決定すべきである。

4. 感染症病室は、感染源となるおそれのある保菌者を収容する病室のことであり、感染症用隔離病室と呼ばれることもある。感染症病室に至るダクト系統は、ダクトを介した院内感染を防止するために、単独系統とする。
5. 居室には、原則として、機械換気設備または中央管理方式の空気調和設備を設ける。（建築基準法施行令第20条の8第一号）

No.8 正解 5 ダクト・送風機

全圧＝静圧＋動圧なので、送風機静圧＝送風機全圧－動圧で計算することができる。

$$動圧[Pa] = \frac{1}{2}\rho v^2 = \frac{1}{2}\times 1.2\times 5\times 5 = 15\ [Pa]$$

ρ：空気の密度［kg/m³］

v：風速［m/s］

問題の条件を代入して、送風機静圧＝送風機全圧－動圧＝300－15＝285［Pa］

No.9 正解 1 排煙設備

1. 2以上の防煙区画を対象とする排煙機の排煙風量は、120m³/min以上で、かつ、最大防煙区画の床面積×2m³/(min・m²)以上となるようにする。（建築物の煙制御計画指針）
2. 排煙機の耐熱性能は、以下の①及び②を満たす必要がある。（日本建築センター新・排煙設備技術指針）
   ①吸込温度が280℃に達する間に運転に異常がなく、かつ、吸込温度280℃の状態において30分間以上異常なく運転することができること。
   ②吸込温度が280℃から580℃に達する間に運転に異常がなく、かつ、吸込温度580℃の状態において30分間以上著しい損傷なく運転することができること。
3. 排煙ダクトは、可燃材料から15cm以上離して施設する。可燃材料と15cm以上の離隔距離が確保できない場合は、ロックウールかグラスウールを用いて断熱措置を施す。
4. 排煙ダクトの大きさは、ダクト内風速20m/s以下を目安に選定するとしているが、風速による摩擦損失の影響も考慮した上で、一般に、ダクト内風速15m/s以下が選定の目安となっている。（日本建築センター新・排煙設備技術指針）
5. 排煙口の大きさは、一般に、吸込速度が10m/s以下となるように計画する。（日本建築センター新・排煙設備技術指針）

No.10 正解 5 熱源機器

1. 圧縮機を用いて冷媒蒸気を圧縮する冷凍機を、蒸気圧縮式冷凍機と呼ぶ。蒸気圧縮冷凍機は、圧縮蒸気量の大きさにより、回転、往復動、遠心の各形式が利用される。回転型のものには、ロータリー、スクロール、スクリューの形式がある。

2. 一般的に、圧縮式冷凍機の冷水出口温度は5～7℃なのに対して吸引式冷凍機は7～8℃が用いられている。

3. 吸収式冷凍機は、自然冷媒である水を冷媒に使用し、水を低圧（真空）下で蒸発させるためにLiBr（臭化リチウム）の濃溶液を吸収液として使用する。

4. ヘビーロード仕様の吸収冷凍機は、標準仕様のものより耐久性や保守管理を向上させたものであり、年間連続運転、24時間運転、高負荷運転等に対応できる。

5. インバータ搭載型の遠心冷凍機は、インバータにより、負荷の大きさに応じて電流の流れを細かく変換して、冷凍機内の圧縮機の回転を自由に制御することができる。冷却水温度が低いということは、凝縮器内も低い温度で運転しているので、成績係数は高くなる。

No.11 正解 3 空調方式

1. 外気を室内に取り入れる際は潜熱負荷が大きくなるため、外気処理用には潜熱処理能力が大きい空調機を用い、電算室は内部発熱による顕熱負荷が大きくなるため、電算室用には顕熱処理能力が大きい空調機を用いる。

2. 空調機の冷房・暖房能力は、単位時間当たりに室内から取り除く、あるいは室内に加える熱エネルギー（kW）で表す。暖房能力は、室内温度を20℃とし、室外温度は冬期の使用を想定して7℃と2℃の二つの条件での能力を表示している。7℃のときを標準暖房能力（定格暖房能力）、2℃のときを低温暖房能力と呼ぶ。

3. 屋外機の圧縮機には、以前はACモーターが使用されていたが、現在は回転数に関わらずACモーターより効率の高いDCモーターが使用されている。とくに、回転数を下げる（低回転数領域になる）ほど、ACモーターの効率との差が大きくなる。空調機は部分負荷時の運転が大半を占めるため、DCモーターの採用は空調機の効率的な運用に大きく貢献している。

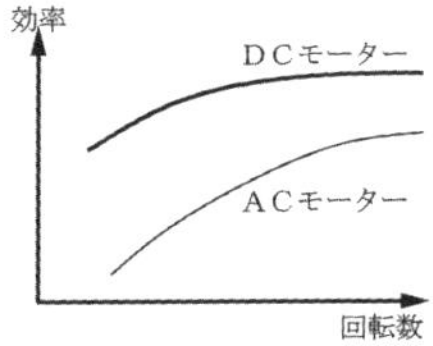

ACモーターとDCモーターの回転数と効率

4. 定格冷暖房能力は、屋内機の吸込み温度（室内温度）がJISで定める条件（冷房27℃、暖房20℃）であるときのものである。そのため、屋内機の選定に当たっては、屋内機の吸込み温度に応じて、冷暖房能力を補正する必要がある。

5. 冷媒漏えい事故が発生すると、室内機が接続されている室の一つにシステムが保有する全ての冷媒が漏えいする可能性がある。このため、安全対策として、システムに充填された全冷媒量［kg］を最も室容積が小さい室の室容積［㎥］で除した値［濃度・kg/㎥］が基準値（限界濃度）を下回るように計画する必要がある。系統内に室容積が小さい室が含まれている場合は、該当する室のみを単独系統にして屋外機の容量を小さくする等の方法がある。

No.12 正解 1 ダクト・送風機

1. サージングとは、ポンプや送風機、圧縮機を低流量域で使用するとき、吐出し圧力や流量がかなり低い周波数で激しく変動する現象である。圧力比と空気流量曲線が右上がりである領域では、管路の特性にかかわらず発生することが多い。
2. 空調用途に使用される低圧送風機について、まったく同一性能の送風機を2台用いて直列運転を行う場合、各送風機内を流れる風量は同一となり、送風機全圧は同一風量における各送風機全圧を合計した値（2倍）となる。なお、送風機静圧は2倍とはならない。
3. 送風機の風量制御には、吸込みベーン制御、ダンパ制御、インバータ制御等がある。吸込みベーン制御は、一般に、ダンパ制御に比べて、省エネルギー効果が大きい。なお、インバータ制御は、省エネルギー性及び制御性においても優れている。
4. 遠心送風機には、羽根形状が回転方向に対して前に傾斜している多翼型（シロッコ）と、後に傾斜している後向型（ターボ）がある。
5. 多翼型送風機は、送風条件が同一の場合、一般に、呼び径が大きいほど、電動機出力及び騒音値は小さくなる。

No.13 正解 2 給排水衛生設備融合

1. 記述の通り、正しい。
2. 雑用水とは、排水再利用や雨水利用により、散水や修景、清掃、便所の洗浄水など、飲料用以外の目的で使用される水をいう。設問の記述は、雑排水である。
3. 記述の通り、正しい。
4. 記述の通り、正しい。
5. 記述の通り、正しい。

No.14 正解 2 給排水衛生設備融合

1. 集合住宅における設計用給水量（1人1日当たり）は、200～350lとされている。
2. 高層建物の場合には、給水系統を1系統にすると下層階においては給水圧力が過大となり、水栓、器具などの使用に支障をきたしたり、騒音やウォータハンマーなどが生じたり、水栓や弁などの部品の摩耗が激しくなり寿命が短くなったりする。給水圧力の上限は、ホテルや集合住宅など人間の私的生活の場においては、300～400kPa程度、事務所や工場などにおいては400～500kPa程度に抑える。

3. 特殊継手排水システムとは、排水が立て管の内面をらせん状に流れ、中央部は空気の通り道となり、排水中であっても通気が確保できる方式である。特殊継手排水システムを採用した場合、排水立て管の上部を延長した伸頂通気管を屋上に立ち上げ、大気に開放する伸頂通気方式とするため、通気立て管は省略することができる。

4. 連結送水管は、消防法で定める防火対象物で地上7階建以上の建築物、または地上5階建以上で延べ面積6,000㎡以上の建築物、または延べ面積1,000㎡以上の地下街等に設置する。放水口は地上3階以上の各階、または地階に設け、地上11階以上に設けるものは双口形とする。(消防法施行令第29条)

5. 高さ60mを超える建築物(超高層建築物)に都市ガスを供給する場合は、緊急ガス遮断装置を設けなければならない。ただし、高層建築物(一般に地上6階建以上または高さ31mを超えるもの)または住宅のように不特定多数の人が出入りしない建築物は、緊急ガス遮断装置の設置対象から除外されている。なお、引込み管ガス遮断装置は、高層または超高層建築物への引込み管に設置する必要がある。

No.15 正解 3 給水設備

1. 一般的な受水槽の有効容量は、長時間水槽内に貯水すると、死に水や汚染のおそれが高くなるので、1日予想給水量の40～60%程度とする。なお、高置水槽方式の高置水槽は、外部環境(日射や風)の影響を受けやすいので、その有効容量は、一般に、1日予想給水量の10%程度または時間最大予想給水量の0.5～1倍が目安となる。

2. 給水ポンプの吸込み管は、ポンプごとに設置し、途中に空気だまりが発生する箇所をなくすと共にポンプに向かって1/100以上の上り勾配をつける。

3. ポンプ直送における圧力検知方式には、吐出し圧力一定制御と末端圧力推定制御があり、**末端圧力推定制御は、使用流量が不安定な建物に適している。**

4. 大便器洗浄弁、小便器洗浄弁、シャワーの必要圧力は、70kPaである。なお、一般水栓、小便器水栓の必要圧力は、30kPaである。

5. SHASE-S206において、吐水口空間の寸法は、下表のように規定されている。また、近接壁から吐水口中心までの離れを呼び径の2倍(2D)以上とする。

吐水口空間

呼び径D	13	20	25	32	40	50
吐水口空間(㎜以上)	25	40	50	60	70	75

No.16 正解 2 給水設備

[揚程H]

揚程Hはポンプの回転数の2乗に比例するため、ポンプの回転数を50%(1/2)に変化させた場合、揚程Hは$(1/2)^2$=1/4となる。したがって、H=40×1/4=10m

[給水ポンプの吐出し量Q]

給水ポンプの吐出し量Qはポンプの回転数に比例するため、ポンプの回転数を50%(1/2)に変化させた場合、給水ポンプの吐出し量Qも1/2となる。したがって、Q=400×1/2=200 l/min

No.17 正解 1 給湯設備

1. ヒートポンプ給湯機は、ヒートポンプの原理を利用し、大気中の熱エネルギーを給湯の加熱に利用する効率の高い給湯機である。冷媒として自然冷媒（二酸化炭素）や特定フロン冷媒を用いたものがある。自然冷媒を用いたものは高温での出湯が可能であり、給水温度から目標給湯温度まで一気に加熱する方式の機器が多い。一方、特定フロン冷媒を用いたものは、温度差5℃程度で循環させながら昇温する方式の機器が多い。

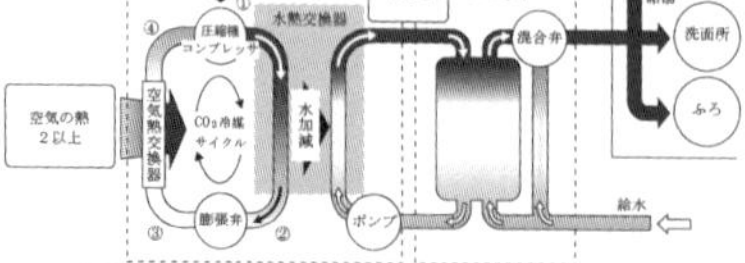

ヒートポンプの動作原理

2. 給湯機の能力を示す号数は、1lの水を1分間に25℃上昇させる能力を1号としている。
3. ポンプの揚程の算出において、循環流量に対する給湯往管の管径は大きく、摩擦損失はほとんど無視することができる。貯湯槽から最も遠い系統の返湯管路の循環流量に対する損失と定流量弁の損失を考慮すればよい。
4. 給湯方式の供給方式には上向き供給方式と下向き供給方式がある。下向き供給方式とは、最上階の天井に主管を配管して、これより下方の器具へ給水、給湯する方式である。横引き管に空気だまりができないように勾配を十分にとるとともに、給湯立て管の最上部に自動空気抜き弁を取り付ける。下向き供給方式の場合、上向き給湯配管の最上部で気泡を分離してから下向きに給湯するため、気泡の排除が行いやすい。
5. 給湯配管の管径は、給水管の場合と同様に、給湯負荷流量に循環湯量を加えた流量をもとにして、水圧の低い箇所においては許容動水勾配により、水圧が十分ある場合には、流速が1.5m/s程度以下となるように、使用する配管の流量線図から求める。

No.18 正解 4 排水通気設備

各経路における器具排水負荷単位数の合計は、下図のようになる。排水立て管に対する器具排水負荷単位数の合計は

520であるため、表1より排水立て管の管径は125mmとなる。なお、設問には関係しないが、表2より排水横主管の管径は150mmとなる。

図中ⓐの通気立て管の管径は、排水立て管の管径が125mm、器具排水負荷単位数の合計が520、通気管の最長距離が40mであるため、表3より100mmとなる。

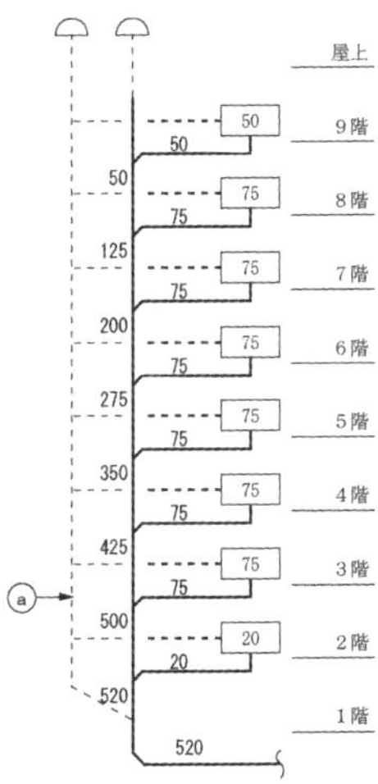

No.19 正解 1 排水通気設備

1. 間接排水の最小排水口空間を次表に示す。管径40mmの間接排水管の排水口空間は、最小100mmとする。

最小排水口空間

間接排水管の管径(mm)	最小排水口空間※1 (mm)
25以下※2	50
30～50	100
65以上	150

※1 各種の飲料用貯水槽等の間接排水管の排水口空間は、上表に関わらず最小150mmとする。
※2 管径25mm以下の間接排水管は、機器に付属の排水管に限る。

2. 湧水槽は、建物のすべての湧水集水部分と連通しており、湧水槽に湧水以外の排水が流入すると、排水の水質が悪化するとともに、腐敗などによって臭気が発生する。このような状況が生じると、その臭気が建物全体に拡散し、非衛生な状態が生じるので、湧水槽には、湧水以外の排水を混入してはならない。ただし、受水槽のオーバーフロー水及び空気調和機からのドレン水など、有機物を含まないきれいな排水は、湧水と同程度の水質の排水として、湧水槽に流入させてよい。なお、湧水量が少ない場合には、湧水ポンプが動かずポンプが錆びついてしまうことを防止する意味から、これらの排水を湧水槽に流入させることは有効である。

3. ループ通気管の管径は、排水横枝管と通気立て管のうち、いずれか小さいほうの管径の1/2より小さくしてはならない。

4. いかなる場合でも、排水横枝管を、排水立て管の45度を超えるオフセットの上部から上方または下部から下方に、それぞれ600mm以内で接続してはならない。排水立て管の45度を超えるオフセット部分は、排水の流れが激しく乱れ、管内の圧力変動も大きいので、その近くに横枝管を接続すると排水の合流障害を生じ、横管内の排水の滞留または異常な管内圧力の発生によって、当該階のトラップの封水を損失させるなどの影響を及ぼす。

5. 掃除口は、次の箇所及び特に必要と思われる箇所に設ける。ただし、掃除口を設けなくても容易に掃除ができる場合は、この限りではない。

・排水横主管及び排水横枝管の起点
・延長が長い排水横管の途中
・排水管が45度を超える角度で方向を変える箇所
・排水立て管の最下部またはその付近
・排水立て管の最上部及び排水立て管の途中
・ますの設置が困難な場所
・排水横主管と敷地排水管との接続部付近

No.20 正解 3 消火設備

1. 連結散水設備において、天井または天井裏の各部分からそれぞれの部分に設ける一の散水ヘッドまでの水平距離が、開放型散水ヘッド及び閉鎖型散水ヘッドにあっては3.7m以下となるように設ける。(消防法施行規則第30条の3第一号ロ)

2. スプリンクラー設備を設置すべき階において、エスカレーターには、スプリンクラーヘッドを設ける必要がある。

3. 屋内消火栓のポンプの吐出量q [l/min]は、下式により算出する。

$q=vs$

v:消火栓1個当たりの吐出量 [l/(min·個)]

1号消火栓:150[l/(min·個)]

2号消火栓:70[l/(min·個)]

s:消火栓の階ごとの設置個数のうち、最大の設置個数(ただし、最大2個)

したがって、q=150[l/(min·個)]×2[個]=300[l/min]となり、不適当である。

4. 連結送水管の送水口のホース接続口は、連結送水管の立て管以上の数を地盤面からの高さが0.5m以上1m以下の位置に設ける。また、放水口のホース接続口は、床面からの高さが0.5m以上1m以下の位置に設ける。(消防法施行規則第31条第一号、第二号)

5. 全域放出方式の不活性ガス消火設備を設置した防護区画に、当該防護区画内の圧力上昇を防止するための措置を講じなければならないのは、放射する不活性ガスが、窒素、IG-55またはIG-541に限られており、二酸化炭素は含まれていない。(消防法施行規則第19条第5項第二二の二号)

No.21 正解 3 浄化槽設備

1. 住宅施設関係において、共同住宅の合併処理浄化槽処理人員nは、延べ面積A[㎡]を用いて算定する。この場合の処理人員nは「n=0.05A」となっている。ただし、1戸当たりの人員nが3.5人以下となる場合は1戸当たりのnを3.5人または2人(1戸が1居室だけで構成されている場合に限る)とし、1戸当たりのnが6人以上となる場合は1戸当たりのnを6人とする。(JIS A3302)

2. ホテルの合併処理浄化槽処理人員nは、延べ面積A［㎡］を用いて算定する。例えば、結婚式場または宴会場を持つホテルにおける処理人員nは「n＝0.15A」、結婚式場または宴会場を持たないホテルでは「n＝0.075A」となっている。(JIS A3302)

3. 浄化槽には、し尿と雑排水を処理する合併処理浄化槽と、し尿のみを処理する単独処理浄化槽がある。この内、**単独処理浄化槽**は、雑排水を処理しないことから河川の水質汚染の原因となるため、平成13年の浄化槽法改正に伴い**新設することが禁止**されている。

   また、現存する単独処理浄化槽についても、合併処理浄化槽に転換することを努めるとされている。

4. 接触ばっ気方式は、回転板接触方式や長時間ばっ気方式等と同じく、生物膜法の一種である。生物膜法は、接触材の表面に微生物を付着・生育させ、この生物膜と汚水とを接触させて処理する方法である。

5. 回転板接触方式は、駆動装置、回転軸及び回転板から構成される。酸素供給用の動力は不要である。

No.22 正解 5 給排水 特殊設備

1. ごみ固形燃料は、RDF（Refuse Derived Fuel）とRPF（Refuse Paper&Plastic Fuel）に分けられる。RDFは、家庭ごみ等の一般廃棄物を主原料とするごみ固形燃料であり、不純物や生ごみによる混入水分が多いため品質が安定せず、大掛かりな設備で製造されても燃料としての利用価値が少ないため、普及が難しくなっている。一方、RPFは、原料となる廃棄物を古紙や廃プラスチック等に限定しているため、含水率が低く、古紙と廃プラスチックの混合比率を変えることによって、発熱量の調節が可能となる。発熱量は、RDFが3,000 ～ 4,000kcal/kgであり、RPFが紙の混合比率により6,000～10,000kcal/kgであるため、RPFのほうが発熱効率が高い。

2. ちゅうかいのスラリー輸送設備（粉砕・脱水処理設備）は、ごみの連続移動方式の一つで、粉砕機と水流輸送とを組み合わせて用いる方法である。固形廃棄物を粉砕機で水中粉砕し、水と混合してパルプ状としたちゅうかいを水とともに管内輸送を行い、脱水機でパルプ状のごみを固液分離し、脱水された固形物を別途処理するものである。

3、4.

生ごみ処理機には、貯留槽内の生ごみを機械的に攪拌しながら、電気・ガス等の熱源によって加熱し、生ごみ中の水分を蒸発させ減量・減容化する「乾燥減容型」と、微生物による好気性発酵によって減量・減容化する「分解消滅型（バイオ型）」、及び両者の効果を併せ持った「ハイブリッド型」がある。

5. コンパクタコンテナ方式は、コンパクタ（圧縮機）でごみをコンテナに押し込み、そのコンテナごと搬出する方式である。設問の記述は、容器方式である。

No.23 正解 5 ガス設備

1. 都市ガスの圧力による分類を次表に示す。

都市ガスの圧力による分類

分類	圧力
高圧	1.0MPa以上
中圧	0.1MPa以上1.0MPa未満※
低圧	0.1MPa未満

※中圧A（0.3MPa以上1.0MPa未満）及び中圧B（0.1MPa以上0.3MPa未満）に区分されることもある。

2. 高層階に都市ガスを供給する立て管は、ガスの比重の影響により上層ほど圧力が上昇する。13Aの都市ガスを供給する場合、ガス栓の位置が地上から約45m以上になる場合は、昇圧防止器を設置する。
3. 液化石油ガスの設置において、設置する燃焼器とその使用状況が明らかな場合は、燃焼器の使用状況に基づいて算出した1時間当たりのガス消費量を最大ガス消費量とする。設置する燃焼器は決定しているが使用状況が明らかでない場合は、燃焼器の1時間当たりのガス消費量の最大値に業種別の同時使用率を乗じて最大ガス消費量を求める。業種別の同時使用率は、喫茶店で70%、和食・洋食料理店で80%、中華料理店で90%とする。
4. 内容積が20*l*以上の液化石油ガスの容器は、容器の設置位置から2m以内にある火気を遮る措置を講じ、かつ屋外に設置する。ただし、屋外に設置することが著しく困難な場合、漏洩したガスが屋内に滞留しないような措置を講じ、かつ漏洩した液化石油ガスが火気に触れないような措置を講じたときは、屋内に設置することができる。
5. 液化石油ガスの容器の交換時にガスの供給が中断しないようにするためには、使用中のガスを中断させることなく切換えができる**切換装置**を設ける。設問のベーパライザは、高圧の液化石油ガスを加温してガス化する装置である。

No.24 正解 5 給排水衛生設備融合

1. JIS A 5207（衛生器具－便器・洗面器類）において、洗浄水量が8.5*l*以下の大便器はⅠ形、6.5*l*以下の大便器はⅡ形に分類される。なお、JISが改定される前は、それぞれ節水Ⅰ形、節水Ⅱ形と分類され、洗浄水量が8.5*l*を超えるものを一般形大便器と呼んでいたが、節水形大便器の普及により、「節水」がとれて単にⅠ形、Ⅱ形と呼ぶようになり、一般形大便器の分類は廃止された。
2. 温水洗浄便座の洗浄用水加温方式には貯湯式と瞬間式がある。貯湯式は、内蔵されたタンクに温水を貯めておく方式であり、瞬間式は、洗浄時に温水を瞬間加熱する方式である。貯湯式においては、40℃程度の温水を

1l程度貯湯するタンクを有している。

3. 管の線膨張係数を次表に示す。線膨張係数は、ステンレス鋼管（1.7×10⁻⁵/℃）よりポリブテン管（15×10⁻⁵/℃）のほうが大きい。

管の線膨張係数

管材料	線膨張係数［×10⁻⁵/℃］
鋼	1.2
ステンレス鋼	1.7
銅	1.7
ポリブテン	15
架橋ポリエチレン	20

4. 配管用管及び水道用銅管は肉厚の数値の大小によってKタイプ、Lタイプ、Mタイプがあり､呼び径が同じ場合、肉厚の大きいほうからK>L>Mの大小関係となる。

5. 手動バルブ（弁）には、仕切弁、玉形弁、バタフライ弁、ボール弁等がある。玉形弁は、バタフライ弁に比べて、面間寸法が大きく、重量が重い。弁構造の違いによる特徴を次表に示す。

弁構造の違いによる特徴

項目	仕切弁	玉形弁	バタフライ弁	ボール弁
弁の操作性	普通	普通	良い	良い
面間寸法	大きい	最も大きい	小さい	大きい
本体の重量	重い	重い	軽い	重い
本体の高さ	最も高い	高い	低い	低い
中間開度の使用	適さない	適している	適している	適さない
使用温度範囲	広い	広い	狭い	狭い
使用圧力範囲	広い	広い	狭い	狭い

No.25 正解 4 電気設備

電力と電圧及び抵抗の関係は次式で表される。

$$電力=\frac{電圧^2}{抵抗}$$

（∵ $電力=電圧×電流、電流=\frac{電圧}{抵抗}$）

図1では、電力の総和が9［kW］、電源電圧がE［V］、抵抗は各抵抗を合成して求める。

図1の合成抵抗R_1を求める。並列接続であるため、R_1の逆数は各抵抗の逆数の和に等しい。

$$\frac{1}{R_1}=\frac{1}{R}+\frac{1}{R}+\frac{1}{R}=\frac{3}{R}$$

$$R_1=\frac{R}{3}$$

したがって、

$$電力=\frac{E^2}{\frac{R}{3}}=\frac{3E^2}{R}=9\,[\mathrm{kW}]$$

$$\therefore E^2=3R$$

同様に、電源電圧を2E［V］、各抵抗を直列接続とした図2の電力の総和を求める。

直列接続の場合、合成抵抗R_2は各抵抗の和に等しい。

$$R_2=R+R+R=3R$$

したがって、

$$電力=\frac{(2E)^2}{3R}=\frac{4E^2}{3R}=\frac{4\times3R}{3R}$$
$$=4\,[\mathrm{kW}]$$

No.26 正解 5 電気設備

角周波数（角速度）ω［rad/s］は、$\omega=2\pi f$（f:周波数［Hz］）により求める。

$f=60$［Hz］と与えられているため、$\omega=2\pi\times60=120\pi$［rad/s］

No.27 正解 4 電気設備計画

1. 電線の太さは、許容電流、電圧降下、機械的強さ等によって決定する。通電によって電路に支障が生じないように十分な太さのものとする。

2. 直列リアクトル付き進相コンデンサ

を設置することにより、高調波電流の流入を抑制することができる。また、変圧器2台を位相角が異なる結線方式の組合せで使用する「多相化」を行うことにより、高調波電流の流出を抑制することができる。

3. 高圧電路に系統連系する太陽光発電設備においては、その構成要素の一つであるパワーコンディショナの働きにより、発電設備容量が契約電力の5％程度以下の場合、または10kW以下の場合、地絡過電圧継電器を省略することができる。

4. 屋外や水による漏電の可能性がある電路には、原則として、漏電遮断器を設置しなければならない。具体例としては、

①プール、公衆浴場、噴水、池、水田等これらに類するものに使用する循環ろ過ポンプ、給排水ポンプ等用の電動機設備

②プールサイドに施設する照明設備。ただし、照明設備が絶縁性のポール上にある場合など金属部分に人が触れるおそれのない場合または外箱が絶縁性のものである場合は、この限りでない。

③雨線外に施設する電動機（制御用のものを除く。）を有する機械器具

④屋側または屋外に施設するコンセント設備等

5. 電気機器の防水等級は、IP（Ingress Protection：侵入への保護）規格により、滴下水から水没までの性能を規定している。IPX 3は防雨形に相当する。

No.28 正解 3 電気設備計画

1. 親子式電気時計設備は、親時計から子時計に信号を送り、運針させる。子時計の接続数は、親時計の1回線当たり25個程度までとする。

2. ネットワーク全体の時刻補正には、長波帯標準電波を受信する方式のほか、GPS衛星電波やFMラジオの時報、または地上デジタル放送を受信する方式がある。

3. 耐熱形分電盤は、耐熱性能により一種と二種に分けられる。一種耐熱形分電盤は840℃で30分間の加熱曲線に耐えること、二種耐熱形分電盤は280℃で30分間の加熱曲線に耐えることが要求されている。居室や一般の廊下、階段には一種耐熱形分電盤を、機械室やパイプシャフト、屋外・屋上、開放廊下、避難階段には二種耐熱形分電盤を設置する。

4. 消防法施行規則第25条の2第2項第三号ロにより、階段または傾斜路以外の場所に設ける非常放送設備のスピーカーは、当該放送区域の面積により定められる種別に適合するほか、当該放送区域の各部分から一のスピーカーまでの水平距離が10m以下となるように設ける。

5. 消防法施行令第29条の3第1項により、無線通信補助設備は、延べ面積1,000㎡以上の地下街において設置が義務付けられている。また、消防

法施行規則第31条の2の2第十号には、警察の無線通信その他の用途と共用する場合は、消防隊相互の無線連絡に支障のないような措置を講じることと定められており、警察の無線通信との共用が認められている。

No.29 正解 5 受変電設備

1. キュービクル式高圧受電設備は、JIS C 4620「キュービクル式高圧受電設備」において、遮断方式により遮断器形（CB形）と高圧限流ヒューズ・高圧交流負荷開閉器形（PF・S形）に分けられており、受電設備容量などに応じて選定される。

キュービクルの種類と受電設備容量

主遮断装置	受電設備容量
ＣＢ形	4,000kVA以下
ＰＦ・Ｓ形	300kVA以下

CB形：主遮断装置として、遮断器（CB）を用いるもので、過電流継電器、地絡継電器などと組み合わせることによって、過負荷・短絡・地絡等の事故時の保護をする。

PF・S形：主遮断装置として、高圧限流ヒューズ（PF）と高圧交流負荷開閉器（LBS）とを組み合わせて用いる。

2. 高圧受電の場合、電力会社との責任分界点には、区分開閉器として、地絡継電装置付き高圧交流負荷開閉器を設置する必要がある。高圧交流負荷開閉器には、気中負荷開閉器、真空負荷開閉器、ガス負荷開閉器、油入負荷開閉器などがある。

3. 主遮断装置は、需要家側で発生した過負荷、短絡事故を系統側に波及させないように設けるものであり、電気事業者の配電用変電所に設けられている過電流保護装置との動作協調を図り、需要家側で事故が発生した場合には、電気事業者側より早く動作させるように設定する。

4. 非常用予備発電装置から防災負荷へ供給するに当たっては、商用系統への逆潮流や、その他の系統と接続されることのないように、主遮断装置と発電機遮断器とにインターロックを施す。

5. 「Δ（デルタ）－Δ（デルタ）結線の変圧器」と「Δ（デルタ）－Y（スター）結線の変圧器」を並行運転することはできない。なお、変圧器の並行運転に当たっては、変圧比が等しいことが条件である。また、並行運転する変圧器の負荷分担はインピーダンス電圧（%インピーダンス）に反比例する。したがって、同容量の変圧器を並行運転する場合は、それぞれのインピーダンス電圧（%インピーダンス）が等しい場合に、取り出せる電力が最大になる。

No.30 正解 1 受変電設備

三相短絡電流I_S[A]は次式で求める。

$$I_S = \frac{V_n}{\sqrt{3} \cdot Z}$$

V_n：線間電圧[V]

Z：インピーダンス[Ω]

$$I_S = \frac{6.6}{\sqrt{3} \times 0.33} \fallingdotseq 11.5\,[\mathrm{kA}]$$

したがって、選択肢1の12[kA] が最も近い。

No.31 正解 1 防災設備

次表より、自動火災報知設備の非常電源として、燃料電池設備は使用できない。

消防用設備と非常電源の適用

非常電源 / 消防用設備	非常電源専用受電設備	自家発電設備	蓄電池設備 直交変換装置を有しないもの 鉛・アルカリ蓄電池	蓄電池設備 直交変換装置を有するもの NaS・レドックスフロー蓄電池	燃料電池設備	容量(以上)
屋内消火栓設備 スプリンクラー設備 水噴霧消火設備 泡消火設備 屋外消火栓設備	○注1	○	○	○	○	30分間
不活性ガス消火設備 ハロゲン化物消火設備 粉末消火設備	×	○	○	○	○	60分間
自動火災報知設備 非常警報設備	○注1	×	○	×	×	10分間
ガス漏れ火災警報設備	×	○注3	○注2	○注2	○注3	10分間
誘導灯	×	○注4	○	○注4	○注4	20分間(60分間)注4
排煙設備	○注1	○	○	○	○	30分間
連結送水管(加圧送水装置)	○注1	○	○	○	○	120分間
非常コンセント設備	○注1	○	○	○	○	30分間
無線通信補助設備(増幅器)	○注1	×	○	×	×	30分間
パッケージ型自動消火設備	×	×	○	×	×	60分間+10分間注5
総合操作盤	○注1	○	○	○	○	120分間

注1 延べ面積1,000㎡以上の特定防火対象物には、原則として適用できない

注2 2回線を10分間有効に作動させ、同時にその他の回線を10分間監視状態にすることができる容量以上のもの

注3 2回線を1分間有効に作動させ、同時にその他の回路を1分間監視状態にすることができる容量以上の予備電源または蓄電池設備

注4 延べ面積50,000㎡以上、または地上15階以上かつ延べ面積30,000㎡以上、または別表第1(16の2)の地下街で延べ面積1,000㎡以上の防火対象物は60分間以上(20分を超える時間における作動に係る容量にあっては、直交交換装置を有する蓄電池設備、自家発電設備または燃料電池設備によるものを含む)

注5 監視状態を60分間継続した後、作動装置等の電気を使用する装置を作動し、かつ、音等を10分間以上継続して発生させることができること

No.32 正解 3 照明設備

1. 光束発散度とは、光源、反射面または透過面のいずれについても、物体の表面から発散する単位面積当たりの光束のことであり、単位は、rlx(ラドルクス)またはlm/㎡(ルーメン)である。
2. 照明による物体色の見え方を演色といい、光源の分光分布による影響を受ける。演色性とは、物体色の見え方を決定する光源の性質をいい、JISにおいて評価方法が定められている。演色評価数は100を最大とし、値が大きいほど、演色性が良い、すなわち自然光による色の見え方に近いことを表す。
3. 不快感は引き起こすが、視覚能力の減退には至らないグレアのことを不快グレアという。窓や照明器具などグレアを生じさせるものが高輝度になるほど、また見込まれる立体角が大きいほど不快感が増大する。
4. 在室検知制御とは、室内に設置された人感センサー(赤外線センサー、超音波センサー等)によって人の動きを感知し、在室時には点灯、不在時には消灯もしくは調光により減光する自動制御システムである。
5. ランプは、設置後の経年劣化やほこり等の付着により、徐々に照度が低下していく。照明設計では、ある期間使用後の照度が低下した時点でも設定値を上回るようにするため、初期の照度は過剰となる。したがって、照度センサー、コントローラー等により初期の照度を抑制し、消費電力の低減を図る方式を初期照度補正という。

No.33 正解 2 照明設備

B点の水平面照度E_h[lx]は、余弦の法則によって求めることができる。

$E_h = \dfrac{I(\theta)}{R^2}\cos\theta$ [lx]

ここで、AB間の距離は、

$R = \sqrt{8^2+6^2} = \sqrt{100} = 10$[m]、

$\cos\theta = \dfrac{8}{10} = 0.8$となり、

設問より$I(\theta) = 15{,}000$[cd]であるから、

$E_h = \dfrac{15{,}000}{10^2} \times 0.8 = 120$ [lx] となる。

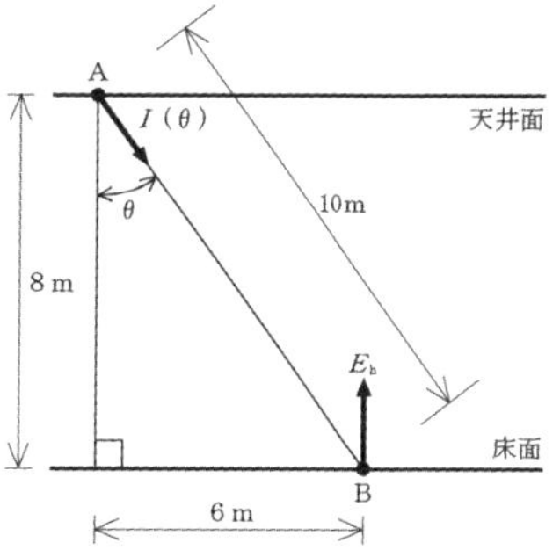

No.35 正解 1 電動機

電流を小さく抑えることができるので、電路、遮断器等の容量が過大になることを防ぐことができる。

No.34 正解 5 電動機

1. 一次抵抗始動方式は、電源と電動機との間に抵抗器を接続して始動し、加速完了後にこれらを短絡して運転状態に入る方式である。
2. 二次抵抗始動方式は、二次側に始動抵抗器（三相可変抵抗器）を接続して始動する方式である。
3. コンドルファ始動（補償器始動）方式は、単巻三相変圧器を用いて、電動機の端子に加える電圧を下げて始動する方式である。
4. リアクトル始動方式は、電源と電動機との間にリアクトルを接続して始動し、加速完了後にこれらを短絡して運転状態に入る方式である。
5. スターデルタ始動方式とは、電動機等の始動電流を小さくするため、始動時に一次巻線をスター結線（星形またはY形結線）で接続し、始動後にデルタ結線（三角結線）に切り替える方式である。スターデルタ始動方式を採用すると、電動機等の始動電流を小さく抑えることができるので、電路、遮断器等の容量が過大になることを防ぐことができる。

No.35 正解 1 電動機

1. 三相誘導電動機には、回転子の構造によって「かご形」と「巻線形」がある。二次抵抗始動方式は、巻線形誘導電動機において、二次巻線の外部に抵抗を接続し、この抵抗値を徐々に小さくする始動方式である。これにより、始動電流を制限し、しかも大きな始動トルクが得られる。**二次抵抗始動方式は、巻線形誘導電動機だけで可能な始動方式である。**
2. 誘導電動機に取り付ける力率改善用の進相コンデンサ（低圧進相コンデンサ）は、手元開閉器よりも負荷側に、回路と並列に接続する。
3. スターデルタ始動器を使用する場合の始動器と電動機間の配線は、線電流の$1/\sqrt{3}$しか流れないため、当該電動機分岐回路の配線の60%以上の許容電流を有する電線を使用する。
4. 連続運転する単独の電動機に供給する分岐回路の電線は、過電流遮断器の定格電流の1/2.5(40%)以上の許容電流のあるものとする。さらに、電動機などの定格電流が、50A以下の場合は、その定格電流の1.25倍以上の許容電流のあるもの、50Aを超える場合は、その定格電流の1.1倍以上の許容電流のあるものを用いる。

5. 電動機は、1台ごとに専用の分岐回路を設けて、施設する。ただし、次のいずれかに該当する場合は、この限りでない。

①15Aの分岐回路または20A配線用遮断器分岐回路において使用する場合

②2台以上の電動機でその各々に過負荷保護装置を設けてある場合

③工作機械、クレーン、ホイストなどに2台以上の電動機を一組の装置として施設し、

これを自動制御または取扱者が制御して運転する場合または2台以上の電動機の出力軸が機械的に相互に接続され単独で運転できない場合

設問の記述は、上記②に該当するため、2台の電動機を同じ分岐回路に施設することができる

No.36 正解 2 防災設備

1. 消防法施行令第29条の2により、非常コンセント設備は、地上11階以上の階、または地下街で延べ面積が1,000㎡以上の場合に設置する。非常コンセントは、それぞれの階の各部分から一の非常コンセントまでの水平距離が50m以下となるように、かつ、階段室、非常用エレベーターの乗降ロビー等で、消防隊が有効に消火活動を行うことができる位置に設ける。また、供給電力は、単相交流100Vで15A以上の電力を供給できるものとする。

2. 消防法施行規則第25条の2第2項第三号により、非常放送設備のスピーカーの音圧及び設置については次表による。100㎡を超える放送区域には、L級のスピーカーを設ける。

スピーカーの種類と音圧

種類	音 圧
L級	92dB以上
M級	87dB以上 92dB未満
S級	84dB以上 87dB未満

スピーカーの設置

放送区域	種 類
100㎡超	L級
50㎡超 100㎡以下	L級、M級
50㎡以下	L級、M級、S級

3. 消防法施行規則第23条第4項第七号により、煙感知器（光電式分離型感知器を除く。）は、廊下及び通路にあっては歩行距離30m（3種の感知器は20m）につき1個以上の個数を、階段及び傾斜路にあっては垂直距離15m（3種の感知器は10m）につき1個以上を設けなければならない。

4. 消防法施行令第26条第2項第三号により、客席誘導灯は、劇場等の客席の通路の足元を照らすために設ける。客席内の通路の床面における水平面照度が0.2lx以上となるように配置する。

5. 消防法施行規則第31条の2の2第八号により、無線通信補助設備の無線機を接続する端子は、地上で消防隊が有効に活動できる場所及び防災センター等に設ける。

No.37 正解 3 テレビ共同受信設備

1. 地上デジタル放送で使用されるUHF帯の周波数は、470～710MHzである。アナログ放送で使用されていたUHF帯の周波数は470～770MHzだったが、完全デジタル化に伴い、710MHz以上の電波帯域は携帯電話用として利用されるようになった。
2. BSデジタル放送と110度CSデジタル放送のような衛星放送は、受信機及び受信アンテナを共用することができる。地上デジタル放送の受信には、素子があるUHFアンテナを使用し、衛星放送の受信には、素子がないパラボラアンテナを使用する。
3. 分岐器は、伝送路の幹線から必要な量の信号を分岐させる機器である。**設問の記述は、分配器である。**
4. 増幅器は、受信電波の電界強度が低い場合や、伝送路で減衰する電波を増幅させる機器である。
5. 同軸ケーブルの減衰量は、導体の抵抗損と絶縁体の誘電体損の和となる。抵抗損は導体の断面積により決まるが、誘電体損は伝送する周波数に比例して大きくなる。したがって、同じ構造・材質の同軸ケーブルであれば、周波数が高くなるほど減衰量が大きくなる

No.38 正解 2 通信・情報設備

1. インターホン設備には、親子式、相互式及び複合式がある。
   - 親子式：親機と子機により構成し、親機と子機間にて通話を行う。
   - 相互式：2台以上の親機により構成し、親機間にて通話を行う。
   - 複合式：親子式と相互式とを組み合わせたもので、各親機間の通話及び親機とその親機に接続された子機との通話を行う。
2. マイクロホンは、音を電気信号に変換する機器であり、方式により、ダイナミック形とコンデンサ形の2種類がある。**コーン型、ホーン型はスピーカーの分類である。**
3. 入退室管理設備のIDカードには、アンテナコイルを内蔵している非接触ICカード、接触端子を内蔵している接触ICカード、及び磁気を読み取る磁気カード等がある。
4. LAN機器の接続形態には、バス型、リング型、スター型等があり、一般的には、構築後の運営が容易であることから、スター型が用いられている。
5. 駐車場管制設備における車両の検出方式には、赤外線ビーム方式、ループコイル方式、超音波式、テープスイッチ式等があり、赤外線ビーム方式とループコイル方式が多く採用されている。
   - 赤外線ビーム方式：発光器と受光器間で常時、発・受光している赤外線を、車両により遮光することにより検知する。
   - ループコイル方式：地中に電線をコイル状に埋設し、そのコイルのイ

ンダクタンスの変化により車両を検知する。

No.39 正解 4 避雷設備

1. 建築物等の屋根構造材の金属製部分（トラス、相互接続した鉄筋等）は、“構造体利用”受雷部構成部材であるとみることができる。
2. 引下げ導線は、被保護物の外周に沿って、相互の平均間隔が次表に示す値以下となるように２条以上引き下げる。ただし、一般建築物等の被保護物の水平投影面積が25㎡以下のものは、１条でよい。

保護レベルに応じた引下げ導線の平均間隔

保護レベル	平均間隔（m）
Ⅰ	10
Ⅱ	15
Ⅲ	20
Ⅳ	25

3. 建物等の被保護物から独立しない雷保護システムにおいては、鉄骨や鉄筋等の構造体を引下げ導線として利用できるため、壁が不燃性材料からなる場合、一般的に、引下げ導線は、壁の内部に施設される。また、壁面に沿って等間隔に引き下げることも可能である。
4. 固い岩盤が露出した場所では、B型接地極が推奨されている。
5. 雷保護システムにおいて、保護レベルは、雷の影響から被保護物を保護する確率によって、Ⅰ～Ⅳの４段階で表す。保護角法による保護角は、保護レベルがⅠに近いほど、また、地表面から受雷部の上端までの高さが高くなるほど小さくなる。

保護レベルに応じた受雷部の配置

保護レベル	回転球体法 球体半径（m）	保護角法 地表面から受雷部上端までの高さ（m） 20 α（°）	30 α（°）	45 α（°）	60 α（°）	60超 α（°）	メッシュ法 幅（m）
Ⅰ	20	25	＊	＊	＊	＊	5
Ⅱ	30	35	25	＊	＊	＊	10
Ⅲ	45	45	35	25	＊	＊	15
Ⅳ	60	55	45	35	25	＊	20

＊：回転球体法及びメッシュ法だけを適用する。

No.40 正解 2 低圧配線

1. 低圧配線とは、低圧の屋内配線、屋側配線及び屋外配線をいう。
2. 住宅の屋内電路の対地電圧は、原則として、150V以下とする。
3. 低圧幹線との分岐点から分岐回路用の過電流遮断器までの電線の長さは、３m以下とする。ただし、次のいずれかに該当する場合は、分岐点から３mを超える箇所に施設することができる。
   ①電線の許容電流が、その電線に接続する低圧幹線を保護する過電流遮断器の定格電流の55％以上である場合
   ②電線の長さが８m以下であり、かつ、電線の許容電流がその電線に接続する低圧幹線を保護する過電流遮断器の定格電流の35％以上である場合

   設問の条件は、上記の①、②に該当しないため、原則通りの３m以下とする。
4. 電線こう長が60m以下の低圧配線中の電圧降下は、幹線及び分岐回路において、それぞれ標準電圧の２％以下とする。ただし、電気使用場所内の変圧器により供給される場合の

幹線の電圧降下は、3%以下とすることができる。

5. 電線やケーブルを同一の金属ダクトに多数収める場合、発熱が多くなるために許容電流が低減される。ダクトに収める電線の断面積（絶縁被覆の断面積を含む。）の総和は、ダクトの内部断面積の20%以下とする。

No.41 正解 4 電気設備融合

1. 電路に施設する機械器具の金属製の台及び外箱には、使用電圧の区分に応じて、次表に示す接地工事を施す。設問では「特別高圧用変圧器の〜」と記述されているため、次表の「高圧」に該当し、A種接地工事とする。

機械器具の区分による接地工事の適用

機械器具の使用電圧の区分		接地工事
低　圧	300V以下	D種接地工事
	300V超過	C種接地工事
高　圧		A種接地工事

2. 変圧器の高圧巻線と低圧巻線とが直接接触しないように相互間に設ける金属製の混触防止板には、B種接地工事を施す。

3. バスダクトにおいて、使用電圧が300V以下の場合は、D種接地工事を施す。また、使用電圧が300Vを超える場合は、C種接地工事を施す。ただし、接触防護措置を施す場合は、D種接地工事によることができる。

4. C種接地工事の接地抵抗値は、10Ω以下とする。ただし、地絡時に0.5秒以内に自動遮断する装置（地絡遮断装置）を設けた場合は、500Ω以下とすることができる。

5. D種接地工事の接地抵抗値は、100Ω以下とする。ただし、地絡時に0.5秒以内に自動遮断する装置（地絡遮断装置）を設けた場合は、500Ω以下とすることができる。

No.42 正解 5 受変電設備

1.「エネルギーの使用の合理化等に関する法律」に規定されるトップランナー制度の対象機器等には現在31品目が該当し、変圧器も含まれる。トップランナー基準を達成した変圧器は、通称「トップランナー変圧器」と呼ばれており、トップランナー変圧器の適用範囲は、油入変圧器、モールド変圧器に限られ、ガス絶縁変圧器やスコット結線変圧器等は除外される。

2. 高圧カットアウトは、高圧側開閉器として変圧器の一次側に設置し、変圧器容量300kVA以下の場合に施設することができる。300kVAを超える場合は、真空遮断器等の設置が必要になる。

3. 地絡継電器（GR）は、受変電設備機器の内部または電路に地絡が発生した場合に、遮断器を開放または警報を発するものである。地絡事故時に零相電流を検出する零相変流器（ZCT）と組み合わせるものを地絡過電流継電器、零相電圧を検出する零相電圧検出装置（ZPD）と組み合わせるものを地絡過電圧継電器という。

4. 高圧交流負荷開閉器は、高圧交流回路に用いる負荷開閉器である。種類には、ガス負荷開閉器、気中負荷開閉器、真空負荷開閉器等がある。

5. 過電流継電器（OCR）は、電路の短絡または過負荷の際に流れる過電流を検出し、遮断器を開放させる。**過電流継電器の動作特性には、短絡電流に対しての瞬時特性と過負荷電流に対しての反限時特性の2要素がある。**

No.43 正解 1 機器材料

1. VVケーブル（ビニル絶縁ビニルシースケーブル）は、導体をビニルで絶縁し、その上にビニルのシースを被覆したものであり、低圧配線等に用いられる。

2. CVケーブル（架橋ポリエチレン絶縁ビニルシースケーブル）は、導体を架橋ポリエチレンで絶縁し、その上にビニルのシースを被覆したものであり、低圧配線、高圧配線等に用いられる。

3. CPEVケーブル（ポリエチレン絶縁ビニルシースケーブル）は、導体をポリエチレンで絶縁し、その上にビニルのシースを被覆したものであり、電話回線等に用いられる。

4. 耐火ケーブルは、導体の絶縁体の間に耐火層を施したもので、30分で840℃に達する温度曲線での加熱に耐える。消火ポンプ、非常照明などの給電回路に使用する。

5. EMケーブル（エコケーブル）は、焼却時にダイオキシン、塩化水素等の有害物質を発生させないなど、環境負荷の低減に配慮した材料を用いたものである。

No.44 正解 4 エレベーター・エスカレーター

1. 昭和46年建設省告示第112号により、非常用エレベーターのかご及びその出入口の寸法並びにかごの積載荷重の数値は、日本産業規格（JIS）A 4301のうちE-17-COに関する部分と定められている。JIS A 4301により、非常用エレベーター（E-17-CO）は、積載荷重1,150kg以上、最大定員17人以上とする。

2. 建築基準法施行令第129条の13の3第9項により、非常用エレベーターには、かごの戸を開いたままかごを昇降させることができる装置を設けなければならない。

3. P波感知器は、原則として、昇降路下部に設ける。ただし、昇降路下部に振動が頻繁に生じることなどにより、加速度を検知する上で支障がある場合、設置場所を限定しない。また、正常な管制運転を行うことができれば、P波感知器を複数台のエレベーターで共用することができる。

4. 脱レールを防ぐためには、ガイドレールのたわみとガイドレールの支持材のたわみとの合計値は、ガイドシューとガイドレールとのかかり代に比べて、小さくしなければならない。

5. 非常用発電時（自家発時）管制運転とは、非常時（停電時）に、非常用発電設備により、エレベーターを各グループ単位に、順次避難階または最寄階に帰着させる機能である。なお、非常用発電設備を持たない建物にエレベーターを設置する場合は、予備電源により、かごを最寄階まで低速で自動着床させる救出運転を行う。

No.45 正解 4 施工計画・施工管理

1. 総合施工計画書とは、工事全般について仮設を含めた施工計画書で、記載要点は以下のようになる。

①請負者の組織（組織表）
②全体工程（工程表）
③諸官庁申請リスト
④現場仮設計画
⑤予想される災害、公害の種類と対策
⑥出入口の管理
⑦危険箇所の点検方法
⑧緊急時の連絡方法（掲示）
⑨火災予防（消火器、吸い殻入れなど）
⑩夜間警戒

2. 記述の通り、正しい。

3. 全体工程表にはネットワーク式またはバーチャート式が適宜用いられ、詳細工程表には、一般に、バーチャート式が多く用いられる。

4. 仮設施設は、**直接仮設と呼ばれる作業足場・作業床・揚重運搬施設・電源・用水・排水・照明設備などと、現場事務所・加工場・作業員詰所・資材置場などの間接仮設に大別できる。**

5. 施工計画を基に、施工全般についての管理運営を行う工事管理者の主な業務として、実行予算書の作成がある。実行予算書により、工事費に含まれる工事原価（純工事費と現場経費）の管理をおこなう。

No.46 正解 3 施工計画・施工管理

1. 事業者は、安全委員会及び衛生委員会を設けなければならないときは、それぞれの委員会の設置に代えて、安全衛生委員会を設置することができる。（労働安全衛生法第19条）

2. 事業者は、危険または有害な業務（高圧の充電電路の敷設も含まれる）に労働者をつかせるときは、当該業務に関する安全または衛生のための特別の教育を行わなければならない。（労働安全衛生法第59条）

3. 統括安全衛生責任者を選任すべき事業者以外の請負人で、当該仕事を自ら行うものは、**安全衛生責任者を選任しなければならない。**（労働安全衛生法第16条）

4. 各種の雇用関係の異なる労働者が混在して作業をする現場において、労働災害を防止するため、特定元方事業者は、統括的な安全衛生管理を行う者として、統括安全衛生責任者を選任する。現場で働く労働者が常時50人以上の場合に置かれる。（労働

安全衛生法第15条）

5. 特定元方事業者で、統括安全衛生責任者を選任した事業者は、元方安全衛生管理者を選任し、その者に労働災害を防止する措置のうち、技術的事項を管理させなければならない。（労働安全衛生法第15条の2）

No.47 正解 3 空気調和設備工事

1. 冷水・ブライン・冷温水配管の吊りバンド等の支持部には、結露防止対策として、合成樹脂製の支持受け等を用いる。

2. ポンプまわりの配管を防振する場合は、防振継手近くの配管側を固定する。

3. **複式伸縮管継手を設ける場合は、継手自体に付属する金具で固定する。** また、単式伸縮管継手を設ける配管には、その伸縮の起点として有効な箇所に固定点を設ける。

4. 建築物のエキスパンションジョイント貫通部の配管には、建築物相互の変位を吸収するために変位吸収管継手を用いることがある。その際の配管は、変位吸収管継手の近傍で耐震支持する。

5. 空調機のドレン配管にトラップを設ける場合、トラップの封水深さは、運転時の空調機内と室内との差圧に相当する深さ以上とする。

No.48 正解 4 給排水衛生設備工事

1. 水道用硬質塩化ビニルライニング鋼管の切断には、帯のこ盤または丸のこ盤等を使用する。高速砥石やガスによる切断は、加熱損傷するので使用しない。また、パイプカッターは、内面にかえりが生じ、管端防食継手のコアを損傷させたり、内面ライニングを剥離させるので使用しない。

2. ソルベントクラッキングとは、硬質ポリ塩化ビニル管のような樹脂管の表面に接着剤の溶剤が接触することが要因となる亀裂である。ソルベントクラッキングは、次の要因が重なったときに発生しやすい。

①溶剤ガスが管路に発生したとき。

②5℃以下の低温のとき。

③施工時に曲げや不陸などの無理な圧力が掛かっているとき。

防止対策として、次の注意が必要である。

①接着剤は薄く均一に塗布するとともに、内外面にはみ出した接着剤は拭き取り、通水または通風により、溶剤ガスを速やかに追い出す。

②露出のまま放置せず、乾いた砂や土を被せる。

③施工によるひずみや応力が発生しないようにする。

設問は、「冬期」とされているので「5℃以下の低温のとき」に該当し、ソルベントクラッキングが発生しやすいため、「夏期」よりも通風を多くして溶剤ガスを速やかに追い出す。

3. 免震構造の建築物において、免震層を通過する配管には、地震時に発生する大きな変位を吸収するために変位吸収継手を設ける。変位吸収継手はゴム製とステンレス製があり、給水配管ではどちらも使用できるが、給湯配管ではステンレス製を使用する。

4. 配管が腐食するおそれのある場所に埋設され、配管と鉄筋とが接触して、マクロセル腐食が発生するおそれのある場合、配管材は耐食性のある管種を採用し、かつ土中に埋設される手前に、絶縁継手を設ける。

5. 排水通気系統における満水試験の試験圧力は、最小30kPaとし、その保持時間は最小60分とする。

No.49 正解 2 電気設備工事

1. 高圧計器用変成器の二次側電路には、D種接地工事を施す。なお、特別高圧計器用変成器の二次側電路には、A種接地工事を施す。

2. 地中電線路には、管路式や暗きょ式、直接埋設式があり、いずれも配線にはケーブルを使用する。

3. 電線同士を接続させる際には、以下の条件を満たさなければならない。

・電線の電気抵抗を増加させない。

・電線の引張強度を20%以上減少させない。

・絶縁電線の絶縁物と同等以上の絶縁効力があるもので被覆する。

・接続管その他の器具を使用するか、ろう付けする。

4. 7kV以下の器具等の電路の絶縁耐力試験においては、試験電圧として最大使用電圧の1.5倍の電圧を10分間加えても機器の絶縁性能に異常が生じないことを確認する。最大使用電圧は、通常の使用状態において電路に加わる最大の線間電圧であり、公称電圧の1.15/1.1倍とする。

5. 低圧分岐回路に接続するコンセントは次表による。

低圧分岐回路に接続するコンセントの種類

分岐回路を保護する過電流遮断器の種類	コンセント
定格電流が15A以下のもの	定格電流が15A以下のもの
定格電流が15Aを超え20A以下の配線用遮断器	定格電流が20A以下のもの
定格電流が15Aを超え20A以下のもの(配線用遮断器除く)	定格電流が20Aのもの(定格電流が20A未満の差込みプラグが接続できるものを除く)
定格電流が20Aを超え30A以下のもの	**定格電流が20A以上30A以下のもの**(定格電流が20A未満の差込みプラグが接続できるものを除く)
定格電流が30Aを超え40A以下のもの	定格電流が30A以上40A以下のもの
定格電流が40Aを超え50A以下のもの	定格電流が40A以上50A以下のもの

No.50 正解 4 建設業法

1. 建設業の許可は、1の都道府県の区域内にのみ営業所を設けて営業をしようとする場合は当該営業所の所在地を管轄する都道府県知事の許可を、2以上の都道府県内に営業所を設けて営業をしようとする場合は国土交通大臣の許可を受けなければならない。(建設業法第3条第1項)

2. 建設業の許可は、5年ごとに更新を受けなければ、その期間の経過により効力を失う。(建設業法第3条第3項)

3. 建設業者は、その請け負った建設工事を、一括して他人に請け負わせてはならない。ただし、共同住宅の新築工事以外の建設工事で、当該建設工事の元請負人があらかじめ発注者の書面による承諾を得たときは、こ

の規定は、適用しない。(建設業法第22条第３項)

4. 元請負人は、下請負人から建設工事が完成した旨の通知を受けたときは、20日以内で、かつ、できるだけ短い期間内にその完成を確認するための検査を完了しなければならない。(建設業法第24条の４第１項)

5. 建設業法第19条第１項第八号より、正しい記述である。

建築設備［解答・解説］

▶問題 P.292～

No.1　正解　5　環境・省エネルギー

1. 最大熱負荷を基準に設計する空調システムにおいては、余裕率（安全率）を大きくすると、設備容量も大きくなり、部分負荷運転の割合が大きくなるため、運転効率は低下する。
2. 内部負荷の大きい建築物においては、断熱性能を向上させると、年間熱負荷の増加を招くことがある。そのため、オフィスビルなどでは、冬期においても冷熱が必要になっている。また、住宅においても窓開けによる通風（換気）をとらない場合、内部発熱により冷房負荷が増大する傾向にある。
3. 床面積が同一の場合、建築物の平面形状（アスペクト比）が正方形に近くなるほど、外皮面積が小さくなるため、単位床面積当たりの熱負荷は小さくなる。
4. 夏期の日射による熱負荷は、南面よりも東西面のほうが大きく、水平面を除き、午前で東側、午後で西側の負荷が最大になる。このため、方位別の負荷として、東西に面する室の日射による負荷は、午前と午後で大きく異なり、部分負荷運転の割合が増える。逆に、南面、北面の日射による負荷は、東西面と比べて変動が少ない。
5. 同じ仕様の建築物の場合、規模が小さくなるほど、平面形状が複雑になるほど、単位面積当たりの熱負荷は大きくなる傾向がある。

No.2　正解　2　空調計画

1. 建築物の新築において、昼光利用と日射遮蔽のバランス等の熱負荷抑制を適切に行うにあたっては、建築物の形状や開口部の位置など、意匠面に与える影響は大きい。そのため、空調設備設計者は、建築計画の初期段階から参画し、施主や意匠設計者などに適宜、室内環境面に対する助言を行う必要がある。
2. マルチパッケージ型空気調和方式の基本的な構成は屋外機と屋内機であり、設置スペースが小さい反面、湿度、換気や空気清浄度等の細やかな制御はできない。それに対し、中央式空気調和方式は、機械室等に設置された空調機において、加湿・除湿や新鮮外気の導入による換気・空気清浄度の細やかな制御が可能である。
3. 床吹出し空調方式は、空調用のダクトや吹出し口を天井内に設置する必要がなくなるため、天井内の高さを低くすることができる。
4. 空調空気の搬送エネルギーを小さくするためには、空調機を空調負荷の中心に配置し、搬送距離を短くすることが望ましい。
5. 振動する重量が大きい冷凍機や冷却塔等の機器は、剛性の小さい部分の上に配置すると、想定以上の振動が生じることがあるため、大梁等の剛性の大きい部分の上に配置して防振を行うことが望ましい。

No.3 正解 1 空調方式

1. エントランスホールは人の出入りが多く、外気流入による潜熱処理が必要となる。放射空調の場合、通常潜熱負荷を除去できないため、エントランスホールの空調には不向きである。

2. 定風量単一ダクト方式は送風量が常に一定で安定しているため、空気質の維持や気流分布の確保に向いている。そのため、要求性能の高いクリーンルームや手術室の空調方式として採用されている。

3. 床吹出し空調方式は、高天井でも効率よく居住域を空調できるため、美術館の展示室に用いられることがある。ただし、床面に配置された展示品及び造作による遮蔽により、制約を受ける場合がある。

4. ホテルの客室には、主にファンコイルユニットやヒートポンプパッケージなどが用いられる。

5. マルチパッケージ型空調方式は、主に中小規模の貸事務所や店舗（テナント）ビルに用いられる。

No.4 正解 2 空気・空気線図

室内顕熱負荷q_sに関して、以下の式が成り立つ。

$q_s = C_{pa} \times \rho \times Q \times (t_d - t_i)$

ここにq_s:室内顕熱負荷[kW=kJ/s]

C_{pa}:空気の比熱[kJ/(kg·K)]

ρ:空気の密度[kg/m³]

Q:送風量[m³/s]

t_d:吹出し空気温度［℃］

t_i:室内空気温度［℃］

上式は、吹出し空気温度が室内空気温度よりも高い場合、つまり、暖房時にq_sは正（+）の値となる。よって、冷房時のq_sは負（−）の値となる。

上式を変形すると

$$\text{送風量}Q = \frac{q_s}{C_{pa} \times \rho \times (t_d - t_i)}$$

ここで室内顕熱負荷q_s

=室内冷房全熱負荷×顕熱比(SHF)

$= 60 \times 0.8 = 48$ [kW=kJ/s]

吹出し空気温度t_dは16℃、室内空気温度t_iは26℃とそれぞれ空気線図から読み取ることができる。また、設問は冷房時のため、室内顕熱負荷q_sは−48kWとなる。

したがって、

$$\text{送風量}Q = \frac{-48}{1.0 \times 1.2 \times (16 - 26)} = \frac{48}{12}$$

$$= 4\ \text{m}^3/\text{s}$$

冷却コイル能力q_cに関して、以下の式が成り立つ。

$q_c = \rho \times Q \times (h - h_d)$

ここにq_c:冷却コイル能力[kW=kJ/s]

h:冷却コイル入口の比エンタルピー[kJ/kg(DA)]

空気線図より 60kJ/kg(DA)

h_d:吹出し空気の比エンタルピー[kJ/kg(DA)] 空気線図より 40kJ/kg(DA)

したがって、

$q_c = 1.2 \times 4 \times (60 - 40) = 96\text{kW}$

No.5 正解 4 空調方式

1. パッケージ型空調方式では、室内空気を室内機に取り込み、温調後にそのまま室内へ送風するため、別途新鮮外気導入による換気が必要となるが、外気を直接導入すると空調負荷が大きくなる。そのため、省エネルギーの観点から、デシカント空調を含む全熱交換器等を用いた外気処理ユニット等を併用することが多い。
2. ターミナル空調機は、天井内などに設置できるコンパクトな空調機であるため、格納されているファンも通常の空調機よりも小さい。そのためダクトを長くすることができず、空調対象室の直近に配置することが望ましい。
3. 定風量単一ダクト方式(CAV: Constant Air Volume)は、室内に吹出す風量は一定で、冷暖房負荷に応じて吹出す空気の温度を変えることによって室温を調整する方式である。室またはゾーンごとの室温制御は難しい。
4. 変風量単一ダクト方式(VAV: Variable Air Volume)は居室やゾーンごとの熱負荷に応じて送風量を変化させるため、低負荷時においては送風量が小さくなり、十分な湿度制御が行えない場合がある。
5. 温水暖房は、温水温度や放熱器弁の開度の調節によって、一般に、蒸気暖房に比べて、比較的容易に負荷変動に対処できる。

No.6 正解 3 自動制御

1. 定風量単一ダクト方式における給気温度制御は、室内や還気ダクト等に設けたサーモスタットにより行うものである。複数室で個々の温度制御はできない。
2. 変風量単一ダクト方式における給気温度制御は、VAVユニットの開度と室温から給気温度を逐次最適化するものである。個別の温度制御が可能である。
3. CO_2濃度制御は、還気ダクトに設けたCO_2濃度センサーにより、外気ダンパーの開度制御を行うものである。
4. 外気冷房制御は、一般に、室内と外気のエンタルピー差から外気ダンパーの開度制御を行い、空調エネルギーを軽減する。
5. VAVユニットからの信号による送風機回転数制御は、一般に、VAVユニットごとの要求風量を基に演算が行われ、搬送動力の軽減が可能である。

No.7 正解 5 換気設備

室内が定常状態で、室内の粉じんの量が定常濃度（増減しない）とすれば

室内に入ってくる粉じんの量+室内の粉じん発生量=出て行く粉じんの量

$C_0 \times Q_0 \times (1 - \eta) + M = C \times Q_E$

C_0 :外気の粉じん濃度［mg/m³］

Q_0：外気取入れ量［m³/h］
η：フィルターの粉じん捕集率→ つまり、$1-\eta$はフィルターの粉じん通過率
M：室内の粉じん発生量［mg/h］
C：室内空気の粉じん濃度［mg/m³］
Q_E：排気量［m³/h］
条件で与えられた値を代入すると

$0.1\times1{,}000\times(1-\eta)+110=0.15\times1{,}000$

$100-100\eta+110=150$

$100\eta=60 \qquad \therefore\ \eta=0.6$

No.8 正解 4 換気設備

1. 一般に送風機は、風量と静圧をもとにして選定する。送風機の羽根車が回転すると、送風機の吐出し側と吸込み側に圧力変化が起こり、全圧の差（送風機全圧）P_T［Pa］{mmAq}が生ずる。このP_Tから送風機吐出し口における動圧p_{d2}［Pa］{mmAq}を差し引いたものが送風機静圧P_s［Pa］{mmAq} となる。

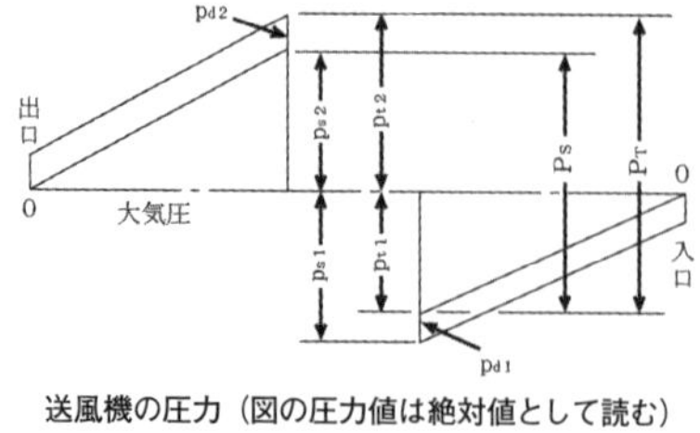

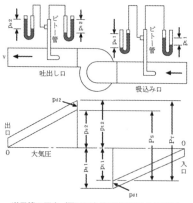

送風機の圧力（図の圧力値は絶対値として読む）

2. 吐出し口に接続するダクトの形状は、吸込み側の形状による送風機性能への影響ほど大きくない。吸込み口に接続するダクト形状の良否は、送風機の性能に大きく影響する。例えば、吸込み口で流れが偏る接続方法では、風量、圧力損失は大きく異なる。

3. 送風ダクトの断面寸法は、騒音や経済性を考慮して決定する。低圧ダクトの場合、径1,000mm程度までは、単位長さ当たりの摩擦損失を0.8～1.5Pa、それ以上の径の場合は、風速13.0m/s以下の範囲で決める。なお、高圧ダクトの場合は、径750mm程度までは、単位長さ当たりの摩擦損失を1.5～5.0Pa程度、それ以上の径の場合は、風速20.0m/s以下の範囲で決める。

4. 空気の温度が低くなると密度が大きくなり、それに伴い、空気の粘性も大きくなる。そのため、ダクト直管部における摩擦損失が大きくなり、結果としてダクトの圧力損失は大きくなる。

5. 置換換気（ディスプレイスメント・ベンチレーション）方式とは、従来のように室内空気を混合して排気する方式と異なり、室下部に設置された低速吹出口から吹き出された室温よりも低温の空気が、人体・器具等からの発熱を伴う汚染空気の浮力による上昇を妨げることなく室下層部から拡がり、居住域で発生した汚染質の混合を抑制して室上部に押し上げて、排出する方式である。一般に、

従来の混合換気（全般換気）よりも、換気効率は高くなるので、居住域の空気質を高めることができる。

No.9 正解 2 排煙設備

1. 記述の通り正しい。（建築基準法施行令第126条の3第1項第三号）

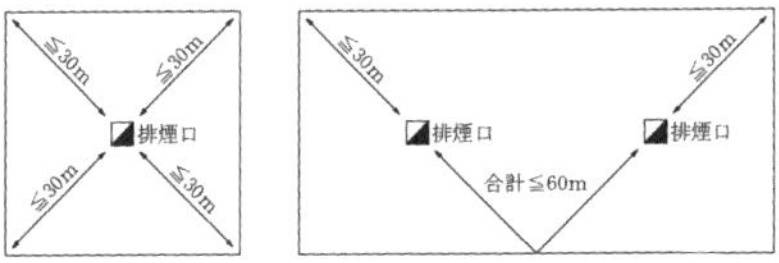

排煙口の平面上の配置

2. 天井高が3m未満の居室に設ける排煙口の設置高さは、天井面または天井から80cm以内、かつ、防煙垂れ壁で区画する場合は防煙垂れ壁の下端より上の部分とする。

3.「特別避難階段の付室と兼用する非常用エレベーターの乗降ロビー」のための排煙機の排煙風量は、6㎥/s以上とする。なお、「特別避難階段の付室」、「（付室と兼用しない）非常用エレベーターの乗降ロビー」のための排煙機の排煙風量は、4㎥/s以上とする。

4. 排煙機は、電動機で駆動することを原則とし、かつ、予備電源を設けなければならない。駆動部として認められているのは、「電動機（常用電源＋非常用電源）」又は「電動機（常用電源）＋専用のエンジン」である。なお、電動機がなく、エンジン駆動のみの排煙機は認められない。（日本建築センター新・排煙設備技術指針）

5. 排煙ダクトに設置する場合の温度ヒューズの作動温度は280℃とする。

No.10 正解 4 空調機器

1. 電極型蒸気加湿器は、水を介して電極板に電流を流すことで水を蒸発させて加湿する装置である。

2. パン型加湿器は、水の入った皿形容器に電気ヒーターを入れ、蒸気を発生させて加湿する装置である。水の中で不純物が濃縮されるため、適宜掃除が必要である。

3. 気化式加湿器は、ぬれ表面に通風し、空気に湿り気をもたせて加湿する装置である。加湿後の空気温度は、ぬれ表面と接触した際、水に熱を奪われることにより低下する。

4. ハニカムローター回転式除湿装置の除湿能力は、再生温度を変えることで容易に調整できる。

5. 冷却式除湿装置は、処理空気を露点温度以下に冷却し、空気中の水蒸気を凝縮させて除湿する装置である。そのため、処理空気の温度低下と相対湿度の上昇を伴うので、除湿後の空気に再熱が必要な場合がある。

No.11 正解 1 熱源機器

1. 外気温度の低い冬期や湿度の高い中間期には、吐出される飽和空気は大気中で一時的に過飽和の状態となり、水分が白煙状になって種々の障害を起こすことがある。この現象を白煙という。白煙防止対策としては、吐出し空気を加熱して大気に放出したり、大気を加熱して吐出し空気と混合して大気に放出するなどの方法がとられている。

2. フリークーリングとは、冬期に冷凍機の運転を停止して、低温外気との熱交換により得られる冷水を、空調の冷熱源として利用する方式である。これにより、冷水製造に掛かる電力消費を大幅に軽減できる。

3. 冷却塔において、一般に、充填物（充填材）の表面積を大きくすると、冷却水と外気の接触時間を長くすることができるため、熱効率の値を大きくすることができる。

4. 冷却塔はレジオネラ属菌の増殖に好適な場所となるので、レジオネラ感染を防止するために、「清掃しやすい構造とし、冷却塔の定期的な洗浄を行う」、「風向等を考慮し、外気取入口、居室の窓等から10m以上離す」、「エリミネータ（気流中に含まれる液滴を取り除くための板）を強化する」等の対策を講じる必要がある。

5. 冷却塔の冷却水は、その循環水量の１～２％が蒸発及び飛散して失われるので、常時補給する必要がある。補給水量は、圧縮式冷凍機よりも吸収式冷凍機のほうが多く必要である。

No.12　正解　5　熱源機器

1. 天然ガス（都市ガス）を燃料としたガスエンジンコージェネレーションシステムは、酸性雨や大気汚染の原因となるばいじん及びSOx（硫黄酸化物）を発生しない。また、他の化石燃料に比べてCO_2、NOx（窒素酸化物）の発生量も少ないが、NOxの更なる低減が重要課題となる。

2. ガスタービンなどの高温での燃焼では、空気中の窒素が酸化して窒素酸化物が生じるが、燃料電池は水素と酸素の反応を利用し、高温の燃焼を伴わないため、NOxがほとんど発生しない。

3. 排熱投入型吸収冷温水機は、ガスエンジン、燃料電池等で発生する排熱を有効に利用し、空調を行う吸収冷温水機である。排熱を有効利用することで、燃料消費量を大幅に削減することができる。

4. リン酸形燃料電池コージェネレーションシステムの排熱回収源は、改質装置からの排ガス及び燃料電池本体の冷却水である。排気系では、改質器からの燃焼排ガスから低温排熱が利用され、暖房、給湯に利用される。電池系では、電池スタックの反応熱を冷却する電池冷却水から高温排熱が回収され、冷房等に利用される。

5. ガスタービンを使用したコージェネレーションシステムは、ガスタービンで発電機を駆動して発電し、排ガスから排熱を蒸気の状態で回収し、冷暖房や給湯などに利用するシステムである。高温（450～550℃程度）の排ガスを利用するため、蒸気回収を容易に行うことができる。また、ガスタービンの冷却には、空気を用いる（冷却水は用いない）。

No.13 正解 2 給排水衛生設備融合

1. 直管に流体を通す場合の摩擦抵抗の算出には、ダルシー・ワイスバッハの式が用いられる。
2. 排水立て管の許容流量の算出にはワイリー・イートンの式が用いられる。マニングの式は、敷地排水管内の平均流速などの算出に用いられる。
3. 逆サイホン作用とは、水受け容器中に吐き出された水、またはその他の液体が給水管内に生じた負圧による吸引作用のため、給水管内へ逆流することをいう。水圧の低い上階において、給水管内に予想以上の水量が流れると管内流速が速くなり、速度圧力と摩擦損失圧力の合計が全圧よりも大となり、給水管内が負圧となる場合もある。
4. サージングとは、ポンプ等を低流量域で使用するときに、吐出し圧力や流量が、かなり低い周波数（1/10～10Hz）で激しく変動する現象をいい、この状態で運転を続けるとポンプの寿命が短くなり、騒音を発する。サージングを防ぐためには、配管の空気だまりなどを無くしたり、ポンプの水量調節弁をできるだけポンプの近い位置に設けるなどの対策を行う必要がある。
5. 脱気器は、水中に溶解している酸素などの気体を分離し、除去する装置である。

No.14 正解 4 給排水衛生設備融合

1. 事務所ビルにおける設計用給水量（1人1日当たり）は、60～100*l*とされている。
2. 建物種別ごとの上水（飲料水）と雑用水との比率は下表の通り。事務所ビルは一般建築に該当するので使用水量の比率は、飲料水を30～40%、雑用水を60～70%とする。
3. ホテルの客室における設計用給湯量（客1人当たり・1日当たり）は、150～250*l*とされている。
4. **垂直の排水立て管に対し、45度を超えるオフセットの各部の管径は、上部の負荷流量を考慮し、排水横主管とみなして決定する。**
5. 通気管の最小管径は、30mmとする。ただし、建物の排水槽に設ける通気管の管径は、いかなる場合にも50mmより小さくしてはならない。

No.15 正解 5 給水設備

1. 水柱分離とは、揚水ポンプを停止して流れを急に止めた場合に、「慣性力で揚水する力」と「重力で落下する力」の分岐点で水流が途切れる（分離する）現象をいう。水柱分離により、大きな衝撃音（ウォーターハンマー）が発生したり、配管が破壊されることがある。水柱分離を防止する配管計画としては、揚水管をポンプからすぐに立ち上げて横引き配管を高層階で長くとるのではなく、横引き配管をできるだけ低層階で長くとることが望ましい。

2. 給水設備に給水容量や給水管径を決定するために、建物内で水がどの程度使用されるのかを推定したものが予想給水量である。予想給水量には1日予想給水量、時間平均予想給水量（1日予想給水量を、その水の大部分が使用される時間で除したもの）、時間最大予想給水量（1日のうちに最も多くの水が使用される1時間の給水量）があり、時間最大予想給水量は時間平均予想給水量の1.5～2.0倍程度として算出される場合もある。

3. ステンレス鋼板製受水槽に関しては、耐食性などを考慮して、水に触れる液相部にはSUS444、空気に触れる気相部にはSUS329J4L等が使用されている。他にも液相部にはSUS304やSUS316等も使用されるが、それぞれの材料で耐食性や加工性が異なるので注意が必要である。

4. ポンプ直送における圧力検知方式には、吐出し圧力一定制御と末端圧力推定制御があり、末端圧力推定制御は、使用流量が不安定な建物に適している。

5. 水道直結増圧方式の増圧ポンプの制御方法は、圧力発信器などからの信号によりインバータ制御を行い、末端圧力が一定となる吐出圧力を推定して圧力を制御する**末端圧力推定制御**とする。

No.16 正解 2 給水設備

[主管における圧力損失]

条件イより、主管の同時使用量＝120＋160＋220＝500 l/min

流量線図において、条件ニに示す「管内流速2.0m/s」と「流量500l/min」の交点①より、最小管径は80Aとなり、「呼び径80A」と「流量500l/min」の交点②から下へ辿ると、単位長さ当たりの圧力損失は、0.5kPa/mと読み取ることができる。ここで、給水主管の実管長は、

19＋H＋1－2＝18＋H［m］

また、条件ホ「継手、弁類の相当管長は、実管長の100％とする。」より、実管長に2を乗じる必要がある。したがって、主管における圧力損失は、

（18＋H）×2×0.5＝（18＋H）kPa

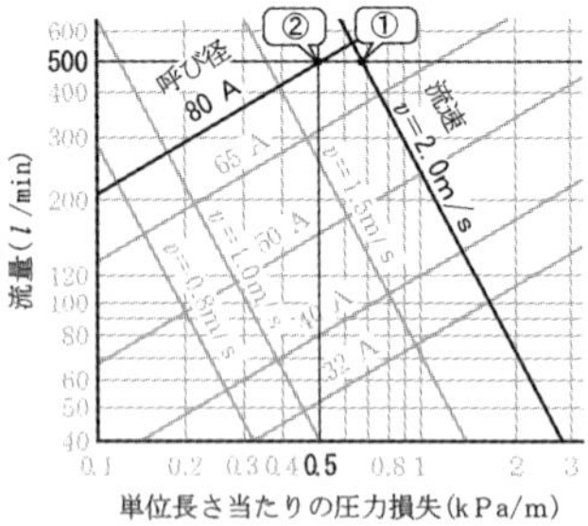

流量線図

[給水器具Aの枝管における圧力損失]

条件イより、

給水器具Aの給水量＝120 l/min

流量線図において、条件ニに示す「管内流速2.0m/s」と「流量120l/min」

の交点③より、最小管径は40Aとなり、「呼び径40A」と「流量120l/min」の交点④から下へ辿ると、単位長さ当たりの圧力損失は、1kPa/mと読み取ることができる。ここで、給水器具Aの枝管の実管長は、

1＋2＋7＋1＝11［m］

また、条件ホ「継手、弁類の相当管長は、実管長の100％とする。」より、実管長に2を乗じる必要がある。したがって、給水器具Aの枝管における圧力損失は、

11×2×1＝22［kPa］

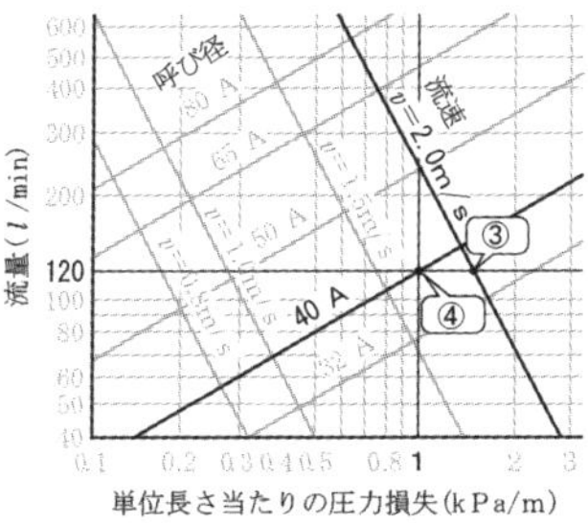

流量線図

［最低必要高さHの水柱による圧力］

水の密度は1,000kg/㎥とみなす。また、条件チより重力加速度を10m/s²であるので、

最低必要高さHの水柱による圧力＝Hm×1,000kg/㎥×10m/s²

＝10,000Hkg/（m・s²）＝10,000HPa

＝10H［kPa］

したがって、高置水槽の出口ⓐから給水器具Aまでの最低必要高さHは、条件ロより、給水器具Aの所要給水圧力は50kPaであることから、

10H－（18＋H）－22≧50

9H≧50＋18＋22＝90

$\therefore H \geqq \frac{90}{9} = 10\text{m}$

No.17　正解　5　給湯設備

1. 自然冷媒ヒートポンプは、二酸化炭素やアンモニアなどの自然界に存在する物質を冷媒として用いたヒートポンプであり、近年は二酸化炭素を用いた家庭用ヒートポンプ給湯機が普及している。安価な深夜電力を用いてヒートポンプユニットを稼働させて湯を作り、使用時まで貯湯タンクユニットに蓄えておく構成となっている。

2. 管の線膨張係数を次表に示す。架橋ポリエチレン管の線膨張係数は20×10^{-5}/℃、銅管の線膨張係数は、1.7×10^{-5}/℃である。したがって、線膨張係数は、架橋ポリエチレン管のほうが大きい。

管の線膨張係数

管材料	線膨張係数［$\times 10^{-5}$/℃］
鋼	1.2
ステンレス鋼	1.7
銅	1.7
ポリブテン	15
架橋ポリエチレン	20

3. 給湯設備の汚染の中で最も深刻なのが、レジオネラ菌によるものである。レジオネラ菌の繁殖、活性化、感染を防止するためには、「給湯中の塩素濃度を高く維持する」「給湯温度を高温（一般に55℃以上）に保つ」「エアロゾルの発生を防ぐ」ことが有効である。

4. 給湯方式の選択は、明確な基準がない場合、局所式とする。

5. 循環式の中央式給湯設備における湯の必要循環量は、一般に小流量であり、給湯配管はこの流量に対して十分太いので、循環流量による摩擦損失水頭は無視できる程度である。リバースリターン方式を採用しても、最遠の循環管路に最も湯がよく循環することになり、強制循環式給湯配管においては、リバースリターン方式を採用する意味はない。

No.18 正解 1 排水通気設備

1. 逃し通気管の取出位置は、図に示すように、最下流の器具排水管が排水横枝管に接続される点の直後の下流側とする。

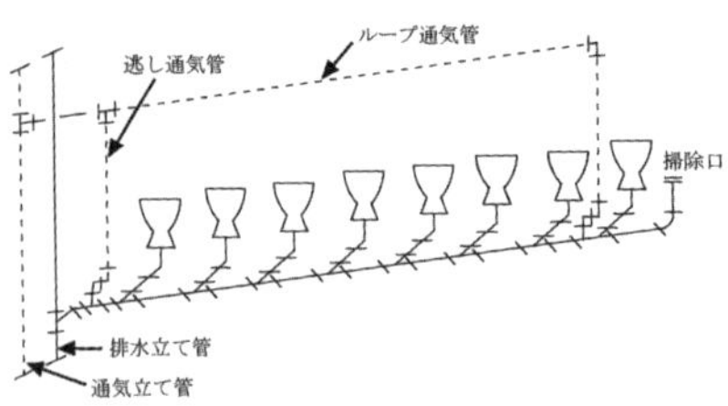

ループ通気管の逃し通気の取り出し方の例

2. 高層建物の排水立て管内の圧力変化を緩和するために、排水立て管から分岐して立ち上げ、通気立て管へ接続する逃がし通気管を結合通気管という。結合通気管の管径は、通気立て管または排水立て管とのいずれか小さいほうの管径以上とする。

3. ピーク負荷時に、排水トラップの破封を制御する設計手法の一つとして、排水立て管とは別に通気専用の通気立て管を併設し、排水時、両方の立て管の間で空気の供給及び排出を行い、系統内の管内圧力を適切に制御する方法がある。このとき、通気立て管は当該排水立て管に接続する最下階排水横枝管より下部から取り出し、排水立て管上部の伸頂通気管へ接続する。その結果、排水立て管内流れによって加圧された下部の余剰空気が通気立て管を介して、同じく減圧された立て管上部負圧域に供給される。

4. 特殊継手排水システムを用いた排水通気系統において、排水横主管の水平曲りは、排水立て管底部より3m以内に設けてはならない。排水立て管基部近くの排水横主管では、立て管からの排水が横主管内で跳ね水現象を起こすため、通常の非圧送流れではなく、いわゆる射流になることから、この区間に曲がりを設けると、流れが激しく乱れる。また、曲がり部に加速された流れが衝突するため、管内の圧力が著しく上昇する。したがって、排水立て管の基部から3m程度の直線距離は最低限確保し、加速流れを緩和させたうえで曲がりを設けるものとしている。ただし、排水横主管を太くするなど、これらの状況を緩和するよう考慮した配管の場合には、この限りでない。

5. 器具排水口からトラップウェアまでの鉛直距離は、長ければ排水時の流速が速くなり、そのためトラップの封水を吸引することがある。その長さはトラップ機能に支障を生じさせないよう600mm以下としなければならない。ただし、寒冷地のように凍結の問題からやむをえず地中にトラップを埋設する場合は、この限りでない。

No.19 正解 1 排水通気設備

[雨水立て管ⓐ]

雨水立て管ⓐの最小管径決定のための屋根面積は、

屋根面の屋根面積＝5×10＋10×20＝250㎡（下図のグレーの屋根面部分）

また、雨水立て管ⓐが受け持つ壁面のうち50％を最小管径決定のための屋根面積として加味するので、

壁面の屋根面積＝4×10×0.5＝20㎡（右図のグレーの壁面部分）

∴ 雨水立て管ⓐの屋根面積＝250＋20
＝270㎡

条件イより、最大雨量が70mm/hであり、表1を適用するにあたり、雨量を100mm/hに換算すると、

換算屋根面積＝$270 \times \frac{70}{100}$＝189㎡

表1より、雨水立て管ⓐの最小管径は、許容最大屋根面積が197㎡である75mmとなる。

[雨水横主管ⓑ]

雨水横主管ⓑは雨水ます以降であるため、1階壁面の雨水は集水しない。したがって、この場合の雨水横主管ⓑの最小管径決定のための屋根面積はⓐと同様に計算すると、

屋根面の屋根面積＝10×10＋15×10＝250㎡（右上図の斜線の屋根面部分）

また、ⓐと同様に壁面のうち50％を最小管径決定のための屋根面積として加味するので、

壁面の屋根面積＝4×15×0.5＝30㎡

∴ 雨水横主管ⓑの屋根面積＝250＋30＝280㎡（下図の斜線の壁面部分）

条件イより、最大雨量が70mm/hであり、表2を適用するにあたり、雨量を100mm/hに換算すると、

換算屋根面積＝$280 \times \frac{70}{100}$＝196㎡

表2より、雨水横主管ⓑの最小管径は、許容最大屋根面積が216㎡である100mmとなる。

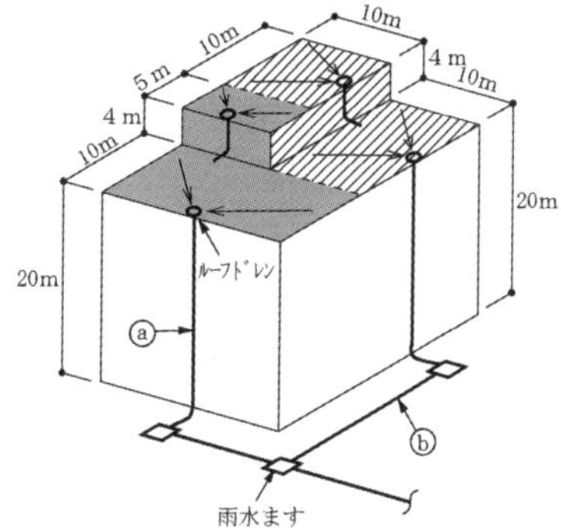

No.20 正解 3 消化設備

1. 屋内消火栓のポンプの吐出量q［l/min］は、下式により算出する。

$q=vs$

v:消火栓1個当たりの吐出量［l/(min·個)］

1号消火栓:150［l/(min·個)］

2号消火栓:70［l/(min·個)］

s:消火栓の階ごとの設置個数のうち、最大の設置個数（ただし、最大2個）

したがって、$q=70$[l/(min·個)]×2[個]=140[l/min]となり、適当である。

2. 連結送水管の主管の内径は、原則として100mm以上とする。ただし、消防庁等がフォグガン等のうち、定格放水量が200l/min以下のもののみ使用するものとして指定する場合で、主管の内径が水力計算により算出された管径以上である場合この限りではない。

3. 屋外消火栓は、建築物の各部分から一のホース接続口までの水平距離が40m以下となるように設ける（消防法施行令第19条第3項第一号）。

4. 消防法施行令第16条第三号により、正しい記述である。

5. 消防法施行令第15条第四号より、正しい記述である。

No.21 正解 4 浄化槽設備

1. 処理対象人員が5～50人の小規模な合併処理浄化槽の処理方式は、分離接触ばっ気方式、嫌気ろ床接触ばっ気方式及び脱窒ろ床接触ばっ気方式とされている。処理対象人員が50人を超える場合の合併処理浄化槽の処理方式には、回転板接触法、接触ばっ気法などがある。

2. 小規模合併処理浄化槽にばっ気方式を用いる場合、沈殿槽の処理汚泥は、処理対象人員が1～30人の場合には接触ばっ気槽に戻し、処理人員が31～50人の場合には沈殿分離槽に戻す処理フローとする。なお、接触ばっ気槽のはく離汚泥は、処理対象人員によらず沈殿分離槽などに戻す処理フローとする。

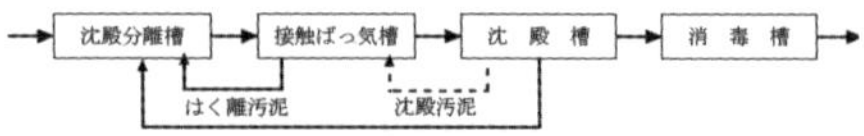

分離接触ばっ気方式の処理フロー（処理対象人員5～50人）

3. 消毒槽の消毒剤には、一般に、次亜塩素酸カルシウム含有の固形薬剤が用いられる。この塩素剤が消毒層内で溶解し、処理水と十分に混和されて放水流中の大腸菌群数が3000個/cm^3以下になるように薬剤筒を用いて投入する。

4.5. 処理対象人員が50人以下の小規模合併処理浄化槽に関しては、浄化槽の処理性能として、放流水のBOD除去率を90%以上、BOD濃度を20mg/L以下とするように定められている。

No.22 正解 5 排水再利用設備・雨水利用設備

1. 排水再利用水と雨水利用水の水質基準においては、ともに遊離残留塩素の値が給水栓の水で0.1mg/l以上と定められている（建築物における衛生的環境の確保に関する法律）。

2. 排水再利用システム及び雨水利用システムは、平常時のみならず非常時においても使用できる雑用水の供給システムとして有効である。蓄熱槽水を非常時の雑用水として使用することもできるが、排水再利用システムや雨水利用システムのほうが利用しやすい。

3. 雨水再利用水は、pH5.8以上8.6以下、臭気が異常でないこと、外観がほとんど無色透明であること、大腸菌が検出されないこと、濁度が2度以下であること、指定の遊離残留塩素の含有率以上保持していることなどといった条件を満たしていれば、散水用水、修景用水、清掃用水等にも利用することができる。

4. 雨水利用設備計画区域での1時間最大降水量に集水面積と流出係数（屋根は0.85～0.95）を乗じた値が計画時間最大雨水集水量となり、各設備の機器仕様及び水槽容量を決める基準となる。

5. 雨水利用設備の標準処理フローにおいては、ろ過装置を用いた場合であっても、消毒装置を設置しなければならない。

No.23 正解 1 ガス設備

1. 低発熱量（真発熱量）は、燃料が完全燃焼したときに放出する熱量であり、燃焼によって生じた水蒸気の潜熱を含まない値である。なお、燃焼によって生じた水蒸気の潜熱を含んだ値は、高発熱量（総発熱量）である。

2. ガス1㎥（N）が理論空気量（燃料を完全に燃焼させるのに必要な理論上の空気量）の空気と反応して、完全燃焼した場合の排ガス量を理論排ガス量という。理論排ガス量は、都市ガスの種類にかかわらず、約0.26㎥である。

3. ガス漏れ検知器（警報器）の検査合格表示の有効期間は、都市ガス用、液化石油ガス用ともに、5年である。

4. ガス漏れ検知器（警報器）は、液化石油ガス（LPG、プロパンガス）のような空気より重いガスを使用する場合、ガス燃焼機から検知部までの水平距離を4m以内、床面から検知部の上端までの高さを30cm以内の位置に設ける。また、液化天然ガス（LNG、都市ガス）のような空気より軽いガスを使用する場合、ガス燃焼機から検知部までの水平距離を8m以内、天井面から検知部の下端までの位置を30cm以内の位置に設ける。

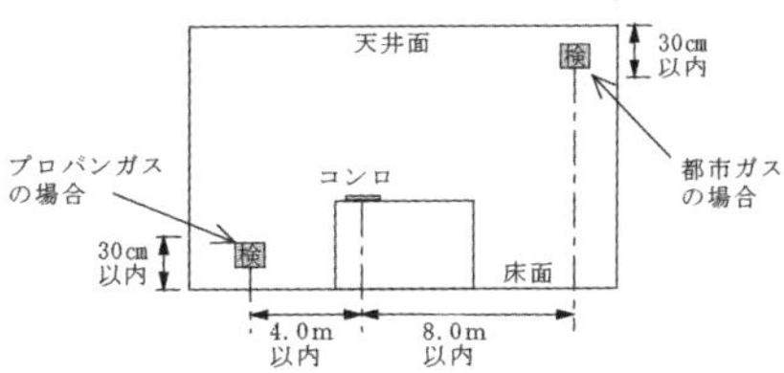

ガス漏れ検知器の取付け位置

5. 高圧屋内配線をケーブル工事により施設する場合を除き、高圧屋内配線がガス管と接近または交差する場合の離隔距離は15cm以上とする。（電気設備技術基準・解説第168条）

No.24 正解 3 給排水衛生設備融合

1. 記述の通り、正しい。オストメイトとは、癌や事故などにより消化管や尿管が損なわれたため、腹部などに排泄のための開口部（ストーマ・人工肛門・人工膀胱（ぼうこう））を造設した人のことをいう。人工肛門保持者・人工膀胱（ぼうこう）保持者とも呼ぶ。オストメイト用汚物流しは、オストメイトがストーマ装具の洗浄や汚れ物を洗える設備として、多目的便所に設けられている。

2. 定水位弁は、定水位弁副弁専用ボールタップにより調整弁を開閉するものである。また、受水タンクへの給水口近傍に取り付け、電極棒及び水位リレーによりタンク内水位を検出し、弁を調整することで、水位を一定に保つタイプのものもある。

3. 硬質ポリ塩化ビニル管のうち、VPは厚肉管、VUは薄肉管と呼ばれ、同じ呼び径（外径）の場合、VPのほうが厚いため、内径は小さくなる。

4. 水道用硬質塩化ビニルライニング鋼管は、配管用炭素鋼鋼管（SGP）の内面あるいは内外面にポリ塩化ビニル管をライニングしたもので、呼び径によってライニング厚さが1.5～2.5mmあり、流体の連続使用許容温度は、継ぎ手も含めると40℃以下が適当である。

5. ポンプの回転速度の変化に伴う軸動力の変化は次式で表される。

$$\frac{P_1}{P_2}=\left(\frac{n_1}{n_2}\right)^3$$

P_1:回転速度変化前の軸動力
P_2:回転速度変化後の軸動力
n_1:変化前の回転速度
n_2:変化後の回転速度
となり、回転数（速度）の３乗に比例して減少する。

No.25 正解 4 電気設備融合

4. JIS C 0303に定める配電盤の図記号は、である。
設問の図記号は、**分電盤**を表すものである。

No.26 正解 2 回路

設問の回路は以下のように図式化できる。

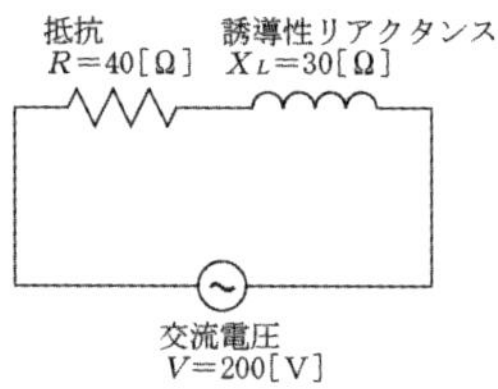

ここで、合成インピーダンス

$$Z=\sqrt{R^2+X_L{}^2}=\sqrt{40^2+30^2}=\sqrt{2{,}500}$$
$$=50\ [\Omega]$$

回路の電流$I=\dfrac{V}{Z}$、回路の力率で$\cos\theta=\dfrac{R}{Z}$あるから、
この回路で消費される有効電力は、

$$P=VI\cos\theta=V\times\frac{V}{Z}\times\frac{R}{Z}=\frac{V^2R}{Z^2}$$
$$=\frac{200^2\times40}{50^2}=640\,[\mathrm{W}]$$

No.27 正解 4 電気設備計画

1. 連続負荷を有する分岐回路の負荷容量は、その分岐回路を保護する過電流遮断器の定格電流の80%を超えないようにする。なお、連続負荷とは、常時3時間以上連続して使用されるものをいう。

2. 高圧または特別高圧の電路に変圧器によって結合される、使用電圧が300Vを超える低圧電路には、地絡が生じたときに電路を遮断するために漏電遮断器を設ける。
3. 事務所ビルの電灯幹線における電源側配線用遮断器の定格電流は、225A以下とすることが望ましい。
4. 非常コンセントなどの消防設備の電源配線には、**耐熱C種配線**（加熱曲線に従って30分間（この時の温度は840℃）加熱を行ない、この間異常なく通電できる性能を有する配線）が要求される。
5. 電動機の保護継電器には、過負荷継電器（1Eリレー）、過負荷・欠相継電器（2Eリレー）、過負荷・欠相・反相継電器（3Eリレー）があり、一般的には、過負荷保護と欠相保護を目的とした過負荷・欠相継電器（2Eリレー）が用いられる。ただし、水中ポンプ等の回転方向が目視できないものは過負荷・欠相・反相継電器（3Eリレー）を用いる。

No.28 正解 3 電気設備計画

1. 建築物省エネルギー性能表示制度（Building Energy-efficiency Labeling System:略称“BELS”）は、非住宅建築物（新築、既存ともに対象）を対象に、該当建築物の一次エネルギー消費量に基づき、省エネルギー性能の評価を行う表示制度である。指標として一次エネルギー消費量もしくはBEI（Building Energy Index）が使われる。BEIとは省エネ基準に則って求めた「基準一次エネルギー消費量」に対する「設計一次エネルギー消費量」の割合を表す指標で、値が小さいほど省エネルギー性能が高いことを示す。
2. 誘導灯は、常時点灯が原則とされているが、夜間など建物内が完全に無人になる場合は、誘導灯信号装置を使用することにより、消灯することができる。
3. 変圧器において、二次側を短絡して一次側に流れる電流を定格一次電流に等しくなるように一次電圧を調整したとき、この一次電圧をインピーダンス電圧という。また、インピーダンス電圧を定格一次電圧に対する百分率で表したものを、%インピーダンスという。**%インピーダンスが大きいほど変圧器のコイルでの損失が大きいことを意味する**ので、エネルギーの有効利用の面では不利となる。
4. アモルファス変圧器とは、コイルが巻かれた鉄心部分の素材にアモルファス合金を用いることで、電気特性を改善（無負荷損の削減）した変圧器である。
5. インバータ始動方式は、インバータを利用し、電圧や周波数を変えることで電動機を始動・制御する方式である。速度制御が容易で突入電流の抑制が可能であるうえ、省エネルギー性にも優れており、近年多用されてきているが、発生する高調波のため、電源系にノイズを発生させる原因となる。

No.29 正解 5 受変電設備

1. 区分開閉器として施設する地絡継電装置付高圧交流負荷開閉器のトリップ装置は、過電流蓄勢トリップ付地絡トリップ形（SOG）とする。

2. キュービクル式高圧受電設備は、JIS C 4620「キュービクル式高圧受電設備」において、遮断方式により遮断器形（CB形）と高圧限流ヒューズ・高圧交流負荷開閉器形（PF・S形）に分けられている。

CB形：主遮断装置として、遮断器（CB）を用いるもので、過電流継電器、地絡継電器などと組み合わせることによって、過負荷・短絡・地絡等の事故時の保護をする。

PF・S形：主遮断装置として、高圧限流ヒューズ（PF）と高圧交流負荷開閉器（LBS）とを組み合わせて用いる。

3. 高圧進相コンデンサの設備容量は、300kvar以下とする。300kvarを超過した場合には、2群以上に分割し、かつ、負荷の変動に応じてその容量を変化できるようにする。

4. 低圧及び高圧受電の三相3線式における不平衡負荷の限度は、単相接続負荷より計算し、設備不平衡率30%以下とする。この場合の設備不平衡率は次式で表す。

設備不平衡率＝

$$\frac{\text{各線間に接続される単相負荷総設備容量の最大最小の差}}{\text{総負荷設備容量の}1/3}\times 100[\%]$$

5. 高圧及び特別高圧の電路に施設する避雷器には、A種接地工事を施す。

No.30 正解 4 受変電設備

力率改善前と改善後の電力をベクトル図で示すと、下図のようになる。

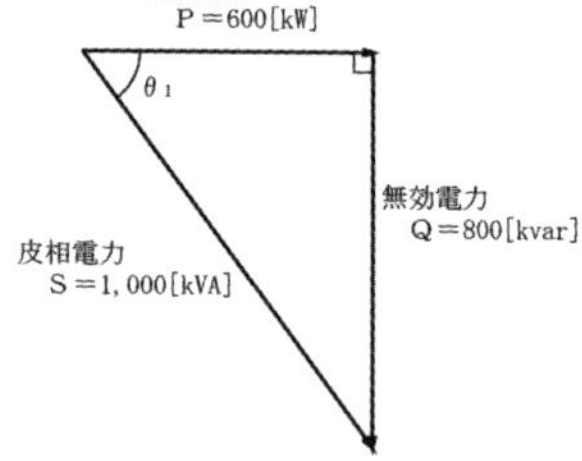

力率改善前

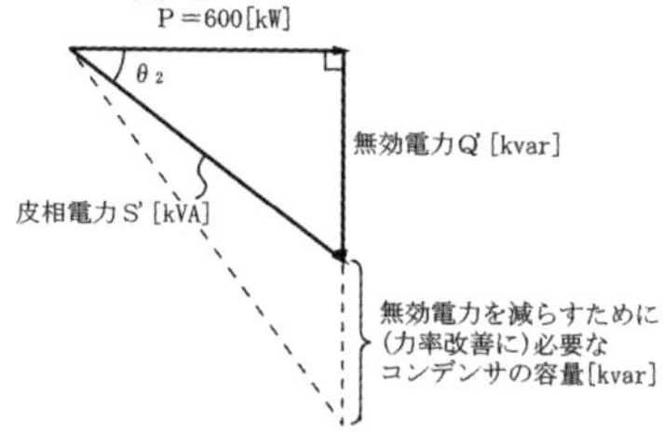

力率改善後

つまり、力率改善に必要な高圧進相コンデンサの容量＝Q－Q' [kvar]

ここで、改善後の力率が80%であるので、$\cos\theta_2=0.8$、$\sin\theta_2=0.6$となり、力率改善後のベクトル図より

$$Q'=P\times\tan\theta_2=P\times\frac{\sin\theta_2}{\cos\theta_2}600\times\frac{0.6}{0.8}$$
$$=450\ [\text{kvar}]$$

よって、力率改善に必要な高圧進相コンデンサの容量＝800－450＝350[kvar]

No.31 正解 3 防災設備

1. 防災電源は、不燃専用室に設置しなければならない。ただし、キュービクル式については、防火区画または不燃区画された機械室、屋外、建築物の屋上などに設置することができる。

2. 自家発電設備は、運転時間により以下のように分類される。

①長時間形：停電後に自動で始動し、40秒以内に電圧が確立して負荷に電力を供給し、定格負荷で連続運転時間が1時間を超えるもの。

②普通形：停電後に自動で始動し、40秒以内に電圧が確立して負荷に電力を供給し、定格負荷で連続運転時間が1時間程度のもの。

③即時形：停電後に自動で始動し、10秒以内に電圧が確立して負荷に電力を供給するもので、定格負荷で連続運転時間が1時間を超えるものを即時長時間形、1時間程度のものを即時普通形という。

3. ガスタービンと内燃機関（ディーゼルエンジン、ガスエンジン）の比較を次表に示す。

ガスタービンと内燃機関の一般的な比較

原動機 ＼ 項目	ガスタービン	内燃機関	
		ディーゼルエンジン	ガスエンジン
作動原理	連続燃焼している燃焼ガスの熱エネルギーを直接タービンにて回転運動に変換(回転運動)	断続燃焼する燃焼ガスの熱エネルギーをピストンの往復運動に変換し、それをクランク軸で回転運動に変換(往復運動→回転運動)	
出力	吸込空気温度が高いときは、圧縮機で圧縮される空気値が減るために出力が制限される。	吸込空気温度による出力制限は少ない。	吸込空気温度が高いときは、サージングを発生するが、出力制限は少ない。
燃料消費率	230～460g/kWh	200～260g/kWh	9,200～13,400kJ/kWh 2,200～3,200kcal/kWh
使用燃料	灯油、軽油、A重油、天然ガス、都市ガス(プロパン)	軽油、A重油、(B重油、C重油、灯油)	天然ガス、都市ガス、プロパン(LPG)
発電効率(低位発熱量基準)	20～35% (マイクロガスタービン25～30%)	30～40%	30～40%
熱電比※	2.0～3.0	約1.0	1.0～1.5
総合ｴﾈﾙｷﾞｰ効率	70～80%	60～75%	65～80%
起動時間	20～40秒	5～40秒	10～40秒
軽負荷運転	特に問題はない。	燃料の完全燃焼が得られにくい。	特に問題はない。
振動	少ない	防振装置により減少可能	
冷却水	不要(空気冷却方式)	40～55ℓ/kWh(放流式)	50～70ℓ/kWh(放流式)

※熱電比＝供給可能熱出力／発電出力

4. ガスタービンは、一般に、ディーゼルエンジンと比べて、構成部品が少なく、寸法が小さく、軽量である。

5. ディーゼルエンジンは、長時間にわたり軽負荷運転をする場合、燃料の完全燃焼が得られにくい。

No.32 正解 4 照明設備

1. タスク・アンビエント照明方式は、全般照明（アンビエント照明）で周囲に最低限必要な明るさを確保し、作業面は局部照明（タスク照明）によって作業をするための十分な照度を確保する方式である。局部照明（タスク照明）の比率を小さくするほど、省エネルギー効果がある。なお、全般照明の照度は、目の疲労、グレア防止を考慮して、局部照明の照度の少なくとも1/10以上であることが望ましい。

2. リモコンスイッチ方式とは、照明設備を遠隔操作して、点滅制御する方式である。リモコン変圧器によって供給する制御回路で、リモコンスイッチによってリモコンリレーを制御し、照明回路を開閉する。

3. 放電ランプを交流点灯した場合に、光源から発せられる光のちらつき（フリッカ）が発生することをストロボスコピック現象という。ストロボスコピック現象は、同一場所を照明する放電ランプを、三相電源の各々異なる相に接続したり、またはインバータによる高周波点灯をすることなどにより防止することができる。

4. 電球形LEDランプの平均演色評価数は67～84程度であるのに対して、白熱電球の平均演色評価数は100であるので、**白熱電球のほうが平均演色評価数は大きい。**

5. LEDモジュールの寿命は、照明器具製造業者が規定する条件で点灯したとき、LEDモジュールが点灯しなくなるまでの総点灯時間または、全光束が点灯初期に計測した値の70%に下がるまでの総点灯時間のいずれか短い時間とされている。

No.33 正解 1 照明設備

光束法による視作業面の平均照度E［lx］は、次式で求めることができる。

$$E=\frac{FNUM}{A}\ [\mathrm{lx}]$$

設問より、F:照明器具1台当たりの光束

22,000lm/灯×1灯＝22,000lm

N:照明器具の台数100台

U:照明率0.6 、M:保守率0.5

A:床面積50m×40m＝2,000㎡

条件の数値を代入すると、

$$E=\frac{22{,}000\times100\times0.6\times0.5}{2{,}000}=330\ [\mathrm{lx}]$$

No.34 正解 2 電動機

1. 誘導電動機のトルクは、一次電圧の２乗に比例し、周波数の２乗に反比例する。

2. 誘導電動機の力率は、定格負荷で70～90%程度である。効率は、定格負荷で75～90%程度であり、**力率、効率とも出力が大きいもの、また極数が少ないものほど高い。**

3. 4. 誘導電動機の効率は、一般に、定格出力が大きいものほど高くなり、軽負荷範囲においては急激に低下する。

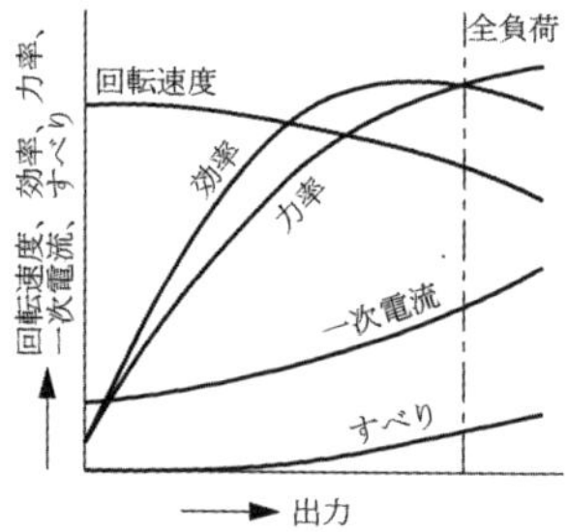

誘導電動機の負荷特性曲線

5. かご形誘導電動機は、スリップリングやブラシのような摩耗･接触通電部分がないため、保守が簡単、堅牢である。

No.35 正解 5 電動機

かご形三相誘導電動機の速度特性曲線より、ⓐ出力、ⓑトルク、ⓒ一次電流の組合せの選択肢5が最も適当である。

No.36 正解 5 防災設備

1. 消防法施行令第21条第2項第二号により、自動火災報知設備における一の警戒区域の面積は、600㎡以下とし、その一辺の長さは、50m以下とする。ただし、当該防火対象物の主要な出入口からその内部を見通すことができる場合にあっては、その面積を1,000㎡以下とすることができる。
2. 定温式スポット型感知器は、感度に応じて、特種、一種及び二種に分けられ、その種別と取付け面の高さに応じて、定められた床面積につき1個以上の個数を、火災を有効に感知するように設ける。
3. 煙感知器（光電式分離型感知器を除く。）は、廊下及び通路にあっては歩行距離30m（3種の感知器は20m）につき1個以上の個数を、階段及び傾斜路にあっては垂直距離15m（3種の感知器は10m）につき1個以上を設けなければならない。
4. 定格電圧における音圧は、無響室で音響装置の中心から前方1m離れた地点で測定した値が、火災報知設備に用いる主音響装置にあっては85dB（P型3級受信機及びGP型3級受信機に設けるものにあつては70dB）以上、その他のものにあっては70dB以上とする。
5. 消防法施行規則第24条第五号ニにより、自動火災報知設備の地区音響装置は、各階ごとに、その階の各部分から一の地区音響装置までの水平距離が25m以下となるように設ける。

No.37 正解 1 通信・情報設備

1. アンテナは素子数が多いほど利得が大きく、受信レベルが低い場所に適している。素子数が同一の場合、受信帯域が広くなるほど、利得は小さくなる。利得とは、入力に対する出力の比を対数表示した値で、単位はdB（デシベル）である。
2. 衛星からのテレビ電波は、周波数が高くケーブルによる減衰量が大きいため、アンテナに付属しているコンバータにより比較的低い周波数に変換してから、同軸ケーブルで伝送する。
3. PHS端末は、医療機器への影響が少ないので、病院内でのパーソナル通信手段として使用することができる。
4. 同軸ケーブルは、硬く丈夫で耐ノイズ性能に優れるが、施設が難しく、拡張性に劣る。LAN方式には、ツイストペアケーブルが用いられ、扱いが容易で拡張性に優れる。
5. ループコイル方式は、地中に電線をコイル状に埋設し、そのコイルのインダクタンスの変化により車両の検知を行うものである。

No.38 正解 2 通信・情報設備

1. IPアドレスとは、IP（Internet Protocol）におけるネットワーク上の機器に割り当てられている識別番号であり、現在はIPv 4（バージョン4）が広く普及している。IPv 4は、「0」と「1」の2進数を8ビット（8桁）ずつで4つの区切りで表すため、IPアドレスの数は2の32乗個（8ビット×4つ）つまり約43億個になる。IPv 4は、既にほぼ全てが全世界へ割り振られているため、IPアドレスの枯渇問題が顕在化している。そのため、今後は、IPv 6（バージョン6）の導入が進められる。IPv 6のアドレス数は、2の128乗個となり、実質的には無限に近い。

2. 無線LANのセキュリティは、暗号化と認証で構成されている。暗号化方式としてはWEP（Wired Equivalent Privacy）、認証方式としてはSSID（Service Set IDentifier）が最初に規定された。次に、WEPのセキュリティ強度の向上を目的として、WPA（Wi-Fi Protocol Access）というセキュリティ技術を発表され、その後、さらにセキュリティを強化したWPA 2が発表された。したがって、**WEP方式よりWPA 2方式のほうが、暗号化強度に優れている。**

3. PoE（Power over Ethernet）とは、LANケーブルを利用してアクセスポイントの機器に電力を供給する技術である。1ポート当たり最大15.4 Wの電力を供給できる従来のPoEをType 1とし、最大30 Wの電力を供給できるPoEをType 2と規定している。また、PoE Type 2は、PoE+（Plus）と呼ばれることもある。

4. 主なLAN用メタルケーブルの規格を次表に示す。

主なLAN用メタルケーブルの規格

	カテゴリ5	カテゴリ5e	カテゴリ6	カテゴリ6A	カテゴリ7
適合するイーサネット規格※	100BASE-TX	1000BASE-T	1000BASE-TX	10GBASE-T	10GBASE-T
周波数帯域	100MHz	100MHz	250MHz	500MHz	600MHz
伝送速度	100Mbps	1Gbps	1Gbps	10Gbps	10Gbps

※上位カテゴリ規格のケーブルは、低位カテゴリ規格のネットワークで使用可能

5. 光ファイバーの中を伝送されるのは光信号であり、ケーブルの外部へは漏出しないので光ファイバー自体はノイズの発生源にならない。UTPケーブルのようなシールドのないメタルケーブルは、外部への信号の漏洩や外部のノイズの影響を受けやすい。

No.39 正解 3 避雷設備

1. 外部雷保護システムにおいては、保護レベルと保護法（回転球体法、保護角法、メッシュ法）に応じた保護範囲内に建築物が入るように受雷部システムを適切に配置する。保護法は、個別にまたは組み合わせて使用することができる。

2. A型接地極は、放射状接地極、垂直接地極または板状接地極から構成し、各引下げ導線に接続する。接地極の数は、2以上とする。

3. 雷保護システムにおいて、保護レベルは、雷の影響から被保護物を保護する確率によって、Ⅰ～Ⅳの4段階で表す。**レベルⅠが最も保護効率が高く、**一般建築物ではレベルⅣ、危険物の貯蔵施設ではレベルⅡを最低基準とする。

保護レベルと保護効率

保護レベル	保護効率(%)
Ⅰ	98
Ⅱ	95
Ⅲ	90
Ⅳ	80

4. 外周環状接地極は、0.5m以上の深さで被保護物の壁から1m以上離して埋設するのが望ましい。

5. 独立しない雷保護システムにおける引下げ導線は、地表面近く及び垂直方向最大20m間隔ごとに、水平環状導体等で相互に接続しなければならない。

No.40 正解 3 低圧配線

1. 電線に電流が流れると、ジュール熱で導体温度が上昇し、この熱により絶縁物や導体自体を損傷する。このため、安全に連続して通電できる最大限の電流を許容電流と呼び、配線方法、敷設状態、絶縁物の種類によって定められている。周囲温度も要因の一つである。

2. 電線やケーブルを同一の金属管内に多数収める場合、放熱しにくくなることで電線の周囲温度が上昇するため、許容電流が低減される。

3. 導体の電気抵抗Rは、長さLと抵抗率ρに比例し、断面積Sに反比例する。

$$R=\rho\times\frac{L}{S}$$

式より、導体の電気抵抗は、導体の長さと断面積が同一の場合、導体の物質がもつ抵抗率に比例する。アルミニウムの抵抗率は、銅よりも大きいため、導体の長さと断面積が同一の場合、電気抵抗はアルミニウムのほうが大きくなる。したがって、抵抗値の大きいアルミニウム導体のほうが、銅導体より許容電流が小さい。

主な物質の抵抗率

物質名	抵抗率[Ω・m]	主な使用例
銀	1.59×10^{-8}	接点材料
銅	1.68×10^{-8}	電線、ターミナル、スリーブ
アルミニウム	2.65×10^{-8}	圧着端子、電線
タングステン	5.48×10^{-8}	電球、真空管のフィラメント
鉄	10×10^{-8}	電動機、変圧器の鉄心
マンガン線	$42\sim48\times10^{-8}$	抵抗器用巻線
ニクロム線	$100\sim110\times10^{-8}$	電熱線

4. 導体の断面積及び周囲温度が同一の場合、許容電流は、絶縁体の最高許容温度に依存し、最高許容温度が高い絶縁体を利用した導体のほうが許容電流は大きい。絶縁体の最高許容温度は、CVケーブル（架橋ポリエチレン絶縁ビニルシースケーブル）が90℃であるのに対して、VVケーブル（ビニル絶縁ビニルシースケーブル）が60℃であるので、許容電流はCVケーブルのほうが大きい。

5. ケーブルの許容電流は、ケーブルの種類や断面積、線心数によって異なる。線心数には、中性線を含めない。例えば、単相3線式は2心、三相3線式は3心とみなす。

No.41 正解 1 低圧配線

1. 平形保護層工事による低圧屋内配線において、電線に電気を供給する電路は、次に適合するものであること。

①電路の対地電圧は、150V以下であること。

②定格電流が30A以下の過電流遮

断器で保護される分岐回路であること。

③電路に地絡を生じたときに自動的に電路を遮断する装置を施設すること。

設問は、対地電圧が200Vであるので、適合しない。

2. 屋内に施設する低圧電線には、原則として裸電線を使用しないこと。ただし、電線の被覆絶縁物が腐食してしまう場所に施設する場合は、がいし引きなどの工法で裸電線を使用しても良い。

3. キャブタイヤケーブル以外のケーブル配線は、使用電圧に係わらず、すべての場所に施設できる。

4. ライティングダクト工事による低圧屋内配線において、ダクトには、D種接地工事を施す。ただし、次のいずれかに該当する場合、この限りではない。

①合成樹脂その他の絶縁物で金属製部分を被覆したダクトを使用する場合

②対地電圧が150V以下で、かつ、ダクトの長さが4m以下の場合

5. 低圧屋内配線の使用電圧が300V以下の場合、金属管には、D種接地工事を施す。ただし、次のいずれかに該当する場合、この限りではない。

①金属管の長さが4m以下のものを乾燥した場所に施設する場合

②屋内配線の使用電圧が直流300Vまたは交流対地電圧150V以下の場合において、金属管の長さが8m以下のものに簡易接触防護措置を施すとき、または乾燥した場所に施設するとき

No.42 正解 2　受変電設備

1. 受電設備に用いられる避雷器は、引込口の近くに設置し、雷及び電線路開閉等による異常電圧が侵入したとき、その電流を大地に放電させ、機器の絶縁を保護するものである。

2. ZCT（Zero phase Current Transformer：零相変流器）は、地絡事故時に零相電流を検出するために用いられる変流器である。設問の零相電圧は、地絡発生時に生じる電圧で、ZPD（Zero phase Potential Device）により検出する。

3. 記述の通り、正しい。断路器は、高圧または特別高圧の電路において、点検・修理のために、電流が流れていない電路を開閉するものであり、負荷電流や過負荷電流の開閉及び遮断はできない。

4. 高圧限流ヒューズ（PF）は、高圧回路及び機器の短絡保護に用いるもので、安価であり、小型・軽量、大きな遮断容量を有する。

5. 受変電設備の遮断器には、真空遮断器（VCB）、ガス遮断器（GCB）、気中遮断器（ACB）、油遮断器（OCB）がある。高圧受変電設備の遮断器には、小型、軽量、不燃化等の面から、一般に、真空遮断器が用いられる。

No.43 正解 1 電気設備方式

1. 二次電池とは、蓄電池または充電式電池ともいい、繰り返し充電を行うことにより、使用できる電池をいう。燃料電池は、燃料の電気化学反応により発電する電池であるので、二次電池には含まれない。
2. リチウムイオン電池は、正極にリチウムイオン金属酸化物、負極にグラファイトなどの炭素材料、液状電解質に非水溶液系の炭酸エチレン及びヘキサフルオロリン酸リチウムなどのリチウム塩を用いている。
3. NaS電池（ナトリウム（Na）・硫黄（S）電池）は、負極にナトリウムを、正極に硫黄を、電解質にβ-アルミナを利用した高温作動型の二次電池であり、エネルギー密度が高く、自己放電が少なく、充放電の効率が高いという特徴を持っている。NaS電池のエネルギー密度は、鉛蓄電池の約3倍である。
4. レドックスフロー電池は二次電池の一種で、イオンの酸化還元反応により、充電と放電を行う。電解液が正負極のタンクに分離貯蔵されているため、セル部を除き、待機、停止時の自己放電がない。
5. 消防用設備等の非常電源の蓄電池設備として、鉛蓄電池、アルカリ蓄電池、リチウムイオン蓄電池、NaS電池、レドックスフロー電池などを使用できる。

No.44 正解 3 エレベーター・エスカレーター

1. 平成12年建設省告示第1417号第2により、踏段の定格速度は、勾配が8度以下の場合で50m/分以下、勾配が8度を超え30度以下の場合で45m/分以下とする。
2. 平成12年建設省告示第1417号第1第二号により、踏段と踏段の隙間は、5mm以下とする。
3. **踏段レールは、踏段を昇降口では水平に、中間傾斜部では段差状態に案内するとともに、往き側では乗客荷重と踏段の自重を支え、返り側では踏段の自重を支える必要がある。**
4. エスカレーター相互間またはエスカレーター及び動く歩道と建築床等の開口部との間に20㎝以上の隙間や空間がある場合は、乗客の身の回り品等の落下を受け止め、落下物による危害を防止するため、直径50mmの球を通さない網等を隔階ごとに設置する。
5. エスカレーターの乗降口において、ハンドレールの折り返し部の先端から2m以内に対面する防火シャッターがある場合、防火シャッターと連動してエスカレーターを停止しないと、防火シャッターで閉鎖された狭い空間にエスカレーターで多くの人が搬送されて、行き場がなくなり将棋倒しになるなど重大な事故につながる恐れがある。防火シャッターが閉じ始めたら、それと連動してエスカレーターを停止させなければならない（日本エレベーター協会エスカレーターと防火シャッター等との連動停止基準）。

No.45 正解 3 申請・届出

1. ボイラー設置届は、事業者が、工事開始の日の30日前までに労働基準監督署長に届け出る。（労働安全衛生法）
2. 第一種圧力容器設置届は、事業者が、工事開始日の30日前までに労働基準監督署長に届け出る。（労働安全衛生法）
3. **消防用設備等設置届出書は、防火対象物の関係者（所有者等）が、設置工事が完了した日から4日以内に消防長または消防署長に提出する。**（消防法）
4. 騒音規制法に基づく「特定施設設置届出書」は、設置者が、工事開始日の30日前までに、市町村長に届け出る。
5. 建築物における衛生的環境の確保に関する法律に基づく「特定建築物の届出」は、特定建築物の所有者等が、使用開始日から1ヶ月以内に、都道府県知事（保健所を設置する市または特別区にあっては市長または区長）に届け出る。

No.46 正解 3 維持管理

1. ライフサイクルコストは、建築物や設備の建設から運転、維持管理、老朽化後の解体処理までの使用するうえでかかる総費用で、企画設計費、（初期）建設費、運用管理費、解体再利用費（排気処分費）等によって構成される。
2. ライフサイクルマネジメントは、ライフサイクルコストのほかに、地球環境問題となる全体の二酸化炭素などの排出量、エネルギー使用量、資源使用量等を含んだ管理手法である。
3. 保全形態を保全方法別にみた場合、大きく分類して「予防保全」と「事後保全」がある。予防保全には、時間計画保全と状態監視保全がある。**緊急保全は、予防保全ではなく事後保全に分類される。**
4. 維持管理計画に必要な書類は、主に次の四つである。
   ①維持管理台帳
   ②維持管理計画書
   ③作業実施計画書
   ④作業結果の分析・評価・報告および提案書
5. 建築設備のシステム・機器の故障解析には、一般に、指数分布やワイブル分布が用いられる。指数分布は、故障が偶発的に発生する場合を表現するのに適している。ワイブル分布は、指数分布を拡張したものと考えられ、極めて融通性があり、故障データの解析において最も重要なはたらきをする。

No.47 正解 1 空気調和設備工事

1. 点検口は、気密性を確保するために、また、開閉機構に何らかの支障等が生じた場合でも開放状態にならないように、正圧となるサプライ側では内開き、負圧となるレターン側では外開きとする。

2. ダクト断面を変化させる場合、圧力損失を小さくするため、なるべく緩やかな角度にする。拡大部は15度以下、縮小部は30度以下が望ましい。

3. 外壁に取り付けるガラリチャンバーでは、雨水の室内への侵入を防止するためにチャンバー内に勾配（水切りテーパ）を付けて排水が外部に出るようにする必要がある。また、ガラリとチャンバーの接合部からの浸水を防止するためのシールも不可欠である。ドレンを設けてチャンバー内の水を排水する方法もある。

4. 業務用厨房に設けるステンレス鋼板製の排気フードで、長辺が1,200mmを超え、1,800mm以下のものは、板厚を0.8mm以上とする。

5. フレキシブルダクトは、一般に、ダクトと制気口の接続などに用いられる。施工性、納まり上から有効なため、最近、長尺の枝ダクトとして使用されることもある。

No.48 正解 4 給排水衛生設備工事

1. 鋼管とステンレス鋼管との接合は、絶縁継手によるフランジ接合またはユニオン接合とする。

2. 飲料水用受水槽の水抜き管及びオーバーフロー管の排水は、排水口空間による間接排水とし、汚水の逆流を防止する。

3. 洋風浴槽に設けるトラップの最小口径は、40mmである。

4. 水道直結系統の試験圧力は、配管の最低部において最小1.75MPaとする。ただし、水道事業者の規定に従う。

5. 通気管末端の開口部が凍結によって閉鎖されるおそれがある場合には、開口部の管径は75mm以上とする。開口部において管径を拡大する必要が生じた場合、その管径の変更は建物内部で、かつ屋根または外壁の内面から300mm以上離れた位置で行う。

No.49 正解 5 電気設備工事

1. 金属ダクト工事に使用する金属ダクトを造営材に取り付ける場合は、ダクトの支持点間の距離を3m（取扱者以外の者が出入りできないように措置した場所において、垂直に取り付ける場合は6m）以下とし、堅ろうに取り付ける。

2. 変圧器の高圧巻線と低圧巻線とが直接接触しないように相互間に設ける金属製の混触防止版には、B種接地工事を施す。

3. 低圧または高圧の電路であって、非常用エレベーターに電気を供給するものには、電路に地絡が生じたとき、これを技術員駐在所に警報する装置を施設する場合は、地絡遮断装置の施設を省略することができる。

4. 機械器具を次のいずれかの場所に施設する場合、地絡遮断器（漏電遮断器）の施設を省略することができる。
①発電所または変電所、開閉所もしくはこれらに準ずる場所
②乾燥した場所
③機械器具の対地電圧が150V以下の場合においては、水気のある場所以外の場所
設問の条件は、上記の①に該当する。
5. 7kV以下の器具等の電路の絶縁耐力試験においては、試験電圧として最大使用電圧の1.5倍の電圧を10分間加えても機器の絶縁性能に異常が生じないことを確認する。最大使用電圧は、通常の使用状態において電路に加わる最大の線間電圧であり、公称電圧の1.15/1.1倍とする。
受電電圧6.6kVの受変電設備の場合、最大使用電圧は、6.6kV×1.15/1.1＝6.9kVとなり、絶縁耐力試験の試験電圧は、6.9kV×1.5＝10.35kVとなる。

No.50 正解 1 建設業法

1. 発注者から直接建設工事を請け負った特定建設業者は、下請契約の請負代金の総額が建築一式工事では7,000万円以上、その他の工事では4,500万円以上となる場合は、監理技術者を置かなければならない。（建設業法第26条）
2. 建設工事の注文者は、建設業者が当該建設工事の見積りをするために必要な一定の期間を設けなければならない。（建設業法第20条）

工事1件の予定価格と見積期間

工事1件の予定価格	見積期間	
500万円未満	1日以上	
500万円以上5,000万円未満	10日以上	
5,000万円以上	15日以上	※やむを得ないときは5日以内に限り短縮することができる。

3. 建設業を営もうとする者は、原則として建設業の許可を受けなければならない。ただし、工事1件の請負代金の額が建築一式工事にあっては1,500万円未満のもの又は延べ面積が150㎡未満の木造住宅工事、建築一式工事以外の建設工事にあっては500万円未満のものは除かれる。（建設業法第3条）
4. 元請負人は、請負代金の出来形部分に対する支払い又は工事完成後における支払いを受けたときは、下請負人に対し、1月以内で、かつ、できる限り短い期間内に下請負人の施工に相応する下請代金を支払わなければならない。（建設業法第24条の3）
5. 国土交通大臣又は都道府県知事は、許可を受けてから1年以内に営業を開始せず、又は引き続いて1年以上営業を休止した場合は、その許可を取り消さなければならない。（建設業法第29条）

解答用紙（平成30年度～令和元年度）

コピーしてお使いください

※配点は1問1点

建築一般知識

No. 1	①	②	③	④	⑤
No. 2	①	②	③	④	⑤
No. 3	①	②	③	④	⑤
No. 4	①	②	③	④	⑤
No. 5	①	②	③	④	⑤
No. 6	①	②	③	④	⑤
No. 7	①	②	③	④	⑤
No. 8	①	②	③	④	⑤
No. 9	①	②	③	④	⑤
No.10	①	②	③	④	⑤
No.11	①	②	③	④	⑤
No.12	①	②	③	④	⑤
No.13	①	②	③	④	⑤
No.14	①	②	③	④	⑤
No.15	①	②	③	④	⑤
No.16	①	②	③	④	⑤
No.17	①	②	③	④	⑤
No.18	①	②	③	④	⑤
No.19	①	②	③	④	⑤
No.20	①	②	③	④	⑤
No.21	①	②	③	④	⑤
No.22	①	②	③	④	⑤
No.23	①	②	③	④	⑤
No.24	①	②	③	④	⑤
No.25	①	②	③	④	⑤
No.26	①	②	③	④	⑤
No.27	①	②	③	④	⑤
No.28	①	②	③	④	⑤
No.29	①	②	③	④	⑤
No.30	①	②	③	④	⑤

建築法規

No. 1	①	②	③	④	⑤
No. 2	①	②	③	④	⑤
No. 3	①	②	③	④	⑤
No. 4	①	②	③	④	⑤
No. 5	①	②	③	④	⑤
No. 6	①	②	③	④	⑤
No. 7	①	②	③	④	⑤
No. 8	①	②	③	④	⑤
No. 9	①	②	③	④	⑤
No.10	①	②	③	④	⑤
No.11	①	②	③	④	⑤
No.12	①	②	③	④	⑤
No.13	①	②	③	④	⑤
No.14	①	②	③	④	⑤
No.15	①	②	③	④	⑤
No.16	①	②	③	④	⑤
No.17	①	②	③	④	⑤
No.18	①	②	③	④	⑤
No.19	①	②	③	④	⑤
No.20	①	②	③	④	⑤

建築設備

No. 1	①	②	③	④	⑤
No. 2	①	②	③	④	⑤
No. 3	①	②	③	④	⑤
No. 4	①	②	③	④	⑤
No. 5	①	②	③	④	⑤
No. 6	①	②	③	④	⑤
No. 7	①	②	③	④	⑤
No. 8	①	②	③	④	⑤
No. 9	①	②	③	④	⑤
No.10	①	②	③	④	⑤
No.11	①	②	③	④	⑤
No.12	①	②	③	④	⑤
No.13	①	②	③	④	⑤
No.14	①	②	③	④	⑤
No.15	①	②	③	④	⑤
No.16	①	②	③	④	⑤
No.17	①	②	③	④	⑤
No.18	①	②	③	④	⑤
No.19	①	②	③	④	⑤
No.20	①	②	③	④	⑤
No.21	①	②	③	④	⑤
No.22	①	②	③	④	⑤
No.23	①	②	③	④	⑤
No.24	①	②	③	④	⑤
No.25	①	②	③	④	⑤
No.26	①	②	③	④	⑤
No.27	①	②	③	④	⑤
No.28	①	②	③	④	⑤
No.29	①	②	③	④	⑤
No.30	①	②	③	④	⑤
No.31	①	②	③	④	⑤
No.32	①	②	③	④	⑤
No.33	①	②	③	④	⑤
No.34	①	②	③	④	⑤
No.35	①	②	③	④	⑤
No.36	①	②	③	④	⑤
No.37	①	②	③	④	⑤
No.38	①	②	③	④	⑤
No.39	①	②	③	④	⑤
No.40	①	②	③	④	⑤
No.41	①	②	③	④	⑤
No.42	①	②	③	④	⑤
No.43	①	②	③	④	⑤
No.44	①	②	③	④	⑤
No.45	①	②	③	④	⑤
No.46	①	②	③	④	⑤
No.47	①	②	③	④	⑤
No.48	①	②	③	④	⑤
No.49	①	②	③	④	⑤
No.50	①	②	③	④	⑤

/100

解答用紙（令和２年度～令和４年度）

※配点は１問１点

建築一般知識

No. 1	①	②	③	④
No. 2	①	②	③	④
No. 3	①	②	③	④
No. 4	①	②	③	④
No. 5	①	②	③	④
No. 6	①	②	③	④
No. 7	①	②	③	④
No. 8	①	②	③	④
No. 9	①	②	③	④
No.10	①	②	③	④
No.11	①	②	③	④
No.12	①	②	③	④
No.13	①	②	③	④
No.14	①	②	③	④
No.15	①	②	③	④
No.16	①	②	③	④
No.17	①	②	③	④
No.18	①	②	③	④
No.19	①	②	③	④
No.20	①	②	③	④
No.21	①	②	③	④
No.22	①	②	③	④
No.23	①	②	③	④
No.24	①	②	③	④
No.25	①	②	③	④
No.26	①	②	③	④
No.27	①	②	③	④

建築法規

No. 1	①	②	③	④
No. 2	①	②	③	④
No. 3	①	②	③	④
No. 4	①	②	③	④
No. 5	①	②	③	④
No. 6	①	②	③	④
No. 7	①	②	③	④
No. 8	①	②	③	④
No. 9	①	②	③	④
No.10	①	②	③	④
No.11	①	②	③	④
No.12	①	②	③	④
No.13	①	②	③	④
No.14	①	②	③	④
No.15	①	②	③	④
No.16	①	②	③	④
No.17	①	②	③	④
No.18	①	②	③	④

コピーしてお使いください

建築設備

No. 1	①	②	③	④
No. 2	①	②	③	④
No. 3	①	②	③	④
No. 4	①	②	③	④
No. 5	①	②	③	④
No. 6	①	②	③	④
No. 7	①	②	③	④
No. 8	①	②	③	④
No. 9	①	②	③	④
No.10	①	②	③	④
No.11	①	②	③	④
No.12	①	②	③	④
No.13	①	②	③	④
No.14	①	②	③	④
No.15	①	②	③	④
No.16	①	②	③	④
No.17	①	②	③	④
No.18	①	②	③	④
No.19	①	②	③	④
No.20	①	②	③	④
No.21	①	②	③	④
No.22	①	②	③	④
No.23	①	②	③	④
No.24	①	②	③	④
No.25	①	②	③	④
No.26	①	②	③	④
No.27	①	②	③	④
No.28	①	②	③	④
No.29	①	②	③	④
No.30	①	②	③	④

No.31	①	②	③	④
No.32	①	②	③	④
No.33	①	②	③	④
No.34	①	②	③	④
No.35	①	②	③	④
No.36	①	②	③	④
No.37	①	②	③	④
No.38	①	②	③	④
No.39	①	②	③	④
No.40	①	②	③	④
No.41	①	②	③	④
No.42	①	②	③	④
No.43	①	②	③	④
No.44	①	②	③	④
No.45	①	②	③	④
No.46	①	②	③	④
No.47	①	②	③	④
No.48	①	②	③	④
No.49	①	②	③	④
No.50	①	②	③	④
No.51	①	②	③	④
No.52	①	②	③	④
No.53	①	②	③	④
No.54	①	②	③	④
No.55	①	②	③	④
No.56	①	②	③	④
No.57	①	②	③	④
No.58	①	②	③	④
No.59	①	②	③	④
No.60	①	②	③	④

/105

建築一般知識 **解答一覧**

令和4年度

No. 1	2	No. 7	3	No. 13	3	No. 19	1	No. 25	4
No. 2	1	No. 8	4	No. 14	1	No. 20	1	No. 26	2
No. 3	4	No. 9	2	No. 15	1	No. 21	2	No. 27	3
No. 4	4	No. 10	4	No. 16	3	No. 22	3		
No. 5	1	No. 11	2	No. 17	3	No. 23	1		
No. 6	3	No. 12	2	No. 18	1	No. 24	4		

令和3年度

No. 1	3	No. 7	4	No. 13	4	No. 19	4	No. 25	2
No. 2	2	No. 8	3	No. 14	2	No. 20	3	No. 26	2
No. 3	3	No. 9	1	No. 15	2	No. 21	1	No. 27	4
No. 4	4	No. 10	1	No. 16	1	No. 22	1		
No. 5	1	No. 11	4	No. 17	3	No. 23	3		
No. 6	2	No. 12	3	No. 18	1	No. 24	2		

令和2年度

No. 1	4	No. 7	1	No. 13	1	No. 19	4	No. 25	2
No. 2	4	No. 8	1	No. 14	4	No. 20	3	No. 26	4
No. 3	2	No. 9	3	No. 15	3	No. 21	2	No. 27	1
No. 4	4	No. 10	2	No. 16	2	No. 22	3		
No. 5	3	No. 11	1	No. 17	1	No. 23	1		
No. 6	4	No. 12	2	No. 18	4	No. 24	2		

令和元年度

No. 1	2	No. 7	3	No. 13	3	No. 19	5	No. 25	4
No. 2	3	No. 8	5	No. 14	1	No. 20	1	No. 26	1
No. 3	5	No. 9	4	No. 15	5	No. 21	4	No. 27	2
No. 4	2	No. 10	2	No. 16	4	No. 22	4	No. 28	3
No. 5	5	No. 11	1	No. 17	2	No. 23	2	No. 29	1
No. 6	1	No. 12	4	No. 18	3	No. 24	5	No. 30	4

平成 30 年度

No. 1	4	No. 7	2	No. 13	5	No. 19	1	No. 25	1
No. 2	5	No. 8	3	No. 14	1	No. 20	3	No. 26	1
No. 3	1	No. 9	4	No. 15	4	No. 21	2	No. 27	5
No. 4	2	No. 10	5	No. 16	2	No. 22	5	No. 28	2
No. 5	1	No. 11	4	No. 17	2	No. 23	4	No. 29	4
No. 6	2	No. 12	3	No. 18	3	No. 24	3	No. 30	4

建築法規 解答一覧

令和4年度

No. 1	3	No. 5	3	No. 9	1	No. 13	4	No. 17	1
No. 2	3	No. 6	2	No. 10	2	No. 14	3	No. 18	1
No. 3	4	No. 7	4	No. 11	1	No. 15	2		
No. 4	2	No. 8	2	No. 12	4	No. 16	4		

令和3年度

No. 1	4	No. 5	3	No. 9	1	No. 13	1	No. 17	4
No. 2	3	No. 6	4	No. 10	3	No. 14	1	No. 18	2
No. 3	3	No. 7	2	No. 11	4	No. 15	2		
No. 4	1	No. 8	4	No. 12	3	No. 16	2		

令和2年度

No. 1	3	No. 5	4	No. 9	2	No. 13	4	No. 17	1
No. 2	1	No. 6	1	No. 10	3	No. 14	3	No. 18	1
No. 3	2	No. 7	4	No. 11	1	No. 15	2		
No. 4	3	No. 8	3	No. 12	2	No. 16	4		

令和元年度

No. 1	2	No. 5	1	No. 9	5	No. 13	4	No. 17	3
No. 2	4	No. 6	3	No. 10	2	No. 14	4	No. 18	5
No. 3	5	No. 7	5	No. 11	3	No. 15	2	No. 19	2
No. 4	2	No. 8	1	No. 12	5	No. 16	4	No. 20	1

平成 30 年度

No. 1	3	No. 5	4	No. 9	4	No. 13	2	No. 17	1
No. 2	4	No. 6	5	No. 10	1	No. 14	5	No. 18	4
No. 3	3	No. 7	5	No. 11	2	No. 15	2	No. 19	1
No. 4	3	No. 8	1	No. 12	5	No. 16	3	No. 20	1

建築設備 解答一覧

令和4年度

No. 1	2	No.13	3	No.25	1	No.37	2	No.49	4
No. 2	1	No.14	3	No.26	4	No.38	1	No.50	2
No. 3	4	No.15	2	No.27	3	No.39	3	No. 51	3
No. 4	1	No.16	2	No.28	3	No.40	2	No.52	3
No. 5	3	No.17	1	No.29	4	No. 41	1	No.53	3
No. 6	3	No.18	1	No.30	3	No.42	2	No.54	3
No. 7	1	No.19	2	No.31	1	No.43	4	No.55	2
No. 8	1	No.20	4	No.32	4	No.44	1	No.56	4
No. 9	2	No.21	3	No.33	1	No.45	2	No.57	1
No.10	4	No.22	4	No.34	3	No.46	2	No.58	4
No. 11	4	No.23	2	No.35	1	No.47	4	No.59	4
No.12	2	No.24	2	No.36	3	No.48	4	No.60	2

令和3年度

No. 1	1	No.13	4	No.25	3	No.37	2	No.49	1
No. 2	2	No.14	1	No.26	2	No.38	1	No.50	1
No. 3	3	No.15	4	No.27	3	No.39	1	No. 51	3
No. 4	2	No.16	3	No.28	4	No.40	4	No.52	1
No. 5	2	No.17	3	No.29	2	No. 41	2	No.53	3
No. 6	2	No.18	4	No.30	1	No.42	3	No.54	3
No. 7	2	No.19	3	No.31	3	No.43	1	No.55	1
No. 8	1	No.20	1	No.32	4	No.44	2	No.56	4
No. 9	4	No.21	1	No.33	2	No.45	4	No.57	2
No.10	3	No.22	4	No.34	2	No.46	4	No.58	4
No. 11	3	No.23	4	No.35	3	No.47	4	No.59	1
No.12	3	No.24	2	No.36	3	No.48	2	No.60	2

令和２年度

No. 1	1	No. 13	1	No.25	1	No.37	2	No.49	4
No. 2	3	No. 14	4	No.26	1	No.38	3	No.50	2
No. 3	3	No. 15	1	No.27	4	No.39	1	No. 51	4
No. 4	2	No. 16	3	No.28	3	No.40	1	No.52	1
No. 5	1	No. 17	4	No.29	3	No. 41	3	No.53	1
No. 6	2	No. 18	2	No.30	4	No.42	2	No.54	1
No. 7	4	No. 19	1	No.31	4	No.43	4	No.55	2
No. 8	4	No.20	3	No.32	1	No.44	4	No.56	2
No. 9	3	No.21	4	No.33	4	No.45	2	No.57	2
No.10	4	No.22	1	No.34	1	No.46	1	No.58	3
No. 11	2	No.23	2	No.35	3	No.47	3	No.59	1
No.12	4	No.24	2	No.36	2	No.48	3	No.60	3

令和元年度

No. 1	4	No. 11	3	No.21	3	No.31	1	No. 41	4
No. 2	3	No. 12	1	No.22	5	No.32	3	No. 42	5
No. 3	2	No. 13	2	No.23	5	No.33	2	No. 43	1
No. 4	2	No. 14	2	No.24	5	No.34	5	No.44	4
No. 5	5	No. 15	3	No.25	4	No.35	1	No.45	4
No. 6	2	No. 16	2	No.26	5	No.36	2	No.46	3
No. 7	1	No. 17	1	No.27	4	No.37	3	No.47	3
No. 8	5	No. 18	4	No.28	3	No.38	2	No.48	4
No. 9	1	No. 19	1	No.29	5	No.39	4	No.49	2
No.10	5	No.20	3	No.30	1	No.40	2	No.50	4

平成 30 年度

No. 1	5	No. 11	1	No. 21	4	No. 31	3	No. 41	1
No. 2	2	No. 12	5	No. 22	5	No. 32	4	No. 42	2
No. 3	1	No. 13	2	No. 23	1	No. 33	1	No. 43	1
No. 4	2	No. 14	4	No. 24	3	No. 34	2	No. 44	3
No. 5	4	No. 15	5	No. 25	4	No. 35	5	No. 45	3
No. 6	3	No. 16	2	No. 26	2	No. 36	5	No. 46	3
No. 7	5	No. 17	5	No. 27	4	No. 37	1	No. 47	1
No. 8	4	No. 18	1	No. 28	3	No. 38	2	No. 48	4
No. 9	2	No. 19	1	No. 29	5	No. 39	3	No. 49	5
No. 10	4	No. 20	3	No. 30	4	No. 40	3	No. 50	1

図のように別冊を引いて取り外してください。
背表紙部分がのりで接着されていますので、
丁寧に抜き取ってください。取り外した別冊を持ち運び、
学習のチェックにお役立てください。

解答・解説［別冊］